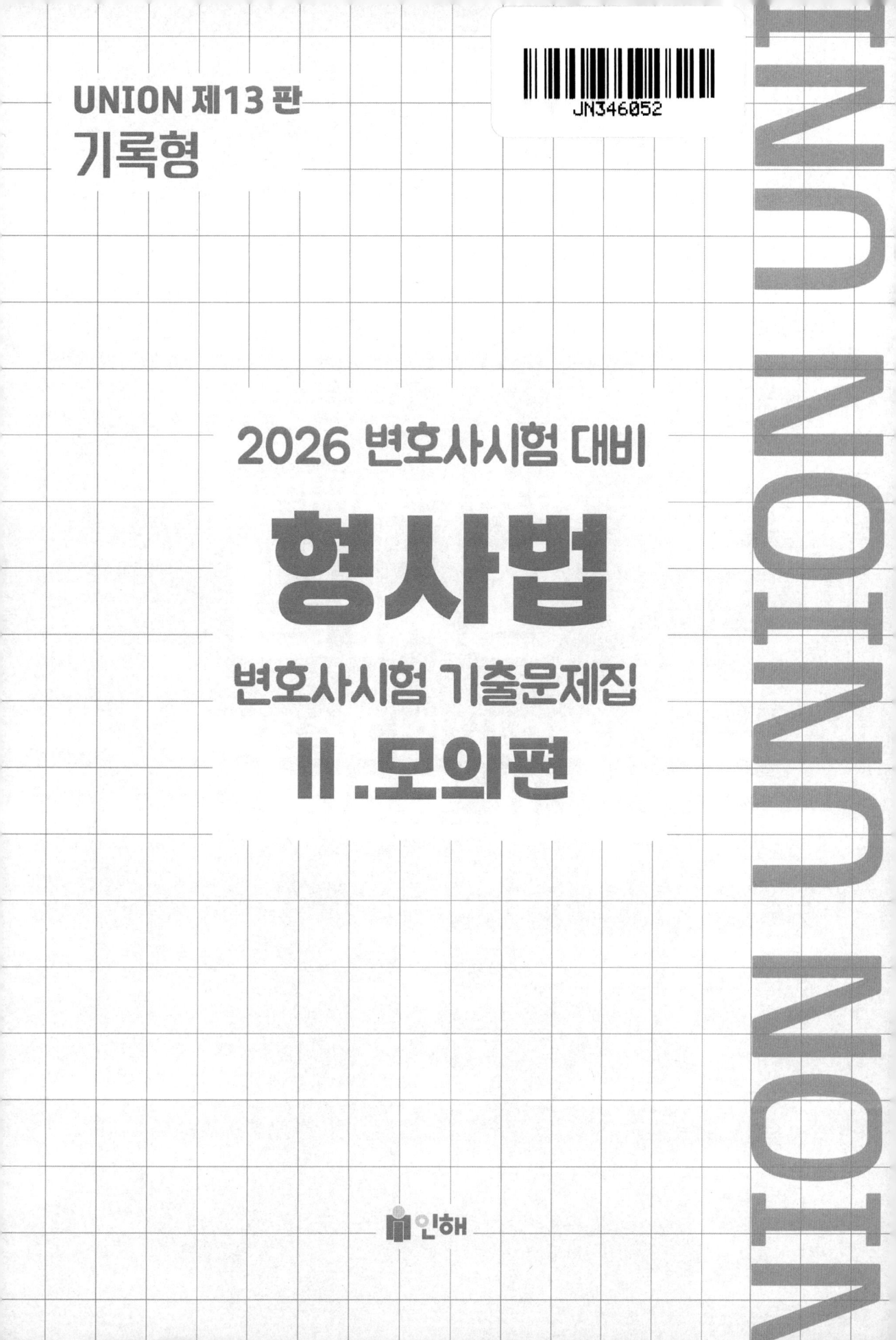

UNION 제13판

기록형
2026 변호사시험 대비

형사법

변호사시험 기출문제집
II. 모의편

PREFACE

갈수록 어려워지고 있는 시험환경 속에서 기출문제에 대한 완벽한 분석만큼 중요한 것은 없다고 생각합니다. 이러한 의미에서 『UNION 변호사시험 기출문제집』(기록형)은 최고의 선택으로 오랜 세월동안 수험생들과 함께하여 왔습니다. 2025년에도 가장 신뢰할 수 있는 대안으로 거듭날 수 있도록 개정판을 준비하였습니다. 그 특징을 간단하게 살펴보면 다음과 같습니다.

첫째, 최근 3개년(2022~2024, 9회분) 모의고사를 수록하였습니다.

둘째, 채점기준표를 반영하였을 뿐만 아니라 집단토론과 반복적인 교차검토를 통해 중론적인 해설을 완성함으로써 가장 객관적이고 신뢰할 수 있는 교재가 될 수 있도록 노력하였습니다.

셋째, 시험장 스킬을 익힐 수 있도록 '메모장'을 수록하고 있을 뿐만 아니라 로스쿨 교수님들의 강평에서 나타난 출제의도와 분석(Core Point)까지 반영함으로써 최고의 경쟁력 있는 해설이 될 수 있도록 노력하였습니다.

모쪼록 본 교재를 통하여 합격의 영광이 있기를 간절히 바랍니다. 도서출판인해 역시 수험생의 의견을 최우선시하여 더 좋은 교재가 될 수 있도록 노력을 멈추지 않을 것임을 약속드립니다.

끝으로 이 책이 출간되기까지 세심하게 신경써주신 도서출판인해 대표님과 연구원 그리고 예쁘게 편집하여 주신 디자이너에게도 감사의 마음을 전합니다.

2025. 02. 01. 희망이 오는 길목에서
MGI 메가고시 연구소 대표 백현관

UNION 제13판

기록형
2026 변호사시험 대비
형사법
변호사시험 기출문제집
II. 모의편

CONTENTS

2024년도 제3차 법전협 주관 모의시험 ·········· 007

2024년도 제2차 법전협 주관 모의시험 ·········· 061

2024년도 제1차 법전협 주관 모의시험 ·········· 115

2023년도 제3차 법전협 주관 모의시험 ·········· 171

2023년도 제2차 법전협 주관 모의시험 ·········· 225

2023년도 제1차 법전협 주관 모의시험 ·········· 279

2022년도 제3차 법전협 주관 모의시험 ·········· 335

2022년도 제2차 법전협 주관 모의시험 ·········· 389

2022년도 제1차 법전협 주관 모의시험 ·········· 443

UNION 제13판

기록형
2026 변호사시험 대비

형사법

변호사시험 기출문제집

II. 모의편

2024년 10월 제3차

법전협 주관 모의시험

2024년도 제3차 변호사시험 모의시험 - 논술형(기록형)

시험과목	형사법(기록형)

응시자 준수사항

【공통사항】
1. 시험 시작 전 문제지의 봉인을 손상하는 경우, 봉인을 손상하지 않더라도 문제지를 들추는 행위 등으로 문제 내용을 미리 보는 경우 그 답안은 영점으로 처리됩니다.
2. 시험시간 중에는 휴대전화, 스마트워치, 무선이어폰 등 무선통신 기기를 비롯한 전자기기를 지녀서는 안 됩니다.
3. 답안지에는 문제 내용을 쓸 필요가 없으며, 답안 이외의 사항을 기재하거나 밑줄 기타 어떠한 표시도 하여서는 안 됩니다.
4. 지정된 시각까지 지정된 시험실에 입실하지 않거나 시험관리관의 승인 없이 시험시간 중에 시험실에서 퇴실한 경우, 그 시간 시험과 나머지 시간의 시험에 응시할 수 없습니다.
5. 시험시간 중에는 어떠한 경우에도 문제지를 시험실 밖으로 가지고 갈 수 없고, 그 시험시간이 끝난 후에는 문제지를 시험장 밖으로 가지고 갈 수 있습니다.

【IBT 방식】
1. 시험시간은 프로그램에 의해 자동 시작, 종료되며 시험이 종료되면 답안을 수정하는 등 답안 작성을 일절 할 수 없습니다.

【수기 방식】
1. 답안은 흑색 또는 청색 필기구(수성펜이나 연필 사용 금지) 중 한 가지 필기구만을 사용하여 답안 작성란(흰색 부분) 안에 기재하여야 합니다.
2. 답안지에 성명과 수험번호 등을 기재하지 않아 인적사항이 확인되지 않는 경우에는 영점으로 처리되는 등 불이익을 받게 됩니다. 특히 답안지를 바꾸어 다시 작성하는 경우, 성명 등의 기재를 빠뜨리지 않도록 유의하여야 합니다.
3. 답안을 정정할 경우에는 두 줄로 긋고 다시 써야 하며, 수정액·수정테이프 등은 사용할 수 없습니다.
4. 시험 종료 시각에 임박하여 답안지를 교체했더라도 시험시간이 끝나면 그 즉시 새로 작성한 답안지를 회수합니다.
5. 시험시간이 지난 후에는 답안지를 일절 작성할 수 없습니다. 이를 위반하여 **시험시간이 종료되었음에도 불구하고 계속 답안을 작성할 경우 그 답안은 영점으로 처리됩니다.**
6. **배부된 답안지는 백지 답안이라도 모두 제출**하여야 하며, **답안지를 제출하지 아니한 경우 그 시간 시험과 나머지 시험에 응시할 수 없습니다.**

법학전문대학원협의회
THE ASSOCIATION OF KOREAN LAW SCHOOLS

【문 제】

피고인 김갑동에 대해서는 법무법인 나라 담당변호사 정명변이 객관적인 입장에서 대표변호사에게 보고할 검토보고서를, 피고인 이을남에 대해서는 법무법인 세계 담당변호사 설득희의 변론요지서를 작성하되, 다음 쪽 양식 중 **본문 Ⅰ, Ⅱ 부분**을 작성하시오.

【작성요령】

1. 학설, 판례 등의 견해가 대립되는 경우에 한 견해를 취할 것. 다만, 대법원 판례와 다른 견해를 취하는 경우에는 자신의 입장에 따라 작성하되 대법원 판례의 취지를 적시할 것.
2. 증거능력이 없는 증거는 실제 소송에서는 증거로 채택되지 않아 증거조사가 진행되지 않지만, 이 문제에서는 시험의 편의상 증거로 채택되어 증거조사가 진행된 경우도 있음. 따라서 필요한 경우 증거능력에 대하여도 언급할 것.
3. 작성의 편의를 위하여 필요한 경우 검토의견서와 변론요지서에 기재한 내용은 서로 인용이 가능함.
4. 법률명과 죄명에서 폭력행위등처벌에관한법률은 '폭처법'으로, 여신전문금융업법은 '여전법'으로, 교통사고처리특례법은 '교특법'으로, 도로교통법은 '도교법'으로, 형사소송법은 '형소법'으로 각 줄여서 기재하여도 무방함.

【기록 형식 안내】

1. 쪽 번호는 편의상 연속되는 번호를 붙였음.
2. 조서, 기타 서류에는 필요한 서명, 날인, 무인, 간인, 정정인이 있는 것으로 볼 것.
3. 증거목록, 공판기록 또는 증거기록 중 '생략' 또는 '기재생략'이라고 표시된 부분에는 법에 따른 절차가 진행되어 그에 따라 적절한 기재가 있는 것으로 볼 것.
4. 공판기록과 증거기록에 첨부하여야 할 일부 서류 중 '생략' 표시가 있는 것, 증인선서서와 수사기관의 조서에 첨부하여야 할 '수사과정확인서'는 적법하게 존재하는 것으로 볼 것(**증거기록 마지막에 생략된 증거와 그 요지를 거시하였음**).
5. 송달이나 접수, 통지, 결재가 필요한 서류는 모두 적법한 절차를 거친 것으로 볼 것.
6. 시험의 편의상 증거기록 첫머리의 증거목록과 압수물총목록은 첨부 생략되었으며, 증거기록에 대한 분리제출은 하지 않는 것으로 하였고, 증인신문, 피고인신문의 경우 녹취파일, 녹취서 첨부 방식을 취하지 않았음.

【검토의견서 양식】

검토의견서(50점)

사 건 2024고단7890 폭력행위등처벌에관한법률위반(공동재물손괴등) 등
피고인 김갑동

Ⅰ. 피고인 김갑동에 대하여
  1. 폭력행위등처벌에관한법률위반(공동재물손괴등)의 점
  2. 폭력행위등처벌에관한법률위반(공동주거침입)의 점
  3. 사기 및 여신전문금융업법위반의 점
  4. 명예훼손의 점
  ※ 평가제외사항 - 공소사실의 요지, 정상관계(답안지에 기재하지 말 것)

2024. 10. 19.

피고인 김갑동의 변호인 법무법인 나라 담당변호사 정명변 ㊞

【변론요지서 양식】

변론요지서(50점)

사 건 2024고단7890 폭력행위등처벌에관한법률위반(공동재물손괴등) 등
피고인 이을남

Ⅱ. 피고인 이을남에 대하여
  1. 폭력행위등처벌에관한법률위반(공동재물손괴등)의 점
  2. 도로교통법위반(음주운전) 및 도로교통법위반(무면허운전)의 점
  3. 교통사고처리특례법위반(치상)의 점
  ※ 평가제외사항 - 공소사실의 요지, 정상관계(답안지에 기재하지 말 것)

2024. 10. 19.

피고인 이을남의 변호인 법무법인 세계 담당변호사 설득희 ㊞

서울중앙지방법원
구공판 형사제1심소송기록

		구속만료			미결구금
		최종만료			
		대행갱신만료			

기일	사건번호	2024고단7890	담임	16단독	주심
1회기일					
5/7 10:00		가. 폭력행위등처벌에관한법률위반(공동재물손괴등)			
6/4 14:00		나. 폭력행위등처벌에관한법률위반(공동주거침입)			
7/11 14:00	사건명	다. 사기			
8/18 14:00		라. 여신전문금융업법위반			
9/19 14:00		마. 명예훼손			
10/22 14:00		바. 교통사고처리특례법위반(치상)			
		사. 도로교통법위반(음주운전)			
		아. 도로교통법위반(무면허운전)			
	검 사	엄정희		2024형제1789호	
	공소제기일	2024. 4. 19.			
	피고인	1. 가. 나. 다. 라. 마. 김갑동 2. 가. 나. 바. 사. 아. 이을남			
	변호인	사선 법무법인 나라 담당변호사 정명변(피고인 김갑동) 사선 법무법인 세계 담당변호사 설득희(피고인 이을남)			

확 정			담임	과장	국장	주심판사	재판장
보존종기		완결공람					
종결구분							
보 존							

접 수 공 람	과 장	국 장	원 장
	㊞	㊞	㊞

공 판 준 비 절 차

회 부 수명법관 지정 일자	수명법관 이름	재 판 장	비 고

법정외에서지정하는기일

기일의 종류	일 시	재 판 장	비 고
1회 공판기일	2024. 5. 7. 10:00	㊞	

서울중앙지방법원

목 록		
문 서 명 칭	장 수	비 고
증거목록	6	검사
증거목록	8	피고인 및 변호인
공소장	9	
변호인선임신고서	(생략)	피고인 김갑동
변호인선임신고서	(생략)	피고인 이을남
영수증(공소장부본 등)	(생략)	피고인 김갑동
영수증(공소장부본 등)	(생략)	피고인 이을남
의견서	(생략)	피고인 김갑동
의견서	(생략)	피고인 이을남
공판조서(제1회)	13	
공판조서(제2회)	15	
증인신문조서	17	정영이
증인신문조서	19	정순이
증인신문조서	21	최목격
증인신문조서	23	김갑동
증거신청서	25	피고인 이을남
공판조서(제3회)	(생략)	(증인 정순이 불출석)
공판조서(제4회)	(생략)	(증인 정순이 불출석)
공판조서(제5회)	27	

증거목록 (증거서류 등)

2024고단7890

2024형제1789호

① 김갑동
② 이을남
신청인: 검사

순번	증거방법					참조사항 등	신청기일	증거의견		증거결정		증거조사기일	비고
	작성	쪽수(수)	쪽수(증)	증거명칭	성명			기일	내용	기일	내용		
1	사경	생략		고소장	정영이	기재생략	1	1	① ○ ② ×	기재생략			
2	〃	생략		망가진 걸쇠 사진			1	1	① ○ ②				
3	〃	생략		견적서			1	1	① ○ ②				
4	〃	생략		영수증			1	1	① ○ ② ○				
5	〃	32		진술조서	정영이		1	1	② ×				
6	〃	생략		가족관계증명서			1	1	① ○ ② ○				
7	〃	생략		등기사항 전부증명서 (정영이 거주지)			1	1	① ○ ② ○				
8	〃	생략		진단서			1	1	① ○				
9	〃	생략		입퇴원 확인서			1	1	① ○				
10	〃	생략		결제안내문자 캡처사진			1	1	① ○				
11	〃	35		진술조서	정순이		1	1	① ○ ② ×				
12	〃	생략		각 카드결제 영수증			1	1	① ○				
13	〃	36		수사보고(업주들 진술청취 등)			1	1	① ○				
14	〃	38		약식명령			1	1	① ○				
15	〃	생략		각 매출영수증			1	1	① ○				
16	〃	생략		각 CCTV 캡처사진			1	1	① ○				
17	〃	생략		교통사고보고 (실황조사서)			1	1	② ○				
18	〃	39		교통사고 발생 상황진술서	정직한		1	1	② ○				
19	〃	생략		교통사고 발생 상황진술서	조용희		1	1	② ○				

※ 증거의견 표시 - 피의자신문조서: 인정 ○, 부인 ×
　　　　　　　　　　(여러 개의 부호가 있는 경우, 적법성/성립/임의성/내용의 순서임)
　　　　　　　 - 기타 증거서류: 동의 ○, 부동의 ×
　　　　　　　 - 진술이 특히 신빙할 수 있는 상태 하에서 행하여졌다는 점 부인 : "특신성 부인"(비고란 기재)
※ 증거결정 표시: 채 ○, 부 ×
※ 증거조사 내용은 제시, 낭독(내용고지, 열람)

증 거 목 록 (증거서류 등)
2024고단7890

2024형제1789호

① 김갑동
② 이을남
신청인: 검사

순번	증거방법					참조사항등	신청기일	증거의견		증거결정		증거조사기일	비고
	작성	쪽수(수)	쪽수(증)	증거명칭	성명			기일	내용	기일	내용		
20	사경	생략		수사보고(주취운전자 정황보고)		기재생략	1	1	② ○	기재생략			
21	〃	생략		무면허운전 정황보고			1	1	② ○				
22	〃	생략		자동차 운전면허대장			1	1	② ○				
23	〃	생략		감정의뢰회보			1	1	② ○				
24	〃	생략		주취운전자 적발보고서			1	1	② ○				
25	〃	40		진술조서	강경찰		1	1	② ○				
26	〃	생략		각 진단서			1	1	② ○				
27	〃	생략		자동차종합보험가입사실증명원			1	1	② ○				
28	〃	42		피의자신문조서	김갑동		1	1	① ○				
									② ×				
29	〃	45		피의자신문조서	이을남		1	1	① ○				
									② ○				
30	〃	생략		전과조회서	김갑동		1	1	① ○				
31	〃	생략		전과조회서	이을남		1	1	② ○				
32	검사	47		수사보고 (목격자 진술 청취)			1	1	① ○				
									② ×				
33	〃	48		수사보고 (CCTV 영상 분석)			1	1	① ○				
									② ○				
34	〃	생략		각 CCTV 캡처사진			1	1	① ○				
									② ○				
35	〃	생략		피의자신문조서	김갑동		1	1	① ○				
									② ×				
36	〃	생략		피의자신문조서	이을남		1	1	① ○				
									② ○				
37	〃	생략		혼인관계 증명서			2	2	① ○				

※ 증거의견 표시 - 피의자신문조서: 인정 ○, 부인 ×
      (여러 개의 부호가 있는 경우, 적법성/성립/임의성/내용의 순서임)
     - 기타 증거서류: 동의 ○, 부동의 ×
     - 진술이 특히 신빙할 수 있는 상태 하에서 행하여졌다는 점 부인 : "특신성 부인"(비고란 기재)
※ 증거결정 표시: 채 ○, 부 ×
※ 증거조사 내용은 제시, 낭독(내용고지, 열람)

증거목록 (증인 등)

① 김갑동
② 이을남
신청인: 검사

2024형제1789호

증거방법	쪽수(공)	입증취지 등	신청기일	증거결정 기일	증거결정 내용	증거조사기일	비고
정영이	17	기재생략	1	1	기재생략	2024. 6. 4. 14:00 (실시)	
정순이	19		1	1		2024. 6. 4. 14:00 (속행) 2024. 7. 11. 14:00 (불출석) 2024. 8. 18. 14:00 (불출석) 2024. 9. 19. 14:00 (취소)	
최목격	21		1	1		2024. 6. 4. 14:00 (실시)	
김갑동	23		1	1		2024. 6. 4. 14:00 (실시)	

[이하 증거목록 미기재 부분은 생략]

증거목록 (증거서류 등)

① 김갑동
② 이을남
신청인: 피고인 및 변호인

2024형제1789호

순번	작성	쪽수(수)	쪽수(공)	증거명칭	성명	참조사항 등	신청기일	증거의견 기일	증거의견 내용	증거결정 기일	증거결정 내용	증거조사기일	비고
1			26	판결문			2	2	○	기재생략			② 신청
2			생략	확정증명원			2	2	○				② 신청

서울중앙지방검찰청

2024. 4. 19.

사건번호	2024년 형제1789호		
수 신 자	서울중앙지방법원	발 신 자	
		검 사 엄정희	엄정희 (인)

제 목   공소장

아래와 같이 공소를 제기합니다.

7890

Ⅰ. 피고인 관련사항

1. 피 고 인   김갑동 (860112-1*****), 38세

　　　　　　　직업 회사원, 010-****-****

　　　　　　　주거 서울 마포구 마포대로 199 (아현동)

　　　　　　　등록기준지 (생략)

　　죄　명   폭력행위등처벌에관한법률위반(공동재물손괴등), 폭력행위등처벌에관한법률위반(공동주거침입), 사기, 여신전문금융업법위반, 명예훼손

　　적용법조   폭력행위 등 처벌에 관한 법률 제2조 제2항 제1호, 형법 제366조, 제319조, 제347조 제1항, 여신전문금융업법 제70조 제1항 제3호, 형법 제307조 제2항, 제37조, 제38조

　　구속여부   불구속

　　변 호 인   법무법인 나라 담당변호사 정명변

2. 피 고 인   이을남 (850107-1******), 39세

　　　　　　　직업 자영업, 010-****-****

　　　　　　　주거 서울 중구 서소문로11길 34 (서소문동)

　　　　　　　등록기준지 (생략)

　　죄　명   폭력행위등처벌에관한법률위반(공동재물손괴등), 폭력행위등처벌에관한법률위반(공동주거침입), 교통사고처리특례법위반(치상), 도로교통법위반(음주운전), 도로교통법위반(무면허운전)

　　적용법조   폭력행위 등 처벌에 관한 법률 제2조 제2항 제1호, 형법 제366조,

제319조, 교통사고처리 특례법 제3조 제1항, 제2항 단서 제7호, 제8호, 형법 제268조, 도로교통법 제148조의2 제3항 제2호, 제44조 제1항, 제152조 제1호, 제43조, 형법 제40조, 제37조, 제38조

　　　구속여부　　　불구속
　　　변 호 인　　　법무법인 세계 담당변호사 설득희

Ⅱ. 공소사실

1. 피고인들의 공동범행

가. 폭력행위등처벌에관한법률위반(공동재물손괴등)

피고인 김갑동은 피해자 정영이의 전 남편이다.

피고인 김갑동은 피해자와의 부부 사이가 악화되면서 2023. 8. 말경부터는 집을 나와 생활하고 있었다. 피고인 김갑동은 추석연휴를 맞이하여 고향에 내려가기 전 피해자가 살고 있는 집에 들러 짐을 가지러 가기로 하고, 친구인 피고인 이을남에게 함께 가 줄 것을 요청하였다.

피고인들은 2023. 9. 20. 21:50경 서울 강남구 논현로 100, 304동 2001호(논현동, 삼익아파트)에 있는 피해자의 주거지에서, 약 10분간 현관문을 두드렸으나 그 안에 있던 피해자의 동생 정순이가 걸쇠를 건 상태로 문을 열고 '돌아가라'고 말하자, 함께 손으로 문고리를 잡아 흔들고, 문을 수차례 발로 차 체인형 걸쇠를 망가뜨려 현관문에서 떨어져 나가게 하였다.

이로써 피고인들은 공동하여 피해자 소유인 30만 원 상당의 걸쇠를 손괴하여 그 효용을 해하였다.

나. 폭력행위등처벌에관한법률위반(공동주거침입)

피고인들은 전항과 같은 일시에 전항과 같은 장소에서 걸쇠가 파손되어 문이 열리자, 위 피해자의 주거지 안방까지 들어가 공동하여 피해자의 주거에 침입하였다.

2. 피고인 김갑동

가. 사기 및 여신전문금융업법위반

피고인은 2023. 9. 21. 20:40경 고양시 일산동구 고양대로7080번길 1, 3층(식사동)에 있는 피해자 강흥부가 운영하는 '순수노래빠' 유흥주점에서 술값 25만 원을 지불하면서 절취한 정영이 명의의 신한 신용카드를 마치 자신의 것처럼 제시하여 결제한 것을 비롯하여, 별지 범죄일람표 기재와 같이 총 6회에 걸쳐 위 신용카드로 결제하였다.

나. 명예훼손

피고인은 2023. 9. 20. 22:00경 위 제1의 가항 기재 장소에서 피해자 정영이의 동생 정순이와 이을남이 듣는 가운데, '정영이는 불륜관계인 다른 남자의 아이를 임신하여 나 몰래 병원에 가서 중절수술을 받았다.'라고 이야기하였다.

그러나 사실 피해자는 다른 남성과 사이에 임신을 하거나 피고인 몰래 임신 중절수술을 받은 사실이 없었다.

이로써 피고인은 공연히 허위사실을 적시하여 피해자의 명예를 훼손하였다.

3. 피고인 이을남

가. 교통사고처리특례법위반(치상)

피고인은 30라1234호 그랜저 승용차의 운전업무에 종사하는 사람이다.

피고인은 2023. 12. 27. 22:32경 자동차운전면허를 받지 아니하고 서울 강남구 봉은사로 442 앞 도로를 혈중알코올농도 0.132%의 술에 취한 상태로 위 그랜저 승용차를 운전하여 삼성중앙역 방면에서 선정릉역 방면으로 1차로를 따라 시속 약 60km로 진행하게 되었다.

당시는 야간이고 그곳은 신호기가 설치된 곳이므로, 이러한 경우 운전업무에 종사하는 사람으로서는 진행방향의 전방 및 좌우를 잘 살피고 조향과 제동장치를 정확하게 조작하는 등 안전하게 운전하여 사고를 미리 방지하여야 할 업무상 주의의무가 있었다.

그럼에도 피고인은 술에 취하여 이를 게을리 한 채 제동장치를 제대로 조작하지 못하고 그대로 진행한 과실로, 앞서 진행하다 신호대기로 정차하고 있던 피해자 정직한(39세)이 운전하는 41파9876 BMW 승용차의 뒷 범퍼 부분을 피고인이 운전하는 승용차의 앞 범퍼 부분으로 들이받았다.

결국 피고인은 피해자 정직한에게 약 2주간의 치료가 필요한 경추의 염좌 및 긴장 등의 상해를, 위 BMW 자동차의 동승자인 피해자 조용희(여, 38세)에게 약 2주간의 치료가 필요한 뇌진탕 등의 상해를 각각 입게 하였다.

나. 도로교통법위반(음주운전), 도로교통법위반(무면허운전)

피고인은 위 가항 기재 일시경 자동차운전면허를 받지 아니하고 서울 강남구 신사동에 있는 공영주차장 인근 도로에서부터 같은 구 봉은사로 442 앞 도로에 이르기까지 약 3.1㎞ 구간에서 혈중알코올농도 0.132%의 술에 취한 상태로 30라1234호 그랜저 승용차를 운전하였다.

III. 첨부서류 (각 첨부 생략)
1. 변호인선임신고서 2통 (첨부 생략)

별지

범 죄 일 람 표

순번	일시	결제장소	피해자	결제금액(원)
1	2023. 9. 21. 20:40경	고양시 일산동구 고양대로7080번길 1, 3층 (식사동) 순수노래빠 단란주점	강○○	250,000
2	2023. 9. 24. 23:21경	고양시 덕양구 은빛로 888, 지하1층 (화정동) 백조노래방	김○○	37,000
3	2023. 10. 2. 00:15경	고양시 일산동구 호수로 369, 1층 (마두동) 뻔뻔비어킹 호프집	최○○	49,000
4	2023. 12. 13. 21:23경	고양시 일산서구 미래로 999, 1층 (덕이동) 왕맛있어 왕족발	왕○○	51,500
5	2023. 12. 16. 17:30경	고양시 일산동구 호수로 26-44 (토당동) GS편의점	유○○	13,000
6	2023. 12. 29. 19:47경	고양시 덕양구 원당로123번길 1, 지하1층 (주교동) 달빛별빛 단란주점	박○○	340,000
				740,500

끝.

서울중앙지방법원
공판조서

제 1 회

사　　　건	2024고단7890 폭력행위등처벌에관한법률위반(공동재물손괴등) 등	
판　　　사	공명정	기　　일 : 2024. 5. 7. 10:00
		장　　소 : 제202호 법정
		공개여부 : 공개
법 원 주 사	명정대	고 지 된
		다음기일 : 2024. 6. 4. 14:00
피 고 인	1. 김갑동	각 출석
	2. 이을남	
검　　　사	정의감	출석
변 호 인	법무법인 나라 담당변호사 정명변(피고인 1을 위하여)	각 출석
	법무법인 세계 담당변호사 설득희(피고인 2를 위하여)	

판　사

　　피고인들은 진술을 하지 아니하거나 각개의 물음에 대하여 진술을 거부할 수 있고, 이익되는 사실을 진술할 수 있음을 고지

재판장의 인정신문

　　성　　　　명 : 김갑동, 이을남
　　주민등록번호, 직업, 주거, 등록기준지 : 각 공소장 기재와 같음

판　사

　　피고인들에 대하여
　　주소가 변경될 경우에는 이를 법원에 보고할 것을 명하고, 소재가 확인되지 않을 때에는 그 진술 없이 재판할 경우가 있음을 경고

검　사

　　공소장에 의하여 공소사실, 죄명, 적용법조 낭독

피고인 김갑동

　　공소사실 제1의 가., 나.항의 경우 정영이의 집은 제 집이기도 한데, 처제 정순이가 문을 안 열어줘서 억지로 들어가려다가 현관문 걸쇠가 부서진 것일 뿐입니

다. 공소사실 제2의 나.항의 경우 경찰 조사를 받으면서 정영이가 저에 대한 처벌을 원하지 않는다는 의사를 밝힌 것으로 알고 있습니다. 또한, 이을남은 정영이의 오래된 친구이기도 합니다. 따라서 이을남과 정영이의 동생 정순이가 제가 하는 말을 들었다 하더라도 퍼져나갈 리가 없습니다. 나머지 공소사실은 인정합니다.

피고인 김갑동의 변호인

피고인을 위하여 유리한 변론을 하다(변론기재 생략).

피고인 이을남

공소사실 제1의 가.항과 관련하여 제가 직접 문고리를 잡고 흔들거나 현관문을 발로 세게 찬 사실이 없습니다. 제1의 나.항과 관련하여서도 정영이의 집에 들어가기는 하였지만, 김갑동이 무작정 정영이의 집에 들어가는 것을 말리러 들어간 것일 뿐이기 때문에 억울합니다. 제3의 나.항 중 음주운전 관련하여 제가 정신을 잃고 있어서 채혈을 한 것도 몰랐다는 점을 참작해 주시기 바랍니다.

피고인 이을남의 변호인

피고인을 위하여 유리한 변론을 하다(변론기재 생략).

재판장

증거조사를 하겠다고 고지

증거관계 별지와 같음(검사)

재판장

채혈 관련하여 사후영장을 발부받았는지 검사에게 석명을 구함

검사

처의 동의를 받았으므로 별도의 영장을 발부받은 사실은 없다고 답변

재판장

각 증거조사 결과에 대하여 의견을 묻고 권리를 보호하는 데에 필요한 증거조사를 신청할 수 있음을 고지

소송관계인

별 의견 없다고 진술

재판장

변론속행(증인신문을 위하여)

2024. 5. 7.

법원주사　　　　명정대　㊞

판　　사　　　　공명정　㊞

서울중앙지방법원
공판조서

제 2 회

사 건	2024고단7890 폭력행위등처벌에관한법률위반(공동재물손괴등) 등	
판 사	공명정	기 일 : 2024. 6. 4. 14:00
		장 소 : 제202호 법정
		공개여부 : 공개
법원주사	명정대	고 지 된
		다음기일 : 2024. 7. 11. 14:00
피 고 인	1. 김갑동	각 출석
	2. 이을남	
검 사	정의감	출석
변 호 인	법무법인 나라 담당변호사 정명변(피고인 1을 위하여)	각 출석
	법무법인 세계 담당변호사 설득희(피고인 2를 위하여)	
증 인	정영이	출석
	정순이	출석
	최목격	출석
	김갑동	출석

판 사
　　전회 공판심리에 관한 주요사항의 요지를 공판조서에 의하여 고지

소송관계인
　　변경할 점이나 이의할 점이 없다고 진술

판 사
　　증거조사를 하겠다고 고지
　　출석한 증인 정영이, 정순이, 최목격을 별지와 같이 신문
　　피고인 김갑동에 대한 변론을 분리하겠다고 고지
　　출석한 증인 김갑동을 별지와 같이 신문
　　피고인 김갑동에 대한 변론을 병합한다고 고지

증거관계 별지와 같음(검사, 피고인 이을남의 변호인)

판　사

　　각 증거조사 결과에 대하여 의견을 묻고 권리를 보호하는 데에 필요한 증거
　　조사를 신청할 수 있음을 고지

소송관계인

　　별 의견 없다고 진술

재판장

　　변론속행(증인 정순이에 대한 반대신문 등 증거조사를 위하여)

2024. 6. 4.

법원주사　　　　명정대 ㊞

판　　사　　　　공명정 ㊞

서 울 중 앙 지 방 법 원
증인신문조서(제2회 공판조서의 일부)

사　　건　　　2024고단7890 폭력행위등처벌에관한법률위반(공동재물손괴등) 등
증　　인　　　이　름　　　정영이
　　　　　　　생년월일 및 주거 (각 생략)

판　사

위증의 벌 경고, 선서 부분, 다른 증인 퇴정 부분, 증언거부권 부분 (각 생략)

검　사

　　증인에게

문　김갑동과 이을남이 2023. 9. 20. 21:50경 논현동 삼익아파트 304동 2001호에 있는 증인의 집에 찾아와 현관문 걸쇠를 망가뜨리고 집안까지 들어간 사실이 있지요.
답　네. 그렇습니다.
문　당시 집안에 있던 증인의 동생 정순이가 걸쇠를 건 상태로 문을 열고 돌아가라고 말하였지만, 김갑동, 이을남이 문고리를 잡아 흔들고 문을 발로 세게 차 걸쇠를 망가뜨린 것이지요.
답　네, 정순이가 집에 왔길래 정순이를 집에 두고 현금도 좀 인출하고 먹을 것도 사러 편의점에 간 사이에, 김갑동, 이을남이 찾아와 현관문을 발로 차고 문고리를 잡아 흔들어 걸쇠를 망가뜨렸다고 정순이가 말해주었습니다. 집에 와보니 현관문 걸쇠가 망가져 있었고, 안방 화장대 위에 올려둔 카드지갑이 사라진 상태였습니다.
문　없어진 물건은 정확히 무엇인가요.
답　샤넬 카드지갑과 그 안에 들어있던 신한 신용카드입니다. 설마 그걸 가져가서 쓸까 싶어 대수롭지 않게 생각하였는데, 김갑동이 그걸 가지고 다니면서 여러 차례 쓴 것을 알게 되었습니다.
문　김갑동이 2023. 9. 20. 22:00경 증인의 집에서 이을남, 정순이가 듣는 가운데, '정영이가 불륜을 하여 임신하였고, 나 몰래 중절수술을 받았다'고 말한 사실이 있나요.
답　네, 정순이가 듣고 너무 놀라 진짜냐며 물어보았습니다. 사실 제가 자궁에 혹이 있어 수술을 받느라 며칠 입원을 했던 것인데, 그렇게 말하고 다녔다니 너무 화가 났습니다. 실제로 며칠 전에 다른 대학동창이 전화가 왔는데 이을남으로부터 그런 소문을 들었다는 말을 하더라구요.

문   증인은 피고인과 합의하였나요.
답   따로 합의한 것은 아니고, 김갑동이 조금 짠한 생각이 들어 경찰 진술 시 '법이 허용하는 한도에서 선처해 달라'고 말하였는데, 생각할수록 화가 납니다. 김갑동과 합의할 생각이 전혀 없으니, 엄벌해 주십시오.

2024. 6. 4.

법 원 주 사   명정대 ㊞
판   사   공명정 ㊞

서울중앙지방법원
증인신문조서 (제2회 공판조서의 일부)

사　　건　　　2024고단7890　폭력행위등처벌에관한법률위반(공동재물손괴등) 등
증　　인　　이　름　　　정순이
　　　　　　　생년월일 및 주거 (각 생략)

판 사

　　위증의 벌 경고, 선서 부분, 다른 증인 퇴정 부분, 증언거부권 부분 (각 생략)

검 사

　　증인에게

문　증인이 정영이의 집에 혼자 있던 2023. 9. 20. 21:50경 김갑동, 이을남이 찾아온 사실이 있지요.

답　네. 그렇습니다.

문　문을 열어주었나요.

답　아니오. 언니가 싫어할 것 같아 걸쇠를 건 상태로 문을 열고 돌아가라고 말했습니다. 그랬더니 갑자기 현관문을 막 발로 차고, 문고리를 잡아 흔들어 걸쇠를 망가뜨리고 무작정 들어오더라고요.

문　증인은 김갑동이 '정영이가 불륜을 저질러 임신했고, 나 몰래 임신중절수술을 받았다'고 말하는 것을 들었나요.

답　네. 처음에 너무 놀라서 언니한테 물어보았더니, 언니가 수술을 받은 것을 두고 그렇게 말한 것이라 하더라고요. 언니가 아파서 크게 고생하였는데, 그렇게 말하다니 용서할 수 없습니다.

이때 검사는 수사기록에 편철된 사법경찰리가 작성한 증인에 대한 진술조서를 보여주고 열람하게 한 후,

문　위 각 서류는 증인이 경찰에서 조사받으면서 진술한 내용을 기재한 것인데, 증인은 그 당시 사실대로 진술한 후 읽어보고 서명, 날인한 사실이 있고, 그때 증인이 작성하거나, 사법경찰리에게 진술한 내용과 동일하게 기재되어 있나요.

답　네. 그렇습니다.

피고인 이을남의 변호인

　　증인에게

문　증인은 김갑동과 이을남이 함께 문고리를 세게 잡아 흔들고 발로 차 걸쇠를 망가뜨리고 집에 들어오는 것을 직접 보았나요.

답　재판장님, 두통이 너무 심해서 답변이 어려울 것 같습니다. 재판장님께서 허락하시면, 다음 기일에 다시 나와 증언해도 되겠습니까.

판　사

문　현재 두통이 너무 심해서 증언할 수 없는 상태인가요.

답　예.

문　그럼 다음 기일에 출석해서 반대신문에 답변하겠습니까.

답　예, 꼭 출석해서 반대신문에 답변하도록 하겠습니다.

　　　　　　　　　　　　2024. 6. 4.

　　　　　　　법 원 주 사　　　　명정대 ㊞
　　　　　　　판　　　　사　　　　공명정 ㊞

서울중앙지방법원
증인신문조서(제2회 공판조서의 일부)

사 건	2024고단7890 폭력행위등처벌에관한법률위반(공동재물손괴등) 등
증 인	이 름 최목격
	생년월일 및 주거 (각 생략)

판 사

위증의 벌 경고, 선서 부분, 증언거부권 부분 (각 생략)

검 사

증인에게

문 증인은 2019년 이전부터 정영이의 옆집에 살고 있지요.

답 네. 논현동 삼익아파트 304동 2002호에 살고 있습니다. 정영이, 김갑동 부부는 2019년쯤 이사 온 것으로 기억합니다. 친하지는 않았지만, 그 부부와 인사는 하고 지냈습니다.

문 증인은 2023. 9. 20. 21:50경 김갑동, 이을남이 정영이의 집에 찾아와 문을 열라고 난동을 피웠던 사건에 관하여 알고 있나요.

답 네. 문밖이 소란스러워서 밖에 나가보지는 못하고 집 안에서 현관문에 귀를 대고 들어보았더니, 문을 열라고 소리치는 소리, 현관문을 발로 쾅쾅 세차게 차는 소리, 문고리를 잡아당겨 현관문이 걸쇠만 걸린 채 열렸다 닫혔다 하는 소리 등이 들렸습니다.

문 그와 같이 난동을 부린 사람이 한 사람인지, 두 사람인지 알 수 있었나요.

답 음.. 확실하지는 않지만, 한 사람이 냈다고 보기에는 소리가 크고, 잦고, 오랜 시간 지속되었던 것 같습니다.

이때 검사는 수사기록에 편철된 검사가 작성한 수사보고(최목격 진술 청취)(증거목록 32번)를 보여주고 열람하게 한 후,

문 위 서류는 증인이 검찰에서 조사받으면서 진술한 내용을 기재한 것인데, 증인은 그 당시 사실대로 진술하였고, 그때 진술한 내용과 동일하게 기재되어 있나요.

답 네. 그렇습니다.

피고인 이을남의 변호인

　　증인에게

문　증인이 직접 문 밖에 나와 이을남이 현관문을 발로 차거나 문고리를 잡아당기는 것을 본 것은 아니지요.

답　네. 소리만 들은 것입니다.

문　그런데 증인은 어떻게 두 사람이 낸 소리라고 단정하는 것인가요.

답　누군가가 '너도 힘 좀 내봐', '이제 다 됐다', '들어가자'라는 말소리가 들렸던 것으로 보아 둘이 합심하여 문을 열려고 한 것으로 생각하였습니다.

　　　　　　　　　　　2024. 6. 4.

　　　　　　　　법 원 주 사　　　　명정대 ㉑

　　　　　　　　판　　　　사　　　　공명정 ㉑

서울중앙지방법원
증인신문조서 (제2회 공판조서의 일부)

사 건 2024고단7890 폭력행위등처벌에관한법률위반(공동재물손괴등) 등
증 인 이 름   김갑동
       생년월일 및 주거 (각 생략)

판 사
위증의 벌 경고, 선서 부분, 증언거부권 부분 (각 생략)

검 사
증인에게

문 피고인은 2023. 9. 20. 21:50경 이을남과 함께 정영이의 집을 찾아갔는데 집 안에 있던 정영이의 동생 정순이가 걸쇠를 건 상태에서 문을 열고 '돌아가라'고 말하자, 현관문 고리를 잡아당기고 발로 현관문을 세게 차서 현관문 걸쇠를 망가뜨리고, 문이 열리자 그 집 안방까지 들어간 사실이 있지요.

답 네. 그렇습니다.

문 아무리 정영이와 공동소유로 되어 있는 집이라도 현관문 걸쇠를 망가뜨리면서까지 들어가서는 안 되는 것 아닌가요.

답 정영이가 살고 있는 집은 사건일 기준으로 불과 3주 전까지 제가 살던 집이기도 합니다. 그러니 제 집 현관문에 달려 있던 걸쇠도 제 것이라 할 것입니다. 급하게 집을 나오느라 미처 챙기지 못한 짐을 가지러 간 것일 뿐인데, 잠시 들른 처제가 현관문을 열어주지 않는 것 자체가 잘못된 것 같습니다.

문 이을남도 증인과 함께 걸쇠를 망가뜨리거나 정영이의 집 안까지 들어갔나요.

답 네. 제가 정영이의 집 문고리를 잡아 흔들 때 이을남은 현관문을 발로 차고 있었고, 제가 힘이 빠져 문고리를 놓으니 이을남이 정순이에게 문을 열라고 소리치며 문고리를 잡아 당겼습니다.

이때 검사는 수사기록에 편철된 사법경찰리와 검사가 각 작성한 증인에 대한 피의자신문조서를 보여주고 열람하게 한 후,

문 위 각 서류는 증인이 경찰과 검찰에서 조사받으면서 진술한 내용을 기재한 것인데, 증인은 그 당시 사실대로 진술한 후 읽어보고 서명, 날인한 사실이 있고, 그때 사법경찰리, 검사에게 진술한 내용과 동일하게 기재되어 있나요.

답 네. 그렇습니다.

피고인 이을남의 변호인

증인에게

문   이을남은 왜 증인과 함께 정영이의 집에 간 것인가요.

답   이을남은 저의 고향 친구이기도 하지만 정영이의 대학동기이기도 합니다. 이을남과 사건 당일에 저녁을 함께 먹었는데, 제가 정영이의 집에 짐을 가지러 간다 하니 따라온 것입니다.

문   증인은 수사기관에서는 이을남이 어떻게 행동하였는지 잘 모르겠다는 취지로 진술하였는데, 오늘은 이을남의 가담 행동이 자세히 기억나는 것인가요.

답   예, 수사를 받고 나서 곰곰이 생각해보니 이을남이 어떻게 했는지 기억이 나더라구요.

2024. 6. 4.

법 원 주 사   명정대 ㉑
판   사   공명정 ㉑

증 거 신 청 서

사건번호   2024고단7890 폭력행위등처벌에관한법률위반(공동재물손괴등) 등
피고인   이을남

 이 사건 공소사실 중 도로교통법위반(무면허운전)에 관하여, 피고인 이을남의 변호인은 위 피고인의 이익을 위하여 다음과 같이 증거를 제출합니다.

다 음

1. 판결문 1부(서울중앙지방법원 2024. 5. 8. 선고 2023고단12345 판결)
2. 확정증명원 1부(생략, 위 서울중앙지방법원 2023고단12345 판결이 2024. 5. 16. 확정되었다는 내용)

2024. 6. 4.

법무법인 세계
담당변호사 설득희 ㊞

서울중앙지방법원 제16형사단독 귀중

서울중앙지방법원
판 결

> 2024. 5. 16. 항소기간도과
> 2024. 5. 16. 확정
> 서울중앙지방검찰청

사　　　건　　2023고단12345 도로교통법위반(음주운전)
피　고　인　　이을남 (850107-1******), 자영업
　　　　　　　주거, 등록기준지, 검사, 변호인 각 생략
판 결 선 고　　2024. 5. 8.

> 위 등본임
> 2024. 6. 3.
> 검찰주사 강정의 ㉞

주　　문

피고인은 무죄.
이 판결의 요지를 공시한다.

이　　유

1. 공소사실의 요지

피고인은 2023. 7. 7. 22:30경 서울 마포구 마포대로 174 앞 도로에서 서울 중구 세종대로 11 앞 도로에 이르기까지 약 4km 구간에서 혈중알코올농도 0.104%의 술에 취한 상태로 30라1234호 그랜저 승용차를 운전하였다.

2. 판단
(생략)

3. 결론

이 사건 공소사실은 범죄의 증명이 없는 경우에 해당하므로, 형사소송법 제325조 후단에 따라 무죄를 선고하고, 무죄판결의 요지를 공시하기로 한다.

[이하 판사 성명 및 서명 생략]

서울중앙지방법원
공판조서

제 5 회

사 건	2024고단7890 폭력행위등처벌에관한법률위반(공동재물손괴등) 등	
판 사	공명정	기 일 : 2024. 9. 19. 14:00
		장 소 : 제202호 법정
		공개여부 : 공개
법원주사	명정대	고 지 된
		다음기일 : 2024. 10. 22. 14:00
피 고 인	1. 김갑동	각 출석
	2. 이을남	
검 사	정의감	출석
변 호 인	법무법인 나라 담당변호사 정명변(피고인 1을 위하여)	각 출석
	법무법인 세계 담당변호사 설득희(피고인 2를 위하여)	
증 인	정순이	불출석

판 사
전회 공판심리에 관한 주요사항의 요지를 공판조서에 의하여 고지

소송관계인
변경할 점이나 이의할 점이 없다고 진술

판 사
증인 정순이가 계속하여 출석하지 않으므로, 더 이상 소환하지 아니하고 증거조사를 마치겠다고 고지

피고인 이을남의 변호인
증인 정순이에 대한 반대신문이 이루어지지 않았으므로 증인 정순이의 증언은 믿을 수 없다고 진술

판 사
증거조사를 마치고 피고인신문을 하겠다고 고지

피고인 김갑동에게,

검 사

문   현재 피고인과 피해자 정영이와의 관계는 어떠한가요.

답   제가 작년 8월 말에 집을 나와 그 무렵부터 별거하였고, 현재 이혼한 상태입니다.

문   피고인은 2023. 9. 20. 22:00경 정영이의 집 안방까지 들어가 카드지갑을 몰래 가져가 다음 날인 2023. 9. 21. 20:40경부터 6회에 걸쳐 그 안에 들어 있던 신용카드를 사용한 사실이 있지요.

답   제가 정영이의 신용카드를 사용한 것은 사실입니다. 하지만 저는 얼마 전에 정영이의 신용카드를 사용했다고 벌금형을 받았기 때문에 또다시 처벌받는 것은 억울합니다.

문   피고인은 2023. 9. 20. 22:00경 피해자 정영이의 거주지에서 정순이, 이을남이 듣는 가운데, '정영이가 바람을 피워 임신을 하였고, 나 몰래 중절수술을 받았다'고 말한 적이 있지요.

답   네. 그렇게 말한 적은 있습니다. 다만, 정영이가 경찰조사를 받으면서 저에 대해 선처해 달라고 말하였습니다. 그리고 이을남은 정영이의 대학동창이므로, 그런 얘기를 듣더라도 다른 사람들에게 말할 것 같지는 않았습니다. 경솔하게 말한 것은 잘못했습니다.

피고인 이을남에게,

검 사

문   피고인은 2023. 9. 20. 21:50경 김갑동과 함께 정영이의 집에 찾아가 현관문 걸쇠를 망가뜨리고 정영이의 집 안으로 들어간 사실이 있지요.

답   제가 김갑동을 따라 정영이의 집까지 가기는 했지만, 현관문을 발로 차거나 문고리를 잡아 흔든 적은 없습니다. 오히려 김갑동이 현관문을 발로 차고 문고리를 잡고 흔드는 것을 말렸을 뿐입니다. 또한, 김갑동을 따라 정영이의 집에 들어가기는 했지만, 이 또한 김갑동이 무작정 그 집에 들어가 정순이와 실랑이할 것이 걱정되어 말리러 들어갔을 뿐입니다.

문   피고인은 2023. 12. 27. 22:32경 혈중알코올농도 0.132%의 술에 취한 상태에서 피고인의 그랜저 승용차를 운전하여 서울 강남구 봉은사로 442 앞 도로를 삼성중앙역 방면에서 선정릉역 방면으로 1차로를 따라 시속 60km로 운행하다가 정지신호를 제대로 보지 않고 그대로 진행한 과실로 전방에서 신호대기로 정차하고 있던 BMW 차량을 충격하였고, 그 차량 운전자 정직한과 동승자 조용희에게 각각 2주간의 치료를 요하는 상해를 입힌 사실이 있지요.

답   네. 맞습니다.

문   피고인은 당시 운전면허가 있었나요.

답   사실은 제가 작년에 음주운전 혐의로 면허가 취소된 상태였는데, 얼마 전 법원에서 무죄 확정판결을 받아 오늘 그 판결문을 제출하였습니다.
문   그래서 지금 자동차운전면허 취소처분이 다시 취소가 되었나요.
답   아니오. 아직 취소되지 않았습니다.

판 사

피고인신문을 마쳤음을 고지

재판장

변론속행(변론 준비를 위한 변호인들의 요청으로)

2024. 9. 19.

법원주사   명정대 ㊞
판   사   공명정 ㊞

				제	1	책
				제	1	권

서울중앙지방법원
증거서류등(검사)

사건번호	2024고단7890	담임	제16단독	주심	가
사건명	가. 폭력행위등처벌에관한법률위반(공동재물손괴등) 나. 폭력행위등처벌에관한법률위반(공동주거침입) 다. 사기 라. 여신전문금융업법위반 마. 명예훼손 바. 교통사고처리특례법위반(치상) 사. 도로교통법위반(음주운전) 아. 도로교통법위반(무면허운전)				
검 사	엄정희			2024형제1789호	
피고인	1. 가. 나. 다. 라. 마. 김갑동 2. 가. 나. 바. 사. 아. 이을남				
공소제기일	2024. 4. 19.				
1심 선고	20 . .	항소		20 . .	
2심 선고	20 . .	상고		20 . .	
확 정	20 . .	보존			

				제 1 책	
				제 1 권	

구공판	서울중앙지방검찰청 증 거 기 록				
검 찰	사건번호	2024년 형제1789호	법원	사건번호	2024고단7890
	검 사	엄정희		판 사	
피 고 인	1. 가. 나. 다. 라. 마. 김갑동 2. 가. 나. 바. 사. 아. 이을남				
죄 명	가. 폭력행위등처벌에관한법률위반(공동재물손괴등) 나. 폭력행위등처벌에관한법률위반(공동주거침입) 다. 사기 라. 여신전문금융업법위반 마. 명예훼손 바. 교통사고처리특례법위반(치상) 사. 도로교통법위반(음주운전) 아. 도로교통법위반(무면허운전)				
공소제기일	2024. 4. 19.				
구 속	불구속			석 방	
변 호 인					
증 거 물					
비 고					

진 술 조 서

성   명 :   정영이

주민등록번호, 직업, 주소, 연락처 등은 생략

위의 사람은 김갑동, 이을남에 대한 폭력행위등처벌에관한법률위반(공동재물손괴 등) 등 피의사건에 관하여 2023. 12. 18. 서울강남경찰서에 임의출석하여 다음과 같이 진술하다.

[피의자와의 관계, 피의사실과의 관계 등(생략)]

이때 사법경찰관은 진술인 정영이를 상대로 다음과 같이 문답하다.

문   진술인은 피의자 김갑동, 이을남에 대하여 사기 등으로 2023. 11. 24.경 고소장을 제출한 사실이 있는가요.

답   네. 있습니다.

문   고소의 요지는 무엇인가요.

답   김갑동과 저는 2019. 9.에 결혼하였는데, 김갑동은 평소 술버릇이 아주 좋지 않아 저와 불화가 심하였고, 2023. 8. 말경부터는 김갑동이 집을 나가 별거를 시작하였습니다. 그런데 제 동생 정순이가 2023. 9. 20. 저녁에 잠시 집에 들렀길래 정순이를 집에 두고 잠시 편의점에 간 사이 김갑동, 이을남이 저희 집에 찾아왔습니다. 정순이가 걸쇠를 건 채 문을 열고 돌아가라고 말하자, 김갑동, 이을남이 문고리를 수차례 잡아당기고 현관문을 발로 세게 차서 현관문 걸쇠를 망가뜨리고 무작정 집 안으로 들어왔다고 합니다.

이때 사법경찰관은 진술인으로부터 '가족관계증명서'를 제출받아 조서 말미에 편철하다.

문   당시 진술인은 집에 없었던 것인가요

답   네. 제가 22:20경 돌아와 보니 현관문이 열려 있고, 현관문에 걸려 있던 체인형 걸쇠도 바닥에 떨어져 있더라고요. 정순이에게 어떻게 된 일인지 물었더니 김갑동, 이을남이 막무가내로 문고리를 잡아 흔들어 걸쇠를 부순 뒤에 집으로 들어왔다고 합니다.

문   현재 살고 있는 집의 소유자는 누구인가요.

답   저와 김갑동의 공동소유입니다. 결혼하면서 구입한 것이고 1/2씩 비용을 부담하였기 때문에 1/2 지분씩 공동소유로 하였습니다.

이때 사법경찰관은 진술인으로부터 '등기사항전부증명서'를 제출받아 조서 말미에 편철하다.

문   부서진 현관문 걸쇠는 누구의 소유이고, 가격이 어떻게 되는가요.

답　집을 구입할 때부터 설치되어 있던 것이고, 수리비가 30만 원 들었습니다.

이때 사법경찰관은 진술인으로부터 '영수증'을 제출받아 조서 말미에 편철하다.

문　김갑동이 2023. 9. 20. 22:00경 진술인의 집 안에서 이을남, 정순이가 듣는 가운데, '정영이가 불륜을 하여 임신을 하였고, 나 몰래 임신중절수술을 하였다'는 말을 하였다는데 맞나요.

답　네. 제가 집에 돌아오기 전에 그런 말을 하였다는데, 정순이가 너무 놀라 저한테 맞냐고 물어보더라고요.

문　진술인이 실제로 임신중절수술을 받은 것은 아니지요.

답　2023년 초부터 아랫배가 욱신거리는 기분이 들어 산부인과 검진을 갔더니 자궁에 혹이 크게 있다고 하여 급하게 수술을 받은 것입니다. 심지어 김갑동은 별거하기 전부터 제가 아랫배가 아파 산부인과 검사 좀 받아봐야겠다고 말하는 것도 들은 적이 있습니다.

이때 사법경찰관은 진술인으로부터 '진단서', '입퇴원확인서'를 각 제출받아 조서 말미에 편철하다.

문　더 이상 하고 싶은 말이 있는가요.

답　제가 고소장에는 적지 않았는데, 김갑동이 저희 집에 왔던 2023. 9. 20.경 저희 집 안방까지 들어가 화장대 위에 있던 저의 샤넬 카드지갑을 훔쳐갔고, 그 안에 들어있던 신용카드를 쓰고 돌아다녔습니다.

이때 사법경찰관은 진술인으로부터 '결제안내문자 캡처사진'을 제출받아 조서 말미에 편철하다.

문　이상의 진술은 사실인가요.

답　제가 고소장을 제출할 당시에는 너무 화가 많이 났습니다. 그런데 다시 생각해보니 저와 김갑동의 공동소유의 집인데 제가 너무 쫓아내다시피 한 것 같습니다. 지금 어디서 지내는지 모르겠지만 좀 짠한 마음이 들어서... 법이 허용하는 범위 내에서 김갑동이 최대한 선처를 받을 수 있도록 조치해 주시면 감사하겠습니다.

문　이상의 진술은 사실인가요.

답　네, 사실입니다. [인]

위의 조서를 진술자에게 열람하게 하였던바 진술한 대로 오기나 증감·변경할 것이 없다고 말하므로 간인한 후 서명 날인하게 하다.

진 술 자 　정영이 ㊞

2023. 12. 18.

서울강남경찰서

사법경찰관 경위 　최 경 위 ㊞

첨부 : 1. 가족관계증명서 1부(생략)

2. 등기사항전부증명서(정영이 주거지) 1부(생략)

3. 진단서 1부(생략)

4. 입퇴원 확인서 1부(생략)

5. 결제안내문자 캡처사진 1부(생략)

진 술 조 서

성   명 : 정순이

주민등록번호, 직업, 주소, 연락처 등은 생략

위의 사람은 김갑동, 이을남에 대한 폭력행위등처벌에관한법률위반(공동재물손괴등) 등 피의사건에 관하여 2023. 12. 18. 강남경찰서에 임의출석하여 다음과 같이 진술하다.

[피의자와의 관계, 피의사실과의 관계 등(생략)]

문   진술인은 김갑동, 이을남의 주거침입 당시 현장에 있었지요.

답   네. 있었습니다.

문   김갑동, 이을남이 2023. 9. 20. 21:50경 정영이의 집 현관문 걸쇠를 부수고, 집안으로 들어온 경위가 어떻게 되는가요.

답   그 집은 제 언니인 정영이와 형부 김갑동이 함께 살던 집인데, 김갑동이 집을 나간 후 제가 가끔 집에 찾아가곤 했습니다. 언니가 편의점에 잠시 나간 사이에 누가 초인종을 누르길래 인터폰으로 보니 형부와 이을남이어서 현관문 걸쇠를 건 채 현관문을 열고 돌아가라고 말했습니다. 그랬더니 김갑동, 이을남이 현관문을 세게 발로 차고 문고리를 여러 번 잡아당겨 걸쇠가 부서지게 했습니다. 그리고 집안으로 무작정 들어왔고요.

문   김갑동이 그 후 어떠한 행동을 했나요.

답   난데없이 언니가 불륜을 저질러 임신을 하고 자기 몰래 임신중절수술을 받았다고 말하더라고요. 진짜 너무 놀랐습니다.

문   김갑동은 정영이의 카드지갑도 가지고 나갔다고 하던데 알고 있는가요.

답   카드지갑을 훔쳐간 것은 몰랐습니다. 다만, 제가 김갑동이 하도 이상한 소리를 하기에 황당하여 이을남에게 우리 언니가 절대 그럴 사람이 아니라고 얘기를 하는 사이에 김갑동이 안방으로 들어갔다 나오는 것은 보았습니다.

문   이상 진술한 내용이 사실인가요.

답   네. 사실입니다. ㉑

위의 조서를 진술자에게 열람하게 하였던바 진술한 대로 오기나 증감·변경할 것이 없다고 말하므로 간인한 후 서명 날인하게 하다.

진 술 자   정순이 ㉑
2023. 12. 18.
서울강남경찰서
사법경찰관   경위   최 경 위 ㉑

서울강남경찰서

2024. 1. 2.

수신 : 경찰서장
참조 : 형사과장

제목 : 수사보고(업주들 진술청취 등)

○ 정영이로부터 제출받은 결제안내문자 캡처사진을 기초로, 피의자 김갑동이 정영이의 신용카드를 훔쳐 2023. 12. 29.까지 7차례 사용하였음을 확인하고, 2024. 1. 2. 위 신용카드가 결제된 업장의 업주들과 통화하였습니다.

○ 통화 결과 확인한 김갑동의 신용카드 사용내역을 아래와 같이 정리하였습니다.

순번	일시	결제장소	결제금액(원)
1	2023. 9. 21 20:40경	고양시 일산동구 고양대로7080번길 1, 3층 (식사동) 순수노래빠 단란주점 (대표 강흥부, 010-XXX-XXXX)	250,000
2	2023. 9. 24. 23:21경	고양시 덕양구 은빛로 888, 지하1층 (화정동) 백조노래방 (대표 김부자, 010-XXX-XXXX)	37,000
3	2023. 10. 2. 00:15경	고양시 일산동구 호수로 369, 1층 (마두동) 뻔뻔비어킹 호프집 (대표 최고야, 010-XXX-XXXX)	49,000
4	2023. 10. 8. 22:20경	고양시 일산동구 호수로 111, 1층 (장항동) CU편의점 (점장 강경희, 010-XXX-XXXX)	13,000
5	2023. 12. 13. 21:23경	고양시 일산서구 미래로 999, 1층 (덕이동) 왕맛있어 왕족발 (대표 왕대가, 010-XXX-XXXX)	51,500
6	2023. 12. 16. 17:30경	고양시 일산동구 호수로 26-44 (토당동) GS편의점 (점장 유친절, 010-XXX-XXXX)	13,000
7	2023. 12. 29. 19:47경	고양시 덕양구 원당로123번길 1, 지하1층 (주교동) 달빛별빛 단란주점 (대표 박환영, 010-XXX-XXXX)	340,000
			753,500

○ 다만, 김갑동이 2023. 10. 8. 22:20경 CU편의점에서 13,000원을 결제한 것과 관련하여(위 순번 4), CU편의점 점장 강경희는 '당시 김갑동의 행동이 다소 어색하여 CCTV를 다시 확인해 보니, 김갑동이 (정영이의 신용카드로 결제한 물건 외에) 여행용 세면도구 세트, 소주 2병을 몰래 숨겨 가지고 나간 것이 확인되어 바로 일산동부경찰서에 신고하였다'고 진술하였습니다.

○ 이에 확인해본 바, 김갑동이 2023. 12. 1. 의정부지방법원 고양지원에서 위와 같은 범죄사실 등으로 벌금 70만 원의 약식명령을 받았고, 위 약식명령이 같은 달 19.경 확정되었음을 확인하고 그 약식명령을 첨부하였기에 보고합니다.

○ 또한, 업주들과의 통화를 마친 후 김갑동이 결제한 금액에 관한 매출영수증과 김갑동의 업장 출입 장면이 녹화된 CCTV 캡처화면을 송부 받아 첨부하였음을 보고합니다.

첨부 : 1. 약식명령(의정부지방법원 고양지원 2023고약45021호) 1부
      2. 매출영수증 7매(생략)
      3. CCTV 캡처사진 7장(생략)

형사과 경위 최 경 위 ㊞

의정부지방법원 고양지원
약 식 명 령

사　　　건	2023고약45021 사기 등
	(2023형제11790)
피　고　인	김갑동 (860112-1******), 회사원
	주거, 등록기준지, 검사, 변호인 생략
주 형 과	피고인을 벌금 700,000(칠십만) 원에 처한다.
부 수 처 분	피고인이 위 벌금을 납입하지 아니하는 경우 금 100,000(일십만) 원을 1일로 환산한 기간 위 피고인을 노역장에 유치한다.
	피고인에 대하여 위 벌금에 상당한 금액의 가납을 명한다.
범 죄 사 실	별지 기재와 같다.
적 용 법 령	생략

2023. 12. 1.

판사　　나법관

2023. 12. 19. 확정
의정부지방검찰청 고양지청
검찰주사보 왕정확 ㊞

범 죄 사 실

위 등본임
2023. 12. 28.
검찰주사 구성실 ㊞

1. 사기 및 여신전문금융업법위반

피고인은 2023. 10. 8. 22:20경 고양시 일산동구 호수로 111, 1층(장항동)에 있는 피해자 강경희가 운영하는 CU편의점에서 맥주와 과자 13,000원 어치를 구입하면서 집에서 몰래 들고 나온 배우자 정영이의 신한 신용카드를 자신의 것처럼 제시하여 결제하였다.

이로써 피고인은 피해자를 기망하여 13,000원 상당의 재산상 이익을 취득하고, 도난당한 신용카드를 사용하였다.

2. 절도

피고인은 제1항 기재 일시, 장소에서 제1항 기재와 같이 정영이 명의의 신한 신용카드로 결제한 시가 합계 13,000원 상당의 맥주와 과자 외에, 여행용 세면도구 세트 1개와 소주 2병을 계산하지 않고 점퍼 안에 숨긴 채 들고 나왔다.

이로써 피고인은 피해자 강경희의 재물을 절취하였다.

진 술 서

성명	정 직 한		성별	남
연령	38세(1985. 5. 2.생)	주민등록번호	(생략)	

이하 생략

위의 사람은 피의자 이을남에 대한 교통사고처리특례법위반(치상) 사건의 피해자로서 다음과 같이 임의로 자필 진술서를 작성 제출함

1. 저는 피의자 이을남으로부터 교통사고 피해를 당한 피해자입니다.
1. 저는 2023. 12. 27. 22:32경 41파9876 BMW 차량을 운전하여 서울 강남구 봉은사로 442 앞 도로를 삼성중앙역 방면에서 선정릉역 방면으로 1차로를 따라 운행하던 중 신호대기로 정차하고 있었습니다.
1. 그런데 갑자기 뒤에 따라오던 그랜저 차량이 정차하지 않고 그대로 충격하여 제 차 뒷 범퍼가 부서졌고, 저와 조수석에 타고 있던 제 처인 조용희는 순간 너무 놀라고 아팠습니다.
1. 사고 후 한참동안 가해차량 운전자가 내리지 않길래, 화도 나고 해서 제가 가해차량 쪽으로 가보았더니, 가해차량 운전석의 에어백이 터져 있었고, 운전자가 에어백에 얼굴을 파묻은 채 기절해 있었습니다. 술을 마셨는지 차문을 열자마자 술 냄새가 진동을 하였습니다.
1. 너무 놀라 즉시 119에 신고를 했고, 구급차가 와서 가해차량 운전자를 싣고 근처 서울성미병원으로 이송하였습니다.
1. 충격 직후에는 놀라서 그랬는지 아주 아픈 것 같지는 않았는데, 시간이 지날수록 통증이 심해져 병원에 가서 치료를 받아야 할 것 같습니다. 조수석에 앉아 있던 제 처 조용희도 자꾸 머리가 아프다고 하여 병원에 가볼 예정입니다. 병원 진단서는 발급 받는 대로 곧 제출할 예정입니다.
1. 이상은 모두 사실과 다름없습니다.

2023. 12. 28.

정 직 한 ⑨

진 술 조 서

성   명 : 강경찰

주민등록번호, 직업, 주소, 연락처 등은 생략

위의 사람은 이을남에 대한 교통사고처리특례법위반(치상) 등 피의사건에 관하여 2023. 12. 29. 서울강남경찰서에 임의출석하여 다음과 같이 진술하다.

[피의자와의 관계, 피의사실과의 관계 등(생략)]

이때 사법경찰관은 진술인 강경찰을 상대로 다음과 같이 문답하다.

문   진술인은 2023. 12. 27. 22:35경 정직한의 신고를 받고 서울 강남구 봉은사로 442 앞 도로에서 발생한 교통사고 현장에 출동하였지요.

답   네. 그렇습니다.

문   정직한의 신고내용이 무엇이었나요.

답   지금 교통사고가 났는데, 가해차량 운전자가 기절해 있어 119에 신고하였고, 술도 마신 것 같으니 빨리 와 주셔야 할 것 같다는 내용이었습니다.

문   현장에 출동하니 상황이 어떠하던가요.

답   삼성중앙역 방향에서 선정릉역 방향으로 가는 봉은사로 442 앞 1차로 횡단보도 앞에 차량 두 대가 충돌한 채 서 있었고, 앞에 있던 BMW 차량의 뒷범퍼와 뒤에 있던 그랜저 차량의 앞 범퍼가 심하게 부서져 있었습니다. BMW 차량 운전자는 차에서 내려 있었고, 그랜저 차량 운전자는 운전석의 터진 에어백에 얼굴을 파묻은 채 기절해 있었습니다. 차량 문을 여니 술 냄새가 진동하는 것이 술을 마시고 운전한 것이 분명해 보였습니다.

문   음주측정을 하였나요.

답   당시 피의자가 의식이 없어 호흡을 통한 음주측정이 불가능하였습니다. 대신, 제가 도착하고 나서 1-2분 후 구급차가 도착하여 피의자를 근처 서울성모병원으로 후송하였는데, 사고소식을 듣고 병원으로 온 피의자의 처 강지니의 동의를 받아 채혈을 하고, 국립과학수사연구소에 피의자의 혈액 감정을 의뢰하여 피의자의 혈중알코올농도를 분석하였습니다.

문   결과가 어떻던가요.

답   사고 당시 피의자의 혈중알코올농도는 0.132%로 측정되었습니다.

문   더 이상 하고 싶은 말이 있나요.

답   아니오. 없습니다.

문 이상의 진술은 사실인가요,

답 네. ㊞

위의 조서를 진술자에게 열람하게 하였던바 진술한 대로 오기나 증감·변경할 것이 없다고 말하므로 간인한 후 서명 날인하게 하다.

진 술 자 강경찰 ㊞

2023. 12. 29.

서울강남경찰서

사법경찰관 경위 임 정 만 ㊞

피의자신문조서

피의자 김갑동에 대한 폭력행위등처벌에관한법률위반(공동재물손괴등) 등 피의사건에 관하여 2024. 1. 4. 서울강남경찰서에서 사법경찰관 경위 임정만은 사법경찰리 순경 서경남을 참여하게 하고, 아래와 같이 피의자임에 틀림없음을 확인하다.

문   피의자의 성명, 주민등록번호, 직업, 주거, 등록기준지 등을 말하십시오.
답   성명은 김갑동(생략) 주민등록번호, 직업, 주거, 등록기준지, 직장주소, 연락처 (각 생략)

사법경찰관은 피의사건의 요지를 설명하고 사법경찰관의 신문에 대하여 「형사소송법」 제244조의3에 따라 진술을 거부할 수 있는 권리 및 변호인의 참여 등 조력을 받을 권리가 있음을 피의자에게 알려주고 이를 행사할 것인지 그 의사를 확인하다.
[진술거부권과 변호인 조력권 고지하고 변호인 참여 없이 진술하기로 함(생략)]
이에 사법경찰관은 피의사실에 관하여 다음과 같이 피의자를 신문하다.
[피의자의 범죄전력, 경력, 학력, 가족·재산 관계 등은 생략]
[폭력행위등처벌에관한법률위반(공동재물손괴등), 폭력행위등처벌에관한법률위반(공동주거침입)]

문   피의자와 정영이는 어떤 사이인가요.
답   정영이와는 부부 사이였으나, 불화가 심해져 작년 8월 말경부터 제가 집을 나와 따로 살았고, 최근에 이혼했습니다.
문   피의자는 2023. 9. 20. 21:50경 이을남과 함께 정영이의 주거지에 찾아간 사실이 있지요.
답   네. 그렇습니다.
문   당시 위 집 안에 있던 처제 정순이가 걸쇠를 걸고 문을 열고 피의자와 이을남에게 돌아가라고 말하였음에도 불구하고 피의자는 문고리를 여러 차례 잡아당기고 현관문을 발로 세게 차 걸쇠가 현관문에서 떨어져 나가게 한 후 집 안으로 들어간 사실이 있지요.
답   네. 다만 그 집이나 걸쇠 모두 제 소유입니다. 뭐가 문제인지 모르겠습니다.
문   위 집은 피의자와 정영이의 공동소유 아닌가요.
답   네. 절반씩 공동소유입니다.
문   정순이가 돌아가라고 했음에도 걸쇠까지 부숴가며 집 안으로 들어간 이유가 있나요.
답   그 집은 제가 불과 3주 전까지 살던 집입니다. 정영이와 다투고 거의 빈 몸으로 나오다시피 하였고, 추석을 맞아 고향에 내려가기 전에 잠시 들러 짐을 좀 챙기러

간 것뿐이었습니다. 이렇게 문을 안 열어 줄 것이라고 전혀 예상치 못하였고, 오히려 정영이가 집에 있었더라면 당연히 문을 열어주었을 것입니다. 정순이는 왜 자기 집도 아닌데 문을 안 열어준 것인지 황당합니다.

문 그래도 안에서 들어오지 말라 하는데 문고리를 잡아 흔들고 문을 발로 차서 걸쇠를 부수는 것은 잘못된 것 아닌가요.

답 뭐 저도 잘한 것은 없지만 처제가 문을 열어주지 않아서 일어난 일이라고 생각합니다. 그리고 그 집의 절반이 제 집이니, 현관문에 달린 걸쇠도 절반은 제 소유라고 할 수 있습니다.

문 이을남은 왜 함께 갔던 것인가요.

답 이을남은 제 오랜 고향친구인데, 정영이와는 대학동기입니다. 이을남과 저녁을 같이 먹다가 생각이 나서 같이 갔던 것입니다.

문 이을남도 문고리를 잡아 흔들고 발로 찼나요.

답 사건 당일 저와 이을남은 저녁을 함께 먹었습니다. 제가 밥 먹고 정영이 집에 짐을 좀 가지러 갈 것이라 하니 이을남은 제가 또 정영이와 마주치면 크게 다툴 것을 걱정하여 따라가 준 것입니다. 이을남은 정영이의 집에 가서도 별다른 행동을 하지는 않았습니다.

[사기, 여신전문금융업법위반]

문 피의자는 2023. 9. 20. 22:10경 정영이의 집 안방까지 들어가 화장대 위에 놓여 있던 정영이 소유인 신한 신용카드 1장이 들어있는 시가 90만 원 상당인 샤넬 카드지갑 1개를 몰래 가지고 나온 사실이 있지요.

답 네. 그렇습니다.

문 왜 그랬나요.

답 정영이와 싸우고 거의 빈 몸으로 집을 나오게 되어 고생을 좀 하던 중이었습니다. 집안으로 들어가자 순간적으로 저만 빈 몸으로 나와 고생하고 있었던 게 화가 나서 충동적으로 정영이의 카드지갑을 들고 나왔습니다.

문 피의자는 2023. 9. 21. 20:40부터 2023. 12. 29. 19:47경까지 위와 같이 정영이의 집 안방에서 가지고 나온 정영이의 신한 신용카드를 사용한 사실이 있지요.

답 네. 그렇습니다.

문 ① 2023. 9. 21. 20:40경 고양시 일산동구 고양대로7080번길 1, 3층(식사동) 순수노래빠 단란주점에서 250,000원, ② 2023. 9. 24. 23:21경 고양시 덕양구 은빛로 888, 지하1층(화정동) 백조노래방에서 37,000원, ③ 2023. 10. 2. 00:15경 고양시 일산동구 호수로 369, 1층(마두동) 뻔뻔비어킹 호프집에서 49,000원, ④ 2023.

문   10. 8. 22:20경 고양시 일산동구 호수로 111, 1층(장항동) CU편의점에서 13,000원, ⑤ 2023. 12. 13. 21:23경 고양시 일산서구 미래로 999, 1층(덕이동) 왕맛있어 왕족발에서 51,500원, ⑥ 2023. 12 16. 17:30경 고양시 일산동구 호수로 26-44(토당동) GS편의점에서 13,000원, ⑦ 2023. 12. 29. 고양시 덕양구 원당로123번길 1, 지하1층(주교동) 달빛별빛 단란주점에서 340,000원을 결제한 것이 맞나요.
답   네. 맞습니다.

[명예훼손]

문   피의자는 2023. 9. 20. 22:00경 정영이의 집 안에서 정순이, 이을남이 듣는 가운데, '정영이는 불륜관계인 다른 남자의 아이를 임신하여 나 몰래 병원에 가서 중절수술을 받았다'고 이야기한 사실이 있지요.
답   네. 그렇습니다. 그런데 정순이는 정영이의 동생이고, 이을남은 정영이와 대학동기여서 소문을 내지는 않을 것이라 생각했습니다.
문   정영이가 2023. 여름경부터 아랫배가 아프다며 산부인과에 가본다고 말한 것을 들은 적이 있지요.
답   자궁에 혹이 있다는 말을 듣긴 해서 그것 때문에 수술을 받았을 수도 있다고 생각했지만, 별거 전부터 저를 대하는 태도가 냉랭한 것이 다른 남자가 생긴 것이 아닌가 하고 지레 짐작했습니다.
문   다른 사람에 대하여 확실하지 않은 사실을 말하면 안 되는 것 아닌가요.
답   죄송합니다.
문   마지막으로 더 할 말이 있나요.
답   반성하고 있으니 선처 바랍니다. ㉰

위의 조서를 진술자에게 열람하게 하였던바, 진술한대로 오기나 증감·변경할 것이 전혀 없다고 하므로 간인한 후 서명날인하게 하다.

진술자 김갑동 ㉰

2024. 1. 4.

서울강남경찰서
사법경찰관 경위 임 정 만 ㉰
사법경찰리 순경 서 경 남 ㉰

피의자신문조서

피의자 이을남에 대한 폭력행위등처벌에관한법률위반(공동재물손괴등) 등 피의사건에 관하여 2024. 1. 4. 서울강남경찰서 형사과 사무실에서 사법경찰관 경위 임정만은 사법경찰리 순경 서경남을 참여하게 하고, 아래와 같이 피의자임에 틀림없음을 확인하다.

문 피의자의 성명, 주민등록번호, 직업, 주거, 등록기준지 등을 말하십시오.
답 성명은 이을남(생략), 주민등록번호, 직업, 주거, 등록기준지, 직장주소, 연락처 (각 생략)

사법경찰관은 피의사건의 요지를 설명하고 사법경찰관의 신문에 대하여 「형사소송법」 제244조의3에 따라 진술을 거부할 수 있는 권리 및 변호인의 참여 등 조력을 받을 권리가 있음을 피의자에게 알려주고 이를 행사할 것인지 그 의사를 확인하다.
[진술거부권과 변호인 조력권 고지하고 변호인 참여 없이 진술하기로 함(생략)]
이에 사법경찰관은 피의사실에 관하여 다음과 같이 피의자를 신문하다.
[피의자의 범죄전력, 경력, 학력, 가족·재산 관계 등은 생략]
[폭력행위등처벌에관한법률위반(공동재물손괴등), 폭력행위등처벌에관한법률위반(공동주거침입)]

문 피의자는 2021. 9. 20. 20:50경 김갑동과 함께 정영이의 집에 찾아가 문고리를 잡아 흔들고 발로 현관문을 세게 걷어차 현관문 걸쇠를 망가뜨리고, 정영이의 집 안까지 들어간 사실이 있지요.
답 김갑동과 함께 정영이의 집까지 가기는 했지만, 정영이의 집 문고리를 잡아 흔들거나 문을 세게 발로 차 걸쇠를 망가뜨리지는 않았습니다.
문 그렇다면 사건 당일 김갑동과 함께 정영이의 집까지 왜 갔나요.
답 김갑동은 제 고향 친구입니다. 집을 나와 혼자 지내고 있다기에 만나서 저녁을 같이 먹었는데, 곧 명절이니 밥 먹고 집에 가서 짐을 좀 싸서 나온다고 하여 같이 갔습니다.
문 아무리 김갑동이 정영이의 배우자라고 해도 밤중에 갑자기 찾아간다면 놀라고 두렵지 않았을까요. 더구나 피의자까지 둘이 함께 찾아간다면요.
답 정영이는 제 대학동기입니다. 제가 정영이와 김갑동을 소개해 주었습니다. 그리고 아무리 사이가 안 좋다 해도 한 3주 전까지 같이 살던 사람인데, 명절에 짐 좀 가져간다는데 문을 안 열어주겠습니까. 그냥 저는 혹시나 또 김갑동과 정영이가 만나서 실랑이를 할까 걱정되어 함께 가주었던 것뿐입니다.
문 그럼 김갑동이 걸쇠를 망가뜨릴 때 피의자는 무엇을 하고 있었나요.
답 김갑동이 본래 폭력적이거나 한 것은 아닙니다. 오히려 내성적이고 온순한 성격인데, 아마 거의 빈 몸으로 혼자 집을 나와 힘들게 지내다 보니 좀 격해진 것 같습니다. 전 너무 놀라 김갑동의 팔을 잡거나 뒤에서 안아 김갑동을 말리다가 결국 걸쇠가 부서져 현관문이 열렸을 때 함께 들어가 정순이에게 사정을 설명하였습니다.

[교통사고처리특례법위반(치상), 도로교통법위반(음주운전), 도로교통법위반(무면허운전)]

문　피의자는 2023. 12. 27. 22:32경 서울 강남구 봉은사로 442 앞 도로에서 정차해 있던 정직한이 운전하는 BMW 차량의 뒷 범퍼 부분을 피의자가 운전하는 그랜저 차량의 앞 범퍼로 추돌하는 교통사고를 낸 사실이 있나요.

답　네. 맞습니다.

문　피의자의 혈액을 채혈하여 감정한 결과 혈중알코올농도가 0.132%로 측정되었는데, 인정하시나요.

답　네. 인정합니다.

문　위 사고로 운전자 정직한에게 약 2주간의 치료가 필요한 경추의 염좌 및 긴장 등의 상해를, 조수석에 동승한 조용희에게 약 2주간의 치료가 필요한 뇌진탕 등의 상해를 각각 입게 한 것이 사실인가요.

답　네. 그렇습니다.

문　당시 피의자는 운전면허를 소지하고 있는 상태였나요.

답　사실은 제가 작년에 음주운전으로 단속되어 면허가 취소된 상태입니다.

문　자동차종합보험에 가입되어 있나요.

답　네. 가입되어 있습니다.

문　피의자는 더 할 말이 있는가요.

답　*죄송합니다. 선처해 주십시오.* ㊞

위의 조서를 진술자에게 열람하게 하였던바, 진술한대로 오기나 증감·변경할 것이 전혀 없다고 하므로 간인한 후 서명날인하게 하다.

진술자 이을남 ㊞

2024. 1. 4.

서울강남경찰서
사법경찰관　경위　임 정 만 ㊞
사법경찰리　순경　서 경 남 ㊞

서울중앙지방검찰청

2024. 3. 11.

수신 : 검사 엄정희

제목 : 수사보고(최목격 진술 청취)

금일 15:00경 피의자들에 대한 폭력행위등처벌에관한법률위반(공동재물손괴등) 등 사건 관련하여, 사건의 경위를 파악하기 위하여 고소인 정영이의 이웃인 최목격(전화번호 010-****-****)에게 전화하여 다음과 같은 진술을 청취하였습니다.

다 음

- 최목격은 김갑동, 정영이가 논현동 삼익아파트 304동 2001호로 이사 온 2019년 9월 이전부터 그 옆집인 같은 아파트 2002호 거주하고 있고, 김갑동, 정영이와 인사를 하고 지냈음.
- 사건 당일인 2023. 9. 20. 21:50경 문밖에서 요란한 소리가 나서 나가지는 않은 채로 현관문에 귀를 대고 문밖에서 나는 소리를 들어보았음.
- 문밖에서는 '문을 열라'고 소리치는 남자 목소리와 '돌아가시라', '왜 이러시냐'고 소리치는 여자 목소리가 뒤섞여 들렸고, 그 외에 '을남아, 너도 힘 좀 내봐, 이것 좀 당겨봐', '이제 다 됐다. 들어가자.'고 말하는 소리 등이 들렸음.
- 또한, 현관문을 발로 세게 걷어차는 소리, 손으로 문고리를 잡아당겨 문이 거칠게 열렸다 닫혔다 하는 소리가 약 10분간 끊임없이 들렸음.

검찰주사 강주사 ㉑

서울중앙지방검찰청

2024. 3. 12.

수신 : 검사 엄정희

제목 : 수사보고(CCTV 영상 분석)

금일 10:00경 피의자들에 대한 폭력행위등처벌에관한법률위반(공동재물손괴등) 등 사건 관련하여, 사건의 경위를 파악하기 위하여 정영이가 거주하는 아파트 관리사무소의 협조를 받아 정영이의 집 앞에 설치된 CCTV 영상을 확보하여 분석하였습니다.

다 음

- 해당 CCTV는 논현동 삼익아파트 304동 20층 복도(2001호와 2002호 사이)에 방범용으로 설치되어 있음.
- 사건 당일인 2023. 9. 20. 08:48경 피의자들이 엘리베이터에서 내려 2001호 초인종을 누르고, 안에 있던 사람(정순이)이 체인형 걸쇠를 건 채 문을 열어 그 사이로 잠시 얼굴을 보았다가 다시 닫고 들어가자, 김갑동이 갑자기 흥분하여 현관문에 발길질을 하기 시작함.
- 체인형 걸쇠가 걸린 채로 문이 잠겨 있지 아니하여 김갑동이 두 손으로 문고리를 잡아당기니 현관문이 거칠게 열렸다 닫혔다 하는 장면이 여러 차례 보임.
- 이을남은 김갑동의 팔을 붙잡기도 하고 김갑동의 허리를 뒤에서 안기도 하는 장면이 보임.
- 이러한 장면이 약 10분 정도 지속되다가 체인형 걸쇠가 부서지면서 문이 열렸고, 김갑동, 이을남이 차례로 집안으로 들어감.

첨부 : CCTV 영상 캡처사진 8매(생략)

검찰주사 강주사 ㉞

기타 법원에 제출되어 있는 증거들

※ 편의상 다음 증거서류의 내용을 생략하였으나, 법원에 증거로 적법하게 제출되어 있음을 유의하여 검토할 것.

○ 고소장(증거목록 1번) : 정영이가 피고인들을 폭력행위등처벌에관한법률위반(공동재물손괴등) 등으로 고소하는 내용

○ 망가진 걸쇠 사진(증거목록 2번) : 부서져서 바닥에 떨어져 있는 정영이의 집 체인형 걸쇠 사진

○ 견적서(증거목록 3번) : 망가진 걸쇠를 수리하는데 30만 원이 든다는 내용

○ 영수증(증거목록 4번) : 정영이가 현관문에 걸쇠를 수리하여 현관문에 다시 설치하면서 30만 원을 지출하였다는 내용

○ 가족관계증명서(증거목록 6번) : 정영이와 피고인 김갑동이 2019. 9. 1. 혼인신고를 마친 법률상 부부라는 내용

○ 등기사항 전부증명서(증거목록 7번) : 논현동 삼익아파트 304동 2001호(정영이 주거지)를 정영이와 피고인 김갑동이 각 1/2 지분씩 공동소유하고 있다는 내용

○ 진단서(증거목록 8번) : 정영이가 2023년 여름경 ◎◎산부인과 의원에서 난소 낭종을 진단받은 내용

○ 입퇴원 확인서(증거목록 9번) : 정영이가 2023. 9. 1.부터 9.까지 ◎◎산부인과 의원에 입원하여 난소 낭종 제거 수술을 받았다는 내용

○ 결제안내문자 캡처사진(증거목록 10번) : 피고인 김갑동이 2023. 9. 21.부터 같은 해 12. 29.까지 정영이 명의 신한 신용카드를 결제하였다는 알림문자 캡처사진

○ 각 카드결제 영수증(증거목록 12번) : 피고인 김갑동이 정영이 명의 신한 신용카드를 결제하고 받은 영수증

○ 각 매출영수증(증거목록 15번) : 위 업장의 업주들로부터 제출받은 매출영수증

○ 각 CCTV 캡처사진(증거목록 16번) : 위 업장의 업주들로부터 제출받은 피고인 김갑동의 업장 출입 장면이 촬영된 CCTV 캡처사진

○ 교통사고보고(실황조사서)(증거목록 17번) : 2023. 12. 27. 22:32경 서울 강남구 봉은사로 442 앞 도로를 삼성중앙역 방면에서 선정릉역 방면으로 1차로를 따라 운행하던 30라1234호 그랜저 차량이 앞서 신호대기로 정차하고 있던 41파9876 BMW 차량을 충격하는 사고가 발생하였다는 내용

○ 교통사고보고 발생상황진술서(증거목록 19번) : 피해차량(41파9876 BMW 차량)의 조수석에 타고 있던 조용희가 창문 쪽에 머리를 기대고 있어 충격 당시 머리를 부딪혔다는 내용이 기재되어 있고, 정직한이 작성한 교통사고 발생 상황 진술서(증거목록 18번)와 내용 동일

○ 수사보고(주취운전자 정황보고)(증거목록 20번) : 119 구급대가 도착하여 차량 문을 열었더니 술 냄새가 많이 났고, 얼굴도 붉어서 음주운전이 강하게 의심된다는 내용

○ 무면허운전 정황보고, 자동차운전면허대장(증거목록 21, 22번) : 피고인 이을남의 면허조회 결과 위 피고인이 2023. 7. 7.경 음주운전으로 적발되어 자동차운전면허가 취소되었다는 내용

○ 감정의뢰회보(증거목록 23번) : 혈액감정 결과 사고 당시 피고인 이을남의 혈중알코올농도가 0.132%로 측정되었다는 내용

○ 주취운전자 적발보고서(증거목록 24번) : 위 채혈검사 결과를 근거로 한 피고인 이을남에 대한 주취운전자 적발보고

○ 각 진단서(증거목록 26번) : 이 사건 사고로 정직한은 약 2주간의 치료가 필요한 경추의 염좌 및 긴장 등의 상해를, 조용희는 약 2주간의 치료가 필요한 뇌진탕 등의 상해를 입었다는 내용 기재

○ 자동차종합보험 가입사실증명원(증거목록 27번) : 피고인 이을남이 운전하는 30라1234호 그랜저 차량이 자동차종합보험에 가입되어 있다는 내용 기재

○ 김갑동의 전과조회서(증거목록 30번) : 피고인 김갑동이 2023. 12. 1. 의정부지방법원 고양지원에서 사기 등으로 벌금 70만 원의 약식명령을 받은 사실 기재

○ 이을남의 전과조회서(증거목록 31번) : 피고인 이을남이 2023. 10. 17. 도로교통법위반(음주운전)으로 기소되어 서울중앙지방법원에서 재판 중인 사실 기재

○ 각 CCTV 캡처사진(증거목록 34번) : 피고인들이 정영이의 집 안으로 들어가기 전까지의 장면이 촬영된 CCTV 영상의 일부를 캡처한 사진

○ 김갑동에 대한 검사 작성의 피의자신문조서(증거목록 35번) : 당시 너무 흥분하여 정영이의 집 안에 들어가기 전까지 이을남이 어떤 행동을 하였는지 기억이 잘 나지 않는다는 내용이 기재되어 있고, 그 외에는 경찰 작성의 피의자신문조서(증거목록 28번)와 내용 동일

○ 이을남에 대한 검사 작성의 피의자신문조서(증거목록 36번) : 경찰 작성의 피의자신문조서(증거목록 29번)와 내용 동일

○ 혼인관계증명서(증거목록 37번) : 피고인 김갑동과 정영이가 2023. 12. 29. 협의이혼한 사실 기재

확 인 : 법학전문대학원협의회

UNION 제13판

기록형
2026 변호사시험 대비

형사법

변호사시험 기출문제집

II. 모의편

2024년 8월 제2차

법전협 주관 모의시험

2024년도 제2차 변호사시험 모의시험 - 논술형(기록형)

시험과목	형사법(기록형)

응시자 준수사항

【공통사항】
1. 시험 시작 전 문제지의 봉인을 손상하는 경우, 봉인을 손상하지 않더라도 문제지를 들추는 행위 등으로 문제 내용을 미리 보는 경우 모두 부정행위로 간주되어 그 답안은 영점 처리 됩니다.
2. 시험시간 중에는 휴대전화, 스마트워치, 무선이어폰 등 무선통신 기기를 비롯한 전자기기를 지녀서는 안 됩니다.
3. **답안은 반드시 문제번호에 해당하는 번호의 답안지**(제1문은 제1문 답안지 내, 제2문은 제2문 답안지 내)에 작성하여야 합니다. 즉, 해당 문제의 번호와 답안지의 번호가 일치하지 않으면 그 답안은 영점으로 처리됩니다. 다만, 수기로 작성하는 답안지에 한해 답안지를 제출하기 전 시험관리관이 답안지 번호를 정정해 준 경우에는 정상적으로 채점됩니다.
4. 답안지에는 문제 내용을 쓸 필요가 없으며, 답안 이외의 사항을 기재하거나 밑줄 기타 어떠한 표시도 하여서는 안 됩니다.
5. 지정된 시각까지 지정된 시험실에 입실하지 않거나 시험관리관의 승인 없이 시험시간 중에 시험실에서 퇴실한 경우, 그 시간 시험과 나머지 시간의 시험에 응시할 수 없습니다.
6. 시험시간 중에는 어떠한 경우에도 문제지를 시험실 밖으로 가지고 갈 수 없고, 그 시험시간이 끝난 후에는 문제지를 시험장 밖으로 가지고 갈 수 있습니다.

【IBT 방식】
7. 시험시간은 프로그램에 의해 자동 시작, 종료되며 시험이 종료되면 답안을 수정하는 등 답안 작성을 일절 할 수 없습니다.

【수기 방식】
1. 답안은 흑색 또는 청색 필기구(수성펜이나 연필 사용 금지) 중 한 가지 필기구만을 사용하여 답안 작성란(흰색 부분) 안에 기재하여야 합니다.
2. 답안지에 성명과 수험번호 등을 기재하지 않아 인적사항이 확인되지 않는 경우에는 영점으로 처리되는 등 불이익을 받게 됩니다. 특히 답안지를 바꾸어 다시 작성하는 경우, 성명 등의 기재를 빠뜨리지 않도록 유의하여야 합니다.
3. 답안을 정정할 경우에는 두 줄로 긋고 다시 써야 하며, 수정액·수정테이프 등은 사용할 수 없습니다.
4. 시험 종료 시각에 임박하여 답안지를 교체했더라도 시험시간이 끝나면 그 즉시 새로 작성한 답안지를 회수합니다.
5. 시험시간이 지난 후에는 답안지를 일절 작성할 수 없습니다. 이를 위반하여 시험**시간이 종료되었음에도 불구하고 계속 답안을 작성할 경우 그 답안은 영점으로 처리됩니다.**
6. **배부된 답안지는 백지 답안이라도 모두 제출하여야 하며, 답안지를 제출하지 아니한 경우 그 시간 시험과 나머지 시험에 응시할 수 없습니다.**

법학전문대학원협의회
THE ASSOCIATION OF KOREAN LAW SCHOOLS

【문 제】

피고인 김갑동에 대해서는 법무법인 나라 담당변호사 설득희가 객관적인 입장에서 대표변호사에게 제출할 검토의견서를, 피고인 이을남에 대해서는 객관적인 입장에서 법무법인 세계 담당변호사 정명변이 대표변호사에게 제출할 검토의견서를 각 작성하되, 다음 쪽 양식 중 **본문 Ⅰ, Ⅱ 부분**을 작성하시오.

【작성요령】

1. 학설, 판례 등의 견해가 대립되는 경우에 한 견해를 취할 것. 다만, 대법원 판례와 다른 견해를 취하는 경우에는 자신의 입장에 따라 작성하되 대법원 판례의 취지를 적시할 것.
2. 증거능력이 없는 증거는 실제 소송에서는 증거로 채택되지 않아 증거조사가 진행되지 않지만, 이 문제에서는 시험의 편의상 증거로 채택되어 증거조사가 진행된 경우도 있음. 따라서 필요한 경우 증거능력에 대하여도 언급할 것.
3. 작성의 편의를 위하여 필요한 경우 각 검토의견서에 기재한 내용은 서로 인용이 가능함.
4. 법률명과 죄명에서 '특정범죄가중처벌등에관한법률'은 '특가법'으로, '형사소송법'은 '형소법'으로 줄여서 기재하여도 무방함

【기록 형식 안내】

1. 쪽 번호는 편의상 연속되는 번호를 붙였음.
2. 조서, 기타 서류에는 필요한 서명, 날인, 무인, 간인, 정정인이 있는 것으로 볼 것.
3. 증거목록, 공판기록 또는 증거기록 중 '생략' 또는 '기재생략'이라고 표시된 부분에는 법에 따른 절차가 진행되어 그에 따라 적절한 기재가 있는 것으로 볼 것.
4. 공판기록과 증거기록에 첨부하여야 할 일부 서류 중 '생략' 표시가 있는 것, 증인선서서와 수사기관의 조서에 첨부하여야 할 '수사과정확인서'는 적법하게 존재하는 것으로 볼 것(**증거기록 마지막에 생략된 증거와 그 요지를 거시하였음**).
5. 송달이나 접수, 통지, 결재가 필요한 서류는 모두 적법한 절차를 거친 것으로 볼 것.
6. 시험의 편의상 증거기록 첫머리의 증거목록과 압수물총목록은 첨부 생략되었으며, 증거기록에 대한 분리제출은 하지 않는 것으로 하였고, 증인신문, 피고인신문의 경우 녹취파일, 녹취서 첨부 방식을 취하지 않았음.

【검토의견서 양식】

검토의견서(40점)

사 건　　2024고단1234 업무상배임 등
피고인　　김갑동

Ⅰ. 피고인 김갑동에 대하여
　1. 업무상배임 및 사기의 점
　　가. 업무상배임의 점
　　나. 사기의 점
　2. 신용훼손의 점
　3. 특정범죄가중처벌등에관한법률위반(운전자폭행등)의 점
　※ 평가제외사항 - 공소사실의 요지, 정상관계(답안지에 기재하지 말 것)

2024. 8. 6.
피고인 김갑동의 변호인 법무법인 나라 담당변호사 정명변 ㉑

【변론요지서 양식】

변론요지서(60점)

사 건　　2024고단1234 업무상배임 등
피고인　　이을남

Ⅱ. 피고인 이을남에 대하여
　1. 업무상배임의 점
　2. 사기의 점
　3. 허위공문서작성 및 허위진단서작성의 점
　4. 절도의 점
　※ 평가제외사항 - 공소사실의 요지, 정상관계(답안지에 기재하지 말 것)

2024. 8. 6.
피고인 이을남의 변호인 법무법인 세계 담당변호사 설득희 ㉑

서울중앙지방법원
구공판 형사제1심소송기록

구속만료		미결구금
최종만료		
대행 갱신 만료		

기일	사건번호	2024고단1234	담임	15단독	주심
1회기일					
6/11 10:00					
7/9 15:00	사건명	가. 업무상배임 나. 사기 다. 신용훼손 라. 특정범죄가중처벌등에관한법률위반(운전자폭행등) 마. 허위공문서작성 바. 허위진단서작성 사. 절도			
8/6 10:00					
	검 사	정의감		2024형제123호	
	공소제기일	2024. 5. 16.			
	피고인	1. 가. 나. 다. 라.　　　김갑동 2. 가. 나. 마. 바. 사.　　이을남			
	변호인	사선　법무법인 나라 담당변호사 정명변(피고인 김갑동) 사선　법무법인 세계 담당변호사 설득희(피고인 이을남)			

확 정	
보존종기	
종결구분	
보 존	

완결 공람	담임	과장	국장	주심 판사	판사

접 수 공 람	과 장	국 장	원 장
	㉘	㉘	㉘

공판준비절차

회부 수명법관 지정 일자	수명법관 이름	재 판 장	비 고

법정외에서지정하는기일

기일의 종류	일 시	재 판 장	비 고
1회 공판기일	2024. 6. 11. 10:00	㉘	

서울중앙지방법원

목 록		
문 서 명 칭	장 수	비 고
증거목록	6	검사
증거목록	8	피고인 및 변호인
공소장	9	
변호인선임신고서	(생략)	피고인 김갑동
변호인선임신고서	(생략)	피고인 이을남
영수증(공소장부본 등)	(생략)	피고인 김갑동
영수증(공소장부본 등)	(생략)	피고인 이을남
의견서	(생략)	피고인 김갑동
의견서	(생략)	피고인 이을남
공판조서(제1회)	13	
증거신청서	15	피고인 이을남
공판조서(제2회)	16	
증인신문조서	20	최임차
증인신문조서	22	최경위
증인신문조서	24	박건물
증거신청서	25	피고인 이을남
참고자료 제출	26	검사

증 거 목 록 (증거서류 등)
2024고단1234

2024형제123호

① 김갑동
② 이을남
신청인: 검사

| 순번 | 증거방법 |||| 성명 | 참조사항등 | 신청기일 | 증거의견 || 증거결정 || 증거조사기일 | 비고 |
	작성	쪽수(수)	쪽수(증)	증거명칭				기일	내용	기일	내용		
1	사경	29	생략	고소장	박건물	생략	1	1	① ○ ② ×				
2	〃	30	〃	위임장	박건물	〃	1	1	① ○ ② ○				
3	〃	생략	〃	전세계약서	박건물 최임차	〃	1	1	① ○ ② ○				
4	〃	31	〃	진술조서(고소보충)	박건물	〃	1	1	① ○ ② ×				
5	〃	32	〃	고소장	최임차	〃	1	1	① ○ ② ×				
6	〃	생략	〃	계좌거래내역서		〃	1	1	① ○ ② ○		기재생략		
7	〃	33	〃	진술조서(고소보충)	최임차	〃	1	1	① ○ ② ×				
8	〃	34	〃	고소장	정직한	〃	1	1	① ○				
9	〃	생략	〃	영수증사본(10매)		〃	1	1	① ○				
10	〃	〃	〃	진술서	정밀한	〃	1	1	① ○				
11	〃	35	〃	진술조서(고소보충)	정직한	〃	1	1	① ○				
12	〃	생략	〃	112 신고 내역		〃	1	1	② ○				
13	〃	36	〃	진술조서	장부친	〃	1	1	② ○				
14	〃	37	〃	피의자신문조서	김갑동	〃	1	1	① ○ ② ×				
15	〃	39	〃	피의자신문조서	이을남	〃	1	1	① ○ ② ○				
16	〃	41	〃	피의자신문조서(2회)	이을남	〃			① ○ ②○○○×				
17	〃	42	〃	수사보고 (고소인 박건물 진술 청취보고)	〃	〃	1	1	① ○ ② ×				
18	〃	생략	〃	수사보고 (피의자 이을남 임의제출 경위등)		〃	1	1	② ○				
19	〃	〃	〃	압수조서 및 압수목록		〃	1	1	② ○				
20	〃	43	〃	진단서	조명의	〃	1	1	② ○				

※ 증거의견 표시 - 피의자신문조서: 인정 ○, 부인 ×
　　　　　　　　　(여러 개의 부호가 있는 경우, 적법성/성립/임의성/내용의 순서임)
　　　　　　　- 기타 증거서류: 동의 ○, 부동의 ×
　　　　　　　- 진술이 특히 신빙할 수 있는 상태 하에서 행하여졌다는 점 부인 : "특신성 부인"(비고란 기재)
※ 증거결정 표시: 채 ○, 부 ×
※ 증거조사 내용은 제시, 낭독(내용고지, 열람)

증 거 목 록 (증거서류 등)
2024고단1234

2024형제123호

① 김갑동
② 이을남
신청인: 검사

순번	증거방법					참조사항등	신청기일	증거의견		증거결정		증거조사기일	비고
	작성	쪽수(수)	쪽수(증)	증거명칭	성명			기일	내용	기일	내용		
21	사경	44	생략	수사보고 (참고인 조명의 진술청취보고)		〃	1	1	② ○			기재생략	
22	〃	생략	〃	공무원증 사본(조명의)	이을남	〃	1	1	② ○				
23	검사	45	〃	수사보고 (고소인 박건물 보이스펜 제출)		〃	1	1	① ○ ② ○				
24	〃	45	〃	녹취서		〃	1	1	① ○ ② ×				
25	〃	46	〃	수사보고 (피의자 김갑동 전과 관련)		〃	1	1	① ○				
26	〃	46	〃	약식명령등본 (2024고약2345)		〃	1	1	① ○				
27	〃	48	〃	수사보고 (피의자 김갑동 계좌거래내역)		〃	1	1	① ○ ② ○				
28	〃	48	〃	김갑동 계좌 거래내역		〃	1	1	① ○ ② ○				
29	〃	생략	〃	수사보고 (친족관계 확인)		〃	1	1	② ○				
30	〃	〃	〃	가족관계증명서		〃	1	1	② ○				
31	〃	〃	〃	주민조회		〃	1	1	② ○				
32	〃	〃	〃	수사보고 (고소인 정직한 고소취하서 제출)		〃	1	1	① ○				
33	〃	〃	〃	고소취하서	정직한	〃	1	1	① ○				
34	〃	〃	〃	수사보고 (고소인 정직한 탄원서 제출)		〃	1	1	① ○				
35	〃	〃	〃	탄원서	정직한	〃	1	1	① ○				
36	〃	〃	〃	전과조회서	김갑동	〃	1	1	① ○				
37	〃	〃	〃	전과조회서	이을남	〃	1	1	② ○				

※ 증거의견 표시 - 피의자신문조서: 인정 ○, 부인 ×
               (여러 개의 부호가 있는 경우, 적법성/성립/임의성/내용의 순서임)
        - 기타 증거서류: 동의 ○, 부동의 ×
        - 진술이 특히 신빙할 수 있는 상태 하에서 행하여졌다는 점 부인 : "특신성 부인"(비고란 기재)
※ 증거결정 표시: 채 ○, 부 ×
※ 증거조사 내용은 제시, 낭독(내용고지, 열람)

증 거 목 록 (증인 등)

① 김갑동
② 이을남

2024형제123호　　　　　　　　　　　　　　　　　　　　신청인: 검사

증거방법	쪽수(공)	입증취지 등	신청기일	증거결정 기일	증거결정 내용	증거조사기일	비고
보이스펜 (증제5호)		기재생략	1	2	기재생략	기재생략	
증인 최임차			1	1		2024. 7. 9. 15:00 (실시)	
증인 최경위			1	1		2024. 7. 9. 15:00 (실시)	
증인 박건물			1	1		2024. 7. 9. 15:00 (증언거부)	

[이하 증거목록 미기재 부분은 생략]

증 거 목 록 (증거서류 등)

① 김갑동
② 이을남

2024형제123호　　　　　　　　　　　　　　　　　　　신청인: 피고인 및 변호인

순번	자성	쪽수(수)	쪽수(공)	증거명칭	성명	참조사항 등	신청기일	증거의견 기일	증거의견 내용	증거결정 기일	증거결정 내용	증거조사기일	비고
1			15	탄원서	최임차		2	2	○			기재생략	② 신청
2			25	입출금 거래명세표 1장									
3			생략	통장거래내역									

서울중앙지방검찰청

2024. 5. 16.

사건번호   2024년 형제123호
수 신 자   서울중앙지방법원   발 신 자
                              검   사   정의감   *정의감*   (인)

제   목   공소장
         아래와 같이 공소를 제기합니다.

I. 피고인 관련사항

1. 피 고 인   김갑동 (800121-1******), 44세
              직업 자영업, 010-2828-****
              주거 서울 서초구 서래로2길 1, 305호 (반포동, 궁산빌라)
              등록기준지 동해시 천곡로 11

   죄   명   업무상배임, 사기, 신용훼손, 특정범죄가중처벌등에관한법률위반(운전자폭행등)

   적용법조 형법 제356조, 제355조 제2항, 제347조 제1항, 제313조, 특정범죄 가중처벌 등에 관한 법률 제5조의 10 제1항, 형법 제30조, 제37조, 제38조

   구속여부 불구속
   변 호 인 법무법인 나라 담당변호사 정명변

2. 피 고 인   이을남 (800211-1******), 44세
              직업 무직, 010-8326-****
              주거 서울 서초구 서초중앙로 110, 202호 (서초동, 행복빌라)
              등록기준지 진주시 동진로 10

   죄   명   업무상배임, 사기, 허위공문서작성, 허위진단서작성, 절도

   적용법조 형법 제356조, 제355조 제2항, 제347조 제1항, 제227조, 제233조, 제329조, 제30조, 제33조, 제34조, 제37조, 제38조

   구속여부 불구속
   변 호 인 법무법인 세계 담당변호사 설득희

Ⅱ. 공소사실

1. 피고인들의 공동범행

피고인 김갑동은 서울 서초구 서초대로 100에서 공인중개사 사무실을 운영하면서 2020.경부터 박건물 소유의 같은 구 서초대로 101 다세대주택에 대하여 건물관리, 임대차계약 체결, 월세수령 등 업무일체를 위임받아 처리해 온 사람인바, 위 박건물로부터 월세계약의 체결을 위임받아 전세계약이 아닌 월세계약을 체결하여야 할 업무상 임무가 있었다.

그러던 중 피고인 김갑동은 2022. 2.경 친구인 피고인 이을남과, 위 박건물 소유의 주택에 관하여 피고인 이을남의 사촌인 최임차에게 전세계약을 체결하여 주고 최임차가 지급하는 전세금을 나누어 사용하기로 공모하였다.

가. 업무상배임

피고인 김갑동은 위와 같은 공모에 따라 2022. 2. 24.경 위 공인중개사 사무실에서, 동석한 피고인 이을남 소개의 임차인 최임차와 피해자 박건물 소유 서울 서초구 서초대로 101, 301호에 대하여 전세금 5,000만 원의 전세계약을 체결하였다.

이로써 피고인들은 공모하여, 업무상 임무에 위배하여 피해자로 하여금 5,000만 원의 전세보증금 반환채무를 부담하게 하여 위 전세보증금에서 피해자가 실제 교부받은 월세보증금 200만 원을 제한 4,800만 원 상당의 재산상 손해를 가하고, 같은 금액 상당의 재산상 이익을 얻었다.

나. 사기

피고인 김갑동은 위 가항 기재 일시, 장소에서 동석한 피고인 이을남 소개의 피해자 최임차와 서울 서초구 서초대로 101, 301호에 대한 임대차계약을 체결하면서 피해자에게 건물주인 박건물로부터 전세계약체결을 위임받은 것처럼 행세하며 전세계약서를 교부하는 등의 방법으로 피해자를 기망하였다. 그러나 사실 피고인 김갑동은 박건물로부터 월세계약 체결을 위임받았을 뿐이어서 전세계약을 체결할 아무런 권한이 없었다.

이로써 피고인들은 공모하여, 이와 같이 피해자를 기망하여 이에 속은 피해자로부터 즉석에서 5,000만 원을 피고인 김갑동의 계좌로 송금받아 편취하였다.

2. 피고인 김갑동

가. 신용훼손

피고인은 서울 서초구 서초대로 105에서 '갑동 퀵서비스'라는 상호로 배달업을 하는 사람으로서, 우연히 피해자 정직한이 운영하는 '친절 퀵서비스'의 영수증 용지를 소지하게 된 것을 기화로 배송지연 등 손님의 불만이 예상되는 배달 건에 대하여는 '친절 퀵서비스' 명의로 영수증을 발부하여 손님들의 불만을 피해자에게 떠넘기기로 마음먹었다.

이에 따라 피고인은 서울 서초구 일대에서 배달 업무를 하면서 2023. 9. 5.경부터 2024. 1. 10.경까지 아래 범죄일람표의 기재와 같이 10회에 걸쳐 배달 기사들이 불친절하거나 배달이 지연되는 경우 손님들에게 영수증을 교부함에 있어서, '갑동 퀵서비스'의 상호로 영수증을 교부하지 않고, 피해자 운영의 '친절 퀵서비스' 명의로 된 영수증을 작성·교부함으로써 마치 불친절하고 배달을 지연시킨 사업체가 피해자 운영의 '친절 퀵서비스'인 것처럼 손님들로 하여금 인식하게 하는 등 허위사실을 유포하여 피해자의 신용을 훼손하였다.

<범죄일람표>

순번	일시	교부 상대방	순번	일시	교부 상대방
1	2023. 9. 5.경	김○○	6	2023. 11. 23.경	정△△
2	2023. 10. 8.경	이○○	7	2023. 12. 3.경	최△△
3	2023. 10. 15.경	박○○	8	2023. 12. 9.경	박△△
4	2023. 11. 7.경	최○○	9	2023. 12. 20.경	이△△
5	2023. 11. 20.경	정○○	10	2024. 1. 10.경	김△△

나. 특정범죄가중처벌등에관한법률위반(운전자폭행등)

피고인은 2024. 1. 15. 21:10경 서울 서초구 서초대로 105에 있는 '갑동 퀵서비스' 앞길에서 오토바이(배기량 100cc)를 운행하여 그곳을 지나가던 피해자 정직한(남, 35세)과 마주치게 되었는바, 피고인의 영업구역에서 영업을 한다는 이유로 시비를 걸면서 오토바이에 타고 있는 피해자의 멱살을 잡아 당기고, 주먹으로 피해자의 복부와 얼굴 부위를 수 회 때렸다.

이로써 피고인은 운행 중인 오토바이 운전자를 폭행하였다.

3. 피고인 이을남

가. 허위공문서작성, 허위진단서작성

조명의는 서울 서초구 서초대로 200에 있는 국립서울병원에서 내과과장으로 근무하는 의사로서 보건복지부 소속 의무서기관이다.

피고인은 2024. 1. 24.경 위 국립서울병원에서, 뇌경색이 있는 성명불상자로 하여금 피고인인 것처럼 가장하여 그 정을 모르는 위 조명의 진찰을 받게 하고, 같은 날 위 조명의로 하여금 1년 이상의 치료가 필요한 뇌경색 등이 진단된 피고인에 대한 진단서를 발급하게 하였다.

이로써 피고인은 행사할 목적으로 그 정을 모르는 공무원인 조명의로 하여금 그 직무에 관하여 허위의 공문서를 작성하게 하고, 의사인 조명의로 하여금 허위의 진단서를 작성하게 하였다.

나. 절도

피고인은 서울 서초구 서초중앙로 105 청춘빌라 302호에서 사실혼 관계의 장여성과 동거하던 사람이다.

피고인은 2024. 2. 5.경 장여성이 교통사고로 갑작스럽게 사망하자, 2024. 2. 6.경 위 주거지에서 장여성의 상속인인 피해자 장부친의 소유인 현금 100만원, 위 주거지에 대한 등기권리증 등이 들어 있는 가방을 가지고 가 절취하였다.

III. 첨부서류(첨부생략)

서울중앙지방법원
공판조서

제 1 회

사 건	2024고단1234 업무상배임 등	
판 사	한공평	기 일 : 2024. 6. 11. 10:00
		장 소 : 제307호 법정
		공개여부 : 공개
법원주사	이참관	고 지 된
		다음기일 : 2024. 7. 9. 15:00
피 고 인	1. 김갑동	각 출석
	2. 이을남	
검 사	정의감	출석
변 호 인	법무법인 나라 담당변호사 정명변(피고인 1을 위하여)	각 출석
	법무법인 세계 담당변호사 설득희(피고인 2를 위하여)	

판 사

피고인들은 진술을 하지 아니하거나 각개의 물음에 대하여 진술을 거부할 수 있고, 이익 되는 사실을 진술할 수 있음을 고지

판사의 인정신문

성 명 : 김갑동, 이을남

주민등록번호, 직업, 주거, 등록기준지 : 각 공소장 기재와 같음

판 사

피고인들에 대하여

주소가 변경될 경우에는 이를 법원에 보고할 것을 명하고, 소재가 확인되지 않을 때에는 그 진술 없이 재판할 경우가 있음을 경고

검 사

공소장에 의하여 공소사실, 죄명, 적용법조 낭독

피고인 김갑동

공소사실 제1항과 관련하여, 전세계약은 1회 체결한 것인데 업무상배임죄로 기소한 이유를 모르겠고, 전세금을 모두 반환할 의사였고 충분한 자력이 있었으며 실제로도 전세금을 제 때 반환하였는데 사기죄라는 것은 이해가 되지 않습니다. 공소사실 제2항의 경우 피해자와 합의하여 피해자가 고소취하서를 제출한 점을 참작하여 주시기 바랍니다.

피고인 김갑동의 변호인

공소사실 제1항 기재 전세계약은 박건물에 대해서 효력이 없으므로 박건물에게 손해가 있을 수 없는바 배임죄가 성립하지 않거나 배임미수죄가 성립할 뿐입니다.

피고인 이을남

공소사실 제1항과 관련하여, 피고인 김갑동이 전세계약을 체결할 수 있는 것으로 알고 있었기 때문에 피고인 김갑동과 공모한 사실이 전혀 없고, 피고인 김갑동으로부터 1,000만원을 받은 것은 빌려준 돈을 변제받은 것입니다. 절도의 공소사실 제3의 나항과 관련하여, 장여성은 저와 사실혼 관계인 점을 참작해 주십시오. 나머지 공소사실은 모두 인정합니다.

피고인 이을남의 변호인

피고인을 위하여 유리한 변론을 하다(변론기재 생략).

판 사

증거조사를 하겠다고 고지

증거관계 별지와 같음

판 사

각 증거조사 결과에 대하여 의견을 묻고 권리를 보호하는 데에 필요한 증거조사를 신청할 수 있음을 고지

피고인 이을남의 변호인

보이스펜의 녹음파일에 녹음된 진술내용에 대해 부동의한다고 진술

검사, 피고인 김갑동의 변호인

별 의견 없다고 각각 진술

판 사

변론 속행

2024. 6. 11.

법 원 주 사   이참관 ㊞

판   사   한공평 ㊞

증 거 신 청 서

사건번호　　2024고단1234호 업무상배임 등
피 고 인　　이 을 남

위 사건에 관하여 피고인 이을남의 변호인은 피고인의 이익을 위하여 다음과 같은 증거서류를 제출합니다.

다　　음

1. 탄원서 1통 (고소인 최임차)

2024. 6. 19.

법무법인 세계
담당변호사 설득희 ㊞

(접수 No. 1259720　2024. 6. 19.　서울중앙지방법원 형사접수실)

서울중앙지방법원 형사 제15단독 귀중

탄 원 서

고 소 인　　최임차 (주민번호, 주거지 등 인적사항 생략)
피고소인　　이을남 (800211-1******)
　　　　　　주거　서울 서초구 서초중앙로 110, 202호 (서초동, 행복빌라)

고소인은 피고소인을 사기죄로 고소를 제기한 바 있으나, 피고소인과 원만히 합의하였으므로 더 이상의 형사처벌을 원치 않고, 본건 고소를 취소합니다.

고소인　최 임 차 ㊞

2024. 6. 18.

※ 첨부서류: 고소인의 인감증명서 1통 (생략)

서울중앙지방법원
공판조서

제 2 회
사　　　건　2024고단1234 업무상배임 등
판　　　사　한공평　　　　　　　　　　　기　　일 : 2024. 7. 9. 15:00
　　　　　　　　　　　　　　　　　　　　장　　소 : 제307호 법정
　　　　　　　　　　　　　　　　　　　　공개여부 : 공개
법 원 주 사　이참관　　　　　　　　　　고 지 된
　　　　　　　　　　　　　　　　　　　　다음기일 : 2024. 8. 6. 10:00
피 고 인　　1. 김갑동　　　　　　　　　　　　　　　　　　　각 출석
　　　　　　2. 이을남
검　　　사　정의감　　　　　　　　　　　　　　　　　　　　　 출석
변 호 인　　법무법인 나라 담당변호사 정명변(피고인 1을 위하여)　각 출석
　　　　　　법무법인 세계 담당변호사 설득희(피고인 2를 위하여)
증　　　인　최임차, 최경위, 박건물　　　　　　　　　　　　　　각 출석

판 사
　　전회 공판심리에 관한 주요사항의 요지를 공판조서에 의하여 고지
소송관계인
　　변경할 점이나 이의할 점이 없다고 진술
판 사
　　증거조사를 하겠다고 고지
　　출석한 증인 최임차, 최경위, 박건물을 별지 조서와 같이 각 신문
　　증거관계 별지와 같음(검사, 변호인)
판 사
　　각 증거조사 결과에 대한 의견을 묻고 권리를 보호함에 필요한 증거조사를 신청할 수 있음을 고지
판 사
　　검사에게, 공소사실 제2의 나항 관련, 오토바이가 특정범죄가중처벌등에관한법률위반(운전자폭행등)죄의 구성요건이 규정하는 '자동차'에 해당하는지 석명을 구함

검 사
　　자동차의 정의에 관한 기본법인 자동차관리법 제2조 제1호, 제3조 제1항은

총배기량 또는 정격출력의 크기와 관계 없이 이륜자동차를 자동차로 정의하고 있고, 특정범죄가중처벌등에관한법률 제5조의 10이 자동차의 운전자를 가중처벌하는 취지에 비추어 볼 때 이륜자동차 운전자를 배제할 이유가 없으므로 공소사실 기재 오토바이가 자동차에 해당하는 것은 의문이 없다고 진술

판 사
증거조사를 마치고 피고인신문을 실시하겠다고 고지

검 사
피고인 김갑동에게
문 피고인이 전세계약 체결권한이 없다는 것은 공동피고인 이을남도 알고 있었던 것이지요.
답 네, 맞습니다.
문 공동피고인 이을남이 돈을 돌려주면 별 문제 없을 것이라고 말한 적도 있지요.
답 네, 맞습니다.
문 피고인이 최임차로부터 받은 전세금 5,000만 원 중 1,000만 원을 그 다음 날 공동피고인 이을남에게 송금한 것은 분명하지 않는가요.
답 네, 그건 분명히 기억납니다.
문 공동피고인 이을남은 경찰에서 그 전에 피고인에게 빌려준 돈을 변제받은 것이라고 하는데 어떤가요.
답 아닙니다. 저는 이을남으로부터 돈을 빌린 적이 없습니다.
이때 검사는 피고인에게 사법경찰관 작성의 피고인에 대한 피의자신문조서를 보여주고 열람하게 한 후,
문 피고인은 경찰에서 사실대로 진술하고, 피고인이 진술한대로 기재된 것임을 확인하고 서명, 날인한 것이지요.
답 네, 그것은 맞습니다.

피고인 이을남의 변호인
피고인 김갑동에게
문 피고인 이을남은 돈을 돌려주면 별문제 없을 것이라고 피고인에게 말한 시기가

계약 체결 이후 1년이 넘게 시간이 지나서 임차인의 항의를 받았던 때였다고 하는데 어떤가요.

답 지금 생각해 보니 이을남이 그렇게 말한 시기가 계약 체결 이전인지 그 한참 후인지는 정확히 기억나지 않습니다.

문 피고인 이을남이 계약 체결 후 피고인에게 수고비를 달라고 말한 것은 아니지요.

답 수고비를 달라는 말을 별도로 한 것은 아니지만 1,000만 원을 요구하여 저는 수고비를 달라는 것으로 생각하고 그 돈을 주었던 것입니다.

문 당시 이을남이 1,000만 원을 달라고 구체적 액수를 요구한 것이 아니고 단지 빌려간 돈을 갚으라고 말하지 않았나요.

답 빌려간 돈을 갚으라고 말했는지 아니면 1,000만 원을 달라고 요구하였는지 기억이 나지 않습니다.

문 피고인이 거주하는 빌라는 시가 10억원 상당으로 담보대출이 전혀 없고, 그 외에 다른 오피스텔도 소유하고 있어 피고인은 어차피 전세보증금 5,000만 원을 반환할 능력이 충분하였고, 변제의사도 있었을 것인데 수고비로 1,000만 원이나 주는 것은 이해가 되지 않는데요.

답 제가 당시 일시적으로 자금회전이 잘 안되어 목돈이 필요했고 받은 전세금으로 월세 이상의 투자수익도 올릴 수 있었기 때문에 전세계약을 한 것일 뿐이고 그때나 지금이나 돈을 갚을 능력이 충분했던 것은 사실입니다.

검사

피고인 이을남에게

문 피고인은 최임차가 전세계약을 체결하기 전 공동피고인 김갑동이 전세계약을 체결할 권한이 없다는 사실을 알면서도 공동피고인 김갑동과 공모하여 공소사실 1항 기재 범행을 한 것이지요

답 아닙니다. 저는 김갑동이 전세계약도 체결할 수 있는 것으로 알고 있었습니다.

문 그렇다면 피고인이 전세계약 다음 날인 2022. 2. 25.경 공동피고인 김갑동으로부터 1,000만 원을 송금받은 이유는 무엇인가요

답 제가 그 전에 돈을 빌려준 것이 있기 때문에 변제받은 것일 뿐입니다.

피고인 이을남의 변호인
피고인 이을남에게
문   피고인은 2022. 2. 24.경 피고인의 통장의 예금잔액은 얼마나 되었는가요?
답   그 해 2월 초부터 2월 24일경까지 통장의 잔고는 항상 1,200만 원 이상이었습니다.

변론 속행(변호인들의 요청으로)

2024. 7. 9.

법원주사   이참관 ㊞
판   사   한공평 ㊞

서 울 중 앙 지 방 법 원
증인신문조서(제2회 공판조서의 일부)

사 건   2024고단1234 업무상배임 등
증 인   이 름   최임차
           생년월일 및 주거 (각 생략)

판 사
     증언거부권 부분, 위증의 벌 경고, 선서 부분, 다른 증인 퇴정 부분 (각 생략)

검 사
     증인에게

문   증인은 2022. 2. 24.경 피고인 김갑동에게 전세계약 체결권한이 있는 것으로 믿고 서울 서초구 서초대로 101, 301호에 관하여 전세금 5,000만 원으로 하는 임대차계약을 체결하고 같은 날 피고인 김갑동에게 5,000만 원을 송금해 주었지요

답   네, 맞습니다.

문   그런데 나중에 알고 보니 피고인 김갑동은 집주인 박건물로부터 월세계약 체결권한만 위임받았을 뿐, 전세계약을 체결할 권리는 없었지요

답   네, 그렇습니다.

문   이처럼 전세계약을 체결할 때 피고인 이을남도 동석하여 피고인 김갑동이 전세계약 체결권한이 있는 것처럼 행세하였지요

답   네, 그렇습니다. 그런데, 나중에 알고 보니 피고인 이을남은 피고인 김갑동이 전세계약을 체결할 수 있다고 믿었던 것 같습니다.

문   피고인 이을남과 합의가 되자 피고인 이을남에게 유리하게 거짓 증언하는 것 아닌가요

답   아닙니다.

이때 검사는 증인 작성의 고소장과 사법경찰관 작성의 증인에 대한 진술조서를 보여주고 열람하게 한 후,

문   위 고소장은 증인이 직접 작성하고, 서명·날인하여 수사기관에 제출한 것이고, 위 진술조서는 증인이 경찰에서 사실대로 진술한 후 읽어보고 서명, 날인하였으며, 증인이 사법경찰관에게 진술한 내용과 동일하게 기재되어 있나요.

답   네, 그렇습니다.

피고인 이을남의 변호인
문   증인과 피고인 이을남과의 평소 사이는 어떠했는가요?
답   저와 이을남은 사촌지간으로 어려운 일이 있으면 상의도 하고 급할 때 서로 돈도 빌려주고 갚고 하면서 친하게 지내던 사이였습니다. 사촌이지만 어찌 보면 친형제처럼 가까운 사이었습니다.

2024. 7. 9.

법 원 주 사   이참관 ㊞
판   사   한공평 ㊞

서울중앙지방법원
증인신문조서(제2회 공판조서의 일부)

사　　건　　2024고단1234 업무상배임 등
증　　인　　이　　름　　최경위
　　　　　　생년월일 및 주거 (각 생략)

판 사

증언거부권 부분, 위증의 벌 경고, 선서 부분, 다른 증인 퇴정 부분 (각 생략)

검 사

문　증인은 2024. 2. 26. 14:00경 피고인 이을남을 업무상배임, 사기 혐의로 조사를 하였는가요.

답　예, 저는 서울서초경찰서 수사과 소속 경위 최경위로 2024. 2. 26. 14:00경부터 다음날까지 피고인 이을남에 대해 조사를 한 사실이 있습니다.

문　당시 피고인 이을남이 업무상배임과 사기 혐의에 대해 김갑동과 공모하여 범행하였다고 자백하였나요.

답　예, 이을남이 처음에는 부인하였으나 김갑동의 진술내용을 알려주면서 추궁을 하자 김갑동과 공모하여 박건물로부터 김갑동이 월세계약을 체결할 권한을 부여받은 사실만 있음에도 권한 없이 전세계약을 체결하고 보증금 중 일부를 나눠가진 사실을 모두 인정하였습니다.

문　피고인 이을남이 자유로운 분위기에서 임의로 진술한 것이 맞는가요.

답　예, 피고인 이을남이 고개를 숙이고 울먹이면서 죄송합니다라고 말하였습니다.

문　증인이 밤샘조사를 진행하면서 심리적으로 압박하여 피의자 이을남이 허위로 진술하였을 가능성이 있는가요.

답　그 날 밤샘 조사를 한 것은 사실이지만 피고인 이을남에게 겁을 주거나 압박을 한 사실은 전혀 없습니다.

피고인 이을남의 변호인

문　증인은 2024. 2. 26. 14:00경부터 조사가 진행되어 충분한 시간이 있었을 것으로 보이는데 굳이 밤샘조사를 진행한 이유는 무엇인가요.

답　피고인이 처음에는 범행을 부인하여 이에 대해 많은 추궁을 하였으며 피고인이 계약을 체결하게 된 과정과 구체적인 내용 등에 대한 충분한 수사를 진행하다보니 밤샘 조사를 하게 되었습니다.

문   피고인은 밤이 늦어지자 조사를 중단하고 다음에 이어서 조사를 해달라고 요청하였음에도 묵살되었고, 휴식시간도 충분히 보장되지 않았다고 주장하는데 어떤가요

답   피고인이 그렇게 요청한 것은 사실이지만 조사 일정상 피고인에 대한 조사를 신속히 마무리 했어야 했기 때문에 빨리 조사를 해서 마쳐야 된다고 이야기했습니다.

문   장시간 조사를 했음에도 불구하고 조서에 기재된 분량은 그리 많지 않은데 그 이유는 무엇인가요

답   중요하지 않은 내용을 조서에 기재할 필요가 없다고 생각해서 그랬습니다.

문   피고인은 증인이 조사 초반 피고인이 부인한 내용을 조서에 기재하지 않고 조사 후반에 피고인에게 불리한 부분만 조서로 기재했다고 하는데 어떤가요

답   조사를 할 때 피고인이 하는 모든 말을 기재하는 것이 아닙니다.

문   피고인은 혐의를 부인함에도 불구하고 증인이 밤샘조사하면서 추궁하므로 자포자기 심정에서 사실과 다른 내용으로 자백하게 되었다고 하는데 어떤가요.

답   절대로 아닙니다. 제가 피해자인 최임차를 조사할 당시에 최임차도 "이을남이 나에게 '김갑동이 권한 없는 것을 알면서도 돈이 궁해서 소개해 주어 미안하다'고 사과하였다"고 진술하였습니다. 또한 김갑동을 조사할 때 김갑동도 "이을남과 함께 편취한 돈을 서로 나누어 사용했다"고 인정하기도 하였습니다. 이렇게 사람들의 진술이 일치하는데 허위자백일 리 없습니다.

2024. 7. 9.

법 원 주 사   이참관 ⑪

재판장 판사   한공평 ⑪

서울중앙지방법원
증인신문조서(제2회 공판조서의 일부)

사 건	2024고단1234 업무상배임 등
증 인	이 름 박건물
	생년월일 및 주거 (각 생략)

판 사

증인에게 형사소송법 제148조 또는 제149조에 해당하는가의 여부를 물은바 증인은 형사소송법상 증언거부 사유에는 해당하지 않으나, 선서를 거부하고 증언도 거부하겠다는 의사를 밝힘.

2024. 7. 9.

법 원 주 사	이참관 ㊞
판 사	한공평 ㊞

증 거 신 청 서

사건번호   2024고단1234호 업무상배임 등
피 고 인   이을남

  위 사건 공소사실 중 업무상배임 및 사기의 공소사실에 관하여, 피고인 이을남의 이익을 위하여 2021. 2. 25. 피고인 김갑동에게 1,000만원을 빌려준 사실을 뒷받침하는 거래명세표 1장과 2022. 2.의 통장거래내역을 제출합니다.

다 음

1. 입출금 거래명세표 1장(별첨)
1. 통장 거래내역 1장(별첨 생략)

접 수
No. 1268310
2024. 7. 11.
서울중앙지방법원
형사접수실

(2022. 2.의 피고인 이을남 신한은행 통장 거래내역으로 2022. 2. 24. 현재 잔고는 1,200만 원을 상회하고 있음)

2024. 7. 11.

법무법인 세계
담당변호사 설득희 ㊞

서울중앙지방법원 제15단독 귀중

<서식생략>

입출금 거래명세표

거래일   2021. 2. 25.
입금금액   10,000,000원
송금인   이을남
수취인   김갑동
수취계좌   ***-**-******

참고자료 제출

사건번호   2024고단1234호   업무상배임 등
피 고 인   김 갑 동

검사는 위 사건 공소사실 중 특정범죄가중처벌등에관한법률위반(운전자폭행등) 공소사실에 관하여, 이륜자동차를 자동차로 정의하고 있는 자동차관리법의 관련 조문을 참고자료로 제출합니다.

2024. 7. 12.

검사 정 의 감 ㊞

접 수
No. 1268411
2024. 7. 12.
서울중앙지방법원
형사접수실

서울중앙지방법원 제15단독 귀중

■ 「자동차관리법」

제1조(목적) 이 법은 자동차의 등록, 안전기준, 자기인증, 제작결함 시정, 점검, 정비, 검사 및 자동차관리사업 등에 관한 사항을 정하여 자동차를 효율적으로 관리하고 자동차의 성능 및 안전을 확보함으로써 공공의 복리를 증진함을 목적으로 한다.

제2조(정의) 이 법에서 사용하는 용어의 뜻은 다음과 같다.
1. "자동차"란 원동기에 의하여 육상에서 이동할 목적으로 제작한 용구 또는 이에 견인되어 육상을 이동할 목적으로 제작한 용구(이하 "피견인자동차"라 한다)를 말한다. (후략)

제3조(자동차의 종류) ① 자동차는 다음 각 호와 같이 구분한다.
1. 승용자동차: 10인 이하를 운송하기에 적합하게 제작된 자동차
2. 승합자동차: 11인 이상을 운송하기에 적합하게 제작된 자동차. 다만, 다음 각 목의 어느 하나에 해당하는 자동차는 승차인원과 관계없이 이를 승합자동차로 본다.
   가. 내부의 특수한 설비로 인하여 승차인원이 10인 이하로 된 자동차
   나. 국토교통부령으로 정하는 경형자동차로서 승차인원이 10인 이하인 전방조종자동차
3. 화물자동차: 화물을 운송하기에 적합한 화물적재공간을 갖추고, 화물적재공간의 총적재화물의 무게가 운전자를 제외한 승객이 승차공간에 모두 탑승했을 때의 승객의 무게보다 많은 자동차
4. 특수자동차: 다른 자동차를 견인하거나 구난작업 또는 특수한 용도로 사용하기에 적합하게 제작된 자동차로서 승용자동차·승합자동차 또는 화물자동차가 아닌 자동차
5. 이륜자동차: 총배기량 또는 정격출력의 크기와 관계없이 1인 또는 2인의 사람을 운송하기에 적합하게 제작된 이륜의 자동차 및 그와 유사한 구조로 되어 있는 자동차

서울중앙지방법원
증거서류등(검사)

사건번호	2024고단1234	담임	15단독	주심	

사건명	가. 업무상배임 나. 사기 다. 신용훼손 라. 특정범죄가중처벌등에관한법률위반(운전자폭행등) 마. 허위공문서작성 바. 허위진단서작성 사. 절도

검사	정의감	2024형제123호

피고인	1. 가. 나. 다. 라. 김갑동 2. 가. 나. 마. 바. 사. 이을남

공소제기일	2024. 5. 16.		
1심 선고	20 . .	항소	20 . .
2심 선고	20 . .	상고	20 . .
확 정	20 . .	보존	

제 1 책
제 1 권

구공판	서울중앙지방검찰청 증 거 기 록				
검 찰	사건번호	2024형제123호	법원	사건번호	2024고단1234
	검 사	정의감		판 사	
피 고 인	1. 가. 나. 다. 라.　　　　김갑동 2. 가. 나. 마. 바. 사.　　　이을남				
죄 명	가. 업무상배임 나. 사기 다. 신용훼손 라. 특정범죄가중처벌등에관한법률위반(운전자폭행등) 마. 허위공문서작성 바. 허위진단서작성 사. 절도				
공소제기일	2024. 5. 16.				
구　속	각 불구속		석 방		
변 호 인					
증 거 물					
비　고					

고 소 장

1. 고 소 인 : 박건물 (581025-1******)

    주소 **(생략)**

    전화번호 **(생략)**

접수일자	2023. 12. 15.
접수번호	제 8330 호
사건번호	제 9023 호
압수번호	

2. 피고소인 : 김갑동 (800121-1******)

    이을남 (800211-1******)

3. 죄 명 : 업무상배임

고 소 사 실

1. 고소인은 서울 서초구 서초대로 101 다세대주택의 소유자이고, 피고소인 김갑동은 서울 서초구 서초대로 100에서 공인중개사 사무실을 운영하는 사람입니다.

2. 고소인은 직장 일로 바빠서 위 다세대주택을 직접 관리하기가 어려워 인근의 공인중개사인 피고소인 김갑동에게 고소인을 대리하여 월세계약을 체결하고, 세입자들로부터 월차임을 수령할 수 있는 권한을 주어 다세대주택을 관리하도록 위임하고 관리비 명목의 돈을 지급해 왔습니다.

3. 다만, 고소인은 월차임을 받아 수익을 얻는 것이 목적이었으므로 피고소인 김갑동에게 월세계약을 체결하도록 위임하였을 뿐, 전세계약 체결을 위임한 사실이 없습니다.

4. 그럼에도 불구하고 피고소인 김갑동은 2022. 2. 24.경 최임차와 제 소유인 서울 서초구 서초대로 101, 301호에 관하여 전세금 5,000만원의 전세임대차 계약을 체결하였고, 피고소인 이을남은 피고소인 김갑동의 친구로서 최임차를 피고소인 김갑동에게 소개해 주고 전세계약을 체결하는 데 깊이 관여한 것을 최근에서야 알게 되었습니다.

5. 결국, 피고소인들이 공모하여 업무상배임 행위를 한 것으로 판단되므로, 피고소인들을 상대로 철저하게 조사하여 엄하게 처벌하여 주시기 바랍니다.

첨부서류: 1. 위임장
          2. 전세계약서(생략)

2023. 12. 15.

고소인 박건물 ㊞

서울서초경찰서장 귀중

위 임 장

대리인   성 명 : 김 갑 동
         주민등록번호 : 800121-1******
         주 소 : 서울 서초구 서래로2길 1, 305호 (반포동, 궁전빌라)

1. 위임인은 위 사람을 대리인으로 정하고 위임인 소유의 서울 서초구 서초대로 101 다세대 주택에 관한 임대차계약 체결, 월차임 수령 등 건물 관리 권한을 위임한다.
2. 위 대리인은 위임인을 대리하여 임대차계약을 체결할 때 주변 지역 시세에 따른 월세를 받는 내용의 임대차계약(단, 보증금 200만원)을 체결해야 하고, 보증금 및 월차임은 수령 즉시 위임인에게 송금한다.

<이하 생략>

2020 년   3 월

위임인   박건물 ㊞

진 술 조 서 (고소보충)

성   명 : 박건물

주민등록번호, 직업, 주소, 연락처 등은 생략

위의 사람은 김갑동, 이을남에 대한 업무상배임 피의사건에 관하여 2024. 1. 3. 서초경찰서에 임의출석하여 다음과 같이 진술한다.

1. 피의자들과의 관계

저는 피의자들과 친인척 관계가 없고, 고소인 자격으로 출석하였습니다.

문   진술인의 고소 취지는 무엇인가요

답   피고소인 김갑동에게 제 소유인 서울 서초구 서초대로 101 다세대주택에 대하여 월세계약을 체결할 수 있는 권한을 위임한 사실은 있지만 전세계약 체결을 위임한 사실이 없음에도 불구하고, 피고소인 김갑동이 2022. 2. 24. 위 다세대주택 301호에 관하여 최임차와 전세금 5,000만원의 전세임대차 계약을 체결하여 제가 큰 손해를 보게 되었습니다.

문   이 사실을 알게 된 것은 언제인가요

답   최임차가 2023. 9. 20.경 임대차기간 만료시 전세금 5,000만원을 돌려달라는 취지로 연락을 해왔습니다. 저는 김갑동으로부터 임대차보증금으로 200만원, 월차임으로 매월 50만원을 받은 사실밖에 없어서 김갑동에게 어찌된 일인지 확인해 보았더니 그제서야 김갑동이 사실대로 털어 놓아 알게 된 것입니다.

문   피고소인 이을남을 함께 고소한 이유가 있는가요

답   최임차가 말하길 사촌형인 이을남이 그 친구인 김갑동을 소개시켜 줬고, 김갑동과 이을남이 함께 저로부터 전세계약 체결을 위임받은 것처럼 행세하여 계약을 체결하였다고 하였습니다. 따라서 이을남도 김갑동과 공모한 것으로 판단되어 함께 고소한 것입니다.

문   현재 고소인은 어떤 피해를 입고 있는가요

답   최임차가 저에게 저는 보지도 못한 전세보증금 5,000만원을 돌려달라고 요구하고 있어 피해가 막심한 상황입니다.

문   이상 진술한 내용이 사실인가요

답   네, 사실입니다. ㉮

위의 조서를 진술자에게 열람하게 하였던바 진술한 대로 오기나 증감·변경할 것이 없다고 말하므로 간인한 후 서명 날인하게 하다.

진 술 자   박건물 ㊞

2024. 1. 3.

서울서초경찰서

사법경찰관   경위   최경위 ㊞

고 소 장

1. 고 소 인 : 최임차 (890909-1******)
   주소   (생략)
   전화번호 (생략)
2. 피고소인 : 김갑동 (800121-1******)
   이을남 (800211-1******)
3. 죄   명 : 사기

접수일자	2024. 1. 4.
접수번호	제 80 호
사건번호	제 93 호
압수번호	

고 소 사 실

1. 고소인은 서울 서초구 서초대로 101, 301호의 임차인입니다.
2. 고소인은 2022. 2.경 전셋집을 구하고 있었는데, 이를 알게 된 사촌 형 피고소인 이을남이 친구인 피고소인 김갑동을 소개하여 주었고, 피고소인들은 피고소인 김갑동이 집주인으로부터 위임을 받아 전세계약을 체결할 수 있는 것처럼 행세하였습니다.
3. 결국 고소인은 2022. 2. 24.경 서울 서초구 서초대로 100에 있는 피고소인 김갑동 운영의 공인중개사 사무실에서, 피고소인 이을남이 동석한 가운데 소유자인 박건물을 대리한 피고소인 김갑동과 서울 서초구 서초대로 101, 301호를 전세금 5,000만원에 임차하기로 계약하고 당일 5,000만원을 피고소인 김갑동에게 송금해주었습니다.
4. 그런데, 2023. 9. 20.경 박건물과 연락이 되어 물어보니, 박건물은 피고소인 김갑동에게 전세계약을 위임한 사실이 없고 저와 전세계약을 체결한 사실을 모를 뿐만 아니라 전세금도 받은 사실이 전혀 없다고 하였습니다.
5. 결국, 피고소인들이 공모하여 마치 전세계약 체결권한이 있는 것처럼 고소인을 기망하여 전세금을 편취한 것으로 판단되므로, 피고소인들을 상대로 철저하게 조사하여 엄하게 처벌하여 주시기 바랍니다.

첨부서류: 계좌거래내역서(생략)

2024. 1. 4.

고소인 최임차 ㊞

서울서초경찰서장 귀중

진 술 조 서 (고 소 보 충)

성   명 : 최임차

주민등록번호, 직업, 주소, 연락처 등은 생략

위의 사람은 김갑동, 이을남에 대한 사기 피의사건에 관하여 2024. 1. 12. 서초경찰서에 임의출석하여 다음과 같이 진술한다.

1. 피의자들과의 관계

저는 피의자 이을남과 사촌 관계이고, 고소인 자격으로 출석하였습니다.

문   진술인의 고소 취지는 무엇인가요

답   2022. 2. 24.경 김갑동에게 전세계약 체결권한이 있는 것으로 믿고 서울 서초구 서초대로 101, 301호에 관하여 전세금 5,000만원으로 하는 전세계약을 체결하고 같은 날 5,000만원을 김갑동에게 송금해 주었습니다. 그런데, 나중에 알고 보니 김갑동은 집주인 박건물로부터 월세계약 체결권한만 위임받았을 뿐이어서, 전세계약을 체결할 권한이 전혀 없었습니다.

문   이 사실을 알게 된 것은 언제인가요

답   2023. 9. 20.경 임대차기간 만료시 전세금 5,000만원을 돌려달라는 취지로 집주인 박건물에게 연락을 했더니, 박건물은 깜짝 놀라면서 자신은 임대차보증금으로 200만원, 월세로 매월 50만원을 받은 사실밖에 없다고 하였습니다.

문   피고소인 이을남을 함께 고소한 이유가 있는가요

답   제가 전셋집을 구하는 것을 알고 이을남이 저를 김갑동에게 소개해 주었고, 이을남도 전세계약 체결하는 날까지 동석하면서 김갑동이 전세계약을 체결할 권한이 있는 것처럼 행세했는데 이을남이 친구인 김갑동과 짜고 저를 속인 것이 분명합니다. 하지만 현재 이을남은 자신은 김갑동이 전세계약 체결 권한이 없다는 것을 전혀 몰랐다며 오리발을 내밀고 있습니다.

문   현재 고소인은 어떤 피해를 입고 있는가요

답   전세보증금 5,000만원은 저의 전 재산인데 집주인 박건물이 자신은 책임이 없다고 하고 이을남에 대한 배신감에 잠도 제대로 자지 못하고 있습니다.

문   이상 진술한 내용이 사실인가요

답   네, 사실입니다. ㉠

위의 조서를 진술자에게 열람하게 하였던바 진술한 대로 오기나 증감·변경할 것이 없다고 말하므로 간인한 후 서명 날인하게 하다.

진 술 자   최 임 차 ㉠

2024. 1. 12.

서울서초경찰서

사법경찰관   경위   최 경 위 ㉠

고 소 장

1. 고 소 인 : 정직한 (850505-1******)

    주소　　**(생략)**

    전화번호 **(생략)**

2. 피고소인 : 김갑동 (800121-1******)
3. 죄　　명 : 신용훼손, 특정범죄가중처벌등에관한법률위반(운전자폭행등)

접수일자	2024. 1. 16.
접수번호	제 130 호
사건번호	제 158 호
압수번호	

고 소 사 실

1. 피고소인은 서울 서초구 서초대로 105에서 '갑동 퀵서비스'라는 상호로 배달업을 하고 있는 사람이고, 고소인은 같은 구에서 '친절 퀵서비스'라는 상호로 배달업을 하고 있는 사람입니다.

2. 그런데, 피고소인은 2023. 9. 5.경부터 2024. 1. 10.경까지 10회에 걸쳐 피고소인의 배달 기사들이 불친절하거나 배달이 지연될 경우 손님들에게 영수증을 교부함에 있어 '갑동 퀵서비스'의 영수증을 교부하지 않고 고소인이 운영하는 '친절 퀵서비스' 명의로 된 영수증을 작성, 교부하였습니다.

3. 결국 피고소인이 허위의 사실을 유포하여 손님들로 하여금 불친절하고 배달을 지연시킨 업체가 고소인 운영의 '친절 퀵서비스'인 것처럼 인식하게 하였고 그 결과 저의 신용이 크게 훼손되어 막대한 손해를 입게 되었습니다.

4. 더욱이 피고소인은 2024. 1. 15. 21:10경 위 '갑동 퀵서비스' 사무실 앞에서, 오토바이를 타고 그 곳을 지나가던 고소인을 마주치자 오토바이를 타고 있던 저의 멱살을 잡아 당기고 주먹으로 복부와 얼굴을 수회 때렸습니다.

5. 이에 피고소인을 신용훼손, 특정범죄가중처벌등에관한법률위반(운전자폭행등) 혐의로 고소하오니 엄벌하여 주시기 바랍니다.

첨부서류: 1. 영수증 사본 10매 (생략)
　　　　　2. 목격자 정밀한 진술서 (생략)

2024. 1. 16.

고소인　정직한 ㉿

서울서초경찰서장 귀중

진 술 조 서 (고 소 보 충)

성　　명 : 정직한

주민등록번호, 직업, 주소, 연락처 등은 생략

위의 사람은 김갑동에 대한 신용훼손, 특정범죄가중처벌등에관한법률위반(운전자폭행등) 피의사건에 관하여 2024. 1. 22. 서초경찰서에 임의출석하여 다음과 같이 진술한다.

1. 피의자와의 관계

저는 피의자 김갑동과 아무런 관계가 없고, 고소인 자격으로 출석하였습니다.

문　진술인의 고소 취지는 무엇인가요

답　저는 서울 서초구에서 '친절 퀵서비스'를, 김갑동은 '갑동 퀵서비스'를 운영하고 있습니다. 그런데 김갑동은 2023. 9. 5.경부터 2024. 1. 10.경까지 10회에 걸쳐 김갑동의 배달 기사들이 불친절하거나 배달이 지연될 경우 손님들에게 제가 운영하는 '친절 퀵서비스'명의로 된 영수증을 교부하였습니다.

문　피의자 김갑동이 이와 같은 행동을 한 이유가 무엇인가요

답　경쟁업체를 운영하는 저의 신용을 떨어뜨리기 위한 것이라고 생각합니다.

문　또한 진술인은 피의자 김갑동으로부터 폭행을 당하였다는 것인가요

답　네, 그렇습니다. 2024. 1. 15.경에 오토바이를 타고 김갑동 운영의'갑동 퀵서비스' 앞을 지나는데 김갑동을 마주쳤습니다. 김감동이 '왜 남의 영업구역에서 영업을 하냐'며 시비를 걸더니 오토바이에 타고 있는 저의 멱살을 잡아 당기고 주먹으로 저의 복부와 얼굴을 여러 번 때렸습니다.

문　당시 진술인은 운행 중인 오토바이에 타고 있었다는 것인가요

답　네, 오토바이를 타고 있었고 신호대기로 잠시 정차해 있었지만 시동이 걸려있는 상태였습니다.

문　죄가 인정될 경우 피의자의 처벌을 원하는가요

답　네, 김갑동으로 인한 피해가 반복되고 있어 강력한 처벌을 원합니다.

문　이상 진술한 내용이 사실인가요

답　네, 사실입니다. [인]

위의 조서를 진술자에게 열람하게 하였던바 진술한 대로 오기나 증감·변경할 것이 없다고 말하므로 간인한 후 서명 날인하게 하다.

진 술 자　정 직 한 [인]

2024. 2. 12.

서울서초경찰서

사법경찰관　경위　이 경 위 [인]

진 술 조 서

성　　명 : 장부친

주민등록번호, 직업, 주소, 연락처 등은 생략

위의 사람은 이을남에 대한 절도 피의사건에 관하여 2024. 2. 7. 서초경찰서에 임의출석하여 다음과 같이 진술한다.

1. 피의자와의 관계

저는 피의자 이을남과 아무런 관계가 없습니다.

문　　진술인은 피의자 이을남을 절도죄로 신고하였는가요

답　　네, 그렇습니다. 이을남은 서울 서초구 서초중앙로 105 청춘빌라 302호에서 제 딸인 장여성과 동거하던 사람입니다. 그런데, 장여성이 2024. 2. 5.경 교통사고로 갑자기 사망하였고, 이을남이 그 다음 날(2. 6.) 위 주거지에서 제 딸의 돈과 등기권리증 등을 저 몰래 임의로 가지고 갔기에 절도죄로 신고했습니다.

문　　따님인 장여성이 사망하였더라도 진술인이 돈과 등기권리증 등의 피해자라고 보기는 어려운 것 아닌가요

답　　제가 주위에 법을 잘 아는 사람에게 물어보니 사람이 사망하면 그 소유권과 점유권이 상속인에게 이전된다고 합니다. 제가 장여성의 유일한 상속인이므로 제가 피해자라고 할 수 있을 것 같습니다.

문　　진술인은 서울 서초구 서초중앙로 105 청춘빌라 302호에 함께 거주하였는가요

답　　아닙니다. 저는 따로 지방에서 살고 있고, 딸인 장여성이 2020. 5.경 서울 서초구 서초중앙로 105 청춘빌라 302호를 매수하여 그 때부터 이을남과 함께 동거해 왔습니다.

문　　진술인이 피의자의 범행을 알게 된 것은 언제인가요

답　　2. 5. 딸이 갑자기 사망하자, 당일에 제가 이을남에게 전화해서 열쇠와 물건들을 모두 넘겨달라고 말했고, 이을남도 그러겠다고 했습니다. 그런데 이을남이 계속 제 연락을 피하면서 약속을 안 지켰고, 제가 참다 못해 오늘(2. 7.) 오전에 열쇠공을 불러 문을 따고 집 안에 들어가게 된 것입니다. 오늘 보니 물건이 없어졌기에 이을남을 추궁해서 절도사실을 알게 되었습니다.

문　　이상 진술한 내용이 사실인가요

답　　네, 사실입니다. ㊞

위의 조서를 진술자에게 열람하게 하였던바 진술한 대로 오기나 증감·변경할 것이 없다고 말하므로 간인한 후 서명 날인하게 하다.

진 술 자　장부친 ㊞

2024. 2. 7.

서울서초경찰서

사법경찰관　경위　박 경 위 ㊞

피의자신문조서

피의자 김갑동에 대한 업무상배임 등 피의사건에 관하여 2024. 2. 22. 서울서초경찰서에서 사법경찰관 경위 최경위는 사법경찰리 순경 마두석을 참여하게 하고, 아래와 같이 피의자임에 틀림없음을 확인하다.

주민등록번호, 직업, 주거, 등록기준지, 직장 주소, 연락처 (각 생략)

[진술거부권과 변호인 조력권 고지하고 변호인 참여 없이 진술하기로 함(생략)]

이에 사법경찰관은 피의사실에 관하여 다음과 같이 피의자를 신문하다.

[피의자의 범죄전력, 경력, 학력, 가족·재산 관계 등은 생략]

[업무상배임 및 사기]

문   피의자는 고소인 박건물, 고소인 최임차를 아는가요

답   네, 저는 공인중개사인데, 박건물은 제가 관리해 주던 서울 서초구 서초대로 101 다세대주택의 소유자이고, 최임차는 이 다세대주택 301호를 임차한 세입자입니다.

고소인 박건물이 제출한 위임장을 제시하고,

문   고소인 박건물은 피의자에게 이 위임장과 같이 월세계약만을 위임했기 때문에 피의자가 전세계약을 체결해서는 안 된다고 하는데 맞는가요

답   네, 그건 맞습니다.

문   그런데도 고소인 최임차와 전세계약을 체결한 것인가요

답   네, 2022. 2. 24.경 전세금 5,000만원에 서울 서초구 서초대로 101, 301호를 최임차에게 임대하는 계약을 체결한 사실이 있습니다.

문   이처럼 전세계약을 체결한 이유가 무엇인가요

답   친구인 이을남이 사촌동생이 전셋집을 구하고 있다며 전세금을 받아 나누어 사용하자고 제안하였고, 생각해 보니 나중에 전세기간이 만료되면 최임차에게 전세금을 돌려주면 별 문제 없을 것이라고 생각했습니다.

문   이을남은 구체적으로 무슨 말을 하였는가요

답   이을남이 전세계약 체결 직전에 나중에 돌려주기만 하면 아무 문제가 없으니 걱정할 것 없다고 말하여 저를 안심시켰고, 전세계약 체결 직후 수고비를 달라고 요구하여 제가 수고비로 1,000만원을 이을남에게 주었습니다.

문   전세금 중 나머지는 어떻게 하였는가요

답   200만원은 박건물에게 보증금인 것처럼 말하며 주었고, 나머지는 제 사업하는 데 사용하였습니다.

문   전세계약 체결권한이 없는 피의자가 그 정을 모르는 고소인 최임차와 전세계약을 체결하여 고소인 박건물과 고소인 최임차가 각각 피해를 보았다고 주장하는데 어떤가요

답   제가 잘못한 것은 맞지만, 제가 나중에 전세금을 모두 책임지고 돌려줄 것인데 누가

무슨 손해를 본 것인지 모르겠습니다. 특히, 제 재산 내역을 잘 살펴 보시면 아시겠지만 전세금 5,000만원 정도는 변제할 자력이 충분한데 최임차가 무엇을 속았다는 것인지 모르겠습니다.

[신용훼손]

고소인 정직한이 제출한 영수증 사본을 제시하고,

문 피의자는 2023. 9. 5.경부터 2024. 1. 10.경까지 10회에 걸쳐 고소인 정직한 운영의 '친절 퀵서비스' 영수증을 손님들에게 교부한 사실이 있는가요

답 네, 인정합니다.

문 그 경위는 어떠한가요

답 제가 공인중개사이지만 '갑동 퀵서비스'라는 업체도 운영하고 있는데, 퀵서비스 업체는 친절과 신속이 생명이어서 가끔 손님들 불만이 생길 수 있는 상황에서 저희 영수증을 주면 부정적 인식이 생길까 봐서...

문 피의자의 행위로 인해서 고소인 정직한이 큰 손해를 입었다는데 어떤가요

답 잘못 했습니다. 그런데, 이전에도 고소인이 고소를 해서 제가 최근 벌금형을 받았는데 또 처벌받아야 하나요?

[특정범죄가중처벌등에관한법률위반(운전자폭행등)]

문 피의자는 2024. 1. 15. 21:10경 오토바이를 타고 있던 고소인 정직한의 멱살을 잡아 당기고 얼굴과 복부를 주먹으로 때린 사실이 있는가요

답 네, 최근 경기가 안 좋아 장사도 안 되는데, 정직한이 저희 구역에서 영업을 하고 있는 것을 보고 순간적으로 화가 나 그렇게 되었습니다.

문 당시 고소인 정직한은 오토바이에 타고 있었고, 시동도 걸려있던 상태였다는데 맞는가요

답 네, 정직한이 길에서 오토타이를 타고 이동 중이었으니 맞습니다.

문 더 할 말이 있나요

답 이놈이 부추겨서 이렇게 된 것입니다. 이놈이 장애인 진단을 받기 위해 최근 국립병원 의사로부터 허위 진단서를 받은 것으로 아는데 수사해 보십시오. 그리고 피해자들의 피해를 변제하기 위해 노력할 테니 선처 부탁드립니다.

위의 조서를 진술자에게 열람하게 하였던바, 진술한대로 오기나 증감·변경할 것이 전혀 없다고 하므로 간인한 후 서명날인하게 하다.

진술자 김 갑 동 ㊞

2024. 2. 22.
서초경찰서
사법경찰관 경위 최 경 위 ㊞
사법경찰리 순경 마 두 석 ㊞

피의자신문조서

피의자 이을남에 대한 업무상배임 등 피의사건에 관하여 2024. 2. 24. 서울서초경찰서에서 사법경찰관 경위 최경위는 사법경찰리 순경 마두석을 참여하게 하고, 아래와 같이 피의자임에 틀림없음을 확인하다.
주민등록번호, 직업, 주거, 등록기준지, 직장 주소, 연락처 (각 생략)
[진술거부권과 변호인 조력권 고지하고 변호인 참여 없이 진술하기로 함(생략)]
이에 사법경찰관은 피의사실에 관하여 다음과 같이 피의자를 신문하다.
[피의자의 범죄전력, 경력, 학력, 가족·재산 관계 등은 생략]

[업무상배임 및 사기]

문 피의자는 고소인 박건물, 고소인 최임차를 아는가요

답 네, 최임차는 제 사촌 동생인데, 제가 친구이자 공인중개사인 김갑동에게 소개해 줘서 2022. 2. 24.경 박건물 소유의 서울 서초구 서초대로 101, 301호를 전세 5,000만원에 임차했습니다.

문 김갑동은 전세계약을 체결할 권한이 없었다고 하는데 알고 있었나요

답 저는 김갑동이 전세계약을 할 수 있다고 해서 믿었고, 저도 속은 겁니다.

문 김갑동은 피의자가 모든 사정을 알면서도 먼저 전세계약을 체결하자고 부추겼고 전세금 중 1,000만원을 피의자가 사용하기도 했다는데 어떤가요

답 제가 전세계약을 마치고 1,000만원을 받은 것은 맞지만 제가 이전에 김갑동에게 빌려주었던 돈을 변제받은 것으로서 전세계약과는 무관합니다. 제가 김갑동이 전세계약을 할 수 없는 것을 알았다면 사촌 동생을 소개시켜 주진 않았을 것입니다.

[허위공문서작성 및 허위진단서작성]

문 김갑동에 의하면 피의자가 장애인 진단을 받기 위해 최근 국립병원에서 허위로 진단서를 받았다고 하는데 맞는가요

답 (한숨을 내쉬며) 김갑동이 그런 말까지 하던가요. 제가 최근에 갑자기 경제사정이 매우 어려웠습니다. 그래서 장애인 판정을 받으면 연금을 받을 수 있다는 말을 듣고 제 이름으로 허위 진단서를 받아둔 것입니다.

문 그 경위가 어떠한가요

답 제가 인터넷을 통해 브로커를 한 명 알게 되었고, 2024. 1. 24.경 서울 서초구 서초대로 200에 있는 국립서울병원에서 그 브로커와 브로커가 데리고 온 뇌경색이 있는 사람을 만났습니다. 제가 서류를 접수시킨 후 뇌경색이 있는 사람을 휠체어에 태워 의사 조명의에게 저 대신 진찰을 받게 하였고, 조명의가 1년 이상의 치료가 필요한 뇌경색이 있다는 취지의 진단서를 발급해 주었습니다.

문 이처럼 허위로 발급받은 진단서를 사용하지는 않았는가요

답 막상 이 진단서를 사용해서 장애등급을 신청하자니 겁이 나서 집에 보관만 하고 있었습니다. 이렇게 다 드러났으니 제가 추후 제출하겠습니다.

[절도]

문 피의자는 고소인 장부친을 아는가요

답 제가 소개로 만난 장여성과 2020. 5.경부터 장여성 소유 서울 서초구 서초중앙로 105 청춘빌라 302호에서 동거한 사실이 있습니다. 그런데 장여성이 2024. 2. 5.경 교통사고를 당해 갑자기 사망하게 되었고, 이후 장여성의 아버지인 장부친을 알게 되었습니다.

문 그렇다면 이전에는 고소인 장부친과 아무런 교류가 없었다는 것인가요

답 네, 저는 장여성과 동거하면서도 아버지 이야기는 듣지도 못하였고, 저희가 살고 있던 집에 찾아온 적도 없습니다.

문 피의자는 장여성과 어떠한 관계였는가요

답 4년 가량 동거하면서 부부처럼 지냈지만 혼인신고는 하지 않았습니다.

문 고소인 장부친은 피의자가 사망한 장여성의 물건을 임의로 가지고 가 절취하였다고 하는데 맞는가요

답 장여성이 사망하자 제가 그 집에서 살기는 어려울 것 같았습니다. 그래서 2024. 2. 6.경 집을 나오기 위해 정리하다가 장여성이 쓰던 가방을 발견했고, 그 안에 현금과 등기권리증 같은 것이 들어 있는 것을 보고 별 생각 없이 갖고 나온 사실은 있습니다. 저도 4년이나 함께 산 사람인데 그 정도 권리는 있는 거 아닌가요?

문 고소인 장부친에게 집 열쇠 등을 인도해 주었는가요

답 장여성이 사망한 날인 2024. 2. 5.경 장부친이 연락을 해서 열쇠와 물건들을 넘겨달라고 해서 처음에는 그러자고 했는데, 가만 생각해보니 아버지란 사람이 재산만 챙기는 것 같아 괘씸한 마음이 들었습니다. 제가 협조해주지 않자 장부친이 2024. 2. 7.에 열쇠공을 불러 문을 따고 집 안으로 들어갔고, 제가 장여성의 물건을 훔쳐갔다며 도둑으로 몰고 있습니다.

문 더 할 말이 있나요

답 억울한 점이 없도록 사실을 밝혀주시기 바랍니다.

위의 조서를 진술자에게 열람하게 하였던바, 진술한대로 오기나 증감·변경할 것이 전혀 없다고 하므로 간인한 후 서명날인하게 하다.

진술자 이 을 남 ㊞

2024. 2. 24.

서울서초경찰서

사법경찰관 경위 최 경 위 ㊞

사법경찰리 순경 마 두 석 ㊞

피의자신문조서(제2회)

피의자 이을남에 대한 업무상배임 등 피의사건에 관하여 2024. 2. 26. 서울서초경찰서에서 사법경찰관 경위 최경위는 사법경찰리 순경 마두석을 참여하게 하고, 다음과 같이 피의자를 신문하다.

[진술거부권과 변호인 조력권 고지하고 변호인 참여 없이 진술하기로 함(생략)]

[업무상배임 및 사기]

문 피의자는 전회 김갑동과 공모하여 업무상배임과 사기범행을 하였다는 피의사실로 조사를 받은 사실이 있지요, 그때 모두 사실대로 진술하였나요.

답 아니요, 일부 사실과 다르게 진술한 것이 있습니다.

문 사실과 다르게 진술한 이유가 있는가요

답 사실대로 말하면 처벌받을 게 겁이 나서 거짓진술을 하였습니다.

문 사실은 김갑동이 전세계약을 체결할 권한이 없었다는 것을 알고 있었지요

답 (고개를 푹 숙이면서) 예, 죄송합니다. 김갑동이 그 이전부터 박건물 소유의 건물 전체에 대한 권한을 위임받아 월세계약을 체결해 왔고, 건물주가 임대수익을 올리려면 월세계약을 하는 것은 당연하기 때문에 김갑동에게 전세계약을 체결할 권한이 없는 것을 알고 있었습니다.

문 김갑동은 피의자가 모든 사정을 알면서도 먼저 전세계약을 체결하자고 부추겼다고 진술하였고, 전세금 중 1,000만원을 피의자가 사용하기도 했다는데 인정하는가요

답 네, 인정합니다. 제가 돈을 받을 욕심이 있어서 전세계약 체결 권한이 없는 것을 알고 계약하라고 하였습니다. 다만, 제가 적극적으로 부추겼다는 것은 사실이 아닙니다.

문 더 할 말이 있나요

답 *잘못했습니다.*

위의 조서를 진술자에게 열람하게 하였던바, 진술한대로 오기나 증감·변경할 것이 전혀 없다고 하므로 간인한 후 서명날인하게 하다.

진술자 이을남 ㊞

2024. 2. 26.

서울서초경찰서

사법경찰관 경위 최 경 위 ㊞

사법경찰리 순경 마 두 석 ㊞

서 울 서 초 경 찰 서

2024. 2. 27.

수신 : 경찰서장
참조 : 수사과장
제목 : 수사보고(고소인 박건물 진술 청취보고)

　　피의자 이을남 변명의 진위를 확인하기 위하여 고소인 박건물(전화번호 010-****-****)에게 전화하여 다음과 같은 진술을 청취하였음

○ 피의자 이을남은 피의자 김갑동과 둘도 없는 친구로 고소인도 함께 어울려 저녁 식사를 한 적이 있는데, 피의자 이을남이 피의자 김갑동에게 전세계약 체결권한이 있다고 믿었다는 것은 말이 되지 않음
○ 특히, 경찰에 고소를 하기 전에 피의자 김갑동이 '이을남에게 전세계약 체결권이 없다는 것을 분명히 알려주었고, 돈도 나누어 썼다.'고 고소인에게 분명히 말하기도 했고, 이을남과의 대화를 녹음한 사실도 있음
○ 고소 이후 2년인 임대차계약 기간이 종료되어 걱정했었는데, 2024. 2. 25. 김갑동이 어디서 돈을 마련했는지 최임차에게 5,000만원을 돌려주어 다행히 큰 피해가 발생하지는 않았음.
○ 다만, 피의자들이 무책임하게 이런 일을 벌인 것에 대해 경종을 울려야 된다는 생각이므로 꼭 엄벌에 처했으면 좋겠음

　　　　　　　　　　　　　　　　　　　　　　　수사과 근무
　　　　　　　　　　　　　　　　　　　　　　　경위 최경위 ㊞

진 단 서

환자번호 : 0005302
연 번 호 : 240124 - 00003   주민등록번호 : 800211-1******

성 명	이을남	성 별	남	생년월일	1980년 2월 11일	연 령	만 43세
주 소	(생략)						
병 명 임상적 추정	뇌경색					한국질병분류번호	
발병일	2024년 01월 05일			진단일	2024년 1월 24일		
향 후 치 료 의 견	상기 환자는 상기 병명으로 2024. 1. 24. 내원하여 치료받은 환자로 향후 약 1년 이상의 약물 치료 및 추적 진료가 필요할 것으로 사료됨. 단 본 진단은 초진 소견으로 향후 경과 관찰하여 진단의 추가나 치료기간의 연장이 있을 수 있음.						
비 고					용 도	기관 제출용	

위와 같이 진단함

발 행 일   2024년 1월 24일
의 료 기 관   국립서울병원
주   소   서울 서초구 서초대로 200
전   화   (생략)

면허번호 제   8937 호   의사   조 명 의 ㊞ ㊞

서 울 서 초 경 찰 서

2024. 2. 29.

수신 : 경 찰 서 장
참조 : 수 사 과 장
제목 : 수사보고(참고인 조명의 진술 청취보고)

　　　피의자 이을남이 허위로 진단서를 발급받은 국립서울병원 소속 의사 조명의(전화번호 02-***-****)에게 전화하여 다음과 같은 진술을 청취하였음

○ 본인은 내과 전문의로서 2015. 3.경부터 서울 서초구 서초대로 200에 있는 국립서울병원의 내과과장으로 근무하고 있음
○ 국립서울병원은 국가가 직접 운영하는 국립병원으로서 본인은 의료직 공무원(서기관)에 해당함
○ 2024. 1. 24. 이을남이라는 사람이 내원하여 진찰을 하였는데 여러 가지 진료를 해보았을 때 뇌경색 증상이 완연하여 1년 이상의 치료가 필요한 뇌경색으로 진단서를 발급해 주었음
○ 당시 진료를 보러 온 사람이 이을남이 아니라는 사실은 전혀 알지 못하였고 만약 그러한 사실을 알았다면 절대 그와 같은 진단서를 발급해 주지 않았을 것임
○ 의사를 기망하여 허위진단서를 발급받은 것이 사실이라면 엄벌에 처해 주었으면 함

　　　조명의와 통화 직후 조명의가 스스로 신분을 증명하는 취지에서 공무원증사본을 팩스로 송부하여 온바 이를 기록에 첨부함

첨부 : 공무원증 사본(조명의) 1부

수사과 근무
경위 최경위 ㊞

서울중앙지방검찰청

2024. 3. 8.

수신 : 검사 정의감

제목 : 수사보고(고소인 박건물 보이스펜 제출)

    금일 15:00경 본건 고소인 박건물이 당 검사실을 방문하여, 경찰에 고소장을 제출하기 전인 2023. 12. 23.경 이을남을 만나 사건의 경위를 물어보면서 이을남이 하는 말을 보이스펜으로 몰래 녹음한 사실이 있다면서 당시 녹음한 보이스펜과 해당 녹음 파일에 대한 녹취서를 임의 제출하였기에 해당 보이스펜을 압수하고, 고소인 박건물이 제출한 녹취서를 다음과 같이 첨부하였음을 보고합니다.

첨부: 녹취서 1부

검찰주사 강주사 ㊞

녹 취 서

(앞 부분 생략)

박건물 : 당신도 알면서 그런거야?

이을남 : 죄송합니다. 김갑동이 돈을 충분히 갚을 수 있을 것으로 믿었습니다. 김갑동에게서 1,000만원을 받으려고 순간적으로 욕심이 났나봅니다.

(이하 생략)

2024. 3. 7.

바른속기사사무소 정속기 ㊞

서 울 중 앙 지 방 검 찰 청

2024. 3. 15.

수신 : 검사 정의감
제목 : 수사보고(피의자 김갑동 전과 관련)

　　　김갑동의 범죄경력을 조회해 본바, 김갑동은 '2023. 9. 5.경부터 2023. 12. 3.경까지 7회에 걸쳐 피해자 정직한의 퀵서비스 업무를 방해하였다'는 범죄사실로 2024. 1. 8.경 서울중앙지방법원 2024고약2345호로 벌금 200만 원의 약식명령을 받았고, 이 약식명령이 2024. 1. 30. 확정된 사실을 확인하였습니다.

첨부 : 약식명령등본 각 1부

검찰주사 강주사 ㊞

서 울 중 앙 지 방 법 원
약 식 명 령

> 2024. 1. 30. 확정
> 서울중앙지방검찰청
> 검찰주사보 왕정확 ㊞

사　　건	2024고약2345 업무방해 (2023년형제3456호)
피 고 인	김갑동 (인적사항 생략)
주　　문	피고인을 벌금 2,000,000(이백만)원에 처한다. 피고인이 위 벌금을 납입하지 아니하는 경우 100,000원을 1일로 환산한 기간 피고인을 노역장에 유치한다. 위 벌금에 상당한 가납을 명한다.
범죄사실	별지 기재와 같다.
적용법령	형법 제314조 제1항, 제313조

> 위 등본임
> 2024. 3. 15.
> 검찰주사 구본임 ㊞

2024. 1. 8.

판사 정 찬 운 ㊞

범 죄 사 실

피고인은 서울 서초구 서초대로 105에서 '갑동 퀵서비스'라는 상호로 배달업을 하는 사람으로서, 우연히 피해자 정직한이 운영하는 '친절 퀵서비스'의 영수증 용지를 소지하게 된 것을 기화로 배송지연 등 손님의 불만이 예상되는 배달 건에 대하여는 '친절 퀵서비스' 정직한 명의로 영수증을 발부하여 손님들의 불만을 피해자에게 떠넘기기로 마음먹었다.

이에 따라 피고인은 서울 서초구 일대에서 배달 업무를 하면서 2023. 9. 5.경부터 2023. 12. 3.경까지 아래 범죄일람표의 기재와 같이 7회에 걸쳐 배달 기사들이 불친절하거나 배달이 지연되는 경우 손님들에게 영수증을 교부함에 있어서, '갑동 퀵서비스'의 상호로 영수증을 교부하지 않고, 피해자 정직한 운영의 '친절 퀵서비스' 명의로 된 영수증을 작성·교부함으로써 마치 불친절하고 배달을 지연시킨 사업체가 피해자 운영의 '친절 퀵서비스'인 것처럼 손님들로 하여금 인식하게 하는 등 허위사실을 유포하여 피해자의 영업을 방해하였다.

<범죄일람표>

순번	일시	교부 상대방	순번	일시	교부 상대방
1	2023. 9. 5.경	김OO	6	2023. 11. 23.경	정△△
2	2023. 10. 8.경	이OO	7	2023. 12. 3.경	최△△
3	2023. 10. 15.경	박OO			
4	2023. 11. 7.경	최OO			
5	2023. 11. 20.경	정OO			

서 울 중 앙 지 방 검 찰 청

2024. 3. 22.

수신 : 검사 정의감
제목 : 수사보고(피의자 김갑동 계좌거래내역)

　　　금일 11:00경 피의자 김갑동이 당 검사실을 방문하여 최임차로부터 전세금을 지급받은 계좌거래내역을 제출하여 확인하여 본바, 피의자 김갑동은 2022. 2. 24. 최임차로부터 5,000만원을 송금받은 다음, 그 다음 날인 2022. 2. 25. 이을남에게 1,000만 원을, 박건물에게 200만원을 각각 송금한 사실이 확인되므로 수사보고 합니다.
끝.

첨부 : 피의자 김갑동 계좌거래내역 1부

검찰주사 강주사 ㊞

김갑동 계좌 거래내역

신한은행 거래내역 조회 결과

조회일 : 2024. 3. 22.
김갑동 고객님 (계좌번호 110-***-*******)
계좌개설일 : 2010. 12. 10.
조회 거래기간 : 2022. 2. 24. ~ 2022. 2. 25.

날짜	거래내역	금액(원)	상대방계좌	비고
2022. 2. 24.	입금	50,000,000	최임차	계좌이체
2022. 2. 25.	출금	10,000,000	이을남	계좌이체
2022. 2. 25.	출금	2,000,000	박건물	계좌이체

기타 법원에 제출되어 있는 증거들

※ 편의상 다음 증거서류의 내용을 생략하였으나, 법원에 증거로 적법하게 제출되어 있음을 유의하여 검토할 것.

○ **전세계약서(증거목록 3번)**: 박건물을 대리한 김갑동이 2022. 2. 24.경 최임차와 서울 서초구 서초대로 101, 301호에 관하여 전세금 5,000만원에 체결한 전세계약서

○ **계좌거래내역서(증거목록 6번)**: 최임차가 계약 당일인 2022. 2. 24.경 김갑동의 계좌에 전세금 5,000만원을 송금한 계좌거래내역

○ **영수증사본(10매)(증거목록 9번)**: 김갑동이 손님들에게 교부한 '친절 퀵서비스' 명의의 영수증 10매로서 공소사실 기재와 동일함

○ **진술서(증거목록 10번)**: 김갑동이 공소사실 기재와 같이 오토바이를 타고 있던 피해자 정직한을 폭행하는 것을 목격하였다는 목격자 정밀한의 진술내용 기재

○ **112신고 내역(증거목록 12번)**: 장부친이 '이을남이 2024. 2. 26. 함께 동거하다가 사망한 장여성의 물건을 훔쳐갔다'며 신고한 112 신고 접수 내역

○ **수사보고(피의자 이을남 임의제출 경위 등)(증거목록 18번)**: 이을남이 2024. 2. 28. 경찰서에 방문하여 의사 조명의 명의의 허위진단서, 2024. 2. 6. 장여성과 동거하던 집에서 취거하여 갔던 현금 100만 원, 등기권리증, 가방을 각각 임의제출하였다는 취지

○ **압수조서 및 압수목록(증거목록 19번)**: 위 증거목록 18번 기재와 같이 이을남이 임의 제출한 허위진단서, 현금 100만 원, 등기권리증, 가방을 각각 압수하였다는 취지

○ **공무원증사본(조명의)(증거목록 22번)**: 의사 조명의가 국립서울병원 소속의 의료직 공무원(서기관)인 사실을 증명하는 내용

○ **수사보고(친족관계 확인)(증거목록 29번)**: 가족관계증명서, 주민조회 확인 결과, 이을남과 고소인 최임차는 동거하지 않는 친족 관계(4촌)에 있는 것으로 확인되었다는 취지

○ **가족관계증명서(증거목록 30번)**: 위 증거목록 29번과 관련하여, 이을남의 모 최을녀가 고소인 최임차의 부 최병남과 남매 관계이므로 이을남과 최임차가 4촌 관계에 있는 사실 확인

○ **주민조회(증거목록 31번)**: 위 증거목록 29번과 관련하여, 이을남이 범죄일시경 고소인 최임차와 동거하지 않고 있었던 사실 확인

○ **수사보고(고소인 정직한 고소취하서 제출)(증거목록 32번)**: 고소인 정직한이 2024. 4. 2. 김갑동의 신용훼손 및 특정범죄가중처벌등에관한법률위반(운전자폭행등) 혐의 관련 고소취하서를 제출하였고, 이에 고소인 정직한에게 전화를 걸어 확인하여 본 결과 김갑동과 원만히 합의가 되어 고소취하서를 제출하는 것이며, 김갑동의 처벌을 원하지 않는다고 진술한 사실

○ **고소취하서(증거목록 33번)**: 위 증거목록 32번과 관련하여, 고소인 정직한이 2024. 4. 2. 자신이 고소한 김갑동의 신용훼손, 특정범죄가중처벌등에관한법률위반(운전자폭행등) 혐의와 관련하여 김갑동과 원만히 합의하여 김갑동의 처벌을 원하지 않는다는 취지

○ **수사보고(고소인 정직한 탄원서 제출)(증거목록 34번)**: 고소인 정직한이 2024. 4. 16. 김갑동의 신용훼손 및 특정범죄가중처벌등에관한법률위반(운전자폭행등) 혐의 관련 김갑동의 엄벌을 탄원하는 탄원서를 제출하였고, 이에 정직한에게 전화를 걸어 확인하여 본 결과 김갑동과 합의가 되어 2024. 4. 2. 고소취하서를 제출한 사실이 있으나 이후 고소인에게 약속한 내용을 전혀 이행하지 않고 있어 김갑동의 강력한 처벌을 원한다며 같은 취지의 탄원서를 제출하는 것이라고 진술하였다는 취지

○ **탄원서(증거목록 35번)**: 고소인 정직한이 김갑동이 약속을 이행하지 않는다는 이유로 고소취하 의사를 다시 철회하며 김갑동의 엄벌을 탄원한다는 취지의 2024. 4. 16.자 탄원서

○ **전과조회서(증거목록 36, 37번)**
 - 김갑동
  2024. 1. 8. 서울중앙지방법원에서 업무방해죄로 벌금 200만 원(확정)
 - 이을남
  전과 없음

확 인 : 법학전문대학원협의회

UNION 제13판

기록형
2026 변호사시험 대비

형사법

변호사시험 기출문제집

II. 모의편

2024년 6월 제1차

법전협 주관 모의시험

2024년도 제1차 변호사시험 모의시험 - 논술형(기록형)

시험과목	형사법(기록형)

응시자 준수사항

【공통사항】
1. 시험 시작 전 문제지의 봉인을 손상하는 경우, 봉인을 손상하지 않더라도 문제지를 들추는 행위 등으로 문제 내용을 미리 보는 경우 모두 부정행위로 간주되어 그 답안은 영점 처리 됩니다.
2. 시험시간 중에는 휴대전화, 스마트워치, 무선이어폰 등 무선통신 기기를 비롯한 전자기기를 지녀서는 안 됩니다.
3. <u>답안은 반드시 문제번호에 해당하는 번호의 답안지</u>(제1문은 제1문 답안지 내, 제2문은 제2문 답안지 내)에 작성하여야 합니다. 즉, 해당 문제의 번호와 답안지의 번호가 일치하지 않으면 그 답안은 영점으로 처리됩니다. 다만, 수기로 작성하는 답안지에 한해 답안지를 제출하기 전 시험관리관이 답안지 번호를 정정해 준 경우에는 정상적으로 채점됩니다.
4. 답안지에는 문제 내용을 쓸 필요가 없으며, 답안 이외의 사항을 기재하거나 밑줄 기타 어떠한 표시도 하여서는 안 됩니다.
5. 지정된 시각까지 지정된 시험실에 입실하지 않거나 시험관리관의 승인 없이 시험시간 중에 시험실에서 퇴실한 경우, 그 시간 시험과 나머지 시간의 시험에 응시할 수 없습니다.
6. 시험시간 중에는 어떠한 경우에도 문제지를 시험실 밖으로 가지고 갈 수 없고, 그 시험시간이 끝난 후에는 문제지를 시험장 밖으로 가지고 갈 수 있습니다.

【IBT 방식】
7. 시험시간은 프로그램에 의해 자동 시작, 종료되며 시험이 종료되면 답안을 수정하는 등 답안 작성을 일절 할 수 없습니다.

【수기 방식】
1. 답안은 흑색 또는 청색 필기구(수성펜이나 연필 사용 금지) 중 한 가지 필기구만을 사용하여 답안 작성란(흰색 부분) 안에 기재하여야 합니다.
2. 답안지에 성명과 수험번호 등을 기재하지 않아 인적사항이 확인되지 않는 경우에는 영점으로 처리되는 등 불이익을 받게 됩니다. 특히 답안지를 바꾸어 다시 작성하는 경우, 성명 등의 기재를 빠뜨리지 않도록 유의하여야 합니다.
3. 답안을 정정할 경우에는 두 줄로 긋고 다시 써야 하며, 수정액·수정테이프 등은 사용할 수 없습니다.
4. 시험 종료 시각에 임박하여 답안지를 교체했더라도 시험시간이 끝나면 그 즉시 새로 작성한 답안지를 회수합니다.
5. 시험시간이 지난 후에는 답안지를 일절 작성할 수 없습니다. 이를 위반하여 <u>시험시간이 종료되었음에도 불구하고 계속 답안을 작성할 경우 그 답안은 영점으로 처리됩니다.</u>
6. <u>배부된 답안지는 백지 답안이라도 모두 제출하여야 하며, 답안지를 제출하지 아니한 경우 그 시간 시험과 나머지 시험에 응시할 수 없습니다.</u>

법학전문대학원협의회
THE ASSOCIATION OF KOREAN LAW SCHOOLS

【문 제】

피고인 김갑동에 대해서는 법무법인 정의 담당변호사 변호사 김변호가, 피고인 이을남에 대해서는 법무법인 늘 담당변호사 한검토가 객관적인 입장에서 대표 변호사에게 보고할 검토의견서를 작성하되, 다음 쪽 양식 중 **본문 Ⅰ, Ⅱ 부분**을 작성하시오.

【작성요령】

1. 학설·판례 등의 견해가 대립되는 경우 한 견해를 취할 것. 단, 대법원 판례와 다른 견해를 취하여 의견을 제시하고자 하는 경우에는 대법원 판례의 취지를 적시할 것.
2. **작성의 편의를 위하여 필요한 경우 각각의 검토의견서에 기재한 내용은 서로 인용 가능함.**
3. 증거능력이 없는 증거는 실제 소송에서는 증거로 채택되지 않아 증거조사가 진행되지 않지만, 이 문제에서는 시험의 편의상 증거로 채택되어 증거조사가 진행된 것을 전제하였음. 따라서 필요한 경우 증거능력에 대하여도 논할 것.
4. 법률명과 죄명에서 '특정범죄가중처벌등에관한법'은 '특가법'으로 '교통사고처리특례법'은 '교특법'으로 '도로교통법'은 '도교법'으로'형사소송법'은 '형소법'으로 줄여서 기재하여도 무방함.

【기록 형식 안내】

1. 쪽 번호는 편의상 연속되는 번호를 붙였음.
2. 조서, 기타 서류에는 필요한 서명, 날인, 무인, 간인, 정정인이 있는 것으로 볼 것.
3. 증거목록, 공판기록 또는 증거기록 중 '생략' 또는 '기재생략'이라고 표시된 부분에는 법에 따른 절차가 진행되어 그에 따라 적절한 기재가 있는 것으로 볼 것.
4. 공판기록과 증거기록에 첨부하여야 할 일부 서류 중 '생략' 표시가 있는 것, 증인선서서와 수사기관의 조서에 첨부하여야 할 '수사과정확인서'는 적법하게 존재하는 것으로 볼 것(**증거기록 마지막에 생략된 증거와 그 요지를 거시하였음**).
5. 송달이나 접수, 통지, 결재가 필요한 서류는 모두 적법한 절차를 거친 것으로 볼 것.
6. 시험의 편의상 증거기록 첫머리의 증거목록과 압수물총목록은 첨부 생략되었으며, 증거기록에 대한 분리제출은 하지 않는 것으로 하였고, 증인신문, 피고인신문의 경우 녹취파일, 녹취서 첨부 방식을 취하지 않았음.

【검토의견서 양식】

검토의견서(60점)

사 건 2024고합1234 준특수강도 등
피고인 김갑동

Ⅰ. 피고인 김갑동에 대하여
  1. 준특수강도의 점
  2. 특정범죄가중처벌등에관한법률위반(도주치상)의 점
  3. 도로교통법위반(사고후미조치)의 점
  4. 공무집행방해의 점
  ※ 평가제외사항 - 공소사실의 요지, 정상관계(답안지에 기재하지 말 것)

2024. 6. 18.

피고인 김갑동의 변호인 법무법인 정의 담당 변호사 김변호 ㉑

【검토의견서 양식】

검토의견서(40점)

사 건 2024고합1234 준특수강도 등
피고인 이을남

Ⅱ. 피고인 이을남에 대하여
  1. 준특수강도의 점
  2. 사문서위조의 점
  3. 위조사문서행사의 점
  4. 사기의 점
  5. 여신전문금융업법위반의 점
  ※ 평가제외사항 - 공소사실의 요지, 정상관계(답안지에 기재하지 말 것)

2024. 6. 18.

피고인 이을남의 변호인 법무법인 고양 담당변호사 설득희 ㉑

기록내용시작

서울중앙지방법원
구공판 형사제1심소송기록

구속만료	2024.7.16	미결구금
최종만료	2024.11.16	
대행 갱신 만료		

기일	사건번호	2024고합1234	담임	형사11부	주심	나
1회기일						
5/30 A10						
6/13 P3	사건명	가. 준특수강도 나. 특정범죄가중처벌등에관한법률위반(도주치상) 다. 도로교통법위반(사고후미조치) 라. 공무집행방해 마. 사문서위조 바. 위조사문서행사 사. 사기 아. 여신전문금융업법위반				
	검 사	김수호		2024형제5432호		
	피고인	1. 가. 나. 다. 라. 김갑동 구속 2. 가. 마. 바. 사. 아. 이을남				
	공소제기일	2024. 5. 17.				
	변호인	사선 법무법인 정의 담당변호사 김변호(피고인 김갑동) 사선 법무법인 늘 담당변호사 한검토(피고인 이을남)				

확 정			완결 공람	담 임	과 장	주심 판사	재판장
보존종기							
종결구분							
보 존							

공판준비절차

회 부 수명법관 지정	일자	수명법관 이름	재판장	비 고

법정외에서 지정하는 기일

기일의 종류	일 시	재판장	비 고
1회 공판기일	2024. 5. 30. 10:00	㉵	

서울중앙지방법원

목 록

문 서 명 칭	장 수	비 고
증거목록	7	검사
증거목록	9	검사, 피고인 및 변호인
공소장	10	
변호인선임서	(생략)	피고인 김갑동
변호인선임서	(생략)	피고인 이을남
영수증(공소장부본 등)	(생략)	피고인 김갑동
영수증(공소장부본 등)	(생략)	피고인 이을남
영수증(공판기일통지서)	(생략)	피고인 김변호
영수증(공판기일통지서)	(생략)	피고인 한검토
국민참여재판 의사 확인서(불희망)	(생략)	피고인 김갑동
국민참여재판 의사 확인서(불희망)	(생략)	피고인 이을남
의견서	(생략)	피고인 김갑동
의견서	(생략)	피고인 이을남
공판조서(제1회)	14	
증거신청서	16	변호사 김변호
증거신청서	17	변호사 한검토
공판조서(제2회)	20	
증인신문조서	24	나소문
증인신문조서	26	이후자

※ 구속관계 서류 목록은 생략

증 거 목 록 (증거서류 등)

2024고합1234

2024형제5432호

① 김갑동
② 이을남
신청인 : 검사

순번	증거방법 작성	쪽수(수)	쪽수(증)	증거명칭	성명	참조사항등	신청기일	증거의견 기일	증거의견 내용	증거결정 기일	증거결정 내용	증거조사기일	비고
1	사경	30		진술조서	황철수		1	1	① ○ ② ○				
2	〃	(생략)		수사보고(일출일몰 시각 확인)			1	1	① ○ ② ○				
3	〃	32		고소장	송필남		1	1	② ○				
4	〃	(생략)		송금내역			1	1	② ○				
5	〃	33		임대차계약서		생략	1	1	② ○	(생략)			
6	〃	(생략)		진술조서	송필남		1	1	② ○				
7	〃	(생략)		압수조서	경위 김경위		1	1	① ○ ② ○				
8	〃	(생략)		압수목록	경위 김경위		1	1	① ○ ② ○				
9	〃	34		피의자신문조서	이을남		1	1	① × ② ○				
10	〃	38		현행범인체포보고	경사 김경사		1	1	① ○				
11	〃	40		교통사고보고(실황조사서)	경장 하창수		1	1	① ○				
12	〃	41		진술조서	이후자		1	1	① ×				
13	〃	43		진단서	의사 유상규		1	1	① ○				
14	〃	44		진술조서	김경사		1	1	① ○				
15	〃	46		피의자신문조서	김갑동		1	1	① ○ ② ○				

※ 증거의견 표시 - 피의자신문조서 : 인정 ○, 부인 ×
    (여러 개의 부호가 있는 경우, 적법성/성립/임의성/내용의 순서임)
   - 기타 증거서류 : 동의 ○, 부동의 ×
   - 진술이 특히 신빙할 수 있는 상태 하에서 행하여졌다는 점 부인 : "특신성 부인"(비고란 기재)
※ 증거결정 표시 : 채 ○, 부 ×
※ 증거조사 내용은 제시, 내용고지

증 거 목 록 (증거서류 등)
2024고합1234

2024형제5432호

① 김갑동
② 이을남
신청인 : 검사

순번	증거방법 작성	증거방법 쪽수(수)	증거방법 쪽수(증)	증거방법 증거명칭	성 명	참조사항등	신청기일	증거의견 기일	증거의견 내용	증거결정 기일	증거결정 내용	증거조사기일	비고
16	〃	(생략)		가족관계증명서 (김갑동)			1	1	① ○ ② ○				
17	〃	(생략)		가족관계증명서 (김갑순)			1	1	① ○ ② ○				
18	〃	(생략)		김갑동 문자메시지			1	1	① ○ ② ○				
19	〃	50		수사보고(나소문 전화 진술청취)			1	1	① × ② ○				
20	〃	(생략)		나소문 통화내역서		생략	1	1	① ○ ② ○	(생략)			
21	〃	(생략)		견적서			1	1	① ○				
22	〃	(생략)		자동차종합보험 가입사실 증명원			1	1	① ○				
23	〃	(생략)		수사보고(피해자 이순철 진술청취)			1	1	② ○				
24	〃	(생략)		카드사용내역 (황철수)			1	1	② ○				
25	〃	(생략)		신용정보조회서 (이을남)			1	1	② ○				
26	〃	(생략)		범죄경력자료조회 회보서	김갑동		1	1	① ○				
27	〃	(생략)		범죄경력자료조회 회보서	이을남		1	1	② ○				
28	검사	(생략)		피의자신문조서	이을남		1	1	① × ② ○				

※ 증거의견 표시 - 피의자신문조서 : 인정 ○, 부인 ×
　　　　　　　　　 (여러 개의 부호가 있는 경우, 적법성/성립/임의성/내용의 순서임)
　　　　　　　 - 기타 증거서류 : 동의 ○, 부동의 ×
　　　　　　　 - 진술이 특히 신빙할 수 있는 상태 하에서 행하여졌다는 점 부인 : "특신성 부인"(비고란 기재)
※ 증거결정 표시 : 채 ○, 부 ×
※ 증거조사 내용은 제시, 내용고지

증거목록 (증인 등)

2024고합1234

① 김갑동
② 이을남

2024형제5432호

신청인: 검사

증거방법	쪽수(공)	입증취지 등	신청기일	증거결정 기일	증거결정 내용	증거조사기일	비고
증인 나소문	24	공소사실 1항	1	1	생략	2024. 6. 13. 15:00 (실시)	
증인 이후자	26	공소사실 2의 가항	1	1		2024. 6. 13. 15:00 (실시)	

※ 증거결정 표시: 채 ○, 부 ×
생략

[이하 증거목록 미기재 부분은]

증거목록 (증거서류 등)

2024고합1234

① 김갑동
② 이을남

2024형제5432호

신청인: 피고인 및 변호인

순번	증거방법 작성	쪽수(수)	쪽수(공)	증거명칭	성명	참조사항 등	신청기일	증거의견 기일	증거의견 내용	증거결정 기일	증거결정 내용	증거조사기일	비고
1			(생략)	카드결제내역 (김갑동)		(생략)	1	1	○		생략		①신청
2			18	약식명령등본		(생략)	1	1	○				②신청
3			(생략)	나의사건검색 출력물		(생략)	1	1	○				②신청

[이하 증거목록 미기재 부분은 생략]

※ 증거의견 표시 - 피의자신문조서: 인정 ○, 부인 ×
  (여러 개의 부호가 있는 경우, 적법성/성립/임의성/내용의 순서임)
 - 기타 증거서류: 동의 ○, 부동의 ×
 - 진술이 특히 신빙할 수 있는 상태 하에서 행하여졌다는 점 부인 : "특신성 부인"(비고란 기재)
※ 증거결정 표시: 채 ○, 부 ×
※ 증거조사 내용은 제시, 내용고지

서울중앙지방검찰청

2024. 5. 17.

사 건 번 호	2024년 형제5432호		
수 신 자	서울중앙지방법원	발 신 자	
		검 사 김수호 김수호 (인)	

제 목   공소장

아래와 같이 공소를 제기합니다.

I. 피고인 관련사항

1234

1. 피 고 인   김갑동 (87****-1******), 36세
   직업 청소업체 직원, 010-****-****
   주거 서울 서초구 서초대로7길 2, 901호
   등록기준지 서울 중랑구 면목동 321

   죄   명   준특수강도, 특정범죄가중처벌등에관한법률위반(도주치상), 도로교통법위반(사고후미조치), 공무집행방해

   적용법조   형법 제335조, 제334조 제2항, 제1항, 특정범죄가중처벌등에관한법률 제5조의3 제1항 제2호, 형법 제268조, 도로교통법 제148조, 제54조 제1항, 형법 제136조 제1항, 형법 제40조, 제37조, 제38조

   구속여부   불구속
   변 호 인   법무법인 정의(담당변호사 김변호)

2. 피 고 인   이을남 (87****-1******), 36세
   직업 청소업체 직원, 010-****-****
   주거 서울 서초구 잠원로14길 2, 대망원룸 201호
   등록기준지 서울 노원구 상계동 90

   죄   명   준특수강도, 사문서위조, 위조사문서행사, 사기, 여신전문금융업법위반

   적용법조   형법 제335조, 제334조 제2항, 제1항, 제231조, 제234조, 제347조 제1항, 여신전문금융업법 제70조 제1항 제4호, 형법 제37조, 제38조

   구속여부   2024. 5. 12. 구속(2024. 5. 10. 체포)
   변 호 인   법무법인 늘(담당변호사 한검토)

Ⅱ. 공소사실

1. 피고인들의 공동범행

피고인들은 합동하여, 2024. 5. 8. 19:20경 서울 서초구 서초대로12길 3에 있는 피해자 황철수(남, 45세)의 집에서, 피고인 김갑동은 피고인 이을남에게 피해자의 집 위치와 집이 비어있다는 사실 및 용이한 침입방법을 알려준 다음 대문 앞에서 망을 보고, 피고인 이을남은 담을 넘고 시정되어 있지 않은 현관문을 통해 피해자의 집 안으로 들어가 피해자 소유의 신한은행 체크카드 1매, 주민등록증 1매, 현금 30만 원이 들어있는 시가 불상의 지갑을 절취하고 때마침 귀가한 피해자를 만나게 되자 체포를 면탈할 목적으로 피해자의 가슴을 밀어 넘어뜨려 피해자를 폭행하였다.

2. 피고인 김갑동

가. 특정범죄가중처벌등에관한법률위반(도주치상), 도로교통법위반(사고후미조치)

피고인은 12무3456호 쏘나타 승용차의 운전업무에 종사하는 사람이다.

피고인은 2024. 5. 9. 23:00경 서울 서초구 효령로 391 소재 황색실선의 중앙선이 설치되어 있는 편도 4차선의 도로 중 4차로를 따라 고속버스터미널 방면에서 강남역 방면으로 진행하던 중, 길을 잘못 들어 우회전 차로로 재진입하기 위하여 약 10m 상당을 시속 약 10km/h의 속도로 후진하여 도로를 역주행한 업무상의 과실로 같은 차선을 뒤따르던 피해자 이후자(여, 21세)가 운전하는 43고3210호 모닝 승용차의 앞 범퍼 부분을 위 쏘나타 승용차의 뒤 범퍼 부분으로 들이받았다.

피고인은 위와 같은 업무상 과실로 피해자에게 약 3주간의 치료를 요하는 경추부 염좌 등의 상해를 입게 함과 동시에 위 모닝 승용차를 수리비 100만 원 상당이 들도록 손괴하고도 즉시 정차하여 피해자를 구호하는 등 필요한 조치를 취하지 아니하고 그대로 도주하였다.

나. 공무집행방해

피고인은 2024. 5. 9. 23:20경 서울 서초구 효령로72길2 노상에서 위 가항의 일로 서초경찰서 반포지구대 소속 경사 김경사로부터 현행범인으로 체포되게 되자 화가 나 큰 소리로 "씨발"이라고 욕설을 하면서 바닥에 드러누워 위 김경사의 현행범인 체포에 관한 정당한 직무집행을 방해하였다.

3. 피고인 이을남

가. 사문서위조

피고인은 2024. 2. 9. 13:00경 서울 서초구 잠원로14길 2 소재 대망원룸 201호 피고인의 주거지에서 그곳에 있던 컴퓨터를 이용하여 피고인이 김전일로부터 위 원룸 201호를 임대차보증금 '5,000만 원', 임대차기간 '2022. 3. 9.부터 2024. 3. 8.까지'로 임차한다는 취지의 임대차계약서 1매를 작성한 후 이를 출력하고 임대인 란에 임의로 위 김전일의 서명, 날인을 하여 행사할 목적으로 위 김전일 명의의 임대차계약서 1매를 위조하였다.

나. 위조사문서행사

피고인은 2024. 2. 9. 13:00경 위 원룸 201호 피고인의 주거지에서 위 가항과 같이 위조된 임대차계약서를 휴대전화로 사진촬영한 후 같은 날 14:00경 서울 서초구 잠원로 145-35 '달' 커피숍에서 송필남으로부터 500만 원을 차용하면서 그 위조사실을 모르는 송필남에게 위 임대차계약서를 촬영한 사진파일이 마치 진정하게 성립된 것처럼 카카오톡 메신저로 전송하여 이를 행사하였다.

다. 2024. 2. 9. 사기

피고인은 2024. 2. 9. 14:00경 위 '달' 커피숍에서 사실은 김전일에 대한 5,000만 원 상당의 임대차보증금 반환 청구권이 존재하지 않음에도 위와 같이 위조한 임대차계약서를 이용하여 피해자 송필남에게 500만 원을 빌려주면 임대차보증금을 받아 바로 변제하겠다고 기망하여 이에 속은 피해자로부터 그 자리에서 자신의 계좌로 500만 원을 송금 받아 이를 편취하였다.

라. 2024. 5. 8. 사기

1) 피고인은 2024. 5. 8. 22:00경 서울 서초구 서초대로77 소재 피해자 이순철이 운영하는 'J'유흥주점에서 1항과 같이 강취한 체크카드를 마치 자신의 카드인 것처럼 제시하고 매출전표에 서명하여 이에 속은 피해자로부터 시가 950,000원 상당의 술과 안주를 제공받아 이를 편취하였다.

2) 피고인은 2024. 5. 8. 23:30경 서울 서초구 서초대로78 소재 피해자 주식회사 신한은행 서초지점에서 피해자가 관리하는 그곳 현금자동지급기에 1항과 같이 강취한 체크카드를 마치 자신의 카드인 것처럼 삽입하고 비밀번호를 입력하여 황철수의 신한은행 예금계좌에서 1,000,000원을 인출하여 동액 상당의 재산상 이익을 취득하였다.

마. 여신전문금융업법위반

피고인은 위 라의 1), 2)항의 일시, 장소에서 위 라의 1), 2)항과 같이 강취한 타인의 체크카드를 사용하였다.

III. 첨부서류

1. 현행범인체포서 1통(피고인 김갑동, 첨부 생략)
2. 긴급체포서 1통(피고인 이을남, 첨부 생략)
3. 구속영장(체포된피의자용) 1통(피고인 이을남, 첨부 생략)
4. 변호인선임서 2통(첨부 생략)
5. 피의자수용증명 1통(피고인 이을남, 첨부 생략)

서울중앙지방법원
공판조서

제 1 회
사　　　　건　　2024고합1234 준특수강도 등

재판장 판사　김공평	기　　일	: 2024. 5. 30. 10:00
판사　이진실	장　　소	: 제425호 법정
판사　박정의	공개여부	: 공개
법원사무관　정사무	고 지 된	
	다음기일	: 2024. 6. 13. 15:00

피 고 인　　1. 김갑동　　　2.이을남　　　　　　　　　　　각 출석
검　　사　　이명검　　　　　　　　　　　　　　　　　　　　출석
변 호 인　　법무법인 정의 담당 변호사 김변호(피고인 1을 위하여)　출석
　　　　　　법무법인 늘 담당 변호사 한검토(피고인 2를 위하여)　출석

재판장
　　피고인들은 진술을 하지 아니하거나 각개의 물음에 대하여 진술을 거부할 수 있고, 이익되는 사실을 진술할 수 있음을 고지

재판장의 인정신문
　　성　　　　명 : 1. 김갑동,　　2. 이을남
　　주민등록번호 : 각 공소장 기재와 같음
　　직　　　　업 :　　　〃
　　주　　　　거 :　　　〃
　　등록기준지 :　　　〃

재판장
　　피고인들에 대하여
　　주소의 변경 등이 있을 때에는 이를 법원에 보고할 것을 명하고 소재가 확인되지 않을 때에는 피고인들의 진술 없이 재판할 경우가 있음을 경고

검　사
　　공소장에 의하여 공소사실, 죄명, 적용법조 낭독

피고인 김갑동

공소사실 1항에 대해서는 이을남에게 황철수의 집 위치와 집이 비어있다는 사실 및 침입방법을 알려준 사실은 있으나 범행 당일 현장에 나가지 않아 망을 본 사실이 없고, 공소사실 2의 가항에 대해서는 사고현장에서 이후자가 별로 다친 데가 없으니 차만 수리해 달라고 하여 연락처를 남기고 떠나 도주한 사실이 없으며, 공소사실 2의 나항에 대해서는 현행범인으로 체포된 것은 억울하다고 진술

피고인 이을남

공소사실 3의 다항에 대해서 변제할 의사와 능력이 있었다고 부인하고, 나머지 공소사실에 대해서는 모두 인정한다고 진술

피고인 김갑동의 변호인

피고인 김갑동을 위하여 유리한 변론(변론기재는 생략)

피고인 이을남의 변호인

피고인 이을남을 위하여 유리한 변론(변론기재는 생략)

재판장

증거조사를 하겠다고 고지

증거관계 별지와 같음(검사, 변호인)

재판장

각 증거조사 결과에 대한 의견을 묻고 권리를 보호함에 필요한 증거조사를 신청할 수 있음을 고지

소송관계인

별 의견 없다고 진술

재판장

변론속행

2024. 5. 30.

법원 사무관　　　정사무 ㊞

재판장 판사　　　김공평 ㊞

증 거 신 청 서

사 건 2024고합1234 준특수강도 등
피고인 김갑동

위 사건에 관하여 피고인 김갑동의 변호인은 피고인의 이익을 위하여 다음 증거서류를 증거로 신청합니다.

다 음

1. 카드결제내역(김갑동) 1부(생략)
 ※ 피고인이 2024. 5. 8. 19:30경 서울 구로구 경인로61길21 '오사카' 라면에서 1만 5천 원을 결제한 내역이 확인됨. 끝.

2024. 5. 30.

피고인 김갑동의 변호인
법무법인 정의 담당 변호사   김변호 ㊞

서울중앙지방법원 제11형사부 귀중

증 거 신 청 서

사 건 2024고합1234 준특수강도 등

피고인 이을남

위 사건에 관하여 피고인 이을남의 변호인은 피고인의 이익을 위하여 다음 증거서류를 증거로 신청합니다.

다 음

1. 약식명령등본 1부
2. 대법원 나의사건검색 출력물 1부(2024고약7777 상습사기 등 사건이 피고인에게 2024. 3. 3. 송달되었다는 취지로 서식 생략). 끝.

2024. 5. 30.

피고인 이을남의 변호인

법무법인 늘 담당 변호사 한검토 [인]

서울중앙지방법원 제11형사부 귀중

서 울 중 앙 지 방 법 원
약 식 명 령

사　　건　　　2024고약7777　상습사기 등

피 고 인　　　이을남
　　　　　　（인적사항 생략）

| 2024. 3. 11. 확정 |
| 서울중앙지방검찰청 |
| 검찰주사보 배수지 ㊞ |

주 형 과　　　피고인을 벌금 5,000,000(오백만)원에 처한다.
부수처분　　　피고인이 위 벌금을 납입하지 않는 경우 금 100,000원을 1일로 환산한 기간 피고인을 노역장에 유치한다.
　　　　　　　피고인에 대하여 위 벌금에 상당한 금액의 가납을 명한다.

범죄사실　　　별지 기재와 같다.

적용법령　　　형법 제351조, 제347조 제1항, 제231조, 제234조, 형법 제37조, 제38조, 형사소송법 제334조 제1항

검사 또는 피고인은 이 명령등본을 송달받은 날로부터 7일 이내에 정식재판을 청구할 수 있습니다.

2024. 2. 5.

| 등본임. |
| 2024. 5. 18. |
| 서울중앙지방검찰청 |
| 검찰주사보 한가인 ㊞ |

판 사　맹 주 혜

(별지)

범 죄 사 실

1. 사문서위조

　피고인은 2023. 6. 28.경 서울 이하 불상지에서 컴퓨터를 이용하여 피고인이 김갑철로부터 서울 강남구 강남대로 362 소재 천일원룸 305호를 임대차보증금 5,000만 원에 임차한다는 취지의 임대차계약서를 작성한 후 임대인 란에 임의로 위 김갑

철 명의의 서명, 날인을 하여 행사할 목적으로 위 김갑철 명의의 임대차계약서 1매를 위조한 것을 비롯하여 그 무렵부터 2024. 1. 10.경까지 별지 범죄일람표 기재와 같이 총 7회에 걸쳐 김갑철 등 7명의 명의의 임대차계약서 7매를 위조하였다.

2. 위조사문서행사, 상습사기

피고인은 2023. 6. 30.경 서울 강남구 강남대로 127 소재 '별' 커피숍에서 피해자 나성실로부터 500만 원을 차용하면서 사실은 김갑철에 대한 5,000만 원 상당의 임대차보증금 반환 청구권이 존재하지 않음에도 1항과 같이 위조한 임대차계약서를 제시하여 이를 행사하고 김갑철에 대한 임대차보증금 반환 청구권이 존재하는 것처럼 피해자를 기망하여 피해자로부터 500만 원을 송금 받아 이를 편취하였다.

피고인은 상습으로, 이를 비롯하여 그 무렵부터 2024. 1. 11.경까지 별지 범죄일람표 2 기재와 같이 총 7회에 걸쳐 피해자 나성실 등 7명으로부터 합계 3,500만 원을 편취하였다.

범 죄 일 람 표 1 (생략)

범 죄 일 람 표 2

순번	범죄일시	범행장소	피해자	피해금액	범행방법
1	2023. 6. 30.경	(생략)	나성실	500만 원	사실은 임대차보증금 반환청구권이 존재하지 않음에도 위조한 임대차계약서를 이용하여 돈을 빌려주면 임대차보증금을 받아 바로 갚겠다고 기망하여 돈을 편취
2	2023. 8. 16.경	(생략)	진정한	500만 원	상동
3	2023. 9. 26.경	(생략)	박근면	500만 원	상동
4	2023. 10. 23.경	(생략)	최고집	500만 원	상동
5	2023. 11. 27.경	(생략)	백소영	500만 원	상동
6	2023. 12. 30.경	(생략)	이상동	500만 원	상동
7	2024. 1. 11.경	(생략)	우승환	500만 원	상동
총 7회, 피해금액 합계 3,500만 원					

공 판 조 서

제 2 회
사　　　건　　2024고합1234 준특수강도 등
재판장 판사　　김공평　　　　　　　　　　기　일：　2024. 6. 13. 15:00
　판사　　　　이진실　　　　　　　　　　장　소：　　　제425호 법정
　판사　　　　박정의　　　　　　　　　　공개 여부：　　　　　공개
법원사무관　　정사무　　　　　　　　　　고 지 된
　　　　　　　　　　　　　　　　　　　　다음기일：　2024. 6. 27. 15:00

피고인	1. 김갑동　2. 이을남	각 출석
검사	이명검	출석
변호인	법무법인 정의 담당 변호사 김변호 (피고인 1을 위하여)	출석
	법무법인 늘 담당변호사 한검토 (피고인 2를 위하여)	출석
증인	나소문, 이후자	각 출석

재판장
　　전회 공판심리에 관한 주요 사항의 요지를 공판조서에 의하여 고지

소송관계인
　　변경할 점이나 이의할 점이 없다고 진술

재판장
　　증거조사를 하겠다고 고지

출석한 증인 나소문, 이후자를 별지와 같이 신문

증거관계 별지와 같음(검사, 변호인)

재판장
　　각 증거조사 결과에 대한 의견을 묻고 권리를 보호하는 데에 필요한 증거조사를 신청할 수 있음을 고지

소송관계인
　　별 의견 없으며 달리 신청할 증거도 없다고 각각 진술

재판장
　　증거조사를 마치고 피고인신문을 하겠다고 고지

검 사

피고인 김갑동에게

문 피해자 황철수의 집에서 재물을 절취하자고 먼저 제안한 것은 누구인가요

답 2024. 5. 7. 점심 무렵 회사에서 식사를 하던 중 이을남이 제게 피해자가 부자인지 물어보기에 제가 피해자의 집에서 명품가방, 시계 등 돈 되는 물건을 많이 본 것 같다고 하자 이을남이 먼저 "사장 집을 털어서 반으로 나누자"고 제안을 했습니다.

문 2024. 5. 7. 점심식사 자리에 나소문도 함께 있었지요

답 예, 맞습니다.

문 이을남과 나소문은 당시 피고인이 먼저 이을남에게 "사장이 요즘 마음에 안 드는데 사장 집을 털까"라고 제안을 하는 것을 들었다고 진술하는데 어떤가요

답 나소문이 그런 말을 하는가요, 제가 먼저 제안한 기억은 없는데..

문 피고인은 왜 이을남과 공모한 대로 2024. 5. 8. 19:00경 피해자의 집에 찾아가지 않았는가요

답 양심의 가책도 있었고 누나가 피해자와 이혼소송 중이었는데 혹시 제 범행이 발각되어 누나의 이혼소송에 영향을 주면 안 될 것 같아서 단념했습니다.

문 이을남은 피고인이 범행현장에서 망을 보았다는 취지로 진술하는데 어떤가요

답 저는 결코 범행현장에 나간 사실이 없습니다.

문 그렇다면 이을남에게는 피고인이 범행을 단념한 사실을 알려주었는가요

답 2024. 5. 8. 19:00경 이을남이 먼저 전화가 왔는데 받지 않고 있다가 아무 말도 없이 범행장소에 나가지 않은 것이 미안하여 19:10경 이을남에게 "미안하다"는 문자메시지를 전송했습니다.

피고인 이을남의 변호인

피고인 김갑동에게

문 나소문은 피고인과 이을남이 절도 범행이 어떻게 되었는지 궁금하여 2024. 5. 8. 22:00경 이을남에게 전화를 걸어 묻자 "김갑동은 망을 봤는데 사장한테 걸렸는지는 모르겠다"라고 말했다는데 정말 현장에서 망을 보지 않았는가요

답 나소문이 범행현장에 나왔는가요? 그게 다 이을남이 하는 말 아닙니까?

피고인 김갑동의 변호인

피고인 김갑동에게

문 피고인은 2024. 5. 8. 19:00 서울 구로구 경인로61길21 '오사카' 라면에서 혼자 라면을 먹었지요

답 예

문 [공판기록에 첨부된 카드결제내역(김갑동)을 제시하고] 피고인이 라면을 먹고 결제한 내역이 이와 같은가요

답 예, 그렇습니다.

검 사

피고인 이을남에게

문 (증거목록 순번 9, 28을 각 제시, 열람하게 하고) 증인은 수사기관에서 사실대로 진술하고 진술한 대로 기재되어 있음을 확인한 다음 서명, 날인하였는가요.

답 예, 그렇습니다.

문 증인은 2024. 5. 8. 19:20경 피해자 황철수의 집에서 재물을 절취하던 중 집에 돌아온 피해자를 만나 피해자의 가슴을 밀어 넘어뜨린 사실이 있는가요

답 예, 있습니다.

문 당시 김갑동이 피해자의 집 근처에서 망을 보고 있지 않았는가요

답 2024. 5. 7. 김갑동과 함께 범행을 사전 모의할 당시 김갑동이 피해자의 집 근처에서 망을 보기로 했기 때문에 제가 피해자의 집 안에서 범행을 할 당시 김갑동이 망을 보고 있다고 생각했습니다.

문 2024. 5. 7. 범행을 사전 모의할 당시 범행을 먼저 제안한 것은 누구인가요

답 2024. 5. 7. 회사에서 점심 식사를 할 당시 김갑동이 피해자의 집을 털자고 먼저 제안했습니다.

피고인 김갑동의 변호인

피고인 이을남에게

문 증인은 2024. 5. 8.경 범행현장에서 김갑동을 만난 사실이 있는가요

답 범행현장에서 김갑동을 만나지는 못했습니다.

문 증인은 2024. 5. 8. 19:00경 김갑동에게 전화를 걸었는데 이유는 무엇인가요

답 잘 기억이 나지 않습니다.

문 김갑동은 누나의 이혼소송에 좋지 않은 영향을 미칠 것이 두려워 범행현장에 나가지 않았다고 하는데 증인이 2024. 5. 8. 19:00경 김갑동에게 전화를 건 것은 약속한 시간에 김갑동이 나타나지 않아서 전화를 건 것이 아닌가요

답   잘 기억이 나지 않습니다.
문   증인은 2024. 5. 8. 19:10경 김갑동으로부터 "미안하다"는 문자메시지를 받은 사실이 있지요
답   나중에 보니 그런 문자메시지가 와 있었습니다.
문   김갑동이 증인에게 "미안하다"는 문자메시지를 보낸 것은 약속한 시간에 범행장소에 나가지 못해서 미안하다는 취지가 아닌가요
답   잘 모르겠습니다.

재판장
　　피고인신문을 마쳤음을 고지

재판장
　　변론 속행 (변론 준비를 위한 검사, 변호인들의 요청으로)

2024. 6. 13.

법 원 사 무 관　　　정사무 ㊞
재판장　판 사　　　김공평 ㊞

서울중앙지방법원
증인신문조서 (제2회 공판조서의 일부)

사 건   2024고합1234 준특수강도 등
증 인   이 름   나소문
         생년월일 및 주거 (생략)

재판장

증인에게 형사소송법 제148조 또는 제149조에 해당하는가의 여부를 물어 이에 해당하지 아니함을 인정하고, 위증의 벌을 경고한 후 별지 선서서와 같이 선서를 하게 하였다.

검사

문 (증거목록 순번 19를 제시, 열람하게 하고) 증인이 경찰관과 통화하면서 진술한 내용을 기재한 수사보고서인데, 그 당시 증인이 진술한 대로 기재되어 있나요

답 네. 그렇습니다.

문 증인은 김갑동, 이을남과 같은 청소업체 '클린'의 직원으로 2024. 5. 7. 점심에 김갑동, 이을남과 함께 식사를 한 사실이 있지요

답 예

문 그 자리에서 김갑동과 이을남이 어떤 이야기를 나누었는가요

답 김갑동이 먼저 이을남에게 "사장이 요즘 마음에 안 드는데 사장 집을 털까"라고 제안을 하자 이을남이 관심을 보였고, 김갑동이 "오늘 퇴근하고 같이 한번 가보자"고 말하는 것을 들었습니다.

문 증인은 이후 2024. 5. 8. 22:00경 이을남에게 전화를 걸어 어떻게 되었는지 확인한 사실이 있지요

답 예, 이을남에게 전화를 걸어 어떻게 되었는지 묻자 이을남이 "사장 집에 들어가 지갑을 훔쳐 나왔는데 사장한테 걸려서 내일부터 회사에 출근하기 어려울거 같다"고 하고, 김갑동은 어떻게 되었는지 묻자 "김갑동은 망을 봤는데 사장한테 걸렸는지는 모르겠다"라고 말했습니다.

피고인 김갑동의 변호인

문 2024. 5. 7. 점심식사에서 이을남은 무슨 말을 했는가요

답　김갑동이 사장 집을 털자고 하자 이을남은 "털고 싶기는 한데 방법이 있나"라고 답변했습니다. 그러자 김갑동이 씩 웃으며 "오늘 퇴근하고 같이 한번 가보자"고 말했습니다.

문　증인은 2024. 5. 8. 범행현장에 같이 있었는가요

답　아닙니다.

2024. 6. 13.

법 원 사 무 관　　　정사무 ㊞

재판장　판 사　　　김공평 ㊞

서울중앙지방법원
증인신문조서 (제2회 공판조서의 일부)

사 건 2024고합1234 준특수강도 등
증 인 이 름   이후자
       생년월일 및 주거 (생략)

재판장
    증인에게 형사소송법 제148조 또는 제149조에 해당하는가의 여부를 물어 이에 해당하지 아니함을 인정하고, 위증의 벌을 경고한 후 별지 선서서와 같이 선서를 하게 하였다.

검사
문   (증거목록 순번 12를 제시, 열람하게 하고) 증인은 수사기관에서 사실대로 진술하고 진술한 대로 기재되어 있음을 확인한 다음 서명, 날인하였는가요.
답   예, 그렇습니다.
문   증인은 2024. 5. 9. 23:00경 서울 서초구 효령로 391에 있는 편도 4차선의 도로를 4차로를 따라 증인의 43고3210호 모닝 승용차를 운행하던 중 피고인이 운전하던 쏘나타 승용차가 갑자기 후진해와 차량이 파손되고 목의 삐는 등의 상해를 입은 사실이 있는가요
답   예, 그렇습니다.
문   구체적인 사고경위가 어떠한가요
답   2024. 5. 9. 23:00경 위 도로를 4차로를 따라 시속 약 30km/h의 속도로 진행하고 있었는데 앞서 가던 피고인의 쏘나타 승용차가 약 10m 가량을 후진해와 경적을 울렸음에도 충격을 막지 못하고 제 차와 충격하였습니다.
문   사고 후 피고인이 경찰에 신고하거나 증인을 병원에 후송하는 등 조치를 취하였는가요
답   그런 조치는 취하지 않았습니다.

피고인 김갑동의 변호인
문   피고인은 사고 직후 차에서 내려 증인에게 다가가 다친 곳이 없는지 물었지요
답   예.
문   당시 증인은 피고인에게 다친 곳이 없으니 차만 수리해달라고 하지 않았는가요

답	아.. 그런 말을 한 사실은 있습니다.
문	피고인은 증인에게 수리비를 청구하면 지급하겠다고 하면서 명함까지 교부하였지요
답	아.. 예, 그건 맞습니다.
문	피고인이 증인에게 명함을 교부하고 출발하는 것을 증인이 제지한 사실은 없지요
답	예.
문	그런데 증인은 왜 피고인을 뺑소니로 신고를 하였는가요
답	사고 후 처음에는 놀라서 그런지 아무런 느낌이 없었는데 피고인이 떠나고 잠시 후 긴장이 풀려서 그런지 목에 찌릿한 느낌이 계속되어 남자친구에게 연락했더니 4차선 대로에서 역주행을 하는 것은 중앙선 침범인데 그냥 보내면 어떻게 하느냐고 하면서 남자친구가 112 신고를 했습니다.
문	위 교통사고로 인하여 상해를 입었는가요
답	목을 돌릴 때 마다 찌릿하는 통증이 있어 병원에 가니 경추부 염좌 진단을 받았고 사고 후 지금까지 계속 물리치료를 받고 있는 중입니다.
문	상해로 일상생활에 지장이 있는 상황인가요
답	아직까지 목에 보호대를 하고 있어 일상생활에 지장이 있습니다.
문	피고인에 대한 처벌을 원하는가요
답	합의가 되지 않으면 처벌을 원합니다.

2024. 6. 13.

법 원 사 무 관 　정사무 ㉞

재판장 판 사 　김공평 ㉞

					제	1	책
					제	1	권

서울중앙지방법원
증거서류등(검사)

사건번호	2024고합1234	담임	제11부	주심	나
	20 노		부		
	20 도		부		

사건명	가. 준특수강도 나. 특정범죄가중처벌등에관한법률위반(도주치상) 다. 도로교통법위반(사고후미조치) 라. 공무집행방해 마. 사문서위조 바. 위조사문서행사 사. 사기 아. 여신전문금융업법위반

검 사	김수호	2024형제5432호

피고인	1. 가. 나. 다. 라.	김갑동
	구속 2. 가. 마. 바. 사. 아.	이을남

공소제기일	2024. 5. 17.		
1심 선고	20 . .	항소	20 . . .
2심 선고	20 . .	상고	20 . . .
확 정	20 . .	보존	

구공판	서울중앙지방검찰청 **증 거 기 록**			제 1 책 제 1 권
검 찰	사건번호	2024년 형제5432호	법원	사건번호	2024고합1234
	검 사	김수호		판 사	
피 고 인	1. 가. 나. 다. 라. 김갑동 구속 2. 가. 마. 바. 사. 아. 이을남				
죄 명	가. 준특수강도 나. 특정범죄가중처벌등에관한법률위반(도주치상) 다. 도로교통법위반(사고후미조치) 라. 공무집행방해 마. 사문서위조 바. 위조사문서행사 사. 사기 아. 여신전문금융업법위반				
공소제기일	2024. 5. 17.				
구 속	1. 불구속 2. 구속			석 방	
변 호 인	1. 법무법인 정의 담당 변호사 김변호 2. 법무법인 늘 담당 변호사 한검토				
증 거 물	있음				
비 고					

진술조서

성   명 : 황 철 수
주민등록번호, 직업, 주거, 등록기준지, 직장주소, 연락처 (각 생략)

　　위의 사람은 피의자 이을남에 대한 준특수강도 피의사건에 관하여 2024. 5. 9. 서울서초경찰서 수사과 사무실에 임의 출석하여 다음과 같이 진술하다.

[피의자와의 관계, 피의사실과의 관계 등 (생략)]

문　진술인은 어떤 피해를 입었는가요.

답　2024. 5. 8. 19:20경 서울 서초구 서초대로12길 3에 있는 저의 집에서 제가 운영하는 청소업체 직원 이을남이 지갑을 훔쳐 나오는 것을 우연히 발견하고 잡기 위해 막아서는 과정에서 이을남으로부터 양손으로 가슴이 밀쳐져 바닥에 넘어지는 피해를 입은 사실이 있습니다.

문　진술인의 집에 이을남이 어떻게 들어가게 되었고 진술인은 이을남을 어떻게 발견하게 된 것인가요

답　저희 집에 이을남이 어떻게 들어가게 된 것인지는 저도 잘 모르겠고, 어버이날이라 남양주에 계신 부모님 댁으로 가던 중 사업상 중요한 서류를 전달해 달라는 부탁을 받고 급히 집으로 돌아왔다가 현관에서 지갑을 훔쳐 나오는 이을남을 발견하게 된 것입니다.

문　이을남 외에 다른 공범이 피해자의 집 안 또는 집 주변에 있지는 않았는가요

답　이을남 외에 다른 사람이 있었는지는 잘 기억이 나지 않습니다.

문　진술인이 피의자를 발견하고 어떤 일이 있었는가요

답　깜짝 놀라 "니가 여기 왜 있느냐"라고 하자 이을남이 놀라서 도망가려는 것을 제가 양팔을 벌려 막고 잡으려고 했는데 이을남이 "비켜"라고 소리치면서 양손으로 제 가슴을 밀어 바닥에 넘어졌고, 이을남은 그대로 도망갔습니다.

문　당시 지갑 안에는 무엇이 들어있었는가요

답　현금 30만 원과 주민등록증, 제 명의의 신한은행 체크카드 1매가 들어 있었습니다.

문　위 체크카드가 사용되지는 않았는가요

답　놀란 마음을 추스르고 부모님 댁으로 다시 돌아가 식사를 하고 잠을 잤는데 다음 날 일어나 보니 5. 8. 22:00경 체크카드로 유흥주점에서 95만 원이 결

	제가 되었고, 5. 8. 23:30경 저의 신한은행 예금계좌에서 100만 원이 인출되어 있었습니다.
문	이을남으로부터 폭행을 당해 다치지는 않았는가요
답	다친 곳은 없습니다.
문	이을남의 처벌을 원하는가요.
답	처벌을 원합니다.
문	이을남과 친인척 관계는 있는가요.
답	없습니다.
문	이상의 진술은 사실인가요.
답	예, 사실대로 진술하였습니다.

위의 조서를 진술자에게 열람하게 하였던바, 진술한 대로 오기나 증감·변경할 것이 전혀 없다고 말하므로 간인한 후 서명날인하게 하다.

진술자　　황철수　㊞

2024. 5. 9.

서울서초경찰서

사법경찰관　경위　김경위　㊞

고 소 장

서초경찰서 접수인(1327호)(2024. 4. 3.)

고 소 인   송 필 남 (인적사항 생략)
피고소인   이 을 남 (인적사항 생략)
죄   명   사문서위조, 위조사문서행사, 사기

1. 저는 피고소인 이을남의 고교동창으로, 피고소인이 2024. 2. 9. 14:00경 서울 서초구 잠원로 145-35 '달' 커피숍에서 500만 원만 빌려달라고 하길래 어렵다고 하자 자신이 살고 있는 '서울 서초구 잠원로14길 2 대망원룸 201호'의 임대차계약서를 보여주면서 임대차기간이 곧 끝나 보증금 5,000만 원을 반환받을 예정이니 500만 원을 빌려주면 1개월 후에 변제하겠다고 하였습니다.

1. 피고소인이 그 자리에서 카카오톡 메신저로 임대차계약서 사진 파일을 전송해주어 받아보니(임대차계약서 자체는 보여주지 않았음) 임대차보증금이 '5,000만 원', 임대차기간이 '2022. 2. 19.부터 2024. 2. 18.까지'로 기재되어 있어 500만 원을 충분히 회수할 수 있을 것으로 판단되어 그 자리에서 500만 원을 피고소인의 계좌로 송금하였습니다.

1. 그런데 1개월이 지나 변제기가 도래하였음에도 피고소인이 돈을 갚지 않고 연락도 되지 않아 임대차계약 상 임대인으로 기재된 김전일에게 전화하였으나 연락이 되지 않고 임대인의 주소지로 찾아가보았으나 그런 사람은 살고 있지 않다는 답변을 들었습니다.

1. 이에 피고소인을 고소하니 피고소인에 대한 강력한 처벌을 원합니다.

첨부 서류 : 송금내역 1부 (생략), 임대차계약서 사진 파일 출력물 1부

2024. 4. 3.

고소인 송 필 남 ㊞

서울서초경찰서장 귀중

(첨부)

임대차계약서

임대인과 임차인 쌍방은 아래 표시 부동산에 관하여 다음 계약내용과 같이 임대차계약을 체결한다.		
1.부동산의 표시		
소 재 지	서울 서초구 잠원로14길 2 소재 대망원룸 201호	
임대할부분	위 원룸 201호 전체	면 적 (생략)
2.계약내용		
제 1 조 (목적) 위 부동산의 임대차에 한하여 임대인과 임차인은 합의에 의하여 임차보증금 및 차임을 아래와 같이 하기로 한다.		
보 증 금	5,000만 원	
계 약 금	500만 원	
중 도 금	없음	
잔 금	4,500만 원	
차 임	없음	

제 2 조 (**임대차기간**) 임대차 기간은 2022. 2. 19.부터 2024. 2. 18.까지로 한다.

제 3 조 (**용도변경 및 전대 등**) 임차인은 임대인의 동의 없이 위 부동산의 용도나 구조를 변경하거나 전대·임차권 양도 또는 담보제공을 하지 못하며 임대차 목적 이외의 용도로 사용할 수 없다.

제 4 조 (**계약의 해지**) 임차인이 계속하여 2회 이상 차임의 지급을 연체하거나 제3조를 위반하였을 때 임대인은 즉시 본 계약을 해지 할 수 있다.

제 5 조 (**계약의 종료**) 임대차계약이 종료된 경우에 임차인은 위 부동산을 원상으로 회복하여 임대인에게 반환한다. 이러한 경우 임대인은 보증금을 임차인에게 반환하고, 연체 임대료 또는 손해배상금액이 있을 때는 이들을 제하고 그 잔액을 반환한다.

제 6 조 (**계약의 해체**) 임차인이 임대인에게 중도금(중도금이 없을 때에는 잔금)을 지불하기 전까지, 임대인은 계약금의 배액을 상환하고, 임차인은 계약금을 포기하고 이 계약을 해제할 수 있다.

제 7 조 (**채무불이행과 손해배상**) 임대인 또는 임차인이 본 계약상의 내용에 대하여 불이행이 있을 경우 그 상대방은 불이행한 자에 대하여 서면으로 최고하고 계약을 해제 할 수 있다. 그리고 계약 당사자는 계약해제에 따른 손해배상을 각각 상대방에 대하여 청구 할 수 있으며, 손해배상에 대하여 별도의 약정이 없는 한 계약금을 손해배상의 기준으로 본다.

특약사항 : 없음

본 계약을 증명하기 위하여 계약 당사자가 이의 없음을 확인하고 각각 서명·날인한다.

2022 년 2 월 19 일

임대인	주 소	(생략)				
	주민등록번호	(생략)	전 화	(생략)	성 명	김전일 (인)
	대 리 인	주소	-	주민등록번호	(생략)	성 명
임차인	주 소	(생략)				
	주민등록번호	(생략)	전 화	(생략)	성 명	이을남 (인)
	대 리 인	주소	-	주민등록번호	(생략)	성 명

피 의 자 신 문 조 서

피의자 : 이을남

 위의 사람에 대한 준특수강도 등 피의사건에 관하여 2024. 5. 10. 서울서초경찰서 수사과 사무실에서 사법경찰관 경위 김경위는 사법경찰리 경사 이경사를 참여하게 하고, 아래와 같이 피의자임에 틀림없음을 확인하다.

문 피의자의 성명, 주민등록번호, 직업, 주거, 등록기준지 등을 말하십시오.
답 성명은 이을남(李乙南)
   주민등록번호, 직업, 주거, 등록기준지, 직장주소, 연락처 (각 생략)

 사법경찰관은 피의사건의 요지를 설명하고 사법경찰관의 신문에 대하여 「형사소송법」 제244조의3에 따라 진술을 거부할 수 있는 권리 및 변호인의 참여 등 조력을 받을 권리가 있음을 피의자에게 알려주고 이를 행사할 것인지 그 의사를 확인하다.
[진술거부권 및 변호인 조력권을 고지하고 변호인 참여 없이 진술하기로 함(생략)]
이에 사법경찰관은 피의사실에 관하여 다음과 같이 피의자를 신문하다.
[피의자의 범죄전력, 경력, 학력, 가족·재산 관계 등(생략)]
[준특수강도의 점]

문 피의자는 피해자 황철수와 어떤 관계인가요
답 피해자는 제가 다니는 청소업체 '클린'의 사장입니다.
문 피의자는 2024. 5. 8.경 서울 서초구 서초대로 12길 3에 있는 피해자의 집에서 황철수의 지갑을 훔쳐 나오다가 피해자에게 발각되자 피해자를 밀어 넘어트린 사실이 있는가요
답 예, 있습니다.
문 그 경위는 어떠한가요
답 사실 위 청소업체에 피해자의 처남인 김갑동이 함께 다니고 있는데 2024. 5. 7. 점심 식사 중 김갑동이 제게 피해자의 집을 털자고 제안을 하면서 피해자의 집에서 명품시계 등 돈 되는 물건이 많다고 말했습니다. 그래서 2024. 5. 7. 저녁 김갑동과 함께 피해자의 집으로 가 보니 피해자의 집에 담이 낮아 뛰어넘기 쉬운데 현관문도 잘 안 잠가 놓고 내일은 집도 비울 예정이라고 하여 2024. 5. 8. 19:00경 피해자의 집 앞에서 만나 김갑동이 망을 보면 제가 담을 넘어 피해자의 집 안에 들어가 물건을 훔쳐 나오기로 했습니다.

문　　2024. 5. 7. 점심식사 자리에 피의자와 김갑동 외에 함께 한 사람이 있는가요
답　　같은 회사 직원인 나소문도 함께 있었습니다.
문　　김갑동은 피해자가 2024. 5. 8. 집을 비울 예정이라는 사실을 어떻게 알았는가요
답　　김갑동은 누나(피해자의 처)로부터 들었다고 했습니다.
문　　그래서 2024. 5. 8.경 어떻게 피해자의 집에 들어가게 되었는가요
답　　그래서 2024. 5. 8. 19:00경 김갑동을 피해자의 집 근처에서 만나 김갑동은 대문 앞에 서서 망을 보고 저는 담을 넘어 들어가 보니 실제 현관문이 안 잠겨 있어 집 안까지 들어가 훔칠 물건을 찾고 있었습니다. 그런데 갑자기 대문으로 누가 들어오길래 놀라서 식탁 위에 놓여 있는 지갑 1개를 챙겨 현관문을 통해 나가려고 하는데 피해자가 저를 발견하고 막아 서 잡히면 큰일이라고 생각하고 양손으로 피해자의 가슴을 밀어 바닥에 넘어트리고 도망갔습니다.
문　　피의자가 도망 나왔을 때 김갑동은 어떻게 하고 있었는가요
답　　김갑동은 이미 도망갔는지 현장에 없었습니다.

[사기, 여신전문금융업법위반의 점]

문　　피의자는 같은 날 위 지갑 안에 들어있던 체크카드를 이용하여 유흥주점에서 술값 95만 원을 결제하고, 현금 100만 원을 인출한 사실이 있는가요
답　　예, 훔친 체크카드로 같은 날 22:00경 서울 서초구 서초대로77 소재 'J'유흥주점에서 술값 95만 원을 결제하고, 같은 날 23:30경 서울 서초구 서초대로 78 소재 신한은행 서초지점 현금자동지급기에서 100만 원을 인출한 사실이 있습니다.
문　　훔친 체크카드로 술값을 결제하고 현금을 인출할 때 김갑동이 관여하지 않았는가요
답　　이미 김갑동은 사라진 뒤라 저 혼자 사용했습니다.
문　　훔친 체크카드의 비밀번호는 어떻게 알아내었는가요
답　　지갑 안에 주민등록증이 있어 생년월일을 입력하니 비밀번호가 맞았습니다.

[사문서위조, 위조사문서행사, 사기의 점]

문　　피의자는 2024. 2. 9. 14:00경 서울 서초구 잠원로 145-35 '달' 커피숍에서 송필남에게 500만 원을 차용한 사실이 있지요
답　　예, 있습니다.

문   그 경위는 어떠한가요

답   2024. 2. 9. 14:00경 서울 서초구 잠원로 145-35 '달' 커피숍에서 송필남에게 500만 원을 빌려달라고 했으나 거절하기에 '서울 서초구 잠원로14길 2 소재 대망원룸 201호'의 임대차기간이 곧 만료되어 곧 임대차보증금 5,000만 원을 반환받을 예정이라고 하면서 임대차계약서의 사진파일을 송필남에게 전송해 주자 돈을 빌려주었습니다.

문   피의자는 실제 임대차보증금 반환 채권이 있었는가요

답   사실 위 원룸은 제 친구가 임차한 곳에 제가 얹혀살고 있는 곳이라 제가 반환받을 임대차보증금은 전혀 없습니다.

문   임대차계약서에 기재된 임대인 '김전일'은 누구인가요

답   제가 좋아하는 만화의 주인공으로 김전일의 주민등록번호, 주소, 전화번호는 제가 마음대로 기재한 것입니다.

문   위 임대차계약서 사진파일은 어떻게 만들었는가요

답   2024. 2. 9. 13:00경 위 대망원룸 201호에서 컴퓨터를 이용하여 김전일로부터 위 대망원룸 201호를 임대차보증금 '5,000만 원', 임대차기간 '2022. 2. 19.부터 2024. 2. 18.까지'로 임차한다는 취지의 임대차계약서를 작성한 후 이를 출력하고 임대인 란에 제가 김전일의 서명, 날인을 하고, 그 자리에서 제 휴대전화로 이를 사진 촬영하였습니다.

문   김전일의 도장은 어떻게 준비했는가요

답   집 근처 도장가게에서 막도장을 하나 팠습니다.

문   위 사진파일을 송필남에게 전송한 경위는 어떠한가요

답   2024. 2. 9. 14:00경 서울 서초구 잠원로 145-35 '달' 커피숍에서 송필남에게 500만 원을 빌려달라고 하면서 휴대전화에 보관하고 있던 위 사진파일을 카카오톡 메신저로 송필남에게 전송하였습니다.

문   피해자로부터 돈을 빌릴 당시 수입이나 재산은 있었는가요

답   사실 아무런 수입과 재산이 없는 상황에서 도박빚이 5,000만 원 가량 있었습니다.

문   본건 외에도 유사한 사건으로 처벌받은 전력이 있는가요

답   최근 도박빚을 해결하려고 같은 방법으로 친구나 지인 상대로 돈을 빌렸다가 갚지 못하여 처벌받은 전력이 있습니다.

문   이상의 진술에 대하여 이의나 의견이 있나요.

답 없습니다.
문 더 할 말이 있는가요
답 임대차계약서 상 임대인은 존재하지 않는 사람이고, 임대차계약서 자체를 송필남에게 보여준 것은 아니므로 이 점을 참작해 주세요.

위의 조서를 진술자에게 열람하게 하였던바, 진술한 대로 오기나 증감·변경할 것이 전혀 없다고 말하므로 간인한 후 서명무인하게 하다.

진술자 이을남 (무인)

2024. 5. 10.

서울서초경찰서
   사법경찰관   경위   김경위 ㉑
   사법경찰리   경사   이경사 ㉑

서 울 서 초 경 찰 서

2024. 5. 9.

수신 : 경찰서장

참조 : 교통과장

제목 : 현행범인체포보고

아래와 같이 특정범죄가중처벌등에관한법률위반(도주치상) 등 사건의 피의자를 체포하였기에 보고합니다.

1. 체포 일시

    2024. 5. 9. 23:20경

2. 체포 장소

    서울 서초구 효령로72길2 노상

3. 피의자 인적사항

    김갑동(金甲東), 청소업체 직원

    주민등록번호   87****-1******

    주   거   (생략)

4. 범죄사실

    (생략)

5. 체포경위

    2024. 5. 9. 23:10경 서초역 인근 에서 순찰근무 중, 12무3456호 검은색 쏘나타 승용차가 서울 서초구 효령로 391 4차로에서 약 10m 가량을 후진하던 중 뒤따르던 흰색 모닝 승용차를 충격하고(운전자: 피해자 이후자) 방배역 방면로 도주하였다는 신고를 받고 피의차량을 찾던 중, 23:20경, 범죄현장에서 약 2㎞ 떨어진 위 효령로72길2 노상에서 뒤 범퍼가 찌그러진 12무3456호 검은색 쏘나타 승용차에서 피의자가 내리는 것을 발견하고,

    순찰차를 세우고 사고 후 도주 사실을 확인하였는바, 사고 사실은 인정하나 도주

사실을 부인하여 신분확인을 위하여 인적사항을 수차례 요구하였으나 거절하고 위 장소에서 이탈하려고 하여 피의자에게 범죄사실의 요지, 현행범인체포의 이유와 변호인을 선임할 권리 등을 고지하고 변명의 기회를 준 다음 피의자를 특정범죄가중처벌등에관한법률위반(도주치상), 도로교통법위반(사고후미조치)의 현행범인으로 체포하였음

그러자 갑자기 피의자가 화를 내면서 수갑을 찬 상태에서 큰 소리로 "씨발"이라고 욕설을 하면서 바닥에 드러누웠음

        검거자 겸 보고자
        서울서초경찰서 반포지구대
        경사 *김경사* ㊞
        순경 *정순경* ㊞

교통사고보고
(실황조사서)

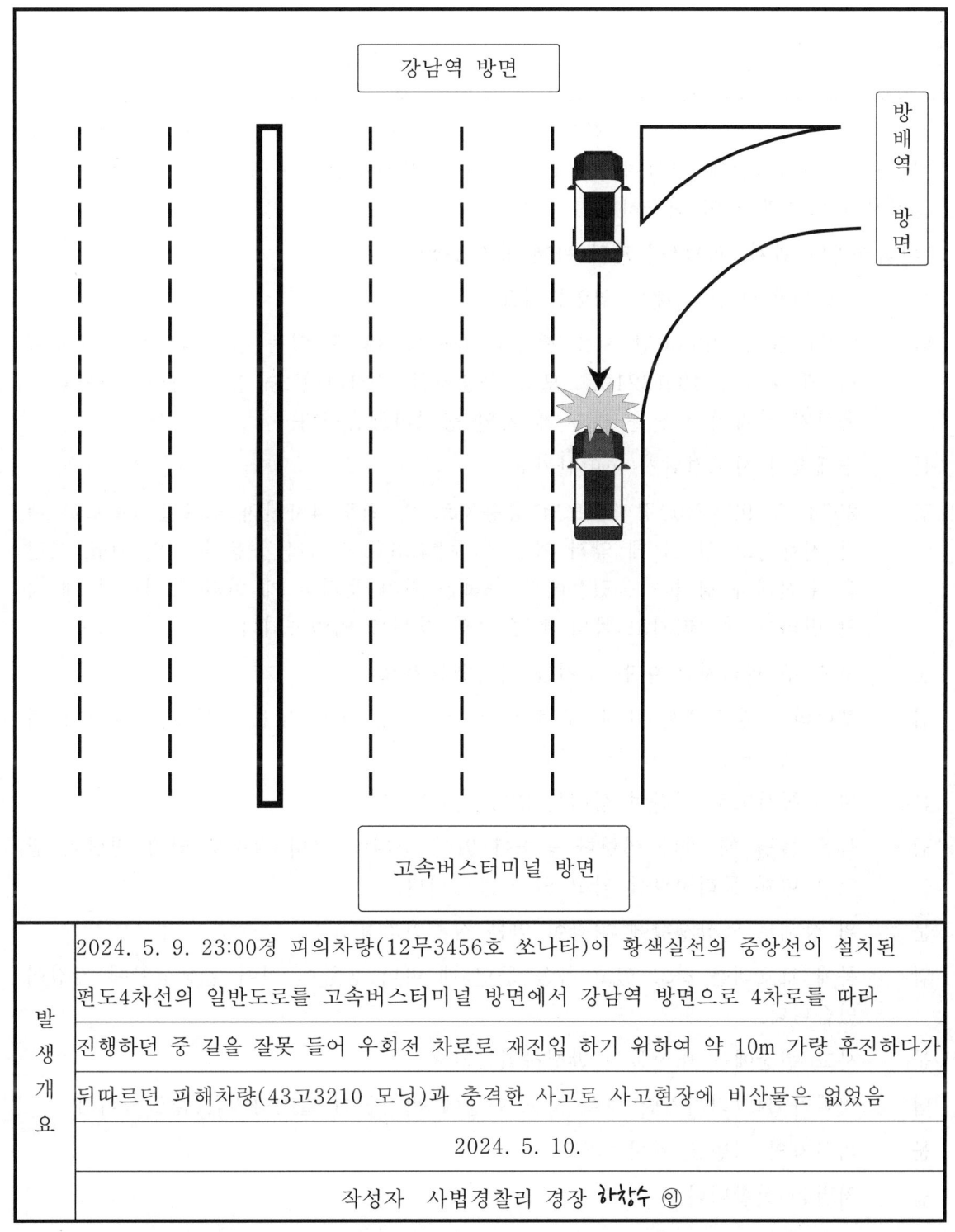

발생개요	2024. 5. 9. 23:00경 피의차량(12무3456호 쏘나타)이 황색실선의 중앙선이 설치된 편도4차선의 일반도로를 고속버스터미널 방면에서 강남역 방면으로 4차로를 따라 진행하던 중 길을 잘못 들어 우회전 차로로 재진입 하기 위하여 약 10m 가량 후진하다가 뒤따르던 피해차량(43고3210 모닝)과 충격한 사고로 사고현장에 비산물은 없었음

2024. 5. 10.

작성자 사법경찰리 경장 하창수 ㉘

진 술 조 서

성   명 : 이 후 자
주민등록번호, 직업, 주거, 등록기준지, 직장주소, 연락처 (각 생략)

위의 사람은 피의자 김갑동에 대한 특정범죄가중처벌등에관한법률위반(도주치상) 등 피의사건에 관하여 2024. 5. 10. 서울서초경찰서 수사과 사무실에 임의출석하여 다음과 같이 진술하다.

[피의자와의 관계, 피의사실과의 관계 등 (생략)]

문   진술인은 어떤 피해를 입었는가요.
답   2024. 5. 9. 23:00경 서울 서초구 효령로 391에 있는 편도 4차선의 도로에서 제 소유의 43고3210호 모닝 승용차를 운전하던 중 앞서 가던 쏘나타 승용차가 갑자기 후진을 해와 제 차와 충격하였습니다.

문   구체적인 사고경위가 어떠한가요
답   2024. 5. 9. 23:00경 위 모닝 승용차로 위 편도 4차선의 도로를 4차로를 따라 진행하고 있었는데 앞서 가던 12무3456호 쏘나타 승용차가 약 10m 가량을 후진해와 경적을 울렸음에도 충격을 막지 못하고 제 차와 충격하여 제 차 앞 범퍼가 찌그러지고 목의 삐는 등의 상해를 입었습니다.

문   사고 후 피의자는 어떤 조치를 취하였는가요
답   쏘나타 승용차에서 내려 제 차로 와서 "다친 곳이 없는가요"라고 묻더니 다시 차에 타서 그대로 도망갔습니다.

문   위 교통사고로 인하여 상해를 입었는가요
답   목을 돌릴 때 마다 찌릿한 통증이 있어 병원에 가니 경추부 염좌 진단을 받았고 현재 물리치료를 받고 있는 중입니다.

문   위 상해로 일상생활에 지장이 있는 상황인가요
답   목에 보호대를 하고 있고 목을 돌릴 때 마다 통증이 있어 일상생활에 지장이 있습니다.

문   사고 현장에는 비산물이 발생하였는가요
답   범퍼가 찌그러지기만 하여 사고 현장에 비산물이 발생하지는 않았습니다.

문   피의자의 처벌을 원하는가요.
답   처벌을 원합니다.

문   이상의 진술은 사실인가요.

답   예, 사실대로 진술하였습니다.

위의 조서를 진술자에게 열람하게 하였던바, 진술한 대로 오기나 증감·변경할 것이 전혀 없다고 말하므로 간인한 후 서명날인하게 하다.

진술자   이후자 ⑪

2024. 5. 10.

서울서초경찰서

사법경찰관   경위   김경위 ⑪

진 단 서

환자번호 : 0001782

연 번 호 : 2024 - 00405   주민등록번호 : (생략)

성 명	이후자	성 별	여	생년월일	(생략)	연 령	(생략)
주 소	(생략)						

병 명 ■임상적 　추정 □최종진단	약 3주간 치료를 요하는 경추부 염좌 등	한국질병분류번호

발병일	2024년 5월 9일	진단일	2024년 5월 10일
향 후 치 료 의 견			
비 고		용 도	경찰서 제출용

위와 같이 진단함

발 행 일　　　2024년 5월 10일
의 료 기 관　　바른정형외과
주　　　소　　(생략)
전　　　화　　(생략)

면허번호 제 87778 호　　　　의사 성명　　유상규 ㊞

진 술 조 서

성   명 : 김경사
주민등록번호, 직업, 주거, 등록기준지, 직장주소, 연락처 (각 생략)

위의 사람은 피의자 김갑동에 대한 공무집행방해 등 피의사건에 관하여 2024. 5. 10. 서울서초경찰서 수사과 사무실에 임의 출석하여 다음과 같이 진술하다.

[피의자와의 관계, 피의사실과의 관계 등 (생략)]

문 진술인은 피의자로부터 공무집행방해를 당한 사실이 있는가요.

답 2024. 5. 9. 23:20경 서울 서초구 효령로72길2 노상에서 피의자를 특정범죄가중처벌등에관한법률위반(도주치상) 등의 현행범인으로 체포하는 과정에 피의자가 난동을 부린 사실이 있습니다.

문 피의자를 현행범인으로 체포하게 된 경위는 어떠한가요

답 2024. 5. 9. 23:10경 서초역 인근에서 순찰근무 중, 12무3456호 쏘나타 승용차가 서울 서초구 효령로 391 4차로에서 약 10m 가량을 후진하던 중 뒤따르던 모닝 승용차를 충격하고 방배역 방면으로 도주하였다는 신고를 받았습니다. 순찰차로 피의차량을 찾던 중, 23:20경, 범죄현장에서 약 2km 떨어진 서울 서초구 효령로72길2 노상에서 뒤 범퍼가 찌그러진 12무3456호 검은색 쏘나타 승용차에서 피의자가 내리는 것을 발견하고, 순찰차를 세우고 피의자에게 사고를 내고 도주한 사실을 확인하였는바, 피의자는 사고를 낸 사실은 있으나 도주한 사실은 없다고 부인하였습니다. 이에 신분확인을 위하여 피의자에게 인적사항을 알려줄 것을 수차례 요구하였으나 모두 거절하고 위 장소에서 이탈하려고 하여 현행범인으로 체포하게 되었습니다.

문 피의자를 현행범인으로 체포하기 전 미란다 원칙을 고지하였는가요

답 피의자를 체포하기 전 피의자에게 범죄사실의 요지, 현행범인체포의 이유와 변호인을 선임할 권리 등을 고지하였습니다.

문 현행범인으로 체포하는 과정에 피의자가 어떻게 난동을 부렸는가요

답 수갑이 채워지자 큰 소리로 "씨발"이라고 욕설을 하면서 바닥에 드러누웠습니다.

문 그 과정에서 진술인이나 정순경의 신체에 접촉이 있었는가요

답 피의자 혼자 욕설을 하면서 드러누웠는데 저나 정순경과는 1-2m 정도 거리가 있었기 때문에 신체적 접촉은 없었습니다.

문   이상의 진술은 사실인가요.
답   예, 사실대로 진술하였습니다.

위의 조서를 진술자에게 열람하게 하였던바, 진술한 대로 오기나 증감·변경할 것이 전혀 없다고 말하므로 간인한 후 서명날인하게 하다.

진술자   김 경 사 ⑪

2024. 5. 10.

서울서초경찰서

사법경찰관   경위   김 경 위 ⑪

피 의 자 신 문 조 서

피 의 자 : 김 갑 동

위의 사람에 대한 준특수강도 등 피의사건에 관하여 2024. 5. 10. 서울서초경찰서 수사과 사무실에서 사법경찰관 경위 김경위는 사법경찰리 경사 이경사를 참여하게 하고, 아래와 같이 피의자임에 틀림없음을 확인하다.

문　피의자의 성명, 주민등록번호, 직업, 주거, 등록기준지 등을 말하십시오.
답　성명은　김갑동(金甲東)
　　주민등록번호, 직업, 주거, 등록기준지, 직장주소, 연락처 (각 생략)

사법경찰관은 피의사건의 요지를 설명하고 사법경찰관의 신문에 대하여 「형사소송법」 제244조의3에 따라 진술을 거부할 수 있는 권리 및 변호인의 참여 등 조력을 받을 권리가 있음을 피의자에게 알려주고 이를 행사할 것인지 그 의사를 확인하다.
[진술거부권 및 변호인 조력권을 고지하고 변호인 참여 없이 진술하기로 함(생략)]
이에 사법경찰관은 피의사실에 관하여 다음과 같이 피의자를 신문하다.
[피의자의 범죄전력, 경력, 학력, 가족·재산 관계 등(생략)]

[준특수강도의 점]

문　피의자는 피해자 황철수와 어떤 관계인가요
답　피해자는 제가 다니는 청소업체 사장이고, 제 매형입니다.
문　피의자는 이을남과 2024. 5. 8.경 서울 서초구 서초대로12길 3에 있는 피해자의 집에서 피해자의 지갑을 훔친 사실이 있는가요
답　이을남과 피해자의 집에서 물건을 훔치기로 모의한 사실은 있는데 마음을 고쳐먹고 그만두었습니다.
문　그 경위는 어떠한가요
답　피해자가 최근 누나와 사이가 좋지 않고 회사에서도 제게 막말을 하는 등 좋지 않은 감정을 갖고 있었는데 이을남이 먼저 피해자의 집을 털고 싶은데 방법이 있는지 물어왔습니다. 그래서 이을남에게 피해자의 집이 담이 낮고 평소 현관문도 잘 잠그지 않는다고 알려주었더니 피해자의 집 위치를 알려달라고 하여 2024. 5. 7. 저녁 무렵 이을남과 함께 피해자의 집을 찾아가 알려주었습니다.
문　이을남은 2024. 5. 7. 점심 때 피의자가 먼저 피해자의 집을 털자고 제안하였다고 진술하는데 아닌가요

답   아닙니다. 이을남이 먼저 피해자의 집을 털자고 제안했습니다.
문   2024. 5. 7. 점심 때는 피의자와 이을남 둘 밖에 없었는가요
답   아닙니다. 그 자리에 직장 동료인 나소문도 함께 있었습니다.
문   그런 다음 어떻게 되었는가요
답   일단 이을남을 피해자의 집으로 데려간 다음 담이 낮아 넘어가기 쉽고 현관문을 잠가놓지 않는다고 알려주었습니다. 누나로부터 다음 날인 어버이날에 피해자가 남양주에 계시는 부모님댁에 내려가 집을 비운다고 들어 이을남에게 피해자가 내일 집을 비울 예정이니 2024. 5. 8. 19:00경 피해자의 집에서 만나 저는 대문 앞에서 망을 보고 이을남은 집 안으로 들어가 물건을 훔쳐 나오기로 하였습니다.
문   그래서 2024. 5. 8.경 이을남과 함께 피해자의 집에서 물건을 훔쳤는가요
답   다음 날 회사에서 고민을 했는데 도둑질을 한다는 것이 양심에 걸리기도 하고 누나가 피해자와 이혼소송 중인데 좋지 않은 영향을 미칠 것 같아 단념하고 피해자의 집으로 가지 않았습니다.
문   이을남이 피의자를 찾지 않던가요
답   2024. 5. 8. 19:00경 이을남으로부터 전화가 걸려왔는데 일부러 받지 않고 있다가 19:10경 이을남에게 "미안하다"라고 문자메시지를 보냈습니다.
문   이을남은 피의자가 피해자의 집 대문 앞에서 망을 보았다고 진술하는데 어떤가요
답   아닙니다. 현장에 가지도 않았는데 무슨 말인가요.

이때 피의자의 휴대전화를 확인한바 2024. 5. 8. 19:00경 이을남으로부터 부재중 전화 1통이 걸려와 있고 피의자가 19:10경 이을남에게 "미안하다"라는 문자메시지를 보낸 사실을 확인함

[특정범죄가중처벌등에관한법률위반(도주치상), 도로교통법위반(사고후미조치)의 점]

문   피의자는 2024. 5. 9. 23:00경 서울 서초구 효령로 391에 있는 편도 4차선의 도로에서 후진하던 중 피해자 이후자가 운전하는 모닝 승용차를 충격하고 도주한 사실이 있는가요
답   사고를 낸 사실은 있지만 도주한 사실은 없습니다.
문   구체적인 사고경위는 어떠한가요
답   2024. 5. 9. 23:00경 서울 서초구 효령로 391에 있는 편도 4차선의 도로 중 4차로를 따라 고속버스터미널 방면에서 강남역 방면으로 우회전하던 중, 길

문 을 잘못 들어 우회전 차선으로 진입하기 위해 약 10m 상당을 시속 약 10km/h의 속도로 후진하다가 제 차 뒤 범퍼 부분으로 뒤따라오던 피해차량의 앞 범퍼 부분을 충격하게 되었습니다.

문 황색실선의 중앙선이 그어져 있는 대로에서 후진을 하면 중앙선 침범과 동일한 것이 아닌가요

답 죄송합니다.

문 사고 후 피의자는 어떤 조치를 취하였는가요

답 차에서 내려 피해자에게 가 다친 곳이 없는지 물었더니 피해자가 다친 곳은 없으니 차만 수리해달라고 하길래 보험처리를 하더라도 100% 제 과실로 판정될 것으로 보여 수리비를 청구하면 지급하겠다고 말하고 명함을 주었습니다.

문 피의차량이 자동차 종합보험에는 가입되어 있는가요

답 예, 가입되어 있습니다.

문 피해자와 합의가 되었는가요

답 아직 합의는 되지 않았습니다.

[공무집행방해의 점]

문 피의자는 2024. 5. 9. 23:20경 서울 서초구 효령로72길2 노상에서 위 뺑소니 사건으로 서초경찰서 반포지구대 소속 경사 김경사로부터 특정범죄가중처벌등에관한법률위반(도주치상) 등의 현행범인으로 체포된 사실이 있지요

답 예, 여자친구 집 근처 노상에 차를 주차하고 들어가려고 하는데 제 차 뒤 범퍼가 찌그러져 있는 것을 보고 찾아온 경찰관에게 체포된 사실이 있습니다. 그런데 제가 무슨 현행범인 인가요

문 피의자는 체포되는 과정에 욕설을 하고 바닥에 드러누워 난동을 부려 경찰관의 직무집행을 방해한 사실이 있지요

답 제가 잘못한 것이 없는 것 같은데 수갑을 채워 화가 나 욕설을 하고 바닥에 드러누운 사실은 있습니다.

문 왜 경찰관의 직무집행을 방해하였는가요

답 앞서 말씀드린 대로 저는 뺑소니를 치지 않았는데 뺑소니를 쳤다는 이유로 체포를 하니 화가 났습니다.

문 김경사는 피의자에게 인적사항을 알려달라고 수차례 요구하였음에도 불구하고 피의자가 이에 불응하였다고 하는데 어떤가요

답	김경사가 제게 뺑소니로 신고가 들어왔기 때문에 인적사항을 확인해야 된다고 운전면허증을 제시하거나 주민등록번호를 알려달라고 요구를 했는데 저는 뺑소니를 친 사실이 없기 때문에 알려 줄 수 없다고 말했습니다. 그 뒤로도 김경사가 몇 번 더 인적사항을 알려달라고 하면서 계속 불응하면 체포될 수 있다고 했는데 저는 잘못한 것이 없어 싫다고 말하고 그 자리를 떠나려 하자 체포가 되었습니다.
문	현행범인으로 체포되기 전에 범죄사실의 요지, 현행범인체포의 이유와 변호인을 선임할 권리 등은 고지 받았는가요
답	예, 고지 받았습니다.
문	이상의 진술에 대하여 이의나 의견이 있나요.
답	없습니다.

위의 조서를 진술자에게 열람하게 하였던바, 진술한 대로 오기나 증감·변경할 것이 전혀 없다고 말하므로 간인한 후 서명무인하게 하다.

진술자 김갑동 (무인)

2024. 5. 10.

서울서초경찰서
사법경찰관 경위   김경위 ㊞
사법경찰리 경사   이경사 ㊞

서 울 서 초 경 찰 서

2024. 5. 10.

제2024-(생략)호
수 신 : 경 찰 서 장
참 조 : 수 사 과 장
제 목 : 수사보고(나소문 전화 진술청취)

　　피의자 김갑동에 대한 준특수강도 등 관련, 피의자 김갑동의 직장 동료인 나소문에게 전화하여(010-****-****), 다음과 같은 진술을 청취하였음

- 나소문은 김갑동, 이을남과 같은 청소업체 '클린'의 직원으로 2024. 5. 7. 점심 김갑동, 이을남과 함께 식사를 했는데 그 자리에서 김갑동이 먼저 이을남에게 "사장이 요즘 마음에 안 드는데 사장 집을 털까"라고 제안을 하는 것을 들었음

- 나소문은 겁이 나 김갑동과 이을남의 범행에는 전혀 가담하지 않았으나 김갑동과 이을남이 사장 집을 턴다고 하였는데 어떻게 되었는지 궁금하여 2024. 5. 8. 22:00경 이을남에게 전화를 걸어 어떻게 되었는지 묻자 이을남이 "사장 집에 들어가 지갑을 훔쳐 나왔는데 사장한테 걸려서 내일부터 회사에 출근하기 어려울 거 같다"고 하고, 김갑동은 어떻게 되었는지 묻자 "김갑동은 망을 봤는데 사장한테 걸렸는지는 모르겠다"라고 말하는 것을 들었음. 끝.

경로	지휘 및 의견	구분	결재	일시
경위 김경위	생략	기안	생략	생략
경감 장경감	생략	결재	생략	생략

법원에 제출되어 있는 기타 증거들

※ 편의상 다음 증거서류의 내용을 생략하였으나, 법원에 증거로 적법하게 제출되어 있음을 유의하여 검토할 것.

○ 수사보고(일출일몰 시각 확인)
  - 2024. 5. 8. 서울의 일출시각은 06:30, 일몰시각은 18:40으로 확인됨

○ 송금내역
  - 2024. 2. 9. 송필남의 국민은행 계좌에서 이을남의 신한은행 계좌로 500만 원이 송금된 내역

○ 사법경찰관이 작성한 송필남에 대한 진술조서(2024. 4. 13.자)
  - 송필남이 작성한 고소장과 동일한 취지

○ 압수조서, 압수목록
  - 피의자 이을남에 대한 준특수강도 등 사건에 관하여 2024. 5. 10. 17:00경 서울 서초구 잠원로14길 2 대망원룸 201호 피의자의 집에서 피의자를 긴급체포하면서 피의자의 집에 보관되어 있던 피해자 황철수 소유의 지갑, 신용카드, 주민등록증을 각 압수하였다는 취지(※ 압수물에 대하여는 적법하게 사후영장을 발부받음)

○ 가족관계증명서(김갑동), 가족관계증명서(김갑순)
  - 김갑동의 가족관계증명서에 의해 김갑동의 친누나가 김갑순인 사실이 확인됨
  - 김갑순의 가족관계증명서에 의해 김갑순은 황철수와 2015. 3. 6. 혼인하였으나 2024. 5. 10. 이혼한 사실이 확인됨

○ 김갑동 문자메시지
  - 2024. 5. 8. 19:10 김갑동이 이을남에게 "미안하다"는 문자메시지를 전송한 내역이 확인됨

○ 나소문 통화내역서
  - 2024. 5. 8. 21:50경 나소문과 이을남이 5분간 통화한 내역이 확인됨

○ 견적서
  - 43고3210 모닝 피해차량의 앞 범퍼 교환 등 수리비가 100만 원으로 산정되었다는 취지

○ 자동차종합보험 가입사실 증명원
  - 2024. 5. 9.경 교통사고 당시 12무3456호 쏘나타 승용차가 자동차종합보험(대인, 대물)에 가입되어 있다는 내용

○ 수사보고(피해자 이순철 진술청취)
- 'j'유흥주점 업주 이순철은 2024. 5. 8. 22:00경 이을남이 혼자 찾아와 95만 원 상당의 술과 안주를 제공받고 카드로 결제하였는데 결제 당시 마치 자신의 카드인 것처럼 자연스럽게 결제하여 강취한 카드인 줄 몰랐다고 진술함

○ 카드사용내역(황철수)
- 피해자 황철수의 카드사용 내역에서 2024. 5. 8. 22:00경 'j'유흥주점에서 95만 원을 결제한 내역, 같은 날 23:30경 신한은행 서초지점 현금자동지급기에서 현금 100만 원을 인출한 내역이 확인됨

○ 신용정보조회서(이을남)
- 2023. 1. 1.부터 2024. 5. 10.까지를 조회기간으로 이을남의 신용점수는 420점, 신용등급은 10등급으로 확인됨
※ 신용등급은 1 ~ 10등급으로 나누어지고 신용등급 10등급은 신용도가 가장 낮은 등급으로 제2금융권에서도 대출이 어려운 등급임

○ 피고인들에 대한 각 범죄경력자료 조회회보서
- 김갑동 : 전과 없음
- 이을남 : 2021. 5. 8. 사기죄로 벌금 100만원 약식명령, 2022. 6. 4. 사기죄로 벌금 200만원 약식명령, 2024. 2. 5. 상습사기죄로 벌금 500만원 약식명령을 각 받은 사실이 확인됨

○ 검사가 작성한 이을남에 대한 피의자신문조서(2024. 5. 14.자)
- 이을남이 경찰에서 한 진술과 동일한 취지

확 인 : 법학전문대학원협의회

UNION 제13판

기록형
2026 변호사시험 대비

형사법

변호사시험 기출문제집

II. 모의편

2023년 10월 제3차

법전협 주관 모의시험

2023년도 제3차 변호사시험 모의시험 - 논술형(기록형)

시험과목	형사법(기록형)

응시자 준수사항

1. 시험 시작 전 문제지의 봉인을 손상하는 경우, 봉인을 손상하지 않더라도 문제지를 들추는 행위 등으로 문제 내용을 미리 보는 경우 모두 부정행위로 간주되어 그 답안은 영점 처리 됩니다.
2. 답안은 흑색 또는 청색 필기구(사인펜이나 연필 사용 금지) 중 한 가지 필기구만을 사용하여 답안 작성 난(흰색 부분) 안에 기재하여야 합니다.
3. 답안지에 성명과 수험 번호를 기재하지 않아 인적 사항이 확인되지 않는 경우에는 영점 처리 등 불이익을 받게 됩니다. 특히 답안지를 바꾸어 다시 작성하는 경우, 성명 등의 기재를 빠뜨리지 않도록 유의하여야 합니다.
4. 답안지에는 문제 내용을 기재할 필요가 없으며, 답안 내용 이외의 사항을 기재하거나 밑줄 기타 어떠한 표시도 하여서는 안 됩니다. 답안을 정정할 경우에는 두 줄로 긋고 다시 기재하여야 하며, 수정액 등은 사용할 수 없습니다.
5. 시험 종료 시각에 임박하여 답안지를 교체 요구한 경우라도 시험시간 종료 후 즉시 새로 작성한 답안지를 회수합니다.
6. 시험 종료 후에는 답안지 작성을 일절 할 수 없으며, 이에 위반하여 시험시간이 종료되었음에도 불구하고 **시험관리관의 답안지 제출지시에 불응한 채 계속 답안을 작성하거나 답안지를 늦게 제출할 경우 그 답안은 영점 처리** 됩니다.
7. 답안은 답안지 쪽수 번호 순으로 기재하여야 하고, **배부받은 답안지는 백지 답안이라도 모두 제출**하여야 하며, **답안지를 제출하지 아니한 경우 그 시험시간 및 나머지 시험시간의 시험에 응시할 수 없습니다.**
8. 지정된 시간까지 지정된 시험실에 입실하지 아니하거나 시험관리관의 승인을 얻지 아니하고 시험시간 중에 그 시험실에서 퇴실한 경우 그 시험시간 및 나머지 시험시간의 시험에 응시할 수 없습니다.
9. 시험시간이 종료되기 전에는 어떠한 경우에도 문제지를 시험장 밖으로 가지고 갈 수 없고, 시험 종료 후 가지고 갈 수 있습니다.

법학전문대학원협의회
THE ASSOCIATION OF KOREAN LAW SCHOOLS

【문 제】

피고인 김갑동에 대해서는 법무법인 나라 담당변호사 정명변이 객관적인 입장에서 대표변호사에게 보고할 검토의견서를, 피고인 이을남에 대해서는 법무법인 세계 담당변호사 설득희가 법원에 제출할 변론요지서를 각 작성하되, 다음 쪽 양식 중 **본문 I, II 부분**을 작성하시오.

【작성요령】

1. 학설, 판례 등의 견해가 대립되는 경우에 한 견해를 취할 것. 다만, 대법원 판례와 다른 견해를 취하는 경우에는 자신의 입장에 따라 작성하되 대법원 판례의 취지를 적시할 것.
2. 증거능력이 없는 증거는 실제 소송에서는 증거로 채택되지 않아 증거조사가 진행되지 않지만, 이 문제에서는 시험의 편의상 증거로 채택되어 증거조사가 진행된 경우도 있음. 따라서 필요한 경우 증거능력에 대하여도 언급할 것.
3. 작성의 편의를 위하여 필요한 경우 변론요지서 및 검토의견서에 기재한 내용은 서로 인용이 가능함.
4. 법률명과 죄명에서 '특정경제범죄가중처벌등에관한법률'은 '특경법'으로, '부정수표단속법'은 '부수법'으로, '형사소송법'은 '형소법'으로 줄여서 기재하여도 무방함

【기록 형식 안내】

1. 쪽 번호는 편의상 연속되는 번호를 붙였음.
2. 조서, 기타 서류에는 필요한 서명, 날인, 무인, 간인, 정정인이 있는 것으로 볼 것.
3. 증거목록, 공판기록 또는 증거기록 중 '생략' 또는 '기재생략'이라고 표시된 부분에는 법에 따른 절차가 진행되어 그에 따라 적절한 기재가 있는 것으로 볼 것.
4. 공판기록과 증거기록에 첨부하여야 할 일부 서류 중 '생략' 표시가 있는 것, 증인선서서와 수사기관의 조서에 첨부하여야 할 '수사과정확인서'는 적법하게 존재하는 것으로 볼 것(**증거기록 마지막에 생략된 증거와 그 요지를 거시하였음**).
5. 송달이나 접수, 통지, 결재가 필요한 서류는 모두 적법한 절차를 거친 것으로 볼 것.
6. 시험의 편의상 증거기록 첫머리의 증거목록과 압수물총목록은 첨부 생략되었으며, 증거기록에 대한 분리제출은 하지 않는 것으로 하였고, 증인신문, 피고인신문의 경우 녹취파일, 녹취서 첨부 방식을 취하지 않았음.

【검토의견서 양식】

검토의견서(40점)

사 건   2023고합1234 특정경제범죄가중처벌등에관한법률위반(횡령) 등
피고인   김갑동

Ⅰ. 피고인 김갑동에 대하여
 1. 특정경제범죄가중처벌등에관한법률위반(횡령) 및 횡령의 점
 2. 배임방조의 점
 3. 식품위생법위반의 점
 ※ 평가제외사항 - 공소사실의 요지, 정상관계(답안지에 기재하지 말 것)

2023. 6. 29.

피고인 김갑동의 변호인 법무법인 나라 담당변호사 정명변 ㊞

【변론요지서 양식】

변론요지서(60점)

사 건   2023고합1234 특정경제범죄가중처벌등에관한법률위반(횡령) 등
피고인   이을남

Ⅱ. 피고인 이을남에 대하여
 1. 마약류관리에관한법률위반(향정)의 점
 2. 야간건조물침입절도의 점
 3. 부정수표단속법위반, 위조유가증권행사의 점
 ※ 평가제외사항 - 공소사실의 요지, 압수물 처분 관계(답안지에 기재하지 말 것)
 ※ 유의사항 - 유죄로 판단되는 점에 관하여는 간략하게 정상을 변론할 것

2023. 6. 29.

피고인 이을남의 변호인 법무법인 세계 담당변호사 설득희 ㊞

[참고 조문]

■ 「식품위생법」
제37조(영업허가 등) ① 제36조 제1항 각 호에 따른 영업 중 **대통령령으로 정하는 영업을 하려는 자는** … 시장·군수·구청장의 **허가를 받아야 한다.** (후략)
제94조(벌칙) ① 다음 각 호의 어느 하나에 해당하는 자는 10년 이하의 징역 또는 1억 원 이하의 벌금에 처하거나 이를 병과할 수 있다.
 3. 제37조 제1항을 위반한 자
제100조(양벌규정) 법인의 대표자나 법인 또는 개인의 대리인, 사용인, 그 밖의 종업원이 그 법인 또는 개인의 업무에 관하여 제93조 제3항 또는 제94조부터 제97조까지의 어느 하나에 해당하는 위반행위를 하면 그 행위자를 벌하는 외에 그 법인 또는 개인에게도 해당 조문의 벌금형을 과(科)하고, … 다만, 법인 또는 개인이 그 위반행위를 방지하기 위하여 해당 업무에 관하여 상당한 주의와 감독을 게을리하지 아니한 경우에는 그러하지 아니하다.

■ 「식품위생법 시행령」
제23조(허가를 받아야 하는 영업 및 허가관청) 법 제37조 제1항 전단에 따라 **허가를 받아야 하는 영업** 및 해당 허가관청**은 다음 각 호와 같다.**
 2. 제21조 제8호 다목의 **단란주점영업** … : … 시장·군수·구청장

■ 「마약류 관리에 관한 법률」
제2조(정의) 이 법에서 사용하는 용어의 뜻은 다음과 같다.
 3. "**향정신성의약품**"이란 … 다음 각 목의 어느 하나에 해당하는 것 … 을 말한다.
  나. 오용하거나 남용할 우려가 심하고 … 오용하거나 남용할 경우 심한 신체적 또는 정신적 의존성을 일으키는 약물 또는 이를 함유하는 물질
제4조(마약류취급자가 아닌 자의 마약류 취급 금지) ① 마약류취급자가 아니면 다음 각 호의 어느 하나에 해당하는 행위를 하여서는 아니 된다.
 1. 마약 또는 **향정신성의약품**을 … **수입**, 수출 … **하는 행위**
제58조(벌칙) ① 다음 각 호의 어느 하나에 해당하는 자는 무기 또는 5년 이상의 징역에 처한다.
 6. 제4조 제1항을 위반하여 제2조 제3호 나목에 해당하는 **향정신성의약품** …을 … **수출입**하거나 그러할 목적으로 소지·소유**한 자**
제67조(몰수) 이 법에 규정된 죄에 제공한 마약류 … 또는 운반 수단과 그로 인한 수익금은 몰수한다. 다만, 이를 몰수할 수 없는 경우에는 그 가액(價額)을 추징한다.

기록내용시작

서울중앙지방법원
구공판 형사제1심소송기록

구속만료		미결구금
최종만료		
대행 갱신 만료		

기일	사건번호	2023고합1234	담임	제7부	주심
1회기일 5/30 10:00 6/22 15:00	사건명	가. 마약류관리에관한법률위반(향정) 나. 특정경제범죄가중처벌등에관한법률위반(횡령) 다. 횡령 라. 배임방조 마. 식품위생법위반 바. 야간건조물침입절도 사. 부정수표단속법위반 아. 위조유가증권행사			
	검 사	정의감	2023형제76, 120호		
	공소제기일	2023. 5. 16.			
	피고인	1. 가. 나. 다. 라. 마. 김갑동 2. 가. 바. 사. 아. 이을남			
	변호인	사선 법무법인 나라 담당변호사 정명변(피고인 김갑동) 사선 법무법인 세계 담당변호사 설득희(피고인 이을남)			

확 정		완결 공람	담 임	과 장	국 장	주심 판사	재판장
보존종기							
종결구분							
보 존							

접 수 공 람	과 장	국 장	원 장
	㊞	㊞	㊞

공 판 준 비 절 차

회 부 수명법관 지정 일자	수명법관 이름	재 판 장	비 고

법정외에서지정하는기일

기일의 종류	일 시				재 판 장	비 고
1회 공판기일	2023.	5.	30.	10:00	㊞	

서울중앙지방법원

목 록		
문 서 명 칭	장 수	비 고
증거목록	7	검사
증거목록	9	피고인 및 변호인
공소장	10	
변호인선임신고서	(생략)	피고인 김갑동
변호인선임신고서	(생략)	피고인 이을남
영수증(공소장부본 등)	(생략)	피고인 김갑동
영수증(공소장부본 등)	(생략)	피고인 이을남
국민참여재판 의사 확인서(불희망)	(생략)	피고인 김갑동
국민참여재판 의사 확인서(불희망)	(생략)	피고인 이을남
의견서	(생략)	피고인 김갑동
의견서	(생략)	피고인 이을남
공판조서(제1회)	14	
증거신청서	16	피고인 김갑동
공판조서(제2회)	17	
증인신문조서	20	김정원
증인신문조서	21	이요한
증인신문조서	22	박동훈
증인신문조서	24	박지선

증 거 목 록 (증거서류 등)
2023고합1234

① 김갑동
② 이을남

2023형제76, 120호

신청인: 검사

순번	증거방법 작성	쪽수(수)	쪽수(증)	증거명칭	성명	참조사항 등	신청기일	증거의견 기일	증거의견 내용	증거결정 기일	증거결정 내용	증거조사기일	비고
1	사경	27	생략	고소장	김정원	생략	1	1	① ×				
2	〃	생략	〃	등기부등본(김해시 임야)		〃	1	1	① ○				
3	〃	〃	〃	토지매매계약서		〃	1	1	① ○				
4	〃	〃	〃	부동산매매계약서		〃	1	1	① ○				
5	〃	28	〃	판결정본(2022고단766)	박승재	〃	1	1	① ○				
6	〃	29	〃	진술조서(고소보충)	김정원	〃	1	1	① ×				
7	〃	30	〃	수사보고(박승재 진술보고)		〃	1	1	① ○	기재생략			
8	〃	생략	〃	고소장	김강인 박민재	〃	1	1	① ○				
9	〃	〃	〃	진술조서	김강인	〃	1	1	① ○				
10	〃	31	〃	수사보고(피해자 박민재 진술 청취 등)		〃	1	1	① ○				
11	〃	32	〃	판결등본(2021고단7751)	김갑동	〃	1	1	① ○				
12	〃	생략	〃	CCTV 캡쳐사진		〃	1	1	② ○				
13	〃	〃	〃	진술조서	정준희	〃	1	1	② ○				
14	〃	33	〃	미신고영업확인서	최정은	〃	1	1	① ○				
15	〃	34	〃	피의자신문조서	하누리	〃	1	1	① ×				
16	〃	생략	〃	수사보고(서초구청 주무관 최정은 통화내용)		〃	1	1	① ○				
17	〃	〃	〃	약식명령(2023고약103)	하누리	〃	1	1	① ○				

※ 증거의견 표시 - 피의자신문조서: 인정 ○, 부인 ×
            (여러 개의 부호가 있는 경우, 적법성/성립/임의성/내용의 순서임)
       - 기타 증거서류: 동의 ○, 부동의 ×
       - 진술이 특히 신빙할 수 있는 상태 하에서 행하여졌다는 점 부인 : "특신성 부인"(비고란 기재)
※ 증거결정 표시: 채 ○, 부 ×
※ 증거조사 내용은 제시, 낭독(내용고지, 열람)

증 거 목 록 (증거서류 등)
2023고합1234

2023형제76, 120호

① 김갑동
② 이을남

신청인: 검사

| 순번 | 증거방법 ||||| 참조사항등 | 신청기일 | 증거의견 || 증거결정 || 증거조사기일 | 비고 |
	작성	쪽수(수)	쪽수(증)	증거명칭	성명			기일	내용	기일	내용		
18	〃	〃	〃	고발장		〃	1	1	② ○				
19	〃	〃	〃	당좌수표 사본		〃	1	1	② ○				
20	〃	35	〃	피의자신문조서	김갑동	〃	1	1	① ○				
21	〃	37	〃	피의자신문조서	이을남	〃	1	1	② ○				
22	검사	39	〃	수사보고(마약류 수입첩보보고 등)		〃	1	1	① ○ ② ○		기재생략		
23	〃	40	〃	적발보고서		〃	1	1	① × ② ×				
24	〃	생략	〃	성분분석 결과회보	김감정	〃	1	1	① × ② ×				
25	〃	〃	〃	압수조서 및 압수목록		〃	1	1	① × ② ×				
26	〃	41	〃	진술조서	이요한	〃	1	1	① × ② ×				
27	〃	43	〃	진술조서	박지선	〃	1	1	① × ② ×				
28	〃	44	〃	진술조서	박동훈	〃	1	1	① × ② ×				
29	〃	45	〃	피의자신문조서	김갑동	〃	1	1	① ○ ② ○				
30	〃	47	〃	피의자신문조서	이을남	〃	1	1	① ○ ② ○				
31	〃	생략	〃	전과조회서	김갑동	〃	1	1	① ○				
32	〃	〃	〃	전과조회서	이을남	〃	1	1	② ○				

※ 증거의견 표시 - 피의자신문조서: 인정 ○, 부인 ×
  (여러 개의 부호가 있는 경우, 적법성/성립/임의성/내용의 순서임)
  - 기타 증거서류: 동의 ○, 부동의 ×
  - 진술이 특히 신빙할 수 있는 상태 하에서 행하여졌다는 점 부인 : "특신성 부인"(비고란 기재)
※ 증거결정 표시: 채 ○, 부 ×
※ 증거조사 내용은 제시, 낭독(내용고지, 열람)

증 거 목 록 (증인 등)

2023형제76, 120호

① 김○
② 이○

신청인: 검사

증거방법	쪽수(공)	입증취지 등	신청기일	증거결정 기일	증거결정 내용	증거조사기일	비고
에스프레소 머신 1개 (증 제1호)		기재생략	1	1	기재생략	기재생략	
필로폰 0.98g (증 제2호)							
증인 김정원			1	1		2023. 6. 22. 15:00 (실시)	
증인 이요한		기재생략	1	1	기재생략	2023. 6. 22. 15:00 (증언거부)	
증인 박동훈			1	1		2023. 6. 22. 15:00 (실시)	
증인 박지선			1	1		2023. 6. 22. 15:00 (실시)	
증인 하누리			1	1		2023. 6. 22. 15:00 (2회 기일 철회·취소)	

증 거 목 록 (증거서류 등)

2023형제76, 120호

① 김갑동
② 이을남

신청인: 피고인 및 변호인

순번	증거방법 작성	증거방법 쪽수(수)	증거방법 쪽수(공)	증거방법 증거명칭	성명	참조사항 등	신청기일	증거의견 기일	증거의견 내용	증거결정 기일	증거결정 내용	증거조사기일	비고
1			16	탄원서	김정원		2	2	○	기재생략			① 신청

서울중앙지방검찰청

2023. 5. 16.

사 건 번 호	2023년 형제76, 120호		
수 신 자	서울중앙지방법원	발 신 자	
		검　사　정의감 (인)	

제　목　공소장
　　　　아래와 같이 공소를 제기합니다.

I. 피고인 관련사항

1. 피 고 인　　김갑동 (800121-1******), 43세
　　　　　　　직업　자영업, 010-2828-5768
　　　　　　　주거　서울 서초구 서래로2길, 204호 (반포동, 노블빌라)
　　　　　　　등록기준지　김해시 주촌면 내삼리 380

　죄　　　명　　마약류관리에관한법률위반(향정), 특정경제범죄가중처벌등에
　　　　　　　관한법률위반(횡령), 횡령, 배임방조, 식품위생법위반

　적 용 법 조　　마약류 관리에 관한 법률 제58조 제1항 제6호, 제4조 제1항 제1호, 제2조 제3호 나목, 특정경제범죄 가중처벌 등에 관한 법률 제3조 제1항 제2호, 형법 제355조 제1항, 제355조 제2항, 식품위생법 제100조, 제94조 제1항 제3호, 제37조 제1항, 형법 제30조, 제32조, 제37조, 제38조, 마약류 관리에 관한 법률 제67조

　구 속 여 부　　불구속
　변　호　인　　법무법인 나라 담당변호사 정명변

2. 피 고 인　　이을남 (821112-1******), 40세
　　　　　　　직업　무직, 010-8326-9214
　　　　　　　주거　서울 서초구 효령로 88, 202호 (서초동)
　　　　　　　등록기준지　포천시 소흘읍 직동리 44-27

　죄　　　명　　마약류관리에관한법률위반(향정), 야간건조물침입절도, 부정수표단속법위반, 위조유가증권행사

적용법조   마약류 관리에 관한 법률 제58조 제1항 제6호, 제4조 제1항 제1호, 제2조 제3호 나목, 형법 제330조, 부정수표 단속법 제5조, 형법 제217조, 제214조 제1항, 제30조, 제37조, 제38조, 마약류 관리에 관한 법률 제67조

구속여부   불구속

변 호 인   법무법인 세계 담당변호사 설득희

Ⅱ. 공소사실

1. 피고인들의 공동범행

피고인들은 마약류취급자가 아님에도 2022. 7. 20. 피고인 이을남은 수리남에 있는 미국인 일명 제이슨(Jason)으로부터 향정신성의약품인 메트암페타민(이하 '필로폰'이라 한다)을 제공받아 국내로 반입하는 역할을, 피고인 김갑동은 국내로 수입한 필로폰을 소매업자들에게 운반하는 '운반책' 역할을 담당하기로 하였다.

이에 따라 제이슨은 2022. 12. 31. 14:43경 수리남 파라마리보에 있는 디에이치엘(DHL) 화물취급소에서 에스프레소 머신 내부에 필로폰 약 1g을 은닉하고 국제특송화물(화물번호:4190579841)로 위장하여 그 표면에 수취인을 'JISEON PARK', 수취장소를 '#202, 88 HYORYEONG-RO, SEOCHO-GU, SEOUL, COREA'로 각각 기재한 다음 미국 샌프란시스코를 경유하는 디에이치엘 특송화물기편으로 국내로 발송하였고, 위 국제특송화물은 미국 샌프란시스코에서 인천국제공항으로 출발하는 델타항공(DL) 714편에 적재되어 2023. 1. 2. 18:30경 인천 중구 운서동에 있는 인천국제공항에 도착하였다

이로써 피고인들은 공모하여 수리남에서 국내로 필로폰 약 1g을 수입하였다.

2. 피고인 김갑동

가. 특정경제범죄가중처벌등에관한법률위반(횡령) 및 횡령

피고인은 변호사가 아니면서 변호사를 고용하여 대표변호사 및 구성원 변호사의 명의를 빌린 후 법무법인을 개설하기로 마음먹고, 2020. 2. 초순경 서울 강남구 대치동 소재 대치스타 커피숍에서 법무법인 설립에 필요한 자금으로 골프모임을 통해 알게 된 피해자 김강인으로부터 5억 원을, 피해자 박민재로부터 3억 원을 각 투자받기로 협의한 다음, 피해자 김강인으로부터 피고인의 스마일저축은행 계좌(계좌번호 1003-41-1234)로 2020. 3. 13. 4억 원, 같은 해 4. 15. 1억 원을 각 송금받고, 피해자 박민재로부터 2020. 5. 30. 피고인의 처 차희주의 스마일저축은행 계좌(계좌번호 1003-56-5798)로 3억 원을 송금받아 피해자들을 위하여 보관하게 되었다.

그러던 중 피고인은 2020. 12. 17. 피해자 김강인으로부터 송금받은 5억 원으로 피고인의 (주)일산저축은행 대출원리금채무를 상환하고, 2021. 1. 30. 피해자 박민재로부터 송금받은 3억 원으로 피고인의 개인 사업자금 용도에 임의 소비하는 방법으로 각 횡령하였다.

나. 배임방조

박승재는 2020. 8. 20. 김해시 진영읍 여래리 319-1 센트럴상가 월드비전공인중개사무실에서 피해자 김정원과 사이에, 박승재 소유인 김해시 대동면 수안리 산 124-1 임야 10,000㎡(이하 '이 사건 김해시 임야'라 한다)를 피해자에게 2억 원에 매도하되, 계약 당일 계약금 2천만 원, 2020. 11. 20. 중도금 8천만 원, 2021. 1. 10. 소유권이전등기에 필요한 서류와 상환으로 잔금 1억 원을 지급받기로 약정하고, 위 약정에 따라 계약 당일 피해자로부터 계약금 2천만 원을, 2020. 11. 20. 중도금 8천만 원을 각 송금받았으므로, 잔금기일인 2021. 1. 10. 잔금 수령과 동시에 피해자에게 이 사건 김해시 임야에 관한 소유권이전등기절차를 이행하여 주어야 할 임무가 발생하였다.

그럼에도 박승재는 위와 같은 임무에 위배하여 2021. 1. 5. 김해시 주촌면 서부로 1629 세종공인중개사무소에서 피고인에게 대금 2억 5천만 원에 이 사건 김해시 임야를 매도하고, 2021. 2. 15. 소유권이전등기를 마쳐줌으로써 시가 2억 5천만 원 상당의 재산상 이익을 취득하고 피해자에게 같은 액수에 상당하는 손해를 가하였다.

피고인은 박승재가 위와 같이 범행을 함에 있어 임무에 위배하여 이 사건 김해시 임야를 처분한다는 사정을 알면서도 박승재로부터 이 사건 김해시 임야를 매수하고 이 사건 김해시 임야에 관한 소유권이전등기를 넘겨받아 박승재의 범행을 용이하게 하여 이를 방조하였다.

다. 식품위생법위반

피고인은 서울 서초구 서초대로42길 80, 지하 1층 '천송' 상호의 일반음식점을 운영하는 사람이고, 하누리(2022. 12. 28. 사망)는 위 음식점에서 영업실장으로 근무하던 사람이다.

누구든지 주로 주류를 조리·판매하는 영업으로서 손님이 노래를 부르는 행위가 허용되는 영업인 단란주점영업을 하려면 시장·군수·구청장의 허가를 받아야 한다.

그럼에도 피고인은 위와 같은 허가를 받지 아니한 채, 피고인의 영업실장인 하누리가 2022. 10. 15. 22:00경 위 장소에서 노래방 기기를 설치하고 손님들에게 이를 이용하게 하는 방법으로 무허가 단란주점영업을 하여, 피고인의 업무에 관하여 위반행위를 하였다.

3. 피고인 이을남

 가. 야간건조물침입절도

 피고인은 2022. 4. 21. 04:20경 서울 강동구 강동대로 107에 있는 피해자 진재준 운영의 CU편의점에서 담배를 절취할 목적으로 위 편의점 출입문을 열고 침입한 다음, 위 편의점 직원 정준희가 재고정리를 위해 잠시 자리를 비운 틈을 타 시가 45,000원 상당의 말보로 담배 1보루를 가지고 나와 이를 절취하였다.

 나. 부정수표단속법위반, 위조유가증권행사

 피고인은 2022. 10. 30.경 김태은에게 2억 원을 대여하면서 김태은으로부터 담보용으로 받은 액면금 1억 원의 당좌수표 1장(발행인: 주식회사 서주건설, 수표번호: 마가08002115, 지급지: 신안은행 청담공원지점)의 배서인란에 임의로 '인천 연수구 해돋이로 115, 2022. 9. 5. 김태은'이라 기재하여 수표를 위조한 후 이를 신안은행 청담공원지점 직원에게 제시하여 행사하였다.

III. 첨부서류

 1. 변호인선임신고서 2통 (첨부 생략)

서울중앙지방법원
공판조서

제 1 회

사 건	2023고합1234 특정경제범죄가중처벌등에관한법률위반(횡령) 등
재판장 판사 한공평	기 일 : 2023. 5. 30. 10:00
판 사 임정의	장 소 : 제307호 법정
판 사 박심판	공개여부 : 공개
법원주사 이참관	고 지 된
	다음기일 : 2023. 6. 22. 15:00
피 고 인 1. 김갑동	각 출석
2. 이을남	
검 사 정의감	출석
변 호 인 법무법인 나라 담당변호사 정명변(피고인 1을 위하여)	각 출석
법무법인 세계 담당변호사 설득희(피고인 2를 위하여)	

재판장

　　피고인들은 진술을 하지 아니하거나 각개의 물음에 대하여 진술을 거부할 수 있고, 이익 되는 사실을 진술할 수 있음을 고지

재판장의 인정신문

　　　　성　　　명 : 김갑동, 이을남
　　　　주민등록번호, 직업, 주거, 등록기준지 : 각 공소장 기재와 같음

재판장

　　피고인들에 대하여

　　주소가 변경될 경우에는 이를 법원에 보고할 것을 명하고, 소재가 확인되지 않을 때에는 그 진술 없이 재판할 경우가 있음을 경고

검 사

　　공소장에 의하여 공소사실, 죄명, 적용법조 낭독

피고인 김갑동

　　공소사실 제1항과 관련하여, 저는 제이슨 및 피고인 이을남과 필로폰을 수입하여 국내에 유포하기로 공모한 사실이 없습니다. 공소사실 제2의 가.항의 경우 법무법인을 설립하기 위해 나름의 노력을 다했다는 점을 참작하여 주시길 바라오며, 공소사실 제2의 다.항과 관련하여 영업실장 하누리가 손님들을 상대로 단란주점영업을 하였는지 저는 알지 못합니다. 나머지 공소사실은 인정합니다.

피고인 김갑동의 변호인

　　피고인을 위하여 유리한 변론을 하다(변론기재 생략).

피고인 이을남

　　공소사실 제1항과 관련하여, 저 역시 피고인 김갑동 및 제이슨과 필로폰을 수입하기로 공모한 사실이 없습니다. 나머지 공소사실은 모두 인정합니다.

피고인 이을남의 변호인

　　피고인을 위하여 유리한 변론을 하다(변론기재 생략).

재판장

　　증거조사를 하겠다고 고지

증거관계 별지와 같음(검사)

재판장

　　각 증거조사 결과에 대하여 의견을 묻고 권리를 보호하는 데에 필요한 증거조사를 신청할 수 있음을 고지

소송관계인

　　별 의견 없다고 각각 진술

재판장

　　변론 속행

2023. 5. 30.

법원주사　　　　이참관 ㉐

재판장 판사　　　한공평 ㉐

증 거 신 청 서

사건번호 2023고합1234호   특정경제범죄가중처벌등에관한법률위반(횡령) 등
피고인 김갑동

 위 사건에 관하여 피고인 김갑동의 변호인은 피고인의 이익을 위하여 다음과 같은 증거서류를 제출합니다.

                        다   음

1. 탄원서 1통 (고소인 김정원)

                                    2023. 6. 3.

                                법무법인 나라
                                담당변호사 정명변 ㊞

접 수
No. 2175920
2023. 6. 3.
서울중앙지방법원
형사접수실

서울중앙지방법원 제7형사부 귀중

탄 원 서

고 소 인   김정원 (581025-1*****)
           주거   (생략)

피고소인   김갑동 (800121-1******)
           주거   서울 서초구 서래로2길, 204호 (반포동, 노블빌라)

고소인은 피고소인을 배임방조로 고소를 제기한 바 있으나, 법이 허용하는 한도에서 최대한 선처를 부탁드리며, 피고소인이 피해를 일부라도 변제할 경우에는 더 이상의 형사처벌을 원치 않고, **본건 고소를 취소하도록 하겠습니다.**

                            고소인 김정원 ㊞

                                2023. 6. 2.

※ 첨부서류: 고소인의 인감증명서 1통 (생략)

서울중앙지방법원
공 판 조 서

제 2 회

사 건	2023고합1234 특정경제범죄가중처벌등에관한법률위반(횡령) 등	
재판장 판사 한공평		기 일 : 2023. 6. 22. 15:00
판 사 임정의		장 소 : 제307호 법정
판 사 박심판		공개여부 : 공개
법 원 주 사 이참관	고 지 된	
		다음기일 : 2023. 7. 6. 10:00
피 고 인	1. 김갑동	각 출석
	2. 이을남	
검 사	정의감	출석
변 호 인	법무법인 나라 담당변호사 정명변(피고인 1을 위하여)	각 출석
	법무법인 세계 담당변호사 설득희(피고인 2를 위하여)	
증 인	하누리	불출석
	김정원, 이요한, 박동훈, 박지선	출석

재판장
  전회 공판심리에 관한 주요사항의 요지를 공판조서에 의하여 고지
소송관계인
  변경할 점이나 이의할 점이 없다고 진술
재판장
  증거조사를 하겠다고 고지
  출석한 증인 김정원, 이요한, 박동훈, 박지선을 별지 조서와 같이 각 신문
증거관계 별지와 같음(검사, 변호인)
재판장
  각 증거조사 결과에 대한 의견을 묻고 권리를 보호함에 필요한 증거조사를
  신청할 수 있음을 고지
검 사
  하누리에 대한 증인신청을 철회하되, 하누리가 2022. 12. 28. 사망하였으므
  로(사망증명서 첨부 생략) 형사소송법 제314조에 따라 사법경찰관이 작성한
  하누리에 대한 피의자신문조서는 증거능력이 인정되어야 한다고 진술

재판장

    검사에게, 피고인들의 마약류관리에관한법률위반(향정)의 점과 관련하여, 영장 없이 필로폰을 압수한 근거가 정확히 무엇인지 석명을 구함

검 사

    본건은 수출입 물품에 대한 적정한 통관 등을 목적으로 한 행정조사의 일환으로 행하여진 것으로 수사기관의 강제처분이라고 할 수 없어 법원의 사전·사후영장 없이 개봉 및 성분분석 등의 검사를 수행할 수 있고, 세관공무원의 임의제출을 통해 수사기관이 필로폰을 제출받는 것 역시 범죄수사인 압수 또는 수색에 해당하지 않으므로 법원의 영장이 별도로 필요하지 않다고 진술

재판장

    증거조사를 마치고 피고인신문을 실시하겠다고 고지

검 사

피고인 김갑동에게

문 피고인은 법무법인 설립 비용 목적으로 투자를 유치했으면, 그 목적에 맞게 자금을 사용하여야 하는 것이 아닌가요

답 네, 맞습니다. 그 부분은 정말 죄송하게 생각하고 있습니다. 어떻게든 피해자들에게 보상하도록 하겠습니다.

문 법무법인 설립 절차는 어느 정도 진행되었나요

답 명의를 빌려줄 변호사님을 알아보고 다니던 중에 흐지부지 되었습니다.

피고인 이을남에게

문 피고인은 공범인 피고인 김갑동, 미국인 제이슨과 공모하여 필로폰 1g을 국내로 수입하였지요

답 저는 제이슨으로부터 에스프레소 머신을 선물로 받는 줄로만 알고 있었습니다. 필로폰을 수입하려 한 적이 없습니다.

문 피고인은 2022. 12. 31. 20:00경 동생인 이요한이 제이슨한테 받기로 한 게 있냐고 물어보니 "너는 몰라도 된다"고 말한 사실이 있지요

답 기억이 나지 않습니다.

문 피고인은 친구인 박동훈에게 제이슨에게 보낼 아이스 대금, 즉 필로폰 대금이 부족하다면서 100만 원을 빌려달라고 한 사실이 있지요

답 그런 적 없습니다. 제가 미국에 있는 친척한테 그림을 구매해서 보내달라고 한 적이 있는데, 그 대금이 부족하여 박동훈에게 100만 원을 빌린 적은 있습니다.

재판장

피고인 김갑동에게

문   변호인이 아닌 자가 변호사 명의만 빌려 법무법인 설립하고 운영하는 것이 변호사법 제109조 제2호, 제57조, 제34조 제4항에 위배된다는 사실을 몰랐나요

답   구체적으로 어떤 법에 위배된다는 것까지는 몰랐고, 주변에서 같은 방법으로 돈을 번 사람 이야기를 들었을 때 편법일 수는 있다고 생각한 정도였습니다.

문   피고인은 과거 식품위생법위반으로 벌금형을 선고받은 적이 있나요

답   네, 2021년 초순경 '천송' 식당에서 허가 없이 유흥주점영업을 하다가 적발되었습니다. 그 이후로는 직원들을 철저히 교육시켰습니다.

변론 속행(변호인들의 요청으로)

                    2023. 6. 22.

          법원주사   이참관 ㉐
          재판장 판사   한공평 ㉐

서울중앙지방법원
증인신문조서 (제2회 공판조서의 일부)

사 건　　2023고합1234　특정경제범죄가중처벌등에관한법률위반(횡령) 등
증 인　　이　름　　김정원
　　　　　생년월일 및 주거 (각 생략)

재판장

　　증언거부권 부분, 위증의 벌 경고, 선서 부분, 다른 증인 퇴정 부분 (각 생략)

검 사

　　증인에게

문　증인은 2020. 8. 20. 박승재로부터 김해시 임야를 2억 원에 매수하기로 하고 계약금 2천만 원, 중도금 8천만 원을 지급하였는데, 박승재가 김해시 임야를 증인이 아닌 피고인 김갑동에게 2억 5천만 원에 매도하고, 소유권이전등기까지 마쳐주었지요

답　네, 맞습니다. 박승재는 위 일로 유죄 판결을 받기도 하였습니다.

문　박승재 외에도 피고인 김갑동을 고소한 이유는 무엇인가요

답　피고인 김갑동이 박승재를 꼬드겨서 김해시 임야를 박승재로부터 매수한 것일 수도 있겠다는 생각이 들어 고소를 하게 된 것입니다.

이때 검사는 증인 작성의 고소장과 사법경찰관 작성의 증인에 대한 진술조서를 보여주고 열람하게 한 후,

문　위 고소장은 증인이 직접 작성하고, 서명·날인하여 수사기관에 제출한 것이고, 위 진술조서는 증인이 경찰에서 사실대로 진술한 후 읽어보고 서명, 날인하였으며, 증인이 사법경찰관에게 진술한 내용과 동일하게 기재되어 있나요.

답　네, 그렇습니다.

2023. 6. 22.

법원주사　　　　　이참관 ㊞
재판장 판사　　　한공평 ㊞

서울중앙지방법원
증인신문조서 (제2회 공판조서의 일부)

사 건 2023고합1234 특정경제범죄가중처벌등에관한법률위반(횡령) 등
증 인 이 름   이요한
        생년월일 및 주거 (각 생략)

재판장

증인에게 형사소송법 제148조 또는 제149조에 해당하는가의 여부를 물은바 증인이 피고인 이을남과 형제 관계에 있다고 진술하고 가족관계증명서의 제출로 소명하므로, 전자에 해당함을 인정하고 증언을 거부할 수 있음을 설명하자 증인은 증언을 거부하였다.

(증인이 제출한 가족관계증명서의 내용은 증인과 피고인 이을남이 형제라는 내용인바 첨부는 생략함)

2023. 6. 22.

법원주사   이참관 ㊞
재판장 판사   한공평 ㊞

서울중앙지방법원
증인신문조서 (제2회 공판조서의 일부)

사　　건　　2023고합1234　특정경제범죄가중처벌등에관한법률위반(횡령) 등
증　　인　　이　름　　박동훈
　　　　　　생년월일 및 주거 (각 생략)

재판장

　　증언거부권 부분, 위증의 벌 경고, 선서 부분, 다른 증인 퇴정 부분 (각 생략)

검　사

　　증인에게

문　증인은 2022. 8. 초순경 피고인 이을남으로부터 미국인 제이슨에게서 필로폰을 수입하려고 한다는 이야기를 들은 사실이 있지요

답　그런 얘기를 들은 적은 없습니다.

문　증인은 검찰 조사에서 피고인 이을남이 제이슨으로부터 마약밀수를 하려고 한다고 진술하지 않았나요

답　조사를 받고 생각해보니 미국인 제이슨으로부터 커피머신이 배달 올 것이라고는 들은 것 같습니다. 그리고 검찰에서 이을남이 마약을 밀수하려는 것으로 생각했다고 진술하였지, 이을남으로부터 마약을 밀수하려고 한다는 이야기를 들었다고 진술한 적은 없습니다.

문　피고인 이을남은 2022년 9월말 증인에게 필로폰을 뜻하는 아이스 대금이 부족하다며 100만 원을 빌려달라고 하였지요

답　이을남이 아이스 대금이라고 한 적은 없는 것 같고, 그냥 미국에 송금할 돈이 부족하다고 했습니다.

문　그런데 왜 아이스 대금으로 100만 원을 빌려달라고 하였다고 진술하였나요

답　그 당시 제 일도 아니라서 별로 주의 깊게 듣지도 않았었고, 피고인 이을남이 미국에서 필로폰 수입을 하려다 적발되어 조사를 받는다는 이야기를 듣고 나자, 그때 그 100만 원이 필로폰 대금이었나 하고 혼자 생각했던 것이었습니다.

문　피고인 김갑동이 작년 12월경에 증인에게 건수가 하나 있다면서, 잘 성사되면 증인에게도 한 짝대기, 즉 필로폰 1회 투약분을 준다고 진술하였지요

답 잘 기억이 나지 않습니다. 김갑동이 뭔가 수입을 한다는 취지로 얘기했던 것 같기는 한데, 구체적으로 뭐라고 얘기했었는지 잘 모르겠습니다. 베트남에서 필로폰을 수입할 예정이라고 말했던 것 같기도 하고..

이때 검사는 수사기록에 편철된 검사 작성의 증인에 대한 진술조서를 보여주고 열람하게 한 후,

문 위 서류는 증인이 검찰에서 조사받으면서 진술한 내용을 기재한 것인데, 증인은 당시 사실대로 진술한 후 읽어보고 서명, 날인하였고, 그때 증인이 작성하거나, 검사에게 진술한 내용과 동일하게 기재되어 있지요

답 네, 그때 진술한 내용인 것은 맞습니다.

피고인 이을남의 변호인

문 결국 피고인 이을남이 제이슨으로부터 필로폰을 수입할 것이라는 이야기를 증인한테 한 적은 없고, 검찰에서 진술한 내용에 의하더라도 이을남이 제이슨한테서 필로폰을 밀수하려고 한다는 것은 증인의 추측이었다는 것인가요

답 네, 그렇습니다.

피고인 김갑동의 변호인

문 피고인 김갑동이 증인에게 베트남에서 필로폰을 밀수할 예정이었다고 말하였다는 것인가요

답 다시 생각해보니 베트남, 필로폰이라는 말을 한 적도 없는 것 같습니다. 검사님이 저를 막 추궁하듯이 물어보시니 김갑동이 예전에 필로폰을 밀수하다가 처벌받은 적이 있어서 순간적으로 그렇게 진술을 하게 된 것 같습니다. 구체적으로 피고인 김갑동이 무엇이라고 했는지 잘 기억이 나지 않습니다.

2023. 6. 22.

법 원 주 사	이참관 ㊞
재판장 판사	한공평 ㊞

서울중앙지방법원
증인신문조서 (제2회 공판조서의 일부)

사 건   2023고합1234 특정경제범죄가중처벌등에관한법률위반(횡령) 등
증 인   이 름   박지선
          생년월일 및 주거 (각 생략)

재판장
　　증언거부권 부분, 위증의 벌 경고, 선서 부분 (각 생략)

검사
　　증인에게
문　증인은 피고인 이을남이 미국인 제이슨으로부터 필로폰을 수입하려고 한다는 사실을 어떻게 알게 되었나요
답　친오빠인 박동훈이 이을남으로부터 필로폰을 수입하려고 한다는 이야기를 들었다면서, 저한테 이을남과 빨리 헤어지라고 말해주어 알게 되었습니다.
문　필로폰이 숨겨져 있는 에스프레소 머신이 증인 앞으로 배달되었는데, 그 경위에 대해서 알고 있는가요
답　오빠한테서 위와 같은 얘기를 듣고 바로 이을남에게 이별을 통보하였는데, 그 복수심으로 저한테 다 떠넘기려고 했던 게 아닌가 싶습니다.

이때 검사는 수사기록에 편철된 검사 작성의 증인에 대한 진술조서를 보여주고 열람하게 한 후,

문　위 서류는 증인이 검찰에서 조사받으면서 진술한 내용을 기재한 것인데, 증인은 당시 사실대로 진술한 후 읽어보고 서명, 날인하였고, 그때 증인이 작성하거나, 검사에게 진술한 내용과 동일하게 기재되어 있지요
답　네, 맞습니다.

피고인 이을남의 변호인
문　증인은 피고인 이을남이 제이슨으로부터 필로폰을 밀수하려는 것을 직접 목격하였거나, 이을남으로부터 직접 들은 사실은 없는 것이지요
답　네, 그렇지만 오빠를 통해 분명하게 들었습니다.

2023. 6. 22.

　　법원주사　　　이참관 ㊞
　　재판장 판사　　한공평 ㊞

서울중앙지방법원
증거서류등(검사)

사 건 번 호	2023고합1234	담임	제7부	주심	나

사 건 명	가. 마약류관리에관한법률위반(향정) 나. 특정경제범죄가중처벌등에관한법률위반(횡령) 다. 횡령 라. 배임방조 마. 식품위생법위반 바. 야간건조물침입절도 사. 부정수표단속법위반 아. 위조유가증권행사

검 사	정의감	2023형제76, 120호

피 고 인	1. 가. 나. 다. 라. 마 김갑동 2. 가. 바. 사. 아 이을남

공소제기일	2023. 5. 16.		
1심 선고	20 . .	항소	20 . .
2심 선고	20 . .	상고	20 . .
확 정	20 . .	보존	

제 1 책
제 1 권

구공판	서울중앙지방검찰청 증 거 기 록				제 1 책 제 1 권
검 찰	사건번호	2023형제76, 120호	법원	사건번호	2023고합1234
	검 사	정의감		판 사	
피 고 인	1. 가. 나. 다. 라. 마 김갑동 2. 가. 바. 사. 아 이을남				
죄 명	가. 마약류관리에관한법률위반(향정) 나. 특정경제범죄가중처벌등에관한법률위반(횡령) 다. 횡령 라. 배임방조 마. 식품위생법위반 바. 야간건조물침입절도 사. 부정수표단속법위반 아. 위조유가증권행사				
공소제기일	2023. 5. 16.				
구 속	각 불구속		석 방		
변 호 인					
증 거 물					
비 고					

고 소 장

접수일자	2022. 6. 17.
접수번호	제 833 호
사건번호	제 40 호
압수번호	

1. 고 소 인 : 김정원 (581025-1*****)
   주소 김해시 주촌면 수안리 산29-4
   전화번호 (생략)
2. 피고소인 : 김갑동 (800121-1*****)
3. 죄   명 : 배임방조

고 소 사 실

1. 고소인은 김해김씨삼현파종중의 총무이고, 피고소인의 아버지인 김병수와는 사촌지간이며, 피고소인과 김병수 모두 김해김씨삼현파종중의 종원입니다.

2. 피고소인은 고소인이 박승재로부터 2억 원에 매수한 김해시 대동면 수안리 산 124-1 임야 10,000㎡를 일대 토지가 개발된다는 소식을 듣고 박승재에게 5천만 원을 더 주고 매수하였습니다.

3. 박승재는 이 일로 배임죄의 유죄 판결을 받았는바, 피고소인이 박승재를 꼬드기는 바람에 박승재가 땅을 넘긴 것으로 추측됩니다.

3. 피고소인의 행위가 배임방조죄에 해당된다면 피고소인을 엄하게 처벌하여 주시기를 바라는 마음에서 고소장을 제출합니다.

첨부서류: 1. 등기부등본(김해시 임야)(생략)
         2. 토지매매계약서, 부동산매매계약서(생략)
         3. 판결정본(2022고단766) 1부

2022. 6. 15.

고소인 김정원 ㊞

서울서초경찰서장 귀중

서 울 북 부 지 방 법 원
판 결

사 건　　2022고단766 배임
피 고 인　　박승재 (490312-1******), 무직
　　　　　　주거, 등록기준지, 검사, 변호인 생략
판 결 선 고　　2022. 6. 3.

주 문

피고인을 징역 6월에 처한다.
다만, 이 판결 확정일부터 2년간 위 형의 집행을 유예한다.

이 유

범죄사실

피고인은 2020. 8. 20. 김해시 진영읍 여래리 319-1 센트럴상가 월드비전공인중개사무실에서 피해자 김정원과 사이에, 피고인 소유인 김해시 대동면 수안리 산124-1 임야 10,000㎡를 피해자에게 2억 원에 매도하되, 계약 당일 계약금 2천만 원, 2020. 11. 20. 중도금 8천만 원, 2021. 1. 10. 소유권이전등기에 필요한 서류와 상환으로 잔금 1억 원을 지급받기로 약정하고, 위 약정에 따라 계약 당일 피해자로부터 계약금 2천만 원을, 2020. 11. 20. 중도금 8천만 원을 각 송금받았으므로, 잔금기일인 2021. 1. 10. 잔금 수령과 동시에 피해자에게 위 임야에 관한 소유권이전등기절차를 이행하여 주어야 할 임무가 발생하였음에도 이에 위배하여, 2021. 1. 5. 김해시 주촌면 서부로 1629 세종공인중개사무소에서 김갑동에게 대금 2억 5천만 원에 위 임야를 매도하고, 2021. 2. 15. 소유권이전등기를 마쳐줌으로써 시가 2억 5천만 원 상당의 재산상 이익을 취득하고 피해자에게 같은 액수에 상당하는 손해를 가하였다.

정본입니다.
2022. 6. 13.
서울북부지방법원
법원주사　박성철 ㊞

[이하 증거의 요지, 법령의 적용, 양형의 이유, 선고형의 결정, 판사 성명 및 서명 생략]

진 술 조 서 (고 소 보 충)

성　　　명 : 김정원

주민등록번호, 직업, 주소, 연락처 등은 생략

위의 사람은 김갑동에 대한 배임방조 피의사건에 관하여 2022. 6. 17. 서초경찰서에 임의출석하여 다음과 같이 진술한다.

1. 피의자와의 관계

저는 피의자 김갑동의 오촌 아저씨로서, 고소인 자격으로 출석하였습니다.

문　진술인의 고소 취지는 무엇인가요

답　2019년경 김해시 인근에 개발움직임이 있어 제가 박승재로부터 김해시 대동면 수안리 산 124-1 임야 10,000㎡를 2억 원에 매수하였습니다. 그런데 피의자가 박승재와 짜고 위 임야를 더 비싸게 매수하였고, 그로 인해 제가 엄청난 시세차익을 손해 보는 일이 있었습니다.

문　피의자의 이중매매 사실을 언제 알게 되었고, 이제야 고소하는 이유가 있나요

답　이중매매 사실을 올해 2월 2일 설 연휴 마지막 날 알게 되었습니다. 잔금 기일인 2021. 1. 10. 박승재가 준비할 서류가 더 있다면서 날짜를 미루자고 했었는데, 당시에는 박승재를 믿고 있었고, 저도 코로나 감염으로 계속 건강이 좋지 않아 크게 신경 쓰지 못했습니다. 그런데 이번 설 연휴 때 피의자가 김해시 땅값이 폭등하여 돈을 많이 벌었다고 자랑하길래 물어보니 제가 사려던 김해시 임야를 피의자가 5천 만원을 더 주고 박승재한테서 매수한 것이었습니다. 처음에는 박승재만 고소하였지만, 생각해보니 피의자도 책임이 있을 것 같아 피의자도 고소하게 되었습니다.

문　박승재가 피의자에게 김해시 임야를 이중매매한 것이 피의자 탓이라는 건가요

답　자세한 내용은 모르지만 피의자가 박승재를 꼬드기지 않았나 싶습니다.

문　피의자를 조사하여 죄가 인정되면 처벌을 원하나요

답　죄가 된다면 처벌을 원합니다.

문　이상 진술한 내용이 사실인가요

답　네, 사실입니다.[인]

위의 조서를 진술자에게 열람하게 하였던바 진술한 대로 오기나 증감·변경할 것이 없다고 말하므로 간인한 후 서명 날인하게 하다.

진 술 자　김 정 원 [인]

2022. 6. 17.

서울서초경찰서

사법경찰관　경위　최 경 위 [인]

서울서초경찰서

2022. 6. 27.

수신 : 경찰서장
참조 : 형사과장
제목 : 수사보고(박승재 진술보고)

1. 박승재(490312-1******, 전화번호 010-****-****)에게 출석할 것을 통보하니, 현재 해외출장 중이라 당분간은 출석하지 못한다고 함
2. 이에 전화로 다음과 같이 질의 응답함

문: 김해시 대동면 수안리 산124-1 임야 10,000㎡를 김정원에게 팔았다가 등기를 넘겨주지 않고 김갑동에게 되판 일로 형사처벌을 받은 것이 맞는가

답: 맞다. 1심 판결을 받고 상소를 포기하였다.

문: 김갑동에게 이중으로 매도하게 된 경위가 어떠한가

답: 김정원과 계약을 체결한 직후 김해시 인근에 개발계획이 발표되었는데, 다소 억울한 마음이 들어 주변에다가 혹시 더 좋은 가격에 살 사람이 있는지 알아봐 달라 하였고, 그 얘기를 전해들은 김갑동이 전화가 와서 관심을 보였다. 김갑동에게 당초 매매가격보다 5천만 원을 더 줄 수 있냐고 물어보니 알겠다고 하였고, 나야 좋은 기회라 생각해서 김갑동에게 판 것이다.

문: 김갑동이 진술인을 회유하거나 이중매도를 적극적으로 제의한 것은 아닌가

답: 특별히 그런 것은 없었고, 내가 김갑동에게 2억 5천만 원을 제시하였고, 김갑동이 고민하다가 승낙하여 김정원에게는 미안하지만 김갑동에게 팔게 되었다.

문: 진술인이 김정원에게 먼저 김해시 임야를 매도하기로 한 것을 김갑동이 알고는 있었는지

답: 자세히는 아니지만 내가 김정원에게 너무 싸게 땅을 팔았다고 얘기하고 다녔으니 대강의 내용은 알고 있었던 것 같다.

형사과 근무
순경 마두석 ㉞

서 울 서 초 경 찰 서

2022. 9. 15.

수신 : 경찰서장

참조 : 형사과장

제목 : 수사보고(피해자 박민재 진술 청취 등)

1. 피의자 김갑동의 특정경제범죄가중처벌등에관한법률위반(횡령) 등 사건과 관련하여 피해자 박민재(780312-1******, 전화번호 010-****-****)에게 유선으로 연락하여 출석할 것을 통보하니, 피의자를 사기죄로 고소하였을 때 충분히 진술하였으므로, 그 때의 진술내용을 참고하여 달라고 진술함
2. 이에 전화로 다음과 같이 질의 응답함

문: 피의자가 피해자로부터 투자받은 3억 원을 당초 투자 목적인 법무법인 설립에 사용하지 아니하고, 피의자의 개인 사업자금 용도에 임의로 소비하여 횡령하였다면서 고소한 적이 있는가

답: 맞다. 사기죄로는 무죄 판결이 나왔지만, 인터넷에 물어보니 횡령죄로는 처벌받을 수 있다는 답변을 받고 다시 횡령죄로 고소한 것이다.

문: 피의자가 피해자로부터 투자받은 3억 원을 다른 용도에 사용한 사실은 어떻게 알게 되었는가

답: 피의자가 늦어도 2021년 3월경까지 변호사 명의를 빌려서 법무법인을 설립할 것이라고 하였으나, 아무런 진척 사항이 없어 캐물으니 피의자가 급한 사업자금으로 썼다고 하여 알게 되었다.

문: 피의자가 명의를 차용하기로 한 변호사 이름을 알고 있는지

답: 알지 못한다. 피의자에게 듣기로는 명의만 빌릴 뿐이고, 명의를 대여하여준 변호사님들이 실제 법무법인 소속 변호사로 활동하는 것은 아니라고 들었다.

문: 피의자와 사이에 서면으로 작성한 동업약정서가 있는지

답: 서면으로 작성한 것은 없고 구두로만 투자금 3억 원을 지급하기로 약속하였다.

문: 피의자의 처벌을 원하는가

답: 피해금만 제대로 갚아준다면 굳이 처벌까지 받게 하고 싶지는 않다.

형사과 근무

순경 마두석 ㉠

서 울 중 앙 지 방 법 원
판 결

2022. 1. 28. 항소기간도과
2022. 1. 28. 확정
서울중앙지방검찰청

사 건   2021고단7751 사기
피 고 인   김갑동 (800121-1******), 무직
         주거, 등록기준지, 검사, 변호인 생략
판 결 선 고   2022. 1. 20.

위 등본임
검찰주사 강수사 ㉘

주 문

피고인은 무죄.
이 판결의 요지를 공시한다.

이 유

1. 공소사실의 요지

  피고인은 2020. 2. 초순경 골프동호회에서 만나 친분이 있는 피해자 박민재에게 변호사 명의를 차용하여 법무법인을 설립·운영하는 사업을 하자고 제의하여 피해자로부터 3억 원을 투자받기로 하였으나, 이후 피해자가 투자를 머뭇거리자 피해자에게 3억 원을 빌려주는 것으로 하면 피고인의 처 소유의 아파트에 1순위 근저당권을 설정해주고, 1년 내에 모두 갚겠다고 거짓말을 하여 이에 속은 피해자로부터 2020. 5. 30. 피고인의 처 차희주의 스마일저축은행 계좌(계좌번호 1003-56-5798)로 3억 원을 송금받았다.

  그러나 사실 피고인의 처 차희주 소유의 서울 송파구 잠실동 148 한솔아파트 2동 604호에는 당시 채권최고액 13억 6,000만 원의 1, 2번 근저당권이 설정되어 있어 담보가치가 전혀 없었고, 피고인 역시 약 5억 원의 채무를 부담하고 있는 상황이라 피해자로부터 돈을 빌리더라도 이를 변제할 의사나 능력이 없었다.

  그럼에도 피고인은 위와 같이 피해자를 기망하여 이에 속은 피해자로부터 3억 원을 송금 받아 이를 편취하였다.

2. 판단(요지만 간략히 기재)

  피해자가 피고인에게 지급한 금원은 피고인과 피해자 사이의 동업약정에 따라 지급된 투자금으로 봄이 타당하고, 달리 위 금원이 대여금임을 전제로 하는 이 사건 공소사실을 인정할 증거가 없다.

[이하 결론 부분, 판사 성명 및 서명 부분 생략]

미신고영업확인서

확인인	최 정 은	780915-2******
소 속	서초구청 지역경제과	
대 상	서울 서초구 서초대로42길 80, 지하 1층 '천송'	
기 간	2022. 10. 20.	
업 주	김갑동	800121-1******

확인 내용

대상 장소에서 2022. 10. 15. 22:00경 무허가 단란주점영업이 이루어지고 있다는 익명의 제보를 받고 단란주점영업 여부를 확인하기 위하여 방문하였으나, 방문 당시(2022. 10. 20.)에는 노래방 기기 등 단란주점영업을 위한 장비는 발견되지 아니하였음

2022. 10. 21.

서초구청 지역경제과
주무관 최 정 은 ㊞

※ 첨부: 일반음식점 영업신고증(천송)(생략)

피의자신문조서

피의자 하누리에 대한 식품위생법위반 피의사건에 관하여 2022. 11. 30. 서울서초경찰서에서 사법경찰관 경위 최경위는 사법경찰리 순경 마두석을 참여하게 하고, 아래와 같이 피의자임에 틀림없음을 확인하다.

주민등록번호, 직업, 주거, 등록기준지, 직장 주소, 연락처 (각 생략)

[진술거부권과 변호인 조력권 고지하고 변호인 참여 없이 진술하기로 함(생략)]

이에 사법경찰관은 피의사실에 관하여 다음과 같이 피의자를 신문하다.

[피의자의 범죄전력, 경력, 학력, 가족·재산 관계 등은 생략]

문 피의자는 2022. 10. 15. 22:00경 '천송' 음식점에 노래방 기기를 설치하고 손님들이 이를 이용하여 노래를 부르도록 하는 단란주점영업을 한 사실이 있나요

답 예, 그렇습니다. 죄송합니다.

문 위 '천송' 음식점은 단란주점영업을 위한 허가를 받은 사실이 있나요

답 없습니다. 일반음식점으로만 신고되어 있습니다.

문 피의자가 무허가 단란주점영업을 한다는 사실을 김갑동도 알고 있나요

답 사장이기도 하고, 식당에 자주 왔다갔다 하면서 노래방 기기가 설치되어 있어 손님들이 노래를 부르는 것을 여러 번 보셔서 당연히 알고 있을 겁니다.

문 이상 진술한 내용이 사실인가요

답 네, 사실입니다. 선처 부탁드립니다. ㊞

위의 조서를 진술자에게 열람하게 하였던바 진술한 대로 오기나 증감·변경할 것이 없다고 말하므로 간인한 후 서명 날인하게 하다.

진 술 자 하 누 리 ㊞

2022. 11. 30.

서울서초경찰서

사법경찰관 경위 최 경 위 ㊞

사법경찰리 순경 마 두 석 ㊞

피의자신문조서

피의자 김갑동에 대한 특정경제범죄가중처벌등에관한법률위반(횡령) 등 피의사건에 관하여 2023. 2. 3. 서울서초경찰서에서 사법경찰관 경위 최경위는 사법경찰리 순경 마두석을 참여하게 하고, 아래와 같이 피의자임에 틀림없음을 확인하다.
주민등록번호, 직업, 주거, 등록기준지, 직장 주소, 연락처 (각 생략)
[진술거부권과 변호인 조력권 고지하고 변호인 참여 없이 진술하기로 함(생략)]
이에 사법경찰관은 피의사실에 관하여 다음과 같이 피의자를 신문하다.
[피의자의 범죄전력, 경력, 학력, 가족·재산 관계 등은 생략]
[특정경제범죄가중처벌등에관한법률위반(횡령) 및 횡령]

문 피의자와 피해자 김강인, 박민재는 어떤 사이인가요
답 특별한 사이는 아니고 골프레슨을 받으면서 알게 된 지인들입니다.
문 피의자는 2020. 2. 초순경 서울 강남구 소재 카페에서 피해자 김강인, 박민재에게 변호사 명의를 빌려 법무법인을 개설하고 수익을 배분하여 준다고 하면서, 피해자 김강인으로부터 5억 원, 피해자 박민재로부터 3억 원을 투자받은 사실이 있는가요
답 네, 그렇습니다.
문 피의자는 위와 같이 투자받은 돈을 법무법인을 설립하는 데에 사용하였는가요
답 아니요, 제가 개인적으로 부담하고 있던 빚을 갚거나, 별도로 운영하고 있던 사업체 자금으로 사용하였습니다.
문 법무법인 설립을 위해 투자를 받은 돈이었으며, 그 용도와 목적에 맞게 사용하였어야 하는 것이 아닌가요
답 그건 맞습니다만, 먼저 빚을 갚는 데에 사용하겠다고 말을 했던 것 같고, 당시 사업이 힘들어서 돈이 필요했기에 피해자들도 이해할 것으로 생각했습니다.
문 명의를 빌려주기로 한 변호사들은 누구였나요
답 확정적으로 명의를 빌려주겠다고 한 사람은 없었습니다.
문 결국 법무법인을 설립하지도, 임의로 사용한 투자금을 돌려주지도 못하였지요
답 네...사업도 어렵고, 이혼소송도 당하다 보니 아직 해결을 하지 못하고 있습니다.

[배임방조]

문 피의자는 박승재가 김해시 대동면 수안리 산124-1 임야 10,000㎡를 이미 김정원에게 2억 원에 매도하고, 계약금 2천만 원과 중도금 8천만 원을 지급받았음을 알고 있었음에도 2021. 1. 5. 박승재로부터 위 김해시 임야를 2억 5천만 원에 매수하였고, 소유권이전등기까지 마쳤지요
답 예, 세세하게는 아니지만 김정원과 계약을 체결하였던 것은 알고 있었습니다.
문 피의자가 박승재에게 먼저 이중매매를 제안하였나요
답 아닙니다. 두 분 모두 동네 어르신들이라 잘 알고 있었는데, 박승재가 김정원에게 너무

헐값에 땅을 판 것 같다고 하시면서 공공연히 조금만 더 주면 물리고 다시 팔 거라고 얘기하고 다니셨습니다. 그래서 제가 박승재에게 전화를 해보니 김정원에게 돌려줄 계약금 2천만 원까지 고려하여 2억 5천만 원을 제시하길래 고민하다가 매수하게 된 겁니다.

문 지금 김해시 임야의 시가는 얼마인가요

답 정확히 얼마인지는 모르지만, 그게 좀 많이 올라서 이 사달이 난 거 아닙니까.

문 김정원과 합의된 바가 있나요

답 아직은 아니지만, 곧 합의하도록 하겠습니다.

[식품위생법위반]

문 피의자는 서울 서초구 서초대로42길 80, 지하 1층에서 '천송'이라는 상호의 음식점을 운영하고 있지요

답 코로나 이후 손님이 없어 작년 12월부터 영업을 하고 있지 않습니다.

문 피의자는 하누리를 알고 있나요

답 네, 제가 운영하던 '천송' 음식점의 영업실장이었는데, 2022. 12. 28. 교통사고로 안타깝게 사망하였습니다.

문 하누리의 진술에 의하면, 위 '천송' 음식점에 노래방 기기를 설치하여 손님들로 하여금 노래를 부르게 하는 단란주점영업을 하였다는데, 사실인가요

답 안 그래도 작년 10월경인가..구청에서 식품위생법위반을 이유로 단속을 나왔는데, 노래방 기기 등 단란주점영업을 위한 시설이 없다는 것을 확인하고 갔습니다. 사실 코로나 이후 식당 영업이 잘 되지 않아 저는 코인투자에만 몰두하고 있었기에, 하누리가 단란주점영업을 하였는지 저는 모릅니다.

문 위 '천송'은 단란주점영업을 위한 허가를 받은 사실은 없지요

답 네, 없습니다. 다만 저는 단란주점영업이 이루어지는지 제대로 알지 못하였습니다.

문 더 할 말이 있나요

답 억울한 부분도 있지만 어찌되었든 저로 인해 피해 입은 모든 사람들에게 죄송할 따름입니다. [인]

위의 조서를 진술자에게 열람하게 하였던바, 진술한대로 오기나 증감·변경할 것이 전혀 없다고 하므로 간인한 후 서명날인하게 하다.

진술자 김 갑 동 [인]

2023. 2. 3.

서울서초경찰서

사법경찰관 경위 최 경 위 [인]

사법경찰리 순경 마 두 석 [인]

피의자신문조서

피의자 이을남에 대한 야간건조물침입절도 등 피의사건에 관하여 2023. 2. 14. 서울서초경찰서에서 사법경찰관 경위 최경위는 사법경찰리 순경 마두석을 참여하게 하고, 아래와 같이 피의자임에 틀림없음을 확인하다.

주민등록번호, 직업, 주거, 등록기준지, 직장 주소, 연락처 (각 생략)

[진술거부권과 변호인 조력권 고지하고 변호인 참여 없이 진술하기로 함(생략)]

이에 사법경찰관은 피의사실에 관하여 다음과 같이 피의자를 신문하다.

[피의자의 범죄전력, 경력, 학력, 가족·재산 관계 등은 생략]

[야간건조물침입절도]

문 피의자는 2022. 4. 21. 04:20경 서울 강동구 강동대로 107에 있는 피해자 진재준 운영의 CU편의점에 담배를 절취할 목적으로 침입하여 시가 45,000원 상당의 말보로 담배 1보루를 가지고 나온 사실이 있지요

답 네...제가 술을 마시면 도벽이 발현되는데 그날 술이 과했던 것 같습니다.

문 처음부터 담배를 절취할 생각으로 편의점에 들어간 것인가요

답 자세히 기억나진 않지만 길을 가다가 편의점에 진열되어 있는 담배가 보여, 훔칠 생각으로 편의점에 들어간 것으로 어렴풋이 기억납니다.

문 범행 이후 피해자에게 피해를 변제한 사실이 있는가요

네 네, 날짜는 잘 기억나지 않지만 편의점에 찾아가 점장님께 사과하고 담배값을 물어주었습니다.

문 2018년에 야간주거침입절도죄로 처벌받았는데, 이번 범행과 유사한가요

답 네, 저녁 8시경 문이 열려있는 미용실에 들어가 미용가위, 드라이기 등을 훔치다가 적발되어 집행유예를 받았습니다.

[부정수표단속법위반, 위조유가증권행사]

문 피의자는 김태은에게 2억 원을 빌려주면서 담보용으로 받은 당좌수표(발행인, 지급지, 수표번호 등 생략)의 배서인란에 임의로 '인천 연수구 해돋이로 115, 2022. 9. 5. 김태은'이라고 기재하여 수표를 위조한 사실이 있지요

답 네, 그런 사실이 있습니다. 죄송합니다.

문 수표의 배서인란을 위조하게 된 경위에 대하여 진술하시오

답 김태은은 인천 송도에서 '골드선' 상호의 어음 수표 할인 사채업을 하는 자인데, 급전이 필요하다고 하여 제가 2억 원을 빌려주었고, 2억 원에 대한 담보용

으로 김동직이 다른 수표의 할인을 의뢰하면서 김태은에게 견질용으로 제공한 위 당좌수표를 받았습니다. 그런데 저도 갑자기 돈을 융통할 일이 발생하여 배서인란에 김태은의 이름을 기재하고 지급제시하게 되었습니다.

문 위 당좌수표 배서인란에 김태은의 인적사항을 기재하기로 권한을 위임받은 사실은 없는 것이지요?

답 네, 없습니다. 일단 은행으로부터 돈을 지급받은 다음에 어떻게든 해결해보려고 했습니다. 죄송합니다.

문 더 할 말이 있나요.

답 없습니다.

위의 조서를 진술자에게 열람하게 하였던바, 진술한대로 오기나 증감·변경할 것이 전혀 없다고 하므로 간인한 후 서명날인하게 하다.

진술자 이을남 ㉞

2023. 2. 14.
서울서초경찰서
사법경찰관 경위 최 경 위 ㉞
사법경찰리 순경 마 두 석 ㉞

서울중앙	사건과장	2023. 1. 2.수리	주임검사	차장검사	검사장
지방검찰청	[인]	2023년 형제76호	박정의	전결	[인]

서울중앙지방검찰청

수 신 : 검사 박정의
제 목 : 수사보고(마약류수입첩보보고 등)

1. 익명의 제보자로부터 국내에 들어오는 수리남발 DHL 국제특송화물(운송장번호: 4190579841)에 필로폰이 은닉되어 있다는 제보를 받아 인지하여 수사를 개시하였기에 보고합니다.

1. 제보자에 의하면 수리남에 거주하는 미국인 제이슨은 2022. 12. 31. 수리남 수도 파라마리보에서 내부에 필로폰이 은닉되어 있는 국제특송화물을 국내로 발송하였고 수취인이 누구인지 정확히 모르겠다고 하는바, 아직 화물이 국내에 도착하지 아니하였으므로 화물이 국내에 들어오는 즉시 인천공항세관 마약조사과 특별사법경찰관(세관공무원 방지원)과 협조하여 필로폰이 은닉되어 있음이 확인되면 통제배달[1]하도록 하여 피의자 및 피의사실을 특정하겠습니다.

1. 인천공항 세관에 운송장번호"4190579841"의 특송화물이 도착하면 즉시 공항 내 마약조사과로 가져오도록 통보하였습니다.

1. "관세법이 관세의 부과·징수와 아울러 수출입물품의 통관을 적정하게 함을 목적으로 한다는 점(관세법 제1조)에 비추어 보면, 통관검사절차에서 이루어지는 우편물의 개봉, 시료채취, 성분분석 등의 검사는 수출입물품에 대한 적정한 통관 등을 목적으로 한 행정조사의 성격을 가지는 것으로서 수사기관의 강제처분이라고 할 수 없으므로, 압수·수색영장 없이 위와 같은 검사가 진행되었다 하더라도 위법하다고 볼 수 없다. 세관공무원이 통관검사를 위하여 직무상 소지 또는 보관하는 우편물을 수사기관에 임의로 제출한 경우에는 비록 소유자의 동의를 받지 않았다 하더라도 수사기관이 강제로 점유를 취득하지 않은 이상 해당 우편물을 압수하였다고 할 수 없다(대법원 2013. 9. 26. 선고 2013도7718 판결)"는 유사 판결을 검토 보고합니다.

2023. 1. 2.

검찰주사 김지은 [인]

---

1) 밀수물품을 중간에서 적발하지 않고 감시통제 속에서 유통되도록 한 후 최종유통단계에서 적발하는 것으로 마약수사 등에 활용되는 배달 방식

인 천 공 항 세 관

2023. 1. 2.

수신 : 서울중앙지방검찰청장
참조 : 담당 검사
제목 : 적발보고서

1. 인천공항세관 마약조사과 특별사법경찰관 방지원은 2023. 1. 2. 18:30경 델타항공 714편이 인천공항에 도착하자 사전에 통보받은 운송장번호(4190579841)를 이용하여 위 항공편에 적재된 국제특송화물 중 마약 은닉 혐의가 있는 화물을 특정한 후 별도의 통관절차를 거치지 않고 인천공항 내 마약조사과 사무실로 바로 가지고 와 서울중앙지방검찰청 소속 검사 박정의, 검찰주사 김지은 입회 하에 개봉하였음

2. 우편물은 에스프레소 머신으로 신고가 되어 있었으나 신고된 내용과 달리 에스프레소 머신 내부 빈 공간에 메트암페타민으로 보이는 흰색 가루 1g이 은닉되어 있어 특별사법경찰관 방지원은 같은 날 시료 0.02g을 채취하여 인천공항세관 분석실에 성분분석을 의뢰함

3. 화물 표면에는 수취인 'JISEON PARK', 수취장소 '#202, 88 HYORYEONG-RO, SEOCHO-GU, SEOUL, COREA', 전화번호 '82-10-8326-9214'로 기재되어 있음

4. 분석결과 향정신성의약품인 메트암페타민으로 밝혀지자 분석실에서 마약조사과에 성분분석결과를 회보함

5. 우편물을 통제배달 방식으로 배달하여 마약사범을 검거할 필요가 있으므로 이에 보고합니다.

인천공항세관 마약조사과
마약조사관 김정밀 ㊞

진술조서

성   명 : 이요한

주민등록번호, 직업, 주소, 연락처 등은 생략

위의 사람은 김갑동, 이을남에 대한 마약류관리에관한법률위반(향정) 피의사건에 관하여 2023. 1. 5. 서울중앙지방검찰청 514호 검사실에 임의출석하여 다음과 같이 진술하다.

[피의자와의 관계, 피의사실과의 관계 등(생략)]

이때 검사는 진술인 이요한을 상대로 다음과 같이 문답하다.

문 진술인이 수사기관에 필로폰 수입 사실을 제보한 이요한인가요

답 예, 그렇습니다.

문 필로폰을 배달하려 하였으나 수취인인 '박지선(JISEON PARK)'이 수취인 불명으로 배달되지 못했는데, 실제 수취인은 진술인의 형 피의자 이을남인가요

답 예, 화물수령인의 전화번호(82-10-8326-9214)가 이을남의 것입니다.

문 진술인이 피의자 이을남의 필로폰 수입 사실을 알게 된 경위는 어떠한가요

답 이을남은 제가 미국에서 지낼 때 몇 번 놀러 온 적이 있었는데, 그때 제 친구인 한국계 미국인 제이슨(Jason)과 친해지게 되었습니다. 나중에 알고 보니 제이슨은 마약 딜러였고, 그 사실을 알고부터 저는 만나지 않았는데 이을남은 저 몰래 제이슨과 계속 어울렸습니다. 이을남이 2014년도에 마약류관리에관한법률위반(향정)으로 유죄 판결을 받은 것도 제이슨의 부탁으로 한국에 필로폰을 들여오다 걸린 것입니다.

문 계속 진술하시오

답 2022. 12. 31. 제이슨이 갑자기 저에게 텔레그램을 통해 "DHL. #4190579841. 아이스"라는 메시지를 보내서 제이슨에게 연락해 보니, 이을남에게 보낼 것을 잘못 보냈다며 메신저에서 나가버렸습니다. '아이스'가 마약을 뜻하는 은어라서 혹시나 하여 같은 날 20:00경 이을남에게 전화해서 제이슨한테 받기로 한 게 있냐고 물어보니 "너는 몰라도 된다"는 말만 계속 했습니다. 의심스러워서 같이 몰려다니는 김갑동에게 전화를 해보니 "그냥 모른 척 해달라. 이번 일로 돈이 생기면 너한테도 신세 갚겠다."고 하고 전화를 끊어버리는 것입니다. 아무리 생각해도 제이슨과 관련해서 돈이 생기는 일은 마약과 관련된 일밖에 없어서 망설이다가 형하고 김갑동을 수사기관에 제보하게 된 것입니다.

문 제이슨의 이름이나 사는 곳을 알고 있나요

답 친구들끼리 '제이슨'이라고만 불렀고 진짜 이름은 알지 못합니다. 제이슨은 미국 샌디에고에 사는 것으로 알고 있었는데 운송장 번호로 조회해 보았더니 화물이 수리남에서 보내진 것이라 저도 깜짝 놀랐습니다.

문 친형인 피의자 이을남의 범죄를 수사기관에 신고하는 특별한 이유가 있는가요

답 이을남의 종전 마약 전과도 따지고 보면 제가 제이슨을 형에게 소개해 주어서 그렇게 된 것입니다. 그리고 저도 정확히는 모르지만 제이슨은 큰 마약조직의 일원이어서 이을남이 제이슨과 계속 얽히면 결국은 형도 마약조직의 일원이 되는 것입니다. 형을 위해서라도 지금 이 고리를 끊어야 합니다.

문 이상 진술한 내용이 사실인가요

답 네, 사실입니다. ㉑

위의 조서를 진술자에게 열람하게 하였던바 진술한 대로 오기나 증감·변경할 것이 없다고 말하므로 간인한 후 서명 날인하게 하다.

진 술 자   이오한 ㉑

2023. 1. 5.
서울중앙지방검찰청

검   사   박정의 ㉑

검찰주사보   김지은 ㉑

진 술 조 서

성   명 : 박지선

주민등록번호, 직업, 주소, 연락처 등은 생략

위의 사람은 김갑동, 이을남에 대한 마약류관리에관한법률위반(향정) 피의사건에 관하여 2023. 1. 6. 서울중앙지방검찰청 514호 검사실에 임의출석하여 다음과 같이 진술하다

[피의자와의 관계, 피의사실과의 관계 등(생략)]

이때 검사는 진술인 박지선을 상대로 다음과 같이 문답하다.

문 진술인은 피의자 김갑동, 이을남이 미국인 제이슨으로부터 필로폰을 수입하려던 사실을 알고 있는가요

답 예, 제 친오빠인 박동훈이 제 남자친구였던 이을남과 친구인데, 이을남이 정신 못 차리고 필로폰을 또다시 수입하려고 한다고 하면서 저한테 헤어지라고 했습니다.

문 어디에서 누구로부터 필로폰을 수입하려고 한다는 것인가요

답 박동훈이 말하기로는, 이을남이 해외에서 미국인 친구로부터 필로폰을 수입할 거라고 얘기해줬다고 하였습니다.

문 제이슨은 국제특송화물을 이용하여 필로폰이 숨겨져 있는 에스프레소 머신을 진술인 앞으로 발송하였는데, 진술인이 피의자 김갑동, 이을남과 함께 필로폰을 수입하려던 것이 아닌가요

답 저는 처음 듣는 이야기입니다. 마약 수입이라니..생각만해도 무섭습니다.

문 이상 진술한 내용이 사실인가요

답 네, 사실입니다. ㉘

위의 조서를 진술자에게 열람하게 하였던바 진술한 대로 오기나 증감·변경할 것이 없다고 말하므로 간인한 후 서명 날인하게 하다.

진 술 자   박 지 선 ㉘

2023. 1. 6.

서울중앙지방검찰청

검   사   박 정 의 ㉘

검찰주사보   김 지 은 ㉘

진 술 조 서

성 명 : 박동훈

주민등록번호, 직업, 주소, 연락처 등은 생략

위의 사람은 김갑동, 이을남에 대한 마약류관리에관한법률위반(향정) 피의사건에 관하여 2023. 1. 6. 서울중앙지방검찰청 514호 검사실에 임의출석하여 다음과 같이 진술하다.

[피의자와의 관계, 피의사실과의 관계 등(생략)]

이때 검사는 진술인 박동훈을 상대로 다음과 같이 문답하다.

문 진술인은 피의자 이을남이 제이슨으로부터 필로폰을 수입하려고 한다는 사실을 어떻게 알게 되었나요

답 이을남하고는 오랜 친구인데, 작년 8월 초순경 이을남과 밥을 먹던 자리에서 미국인 친구인 제이슨으로부터 뭐 받을 것이 있다고 했습니다. 마약조직원인 제이슨으로부터 받을 것이 마약 말고 뭐가 있겠습니까? 이놈이 또 마약밀수를 하려는구나 생각했습니다.

문 필로폰을 수입하려는 것이라고 생각되었다는 것인가요

답 예, 그렇습니다. 아 그리고, 작년 9월말에 이을남이 갑자기 100만 원을 빌려달라고 하길래 무슨 일이냐고 물어보니, 아이스 대금이 부족하다고 했던 것 같습니다. 아마 제이슨에게 보낼 필로폰 대금이 부족했던 게 아닌가 싶습니다.

문 김갑동과 관련하여서는 진술할 내용이 있는가요

답 안 그래도 김갑동이 작년 12월경에 저랑 전화하다가 건수가 하나 있는데, 잘 성사되면 저도 한 짝대기 준다고 했습니다.

문 이상 진술한 내용이 사실인가요

답 네, 사실입니다. ㉿

위의 조서를 진술자에게 열람하게 하였던바 진술한 대로 오기나 증감·변경할 것이 없다고 말하므로 간인한 후 서명 날인하게 하다.

진 술 자 박동훈 ㉿

2023. 1. 6.

서울중앙지방검찰청

검 사 박정의 ㉿

검찰주사보 김지은 ㉿

피의자신문조서

성   명 : 김갑동

피의자 김갑동에 대한 마약류관리에관한법률위반(향정) 등 피의사건에 관하여 2023. 3. 7. 서울중앙지방검찰청 514호 검사실에서 검사 박정의는 검찰주사보 김지은을 참여하게 하고, 아래와 같이 피의자임에 틀림없음을 확인하다.

주민등록번호, 직업, 주소, 연락처 등은 각 생략

[진술거부권과 변호인 조력권 고지하고 변호인 참여 없이 진술하기로 함(생략)]

[특정경제범죄가중처벌등에관한법률위반(횡령) 및 횡령, 배임방조, 식품위생법위반의 점]

(각 경찰 진술내용과 동일함, 신문사항 생략)

[마약류관리에관한법률위반(향정)의 점]

문 피의자는 이을남과 공모하여 수리남에 거주하는 제이슨(Jason)으로부터 필로폰을 수입하고, 반입된 필로폰을 국내에 운반하기로 한 사실이 있는가요

답 그런 적 없습니다. 제이슨이라는 사람을 알지도 못하고, 이을남이 미국에서 커피머신을 선물받았다고 자랑한 적은 있지만, 이을남과 함께 필로폰을 수입한 사실은 없습니다.

문 피의자는 이을남의 동생 이요한에게 "그냥 모른 척 해달라. 이번 일로 돈이 생기면 너한테도 신세 갚겠다"고 말한 사실이 있지요

답 그렇게 말한 것은 맞지만, 필로폰 수입과 관계된 내용은 아닙니다. 따로 이유가 있지만 이 사건과 관련 없는 사정이라 구체적인 내용은 진술 거부하겠습니다.

문 피의자는 작년 12월경에 박동훈에게 "진행하는 건수가 있는데, 잘 성사되면 너한테도 한 짝대기 주겠다"고 말한 사실이 있나요

답 박동훈이 그러던가요? 오해가 있었던 것 같습니다. 법무법인을 설립하려던 계획도 물거품이 되고, 개인적으로 운영하던 사업도 제대로 운영되지 않아 제가 동남아에서 담배를 수입하는 사업을 새롭게 추진 중이었는데, 그 사업이 잘 되면 담배를 싸게 넘겨주겠다고 말한 적은 있습니다.

문 피의자는 2015년 베트남에서 필로폰을 국내로 밀반입하려는 밀수업자에게 필로폰을 전달해준 범죄사실로 징역 1년을, 2017년 국내에서 필로폰을 2회 투약한 범죄사실로 징역 6월을 선고받은 사실이 있지요

답 예전에 그런 사실이 있지만, 전과가 있다고 제가 이번에도 필로폰을 수입했다는 증거가 되나요? 이번에는 정말로 관여한 바가 없습니다.

문 이상의 진술내용에 대하여 이의나 의견이 있는가요

답 검사님, 부디 현명한 판단을 해주시길 부탁드립니다.

위의 조서를 진술자에게 열람하게 하였던바, 진술한 대로 오기나 증감·변경할 것이 전혀 없다고 말하므로 간인한 후 서명 날인하게 하다.

진술자 김 갑 동 ㊞

2023. 3. 7.

서울중앙지방검찰청

검 사 박 정 의 ㊞

검찰주사보 김 지 은 ㊞

피의자신문조서

성   명 : 이을남

피의자 이을남에 대한 마약류관리에관한법률위반(향정) 등 피의사건에 관하여 2023. 3. 9. 서울중앙지방검찰청 514호 검사실에서 검사 박정의는 검찰주사보 김지은을 참여하게 하고, 아래와 같이 피의자임에 틀림없음을 확인하다.

주민등록번호, 직업, 주소, 연락처 등은 각 생략

[진술거부권과 변호인 조력권 고지하고 변호인 참여 없이 진술하기로 함(생략)]

[야간건조물침입절도, 부정수표단속법위반, 위조유가증권행사의 점]

(각 경찰 진술내용과 동일함, 신문사항 생략)

[마약류관리에관한법률위반(향정)의 점]

문 피의자는 수리남에 거주하는 미국인 제이슨(Jason)이라는 사람을 아는가요

답 처음 들어본 이름입니다.

문 제이슨이 수리남에서 피의자의 주소지 서울 서초구 효령로 88, 202호로, 수취인은 피의자 애인인 '박지선(JISEON PARK)'으로 하여 DHL 국제특송화물을 보냈고, 기재된 전화번호는 피의자가 사용하는 휴대폰 전화번호인 '010-8326-9214'인데 어떠한가요

답 그건 맞습니다만, 무슨 말씀을 하시는지 잘 모르겠습니다.

문 피의자는 2014. 2. 20. 제이슨의 부탁으로 미국에서 우리나라로 필로폰을 반입하다가 인천공항에서 적발되어 처벌받은 사실이 있는데, 왜 제이슨이라는 사람을 알지 못한다고 하는가요

(피의자 이때 답변하지 않고 고개를 떨구다.)

문 제이슨이 피의자의 동생인 이요한에게 텔레그램 메신저를 통해 "DHL. #4190579841. 아이스"라는 메시지를 보냈고, 이에 이요한이 피의자에게 필로폰을 또 수입하는 것이냐고 따져 묻자 "너는 몰라도 된다"고 말한 사실이 있지요

(피의자 대답하지 아니하다.)

문 수사기관에서 2023. 1. 3. 및 1. 5. 필로폰이 들어있는 에스프레소 머신을 피의자의 주소지로 배달하려고 하였더니 아무도 없었는데 그 경위는 어떠한가요

답 저는 잘 모르겠습니다.

문 피의자는 제이슨과 공모하여 필로폰이 들어있는 물건을 국내로 반입하기로 한 것이 아닌가요

답   아닙니다. 제가 예전에 제이슨과 어울리다가 부탁을 받고 필로폰을 소지한 채 국내에 들어온 일로 처벌받은 적은 있지만, 저는 정말 무슨 일인지 모르겠습니다. 제 동생과 연관된 것 같은데... 이요한이 무슨 이야기를 했는지는 모르겠지만...사실 제이슨과는 연락이 끊겼다가 전 여자친구인 박지선과 2021년경 미국에 놀러 갔다가 다시 만났습니다. 만나서 놀고 그 밖에 다른 일은 없었는데, 2022. 7. 20. 제이슨에게서 연락이 와서 제가 커피를 좋아하니 에스프레소 머신 하나를 선물로 보내겠다는 것입니다. 저야 별 생각 없이 그러라고 하며 주소를 가르쳐 주었고, 2022. 12. 31. 텔레그램 메신저로 송장 번호와 함께 '지선씨에게 전해줘'라는 메시지를 받았습니다. 아마 제이슨은 제가 박지선과 헤어진 줄 모르고 그 앞으로 보낸 것 같습니다. 그것 밖에는 제가 아는 것이 없습니다.

문   제이슨과 주고받은 메시지가 남아있나요

답   제이슨과 주고받은 메시지는 모두 삭제하여서 남아 있지 않습니다. 텔레그램은 메시지를 삭제하면 복구가 되지 않아서, 남아 있는 것이 없습니다.

문   피의자가 떳떳하다면 왜 메시지를 삭제하였는가요

답   제 습관입니다. 검사님이 관여하실 내용이 아닌 것 같습니다.

문   피의자는 제이슨에게 보낼 아이스(필로폰) 대금이 부족하다면서 박동훈에게 100만 원을 빌려달라고 한 사실이 있지요

답   그런 적 없습니다. 말도 안 되는 얘기입니다.

문   이상의 진술내용에 대하여 이의나 의견이 있는가요

답   저는 정말이지 이번에는 제이슨과 공모하여 필로폰을 수입한 적이 없습니다. 제가 과거에 제이슨으로부터 필로폰 밀반입하려다 적발되어 처벌받은 적은 있지만, 전과 때문에 이렇게 의심을 받은 것이 너무 억울합니다.

위의 조서를 진술자에게 열람하게 하였던바, 진술한 대로 오기나 증감·변경할 것이 전혀 없다고 말하므로 간인한 후 서명 날인하게 하다.

진술자   이을남 ㊞

2023. 3. 9.

서울중앙지방검찰청

검   사   박정의 ㊞

검찰주사보   김지은 ㊞

기타 법원에 제출되어 있는 증거들

※ 편의상 다음 증거서류의 내용을 생략하였으나, 법원에 증거로 적법하게 제출되어 있음을 유의하여 검토할 것.

○ **등기부등본(김해시 임야)(증거목록 2번)**: 박승재 소유였던 김해시 임야가 2021. 2. 15. 매매를 원인으로 피고인 김갑동에게 소유권이전등기가 마쳐짐

○ **토지매매계약서(증거목록 3번)**: 박승재와 김정원 사이에 2020. 8. 20. 체결된 김해시 임야에 대한 토지매매계약서. 매매대금 총 2억 원, 계약금 2천만 원(계약시 지급), 중도금 8천만 원(2020. 11. 20. 지급), 잔금 1억 원(2021. 1. 10. 지급과 동시에 소유권이전등기)에 대한 내용 기재

○ **부동산매매계약서(증거목록 4번)**: 박승재와 피고인 김갑동 사이에 2021. 1. 5. 체결된 김해시 임야에 대한 부동산매매계약서. 매매대금은 총 2억 5천만 원이고, 계약금 5천만 원(계약시 지급) 및 잔금 2억 원(2021. 2. 15. 지급과 동시에 소유권이전등기)의 지급 등에 관한 내용 기재

○ **고소장(증거목록 8번)**: 김강인, 박민재가 피고인 김갑동을 특정경제범죄가중처벌등에관한법률위반(횡령) 및 횡령으로 고소하는 내용 기재

○ **진술조서(증거목록 9번)**: 피고인 김갑동과는 골프 모임을 통해 알게 되었고, 피고인 김갑동이 변호사 명의를 이용하여 법무법인을 설립하고 수익을 분배하여 준다면서 5억 원을 투자할 것을 권유하였으며, 5억 원을 투자하였으나 김갑동이 이와는 무관하게 자신의 채무를 변제하는데 사용하였음. 서면으로 투자약정서를 작성한 것은 없고, 현재까지 피해 배상을 받은 것이 없는바, 피고인 김갑동에 대한 엄벌을 바란다는 취지의 내용이 기재된 김강인에 대한 사법경찰관 작성의 진술조서

○ **CCTV 캡쳐사진(증거목록 12번)**: 피고인 이을남이 편의점에서 담배 1보루를 몰래 가져가는 장면이 촬영된 사진

○ **진술조서(증거목록 13번)**: 피고인 이을남이 문을 열고 들어와서 물건을 고르는 것 같아 별 의심 없이 재고 정리를 위해 잠시 창고에 들어갔는데, 그 사이에 피고인 이을남이 계산도 하지 않고 담배를 가져갔고, 몇 달 후 피고인 이을남이 찾아와 담배값을 변제하였다는 취지의 정준희 대한 사법경찰관 작성의 진술조서

○ **수사보고(서초구청 주무관 최정은 통화내용)(증거목록 16번)**: 2022. 10월 중순경 '천송' 음식점에서 단란주점영업이 이루어지고 있다는 익명의 제보가 들어옴. 실제 현장으로 단속을 나갔을 때에는 노래방 기기는 설치되어 있지 않았고,

익명 제보자의 인적사항을 알지 못한다는 내용 기재
○ **약식명령(2023고약103)(증거목록 17번)**: 하누리에 대하여, 피고인 김갑동이 운영하는 '천송' 일반음식점에서 2022. 10. 15. 22:00경 노래방 기기를 설치하고 손님들에게 이를 이용하게 하는 방법으로 무허가 단란주점영업 행위를 하였다는 식품위생법위반 범죄사실로 2023. 1. 30. 벌금 100만 원의 약식명령이 발령
○ **고발장(증거목록 18번)**: 피고인 이을남이 제시한 당좌수표의 배서인 부분이 위조되었다는 내용의 주식회사 신안은행 청담공원지점 지점장 명의의 고발장
○ **당좌수표 사본(증거목록 19번)**: 배서인 부분이 위조된 당좌수표 앞·뒤 사본
○ **성분분석결과회보(증거목록 24번)**: 국내로 수입된 흰색 가루 0.02g을 대상으로 성분을 분석한 결과 메트암페타민 양성(검출됨) 반응 나타났고, 감정물은 전량 소모하였다는 취지 기재
○ **압수조서 및 압수목록(증거목록 25번)**: 인천공항세관 마약조사과 특별사법경찰관 방지원이 통관절차 없이 회수한 에스프레소 머신 및 필로폰으로 보이는 흰색 가루 0.98g를 형사소송법 제218조(유류물·임의제출물의 압수)에 따라 소지자인 방지원으로부터 영장 없이 압수함
○ **전과조회서(증거목록 31, 32번)**
  − 피고인 김갑동
    ① 2015. 3. 10. 서울중앙지방법원에서 마약류관리에관한법률위반(향정)죄로 징역 1년(확정)
    ② 2017. 4. 21. 서울중앙지방법원에서 마약류관리에관한법률위반(향정)죄로 징역 6월(확정)
    ③ 2021. 10. 20. 서울중앙지방법원에서 식품위생법위반죄로 벌금 300만 원(확정)
  − 피고인 이을남
    ① 2014. 8. 20. 인천지방법원에서 마약류관리에관한법률위반(향정)죄로 징역 10월(확정)
    ② 2018. 2. 15. 서울중앙지방법원에서 야간주거침입절도죄로 징역 4월에 집행유예 1년(확정)

확 인 : 법학전문대학원협의회

UNION 제13판

기록형
2026 변호사시험 대비

형사법

변호사시험 기출문제집

II. 모의편

2023년 8월 제2차

법전협 주관 모의시험

2023년도 제2차 변호사시험 모의시험 - 논술형(기록형)

시험과목	형사법(기록형)

응시자 준수사항

1. 시험 시작 전 문제지의 봉인을 손상하는 경우, 봉인을 손상하지 않더라도 문제지를 들추는 행위 등으로 문제 내용을 미리 보는 경우 모두 부정행위로 간주되어 그 답안은 영점 처리 됩니다.
2. 답안은 흑색 또는 청색 필기구(사인펜이나 연필 사용 금지) 중 한 가지 필기구만을 사용하여 답안 작성 난(흰색 부분) 안에 기재하여야 합니다.
3. 답안지에 성명과 수험 번호를 기재하지 않아 인적 사항이 확인되지 않는 경우에는 영점 처리 등 불이익을 받게 됩니다. 특히 답안지를 바꾸어 다시 작성하는 경우, 성명 등의 기재를 빠뜨리지 않도록 유의하여야 합니다.
4. 답안지에는 문제 내용을 기재할 필요가 없으며, 답안 내용 이외의 사항을 기재하거나 밑줄 기타 어떠한 표시도 하여서는 안 됩니다. 답안을 정정할 경우에는 두 줄로 긋고 다시 기재하여야 하며, 수정액 등은 사용할 수 없습니다.
5. 시험 종료 시각에 임박하여 답안지를 교체 요구한 경우라도 시험시간 종료 후 즉시 새로 작성한 답안지를 회수합니다.
6. 시험 종료 후에는 답안지 작성을 일절 할 수 없으며, 이에 위반하여 시험시간이 종료되었음에도 불구하고 **시험관리관의 답안지 제출지시에 불응한 채 계속 답안을 작성하거나 답안지를 늦게 제출할 경우 그 답안은 영점 처리** 됩니다.
7. 답안은 답안지 쪽수 번호 순으로 기재하여야 하고, **배부받은 답안지는 백지 답안이라도 모두 제출**하여야 하며, **답안지를 제출하지 아니한 경우 그 시험시간 및 나머지 시험시간의 시험에 응시할 수 없습니다.**
8. 지정된 시간까지 지정된 시험실에 입실하지 아니하거나 시험관리관의 승인을 얻지 아니하고 시험시간 중에 그 시험실에서 퇴실한 경우 그 시험시간 및 나머지 시험시간의 시험에 응시할 수 없습니다.
9. 시험시간이 종료되기 전에는 어떠한 경우에도 문제지를 시험장 밖으로 가지고 갈 수 없고, 시험 종료 후 가지고 갈 수 있습니다.

법학전문대학원협의회
THE ASSOCIATION OF KOREAN LAW SCHOOLS

【문 제】

피고인 김갑동에 대해서는 법무법인 나라 담당변호사 설득희가 객관적인 입장에서 대표변호사에게 제출할 검토의견서를, 피고인 이을남에 대해서는 객관적인 입장에서 법무법인 세계 담당변호사 정명변이 대표변호사에게 제출할 검토의견서를 각 작성하되, 다음 쪽 양식 중 <u>본문 Ⅰ, Ⅱ 부분</u>을 작성하시오.

【작성요령】

1. 학설, 판례 등의 견해가 대립되는 경우에 한 견해를 취할 것. 다만, 대법원 판례와 다른 견해를 취하는 경우에는 자신의 입장에 따라 작성하되 대법원 판례의 취지를 적시할 것.
2. 증거능력이 없는 증거는 실제 소송에서는 증거로 채택되지 않아 증거조사가 진행되지 않지만, 이 문제에서는 시험의 편의상 증거로 채택되어 증거조사가 진행된 경우도 있음. 따라서 필요한 경우 증거능력에 대하여도 언급할 것.
3. 작성의 편의를 위하여 필요한 경우 각 검토의견서에 기재한 내용은 서로 인용이 가능함.

【기록 형식 안내】

1. 쪽 번호는 편의상 연속되는 번호를 붙였음.
2. 조서, 기타 서류에는 필요한 서명, 날인, 무인, 간인, 정정인이 있는 것으로 볼 것.
3. 증거목록, 공판기록 또는 증거기록 중 '생략' 또는 '기재생략'이라고 표시된 부분에는 법에 따른 절차가 진행되어 그에 따라 적절한 기재가 있는 것으로 볼 것.
4. 공판기록과 증거기록에 첨부하여야 할 일부 서류 중 '생략' 표시가 있는 것, 증인선서서와 수사기관의 조서에 첨부하여야 할 '수사과정확인서'는 적법하게 존재하는 것으로 볼 것(<u>증거기록 마지막에 생략된 증거와 그 요지를 거시하였음</u>).
5. 송달이나 접수, 통지, 결재가 필요한 서류는 모두 적법한 절차를 거친 것으로 볼 것.
6. 시험의 편의상 증거기록 첫머리의 증거목록과 압수물총목록은 첨부 생략되었으며, 증거기록에 대한 분리제출은 하지 않는 것으로 하였고, 증인신문, 피고인신문의 경우 녹취파일, 녹취서 첨부 방식을 취하지 않았음.

【검토의견서 양식】

검토의견서(50점)

사 건 2023고단5470 배임수재 등
피고인 김갑동

Ⅰ. 피고인 김갑동에 대하여
  1. 배임수재의 점
  2. 정보통신망이용촉진및정보보호등에관한법률위반(명예훼손)의 점
  3. 공문서부정행사의 점
  ※ 평가제외사항 - 공소사실의 요지, 정상관계(답안지에 기재하지 말 것)

2023. 8. 15.

변호인 법무법인 나라 담당변호사 설득희 ㊞

검토의견서(50점)

사 건 2023고단5470 배임수재 등
피고인 이을남

Ⅱ. 피고인 이을남에 대하여
  1. 업무상횡령의 점
  2. 통신비밀보호법위반의 점
  3. 재물손괴의 점
  4. 횡령의 점
  5. 식품위생법위반의 점
  ※ 평가제외사항 - 공소사실의 요지, 정상관계, **배임증재의 점**(답안지에 기재하지 말 것)

2023. 8. 15.

변호인 법무법인 세계 담당변호사 정명변 ㊞

[참고 조문]

식품위생법

제4조(위해식품등의 판매 등 금지) 누구든지 다음 각 호의 어느 하나에 해당하는 식품등을 판매하거나 판매할 목적으로 채취, 제조, 수입, 가공, 사용, 조리, 저장, 소분, 운반 또는 진열하여서는 아니 된다.

    4. 불결하거나 다른 물질이 섞이거나 첨가된 것 또는 그 밖의 사유로 인체의 건강을 해칠 우려가 있는 것

제94조(벌칙) ① 다음 각 호의 어느 하나에 해당하는 자는 10년 이하의 징역 또는 1억 원 이하의 벌금에 처하거나 이를 병과할 수 있다.

    1. 제4조부터 제6조까지를 위반한 자

장애인복지법

제39조(장애인이 사용하는 자동차 등에 대한 지원 등) ② 시장·군수·구청장은 장애인이 이용하는 자동차 등을 지원하는 데에 편리하도록 장애인이 사용하는 자동차 등임을 알아볼 수 있는 표지(이하 '장애인사용자동차표지'라 한다)를 발급하여야 한다.

장애인복지법 시행규칙

제26조(장애인 사용 자동차 등 표지의 발급대상) 법 제39조에 따라 장애인사용자동차표지의 발급 대상은 자동차관리법에 따른 자동차로서 다음 각 호의 어느 하나에 해당하는 것으로 한다.

    2. 다음 각 목의 어느 하나에 해당하는 자의 명의로 등록하여 장애인이 사용하는 자동차
      가. 법 제32조에 따라 등록한 장애인
      나. 가목에 따른 장애인과 주민등록표상의 주소를 같이 하면서 함께 거주하는 장애인의 배우자, 직계존비속, 직계비속의 배우자, 형제, 자매, 형제자매의 배우자 및 자녀

기록내용시작

서울중앙지방법원
형사제1심소송기록

구공판

구속만료	
최종만료	
대행 갱신 만료	

미결구금

기일 1회기일	사건번호	2023고단5470	담임	4단독	주심
6/20 10:00 7/25 14:00 8/22 14:00	사건명	가. 배임수재 나. 배임증재 다. 정보통신망이용촉진및정보보호등에관한법률위반(명예훼손) 라. 공문서부정행사 마. 업무상횡령 바. 통신비밀보호법위반 사. 재물손괴 아. 횡령 자. 식품위생법위반			
	검사	엄정희	2023형제73375호		
	공소제기일	2023. 5. 22.			
	피고인	1. 가. 다. 라. 김갑동 2. 나. 마. 바. 사. 아. 자. 이을남			
	변호인	사선 법무법인 나라 담당변호사 설득희(피고인 김갑동) 사선 법무법인 세계 담당변호사 정명변(피고인 이을남)			

확정	
보존종기	
종결구분	
보존	

완결 공람	담임	과장	국장	주심판사	재판장

접 수 공 람	과 장	국 장	원 장
	㊞	㊞	㊞

공 판 준 비 절 차

회 부 수명법관 지정 일자	수명법관 이름	재 판 장	비 고

법 정 외 에 서 지 정 하 는 기 일

기일의 종류	일 시				재 판 장	비 고
1회 공판기일	2023.	6.	20.	10:00	㊞	

서울중앙지방법원

목 록		
문 서 명 칭	장 수	비 고
증거목록	8	검사
공소장	11	
변호인선임신고서	(생략)	피고인 김갑동
변호인선임신고서	(생략)	피고인 김갑동
영수증(공소장부본 등)	(생략)	피고인 김갑동
영수증(공소장부본 등)	(생략)	피고인 이을남
국민참여재판 의사 확인서(불희망)	(생략)	피고인 김갑동
국민참여재판 의사 확인서(불희망)	(생략)	피고인 이을남
의견서	(생략)	피고인 이을남
의견서	(생략)	피고인 이을남
공판조서(제1회)	14	
공판조서(제2회)	16	피고인 이을남
증인신문조서	19	박병녀
증인신문조서	21	김대표
증인신문조서	22	이을남
증거서류제출서	24	법무법인 세계 담당변호사 정명변

증 거 목 록 (증거서류 등)

2023고단5470

2023형제73375호

① 김갑동
② 이을남

신청인: 검사

순번	증거방법					참조사항등	신청기일	증거의견		증거결정		증거조사기일	비고
	작성	쪽수(수)	쪽수(증)	증거명칭	성명			기일	내용	기일	내용		
1	사경	27		고소 및 고발장	이을남	생략	1	1	① × ② ○				
2	〃	(생략)		계좌이체내역		〃	1	1	① ○ ② ○				
3	〃	(생략)		카카오톡 캡처화면		〃	1	1	① ○				
4	〃	(생략)		사진(김갑동차량)		〃	1	1	① ○				
5	〃	28		진술조서	이을남	〃	1	1	① × ② ○				
6	〃	30		진술서	고창동	〃	1	1	① ○			기 재 생 략	
7	〃	31		수사보고(주간신문 법인등기부등본 등 관련)		〃	1	1	① ○ ② ○				
8	〃	(생략)		법인등기부등본 (주간신문)		〃	1	1	① ○				
9	〃	(생략)		입출금거래내역		〃	1	1	① ○ ② ○				
10	〃	(생략)		닥터슬림 판매내역증명서		〃	1	1	① ○ ② ○				
11	〃	32		수사보고 (박병녀 통화관련)		〃	1 1	1 1	① × ② ○				
12	〃	32		녹취서		〃	1	1	① ○ ② ○				
13	〃	33		진술조서	김정녀	〃	1	1	① ○				
14	〃	(생략)		가족관계증명서 (김정녀)		〃	1	1	① ○				
15	〃	(생략)		주간신문 사원명부		〃	1	1	① ○				
16	〃	34		진술서	배소장	〃	1	1	① ○				
17	〃	35		고소장	이을녀	〃	1	1	② ○				
18	〃	(생략)		가족관계증명서 (이을녀)		〃	1	1	② ○				
19	〃	(생략)		주민등록등본		〃	1	1	② ○				

※ 증거의견 표시 - 피의자신문조서: 인정 ○, 부인 × (여러 개의 부호가 있는 경우, 적법성/성립/임의성/내용의 순서임)
        - 기타 증거서류: 동의 ○, 부동의 ×
        - 진술이 특히 신빙할 수 있는 상태 하에서 행하여졌다는 점 부인 : "특신성 부인"(비고란 기재)
※ 증거결정 표시: 채 ○, 부 ×
※ 증거조사 내용은 제시, 낭독(내용고지, 열람)

증거목록 (증거서류 등)

2023고단5470

2023형제73375호 신청인: 검사

① 김갑동
② 이을남

순번	증거방법					참조사항등	신청기일	증거의견		증거결정		증거조사기일	비고
	작성	쪽수(수)	쪽수(증)	증거명칭	성명			기일	내용	기일	내용		
20	사경	(생략)		토지등기부등본		생략	1	1	②○				
21	〃	(생략)		사진(컨테이너하우스)		〃	1	1	②○				
22	〃	36		진술조서	이을녀	〃	1	1	②○				
23	〃	(생략)		가설건축물관리대장		〃	1	1	②○				
24	〃	37		고발장	김갑동	〃	1	1	②○				
25	〃	(생략)		인터넷 화면캡처(구매자 후기)		〃	1	1	②○				
26	〃	(생략)		압수조서 및 목록		〃	1	1	②○				
27	〃	38		수사보고(감정의뢰회보 등)		〃	1	1	②○				
28	〃	(생략)		제품사진(닥터슬림)		〃	1	1	②○				
29	〃	(생략)		감정의뢰회보		〃	1	1	②○				
30	〃	39		진술조서	김대표	〃	1	1	②×	기재생략			
31	〃	(생략)		법인등기부등본(슬림)		〃	1	1	②○				
32	〃	40		피의자신문조서	김갑동	〃	1	1	①○ ①○○○× ②○				공소사실 1.가.항 부분
33	〃	43		피의자신문조서(대질)	이을남	〃	1	1	①× ②○				공소사실 1.가.항 부분
					김갑동				①× ②○				공소사실 1.가.항 부분
34	검사	47		수사보고(식품위생법위반 관련)		〃	1	1	②○				
35	〃	48		약식명령등본		〃	1	1	②○				
36	〃	(생략)		피의자신문조서	김갑동	〃	1	1	①○ ②○				
37	〃	(생략)		범죄경력자료조회회보서	김갑동	〃	1	1	①○				
38	〃	(생략)		범죄경력자료조회회보서	이을남	〃	1	1	②○				

※ 증거의견 표시 - 피의자신문조서: 인정 ○, 부인 × (여러 개의 부호가 있는 경우, 적법성/성립/임의성/내용의 순서임)
          - 기타 증거서류: 동의 ○, 부동의 ×
          - 진술이 특히 신빙할 수 있는 상태 하에서 행하여졌다는 점 부인 : "특신성 부인"(비고란 기재)
※ 증거결정 표시: 채 ○, 부 ×
※ 증거조사 내용은 제시, 낭독(내용고지, 열람)

증 거 목 록 (증인 등)
2023고단5470

① 김갑동
② 이을남

2022형제73375호   신청인: 검사

증거방법	쪽수(공)	입증취지 등	신청기일	증거결정 기일	증거결정 내용	증거조사기일	비고
USB(녹음파일사본)(증 제1호)		기재생략	1	1	기재생략	2023. 6. 20. 10:00 (실시)	
닥터슬림 1통 (증 제2호)			1	1		2023. 6. 20. 10:00 (실시)	
박병녀	19		2	2		2023. 7. 25. 14:00 (실시)	
김대표	21		2	2		2023. 7. 25. 14:00 (실시)	
이을남	22		2	2		2023. 7. 25. 14:00 (실시)	

※ 증거결정 표시 : 채 ○, 부 ×   [이하 증거목록 미기재 부분은 생략]

증 거 목 록 (증거서류 등)
2023고단5470

① 김갑동
② 이을남

2022형제73375호   신청인: 검사

순번	증거방법 작성	쪽수(수)	쪽수(공)	증거명칭	성명	참조사항 등	신청기일	증거의견 기일	증거의견 내용	증거결정 기일	증거결정 내용	증거조사기일	비고
1			24	합의서		생략	2	2		기재생략			②신청

[이하 증거목록 미기재 부분은 생략]

※ 증거의견 표시 - 피의자신문조서: 인정 ○, 부인 ×
　　　　　　　　　(여러 개의 부호가 있는 경우, 적법성/성립/임의성/내용의 순서임)
　　　　　　　　- 기타 증거서류: 동의 ○, 부동의 ×
　　　　　　　　- 진술이 특히 신빙할 수 있는 상태 하에서 행하여졌다는 점 부인 : "특신성 부인"(비고란 기재)
※ 증거결정 표시: 채 ○, 부 ×
※ 증거조사 내용은 제시, 낭독(내용고지, 열람)

서울중앙지방검찰청

2023. 5. 22.

사건번호	2022년 형제73375호
수 신 자	서울중앙지방법원
발 신 자	검 사 엄정희 ㊞
제 목	공소장

아래와 같이 공소를 제기합니다.

I. 피고인 관련사항

1. 피 고 인 김갑동 (730620-1123456), 50세

   직업 기자, 010-****-****

   주거 서울 서초구 서초중앙로 168(서초동)

   등록기준지 (생략)

   죄   명 배임수재, 정보통신망이용촉진및정보보호등에관한법률위반(명예훼손), 공문서부정행사

   적용법조 형법 제357조 제1항, 정보통신망 이용촉진 및 정보보호 등에 관한 법률 제70조 제1항, 형법 제230조, 제37조, 제38조

   구속여부 불구속

   변 호 인 법무법인 나라 담당변호사 설득희

2. 피 고 인 이을남 (750219-1122334), 48세

   직업 회사원, 010-****-****

   주거 서울 강남구 테헤란로 187(삼성동)

   등록기준지 (생략)

   죄   명 배임증재, 업무상횡령, 통신비밀보호법위반, 재물손괴, 횡령, 식품위생법위반위반

   적용법조 형법 제357조 제2항, 제1항, 제356조, 제355조 제1항, 통신비밀보호법 제16조 제1항 제1호, 제2호, 제3조, 형법 제366조, 식품위생법 제94조 제1항 제1호, 제4조 제4호, 형법 제40조, 제37조, 제38조

   구속여부 불구속

   변 호 인 법무법인 세계 담당변호사 정명변

Ⅱ. 공소사실

1. 피고인들의 범행

가. 피고인 김갑동의 배임수재

피고인은 피해자 유한회사 주간신문(이하 '주간신문')의 편집국장이자 실질적 사주로서, 엄정한 객관성을 유지하여 공정보도 의무를 실천하고, 취재 보도의 과정에서 신분을 이용하여 부당한 이득을 취하지 아니하고, 취재원으로부터 제공되는 사적인 특혜나 편의를 거절하여야 할 의무가 있다.

피고인은 2022. 3. 27. 서울 중구 서소문로 11길 34 소재 주간신문 사무실에서 주식회사 슬림의 이사인 이을남으로부터 위 회사가 판매하는 상품에 관하여 홍보성 기사를 작성해 달라는 청탁을 받은 후, 그 대가로 같은 날 주간신문 명의의 계좌(신한은행 110-123-456789)로 300만 원을 입금받았다.

따라서 피고인은 그 임무에 관하여 부정한 청탁을 받고 300만 원을 취득하였다.

나. 피고인 이을남의 배임증재 및 업무상횡령

피고인은 피해자 주식회사 슬림의 이사로서 위 회사의 비자금을 업무상 보관하던 중 위와 같은 일시, 장소에서 주간신문의 계좌로 300만 원을 지급함으로써 이를 횡령함과 동시에 타인의 사무를 처리하는 김갑동에게 그 임무에 관하여 부정한 청탁을 하고 위 재물을 공여하였다.

2. 피고인 김갑동

가. 정보통신망이용촉진및정보보호등에관한법률위반(명예훼손)

피고인은 2022. 4. 15. 고등학교 동창 10여 명이 참여하는 단체 카카오톡 채팅방에서 피해자 이을남을 비방할 목적으로 '이을남이 다이어트약을 팔아먹으려고 연락이 오면 받지 마라. 개 예전에 먹으면 뇌졸중 오는 성분 들어간 거 팔다가 벌금 맞았다. 너희들 조심해라.'라는 내용의 사실을 적시하여 공연히 피해자의 명예를 훼손하였다.

나. 공문서부정행사

피고인은 2022. 4. 20. 주거지인 서울 서초구 서초중앙로 168(서초동) 지하주차장에 47주3889 그랜저 승용차를 주차하면서 사실은 위 승용차는 장애인이 사용하는 자동차가 아님에도 공문서인 서초구청장 명의의 '장애인자동차표지(보호자용)'를 위 승용차의 전면에 비치하였다. 이로써 피고인은 공문서를 부정행사하였다.

3. 피고인 이을남

 가. 통신비밀보호법위반

 피고인은 2022. 3. 30. 서울 중구 서소문로 11길 34 소재 주간신문 사무실에서 김갑동과 박병녀가 한 대화 내용을 휴대전화로 녹음하여 주식회사 슬림의 대표이사인 김대표에게 카카오톡으로 전송하였다. 이로써 피고인은 공개되지 않은 타인 간의 대화를 녹음하고, 위와 같은 방법으로 알게 된 대화의 내용을 누설하였다.

 나. 재물손괴

 피고인은 2021. 5.경 피해자 이을녀 소유의 파주시 야당동 19-19 소재 답 1,919㎡의 이용을 방해할 목적으로 그 지상에 별지 감정도(첨부 생략) '신축'표시 부분 기재와 같이 권한 없이 건물을 신축하였다. 이로써 피고인은 피해자 소유 토지에 권한 없이 건물을 신축하는 방법으로 위 토지의 효용을 해하였다.

 다. 횡령

 피고인은 2022. 11. 1. 피해자 이을녀로부터 피해자 이을녀 소유의 토지에 관한 종합부동산세를 납부해달라는 명목으로 3,000만 원을 송금받아 이를 보관하던 중 2022. 12. 24. 서울 강남구 학동로 123 소재 그랜드바에서 그 중 500만 원을 마음대로 유흥비로 소비하였다. 이로써 피고인은 피해자 이을녀의 재물을 횡령하였다.

 라. 식품위생법위반

 누구든지 인체의 건강을 해칠 우려가 있는 식품을 수입하거나 판매하여서는 아니 됨에도, 피고인은 주식회사 슬림의 이사로서 2021. 10. 14. 서울 강남구 압구정로 172 소재 위 회사 사무실에서 인체의 건강을 해칠 우려가 있는 '시부트라민(뇌졸중과 심혈관계 이상 반응 등을 이유로 2010. 10. 14. 이후 국내에서 판매금지)' 성분이 함유된 다이어트 식품 '닥터슬림' 5통을 백다여에게 대금 500,000원을 받고 판매한 것을 비롯하여 2021. 10. 14.부터 2021. 12. 20.까지 별지 범죄일람표(첨부 생략) 기재와 같은 방법으로 다이어트 식품 '닥터슬림' 478통을 대금 38,958,000원에 판매하였다. 이로써 피고인은 인체의 건강을 해칠 우려가 있는 식품을 판매하였다.

III. 첨부서류

 1. 변호인선임신고서 2통 (첨부 생략)

서울중앙지방법원
공판조서

제 1 회

사　　　건	2023고단5470 배임수재 등
재판장 판사	공지유
법 원 주 사	명정대

기　　　일: 2023. 6. 20. 10:00
장　　　소: 제202호 법정
공개여부: 공개
고 지 된
다음기일: 2023. 7. 25. 14:00

피 고 인　　1. 김갑동　　　　　　　　　　　　　　　　　　　각 출석
　　　　　　2. 이을남
검　　　사　　엄정희　　　　　　　　　　　　　　　　　　　　출석
변 호 인　　법무법인 나라 담당변호사 설득희(피고인 1을 위하여)　각 출석
　　　　　　법무법인 세계 담당변호사 정명변(피고인 2를 위하여)

재판장
　　피고인들은 진술을 하지 아니하거나 각개의 물음에 대하여 진술을 거부할 수 있고, 이익되는 사실을 진술할 수 있음을 고지
재판장의 인정신문
　　성　　　명 : 김갑동, 이을남
　　주민등록번호, 직업, 주거, 등록기준지 : 각 공소장 기재와 같음
재판장
　　피고인들에 대하여 주소가 변경될 경우에는 이를 법원에 보고할 것을 명하고, 소재가 확인되지 않을 때에는 그 진술 없이 재판할 경우가 있음을 경고
검　　사
　　공소장에 의하여 공소사실, 죄명, 적용법조 낭독
피고인 김갑동
　　배임수재의 점에 관하여 주간신문 명의의 계좌로 돈을 지급받은 것은 사실이지만 신문 운영을 위하여 필요해서 빌린 것이지 홍보 기사 작성을 부탁받은 사실은 없습니다. 정보통신망이용촉진및정보보호등에관한법률위반(명예훼손)의 점의 경우 사실관계는 인정합니다. 다만 진심으로 이을남이 판매하는 유해식품을 친구들이 구매하여 먹고 피해를 입을까봐 우려되어 채팅방에 글을 남긴 것일 뿐인데 이런 경우에도 명예훼손죄가 성립하는지 의문입니다. 공문서부정행사의 점은, 장애인표지를 자동차에 비치하기는 했지만 그로써 아무런 편의를 제공 받은 사실이 전혀 없는데도 공문서부정행사죄로 처벌받는 것은 억울합니다.

피고인 김갑동의 변호인

　　피고인을 위하여 유리한 변론을 하다(변론기재 생략).

피고인 이을남

　　배임증재, 재물손괴, 횡령의 점은 모두 인정합니다. 다만 업무상횡령의 점은 대표이사로부터 받은 지시에 따라 금원을 송금한 것이지 그 과정에서 제가 아무런 이득을 본 것이 없어서 그 죄책을 제가 부담하는 것은 억울합니다. 통신비밀보호법위반의 점은 당시 대화가 이루어지는 장소가 누구나 드나들 수 있는 신문사 사무실이어서 공개된 장소였고, 박병녀로부터 녹음 허락도 받았기 때문에 죄가 성립하지 않습니다. 식품위생법위반의 점의 경우, 공소사실은 인정하나 이미 같은 제품을 판매한 건으로 약식명령을 받아 납부했으므로 또 처벌받아서는 안 될 것입니다.

피고인 이을남의 변호인

　　피고인을 위하여 유리한 변론을 하다(변론기재 생략).

재판장

　　증거조사를 하겠다고 고지

　　USB의 녹음파일사본에 대한 재생을 명[USB의 녹음파일사본에 녹음되어 재생된 내용은 녹취서(수사기록 32면)과 같음]

증거관계 별지와 같음(검사)

재판장

　　1. 검사에게, 피고인 김갑동의 배임수재의 점의 경우, 공소사실 기재와 관련하여 홍보성 기사 작성 부탁이 부정한 청탁으로 인정되는지와 주간신문 명의의 계좌로 금원을 지급받아 피고인이 직접 받은 것이 아님에도 위 금원이 피고인에 지급된 것으로 보아 배임수재죄가 성립될 수 있는지 검토할 것을 명함
　　2. 각 증거조사 결과에 대하여 의견을 묻고 권리를 보호하는 데에 필요한 증거조사를 신청할 수 있음을 고지

소송관계인

　　별 의견 없다고 진술

재판장

　　변론속행

2023. 6. 20.

법원주사　　　　　명정대 ㊞

재판장 판사　　　　공지유 ㊞

서울중앙지방법원
공판조서

제 2 회
사　　　건　2023고단5470 배임수재 등
재판장 판사　공지유
법원주사　명정대

기　　　일 : 2023. 7. 25. 14:00
장　　　소 : 제202호 법정
공개여부 : 공개
고 지 된
다음기일 : 2023. 8. 22. 14:00

피 고 인　1. 김갑동　　　　　　　　　　　　　　　　　각 출석
　　　　　2. 이을남
검　　사　엄정희　　　　　　　　　　　　　　　　　　출석
변 호 인　법무법인 나라 담당변호사 설득희(피고인 1을 위하여)　각 출석
　　　　　법무법인 세계 담당변호사 정명변(피고인 2를 위하여)
증　　인　박병녀　　　　　　　　　　　　　　　　　　출석
　　　　　김대표　　　　　　　　　　　　　　　　　　출석
　　　　　이을남　　　　　　　　　　　　　　　　　　출석

재판장
　　　전회 공판심리에 관한 주요사항의 요지를 공판조서에 의하여 고지
소송관계인
　　　변경할 점이나 이의할 점이 없다고 진술
재판장
　　　증거조사를 하겠다고 고지
　　　출석한 증인 박병녀, 김대표를 별지와 같이 신문
　　　피고인 이을남에 대한 변론을 분리하겠다고 고지
　　　증거조사를 하겠다고 고지
　　　출석한 증인 이을남을 별지와 같이 신문
　　　피고인 이을남에 대한 변론을 병합한다고 고지
증거관계 별지와 같음(검사 및 피고인)
재판장
　　　각 증거조사 결과에 대하여 의견을 묻고 권리를 보호하는 데에 필요한 증거조사를 신청할 수 있음을 고지
소송관계인
　　　별 의견 없다고 진술
재판장
　　　증거조사를 마치고 피고인신문을 하겠다고 고지

피고인 김갑동에게

검 사

문 피고인은 2022. 3. 27. 주간신문 사무실에서 이을남으로부터 주식회사 슬림에서 새로 나온 다이어트 제품의 홍보성 기사를 작성하여 달라는 부탁을 받고, 같은 날 그 대가로 주간신문 명의의 계좌로 300만 원을 입금받은 사실이 있지요.

답 그 날 이을남을 만나기는 했는데, 인터넷 신문 운영이 힘들다고 하면서 운영비 조로 300만 원을 잠시 빌렸을 뿐입니다.

문 피고인은 그로부터 며칠 지나지 않아 2022. 3. 30. 주간신문 사무실에서 주식회사 슬림의 이사인 이을남과 직원인 박병녀를 만나 다시 한번 제품에 관한 설명을 듣고 홍보성 기사를 써달라는 부탁을 받았지요.

답 제가 신문 운영하면서 생긴 적자를 메꾸느라 스트레스를 받아서 살이 많이 쪘는데, 이을남이 데리고 온 박병녀가 살 빼는 데 좋은 약이 있다고 해서 잠시 앉아 이야기를 듣기는 했지만, 홍보 기사 작성을 부탁받은 적은 없습니다.

문 유한회사 주간신문을 설립할 당시 법인등기부에 이사로, 현재 사원명부에 사원으로 각 기재된 김정녀, 김무술 중 김정녀는 피고인의 동생, 김무술은 피고인의 형이지요.

답 맞습니다.

문 사원명부에 사원으로 기재된 사람들이 실제 지분을 가지고 있나요.

답 그렇진 않습니다. 모두 저에게 경영을 위임한 상태입니다.

문 주간신문 명의 계좌로 들어간 돈은 모두 피고인이 관리하면서 본인의 판단 하에 사용하는 것인가요.

답 주간신문을 운영하면서 최근 2년간 마이너스 상태라 그 마이너스를 제가 메꾸고 있습니다. 그 계좌로 들어온 돈은 제가 신문 운영을 위해서 개인적으로 메꾼 금액을 채우기 위해 사용하기도 하고, 신문 운영비로 직접 사용하기도 합니다.

피고인 이을남에게

검 사

문 피고인은 피해자 이을녀 소유의 파주시 야당동 19-19 답 1,919㎡ 토지의 이용을 방해할 목적으로 2021. 5.경 위 토지 지상에 건물을 신축한 사실이 있지요.

답 피해자 이을녀는 그 일대에 몇 필지를 소유하면서 저에게 세금납부를 부탁하였습니다. 저는 주말에 가끔 가보다가 최근 농지 위에 컨테이너로 된 하우스를 짓는 것이 유행이라길래 제가 주말에 가족들하고 쓰려고 위 토지 위에 작게 지었습니다. 어차피 피해자 이을녀가 거기에서 농사를 짓는 것도 아닌데 제가 무슨 이용을 방해한 것은 없습니다.

문 피해자 이을녀로부터 2022. 11. 1. 위 토지 등에 관한 종합부동산세 납부를 부탁받고 송금받은 3,000만 원 중 500만 원을 2022. 12. 24.경 서울 강남구 학동로 123 소재 그랜드바에서 유흥비로 사용한 사실이 있지요.

답 연말에 회사 직원들이랑 회식하면서 누나가 보내준 돈을 관리하는 별도 계좌에서 500만 원을 출금하여 사용한 것은 맞습니다.

문 피고인은 피해자 이을녀와 합의하였나요.

답 얼마 전 보너스를 받아 변제하고 합의하였습니다.

재판장

    변론 속행(변호인들의 요청으로)

               2023. 7. 25.

        법원주사   명정대 ㊞

        재판장 판사   공지유 ㊞

서울중앙지방법원
증인신문조서 (제2회 공판조서의 일부)

사　　건　　2023고단5470 배임수재 등
증　　인　　이　름　　박병녀
　　　　　　생년월일 및 주거 (각 생략)

재판장
　　위증의 벌 경고, 선서 부분, 다른 증인 퇴정 부분, 증언거부권 부분 (각 생략)

검　사
　　증인에게

문　증인은 주식회사 슬림의 직원으로 2020. 5.부터 현재까지 위 회사의 제품을 홍보하는 일을 하고 있지요.
답　네, 그렇습니다.
문　2022. 3. 30. 서울 중구 서소문로 11길 34 소재 주간신문 사무실에 찾아가 피고인 김갑동을 만난 사실이 있지요.
답　네. 그렇습니다.
문　당시 피고인 김갑동을 만난 이유가 무엇인가요.
답　피고인 김갑동이 우리 회사 이을남 이사의 고등학교 선배라 잘 알고 지내는데 인터넷 신문을 운영한다고 들었습니다. 이을남 이사가 피고인 김갑동에게 기사 작성을 부탁했는데 며칠이 지나도 기사가 올라오지 않았다며 다시 한번 가보자고 했습니다. 피고인 김갑동이 다이어트 식품에 관심이 있다고 들어서 최근 새로 나온 '뉴닥터슬림'제품을 들고 가 설명하고, 그 분이 직접 드셔보신 후 효과가 있으면 우리 회사를 홍보하는 기사를 더 좋게 써주시지 않을까 싶어 이을남 이사와 함께 찾아갔습니다.
문　증인은 피고인 김갑동을 만나서 무슨 이야기를 하였나요.
답　'뉴닥터슬림'을 가지고 가서 이전과 달리 효소를 주원료로 사용했기 때문에 인체에 해를 끼치지 않을 뿐 아니라 장기적으로도 건강하게 체중감량을 할 수 있다고 설명했습니다. 우리 회사에서 나온 제품에 관심을 가져주시고 가급적이면 이전에 이을남 이사가 부탁한 것과 같이 홍보하는 기사를 써주시면 좋겠다고 부탁했습니다.
문　피고인 김갑동이 이에 관하여 뭐라고 하던가요.
답　이을남 이사로부터 며칠 전 신제품 출시에 관해서 이야기를 들었는데 다른 일로 바빠서 기사 작성이 늦어졌다며 알겠다고 하였습니다.
문　사전에 피고인 이을남이 피고인 김갑동에게 기사 작성을 부탁하면서 돈을 지급했다는 이야기를 들었나요.

-19-

답 네. 제가 방문하기 며칠 전에 이을남 이사가 피고인 김갑동에게 돈도 줬는데 기사를 안 써준다고 불평하는 소리를 들었습니다.
문 방문하기 전에 피고인 이을남으로부터 증인과 피고인 김갑동 사이의 대화를 녹음하겠다는 이야기를 들었나요.
답 네, 이을남 이사가 피고인 김갑동과 직접 이야기하지는 않겠지만 제가 만나서 대화한 것을 대표이사 김대표에게 보고해야 한다고 해서 녹음하시라고 했습니다.
문 증인과 피고인 김갑동이 대화하는 동안 피고인 이을남은 어디에 있었나요.
답 주간신문 사무실 출입구 바로 앞에 전화 받는 젊은 직원이 앉아 있었는데 이을남 이사는 그 옆 소파에 앉아 있었고, 저는 사무실 창가 쪽에 있는 피고인 김갑동의 책상 앞 의자에 앉아 대화하였습니다.

피고인 이을남의 변호인

증인에게
문 증인과 피고인 김갑동이 대화할 당시 피고인 이을남이 이를 들을 수 있는 거리에 있었나요.
답 당시에는 대화가 피고인 이을남에게 들리는지 알지 못했는데, 나중에 피고인 이을남이 녹음을 한 것을 보면 들렸던 모양입니다.
문 주간신문의 사무실은 출입문이 잠겨있지 않았고, 이에 출입하는 데 특별히 제한이 있는 장소는 아니였지요.
답 문이 잠겨있지는 않았는데, 저와 이을남 이사는 피고인 김갑동과 만나기로 약속을 하고 갔고, 다른 사람들의 출입에 제한이 있는지는 잘 모르겠습니다.
문 증인은 피고인 김갑동과의 대화가 사적인 내용이 아니어서 공개되어도 무방하다고 생각하고 피고인 이을남에게 녹음을 허락한 것이지요.
답 네, 그렇습니다.

피고인 김갑동의 변호인

증인에게
문 증인은 피고인 김갑동이 피고인 이을남으로부터 기사 작성의 대가로 돈을 받았다고 이야기하는 것을 들었나요.
답 피고인 김갑동은 이을남 이사로부터 기사 작성을 부탁받았다는 이야기는 했지만 그 대가로 돈을 받았다는 이야기를 저에게 한 적은 없습니다.
문 피고인 이을남이 기사 작성을 대가로 돈을 지급했다는 이야기는 증인이 피고인 이을남으로부터 들었다는 것이지요.
답 네, 그렇습니다.

2023. 7. 25.

법 원 주 사 명정대 ㉞

재판장 판사 공지유 ㉞

서울중앙지방법원
증인신문조서 (제2회 공판조서의 일부)

사 건   2023고단5470 배임수재 등
증 인   이 름   김대표
         생년월일 및 주거 (각 생략)

재판장
　위증의 벌 경고, 선서 부분, 다른 증인 퇴정 부분, 증언거부권 부분 (각 생략)

검사
　증인에게
문　(증거목록 순번 30을 제시, 열람하게 하고) 증인은 수사기관에서 사실대로 진술하고, 진술한 대로 기재된 것을 확인하고 서명, 날인하였지요.
답　네, 그렇습니다.
문　증인은 주식회사 슬림의 대표이사로 근무하고 있지요.
답　네, 그렇습니다.
문　피고인 이을남은 주식회사 슬림에서 어떤 업무를 담당하는가요.
답　영업이사로서 제품의 판매와 영업을 총괄하고 있습니다.
문　피고인 이을남이 영업에 필요한 비용은 어떻게 충당하는가요.
답　제가 피고인 이을남에게 관리를 맡긴 회사 계좌가 있는데, 사전에 사용처를 저에게 보고하고, 그 계좌에서 필요한 비용을 가져다 쓰라고 하였습니다.
문　피고인 이을남으로부터 매번 사용목적을 보고받았나요.
답　그렇습니다.
문　그렇다면 피고인 이을남이 2022. 3. 27. 유한회사 주간신문 명의의 계좌로 300만 원을 송금한 사실을 알고 있는가요.
답　네, 그 때 홍보기사를 위해서 지급한다고 하였습니다.
문　경찰에서 진술할 때는 왜 모른다고 대답하였는가요.
답　당시에는 기억이 잘 나지 않았는데 돌아가서 회사계좌내역을 살펴보니 기억이 났습니다.

피고인 이을남의 변호인
문　피고인 이을남의 처벌을 바라는가요.
답　아닙니다. 원하지 않습니다.

2023. 7. 25.

법원주사　　　명정대 ⑪
재판장 판사　　공지유 ⑪

서울중앙지방법원
증인신문조서 (제2회 공판조서의 일부)

사 건	2023고단5470-1 배임수재 등	
증 인	이 름	이을남
	생년월일 및 주거 (각 생략)	

재판장

위증의 벌 경고, 선서 부분, 다른 증인 퇴정 부분, 증언거부권 부분 (각 생략)

검 사

증인에게

문 (증거목록 순번 1, 5, 33을 제시, 열람하게 하고) 증인은 고소 및 고발장을 사실대로 작성하여, 서명, 날인하였고, 수사기관에서 사실대로 진술하고, 진술조서와 피의자신문조서에 진술한 대로 기재된 것을 확인하고 서명, 날인하였는가요.

답 네, 그렇습니다.

문 증인은 2022. 3. 27. 서울 중구 서소문로 11길 34 소재 주간신문의 사무실에서 피고인 김갑동에게 위 회사가 새로 출시한 제품을 홍보하는 기사를 작성해 달라고 부탁한 후, 그 대가로 같은 날 주간신문 명의의 계좌로 300만 원을 송금하였지요.

답 네, 그렇습니다.

문 증인이 피고인 김갑동에게 부탁하게 된 경위는 무엇인가요.

답 김갑동은 제 고등학교 선배로 동문회에서 몇 번 만나 알고 지내는 사이였습니다. 마침 인터넷신문을 운영하고 있다고 하길래 저는 다이어트용 식품을 판매하는 회사에 다녀서 그 신문을 통해 간접적으로 제품 홍보가 되면 좋겠다고 생각했습니다. 그래서 김갑동을 만나 기사 작성을 부탁하고 대가로 제가 관리하던 회사 비자금 중 300만 원을 주간신문 계좌로 송금해주었습니다.

문 송금한 금원이 홍보 기사 작성을 위한 대가라는 점을 피고인 김갑동도 분명히 알고 있나요.

답 당연합니다. 우리 회사 김대표 대표이사가 그런 점을 알고 저에게 비자금 중 300만 원 정도를 지급하라고 했고, 그렇지 않고서야 제가 어떻게 회사 돈을 남에게 지급하겠습니까. 김갑동이 저에게 요새 인터넷신문 운영이 어려워서 자기 돈으로 손해를 메꾸고 있다면서 이렇게 기업 홍보해주는 기사라도 쓰면서 돈을 받아야 운영이 된다고 했습니다.

문 피고인 김갑동은 증인으로부터 주간신문 운영비 조로 금원을 대여받은 것이라고 주장하는데 어떤가요.

답　말도 안됩니다. 그 돈은 회사 비자금이라 제가 함부로 쓸 수도 없고, 그랬다가는 회사에서 저에게 책임을 물을 것입니다. 피고인 김갑동 스스로 저에게 돈 들어오면 하루 이틀 내로 기사가 올라갈 거라고 했습니다.

문　증인은 2022. 3. 30.에도 회사 직원 박병녀와 주간신문 사무실을 방문하여 피고인 김갑동을 만난 적이 있지요.

답　네, 그렇습니다.

문　[USB(증 제1호)의 녹음파일사본을 재생하여 들려주고] 위 파일은 당시 증인이 피고인 김갑동과 박병녀 사이의 대화를 녹음한 파일내용과 동일하지요.

답　네, 그렇습니다.

피고인 김갑동의 변호인

증인에게

문　증인이 2022. 3. 27. 주간신문 사무실에서 피고인 김갑동과 대화할 때, 피고인 김갑동은 주로 무슨 이야기를 하였나요.

답　요새 인터넷신문 광고판매가 시원치 않아서 내리 적자만 나고 있고, 비용을 줄여보려고 혼자 밤늦게까지 전화도 받으면서 신문 홈페이지 관리도 하다 보니 생활이 불규칙해서 살이 쩐다는 등 자기 신세한탄을 많이 했습니다.

문　그래서 피고인 김갑동이 운영비에 보탤 명목으로 증인으로부터 300만 원을 대여받은 것이지요.

답　아닙니다. 제가 우리 회사 홍보 기사를 써주면 회사 비자금 중 일부를 지급해줄 수 있을 거라고 하니 피고인 김갑동이 그러자고 해서 지급한 것입니다.

문　그렇다면 피고인 김갑동의 개인 계좌로 송금했어야 하는 것 아닌가요.

답　저는 피고인 김갑동이 요청한 대로 주간신문 명의의 계좌로 송금한 것 뿐입니다.

2023. 7. 25.

법 원 주 사　　　명정대 ㊞
재판장 판사　　　공지유 ㊞

증거서류제출서

사건번호 2023고단5470 배임수재 등
피고인 이을남

 사건에 관하여 피고인의 변호인은 피고인의 이익을 위하여 다음과 같은 증거서류를 제출합니다.

다 음

법정 접수
2023. 7. 25.

1. 합의서   1통

2023. 7. 25.
변호인 법무법인 세계 담당변호사 정명변 ㊞

서울중앙지방법원 형사4단독 귀중

합 의 서

피고인 이을남(750219-1122334, 주소 기재 생략)
고소인 이을녀(730319-2233445, 주소 기재 생략)

고소인은 2023. 4. 3. 피고인에 대하여 재물손괴, 횡령으로 고소한 바 있으나, 피고인으로부터 피해액을 변제받고 원만히 합의하였으므로 이에 피고인에 대한 고소를 취소합니다. 부디 재판부에서 피고인을 선처하여 주시길 바랍니다.

2023. 7. 24.

고소인 이을녀 ㊞
(인감증명서 첨부 생략)

서울중앙지방법원
증거서류등(검사)

제	1	책
제	1	권

사건번호	2023고단5470	담임	4단독	주심	

사건명	가. 배임수재 나. 배임증재 다. 정보통신망이용촉진및정보보호등에관한법률위반(명예훼손) 라. 공문서부정행사 마. 업무상횡령 바. 통신비밀보호법위반 사. 재물손괴 아. 횡령 자. 식품위생법위반

검 사	엄정희	2023형제73375호

피고인	1. 가. 다. 라. 김갑동 2. 나. 마. 바. 사. 아. 자. 이을남

공소제기일	2023. 5. 22.
1심 선고	20 . . .	항소	20 . . .
2심 선고	20 . . .	상고	20 . . .
확 정	20 . . .	보존	

구공판	서울중앙지방검찰청 증거기록				
검 찰	사건번호	2023년 형제73375호	법원	사건번호	2023고단5470
	검 사	엄정희		판 사	
피고인	1. 가. 다. 라. 김갑동 2. 나. 마. 바. 사. 아. 자. 이을남				
죄 명	가. 배임수재 나. 배임증재 다. 정보통신망이용촉진및정보보호등에관한법률위반(명예훼손) 라. 공문서부정행사 마. 업무상횡령 바. 통신비밀보호법위반 사. 재물손괴 아. 횡령 자. 식품위생법위반				
공소제기일	2023. 5. 22.				
구 속	불구속			석 방	
변 호 인					
증 거 물					
비 고					

제 1 책
제 1 권

고소 및 고발장

서초경찰서 접수인(1157호) (2023. 3. 20.)

고소인 이을남 (인적사항 생략)
피고소인 김갑동 (인적사항 생략)
죄명   배임수재, 명예훼손, 공문서부정행사

1. 고소인은 피고소인 김갑동과 고등학교 선후배 사이로 알고 지내던 중, 김갑동이 제가 다니는 주식회사 슬림 제품을 홍보하는 기사를 써주면 대표이사의 허락 하에 회사 돈을 일부 지급할 생각으로 2022. 3. 27. 김갑동을 만나 기사 작성을 부탁하고 300만 원을 지급하였습니다.
2. 이후 김갑동은 기사를 써주지도 않고 차일피일 미루다가 2022. 4.경 자기 고등학교 동창들이 있는 카카오톡 채팅방에 제가 사람이 먹으면 뇌졸중 걸릴 다이어트약을 팔고 다녀서 처벌을 받았으니 연락 오면 조심하라는 취지로 메시지를 작성했습니다.
3. 같은 채팅방에 있던 고등학교 선배의 연락으로 김갑동이 위와 같은 메시지를 쓴 것을 알게 되어, 2022. 4. 20. 이를 항의하려고 김갑동이 사는 서울 서초구 서초중앙로 168(서초동) 소재 중앙아파트에 찾아가 둘러보다가 지하주차장에서 김갑동이 타고 다니는 그랜저 창문 아래 장애인자동차표지를 발견하였습니다. 김갑동은 장애인이 아니면서 이와 같은 표지를 달고 다니고 있었던 것으로 보여 사진을 찍어두었습니다.
4. 위와 같이 김갑동은 기사 청탁을 받으면서 돈을 받아 배임수재죄를, 함부로 저에 대한 사회적 평가를 저하시킬 메시지를 여러 명이 볼 수 있게 올려 명예훼손죄를, 공문서인 장애인자동차표지를 거짓으로 사용하였으므로 공문서부정행사죄를 범하였습니다. 이에 엄히 처벌하여 주시기 바랍니다.

첨부: 계좌이체내역(생략)
     카카오톡 캡처 화면(생략)
     사진(김갑동 차량)(생략)

2023. 3. 20.
고소 및 고발인 이을남 ㊞

서울서초경찰서장 귀중

진 술 조 서

성   명 :   이을남

주민등록번호, 직업, 주소, 연락처 등은 생략

위의 사람은 피의자 김갑동에 대한 배임수재 등 피의사건에 관하여 2023. 3. 23. 서울서초경찰서 수사과 사무실에 임의출석하여 다음과 같이 진술하다.

[피의자와의 관계, 피의사실과의 관계 등(생략)]

문   진술인은 2023. 3. 20. 피의자에 대하여 배임수재 등으로 고소 및 고발장을 제출한 사실이 있는가요.

답   네. 있습니다.

문   그 요지는 무엇인가요.

답   피의자는 2022. 3. 27. 인터넷신문을 운영하면서 홍보 기사를 작성해달라는 부정한 청탁을 받고 돈을 받아 배임수재하였고, 2022. 4.경 저의 명예를 훼손하는 메시지를 단체 카카오톡방에 올렸으며, 장애인이 아니면서 장애인표지를 자동차에 비치하고 다녀 공문서를 부정행사하였습니다.

문   1년 정도가 지나 지금 고소를 하는 이유는 무엇인가요.

답   피의자가 기사를 써주기를 한동안 기다리다가 써주지 않자 지급한 돈을 돌려달라고 수차례 요구하였음에도 돌려주지 않아 이제서야 고소하게 되었습니다.

문   배임수재와 관련하여, 고소장에 의하면 진술인이 피의자에게 기사를 작성해달라고 부탁하며 금원을 지급하였다는 것인데, 이는 배임증재에 해당할 수 있어 진술인의 이에 관한 진술은 피의자에 대한 배임수재 뿐 아니라 진술인의 배임증재에 관한 것이기도 합니다.

[진술거부권 및 변호인 조력권을 고지하고 변호인 참여 없이 진술하기로 함(생략)]

문   진술인이 고소장에 첨부한 계좌이체내역을 보면 2022. 3. 27. 유한회사 주간신문 명의의 신한은행 계좌(계좌번호 110-123-456789)로 300만 원이 송금되었는데, 위 금원이 피의자에게 지급된 것이 맞는가요.

답   피의자가 거기로 보내라고 해서 보낸 것인데 실질적으로 혼자 주간신문을 운영하고 있기 때문에 신문 계좌로 지급한 것이 피의자에게 준 것이나 마찬가지입니다.

문   송금하게 된 경위는 무엇인가요.

답   그 날 낮에 영업차원에서 피의자의 신문 사무실을 방문했다가 마침 우리 회사에서 새로 나온 제품에 관한 홍보 기사를 써주면 300만 원 정도 지급할 수 있다고 했더니 피의자가 승낙하여 거기서 바로 인터넷 뱅킹으로 송금하였습니다.

문   피의자가 이후 기사를 작성하였나요.

답   며칠 지나도 기사가 안 올라오길래 우리 회사 직원 박병녀를 데리고 다시 한 번 찾아가기도 했습니다. 그 이후 피의자가 고등학교 선배들이 들어간 카카오톡 단체 채팅방에 제 욕을 올리고 해서 사이가 틀어졌습니다.

문 피의자는 2022. 4. 15. 10여 명이 포함된 단체 채팅방에 '이을남이 다이어트약을 팔아먹으려고 연락이 오면 받지 마라. 개 예전에 먹으면 뇌졸중 오는 성분 들어간 거 팔다가 벌금 맞았다. 너희들 조심해라.'라고 메시지를 올린 것으로 보이는데, 그 중 제품과 벌금에 관한 부분은 사실인가요.

답 예전에 시부트라민 들어간 다이어트 제품을 팔다가 벌금을 받은 적이 있긴 한데 한 때 팔다가 지금은 그 제품 팔지 않습니다.

문 언제까지 얼마나 해당 제품을 팔았는지 입증할 자료가 있는가요.

답 회사로 돌아가서 찾아보고 추후 제출하겠습니다.

문 해당 대화를 캡처해서 보내준 사람은 누구인가요.

답 카카오톡 대화창 안에 있던 고등학교 선배 고창동입니다. 전화번호는 010-1234-5678입니다.

문 더 이상 하고 싶은 말이 있는가요.

답 아니오. 없습니다.

문 이상의 진술은 사실인가요.

답 네, 사실입니다. ㉑

위의 조서를 진술자에게 열람하게 하였던바 진술한 대로 오기나 증감·변경할 것이 없다고 말하므로 간인한 후 서명날인하게 하다.

진 술 자   이을남 ㉑

2023. 3. 23.

서울서초경찰서

사법경찰관 경위 최 경 위 ㉑

진 술 서

성 명	고창동		성별	남
연 령	만 49세(1973. 4. 7.)	주민등록번호	730407-1******	

등록기준지, 주거, 연락처 (각 생략)

위의 사람은 피의자 김갑동에 대한 정보통신망이용촉진및정보보호등에관한법률위반(명예훼손) 사건의 참고인으로서 다음과 같이 임의로 자필진술서를 작성 제출함

1. 저는 피의자 김갑동과 고등학교 동창이고, 피해자 이을남과는 고등학교 선후배 사이로 가깝게 지내고 있습니다.

1. 저와 피의자 김갑동 등 고등학교 동창들 십여 명이 소식을 주고받는 카카오단톡방이 있는데, 피의자 김갑동이 2022. 4. 15. 위 채팅방에 '이을남이 다이어트약을 팔아먹으려고 연락이 오면 받지 마라. 걔 예전에 먹으면 뇌졸중 오는 성분 들어간 거 팔다가 벌금 맞았다. 너희들 조심해라'라고 카톡을 올렸습니다.

1. 저는 피해자 이을남과 주말마다 같이 등산을 다니는데, 그 때마다 자기가 다니는 회사에서 나온 제품 중에 건강에 좋은 것이 있으면 가져다주곤 해서 고마운 마음을 가지고 있었습니다. 그 중에 닥터슬림이라고 살빠지는 약도 원래 가격이 한 병에 10만 원씩 한다던데 몇 번 가져다줘서 먹은 적도 있습니다. 제 고등학교 동창 반구호한테도 그 비싼 약을 공짜로 가져다 준 것으로 알고 있습니다. 그런데 피의자가 괜히 벌금 운운하는 것이 함부로 피해자 이을남을 욕하는 것 같아서 그 부분을 캡처해서 피해자 이을남에게 보내주었습니다.

1. 피의자 김갑동은 인터넷신문을 운영한다고 하는데 몇 번 들어가봤더니 광고성 기사밖에 없어서 그 이후로 살펴본 적도 없습니다.

1. 이상은 모두 사실과 다름없습니다.

2023. 3. 27.

고창동 ㊞

서 울 서 초 경 찰 서

2023. 3. 28.

수신 : 경찰서장
참조 : 수사과장
제목 : 수사보고(주간신문 법인등기부등본 등 관련)

1. 유한회사 주간신문 법인등기부등본에 의하면,

　유한회사 주간신문은 설립 당시부터 현재까지 법인등기부에 김갑동이 대표이사로, 김정녀, 김무술이 이사로 각 기재되어 있고, 피의자 김갑동에게 확인한 바 위 둘은 피의자 김갑동과 형제자매 관계에 있고, 김정녀의 전화번호는 010-1122-3344라고 하여 이를 보고합니다.

2. 입출금거래내역, 닥터슬림판매내역증명서에 의하면,

　피의자 이을남이 임의로 제출한 주식회사 슬림 명의 신한은행 계좌(110-304-345678)의 입출금거래내역과 닥터슬림판매내역증명서에 의하면 피의자 이을남이 별지 일람표 기재와 같이 2021. 10. 14.부터 2021. 12. 20.까지 '닥터슬림' 478통을 대금 38,958,000원에 판매한 내역을 확인하였습니다.

첨부 : 1. 법인등기부등본(주간신문) 1부(생략)
　　　 2. 입출금거래내역(생략), 닥터슬림판매내역증명서(생략) 각 1부
　　　 3. 일람표 1부(첨부 생략)

수사과 경위 최경위 ㊞

서 울 서 초 경 찰 서

2023. 3. 29.

수신 : 경찰서장
참조 : 수사과장
제목 : 수사보고(박병녀 통화 관련)

1. 박병녀 통화내용

박병녀는 2022. 3.말경 이을남과 주간신문 사무실을 방문하였고, 직전에 이을남이 피의자에게 제품 홍보 기사를 부탁하면서 돈을 줬는데도 기사가 올라오지 않아 이번에는 제품을 주고 설명하면서 다시 한번 부탁해보라는 취지의 이야기를 들었다고 진술하였습니다. 당시 이을남이 박병녀와 피의자의 대화내용을 녹음해도 되겠냐고 해서 허락하였고, 이에 이을남이 녹음한 파일 사본을 자신에게도 보내주었다며 그 파일 사본을 담은 USB를 제출하였습니다.

위 파일에 대한 포렌직 진행과정에서 위 파일이 2022. 3. 30. 14:24부터 같은 날 14:45까지 사이에 녹음된 파일임을 확인하였습니다. 해당 녹음 파일사본에 대한 녹취서를 다음과 같이 첨부하였음을 보고합니다.

첨부: 1. USB(녹음파일사본) 1개
      2. 녹취서 1부

수사과 경위 최경위 ㉑

녹 취 서

(앞 부분 생략)

남자: 을남이가 가져다 준 거 먹고는 있는데 영 살은 안 빠지던데.

여자: 이번에 나온 뉴닥터슬림은 이전 닥터슬림과 다르게 완전 천연성분으로 된 거예요. 우리 연구소에서 개발한 효소로 된거라 시간은 좀 걸려도 확실하게 효과 봐요. 임상실험에서도 증명됐어요. 여기 이거 보시면...

남자: 일단 두고 가보세요. 제가 나중에 시간 날 때 볼게요.

여자: 을남 이사님이 제품 출시하고 바로 기사가 나야 홍보 효과가 좋다고 꼭 좀 부탁드린대요.

남자: 거 며칠 전에 와서 이야기하고 갔어요. 뭘 또 다른 사람을 데리고 와서 또 부탁을 해.

(이하 생략)

진 술 조 서

성　　　명 :　김정녀

주민등록번호, 직업, 주소, 연락처 등은 생략

위의 사람은 피의자 김갑동에 대한 배임수재 등 피의사건에 관하여 2023. 3. 29. 서울서초경찰서 수사과 사무실에 임의출석하여 다음과 같이 진술하다.

1. 피의자와의 관계

답 저는 피의자 김갑동의 동생입니다.

2. 피의사실과의 관계

답 저는 피의사실에 관하여 참고인 자격으로 출석하였습니다.

(이 때 사법경찰관이 유한회사 주간신문 법인등기부등본을 제시하면서)

문 주간신문 법인등기부등본을 보면, 피의자 김갑동, 진술인, 김무술이 이사로 기재되어 있는데, 어떤 관계인가요.

답 김무술은 저의 오빠이자 피의자 김갑동의 형입니다. 이와 관련하여 가족관계증명서를 제출합니다.

[이 때 사법경찰관은 가족관계증명서(김정녀)(생략)를 진술조서 뒤에 편철하다.]

문 진술인은 주간신문의 경영에 관여하는가요.

답 주간신문은 실질적으로 피의자 김갑동이 혼자 운영하면서 그 손익도 자기가부담합니다. 법인의 형태상 가족인 저나 김무술 모두 형식적으로 명의만 이사로 등재되어 있을 뿐 신문사로부터 받는 것은 아무것도 없습니다. 여기 사원명부를 보시면 우리 셋 다 주간신문 사원명부에도 사원으로 기재되어 있고, 제가 출자좌수 3,500좌, 김무술이 1,000좌, 피의자 김갑동이 500좌로 등재되어 있지만 실제 운영비를 부담하거나 사원의 권리를 행사한 적도 없습니다.

[이 때 사법경찰관은 주간신문의 사원명부(생략)를 진술조서 뒤에 편철하다.]

문 이상 진술한 내용이 사실인가요.

답 네. [인]

위의 조서를 진술자에게 열람하게 하였딘바 진술한 대로 오기나 증감·변경할 것이 없다고 말하므로 간인한 후 서명날인하게 하다.

진 술 자　　김정녀 [인]

2023. 3. 29.

서울서초경찰서

사법경찰관 경위　최경위 [인]

진 술 서

성 명	배소장		성별	남
연 령	만 69세(1953. 5. 5.)	주민등록번호	530505-1******	

등록기준지, 주거, 연락처 (각 생략)

위의 사람은 피의자 김갑동에 대한 공문서부정행사 사건의 참고인으로서 다음과 같이 임의로 자필진술서를 작성 제출함

1. 저는 서울 서초구 서초중앙로 168 소재 중앙아파트의 관리소장으로 10년 넘게 근무하고 있고, 피의자 김갑동은 그동안 내내 우리 아파트에 살고 있어서 잘 알고 있습니다.

1. 피의자 김갑동은 어머니를 모시고 살았는데 그 어머니가 장애가 있어서 휠체어를 타고 다녔습니다. 그래서 발급받은 장애인자동차표지(보호자용)를 피의자 김갑동의 그랜저 차에 놓고 어머니를 모시고 다니다가 2019년경 어머니가 고향인 대구로 이사를 갔다고 했고 그 무렵부터는 그 어머니를 보지 못했습니다.

1. 최근까지 계속 장애인자동차표지를 그랜저 차 앞 창문에서 보이도록 두고 다닌 것을 보긴 했는데 피의자 김갑동은 주로 자기네 집 올라가는 엘리베이터 가까운 곳에 주차했고 장애인전용주차구역에 주차한 것을 본 적은 없습니다. 우리 아파트는 주차장 자리가 항상 남아서 장애인전용주차구역도 매번 비어있습니다.

1. 이상은 모두 사실과 다름없습니다.

2023. 3. 30.

배소장 ㊞

고 소 장

서초경찰서 접수인(1280호) (2023. 4. 3.)

고소인   이을녀 (인적사항 생략)

피고소인   이을남 (인적사항 생략)

죄명   재물손괴, 횡령

1. 고소인은 피고소인 이을남의 누나입니다. 제가 5년 전 파주 인근에 땅 몇 필지를 매입하였는데 대전에 살면서 땅 관리하기가 힘들어 서울에 사는 이을남에게 가끔 가보고 세금을 납부해달라고 부탁하면서, 이을남에게 비용 관리를 위한 계좌를 따로 만들어서 주고 2022. 11. 1. 그 계좌로 3,000만 원을 송금해주었습니다.

2. 제가 2023. 3.경 종합부동산세 체납고지를 수령하고 왜 세금이 제때 납부되지 않았는지 이을남에게 확인해보니 제가 넣어준 돈 중 남은 500만 원을 지난 연말 유흥비로 써버려서 못냈다고 하였습니다. 제가 세금액이 늘어날까 걱정되서 먼저 제 돈으로 납부하고 500만 원을 다시 채워넣으라고 말했지만 감감 무소식입니다.

3. 토지 상태는 어떤가 살펴보려고 파주에 갔더니 제 소유 토지 중 파주시 야당동 19-19 소재 답 1,919㎡ 지상에 이을남이 맘대로 컨테이너 하우스를 지어놓았습니다. 내년 정년퇴직해서 귀농할 계획이었으므로 이을남에게 속히 철거하라고 하였으나 주말마다 가족들이 놀러 가고 있어 지금은 안된다며 적반하장으로 나왔습니다.

4. 위와 같이 이을남은 제가 세금납부를 위해 맡긴 돈을 임의로 써버려서 500만 원을 횡령하고, 제 소유 토지 위에 멋대로 건물을 세워 그 효용을 해하였으므로 재물손괴죄를 범하였습니다. 이에 엄히 처벌하여 주시기 바랍니다.

첨부: 가족관계증명서(이을녀) 1부(생략)

      주민등록등본 2부(생략)

      토지등기부등본 1부(생략)

      사진(컨테이너 하우스) 1장(생략)

2023. 4. 3.

고소인 이을녀 ㊞

서울서초경찰서장 귀중

진술조서

성 명 : 이을녀

주민등록번호, 직업, 주소, 연락처 등 각 생략

위의 사람은 피의자 이을남에 대한 횡령 등 피의사건에 관하여 2023. 4. 5. 서울서초경찰서 수사과 사무실에 임의출석하여 다음과 같이 진술하다.

[피의자와의 관계, 피의사실과의 관계 등(생략)]

이때 사법경찰관은 진술인 이을녀를 상대로 다음과 같이 문답하다.

문 진술인은 이을남에 대하여 고소장을 제출한 사실이 있는가요.

답 네, 있습니다.

문 고소의 요지는 무엇인가요.

답 제가 2022. 11. 1. 이을남에게 제 소유 토지에 관하여 세금을 내라고 맡긴 돈 중 500만 원을 2022. 연말에 임의로 유흥비로 써버렸고, 제 소유 토지인 파주시 야당동 19-19 소재 1,919㎡ 지상에 2021. 5.경 아무런 권한 없이 컨테이너 하우스 1대를 지어 그 효용을 해하여 이을남을 고소하게 되었습니다.

문 위 건물의 사진 외 그 규모, 구조 등을 파악할 수 있는 자료가 있는가요.

답 컨테이너 하우스에 대한 가설건축물관리대장을 제출합니다.

(이때 사법경찰관은 진술인으로부터 가설건축물관리대장을 제출받아 조서 말미에 편철하였다.)

문 피의자에 대한 처벌을 원하나요.

답 네. 그렇습니다. 동생이긴 하지만 돈을 갚지도 않고 돈이고 땅이고 제 재산을 마음대로 사용하고 있으니 꼭 처벌해 주세요.

문 이상 진술한 내용이 사실인가요.

답 네. ㉮

위의 조서를 진술자에게 열람하게 하였던바 진술한 대로 오기나 증감·변경할 것이 없다고 말하므로 간인한 후 서명날인하게 하다.

첨부 : 1. 가설건축물관리대장 1부(생략)

진 술 자   이을녀 ㉮
2023. 4. 5.

서울서초경찰서
사법경찰관 경위 최 경 위 ㉮

고 발 장

> 서초경찰서 접수인(1358호) (2023. 4. 5.)

고소인   김갑동 (인적사항 생략)
피고소인 이을남 (인적사항 생략)
죄명   식품위생법위반

1. 피고소인 이을남은 주식회사 슬림의 영업이사입니다. 주식회사 슬림은 건강식품을 판매하는 회사로 2020년경 닥터슬림이라는 제품을 생산, 판매하다가 시부트라민이라는 유해성분이 들어간 것이 발견되어 영업이사인 이을남 등이 식품위생법위반위반으로 벌금을 선고받은 적이 있습니다.

2. 고소인이 피고소인 이을남으로부터 받은 닥터슬림의 복용을 중단한 후 남아있는 제품을 제출합니다. 표시성분에 '시부트라민'이 기재되어 있음을 확인할 수 있습니다.

3. 고소인이 조사한 바에 의하면, 이을남은 그 이후 2021년 말에도 위 제품을 주변 사람들에게 몇 통 나누어주고 효과가 조금 있는 듯하면 바로 많은 양을 판매한 것으로 알고 있습니다. 이미 유해성분이 들어간 것을 익히 알고 있음에도 또 이런 제품을 판매한 이을남은 일반 공중의 건강을 심각하게 해하는 자이므로 엄히 처벌해야 할 것입니다.

첨부: 인터넷 화면캡처(구매자 후기)(생략)

2023. 4. 5.
고발인 김갑동 ㊞

서울서초경찰서장 귀중

서 울 서 초 경 찰 서

2023. 4. 11.

수신 : 경 찰 서 장
참조 : 수 사 과 장
제목 : 수사보고(감정의뢰회보 등)

1. '닥터슬림'에 대한 감정의뢰회보

    김갑동으로부터 임의제출 받아 압수한 닥터슬림 1통에 대한 감정을 의뢰하였고, 감정의뢰회보에 의하면 위 제품에서 시부트라민이 검출되었으며, 이는 사람이 섭취시 뇌졸중과 심혈관계 이상 반응이 나타날 수 있어 식품의약품안전청이 2010. 10. 14. 이후 국내 판매금지 조치를 취한 성분임이 기재되어 있음을 보고합니다.

2. 주식회사 슬림의 대표이사 김대표 통화내용

    김대표는 영업담당 이사인 피의자 이을남에게 적절한 증빙자료만 가져오면 영업에 필요한 돈을 회사 자금으로 쓰도록 허락한 사실이 있다고 진술하였습니다.
    김대표에게 언론사에 홍보 기사를 써달라는 대가로 회사 자금을 지급하는 것도 허락한 적이 있느냐고 묻자, 그런 적은 없다고 하여 이를 보고합니다.

첨부 : 1. 제품사진(닥터슬림) 1부(생략)
       2. 감정의뢰회보 1부(생략)

수사과 경위 최경위 ㊞

진 술 조 서

성   명 :   김대표 (주민등록번호, 직업, 주소, 연락처 등은 생략)

위의 사람은 피의자 이을남에 대한 배임수재 등 피의사건에 관하여 2023. 4. 14. 서울서초경찰서 수사과 사무실에 임의출석하여 다음과 같이 진술하다.

[피의자와의 관계, 피의사실과의 관계(생략)]

문 진술인은 어떤 일을 하는가요.

답 건강식품 판매를 목적으로 설립된 주식회사 슬림의 대표이사로 일하고 있습니다.

[이 때 사법경찰관은 진술인이 제출하는 법인등기부등본(슬림)(생략)을 조서말미에 첨부하다.]

문 피의자 이을남은 피해자 회사에서 무슨 일을 하는가요.

답 영업이사로 온라인, 오프라인 판매를 총괄하고 있습니다.

문 피의자 이을남이 영업을 하면서 필요한 금원을 어떻게 충당하는가요.

답 사실은 제가 법인 회계장부에 기입하지 않으면서 별도로 관리하는 회사 비자금을 모아둔 계좌가 있는데, 피의자 이을남에게 그 계좌의 관리를 맡기고 용도를 분명하게 확정하기 어려운 영업의 경우 사전에 저에게 이야기하고 그 안에 있는 자금을 사용하라고 허락하였습니다.

문 그렇다면 피의자 이을남이 2022. 3. 27. 주간신문 편집장인 김갑동에게 제품 홍보 기사를 부탁하고 300만 원을 지급한 것도 알고 있는가요.

답 알지 못합니다.

문 사전에 이에 관하여 보고받은 사실이 있는가요.

답 없습니다.

문 피의자 이을남의 처벌을 원하나요.

답 죄책이 있다면 그에 따른 책임은 져야 할 것입니다.

문 이상 진술한 내용이 사실인가요.

답 네. ㉑

위의 조서를 진술자에게 열람하게 하였던바 진술한 대로 오기나 증감·변경할 것이 없다고 말하므로 간인한 후 서명날인하게 하다.

진 술 자   김대표 ㉑

2023. 4. 14.

서울서초경찰서
사법경찰관 경위   최경위 ㉑

피의자신문조서

피의자 김갑동에 대한 배임수재 등 피의사건에 관하여 2023. 4. 17. 서울서초경찰서 수사과 사무실에서 사법경찰관 경위 최경위는 사법경찰리 순경 서경남을 참여하게 하고, 아래와 같이 피의자임에 틀림없음을 확인하다.

문 피의자의 성명, 주민등록번호, 직업, 주거, 등록기준지 등을 말하십시오.
답 성명은 김갑동(생략) 주민등록번호, 직업, 주거, 등록기준지, 직장주소, 연락처 (각 생략)

[진술거부권과 변호인 조력권 고지하고 변호인 참여 없이 진술하기로 함(생략)]
이에 사법경찰관은 피의사실에 관하여 다음과 같이 피의자를 신문하다.
[피의자의 범죄전력, 경력, 학력, 가족·재산 관계 등은 생략]
[배임수재]

문 피의자와 이을남은 어떤 사이인가요.
답 이을남은 제 고등학교 동문 후배입니다.
문 피의자는 2022. 3. 27. 서울 중구 서소문로 11길 34 소재 주간신문의 사무실에서 주식회사 슬림의 이사인 이을남으로부터 위 회사가 판매하는 상품에 관하여 홍보성 기사를 작성해 달라는 청탁을 받은 후, 그 대가로 같은 날 주간신문 명의의 계좌(신한은행 110-123-456789)로 300만 원을 입금받은 사실이 있나요.
답 그 날 이을남을 만났고, 돈이 입금되긴 하였는데 신문 운영이 어려워서 운영비 조로 빌린 것입니다.
문 당시 차용증을 쓰거나 변제시기, 이자 등을 정한 사실이 있나요.
답 그렇게까지는 안 했고, 그냥 운영이 좀 나아지면 돌려주겠다고 했습니다.
문 주간신문의 운영은 어떠한가요.
답 신문을 운영하면서 임차료, 시설사용료, 직원급여 등을 지급하려면 적어도 월 500만 원은 필요하고, 주간신문은 인터넷신문이라 주로 광고판매가 주수입원인데 최근 인터넷신문이 급증하면서 경쟁자가 많아져 광고판매가 저조하거나 거의 없는 달도 있어서 계속 적자였습니다
문 부족한 재정은 어떻게 해결하였나요.
답 마이너스 난 부분은 제 돈으로 충당하였습니다.
문 이을남으로부터 받은 돈을 사용한 내역을 제출할 수 있는가요.
답 당시 지방에 계신 어머니가 갑자기 편찮아지셔서 급한 대로 치료비로 어머니께 송금하였습니다.
문 회사 운영을 위해 대여받은 금원이라고 하지 않았나요.
답 (묵묵부답하다)
문 이을남으로부터 기사 작성을 부탁받고 그 대가로 지급받은 금원이 맞는가요.

답 맞습니다.
문 그래서 개인적 용도로 사용한 것이지요.
답 그렇습니다.
(이 때 사법경찰관은 주간신문 법인등기부등본, 사원명부 사본을 보여주다.)
문 주간신문의 법인등기부등본, 사원명부상으로는 김정녀, 김무술이 이사이자 사원으로 등재되어있는데 이들은 경영에 관여하는가요.
답 김정녀는 제 동생이고, 김무술은 제 형입니다. 그들은 모두 실제 신문에 지분을 가지고 있지 않고, 모두 저에게 경영을 위임한 상태입니다. 신문의 경영판단, 채무부담, 법적 책임부분은 모두 제가 지고 있습니다.

[정보통신망이용촉진및정보보호등에관한법률위반(명예훼손)]
(이 때 사법경찰관은 카카오톡 캡처화면을 보여주며,)
문 피의자는 2022. 4. 15. 고등학교 동창 10여 명이 참여하는 단체 카카오톡 채팅방에서 피해자 이을남을 비방할 목적으로 '이을남이 다이어트약을 팔아먹으려고 연락이 오면 받지 마라. 개 예전에 먹으면 뇌졸중 오는 성분 들어간 거 팔다가 벌금 맞았다. 너희들 조심해라.'라는 메시지를 입력하여 그와 같은 사실을 적시하여 공연히 피해자의 명예를 훼손한 사실이 있지요.
답 그런 내용의 카카오톡 메시지를 우리 고등학교 동기들이 참여한 대화방에 올린 사실은 있습니다. 그렇지만 이을남이 실제 인체에 유해한 성분이 들어간 다이어트 제품을 팔다가 벌금을 받은 건 사실이고 그 채팅방에서 그 제품을 얻어먹은 친구도 몇 명 있기 때문에 조심하라는 생각으로 올린 것이지 명예훼손을 하려고 한 것은 아닙니다.
문 피의자는 이을남으로부터 다이어트 제품 '닥터슬림'을 제공받은 사실이 있나요.
답 몇 년 전에 우리 신문 사무실에 찾아와서 몇 통 놓고 갔길래 최근까지 가끔 먹긴 했습니다. 그 메시지 보내기 직전에 건강식품에 들어가는 시부트라민이 뇌졸중을 불러일으킬 수 있다는 보도를 보고 닥터슬림 성분표를 보니까 그게 들어있었습니다. 이을남에게 항의했더니 예전에 그것 때문에 벌금도 냈다며 그걸 아직도 먹고 있냐고 했습니다.
문 채팅창에 그 글을 올리게 된 경위는 무엇인가요.
답 고등학교 동기 중에 이을남과 친한 고창동에게 물어보니 고창동 뿐 아니라 또 다른 동창인 반구호도 그걸 이을남으로부터 제공받아 먹었다고 했습니다. 다른 친구들도 혹시 그걸 사거나 받아서 먹었을까봐 주의를 당부하려고 올린 것입니다.

[공문서부정행사]
문 피의자는 2022. 4. 20. 주거지인 서울 서초구 서초중앙로 168(서초동) 소재 중앙아파트 지하주차장에 47주3889 그랜저 승용차를 주차하면서 사실은 위 승용차는 장애인이 사용하는 자동차가 아님에도 공문서인 서초구청장 명의의

'장애인자동차표지(보호자용)'를 위 승용차의 전면에 비치하였지요.

답 네.

문 장애인자동차표지는 어떻게 발급받게 된 것인가요.

답 제 어머니가 2014년 보행상 장애 판정을 받아 그 무렵부터 어머니가 대구에서 위 아파트로 주소지를 옮기고 제 가족과 함께 살기 시작하면서 서초구청장으로부터 장애인자동차표지(보호자용)을 발급받아 제 그랜저 차량에 비치하였습니다.

문 현재도 어머니와 함께 살고 있나요.

답 아니요. 제 동생 김정녀가 대구로 내려가 어머니와 같이 살기로 한 2019년 말경 어머니가 다시 대구로 주소지를 옮기고 이사 가셨습니다.

문 장애인자동차표지를 왜 계속 비치하였나요.

답 그 무렵 동네 주민센터로부터 위 장애인표지가 실효되었으니 계속 이용하면 과태료가 부과될 수 있어 반납하거나 폐기하라고 전화로 연락을 받았는데, 일이 바빠서 그대로 둔 채로 다녔습니다.

[이 때 사법경찰관은 사진(김갑동차량)을 보여주다.]

문 피의자는 이렇게 장애인자동차표지를 계속 비치하고 다니면서 장애인사용자동차에 대한 지원을 받은 것 아닌가요.

답 이 사진에도 보시면 아시겠지만 저는 장애인전용주차장에 주차하지도 않았습니다. 그 표지를 치우는 것을 잊어버렸을 뿐 이를 이용해서 어떠한 혜택도 입은 적이 없습니다.

문 더 하고 싶은 말이 있는가요.

답 없습니다. ㉑

위의 조서를 진술자에게 열람하게 하였던바, 진술한대로 오기나 증감·변경할 것이 전혀 없다고 하므로 간인한 후 서명날인하게 하다.

진술자 김갑동 ㉑

2023. 4. 17.

서울서초경찰서
사법경찰관 경위 최경위 ㉑
사법경찰리 순경 서경남 ㉑

피의자신문조서(대질)

피의자 이을남에 대한 배임증재 등 피의사건에 관하여 2023. 4. 20. 서울서초경찰서 수사과 사무실에서 사법경찰관 경위 최경위는 사법경찰리 순경 서경남을 참여하게 하고, 아래와 같이 피의자임에 틀림없음을 확인하다.

문　피의자의 성명, 주민등록번호, 직업, 주거, 등록기준지 등을 말하십시오.
답　성명은　이을남(생략), 주민등록번호, 직업, 주거, 등록기준지, 직장주소, 연락처 (각 생략)

[진술거부권과 변호인 조력권 고지하고 변호인 참여 없이 진술하기로 함(생략)]
이에 사법경찰관은 피의사실에 관하여 다음과 같이 피의자를 신문하다.
[피의자의 범죄전력, 경력, 학력, 가족·재산 관계 등은 생략]

[업무상횡령]

문　피의자는 피해자 주식회사 슬림의 이사로서 영업을 담당하고 있지요.
답　네, 그렇습니다. 판매와 홍보를 제가 전적으로 담당하고 있습니다.
문　영업에 필요한 금원은 어떻게 조달하는가요.
답　대표이사 김대표가 법인 회계장부에 올리지 않고 별도로 관리하는 비자금이 있는데 저에게 영업을 위해 필요하면 비자금 계좌에 있는 금원을 가져다 쓰고 나중에 증빙만 제대로 해달라고 했습니다.
문　피의자는 2022. 3. 27. 주간신문을 운영하는 김갑동에게 홍보 기사를 청탁하고 그 대가로 피의자가 관리하던 회사의 자금 중 일부를 지급한 사실이 있지요.
답　네, 그렇습니다. 같은 날 회사 비자금 계좌에서 주간신문 명의의 계좌로 300만원을 송금하여 주었습니다.
문　그러한 행위까지도 대표이사가 허락한 금원의 사용 범위 내에 들어가는가요.
답　요새는 인터넷에 기사 하나 올라가면 판매에 영향이 큰데다가 만나러 가기 전에 김대표도 그러한 사정을 알고 허락하였습니다.
문　회사의 업무행위를 하면서도 법률은 준수하여야 하고, 그렇다면 피의자가 회사자금으로 유료기사 청탁을 한 것은 업무상의 임무에 위배한 것이지요.
답　회사 비자금을 한번도 저의 개인적인 용도로 쓰지 않았으므로 어떠한 임무도 위배한 적이 없다고 생각합니다.
문　피해자 주식회사 슬림에게 피해액을 변제하였나요.
답　회사가 손해본 것이 없으므로 변제하지 않았습니다.

[통신비밀보호법위반]

문　피의자는 2022. 3. 30. 위 주간신문 사무실에서 김갑동과 박병녀의 대화를 휴대전화로 녹음한 사실이 있지요.

답   네, 그렇습니다. 3. 27.에 돈을 보내줬는데도 김갑동이 기사를 써주지 않아서 다시 한번 재촉할 생각에 영업직원 박병녀와 우리 회사의 신제품 '뉴닥터슬림'을 가지고 찾아갔습니다. 제가 비자금 사용한 용도를 증명하려고 박병녀와 김갑동의 대화내용을 녹음해서 대표이사 김대표에게 보내주었습니다.

(이때 사법경찰관은 USB의 녹음파일사본을 재생하여 피의자에게 들려주고,)

문   이 녹음파일이 당시의 상황을 녹음한 것인가요.

답   맞습니다. 파일 속 남자목소리는 김갑동이고 여자목소리는 박병녀입니다.

문   피의자는 어디에서 위 녹음을 한 것인가요.

답   저는 주간신문 사무실 입구에 앉아 있었고, 박병녀가 사무실 안쪽 김갑동의 책상 앞에 앉아 김갑동과 둘이 이야기하였습니다.

문   공개되지 않은 타인 간의 대화를 녹음하고, 이를 누설하는 것은 처벌대상이라는 것을 알고 있나요.

답   남의 대화를 녹음하는 건 안되는 걸로 알고 있는데 저는 녹음하기 전에 박병녀에게 이야기하고 이미 허락을 받았습니다.

문   김갑동도 당시 대화가 녹음되고 있다는 사실을 알았는가요.

답   김갑동에게는 이야기하지 않았으니 몰랐을 것입니다.

[재물손괴]

문   피의자는 2021. 5. 초순경 피해자 이을녀 소유의 파주시 야당동 19-19 소재 답 1,919㎡의 이용을 방해할 목적으로 위 토지 지상에 권한 없이 건물을 신축한 사실이 있지요.

답   이을녀는 제 누나인데 제가 가끔 주말에 가족들 데리고 위 토지를 방문하면 지내기가 마땅찮아서 콘테이너 하우스 하나를 지었습니다. 여기 제가 가져온 감정도를 보시면 아시겠지만 진짜 작습니다.

[이 때 사법경찰관은 피의자가 제출하는 감정도(첨부 생략)를 피의자신문조서 뒤에 편철하다]

문   위 건물을 신축할 때 토지 소유자인 이을녀로부터 허락을 받았나요.

답   아닙니다. 그거 짓는다고 딱히 해가 되진 않을 것 같아서 그냥 지었습니다.

문   피해자 이을녀와 합의하였나요.

답   피해자 이을녀가 저를 고소한 이후 제 연락을 받지 않고 있는데, 조만간 합의하도록 하겠습니다.

[횡령]

문   피의자는 피해자 이을녀로부터 세금 납부를 위해 받은 금원 중 일부를 임의로 사용한 사실이 있지요.

답 피해자 이을녀가 2022. 11. 1. 피해자 이을녀 소유 토지의 종합부동산세 납부를 부탁하면서 3,000만 원을 넣은 계좌를 저에게 사용하도록 했습니다. 딱히 저한테 고마워하거나 수고비도 주지 않길래 겸사겸사 2022. 12. 24. 서울 강남구 학동로 123에 있는 그랜드바에서 회사 식구들이랑 송년회 겸 회식을 하고 그 계좌에서 돈을 뽑아 회식값을 냈습니다.

문 얼마를 사용하였나요.

답 500만 원입니다.

문 피해자 이을녀와 합의하였나요.

답 피해자 이을녀와 연락이 되지 않아서 합의하지 못하였지만, 일단 피해를 변제하고 합의하도록 하겠습니다.

[식품위생법위반]

문 피의자는 인체의 건강을 해칠 우려가 있는 시부트라민 성분이 함유된 다이어트 식품 '닥터슬림'을 판매한 사실이 있지요.

답 그와 관련하여 이미 벌금을 냈습니다.

(이 때 사법경찰관은 입출금거래내역, 닥터슬림판매내역증명서, 일람표를 제시하고,)

문 식품위생법위반위반죄로 약식명령을 발령받은 이후로도 일람표 기재와 같이 2021. 10. 14.부터 2021. 12. 20.까지 서울 강남구 압구정로 172 소재 주식회사 슬림 사무실에서 동일한 제품 478통을 대금 합계 38,958,000원에 판매하였지요.

답 맞습니다. 죄송합니다. 기간을 혼동하였습니다.

문 처벌대상이 된다는 것을 알면서도 왜 계속 위 제품을 판매하였는가요.

답 재고가 일단 많이 남았고, 체중감량에 효과는 있다고 해서 남은 것을 판매했습니다. 죄송합니다.

이때 사법경찰관은 피의자 이을남을 퇴실하게 하고 피의자 김갑동을 입실하게 하다.

문 피의자의 성명, 주민등록번호, 직업, 등록기준지를 진술하세요.

답 (인적사항 답변 생략)

[진술거부권과 변호인 조력권 고지하고 변호인 참여 없이 진술하기로 함(생략)]

[배임수재 및 배임증재의 점]

이때 사법경찰관은 피의자 김갑동을 입실하게 하고 아래와 같이 이을남과 대질신문하다.

피의자 이을남에게,

문 피의자는 2022. 3. 27. 주간신문의 편집국장인 김갑동에게 홍보 기사를 작성해 달라는 청탁을 한 후 그 대가로 같은 날 주간신문 명의의 계좌로 300만 원을 송금한 사실이 있지요.

답 네, 그렇습니다.

피의자 김갑동에게,

문 방금 이을남의 진술을 들었지요.

답 네, 들었습니다.

문 피의자는 이을남으로부터 홍보 기사 작성을 부탁받은 사실이 있나요.

답 (한동안 침묵하다가) 네, 그런 이야기를 들었습니다.

문 무슨 기사를 부탁받은 것인가요.

답 이을남이 다니는 주식회사 슬림의 신제품을 알리는 기사를 써달라고 했습니다.

문 이를 승낙하였나요.

답 (묵묵부답하다)

문 기사 작성의 대가로 300만 원을 받은 사실이 있나요.

답 네, 그렇습니다.

피의자들에게,

문 조서에 진술한 대로 기재되지 아니하였거나 사실과 다른 부분이 있나요.

답 (김갑동) 없습니다.[인] (이을남) 없습니다.[인]

위의 조서를 진술자에게 열람하게 하였던바, 진술한 대로 오기나 증감, 변경할 것이 없다고 말하므로 간인한 후 서명날인하게 하다.

진술자 이을남 [인]

진술자 김갑동 [인]

2023. 4. 20.

서울서초경찰서

사법경찰관 경위 최경위 [인]

사법경찰리 순경 서경남 [인]

서 울 중 앙 지 방 검 찰 청

2023. 4. 24.

수신 : 검사 엄정희

제목 : 수사보고(식품위생법위반 관련)

1. 이을남의 범죄경력자료조회회보서에 의하면,

이을남의 범죄경력을 조회한 본 바 이을남은 2021. 8. 26.부터 2021. 9. 26.까지 시부트라민이 함유된 '닥터슬림'을 판매하였다는 범죄사실로 2021. 11. 20. 서울중앙지방법원 2021고약35791호로 벌금 400만 원의 약식명령을 받았고, 위 약식명령이 2021. 12. 27. 확정된 사실을 확인하였습니다.

첨부 : 범죄경력자료조회회보서(첨부 생략) 및 약식명령등본 각 1부

2023. 4. 24.

검찰주사 강주사 ㊞

서 울 중 앙 지 방 법 원
약 식 명 령

> 2021. 12. 27. 확정
> 서울중앙지방검찰청
> 검찰주사보 왕정확 ⑪

사　　건　2021고약35791 식품위생법위반위반 (2021년형제4958호)

피 고 인　이을남 (인적사항 생략)

주　　문　피고인을 벌금 4,000,000(사백만)원에 처한다.

　　　　　피고인이 위 벌금을 납입하지 아니하는 경우 100,000원을 1일로 환산한 기간 피고인을 노역장에 유치한다.

　　　　　위 벌금에 상당한 가납을 명한다.

범죄사실　피고인은 주식회사 슬림의 이사로서, 2021. 8. 26. 서울 강남구 압구정로 172 소재 위 회사 사무실에서 인체의 건강을 해칠 우려가 있는 비만치료제인 시부트라민(뇌졸중과 심혈관계 이상 반응 등을 이유로 국내 판매금지)이 함유된 다이어트 식품 '닥터슬림' 5통을 염기정에게 40만 원에 판매한 것을 비롯하여 그 때부터 2021. 9. 26.까지 별지 범죄일람표 기재와 같이 위와 같은 방법으로 총 42회에 걸쳐 '닥터슬림' 67통을 합계 523만 원에 판매하였다.

　　　　　이로써 피고인은 인체의 건강을 해칠 우려가 있는 식품을 판매하였다.

적용법령　식품위생법위반 제94조 제1항 제1호, 제4조 제4호

(별지 범죄일람표 첨부 생략)

2021. 11. 20.

판사 정 찬 운 ⑪

> 위 등본임
> 2023. 4. 24.
> 검찰주사 구본임 ⑪

기타 법원에 제출되어 있는 증거들

※ 편의상 다음 증거서류의 내용을 생략하였으나, 법원에 증거로 적법하게 제출되어 있음을 유의하여 검토할 것. 주민등록등본 가족관계증명서

○ 계좌이체내역(증거목록 2번)
  - 주식회사 슬림 명의 신한은행 계좌(계좌번호 110-304-345678)에서 유한회사 주간신문 명의의 신한은행 계좌(계좌번호 110-123-456789)로 2022. 3. 27. 300만 원 송금

○ 카카오톡 캡처화면(증거목록 3번)
  - 김갑동 외 15인이 들어간 단체 채팅방에서 김갑동이 2022. 4. 15. 15:28 보낸 '이을남이 다이어트약을 팔아먹으려고 연락이 오면 받지 마라. 걔 예전에 먹으면 뇌졸중 오는 성분 들어간 거 팔다가 벌금 맞았다. 너희들 조심해라' 메시지 캡처

○ 사진(김갑동 차량)(증거목록 4번)
  - 이을남이 촬영한 그랜저 47주3889 차량이 전면부에 서초구청장 명의의 '장애인자동차표지(보호자용)'을 부착한 채로 장애인전용주차구역 아닌 일반주차구역에 주차되어 있는 사진

○ 법인등기부등본(주간신문)(증거목록 8번)
  - 회사의 이사는 김갑동, 김정녀, 김무술, 대표이사는 김갑동이라는 내용

○ 입출금거래내역(증거목록 9번)
  - 주식회사 슬림 명의 신한은행 계좌의 2020. 1. 1.부터 2022. 12. 31.까지의 거래내역증명서

○ 닥터슬림판매내역증명서(증거목록 10번)
  - 2023. 3. 28.자 수사보고 기재와 동일한 내용

○ 가족관계증명서(김정녀)(증거목록 14번)
  - 김이진, 고희도의 자녀는 김무술, 김갑동, 김정녀라는 내용

○ 주간신문 사원명부(증거목록 15번)
  - 설립 당시부터 현재까지 사원은 김정녀(출자좌수 3,500좌), 김무술(1,000좌), 김갑동(500좌)이라는 내용

○ 가족관계증명서(이을녀)(증거목록 18번)
  - 이지웅, 고유림의 자녀는 이을녀, 이을남이라는 내용

○ 주민등록등본(증거목록 19번)
  - 이을남은 서울 강남구 테헤란로 187(삼성동)에 거주, 이을녀는 대전 서구 둔산북로 121에 거주하는 사실이 확인됨(2022. 12. 24. 기준)
○ 토지등기부등본(증거목록 20번)
  - 파주시 야당동 19-19 소재 답 1,919㎡에 관하여 이을녀가 2017. 2. 3. 소유권을 취득하였다는 내용
○ 사진(컨테이너 하우스)(증거목록 21번)
  - 농지 한 켠에 컨테이너 하우스 한 동이 있는 사진
○ 가설건축물관리대장(증거목록 23번)
  - 대지위치가 파주시 야당동 19-19, 건축면적이 18㎡, 존치기간이 2년, 건축주가 이을남이라는 내용
○ 인터넷화면캡처(증거목록 25번)
  - 주식회사 슬림 홈페이지 고객게시판에 기재된 2021. 12. 1.자 닥터슬림 구매후기
○ 압수조서 및 목록(증거목록 26번)
  - 김갑동이 임의제출한 '닥터슬림' 1통을 압수하였다는 내용
○ 제품사진(닥터슬림)(증거목록 28번)
  - 주요원료에 시부트라민이 기재된 제품 겉면을 촬영한 사진
○ 감정의뢰회보(증거목록 29번)
  - 2023. 4. 11.자 수사보고 내용과 동일
○ 법인등기부등본(슬림)(증거목록 31번)
  - 대표이사가 김대표라는 내용
○ 피의자 김갑동에 대한 검찰 피의자신문조서(증거목록 36번)
  - 배임수재의 점을 부인하는 외에는 경찰 피의자신문조서와 내용 동일
○ 피의자 김갑동에 대한 범죄경력자료조회회보서(증거목록 37번)
  - 전과 없음
○ 피의자 이을남에 대한 범죄경력자료조회회보서(증거목록 38번)
  - 2021. 11. 20. 서울중앙지방법원에서 식품위생법위반죄로 벌금 400만 원

확 인 : 법학전문대학원협의회

UNION 제13판

기록형
2026 변호사시험 대비

형사법

변호사시험 기출문제집

II. 모의편

2023년 6월 제1차

법전협 주관 모의시험

2023년도 제1차 변호사시험 모의시험 - 논술형(기록형)

시험과목	형사법(기록형)

응시자 준수사항

1. 시험 시작 전 문제지의 봉인을 손상하는 경우, 봉인을 손상하지 않더라도 문제지를 들추는 행위 등으로 문제 내용을 미리 보는 경우 모두 부정행위로 간주되어 그 답안은 영점 처리 됩니다.
2. 답안은 흑색 또는 청색 필기구(사인펜이나 연필 사용 금지) 중 한 가지 필기구만을 사용하여 답안 작성 난(흰색 부분) 안에 기재하여야 합니다.
3. 답안지에 성명과 수험 번호를 기재하지 않아 인적 사항이 확인되지 않는 경우에는 영점 처리 등 불이익을 받게 됩니다. 특히 답안지를 바꾸어 다시 작성하는 경우, 성명 등의 기재를 빠뜨리지 않도록 유의하여야 합니다.
4. 답안지에는 문제 내용을 기재할 필요가 없으며, 답안 내용 이외의 사항을 기재하거나 밑줄 기타 어떠한 표시도 하여서는 안 됩니다. 답안을 정정할 경우에는 두 줄로 긋고 다시 기재하여야 하며, 수정액 등은 사용할 수 없습니다.
5. 시험 종료 시각에 임박하여 답안지를 교체 요구한 경우라도 시험시간 종료 후 즉시 새로 작성한 답안지를 회수합니다.
6. 시험 종료 후에는 답안지 작성을 일절 할 수 없으며, 이에 위반하여 시험시간이 종료되었음에도 불구하고 **시험관리관의 답안지 제출지시에 불응한 채 계속 답안을 작성하거나 답안지를 늦게 제출할 경우 그 답안은 영점 처리** 됩니다.
7. 답안은 답안지 쪽수 번호 순으로 기재하여야 하고, **배부받은 답안지는 백지 답안이라도 모두 제출**하여야 하며, **답안지를 제출하지 아니한 경우 그 시험시간 및 나머지 시험시간의 시험에 응시할 수 없습니다.**
8. 지정된 시간까지 지정된 시험실에 입실하지 아니하거나 시험관리관의 승인을 얻지 아니하고 시험시간 중에 그 시험실에서 퇴실한 경우 그 시험시간 및 나머지 시험시간의 시험에 응시할 수 없습니다.
9. 시험시간이 종료되기 전에는 어떠한 경우에도 문제지를 시험장 밖으로 가지고 갈 수 없고, 시험 종료 후 가지고 갈 수 있습니다.

법학전문대학원협의회
THE ASSOCIATION OF KOREAN LAW SCHOOLS

【문   제】

피고인 김갑동에 대해서는 법무법인 일산 담당변호사 정명변이 객관적인 입장에서 대표변호사에게 보고할 검토의견서를, 피고인 이을남에 대해서는 법무법인 고양 담당변호사 설득희가 객관적인 입장에서 대표변호사에게 보고할 검토의견서를 각 작성하되, 다음 쪽 양식 중 본문 Ⅰ, Ⅱ 부분을 작성하시오.

【작성요령】

1. 학설, 판례 등의 견해가 대립되는 경우에 한 견해를 취할 것. 다만, 대법원 판례와 다른 견해를 취하는 경우에는 자신의 입장에 따라 작성하되 대법원 판례의 취지를 적시할 것.
2. 증거능력이 없는 증거는 실제 소송에서는 증거로 채택되지 않아 증거조사가 진행되지 않지만, 이 문제에서는 시험의 편의상 증거로 채택되어 증거조사가 진행된 경우도 있음. 따라서 필요한 경우 증거능력에 대하여도 언급할 것.

【기록 형식 안내】

1. 쪽 번호는 편의상 연속되는 번호를 붙였음.
2. 조서, 기타 서류에는 필요한 서명, 날인, 무인, 간인, 정정인이 있는 것으로 볼 것.
3. 증거목록, 공판기록 또는 증거기록 중 '생략' 또는 '기재생략'이라고 표시된 부분에는 법에 따른 절차가 진행되어 그에 따라 적절한 기재가 있는 것으로 볼 것.
4. 공판기록과 증거기록에 첨부하여야 할 일부 서류 중 '생략' 표시가 있는 것, 증인선서서와 수사기관의 조서에 첨부하여야 할 '수사과정확인서'는 적법하게 존재하는 것으로 볼 것(**증거기록 마지막에 생략된 증거와 그 요지를 거시하였음**).
5. 송달이나 접수, 통지, 결재가 필요한 서류는 모두 적법한 절차를 거친 것으로 볼 것.
6. 시험의 편의상 증거기록 첫머리의 증거목록과 압수물총목록은 첨부 생략되었으며, 증거기록에 대한 분리제출은 하지 않는 것으로 하였고, 증인신문, 피고인신문의 경우 녹취파일, 녹취서 첨부 방식을 취하지 않았음.

※ [참고조문]은 시험에 필요한 범위에서 요약 기재하였음.

【검토의견서 양식】

검토의견서(60점)

사　건　2023고합5470 아동·청소년의성보호에관한법률위반(위계등간음) 등
피고인　김갑동

Ⅰ. 피고인 김갑동에 대하여
　1. 아동·청소년의성보호에관한법률위반(위계등간음)의 점
　2. 권리행사방해교사의 점
　3. 직무유기, 허위공문서작성, 허위작성공문서행사의 점
　4. 교통사고처리특례법위반(치상)의 점
　※ 평가제외사항 - 공소사실의 요지, 정상관계(답안지에 기재하지 말 것)

2023. 6. 27.

피고인 김갑동의 변호인 법무법인 일산 담당변호사 정명변 ㊞

【검토의견서 양식】

검토의견서(40점)

사　건　2023고합5470 아동·청소년의성보호에관한법률위반(위계등간음) 등
피고인　이을남

Ⅱ. 피고인 이을남에 대하여
　1. 아동·청소년의성보호에관한법률위반(위계등간음)의 점
　2. 강제추행의 점
　3. 전자금융거래법위반의 점
　※ 평가제외사항 - 권리행사방해의 점, 공소사실의 요지, 정상관계(답안지에 기재하지 말 것)

2023. 6. 27.

피고인 이을남의 변호인 법무법인 고양 담당변호사 설득희 ㊞

[참고 조문]

「전자금융거래법」

제6조(접근매체의 선정과 사용 및 관리) ③ 누구든지 접근매체를 사용 및 관리함에 있어서 다른 법률에 특별한 규정이 없는 한 다음 각 호의 행위를 하여서는 아니 된다. 다만, 제18조에 따른 선불전자지급수단이나 전자화폐의 양도 또는 담보제공을 위하여 필요한 경우(제3호의 행위 및 이를 알선·중개하는 행위는 제외한다)에는 그러하지 아니하다.

   2. 대가를 수수(授受)·요구 또는 약속하면서 접근매체를 대여받거나 대여하는 행위 또는 보관·전달·유통하는 행위

제49조(벌칙) ④ 다음 각 호의 어느 하나에 해당하는 자는 5년 이하의 징역 또는 3천만원 이하의 벌금에 처한다.

   2. 제6조제3항제2호 또는 제3호를 위반하여 접근매체를 대여받거나 대여한 자 또는 보관·전달·유통한 자

기록내용시작

서울중앙지방법원
형사제1심소송기록

구공판

구속만료	
최종만료	
대행 갱신 만료	

미결구금

기일					
1회기일	사건번호	2023고합5470	담임	제24부	주심 나
4/28 10:00					
5/26 14:00	사건명	가. 아동·청소년의성보호에관한법률위반(위계등간음) 나. 강제추행 다. 권리행사방해교사 라. 권리행사방해 마. 직무유기 바. 허위공문서작성 사. 허위작성공문서행사 아. 교통사고처리특례법위반(치상) 자. 전자금융거래법위반			
6/23 14:00					

검 사	엄정희	2022형제73375호

공소제기일	2023. 3. 16.

피고인	1. 가. 나. 라. 바. 사. 아.　　김갑동 2. 다. 마. 바.　　　　　　　이을남

변호인	사선　법무법인 일산 담당변호사 정명변(피고인 김갑동) 사선　법무법인 고양 담당변호사 설득희(피고인 이을남)

확 정	
보존종기	
종결구분	
보 존	

완결 공람	담 임	과 장	국 장	주심 판사	재판장

접 수 공 람	과 장 ㉠	국 장 ㉠	원 장 ㉠

공판준비절차

회 부 수명법관 지정	일자	수명법관 이름	재판장	비 고

법정외에서 지정하는 기일

기일의 종류	일 시	재판장	비 고
1회 공판기일	2023. 4. 28. 10:00	㉠	

서울중앙지방법원

목 록		
문 서 명 칭	장 수	비 고
증거목록	8	검사
공소장	11	
변호인선임신고서	(생략)	피고인 김갑동
영수증(공소장부본 등)	(생략)	피고인 김갑동
국민참여재판 의사 확인서(불희망)	(생략)	피고인 김갑동
국민참여재판 의사 확인서(불희망)	(생략)	피고인 이을남
의견서	(생략)	피고인 김갑동
의견서	(생략)	피고인 이을남
영수증(공소장부본 등)	(생략)	피고인 이을남
변호인선임신고서	(생략)	피고인 이을남
공판조서(제1회)	16	
증거서류제출서	18	피고인 이을남
공판조서(제2회)	19	
증인신문조서	22	나신뢰
증거서류제출서	24	피고인 김갑동

증거목록 (증거서류 등)

2023고합5470

2022형제73375호 신청인: 검사

① 김갑동
② 이을남

순번	증거방법 작성	쪽수(수)	쪽수(증)	증거명칭	성명	참조사항등	신청기일	증거의견 기일	증거의견 내용	증거결정 기일	증거결정 내용	증거조사기일	비고
1	사경	27		고소장	나신뢰		1	1	① × ② ○				
2	〃	(생략)		가족관계증명서			1	1	① ○ ② ○				
3	〃	(생략)		채팅 내용 캡처 사진			1	1	① ○ ② ○				
4	〃	28		진술조서	박병녀		1	1	① × ② ○				
5	〃	30		고발장	천만석		1	1	① ○				
6	〃	(생략)		농지대장			1	1	① ○				
7	〃	31		농지전용 심사 의견서			1	1	① ○				
8	〃	(생략)		진술조서	천만석	생략	1	1	① ○			기재생략	
9	〃	(생략)		수사보고(법령검토)			1	1	① ○				
10	〃	32		교통사고보고 (실황조사서)			1	1	① ○				
11	〃	(생략)		진술서	정일녀		1	1	① ○				
12	〃	33		수사보고 (피해자 통화 및 진단서 첨부)			1	1	① ○				
13	〃	(생략)		상해진단서 (정일녀)			1	1	① ○				
14	〃	(생략)		보험가입사실 증명원			1	1	① ○				
15	〃	34		고소장	최정녀		1	1	② ○				
16	〃	(생략)		문자메시지 캡처 사진			1	1	② ○				
17	〃	(생략)		동영상 파일 USB			1	1	② ○				
18	〃	(생략)		진술조서	최정녀		1	1	② ○				

※ 증거의견 표시 – 피의자신문조서: 인정 ○, 부인 × (여러 개의 부호가 있는 경우, 적법성/성립/임의성/내용의 순서임)
　　　　　　　　－ 기타 증거서류: 동의 ○, 부동의 ×
　　　　　　　　－ 진술이 특히 신빙할 수 있는 상태 하에서 행하여졌다는 점 부인 : "특신성 부인"(비고란 기재)
※ 증거결정 표시: 채 ○, 부 ×
※ 증거조사 내용은 제시, 낭독(내용고지, 열람)

증 거 목 록 (증거서류 등)
2023고합5470

2022형제73375호 　　　　신청인: 검사

① 김갑동
② 이을남

순번	증거방법 작성	쪽수(수)	쪽수(증)	증거명칭	성명	참조사항 등	신청기일	증거의견 기일	증거의견 내용	증거결정 기일	증거결정 내용	증거조사기일	비고
19	사경	35		수사보고(피의자 특정 등)			1	1	② ○				
20	〃	(생략)		압수수색영장			1	1	② ○				
21	〃	36		압수조서, 압수목록			1	1	② ○				
22	〃	37		진술조서	정연체		1	1	① ○ ② ○				
23	〃	(생략)		부동산임대차계약서 사본			1	1	① ○ ② ○				
24	〃	(생략)		CCTV화면 CD			1	1	① ○ ② ○				
25	〃	39		피의자신문조서	이을남		1	1	① × ② ○				
26	〃	43		피의자신문조서	김갑동		1	1	① × ② ○				
27	〃	47		진술서	장재일		1	1	② ○				
28	〃	(생략)		계좌송금내역		생략	1	1	② ○			기재생략	
29	〃	48		피의자신문조서 (제2회)	이을남		1	1	② ○				
30	검사	49		수사보고 (피의자 이을남 휴대전화 관련)			1	1	① ○ ② ○				
31	〃	(생략)		휴대전화(A1) 분석결과 회보 CD			1	1	② ○				
32	〃	50		수사보고[피의자 이을남 휴대전화(A2) 분석결과]			1	1	① ○ ② ○				
33	〃	(생략)		휴대전화(A2) 분석결과 회보 CD			1	1	① ○ ② ○				
34	〃	50		휴대전화 대화내용 캡처 화면			1	1	① ○ ② ○				
35	〃	(생략)		휴대전화 통화내역			1	1	① ○ ② ○				
36	〃	(생략)		부동산등기부			1	1	① ○ ② ○				
37	〃	(생략)		각 범죄경력자료 조회회보서			1	1	① ○ ② ○				

※ 증거의견 표시 - 피의자신문조서: 인정 ○, 부인 × (여러 개의 부호가 있는 경우, 적법성/성립/임의성/내용의 순서임)
　　　　　　　　 - 기타 증거서류: 동의 ○, 부동의 ×
　　　　　　　　 - 진술이 특히 신빙할 수 있는 상태 하에서 행하여졌다는 점 부인 : "특신성 부인"(비고란 기재)
※ 증거결정 표시: 채 ○, 부 ×
※ 증거조사 내용은 제시, 낭독(내용고지, 열람)

증 거 목 록 (증인 등)
2023고합5470

① 김갑동
② 이을남

2022형제73375호   신청인: 검사

증거방법	쪽수(공)	입증취지 등	신청기일	증거결정 기일	증거결정 내용	증거조사기일	비고
휴대전화(A1)1대 (증 제1호)		기재생략	1	1	기재생략	2023. 4. 28. 10:00 (실시)	
휴대전화(A2)1대 (증 제2호)			1	1		2023. 4. 28. 10:00 (실시)	
증인 박병녀			1	1		2023. 5. 26. 14:00 (철회·취소)	
증인 나신희	22		1	1		2023. 5. 26. 14:00 (실시)	
영상녹화 CD			1	1		2023. 5. 26. 14:00 (실시)	

※ 증거결정 표시: 채 ○, 부 ×

[이하 증거목록 미기재 부분은 생략]

증 거 목 록 (증거서류 등)
2023고합5470

① 김갑동
② 이을남

2022형제73375호   신청인: 검사

순번	작성	쪽수(수)	쪽수(공)	증거명칭	성명	참조사항 등	신청기일	증거의견 기일	증거의견 내용	증거결정 기일	증거결정 내용	증거조사기일	비고
1			18	약식명령등본	이을남		1	1	○		기재생략		②신청
2			24	합의서	김갑동		2	2	○		기재생략		①신청

[이하 증거목록 미기재 부분은 생략]

※ 증거의견 표시 - 피의자신문조서: 인정 ○, 부인 ×
        (여러 개의 부호가 있는 경우, 적법성/성립/임의성/내용의 순서임)
      - 기타 증거서류: 동의 ○, 부동의 ×
      - 진술이 특히 신빙할 수 있는 상태 하에서 행하여졌다는 점 부인 : "특신성 부인"(비고란 기재)
※ 증거결정 표시: 채 ○, 부 ×
※ 증거조사 내용은 제시, 낭독(내용고지, 열람)

서울중앙지방검찰청

2023. 3. 16.

사건번호	2022년 형제73375호
수 신 자	서울중앙지방법원
발 신 자	검　사　엄정희　엄정희　(인)

제　목　　공소장

아래와 같이 공소를 제기합니다.

Ⅰ. 피고인 관련사항

1.　피 고 인　　김갑동 (881208-1122334), 34세 5470
　　　　　　　　직업　공무원
　　　　　　　　주거　서울 서초구 양재로 53 (양재동)
　　　　　　　　등록기준지 (생략)

　　죄　　명　　아동·청소년의성보호에관한법률위반(위계등간음), 권리행사방해교사, 직무유기, 허위공문서작성, 허위작성공문서행사, 교통사고처리특례법위반(치상)

　　적용법조　　아동·청소년의성보호에관한법률 제7조 제5항, 제1항, 형법 제323조, 제122조, 제227조, 제229조, 교통사고처리특례법 제3조 제1항, 제2항 단서 제6호, 형법 제268조, 제30조, 제31조 제1항, 제37조, 제38조

　　구속여부　　불구속

2.　피 고 인　　이을남 (910523-1234987), 31세
　　　　　　　　직업　무직
　　　　　　　　주거　서울 관악구 봉천로 576 (봉천동)
　　　　　　　　등록기준지 (생략)

　　죄　　명　　아동·청소년의성보호에관한법률위반(위계등간음), 강제추행, 권리행사방해, 전자금융거래법위반

　　적용법조　　아동·청소년의성보호에관한법률 제7조 제5항, 제1항, 형법 제298조, 제323조, 전자금융거래법 제49조 제4항 제2호, 제6조 제3항 제2호, 형법 제30조, 제37조, 제38조

　　구속여부　　불구속

Ⅱ. 공소사실

1. 피고인들의 공동범행

피고인들은 판단능력이 취약한 아동·청소년을 속여 성관계를 하기로 공모하였다.

이에 따라 피고인 이을남은 2021. 7. 중순경 스마트폰 채팅 애플리케이션을 통하여 알게 된 아동·청소년인 피해자 박병녀(여, 14세)에게 자신을 '고등학교 2학년생'이라고 거짓으로 소개하고 채팅을 통해 피해자와 사귀기로 한 후, 2021. 7. 30.경 피해자에게 "사실은 내가 아는 선배로부터 돈을 빌렸는데 갚지 못해서 나를 죽이겠다고 한다. 그런데 네가 이 선배와 성관계를 해주면 돈을 갚지 않아도 될 것 같은데 이 선배와 성관계를 해 줄 수 있느냐, 만약 거절한다면 우린 헤어질 수밖에 없다."라고 거짓말하였고, 피해자는 피고인 이을남과 헤어지는 것이 두려워 피고인 이을남의 제안을 승낙하였다.

이후 피고인 김갑동은 2021. 8. 2.경 서울 서초구 반포동 강남 고속버스터미널 앞에서 피해자를 만나 인근 공터에 주차된 차량 안으로 데리고 간 후 자신이 피고인 이을남이 이야기한 고등학생의 선배인 것처럼 행세하면서, 피고인 이을남과 헤어지지 않기 위해서는 그 선배인 피고인 김갑동과 성관계를 하여야 한다고 오인하고 있는 피해자를 간음하였다.

이로써 피고인들은 공모하여, 위계로써 아동·청소년인 피해자를 간음하였다.

2. 피고인 김갑동

가. 권리행사방해교사

피고인은 2022. 1. 15.경 평소 알고 지내던 피해자 정연체와 피고인 소유인 용인시 처인구 중앙동 15 지상 단독주택을 월 차임 100만원에 2년간 임대하는 계약을 체결하였고, 같은 날 피해자에게 위 단독주택의 점유를 이전하여 주었다.

그런데, 피고인은 2022. 5. 25.경 피해자가 위 약정한 차임 지급을 연체하자 평소 알고 지내던 이을남에게 피해자가 거주하고 있는 위 단독주택의 현관문에 설치된 디지털 도어락의 비밀번호를 변경할 것을 지시하였고, 이에 따라 이을남은 같은 날 위 단독 주택의 현관문에 설치된 디지털 도어락의 비밀번호를 임의로 변경하였다.

이로써 피고인은 이을남으로 하여금 피해자의 점유의 목적이 된 위 디지털 도어락의 비밀번호를 변경하게 하여 권리행사방해를 교사하였다.

나. 직무유기

피고인은 2019. 2.경부터 용인시청 농업정책과 농지관리팀에 근무하면서 농지전용허가 및 농지전용현황보고, 불법 농지전용고발 등 전반적인 농지사무를 담당하고 있는 공무원인바, 용인시의 농지사무를 담당하고 있는 피고인으로서는 관내에서 발생한 농지불법전용 사실을 알게 되었으면 용인시장에게 보고하여 용인시장으로 하여금 원상회복을 명하거나 수사기관에 고발을 하는 등 적절한 조치를 취할 직무상 의무가 있다.

그럼에도 불구하고 피고인은 2021. 7. 16.경 "난개발주식회사 대표이사인 도날두가 용인시 처인구 원삼면 산 50 필지에서 토석을 채취하면서 농업진흥지역 내 농지인 같은 면 15를 그 채석장의 진입로로 사용하는 등 농지를 불법전용하고 있다"는 사실을 익명의 시민으로부터 제보받고, 같은 달 22. 현장을 확인하고도 아무런 조치를 취하지 아니하였다.

이로써 피고인은 정당한 이유 없이 그 직무를 유기하였다.

다. 허위공문서작성, 허위작성공문서행사

피고인은 2021. 10. 15.경 위 나항 기재 도날두로부터 위 농지에 관한 전용허가 신청서를 접수하였는바, 위 농지는 농업진흥구역에 해당하여 그 전용을 허가하여 주어서는 아니됨을 직무상 잘 알고 있음에도 불구하고 위 농지의 전용허가를 하여 주기로 마음먹었다.

이에 따라 피고인은 2021. 10. 17.경 용인시청 농업정책과 농지관리팀 사무실에서 위 농지의 전용허가가 농지법 제32조 및 제37조에 저촉되지 않는다는 취지의 허위의 농지전용심사의견서를 작성한 후 농업정책과장을 거쳐 용인시장으로 하여금 결재하게 하고, 같은 날 이 농지전용심사의견서가 경기도지사에게 송부되게 하였다.

이로써 피고인은 행사할 목적으로 그 직무에 관하여 공문서인 농지전용심사의견서를 허위로 작성하고, 이를 행사하였다.

라. 교통사고처리특례법위반(치상)

피고인은 98가7654호 쏘나타 자동차의 운전업무에 종사하는 사람이다.

피고인은 2022. 10. 21. 16:30경 위 쏘나타 자동차를 운전하여 서울 서초구 서초대로 294에 있는 지하철 2호선 교대역 사거리를 강남역 쪽으로부터 서울 강남 고속버스터미널 쪽으로 우회전하게 되었는바, 그 곳은 전방에 횡단보도가 설치되어 있으므로 이러한 경우 운전업무에 종사하는 자로서는 속도를 줄이고 전방 및 좌우를 잘 살펴 길을 건너는 사람이 있는지 여부를 확인하고 안전하게 운전하여야 할 업무상 주의의무가 있었다.

그럼에도 불구하고 피고인은 이를 게을리 한 채 그대로 진행한 과실로 횡단보도 보행신호에 따라 횡단하는 피해자 정일녀(여, 21세)의 왼쪽 다리 부분을 위 승용차의 오른쪽 앞 부분으로 충격하였다.

이로써 피고인은 위와 같은 업무상 과실로 피해자에게 약 4주간의 치료를 요하는 경골하단의 골절상을 입게 하였다.

3. 피고인 이을남

가. 강제추행

피고인과 피해자 최정녀(여, 21세)는 2020. 4.경 스마트폰 채팅 애플리케이션을 통해 서로 알게 된 사이이다.

피고인은 2020. 12. 21.경 서울 강남구 신사동에 있는 상호불상의 PC방에서 피해자에게 "너를 성노예로 삼겠다. 거절하면 네가 과거에 유흥업소에서 일했던 사실을 주위 사람들에게 폭로하겠다."는 내용의 문자메시지를 전송하여 피해자를 협박하고, 계속하여 "화장실에 가서 성기에 볼펜을 삽입하는 동영상을 촬영하여 보내라"는 내용의 문자메시지를 전송하여 이에 겁을 먹은 피해자로부터 같은 일시경 그와 같이 촬영된 사진을 전송받았다.

이로써 피고인은 협박으로 피해자를 추행하였다.

나. 권리행사방해

피고인은 위 2의 가항과 같이 김갑동의 교사를 받아, 2022. 5. 25.경 피해자 정연체가 거주하고 있는 용인시 처인구 중앙동 15의 현관문에 설치된 디지털 도어락의 비밀번호를 임의로 변경하였다.

이로써 피고인은 피해자의 점유의 목적이 된 위 디지털 도어락의 비밀번호를 변경하여 권리행사를 방해하였다.

다. 전자금융거래법위반

피고인은 2022. 9. 22.경 서울 관악구 봉천동에 있는 피고인의 집 앞에서, 성명불상자로부터 300만 원을 대출받기로 약속하고 전자금융거래의 접근매체인 피고인 명의의 신한은행 계좌(110-123-45678) 통장과 계좌에 연결된 체크카드를 퀵서비스를 이용하여 성명불상자에게 송부하였다.

이로써 피고인은 대가를 받을 것을 약속하고 전자금융거래의 접근매체를 대여하였다.

III. 첨부서류 (각 첨부 생략)

서울중앙지방법원
공 판 조 서

제 1 회

사　　　　건	2023고합5470 아동·청소년의성보호에관한법률위반(위계등간음) 등
재판장 판사	공명정
판사	박정대
판사	최형평
법 원 주 사	조명한
피 고 인	1. 김갑동 2. 이을남
검　　　사	오정성
변 호 인	법무법인 일산 담당변호사 정명변(피고인 1을 위하여) 법무법인 고양 담당변호사 설득희(피고인 2를 위하여)

기　　　일	: 2023. 4. 28. 10:00
장　　　소	: 제602호　　법정
공개여부	: 공개
고 지 된 다음기일	: 2023. 5. 26. 14:00
	각 출석
	출석
	각 출석

재판장
　　피고인들은 진술을 하지 아니하거나 각개의 물음에 대하여 진술을 거부할 수 있고, 이익되는 사실을 진술할 수 있음을 고지
재판장의 인정신문
　　성　　　　명 : 김갑동, 이을남
　　주민등록번호, 직업, 주거, 등록기준지 : 각 공소장 기재와 같음
재판장
　　피고인들에 대하여
　　주소가 변경될 경우에는 이를 법원에 보고할 것을 명하고, 소재가 확인되지 않을 때에는 그 진술 없이 재판할 경우가 있음을 경고
검　사
　　공소장에 의하여 공소사실, 죄명, 적용법조 낭독
피고인 김갑동
　　공소사실 1항에 대하여는 피해자가 미성년자인 사실을 몰랐고, 이을남으로부터 자신에게 호감을 갖고 있는 여자가 자신과 성관계를 하고 싶어 한다는 말을 듣고 만나 성관계를 하게 된 것으로서 공소사실을 부인하며, 공소사실 2의 나항에 대해서는 검찰에서 작위범인 허위공문서작성 및 행사죄로 기소하면서 부작위범인 직무유기죄까지 기소하는 것은 법리적으로 문제가 있고, 공소사실 2의 다항에 대해서는 허위로 공문서를 작성한 것은 사실이나 작성권한자는 용인시장이고 자신은 기안자에 불과할 뿐이며, 나머지 공소사실에 대해서는

인정한다고 진술
피고인 김갑동의 변호인
       피고인 김갑동을 위하여 유리한 변론(변론기재는 생략)
피고인 이을남
       공소사실 1항에 대해서는 피해자에게 거짓말을 한 것은 사실이나 피해자도 성관계를 하는 것으로 알고 있었기 때문에 성관계와 관련하여 피해자를 속인 사실이 없고, 공소사실 3의 가항에 대하여는 피해자의 신체에 접촉한 사실이 전혀 없는데 강제추행으로 처벌받는 것은 억울하며, 나머지 공소사실에 대해서는 인정한다고 진술
피고인 이을남의 변호인 변호사 설득희
       피고인 이을남을 위하여 유리한 변론(변론기재는 생략)
재판장
    증거조사를 하겠다고 고지
증거관계 별지와 같음(검사, 변호인)
재판장
       검사가 제출한 영상녹화 CD(경찰 작성 피해자 박병녀 진술조서 영상녹화)에 대한 의견을 물음
검사
       별 의견 없다고 진술
피고인 김갑동의 변호인
       증거 부동의하나, 작성 및 봉인 과정에서 절차의 적법성, 위조 여부 등을 다투지는 않는다고 진술
피고인 이을남의 변호인
       증거 동의한다고 진술
재판장
       각 증거조사 결과에 대하여 의견을 묻고 권리를 보호하는 데에 필요한 증거조사를 신청할 수 있음을 고지
소송관계인
       별 의견 없다고 진술
재판장
       변론속행

                              2023. 4. 28.

                   법원   주사   조명한 ㊞

                   재판장 판사   공명정 ㊞

증거서류 제출서

사건번호   2023고합5470 아동·청소년의성보호에관한법률위반(위계등간음) 등
피 고 인   이을남

위 사건에 관하여 피고인 이을남의 변호인은 피고인의 이익을 위하여 다음과 같은 증거서류를 증거로 제출합니다.

다 음

1. 약식명령 등본 1부

2023. 4. 28.

피고인 이을남의 변호인
법무법인 고양 담당변호사 설득희 ㊞

서울중앙지방법원 제24형사부 귀중

서울중앙지방법원
약식명령

		2022. 12. 25. 확정
		서울중앙지방검찰청
		검찰주사보 주정확 ㊞

사   건   2022고약2921 전자금융거래법위반
            (2022년형제1358호)
피 고 인   이을남 (인적사항 생략)
주 형 과   피고인을 벌금 1,000,000(일백만)원에 처한다.
부수처분   (부수처분 생략)
범죄사실   피고인은 2022. 9. 22.경 서울 관악구 봉천동에 있는 피고인의 집 앞에서, 성명불상자에게 300만원을 대출받기로 약속하고, 전자금융거래의 접근매체인 피고인 명의의 하나은행 계좌(456-789-01234)와 연결된 체크카드를 퀵서비스를 이용하여 성명불상자에게 송부하였다. 이로써, 피고인은 대가를 받을 것을 약속하고 전자금융거래의 접근매체를 대여하였다.
적용법령   (생략)

검사 또는 피고인은 이 명령등본을 송달받은 날부터 7일 이내에 정식재판의 청구를 할 수 있습니다.

2022. 11. 30.
판 사 박 청 천 ㊞

위 등본임
2023. 4. 27.
검찰주사 최본등 ㊞

서울중앙지방법원
공 판 조 서

제 2 회

사　　　건	2023고합5470 아동·청소년의성보호에관한법률위반(위계등간음) 등		
재판장 판사	공명정	기　　일	: 2023. 5. 26. 14:00
판사	박정대	장　　소	: 제602호　　법정
판사	최형평	공개여부	: 공개
법 원 주 사	조명한	고지된 다음기일	: 2023. 6. 24. 14:00
피 고 인	1. 김갑동 2. 이을남		각 출석
검　　　사	오정성		출석
변 호 인	법무법인 일산 담당변호사 정명변(피고인 1을 위하여) 법무법인 고양 담당변호사 설득희(피고인 2를 위하여)		각 출석
증　　　인	박병녀 나신뢰		불출석 출석

재판장
　　전회 공판심리에 관한 주요사항의 요지를 공판조서에 의하여 고지
소송관계인
　　변경할 점이나 이의할 점이 없다고 진술
검사
　　증인 박병녀가 사건 이후 정신과 치료를 받는 등 증언에 어려움이 있어 증인 신청을 철회한다고 진술
재판장
　　증거조사를 하겠다고 고지
　　출석한 증인 나신뢰를 별지와 같이 신문하고, 영상녹화 CD에 대한 재생을 명
재판장
　　각 증거조사 결과에 대하여 의견을 묻고 권리를 보호하는 데에 필요한 증거조사를 신청할 수 있음을 고지
소송관계인
　　별 의견 없다고 진술
재판장
　　증거조사를 마치고 피고인신문을 하겠다고 고지
피고인 김갑동에게,
검　　사

문　　피고인은 2021. 8. 2.경 서울 강남고속버스터미널 앞에서 피해자 박병녀를 만나 인근 공터에 주차된 피고인의 차량으로 데리고 간 다음, 차량 안에서 1회 성관계를 한 사실이 있지요.

답　　예. 그런 사실이 있습니다.

문　　피고인은 피해자가 14세의 미성년자인 사실을 알고 있었지요.

답　　아닙니다. 저는 피해자가 미성년자인 사실을 몰랐습니다. 이을남이 어떤 여자에게 저의 사진을 보여줬더니 저와 사귀고 싶어 하고 만약 사귀기 싫다면 성관계라도 한번 하고 싶다고 한다기에 이를 믿고 피해자를 만나게 된 것입니다. 이을남으로부터 피해자가 미성년자라는 말을 들은 사실도 없고, 직접 만난 피해자는 화장도 하고 옷차림도 어른스러워서 미성년자라고 의심조차 하지 않았습니다.

문　　경찰 조사에서는 미성년자라는 의심을 하기는 하였다고 진술하지 않았나요.

답　　그때는 갑작스럽게 조사를 받게 되어서 당황하여 말을 잘못한 것입니다.

문　　이을남의 휴대전화 분석내역에 의하면 피고인은 2021. 7. 29. 이을남에게 '어린 애라 그 정도면 속을 거야'라는 문자메시지를 보냈는데 피해자가 미성년자라는 사실을 잘 알고 있었던 것 아닌가요.

답　　휴대전화에 그런 게 있다면 제가 그런 메시지를 보낸 것은 맞겠지만, 전혀 기억나지 않습니다.

문　　2023. 2. 5.에는 이을남에게 '박병녀 건은 나는 모르는 일로 해라, 네가 다 짊어지고 가라'라는 문자메시지를 보낸 이유는 무엇인가요.

답　　이을남이 자꾸 거짓말을 하기에 사실대로 진술하라는 것이었지 다른 뜻은 없었습니다.

문　　피고인은 피해자에게 성관계에 대한 동의를 받았나요.

답　　예. 그렇습니다. 피해자는 이미 저와 성관계를 할 생각으로 그 자리에 나온 것이고, 저에게 모텔에 가는 것이 아니냐고 묻기까지 하였습니다.

피고인 김갑동의 변호인

문　　피고인은 이을남으로부터 들은 이야기도 있었고, 당시 피해자가 모텔에 가는 것이 아니냐고 하는 말을 하였기에 당연히 피해자가 성관계에 동의한 것으로 알고 있었던 것이지요.

답　　예. 그렇습니다.

피고인 이을남에게

검　사

문　　피고인은 피해자에게 자신을 고등학교 2학년생으로 소개하고 사귀게 된 것이지요.

답　　예. 그렇습니다.

문 피해자에게 피고인이 돈을 빌린 선배와 성관계를 해주지 않으면 선배가 나를 죽이려고 한다고 거짓말을 하면서 피해자에게 선배와 성관계를 해줄 수 있냐고 물었지요.
답 예. 피해자에게 그렇게 거짓말을 한 것은 사실입니다. 죄송합니다.
문 피고인이 말한 선배가 김갑동인가요.
답 예. 맞습니다.
문 처음부터 김갑동과 범행을 공모한 것인가요.
답 김갑동이 제가 채팅으로 미성년자인 피해자와 사귀기로 한 것을 알게 되자, 저에게 피해자를 속여 성관계를 할 수 있게 해달라고 하면서 피해자에게 할 거짓말을 알려주었습니다. 그런데 제가 생각하기에 아무리 미성년자인 피해자라도 그런 거짓말에 속아 성관계에 응하지는 않을 것 같다고 하였더니 김갑동이 피해자가 속는지 안 속는지 내기를 하자고 하였고 저도 김갑동의 이야기를 들으니 재미있겠다 싶어 피해자에게 거짓말을 시작한 것입니다. 그런데 저의 예상과 다르게 피해자가 제안에 응하였고, 김갑동이 성관계를 하러 가게 된 것입니다.
문 김갑동은 피해자가 미성년자라는 사실을 알고 있었나요.
답 예. 당연합니다. 처음 피해자와 채팅을 할 때부터 김갑동도 옆에서 함께 보았기 때문에 알고 있었고, 말씀드렸듯이 먼저 피해자를 속여 성관계를 하게 해달라고 제안한 사람이 김갑동입니다. 제가 제출한 문자메시지를 보면 모두 확인되는 내용입니다.

피고인 이을남의 변호인
문 피고인은 이 사건 범행과 관련해서 할 말이 있는가요.
답 제가 거짓말을 한 잘못은 인정하는데, 직접 성관계를 한 것은 제가 아니라 김갑동이고, 피해자도 결국 성관계를 하는 것을 알고 김갑동과 만나 성관계를 한 것이어서 형사처벌받는 것은 조금 억울합니다.

재판장
　　변론 속행(변호인들의 요청으로)

2023. 5. 26.

법원　주사　　　　조명한 ㊞
재판장 판사　　　　공명정 ㊞

서울중앙지방법원
증인신문조서 (제2회 공판조서의 일부)

사　　건　　2023고합5470　아동·청소년의성보호에관한법률위반(위계등간음) 등
증　　인　　이　름　　나신뢰
　　　　　　생년월일 및 주거 (각 생략)

재판장
　　위증의 벌 경고, 선서 부분, 다른 증인 퇴정 부분 (각 생략)

검　사
　　증인에게

문　증인은 이 사건 피해자 박병녀와 어떤 관계인가요.
답　저는 피해자 박병녀의 엄마입니다.

이때 검사는 수사기록에 편철된 고소장을 보여주고 열람하게 한 후,

문　위 고소장은 증인이 사실대로 작성하여 서명, 날인한 다음 경찰에 제출한 것인가요.
답　예, 그렇습니다.
문　증인은 피해자가 2022. 8. 24.경 서울서초경찰서에서 피해자 진술조서를 받을 당시 신뢰관계인으로 동석한 사실이 있나요.
답　예. 제가 당시 미성년자인 피해자의 신뢰관계인으로 동석하였습니다.
문　당시 경찰관이 피해자의 진술을 영상녹화하였나요.
답　예. 피해자가 경찰서에 출석하고 진술하는 것을 두려워하자, 경찰관이 피해자에게 진술을 영상녹화하면 나중에 법정에 증인으로 나가지 않아도 된다고 하여 저와 피해자가 그에 동의한 것입니다.

이때 검사는 피해자 박병녀의 진술이 촬영된 영상물을 재생하여 확인하게 한 후,

문　위 영상물은 피해자가 경찰에서 조사받으면서 진술한 내용을 녹화한 것인데, 증인은 그 당시 신뢰관계인으로 동석하여 그 내용을 확인한 후 녹화물시디의 봉투에 서명, 날인한 사실이 있고, 그 때 피해자가 사법경찰관에게 진술한 내용과 동일하게 녹화되어 있나요.
답　예. 그렇습니다.
문　피해자가 어떤 경위로 고소에 이르게 된 것인가요.
답　어느 날 제 딸인 피해자가 집에서 아무 것도 먹지 않고 울기만 하였습니다. 그래서 제가 피해자에게 무슨 일인지 물었고, 처음에는 말을 하지 않던 피해자로부터 이 사건 범행 내용을 듣게 되었습니다.
문　당시 피해자로부터 어떤 말을 들었나요.

답　채팅 애플리케이션을 통해 고등학교 2학년인 이을남을 알게 되어 사귀게 되었는데, 이을남이 피해자에게 "사실은 내가 아는 선배로부터 돈을 빌렸는데 갚지 못해서 나를 죽이겠다고 한다. 그런데 네가 이 선배와 성관계를 해주면 돈을 갚지 않아도 될 것 같은데 이 선배와 성관계를 해 줄 수 있느냐, 만약 거절한다면 우린 헤어질 수밖에 없다."고 하였다고 합니다. 피해자는 남자를 처음 사귀어 보다 보니 이을남에게 푹 빠진 상태였고, 그 제안에 응하여 그 선배라는 사람을 만나서 성관계를 하게 되었다고 하였습니다. 그런데 이후 이을남으로부터 "그걸 믿었냐?"라는 조롱을 당하자, 속았다는 사실을 알게 되었다고 하였습니다.

문　그래서 증인이 피해자의 대리인으로 고소를 하게 된 것인가요.

답　예. 제가 피해자에게 고소하여 두 사람을 처벌받게 하자고 하였습니다. 그 선배라는 사람은 이름조차 모르니 저희가 어떻게 할 수 있는 방법이 없었습니다.

문　더 할 말이 있는가요

답　제가 남편의 가정폭력을 피해 집에서 나와 살던 중 벌어진 일입니다. 이 때 피해자를 잘 돌보지 못해 이런 일이 생긴 것 같고, 그래서 제가 사건 이후에도 이런 일이 생긴 것을 인지하지 못하였습니다. 지금은 제가 피해자를 데려와서 함께 살고 있습니다.

문　현재 피해자의 상태는 어떤가요.

답　현재까지도 외출을 잘 하지 못하고, 정신과에서 치료 중에 있습니다.

피고인 김갑동의 변호인

　증인에게

문　피해자가 중학생이기는 하나, 키가 170cm 정도 되고 화장도 하고 다니지 않나요.

답　키가 168cm로 큰 것은 사실이고, 요즘 학생들이 화장을 많이 하다보니 제 딸도 화장을 하기는 하지만 누가 봐도 어린 티가 납니다.

2023. 5. 26.

법원　주사　　　조명한 ㊞

재판장 판사　　　공명정 ㊞

증거서류 제출서

사건번호   2023고합5470   아동·청소년의성보호에관한법률위반(위계등간음) 등
피 고 인   김갑동

위 사건에 관하여 피고인의 변호인은 피고인의 이익을 위하여 다음과 같은 증거서류를 제출합니다.

다 음

1. 합의서 1부(생략) [2023. 5. 23. 공소사실 2의 라항의 피해자 정일녀가 피고인 김갑동에 대한 교통사고처리특례법위반(치상) 범행에 대한 형사처벌을 희망하지 않는다는 내용]

2023. 5. 26.

법무법인 일산 담당변호사   정명변 ⑪

서울중앙지방법원   제24형사부   귀중

서울중앙지방법원
증거서류등(검사)

사건번호	2023고합5470	담임	제24부	주심	나

사건명	가. 아동·청소년의성보호에관한법률위반(위계등간음) 나. 강제추행 다. 권리행사방해교사 라. 권리행사방해 마. 직무유기 바. 허위공문서작성 사. 허위작성공문서행사 아. 교통사고처리특례법위반(치상) 자. 전자금융거래법위반

검 사	엄정희	2022형제73375호

피고인	1. 가. 다. 마. 바. 사. 아. 김갑동 2. 가. 나. 라. 자. 이을남

공소제기일	2023. 3. 16.		
1심 선고	20 . .	항소	20 . .
2심 선고	20 . .	상고	20 . .
확 정	20 . .	보존	

구공판	서울중앙지방검찰청 **증 거 기 록**				
					제 1 책 제 1 권
검 찰	사건번호	2022년 형제73375호	법원	사건번호	2023고합5470
	검 사	엄정희		판 사	
피 고 인	1. 가. 다. 마. 바. 사. 아. 　김갑동 2. 가. 나. 라. 자. 　이을남				
죄 명	가. 아동·청소년의성보호에관한법률위반(위계등간음) 나. 강제추행 다. 권리행사방해교사 라. 권리행사방해 마. 직무유기 바. 허위공문서작성 사. 허위작성공문서행사 아. 교통사고처리특례법위반(치상) 자. 전자금융거래법위반				
공소제기일	2023. 3. 16.				
구 속	불구속			석 방	
변 호 인					
증 거 물					
비 고					

고 소 장

고 소 인 : 나신뢰

피고소인 : 1. 이신사

2. 성명불상

접수일자	2022. 8. 23.
접수번호	(생략)
사건번호	(생략)
압수번호	

고 소 요 지

1. 고소인은 피해자 박병녀(070523-4******)의 엄마입니다.
2. 피해자는 사건 당시 14세의 중학생으로, 2021. 7. 중순경 인터넷 채팅을 통해 피고소인 이신사를 알게 되었습니다. 당시 이신사는 자신을 고등학교 2학년생이라고 소개하였고, 몇 차례 이야기를 나누던 중 마음에 들어 피해자는 이신사와 사귀기로 하였습니다.
3. 그러던 중, 2021. 7. 30.경 피고소인 이신사는 피해자에게 "사실은 내가 아는 선배로부터 돈을 빌렸는데 갚지 못해서 나를 죽이겠다고 한다. 그런데, 네가 이 선배와 성관계를 해주면 돈을 갚지 않아도 될 것 같은데 이 선배와 성관계를 해줄 수 있느냐, 만약 거절하면 우리는 헤어질 수밖에 없다."고 하였습니다.
4. 피해자는 무섭고, 망설여졌으나 피고소인과 헤어지는 것이 두려워 피고소인의 제안을 승낙하였습니다. 2021. 8. 2.경 피고소인이 알려준 서울 강남고속버스터미널 앞에서 피고소인의 선배를 만나 인근 공터에 주차된 차량으로 가서, 그 선배인 성명불상자와 성관계를 하게 되었습니다.
5. 이후 피고소인은 연락이 되지 않고, 피해자는 속았다는 생각이 들어서 위와 같은 내용을 고소인에게 말하여 본건 고소에 이르게 되었습니다. 부디 철저히 조사하여 피고소인을 엄벌에 처해 주십시오.

첨 부 서 류

1. 가족관계증명서 (첨부 생략)
2. 채팅 내용 캡처 사진 (첨부 생략)

2022. 8. 23.

고소인 나신뢰 ㊞

서울서초경찰서장 귀중

진술조서

성   명: 박병녀
주민등록번호: 070523-4******   여, 15세
직업, 주소, 연락처 등 (각 생략)

위의 사람은 피의자 이신사에 대한 아동·청소년의성보호에관한법률위반(위계등간음) 피의사건에 관하여 2022. 8. 24. 서울서초경찰서 수사과 사무실에서 다음과 같이 임의로 진술하다.

진술인이 성범죄 피해자로서 아동·청소년에 해당하므로 진술인의 어머니인 나신뢰를 신뢰관계인으로 동석케 하고, 조사과정을 영상녹화하는 것에 대해 진술인과 신뢰관계인의 동의를 받은 후 진술인에게 질문하다.

피의자와의 관계

　　저는 피의자와 아무런 관계가 없습니다.

이때 진술의 취지를 더욱 명백히 하기 위하여 다음과 같이 임의로 문답하다.

문　진술인의 어머니 나신뢰가 피의자 이신사와 성명불상자를 아동·청소년의성보호에관한법률위반(위계등간음)으로 고소한 사실이 있지요.

답　예. 있습니다.

문　피해 내용을 구체적으로 진술해 보세요.

답　저는 2021. 7. 중순경 스마트폰 채팅 애플리케이션을 통해 피의자를 알게 되었습니다. 저는 중학생이어서 비슷한 또래와 이야기를 하면서 사귀고 싶었는데, 피의자는 저에게 자신을 고등학교 2학년생, 이신사라고 소개하였습니다. 피의자와 말도 잘 통하는 것 같고 하여 사귀게 되었습니다.

문　계속 진술하세요.

답　2021. 7. 30.경 피의자는 저에게 "사실은 내가 아는 선배로부터 돈을 빌렸는데, 갚지 못해서 나를 죽이겠다고 한다. 그런데, 네가 이 선배와 성관계를 해 주면 돈을 갚지 않아도 될 것 같은데 이 선배와 성관계를 해 줄 수 있느냐, 만약 거절한다면 우리는 헤어질 수밖에 없다"라고 하였고, 저는 이미 피의자를 너무 좋아하는 상태였기 때문에 고민 끝에 피의자의 제안을 받아들이게 되었습니다.

문　계속 진술하세요.

답　2021. 8. 2.경 피의자가 미리 알려준 장소인 서울 강남고속버스터미널 앞에서 피의자의 선배인 성명불상자를 만났습니다. 그 선배는 저에게 "박병녀, 맞지? 생각보다 어려 보이지 않네"라고 이야기하더니 저를 인근 공터에 주차된 차량으로 데리고 갔습니다. 성명불상자는 저를 차량 뒷좌석에 태우더니

자신도 차량 뒷좌석에 타려고 하였습니다. 그래서 제가 "모텔이나 어디 다른 곳으로 가는 것 아니예요?"라고 물었더니, "시간이 없어서. 다 알고 온 거 아니야?"라고 하였고, 저는 피의자를 구해야 한다는 생각에 더 이상 다른 말을 하지 않았습니다. 그리고, 그 차량 뒷좌석에서 성명불상자와 성관계를 1회 하게 되었습니다. 성관계가 끝난 후 성명불상자는 저를 공터에 두고 혼자 차를 타고 가 버렸습니다.

문 진술인은 성명불상자의 인적사항을 아는가요,

답 아니요. 저는 성명불상자의 인적사항도 모르고, 피의자가 고등학교 2학년이라고 하였는데 그 선배가 나이가 많아 보여서 의아하긴 했습니다. 저는 고등학생이나 그보다 조금 더 많을 거라고 생각했는데, 30대로 보였습니다.

문 그날 이후 피의자 이신사와 연락해 보았나요.

답 피의자에게 채팅을 통해 이제 선배에게 돈을 갚지 않아도 되냐고 물었는데, 이신사는 한참을 답이 없다가, "그걸 믿었냐?"라고 하면서 저를 비웃었고, 이후로는 전혀 연락이 되지 않아 제가 속았다는 것을 알고 한참을 힘들어 하다가 엄마에게 얘기하고 엄마가 고소하게 된 것입니다.

문 더 할 말이 있나요.

답 저를 속인 피의자와 그 선배라는 사람을 엄벌에 처해 주시기 바랍니다.

문 이상 진술한 내용이 사실인가요.

답 예. [인]

위의 조서를 진술자 및 신뢰관계인에게 각각 열람하게 하였던바 진술한 대로 오기나 증감·변경할 것이 없다고 말하므로 간인한 후 서명날인하게 하다.

진 술 자 박병녀 [인]

신뢰관계인 나신뢰 [인]

2022. 8. 24.

서울서초경찰서

사법경찰관 경위 김 경 위 [인]

고 발 장

고 발 인 : 용인시청 농업정책과장 천만석
피고발인 : 김갑동(881208-1122334)

접수일자	2022. 8. 30.
접수번호	(생략)
사건번호	(생략)
압수번호	

고 발 요 지

1. 고발인은 용인시청 농업정책과장으로 근무하고 있는 사람이고, 피고발인은 2019. 2.경부터 용인시청 농업정책과 농지관리팀에 근무하면서 농지전용허가 및 농지전용현황보고, 불법 농지전용고발 등 농지사무를 담당하는 공무원입니다.

2. 최근 실시된 자체감사 결과, 피고발인이 농지전용허가가 불가능한 용인시 처인구 원삼면 15 소재 농지에 대해 농지전용허가 요건을 충족한다는 허위의 농지전용심사의견서를 기안하여 용인시장의 결재를 받아 경기도지사에게 송부된 사실이 확인되었습니다.

3. 이에 피고발인 및 관련 자료를 조사하여 본바, 피고발인은 2021. 7. 16.경 위 농지가 불법전용되고 있는 사실을 제보받고, 같은 달 22. 현장을 확인까지 하고도 아무런 조치를 취하지 않은 것으로 확인되었고, 급기야 2021. 10. 15.경 위 농지에 대한 전용허가서가 접수되자 농지전용을 허가하여 주기 위하여 2021. 10. 17.경 위와 같이 허위의 농지전용심사의견서를 작성하고 용인시장의 결재를 받아 행사한 사실이 명백히 확인되었습니다.

4. 이에 고발장을 제출하오니, 피고발인을 철저히 수사하여 직무유기죄, 허위공문서작성, 허위작성공문서행사죄 등으로 엄벌하여 주시기 바랍니다.

첨 부 서 류

1. 농지대장 (첨부 생략)
2. 농지전용심사의견서

2022. 8. 30.

고발인 천만석 ㊞

서울서초경찰서장 귀중

농지전용심사의견서

신청사항	성명		도날두	주소	(생 략)	
	신청토지	소재지	용인시 처인구 원삼면 15번지			
		면적(㎡)	(생 략)			
		진흥지역 안의 토지				
	사업계획		(생 략)			

심사기준에 대한 의견		심 사 사 항	의 견		의견결정 이 유
	용도 구역 행위 제한	① 법 제32조(진흥지역행위제한)에 저촉여부	**저촉없음**	저촉	
		② 법 제37조(농지전용허가제한)에 저촉여부	**저촉없음**	저촉	
		③ 농지가 전용목적사업에 적합하게 이용될수 있는지 여부	**적합**	부적합	
		④ 전용목적사업의 실현을 위하여 적정한 면적인지 여부	**적정**	부적정	
	농지전용의 적 정 성	(생 략)			
종 합 의 견			**적합**		

2021년 10월 17일

용 인 시 장   최 고 위   [직인]

교 통 사 고 보 고
(실 황 조 사 서)

수사접수번호 : 제*****호

일시		2022년 10월 21일 16시30분					
위치	장소	서울 서초구 서초대로 294 지하철 2호선 교대역 앞 도로					
	특징						
사고유형		■차대사람　□차대차　□차량단독　□건널목　□차:기타					
피해상황		□물적피해 ■인적피해 □물적피해+인적피해 □피해없음 □본인피해				사고차량대수	1대
		인적피해 : 사망 0 명, 중상 0 명, 경상 1 명, 부상신고 0 명					

사고관련차량	차량등록번호	98가7654	차 종	승용차	제작회사/차명	쏘나타	연식	2020
	최근 검사일		최초충돌부분	전반부	주요파손부위			
	소 유 자	김갑동 주소 : 서울 서초구 양재로 53 (양재동)			전화: (생략)			
	운 전 자	김갑동 주소 : 서울 서초구 양재로 53 (양재동)			전화: (생략)			
	운전면허번호	제1종보통			주민등록번호	생략		
	직 업	공무원	보호장구착용	안전벨트착용	차량피해액	천원		
	승 차 정 원	5명	승차인원	1명	보험가입상황	책임보험		

사상자	성 명	주 소	주민등록번호	성별	연령	직업	상해정도	입원병원
	정일녀	생략	생략	여	21	생략	전치 4주	생략

--- (생 략) ---

	기상상태	노면상태		도로종류		도로형태
현장상황	■ 맑음 □ 흐림 □ 비 □ 안개 □ 눈 □ 기타/불명	포장	■ 건조　□ 습기 □ 결빙　□ 적설 □ 기타	(생략)	단일로	■ 횡단보도상 □ 횡단보도부근 □ 터널안 □ 교량위 □ 기타
		비포장	□ 건조　□ 습기 □ 결빙　□ 적설 □ 기타		교차로	□ 교차로내 □ 교차로부근
						□ 건널목 □ 기타/불명

(생 략)

음주운전 1 □　2 □

	□ 음주운전　□ 측정불량	특수사고(※2개입력)
	■ 정상운전　□ 기타불명	(생 략)

	자동차등		보행자		
(생 략)	□ 직진중 ■ 좌우회전중 □ U턴중 □ 출발중 □ 후진중	□ 앞지르기중 □ 진로변경중 □ 주/정차중 □ 기타	□ 마주보고 통행중 (차도) □ 등 지고통행중(차도) ■ 횡단보도 횡단중 □ 횡단보도부근횡단중	□ 육교부근횡단중 □ 기타횡단중 □ 놀이기구사용중 □ 기타노상유희중	□ 노상작업중 □ 길가장자리구역통행중 □ 보도통행중 □ 기타

(생 략)

※ 현장약도(생략)

서 울 서 초 경 찰 서

2022. 10. 23.

수신 : 경찰서장
참조 : 교통과장
제목 : 수사보고(피해자 통화 및 진단서 첨부)

1. 본건 교통사고 피해자인 정일녀(010-****-****)에게 전화를 걸어 확인하여 본바,
   - 사고 당시 보행신호등의 녹색 신호가 점멸되고 있는 상태였는데, 약속시간에 늦어 급한 마음에 횡단보도를 건너기 시작하였고, 횡단보도를 건너는 도중 보행신호등이 적색 신호로 바뀌기에 더욱 빨리 건너기 위해 달리기 시작하였는데, 갑자기 나타난 피의자의 쏘나타 차량이 피해자를 들이받았고,
   - 사고 당시 횡단보도 위였고, 이 교통사고로 인하여 왼쪽 다리부분을 다쳐 전치 4주 진단을 받고 병원에 입원 중이지만, 의사 말로는 다행히 영구적인 손상이나 후유증 등은 없을 것이라고 하고 있으며,
   - 피의자는 책임보험에만 가입한 상태로서 현재까지 합의는 하지 않은 상태라고 진술하였음

2. 위 피해자는 약 4주간의 치료를 요하는 경골하단의 골절상을 입었다며 상해진단서를 팩스로 송부하여 왔으므로 이를 기록에 첨부하였는바, 이에 보고합니다.

   첨부 : 상해진단서(정일녀) 1부 (첨부 생략)

2022. 10. 23.

교통조사팀
경위 정주행 ㊞

고 소 장

접수일자	2022. 10. 25.
접수번호	(생략)
사건번호	(생략)
압수번호	

고 소 인 : 최정녀 (991107-2******)

피고소인 : 이신사

고 소 요 지

1. 고소인은 피고소인과 2020. 4.경부터 스마트폰 채팅 애플리케이션을 통해 알게 되어 사귀게 되었습니다.

2. 고소인은 사실은 과거에 유흥업소에서 접대부로 근무하였던 사실이 있는데, 피고소인이 어떻게 알게 되었는지는 모르겠지만 평소에도 제가 말을 잘 듣지 않으면 이 사실을 주위 사람들에게 이야기할 것처럼 행동하였습니다.

3. 그러던 중 피고소인이 2020. 12. 21.경 고소인에게 문자메시지로 "너를 성노예로 삼겠다. 거절하면 네가 과거에 유흥업소에서 일했던 사실을 주위 사람들에게 폭로하겠다."고 하였고, 이어서 "화장실에 가서 성기에 볼펜을 삽입하는 동영상을 촬영해서 보내라"는 문자메시지를 보냈습니다. 저는 제가 유흥업소에서 일했던 사실이 주위에 알려질 것이 겁이 나 피고소인이 시키는 대로 동영상을 촬영하여 피고소인에게 보낼 수밖에 없었습니다.

4. 저는 이후 너무 두려워서 피고소인과 연락을 하지 못하고 있었는데, 얼마 전 제 친구로부터 피고소인이 지금도 비슷한 범죄를 하고 다닌다는 이야기를 듣게 되어 제가 힘들더라도 피고소인을 처벌해야 다른 피해자가 생기는 것을 막을 수 있을 것 같아 뒤늦게 고소장을 제출합니다. 피고소인을 엄히 처벌하여 주시기 바랍니다.

첨 부 서 류

1. 문자메시지 캡처 사진 (첨부 생략)
2. 동영상 파일 USB (첨부 생략)

2022. 10. 25.

고소인 최정녀 ㊞

서울서초경찰서장 귀중

서울서초경찰서

2022. 11. 3.

수신 : 경찰서장
참조 : 수사과장
제목 : 수사보고(피의자 특정 등)

1. 스마트폰 채팅 애플리케이션을 통해 사귄 여성들을 상대로 한 성범죄 고소가 2건[피해자 박병녀에 대한 아동·청소년의성보호에관한법률위반(위계등간음), 피해자 최정녀에 대한 강제추행] 접수된 바, 피의자의 이름이 이신사로 동일하고, 범행 수법이 유사하여 2건의 피해자들과 연락한 피의자 이신사의 인터넷 IP를 추적한 바, 2사건 모두 피의자 이신사의 IP 주소지는 서울 서초구 서초대로 300으로 확인됨

2. 이에 위 주소지에 거주하는 김무녀(65년생, 여)의 주민등록표를 확인하여 본바, 김무녀는 아들 이을수(93년생)와 함께 거주 중인 것으로 확인되므로, 위 이을수가 이신사라는 가명으로 범행을 한 것으로 판단됨

3. 이에 위 이을수를 아동·청소년의성보호에관한법률위반(위계등간음), 강제추행 혐의로 입건한 후 이을수를 피의자로 하는 압수·수색영장을 발부받아 신속하게 수사할 예정이므로 이에 보고합니다.

첨부 : 김무녀 주민등록표 1부 (첨부 생략)

2022. 11. 3.

수사과
경위 김 경 위 ㊞

압 수 조 서 (압수·수색영장에 의한 압수)

 피의자 이을수에 대한 아동·청소년의성보호에관한법률위반(위계등간음), 강제추행 피의사건에 관하여 2022. 11. 5. 12:00경 서울 서초구에 있는 피의자 이을수의 거주지에서 사법경찰관 경위 김경위는 사법경찰리 경사 이경사를 참여하게 하고 별지 목록의 물건을 다음과 같이 압수하다.

압 수 경 위

 피의자가 사용한 인터넷 채팅의 IP 접속장소에 거주하는 이을수를 피의자로 특정하여 압수수색영장을 발부받아 현장 방문한바, 이을수의 형인 이을남이 세대 분리된 상태로 같이 거주하고 있었고 이을남의 모친 김무녀 및 이을수의 진술을 청취한바 실제 피의자는 이을수가 아닌 이을남으로 확인됨. 그런데 이을남은 영장 집행 당시 외출하여 부재중이므로 모친 김무녀 참여하에 이 사건 영장을 집행함

참여인	성 명	주민등록번호	주 소	서명 또는 날인
	김무녀	(생략)	서울 서초구 서초대로 300	(생략)

2022년 11월 5일

서울서초경찰서 수사과
사법경찰관   경위   김 경 위 (인)
사법경찰리   경사   이 경 사 (인)

압 수 목 록

번호	품 명	수량	소지자 또는 제출자	소유자	경찰의견	비고
1	휴대전화(A1)	1개	김무녀(인적 사항 생략)	이을남	(생략)	
2						

진술조서

성   명: 정연체
주민등록번호: 93****-1******   남, 29세
직업, 주소, 연락처 등 (각 생략)

위의 사람은 피의자 이을남에 대한 권리행사방해 등 피의사건에 관하여 2022. 11. 12. 서울서초경찰서 수사과 사무실에 임의출석하여 다음과 같이 진술하다.

피의자와의 관계
　저는 피의자 이을남과 아무런 친분이 없습니다.

이때 진술의 취지를 더욱 명백히 하기 위하여 다음과 같이 임의로 문답하다.

문   진술인은 누군가에 의해 진술인이 거주하고 있는 용인시 처인구 중앙동 15 주택의 현관문 디지털 도어락의 비밀번호가 임의로 변경되었다고 경찰에 신고하였지요.

답   예. 그렇습니다. 2022. 5. 25.경 퇴근하고 집으로 돌아왔는데, 현관문 디지털 도어락의 비밀번호가 변경되어 집에 들어갈 수가 없었습니다.

문   진술인의 신고로 주변 CCTV를 확인한 결과, 피의자 이을남이 진술인의 집 디지털 도어락의 비밀번호를 변경한 사실을 알 수 있었는데, 이을남은 아는 사람인가요.

답   아니요. 저는 피의자 이을남은 전혀 알지 못하는 사람입니다. 모르는 사람이 왜 제 집에서 이런 일을 벌였는지 모르겠습니다.

문   피의자 이을남을 상대로 유선으로 확인한 결과, 아는 형인 김갑동이 시켜서 한 일이라고 하는데, 김갑동은 아는 사람인가요.

답   예. 김갑동과는 평소 알고 지내던 사이입니다. 제가 용인에 있는 회사에 취직하게 되어서 용인에 거주해야 되었기 때문에 2022. 1. 15.경 김갑동이 소유하고 있는 용인시 주택을 보증금 없이 월 차임 100만원에 임차하는 계약을 체결하고, 같은 날부터 이 주택에 거주하고 있습니다.

문   그 이후에 어떤 문제가 발생하였나요.

답   제가 다니던 회사에 문제가 생겨서 월급을 제때 받지 못하게 되었고, 그러다 보니 저도 2달간 차임을 지급한 이후에는 월세를 지급하지 못하였습니다. 그러자 김갑동이 수차례 월세를 지급하라고 요구하였고, 저는 김갑동의 연락을 피하게 되었습니다. 그러던 중 이번 일이 발생하게 된 것입니다.

문   달리 할 말이 있는가요.

답   제가 월세를 제때 지급하지 못한 것은 사실이지만 이런 식으로 제가 살고 있는 집 비밀번호를 임의로 변경하는 것은 잘못이라고 생각합니다. 엄히 처벌해주세요.

문   이상의 진술은 사실인가요.

답   예, 사실입니다.

위의 조서를 진술자에게 열람하게 하였던바, 진술한 대로 오기나 증감·변경할 것이 전혀 없다고 말하므로 간인한 후 서명무인하게 하다.

진술자   정연체 (무인)

2022. 11. 12.

서울서초경찰서
사법경찰리   경사   이경사 ㊞

피의자신문조서

피의자 이을남에 대한 아동·청소년의성보호에관한법률위반(위계등간음) 등 피의사건에 관하여 2022. 11. 15. 서울서초경찰서 수사과 사무실에서 사법경찰관 경위 김경위는 사법경찰리 경사 이경사를 참여하게 하고, 아래와 같이 피의자임에 틀림없음을 확인하다.

문　피의자의 성명, 주민등록번호, 직업, 주거, 등록기준지 등을 말하십시오.
답　성명은 이을남(李乙南)
　　주민등록번호, 직업, 주거, 등록기준지, 직장주소, 연락처 (각 생략)

사법경찰관은 피의사건의 요지를 설명하고 사법경찰관의 신문에 대하여「형사소송법」제244조의3에 따라 진술을 거부할 수 있는 권리 및 변호인의 참여 등 조력을 받을 권리가 있음을 피의자에게 알려주고 이를 행사할 것인지 그 의사를 확인하다.
[진술거부권과 변호인 조력권 고지하고 변호인 참여 없이 진술하기로 함(생략)]
이에 사법경찰관은 피의사실에 관하여 다음과 같이 피의자를 신문하다.
[피의자의 범죄전력, 경력, 학력, 가족·재산 관계 등은 생략]
[강제추행의 점]

문　피의자는 피해자 최정녀를 아는가요.
답　예. 2020. 4.경부터 스마트폰 채팅 애플리케이션을 통해 이야기하다가 사귀게 된 사이로 실제로 만나본 적은 없습니다.
문　피의자는 피해자에게 자신을 이신사라고 소개하였나요.
답　예. 그냥 제 이름을 말하고 싶지 않아서 이신사라고 한 것입니다.
문　피의자는 2020. 12. 21.경 피해자에게 "너를 성노예로 삼겠다. 거절하면 네가 과거에 유흥업소에서 일했던 사실을 주위 사람들에게 폭로하겠다."라고 문자메시지를 보내 협박한 사실이 있지요.
답　그런 문자를 보낸 것은 사실입니다만, 협박인지는 모르겠습니다.
문　피해자가 유흥업소에서 일한 사실이 있는가요.
답　피해자와 채팅을 하던 중에 피해자가 제 친구와 아는 사이라는 것을 알게 되었는데, 그 친구로부터 피해자가 과거에 유흥업소에서 접대부로 일했다는 이야기를 들어서 알게 되었습니다.
문　피의자는 위와 같이 협박을 한 다음 "화장실에 가서 성기에 볼펜을 삽입하는 동영상을 촬영하여 보내라"라는 내용의 문자메시지를 보냈지요.
답　예. 맞습니다.
문　피의자의 협박으로 피해자가 동영상을 촬영하고, 그 동영상을 피의자에게 보냈지요.
답　예. 저는 장난식으로 보낸 건데, 실제로 보낼 줄은 몰랐습니다.
문　피해자의 동영상을 다른 곳에 유포한 사실이 있는가요.

답 아니요. 없습니다.
문 위 범행에 공범이 있는가요.
답 아니요. 저 혼자 저지른 일입니다.
문 2022. 11. 5. 피의자의 주거지에서 피의자 소유 휴대전화를 압수할 당시, 피의자는 부재중이었지요.
답 예, 제가 어머니와 남동생 이을수와 함께 거주하고 있는데, 주소지는 다른 곳으로 되어 있습니다. 당시 잠깐 외출 중이었는데, 경찰이 압수수색영장을 가지고 와서 제 휴대전화기를 가지고 간 것으로 알고 있습니다. 최근에 휴대전화기를 바꿔서 그 전에 쓰던 휴대전화기를 집에 두었는데 그것을 압수한 것입니다.

[아동·청소년의성보호에관한법률위반(위계등간음)의 점]
문 피의자는 피해자 박병녀를 아는가요.
답 예. 2021. 7. 중순경 스마트폰 채팅 애플리케이션을 통해 이야기하다가 사귀게 된 사이입니다. 채팅을 통해 사귄 것이라 실제로 만난 적은 없습니다.
문 피의자는 피해자에게 고등학교 2학년생, 이신사라고 소개하였나요.
답 예. 그런 사실이 있습니다.
문 고등학교 2학년이라는 등 자신을 거짓으로 소개한 이유가 있나요.
답 저를 드러내기 싫었기 때문에 이신사라는 가명을 쓴 것이고, 아무래도 피해자가 어리니 부담을 느끼지 않게 하려고 고등학생이라고 거짓말 했습니다.
문 피의자는 2021. 7. 30.경 피해자에게 "사실은 내가 아는 선배로부터 돈을 빌렸는데, 갚지 못해서 나를 죽이겠다고 한다. 그런데 네가 이 선배와 성관계를 해주면 돈을 갚지 않아도 될 것 같은데, 이 선배와 성관계를 해 줄 수 있어? 만약 거절하면 우리는 헤어질 수밖에 없다"는 내용의 메시지를 보낸 사실이 있나요.
답 예. 있습니다.
문 위 메시지 내용은 사실인가요.
답 아니요. 거짓말입니다.
문 피해자는 피의자의 말을 듣고 피의자의 제안을 승낙하였나요.
답 예. 사실 저는 피해자가 거절할 것이라고 생각했는데, 아직 어려서 그런지 제 말을 의심하지 않아서 사실 조금 놀랐습니다.
문 피해자와 만나 성관계를 한 그 선배는 누구인가요.
답 (한참을 망설이다가) 사실은 김갑동이라는 동네 형인데, 어릴 때부터 동네에서 친하게 지내던 사이입니다. 김갑동은 저와 어울리며 나쁜 짓도 하기는 했지만 공부를 잘 해서 제가 김갑동의 말이라면 항상 시키는 대로 하였습니다. 김갑동은 현재 용인시 공무원으로 근무하고 있습니다.

문   피의자가 김갑동에게 피해자를 만나 선배인 척 하면서 성관계를 하라고 시킨 것인가요.
답   아닙니다. 사실은 피해자와 채팅을 통해 사귀게 된 후 제가 김갑동에게 중학생을 사귄다고 이야기한 사실이 있습니다. 그러자 김갑동이 저에게 피해자를 속여 성관계를 할 수 있게 해달라고 하면서 피해자에게 할 거짓말을 알려주었습니다. 저는 피해자가 아무리 어리더라도 이 정도 거짓말에 속지는 않을 것이라고 생각했는데 피해자가 제 말을 믿고 성관계를 하겠다고 하였고, 결국 김갑동이 성관계를 하러 가게 된 것입니다.
문   김갑동도 피해자가 미성년자인 사실을 알고 있었나요.
답   예. 제가 중학생과 사귄다고 이야기했으니 알고 있었습니다.
문   김갑동과 피해자가 실제로 성관계를 했는가요.
답   김갑동과 피해자가 만나기로 한 2021. 8. 2.경 서울 강남고속버스터미널 앞에서 두 사람이 만나는 것까지 확인했습니다. 김갑동이 피해자를 만나서 자신의 차량으로 데리고 들어가는 것까지도 멀리서 지켜보았습니다. 그 날 저녁 김갑동이 저에게 전화하여 피해자와 성관계를 하였다고 이야기했습니다.
문   피해자로부터 연락을 받은 사실이 있는가요.
답   김갑동으로부터 전화를 받은 이후, 피해자가 채팅으로 "선배와 성관계를 하였으니 이제 그 선배에게 돈을 갚지 않아도 된다"고 이야기하였습니다. 저는 그 말을 듣고 갑자기 화가 나서 "그 말을 믿었냐?"라고 메시지를 보내고, 이후 피해자의 연락을 차단하였습니다.
문   피해자에게 왜 화가 났나요.
답   직접 만나서 사귄 것은 아니지만, 저랑 사귀면서 다른 사람과 성관계를 한 것에 갑자기 화가 났습니다.
문   범행을 인정하는가요.
답   피해자에게 거짓말한 것은 인정하지만, 저는 실제로 성관계를 한 것도 아니고 피해자도 성관계를 한다는 사실을 알고 나가서 김갑동과 성관계를 한 것이기 때문에 처벌받는 것은 조금 억울하다고 생각합니다.

[권리행사방해의 점]
문   피의자는 정연체를 아는가요.
답   아니요. 잘 모르는 사람입니다.
이때 사법경찰리는 CCTV 화면 CD를 재생하여 보여준 바,
문   위 영상에 나오는 사람이 피의자가 아닌가요.
답   예. 제가 맞습니다.
문   피의자는 2022. 5. 25.경 정연체가 거주하는 용인시 처인구 중앙동 15 주택 현관문 디지털 도어락의 비밀번호를 변경한 사실이 있는가요.

답 예. 정연체가 누구인지는 모르지만, 위와 같은 일을 한 사실은 있습니다.

문 위 범행을 한 경위는 어떤가요.

답 김갑동이 저에게 용인에 있는 위 주택의 주소지를 알려주고 그 주택의 현관문 디지털 도어락의 비밀번호를 알려주면서 번호를 변경하라고 지시하였습니다. 김갑동은 어릴 때부터 알던 형으로, 공부도 잘하고 노는 것도 잘해서 제가 잘 따르기도 했고, 나중에는 용인시 공무원까지 되다 보니 뭔가 시키는 일을 하지 않으면 안 되는 그런 관계가 되어 버렸습니다. 제가 왜 그런 일을 해야 하는지를 물어봤더니, 김갑동은 "시키면 시키는 대로 해"라고 했고, 저는 자세한 사정은 모르지만 김갑동을 믿고 시키는 대로 하였을 뿐입니다.

문 다른 사람의 주거지 현관문 도어락 비밀번호를 임의로 변경하면 안 된다는 것을 몰랐나요.

답 정상적인 일은 아니라고 생각했지만, 김갑동이 시키는 대로 하지 않을 수가 없었습니다.

문 피의자는 더 할 말이 있는가요.

답 없습니다. ㉠

위의 조서를 진술자에게 열람하게 하였던바, 진술한 대로 오기나 증감·변경할 것이 전혀 없다고 하므로 간인한 후 서명날인하게 하다.

　　　　　　　　　　진술자 이을남 ㊞

　　　　　　　　2022. 11. 15.

　　　　　　　　서울서초경찰서
　　　　　　　　사법경찰관 경위 김경위 ㊞
　　　　　　　　사법경찰리 경사 이경사 ㊞

피의자신문조서

피의자 김갑동에 대한 아동·청소년의성보호에관한법률위반(위계등간음) 등 피의사건에 관하여 2022. 11. 18. 서울서초경찰서 수사과 사무실에서 사법경찰관 경위 김경사는 사법경찰리 경사 이경사를 참여하게 하고, 아래와 같이 피의자임에 틀림없음을 확인하다.

문   피의자의 성명, 주민등록번호, 직업, 주거, 등록기준지 등을 말하십시오.
답   성명은 김갑동(金甲童)
     주민등록번호, 직업, 주거, 등록기준지, 직장주소, 연락처 (각 생략)

사법경찰관은 피의사건의 요지를 설명하고 사법경찰관의 신문에 대하여 「형사소송법」 제244조의3에 따라 진술을 거부할 수 있는 권리 및 변호인의 참여 등 조력을 받을 권리가 있음을 피의자에게 알려주고 이를 행사할 것인지 그 의사를 확인하다.
[진술거부권과 변호인 조력권 고지하고 변호인 참여 없이 진술하기로 함(생략)]
이에 사법경찰관은 피의사실에 관하여 다음과 같이 피의자를 신문하다.
[피의자의 범죄전력, 경력, 학력, 가족·재산 관계 등은 생략]
[아동·청소년의성보호에관한법률위반(위계등간음)의 점]

문   피의자는 피해자 박병녀를 아는가요.
답   아니요. 전혀 모르는 사람입니다.
문   2022. 8. 2.경 서울 강남고속버스터미널 앞에서 피해자를 만나서 인근 공터에 주차된 피의자의 차량에서 성관계를 한 사실이 없는가요.
답   아... 그 아가씨 이름이 박병녀였나요? 이름은 몰랐습니다만, 그 아가씨와 성관계를 한 사실은 있습니다.
문   피해자와 성관계를 하게 된 경위는 어떤가요.
답   2022. 7. 중순경 동네 동생인 이을남이 어떤 여자에게 제 사진을 보여 주었더니 저와 사귀고 싶어한다면서 만나보겠냐고 하였습니다. 그런데, 저는 당시 소개팅을 하고 싶은 생각이 없어서 거절하였더니 다시 이을남이 그 여자가 사귈 생각이 없으면 한번만 만나서 성관계라도 해 달라고 했다고 하였습니다. 그래서, 저는 여자를 사귈 생각은 전혀 없었지만, 그냥 한번 즐긴다는 생각으로 승낙을 하고, 이을남이 알려준 장소에 가서 그 여자를 만나서 성관계를 하게 된 것입니다.
문   피의자는 피해자 박병녀가 미성년자인 사실을 알고 있었나요.
답   실제로 본 피해자가 조금 어려보이기는 했지만 미성년자라는 말을 들은 것도 아니고 별로 신경쓰지 않았습니다. 다만, 이을남이 평소 미성년자와 채팅을 하면서 어울리는 것을 알기는 하여 조금 의심을 한 것은 사실입니다.
문   피해자가 약속장소에 나온 경위는 모른다는 말인가요.
답   예. 저는 이을남으로부터 피해자가 저와 성관계를 하고 싶어서 나온다는 말을 들고 피해자도 저와 같이 즐길 생각으로 나온다고 생각했을 뿐입니다.

문 피해자를 만나 성관계를 하게 된 경위는 어떤가요.

답 2022. 8. 2. 오후 약속장소인 서울 강남고속버스터미널 앞에서 하얀 머리띠를 한 피해자를 만났습니다. 어차피 피해자가 저를 안다고 생각했기 때문에 따로 제 소개를 하지 않았고, 저도 피해자와 다시 만날 생각이 없었기 때문에 피해자 인적사항은 전혀 묻지 않았습니다. 당시 제가 시간이 별로 없어서 바로 피해자를 제 차로 데리고 가서 차량 뒷좌석에서 성관계를 하였습니다. 피해자가 저에게 "모텔로 가는 것 아니냐?"고 말을 하여 제가 "시간이 별로 없어서 그냥 여기서 하자"고 하였습니다. 피해자가 모텔이라고 한 것을 보더라도 이미 성관계를 할 생각으로 나온 것이어서 저는 이을남의 말을 믿을 수밖에 없었습니다.

문 성관계 후에는 피해자와 어떤 이야기를 나누었나요.

답 특별히 어떤 말을 하지는 않았고, 저는 그날 바로 약속이 있어서 피해자를 차에서 내리게 한 다음 약속장소로 떠났습니다.

문 범행 이후 이을남에게 연락하지 않았나요.

답 특별히 이야기할 일이 없어서 연락하지 않았습니다.

[권리행사방해교사의 점]

문 피의자는 정연체를 아는가요.

답 예. 정연체는 알고 지내던 동생이고, 제 소유의 용인시 주택을 임차하여 거주하던 사람입니다.

문 피의자는 2022. 5. 25.경 이을남에게 정연체가 거주하는 용인시 주택의 현관문 디지털 도어락 비밀번호를 변경하라고 지시한 사실이 있는가요.

답 예. 그런 사실이 있습니다.

문 그 경위는 어떤가요.

답 정연체가 용인에 있는 회사에 취직하게 되어 제 소유의 용인시 주택을 보증금없이 월 차임 100만원에 임대하여 달라고 하기에 승낙하였습니다. 그런데, 정연체가 약속한 차임을 2번 지급하고 계속 연체하였고, 나중에는 제 연락도 받지 않아서 이을남을 시켜서 주택 비밀번호를 변경하라고 지시하였습니다.

문 이을남에게 정연체와의 계약내용 등에 대한 설명을 한 사실이 있는가요.

답 어차피 이을남은 제가 시키는 대로 하는 동생이어서 자세히 이야기하지 않았습니다. 그냥 시키는 대로 하라고 했더니 이을남이 알겠다고 하였습니다.

문 현재는 어떤 상황인가요

답 정연체로부터 밀린 월 차임을 모두 지급받았고, 최근에 정연체가 짐을 다 빼고 집에서 나간 상태입니다.

[직무유기, 공문서위조 및 위조공문서행사의 점]

문 피의자는 용인시청 농업정책과 농지관리팀에 근무하고 있는가요

답 네, 맞습니다.

문 피의자의 담당업무는 무엇인가요

답 농지전용허가 등 농지전용과 관련된 업무를 담당하고 있습니다.

문 피의자는 2021. 7. 16.경 난개발주식회사가 농업진흥지역 내 농지인 용인시 처인구 원삼면 15를 채석장의 진입로 등으로 불법전용하고 있다는 제보를 받고 현장에 가서 확인한 사실이 있지요.

답 네, 맞습니다. 당시 익명의 투서를 받고 현장에 가서 농지불법전용 사실을 확인하였습니다.

문 용인시청에서 농지전용과 관련된 업무를 담당하고 있는 피의자가 농지 전용 사실을 알게 되었다면 어떤 조치를 취해야 하는가요.

답 농지법 등 관련 규정에 따라 과장을 통해 용인시장에게 보고하여 원상회복을 명하게 하거나 수사기관에 고발을 하는 등의 조치를 취해야 합니다.

문 피의자는 이와 같은 조치를 취하였는가요.

답 당시 저의 부모님이 편찮으셔서 정신이 없을 때였습니다. 차일피일 미루다가 결국 아무런 조치를 취하지 못하였습니다.

문 피의자는 2021. 10. 15.경 위 농지에 대한 전용허가 신청서를 접수하고 2021. 10. 17.경 위 농지에 대한 농지전용허가가 농지법에 저촉되지 않는다는 허위의 농지전용심사의견서를 작성하여 기안하였고, 농업정책과장, 용인시장의 순차 결재를 받아 경기도지사에게 송부된 사실이 있지요.

답 네, 인정합니다.

문 해당 농지는 농업진흥지역에 해당하여 농지전용허가가 부적법하였는데 이와 같은 허위 서류를 기안한 이유가 무엇인가요.

답 당시 신청인인 도날두가 워낙 간곡하게 부탁을 했습니다. 이미 투자한 돈이 수십억 원이 넘는데 농지전용허가를 받지 못하면 가족들이 모두 길거리에 나앉는다고 통사정을 해서...

문 도날두로부터 부정한 대가를 받은 것은 아닌가요.

답 그런 것은 절대로 아닙니다. 하늘에 맹세코 아닙니다.

[교통사고처리특례법위반(치상)의 점]

문 피의자는 교통사고를 낸 적이 있나요.

답 예, 제가 2022. 10. 21. 16:30경 저의 98가7654 쏘나타 승용차를 운전하여 서울 서초구 서초대로 294에 있는 지하철 2호선 교대역 사거리를 우회전하여 강남역 방면으로부터 서울 강남고속버스터미널 방면으로 진행하다가 횡단보도를 건너던 피해자 정일녀의 왼쪽 다리 부분을 제 승용차의 오른쪽 앞

부분으로 들이받아 사고를 내게 되었습니다.
문 그렇다면 보행신호에 따라 횡단보도를 건너는 피해자를 들이받은 것인가요.
답 제가 잠시 한눈을 팔았는지 과실로 피의자를 발견하지 못하고 횡단보도에서 사고를 낸 것은 사실이지만, 제가 사고를 낼 당시 보행자 신호등은 적색이었습니다.
문 피의자가 우회전할 당시 차량신호는 어떠하였는가요.
답 직진 신호는 녹색신호였는데, 따로 우회전 차량 신호는 없었습니다. 현장에 오신 경찰관도 제가 차량 신호를 위반한 것은 아니라고 하였습니다.
문 피해자는 4주간 치료를 요하는 상해진단서를 제출하였는데, 인정하는가요.
답 예. 제가 낸 사고로 상해를 입은 것은 인정합니다.
문 피의자의 차는 자동차보험에 가입되어 있나요.
답 인사사고에 대한 책임보험과 재물피해에 대한 의무보험에만 가입했습니다.
문 피해자와 합의하였나요.
답 피해자와 합의금 문제로 의견이 맞지 않아서 아직 합의가 되지 않았습니다. 조만간 합의하도록 하겠습니다.

위의 조서를 진술자에게 열람하게 하였던바, 진술한 대로 오기나 증감·변경할 것이 전혀 없다고 하므로 간인한 후 서명날인하게 하다.

진술자   김갑동 ㊞

2022. 11. 18.

서울서초경찰서
 사법경찰관 경위 김경위 ㊞
 사법경찰리 경사 이경사 ㊞

진 술 서

성명	장재일		성별	남
연령	(생략)	주민등록번호	(생략)	

위의 사람은 피의자 이을남에 대한 전자금융거래법위반 사건의 참고인으로서 다음과 같이 임의로 자필 진술서를 작성 제출함

1. 저는 대학을 졸업하고 취업을 준비 중인 사람입니다.

1. 제가 오늘(2022. 12. 3.) 오전에 도서관에서 공부를 하던 중, 휴대전화로 서울중앙지검 수사관 김조사라는 사람에게서 제 계좌가 범죄에 이용되어 압류가 되었다고 하면서, 이를 풀기 위해서는 보증금을 지급해야 한다는 전화를 받았습니다.

1. 갑작스런 전화에 놀란 저는 그 수사관이라는 사람이 알려준 신한은행 계좌로 보증금 300만원을 송금하였습니다.

1. 급하게 송금을 할 때는 정신이 없었는데, 송금을 한 이후 보이스피싱이 아닌가 의심이 들어서 걸려온 전화번호로 다시 전화를 해 보니 전화를 받지 않았습니다. 그래서, 인터넷으로 서울중앙지검 전화번호를 검색하여 전화를 걸어보니, 김조사라는 수사관은 없다고 하면서 보이스피싱을 당한 것 같다고 하였습니다.

1. 제가 송금한 계좌의 명의인은 이을남이고, 그 사람을 일단 신고합니다.

1. 하루 빨리 돈을 돌려받기를 원합니다.

1. 이상은 모두 사실과 다름없습니다.

첨부 : 계좌송금내역 1부(생략)

2022. 12. 3.

장 재 일 [인]

피의자신문조서(제2회)

피의자 이을남에 대한 전자금융거래법위반 피의사건에 관하여 2022. 12. 10. 서울서초경찰서 수사과 사무실에서 사법경찰관 경위 김경위는 사법경찰리 경사 이경사를 참여하게 하고, 피의자에 대하여 다시 아래의 권리들이 있음을 알려주고 이를 행사할 것인지 그 의사를 확인하다.

[진술거부권과 변호인 조력권 고지하고 변호인 참여 없이 진술하기로 함 (생략)]

문 피의자는 신한은행 110-123-45678 계좌 명의인인가요.
답 예, 그렇습니다.
문 피의자는 위 계좌를 이용하여 피해자 장재일에게 전화하여 검찰 수사관을 사칭하고 위 계좌로 300만원을 송금받은 사실이 있는가요.
답 아니요. 없습니다. 저는 통장과 체크카드만 다른 사람에게 빌려주었습니다.
문 통장과 체크카드를 누구에게 어떻게 빌려준 것인가요.
답 제가 돈이 필요해서 대출을 알아보았는데, 직업이 없어서 대출이 되지 않았습니다. 그런데, 대출을 검색한 이력이 남아 있어서인지 모르는 번호로 전화가 와서 300만원을 대출해 줄 수 있는데, 담보로 제 통장과 체크카드를 맡겨야 한다고 하였습니다. 급한 마음에 은행에 가서 계좌를 개설하고 성명불상자가 보낸 퀵서비스를 통해 신한은행과 하나은행 계좌의 통장과 체크카드를 한꺼번에 보냈습니다.
문 통장과 체크카드를 보내고 대출을 받았나요.
답 아니오, 성명불상자와 전화한 번호는 없는 번호로 나왔고, 이후 연락이 되지 않아서 대출을 받지 못했습니다.
문 피의자가 성명불상자에게 보낸 통장과 체크카드가 보이스피싱 등 범행에 이용될 수 있다는 생각은 못했나요.
답 당시에는 너무 급해서 그런 생각까지 할 겨를이 없었습니다.
문 이상의 진술에 이의나 의견이 있는가요.
답 없습니다.(무인)

위의 조서를 진술자에게 열람하게 하였던바, 진술한 대로 오기나 증감·변경할 것이 전혀 없다고 하므로 간인한 후 서명날인하게 하다.

진술자 이을남 ㉑

2022. 12. 10.

서울서초경찰서
사법경찰관 경위 김경위 ㉑
사법경찰리 경사 이경사 ㉑

서 울 중 앙 지 방 검 찰 청

주임검사
(인)

수 신 검사 엄정희
제 목 수사보고(피의자 이을남 휴대전화 관련)

○ 2022. 11. 5. 압수수색 영장에 의하여 압수한 피의자 이을남 소유의 휴대전화(A1)에 대한 디지털 포렌식을 실시한 결과가 회보되었는바, 피의자 이을남이 2020. 12. 21. 강제추행 피해자 최정녀에게 보낸 협박 문자메시지, 같은 날 피해자로부터 전송받은 동영상 파일 등이 확인되나, 피해자 박병녀에 대한 범행 내용은 확인되지 않음

○ 이에 피의자 이을남에게 전화하여 확인하여 본바,

- 위 압수된 A1 휴대전화는 2020년경까지만 사용하다가 현재는 A2 휴대전화를 사용하고 있고, 2023. 2. 5. 김갑동이 피의자에게 텔레그램을 메신저를 통해 "나는 모르는 일로 해라. 너 혼자 다 짊어지고 가라"는 메시지를 보내와 화가 난 상태라면서, 오후에 당 검사실을 방문하여 현재 사용 중인 휴대전화(A2)를 임의제출할 테니 휴대전화 메시지 내역 등을 분석해서 김갑동의 범행을 밝혀내 주기 바란다고 하므로 수사보고 합니다.

※ 첨 부 : 휴대전화(A1) 분석 결과 회보 CD (생략)

2023. 2. 15.

검찰주사보 김 수 사 (인)

서 울 중 앙 지 방 검 찰 청

주임검사
(인)

수 신 검사 엄정희
제 목 수사보고 [피의자 이을남 휴대전화(A2) 분석 결과]

○ 피의자 이을남이 2023. 2. 15. 당 검사실에 임의 제출한 휴대전화(A2)를 분석하여 본 결과,

- 피의자 김갑동이 2021. 7. 29.경 피의자 이을남과 대화하면서 "헤어지지 않으려면 선배와 성관계를 해야 한다고 해라.", "어린 애라 그 정도면 속을 거야", "너는 직접 얼굴 보지도 않을 것이니 아무 문제되지 않을 것이다"라고 하는 대화 내용이 확인되고,

- 2023. 2. 5.경에는 피의자 김갑동이 피의자 이을남에게 "나는 모르는 일로 해라, 네가 다 짊어지고 가라"고 하는 대화 내용도 확인되므로 수사보고 합니다.

※ 첨 부 : 1. 휴대전화(A2) 분석결과 회보 CD (생략)
          2. 휴대전화 대화내용 캡처 화면

휴대전화 대화 내용 캡처 화면

<2021. 7. 29.>
(앞 부분 생략)
김갑동 헤어지지 않으려면 선배와 성관계를 해야 한다고 해라
이을남 아무리 어려도 그런 말에 속아 성관계를 한다고 할까요?
김갑동 어린 애라 그 정도면 속을 거야
이을남 그러다가 경찰에 신고라도 하면 어떻게 해요
김갑동 너는 직접 얼굴 보지도 않을 것이니 아무 문제되지 않을 것이다
<2023. 2. 5.>
(앞 부분 생략)
김갑동 박병녀 건은 나는 모르는 일로 해라, 네가 다 짊어지고 가라

2023. 2. 15.

검찰주사보 김 수 사 (인)

기타 법원에 제출되어 있는 증거들

※ 편의상 다음 증거서류의 내용을 생략하였으나, 법원에 증거로 적법하게 제출되어 있음을 유의하여 검토할 것.

○ 가족관계증명서(증거목록 2번)
 - 나신뢰와 피해자 박병녀가 모녀지간인 사실

○ 채팅 내용 캡처 사진(증거목록 3번)
 - 피고인 이을남과 피해자 박병녀가 주고받은 채팅 메시지 내용으로서 공소사실 1항 기재와 같이 피고인 이을남이 피해자 박병녀를 기망한 내용 등 포함

○ 농지대장(증거목록 6번)
 - 피고인 김갑동의 직무유기 관련, 용인시 처인구 원삼면 15가 농업진흥지역 내 농지인 사실이 확인됨

○ 고발인 천만석 진술조서(증거목록 8번)
 - 피고인 김갑동의 직무유기, 허위공문서작성, 허위작성공문서행사 관련, 용인시 담당공무원의 진술로 고발장(증거목록 5번) 내용과 같음

○ 수사보고(법령검토)(증거목록 9번)
 - 농지법 규정에 따라 용인시 담당 공무원인 피고인 김갑동은 농지전용사실을 확인하였을 경우 용인시장에게 보고하여 원상회복명령, 고발 등의 조치가 이루어지도록 할 의무가 있고, 도날두의 전용허가 신청과 관련하여 농지법 제32조 및 제37조에 저촉되는 사유가 있어 전용허가 요건을 충족하지 못한 사실 확인

○ 피해자 정일녀 진술서(증거목록 11번)
 - 피고인 김갑동의 교통사고 관련 피해 진술로서 수사보고(피해자 통화 및 진단서 첨부, 증거목록 12번) 기재 진술취지와 동일

○ 상해진단서(정일녀)(증거목록 13번)
 - 피해자 정일녀가 피고인 김갑동 운전차량에 치어 약 4주간의 치료를 요하는 경골하단의 골절상을 입은 사실

○ 보험가입사실 증명원(증거목록 14번)
 - 피고인 김갑동 운전의 98가7654호 쏘나타 자동차가 책임보험 및 의무보험에만 가입되어 있는 사실

○ 문자메시지 캡처 사진(증거목록 16번)
 - 피고인 이을남이 공소사실 3의 가항 기재와 같이 피해자 최정녀에게 발송한 문자메시지 캡처 사진

○ 동영상 파일 USB(증거목록 17번)
 - 피해자 최정녀가 공소사실 3의 가항 기재와 같이 피고인 이을남에게 전송한 동영상 파일. 피해자가 성기에 볼펜을 삽입한 모습 등 확인

○ 피해자 최정녀 진술조서(증거목록 18번)
- 피고인 이을남의 강제추행 관련 피해진술로서 고소장(증거목록 15번) 기재 진술취지와 동일
○ 압수수색영장(증거목록 20번)
- 영장에는 범죄혐의 피의자로 피고인 이을남의 동생인 '이을수'가, 수색·검증할 장소, 신체, 물건으로 '가. 서울 서초구 서초대로 300, 나. 피의자 이을수의 신체'가, 압수할 물건으로 '피의자 이을수 소유·소지 또는 보관·관리·사용하고 있는 스마트폰 등 디지털기기 및 저장매체'가 각 특정되어 기재되어 있음
○ 부동산임대차계약서 사본(증거목록 23번)
- 정연체가 2022. 1. 15.부터 1년간 보증금 없이 월차임 100만원에 피고인 김갑동 소유 용인 주택을 임차하기로 약정하는 내용
○ CCTV화면 CD(증거목록 24번)
- 피고인 이을남이 정연체 주거의 현관문 비밀번호를 임의로 변경하는 장면이 확인되는 CCTV 녹화파일
○ 계좌송금내역(증거목록 28번)
- 장재일이 피고인 이을남 명의 신한은행 계좌로 300만원 송금한 사실 확인
○ 휴대전화(A1) 분석결과 회보 CD(증거목록 31번)
- 피고인 이을남이 2020. 12. 21. 강제추행 피해자 최정녀에게 보낸 협박 문자메시지, 같은 날 피해자로부터 전송받은 동영상 파일 등 확인(증거목록 16, 17번과 일치)
○ 휴대전화(A2) 분석결과 회보 CD(증거목록 33번)
- 피고인 김갑동이 공소사실 1항과 관련하여 피고인 이을남과 대화한 문자메시지 등 확인(증거목록 34번 참조)
○ 휴대전화 통화내역(증거목록 35번)
- 2021. 8. 2. 19:00경 피고인 김갑동이 피고인 이을남에게 전화한 사실
○ 부동산등기부등본(증거목록 36번)
- 정연체가 거주하던 용인시 처인구 중앙동 15 토지 및 지상주택은 2010. 3. 15.부터 피고인 김갑동의 소유로 등기되어 있는 사실
○ 각 범죄경력자료 조회회보서(증거목록 37번)
- 피고인 김갑동 : 전과 없음
- 피고인 이을남 : 2022. 11. 30. 서울중앙지방법원에서 전자금융거래법위반으로 벌금 100만 원

확 인 : 법학전문대학원협의회

UNION 제13판

기록형
2026 변호사시험 대비

형사법

변호사시험 기출문제집

II. 모의편

2022년 10월 제3차

법전협 주관 모의시험

2022년도 제3차 변호사시험 모의시험 - 논술형(기록형)

시험과목	형사법(기록형)

응시자 준수사항

1. 시험 시작 전 문제지의 봉인을 손상하는 경우, 봉인을 손상하지 않더라도 문제지를 들추는 행위 등으로 문제 내용을 미리 보는 경우 모두 부정행위로 간주되어 그 답안은 영점 처리 됩니다.
2. 답안은 흑색 또는 청색 필기구(사인펜이나 연필 사용 금지) 중 한 가지 필기구만을 사용하여 답안 작성 난(흰색 부분) 안에 기재하여야 합니다.
3. 답안지에 성명과 수험 번호를 기재하지 않아 인적 사항이 확인되지 않는 경우에는 영점 처리 등 불이익을 받게 됩니다. 특히 답안지를 바꾸어 다시 작성하는 경우, 성명 등의 기재를 빠뜨리지 않도록 유의하여야 합니다.
4. 답안지에는 문제 내용을 기재할 필요가 없으며, 답안 내용 이외의 사항을 기재하거나 밑줄 기타 어떠한 표시도 하여서는 안 됩니다. 답안을 정정할 경우에는 두 줄로 긋고 다시 기재하여야 하며, 수정액 등은 사용할 수 없습니다.
5. 시험 종료 시각에 임박하여 답안지를 교체 요구한 경우라도 시험시간 종료 후 즉시 새로 작성한 답안지를 회수합니다.
6. 시험 종료 후에는 답안지 작성을 일절 할 수 없으며, 이에 위반하여 시험시간이 종료되었음에도 불구하고 **시험관리관의 답안지 제출지시에 불응한 채 계속 답안을 작성하거나 답안지를 늦게 제출할 경우 그 답안은 영점 처리** 됩니다.
7. 답안은 답안지 쪽수 번호 순으로 기재하여야 하고, **배부받은 답안지는 백지 답안이라도 모두 제출**하여야 하며, **답안지를 제출하지 아니한 경우 그 시험시간 및 나머지 시험시간의 시험에 응시할 수 없습니다.**
8. 지정된 시간까지 지정된 시험실에 입실하지 아니하거나 시험관리관의 승인을 얻지 아니하고 시험시간 중에 그 시험실에서 퇴실한 경우 그 시험시간 및 나머지 시험시간의 시험에 응시할 수 없습니다.
9. 시험시간이 종료되기 전에는 어떠한 경우에도 문제지를 시험장 밖으로 가지고 갈 수 없고, 시험 종료 후 가지고 갈 수 있습니다.

법학전문대학원협의회
THE ASSOCIATION OF KOREAN LAW SCHOOLS

【문　　제】

피고인 김갑동에 대해서는 법무법인 나라 담당변호사 정명변이, 피고인 이을남에 대해서는 법무법인 세계 담당변호사 설득희가 각 객관적인 입장에서 대표변호사에게 보고할 검토의견서를 작성하되, 다음 쪽 양식 중 **본문 Ⅰ, Ⅱ 부분**을 작성하시오.

【작성요령】

1. 학설, 판례 등의 견해가 대립되는 경우에 한 견해를 취할 것. 다만, 대법원 판례와 다른 견해를 취하는 경우에는 자신의 입장에 따라 작성하되 대법원 판례의 취지를 적시할 것.
2. 증거능력이 없는 증거는 실제 소송에서는 증거로 채택되지 않아 증거조사가 진행되지 않지만, 이 문제에서는 시험의 편의상 증거로 채택되어 증거조사가 진행된 경우도 있음. 따라서 필요한 경우 증거능력에 대하여도 언급할 것.
3. 작성의 편의를 위하여 필요한 경우 각 검토의견서에 기재한 내용은 서로 인용이 가능함.

【기록 형식 안내】

1. 쪽 번호는 편의상 연속되는 번호를 붙였음.
2. 조서, 기타 서류에는 필요한 서명, 날인, 무인, 간인, 정정인이 있는 것으로 볼 것.
3. 증거목록, 공판기록 또는 증거기록 중 '생략' 또는 '기재생략'이라고 표시된 부분에는 법에 따른 절차가 진행되어 그에 따라 적절한 기재가 있는 것으로 볼 것.
4. 공판기록과 증거기록에 첨부하여야 할 일부 서류 중 '생략' 표시가 있는 것, 증인선서서와 수사기관의 조서에 첨부하여야 할 '수사과정확인서'는 적법하게 존재하는 것으로 볼 것(**증거기록 마지막에 생략된 증거와 그 요지를 거시하였음**).
5. 송달이나 접수, 통지, 결재가 필요한 서류는 모두 적법한 절차를 거친 것으로 볼 것.
6. 시험의 편의상 증거기록 첫머리의 증거목록과 압수물총목록은 첨부 생략되었으며, 증거기록에 대한 분리제출은 하지 않는 것으로 하였고, 증인신문, 피고인신문의 경우 녹취파일, 녹취서 첨부 방식을 취하지 않았음.

【검토의견서 양식】

검토의견서(55점)

사　건　　2022고합5470 특정경제범죄가중처벌등에관한법률위반(배임) 등
피고인　　김갑동

Ⅰ. 피고인 김갑동에 대하여

1. 특정경제범죄가중처벌등에관한법률위반(배임)의 점
2. 재물손괴의 점
3. 주거침입의 점
4. 정보통신망이용촉진및정보보호등에관한법률위반의 점
5. 폭행의 점

※ 평가제외사항 - 공소사실의 요지, 정상관계(답안지에 기재하지 말 것)

2022. 10. 15.

피고인 김갑동의 변호인 법무법인 나라 담당변호사 정명변 ㊞

검토의견서(45점)

사　건　　2022고합5470 특정경제범죄가중처벌등에관한법률위반9배임) 등
피고인　　이을남

II. 피고인 이을남에 대하여

1. 공전자기록등불실기재,불실기재공전자기록등행사의 점
2. 상습사기의 점
3. 폭행의 점

※ 평가제외사항 - 공소사실의 요지, 정상관계(답안지에 기재하지 말 것)

2022. 10. 15.

피고인 이을남의 변호인 법무법인 세계 담당변호사 설득희 ㊞

기록내용시작

서울중앙지방법원
구공판 형사제1심소송기록

구속만료		미결구금
최종만료		
대행 갱신 만료		

기일	사건번호	2022고합5470	담임	제4부	주심
1회기일 7/27 10:00 10/11 14:00 11/1 14:00	사건명	가. 특정경제범죄가중처벌등에관한법률위반(배임) 나. 재물손괴 다. 주거침입 라. 정보통신망이용촉진및정보보호등에관한법률위반 마. 폭행 바. 공전자기록등불실기재 사. 불실기재공전자기록등행사 아. 상습사기			
	검 사	엄정희	2022형제73375호		
	공소제기일	2022. 8. 16.			
	피 고 인	1. 가. 나. 다. 라. 마.　　김갑동 2. 가. 바. 사. 아.　　이을남			
	변 호 인	사선 법무법인 나라 담당변호사 정명변(피고인 김갑동) 사선 법무법인 세계 담당변호사 설득희(피고인 이을남)			

확 정		완결 공람	담 임	과 장	국 장	주심 판사	재판장
보존종기							
종결구분							
보 존							

접 수 공 람	과 장	국 장	원 장
	㊞	㊞	㊞

공 판 준 비 절 차

회 부 수명법관 지정 일자	수명법관 이름	재 판 장	비 고

법정외에서지정하는기일

기일의 종류	일 시	재 판 장	비 고
1회 공판기일	2022. 9. 27. 10:00	㊞	

서울중앙지방법원

목 록		
문 서 명 칭	장 수	비 고
증거목록	7	검사
공소장	10	
변호인선임신고서	(생략)	피고인 김갑동
변호인선임신고서	(생략)	피고인 이을남
영수증(공소장부본 등)	(생략)	피고인 김갑동
영수증(공소장부본 등)	(생략)	피고인 이을남
국민참여재판 의사 확인서(불희망)	(생략)	피고인 김갑동
국민참여재판 의사 확인서(불희망)	(생략)	피고인 이을남
의견서	(생략)	피고인 김갑동
의견서	(생략)	피고인 이을남
공판조서(제1회)	15	
공판조서(제2회)	17	
증인신문조서	20	임혜린
증거신청서	22	김갑동

증 거 목 록 (증거서류 등)
2022고합5470

① 김갑동
② 이을남

2022형제73375호　　　　　　　　　　　　　　　　　　　　신청인: 검사

순번	증거방법					참조사항등	신청기일	증거의견		증거결정		증거조사기일	비고
	작성	쪽수(수)	쪽수(증)	증거명칭	성명			기일	내용	기일	내용		
1	사경	생략	생략	고소장	정미순	생략	1	1	① ○				
2	〃	26	〃	진술조서	정미순	〃	1	1	① ○				
3	〃	생략	〃	가족관계증명서		〃	1	1	① ○				
4	〃	〃	〃	증여계약서		〃	1	1	① ○				
5	〃	〃	〃	등기사항 전부증명서 (성남 대지)		〃	1	1	① ○				
6	〃	〃	〃	등기사항 전부증명서 (정미순 주거지)		〃	1	1	① ○				
7	〃	〃	〃	영수증 사본		〃	1	1	① ○				기재생략
8	〃	29	〃	진술조서	정인경	〃	1	1	① ○				
9	〃	생략	〃	고소장	손철기 조인우 장희연	〃	1	1	② ○				
10	〃	31	〃	진술조서	손철기	〃	1	1	② ○				
11	〃	생략	〃	진술서	조인우	〃	1	1	② ○				
12	〃	〃	〃	진술서	장희연	〃	1	1	② ○				
13	〃	〃	〃	법인등기부등본		〃	1	1	② ○				
14	〃	〃	〃	각 입금증	손철기 조인우 장희연	〃	1	1	② ○				
15	〃	〃	〃	각 문자메시지 사본	손철기 조인우 장희연	〃	1	1	② ○				
16	〃	33	〃	수사보고 (다팔아 관련 등)		〃	1	1	② ○				
17	〃	34	〃	판결문		〃	1	1	② ○				

※ 증거의견 표시 - 피의자신문조서: 인정 ○, 부인 ×
　　　　　　　　　 (여러 개의 부호가 있는 경우, 적법성/성립/임의성/내용의 순서임)
　　　　　　　 - 기타 증거서류: 동의 ○, 부동의 ×
　　　　　　　 - 진술이 특히 신빙할 수 있는 상태 하에서 행하여졌다는 점 부인 : "특신성 부인"(비고란 기재)
※ 증거결정 표시: 채 ○, 부 ×
※ 증거조사 내용은 제시, 낭독(내용고지, 열람)

증 거 목 록 (증거서류 등)

2022고합5470

① 김갑동
② 이을남

2022형제73375호

신청인: 검사

순번	증거방법					참조사항등	신청기일	증거의견		증거결정		증거조사기일	비고
	작성	쪽수(수)	쪽수(증)	증거명칭	성명			기일	내용	기일	내용		
18	사경	생략	생략	핸드폰 개설신청서		생략	1	1	② ○				
19	〃	35	〃	수사보고 (폭행 상황 등)		〃	1	1	① ○ ② ○		기재생략		
20	〃	생략	〃	진술조서	김갑동	〃	1	1	① ○ ② ×				
21	〃	〃	〃	진술조서	이을남	〃	1	1	① ○ ② ○				
22	〃	36	〃	진술조서	임혜린	〃	1	1	① ○ ② ○				
23	〃	38	〃	수사보고(핸드폰 임의제출 등)		〃	1	1	① ○ ② ×				
24	〃	생략	〃	문자목록		〃	1	1	① ○				
25	〃	〃	〃	USB 메모리		〃	1	1	① ○ ② ×				
26	〃	38	〃	녹취서		〃	1	1	① ○ ② ×				
27	〃	39	〃	수사보고 (임혜린과의 통화내용)		〃	1	1	① ○ ② ×				
28	〃	40	〃	피의자신문조서	김갑동	〃	1	1	① ○ ② ×				
29	〃	44	〃	피의자신문조서	이을남	〃	1	1	① ○ ② ○				
30	검사	48	〃	수사보고 (김대포 소재 등)		〃	1	1	② ○				

※ 증거의견 표시 - 피의자신문조서: 인정 ○, 부인 ×
 (여러 개의 부호가 있는 경우, 적법성/성립/임의성/내용의 순서임)
 - 기타 증거서류: 동의 ○, 부동의 ×
 - 진술이 특히 신빙할 수 있는 상태 하에서 행하여졌다는 점 부인 : "특신성 부인"(비고란 기재)
※ 증거결정 표시: 채 ○, 부 ×
※ 증거조사 내용은 제시, 낭독(내용고지, 열람)

증 거 목 록 (증거서류 등)

2022고합5470

① 김갑동
② 이을남

2022형제73375호

신청인: 검사

순번	증거방법					참조사항 등	신청기일	증거의견		증거결정		증거조사기일	비고
	작성	쪽수(수)	쪽수(증)	증거명칭	성명			기일	내용	기일	내용		
31	검사	생략	생략	수사보고 (임혜린과의 통화내용)		생략	1	1	① ○ ② ×			기재생략	
32	〃	〃	〃	피의자신문조서	김갑동	〃	1	1	① ○ ② ×				
33	〃	〃	〃	피의자신문조서	이을남	〃	1	1	① ○ ② ○				
34	〃	〃	〃	전과조회서	김갑동	〃	1	1	① ○				
35	〃	〃	〃	전과조회서	이을남	〃	1	1	② ○				
36	〃	〃	〃	가족관계증명서		〃	2	2	① ○				

※ 증거의견 표시 - 피의자신문조서: 인정 ○, 부인 ×
(여러 개의 부호가 있는 경우, 적법성/성립/임의성/내용의 순서임)
- 기타 증거서류: 동의 ○, 부동의 ×
- 진술이 특히 신빙할 수 있는 상태 하에서 행하여졌다는 점 부인 : "특신성 부인"(비고란 기재)
※ 증거결정 표시: 채 ○, 부 ×
※ 증거조사 내용은 제시, 낭독(내용고지, 열람)

증 거 목 록 (증인 등)

① 김갑동
② 이을남

2022형제73375호

신청인: 검사

증거방법	쪽수(공)	입증취지 등	신청기일	증거결정		증거조사기일	비고
				기일	내용		
임혜린	20	기재생략	1	1	기재생략	2022. 10. 11. 14:00 (실시)	
김갑동	22		1	1		2022. 10. 11. 14:00 (실시)	

※ 증거결정 표시 : 채 ○, 부 ×

[이하 증거목록 미기재 부분은 생략]

서울중앙지방검찰청

2022. 8. 16.

사건번호　2022년 형제73375호
수 신 자　서울중앙지방법원　　　발 신 자
　　　　　　　　　　　　　　　　검　사　　엄정희　*엄정희*　(인)

제　목　공소장
　　　　아래와 같이 공소를 제기합니다.

Ⅰ. 피고인 관련사항

1. 피 고 인　김갑동 (730620-1******), 49세
　　　　　　직업　대표이사, 010-****-****
　　　　　　주거　서울 서초구 양재로 199(아현동)
　　　　　　등록기준지 (생략)

　죄　　명　특정경제범죄가중처벌등에관한법률위반(배임), 재물손괴, 주거침입, 정보통신망이용촉진및정보보호등에관한법률위반, 폭행

　적용법조　특정경제범죄가중처벌등에관한법률 제3조 제1항 제2호, 형법 제355조 제2항, 제1항, 제366조, 제319조 제1항, 정보통신망이용촉진및정보보호등에관한법률 제74조 제1항 제3호, 제44조의7 제1항 제3호, 형법 제260조 제1항, 제37조, 제38조

　구속여부　불구속
　변 호 인　법무법인 나라 담당변호사 정명변

2. 피 고 인　이을남 (830219-1******), 39세
　　　　　　직업　무직, 010-****-****
　　　　　　주거　서울 중구 서문대로11길 34(서소문동)
　　　　　　등록기준지 (생략)

　죄　　명　공전자기록등불실기재, 불실기재공전자기록등행사, 상습사기, 폭행

　적용법조　형법 제228조 제1항, 제229조, 제351조, 제347조 제1항, 제260조 제1항, 제30조, 제40조, 제37조, 제38조

　구속여부　불구속
　변 호 인　법무법인 세계 담당변호사 설득희

Ⅱ. 공소사실

1. 피고인 김갑동

가. 특정경제범죄가중처벌등에관한법률위반(배임)

피고인은 2021. 9. 10. 22:30경 서울 마포구 마포대로 199에 있는 피고인의 집에서 자신의 처인 피해자 정미순에게 경기 성남시 분당구 불정로 110 대지 800㎡를 피해자에게 증여하고, 그 증여의 의사를 서면으로 표시하였다.

피고인은 위와 같은 증여계약에 따라 피해자에게 위 대지에 관하여 소유권이전등기절차를 이행하여 주어야 할 임무가 발생하였다.

그럼에도 피고인은 위와 같은 임무에 위배하여 2021. 11. 9.경 경기 성남시 분당구 성남대로 912에 있는 신한은행 야탑역지점에서 4억 5,000만 원을 대출받으면서 위 대지에 채권최고액 5억 6,000만 원의 근저당권설정계약을 체결하고, 2021. 11. 10.경 경기 성남시 분당구 불정로406번길 21에 있는 수원지방법원 성남지원 분당등기소에서 위 대지에 대하여 채권자 신한은행, 채무자 피고인, 채권최고액 5억 6,000만 원으로 하는 근저당권설정등기를 마쳤다.

이로써 피고인은 위 5억 6,000만 원 상당의 재산상 이익을 취득하고, 피해자에게 동액 상당의 재산상 손해를 가하였다.

나. 재물손괴

피고인은 정미순과 현재 부부 사이로 별거 중인 상태에서 이혼 소송 중이고, 정인경은 피해자 정미순의 동생으로 피고인의 처제이다.

피고인은 2021. 11. 22. 15:00경 피해자 정미순의 주거지인 서울 마포구 마포대로 199에 찾아가 현관문을 열 것을 요구하였다. 그러나 피해자 정미순은 외출한 상태로 동생인 정인경이 현관문 체인형 걸쇠를 걸어 "언니가 귀가하면 오라."며 문을 열어주지 않았다.

이에 피고인은 열린 틈사이로 손을 넣어 체인형 걸쇠를 수차례 당겨 현관문에 부착되어 있던 체인형 걸쇠를 현관문에서 떨어져 나가게 하였다.

이로써 피고인은 피해자 소유 80,000원 상당의 체인형 걸쇠를 손괴하여 그 효용을 해하였다.

다. 주거침입

피고인은 위 나.항 기재 일시 및 장소에서 피해자 정인경이 머무르고 있던 주거지 현관문 시정장치를 손괴 후 침입하여 주거의 평온을 해하였다.

라. 정보통신망이용촉진및정보보호등에관한법률위반

피고인은 2021. 12. 20. 23:00경 서울 용산구 한강대로7길 9에 있는 레인보우 모텔 223호실에서 휴대전화를 이용하여 피해자 임혜린에게 "돌아오지 않으면, 너희 회사 앞에서 너랑 나 사이 소리 칠거야." 등 피해자가 만나주지 않으면 회사에 연락하여 불이익을 주겠다는 내용의 불안감을 유발하는 문자메시지를 반복적으로 보낸 것을 비롯하여, 별지 범죄일람표 1 기재와 같이 총 150회에 걸쳐 피해자에게 불안감을 유발하는 문언을 반복적으로 피해자에게 도달하게 하였다.

2. 피고인 이을남

피고인과 김대포 등은 실체가 없는 유령회사를 설립하여 그 법인 명의의 계좌를 개설한 뒤 그 계좌에 연결된 접근매체를 이용하여 사기 피해자들로부터 금원을 교부받기로 마음먹었다.

가. 공전자기록등불실기재, 불실기재공전자기록등행사

피고인은 김대포 등과 공모하여, 2020. 3. 20.경 서울 서초구 법원로3길 14에 있는 서울중앙지방법원 등기국에서, '상호: 주식회사 다팔아, 본점: 서울 서초구 서초중앙로 164, 비01호, 1주의 금액: 5,000원, 발행주식 총 수: 200주, 자본금: 1,000,000원, 목적: 1. 의류 도소매업, 1. 전자상거래, 1. 무역업(의류), 1. 각 호에 부대하는 사업일체' 등의 내용으로 성명불상의 담당 공무원에게 법인설립등기 신청서류를 제출하였다.

그러나 사실 피고인과 김대포 등은 주식회사를 설립하여 주식회사 명의의 통장을 개설하여 대포통장을 유통시킬 목적이었을 뿐 자본금을 납입한 사실이 없고, 주식회사를 설립한 사실이 없었다.

피고인은 2020. 3. 20.경 위와 같은 사실을 모르는 법원 등기 담당 공무원으로 하여금 상업등기 전산정보처리시스템의 법인등기부에서 위 신청서의 기재내용을 입력하게 하고, 그 무렵 그와 같은 불실의 사실이 기재된 상업등기 전산정보처리시스템을 비치하게 함으로써 이를 행사하였다.

나. 상습사기

피고인은 2021. 2. 17.경 서울 중구 서소문로11길 34에 있는 자신의 주거지에서, 인터넷 중고나라 카페 게시판에 한정판 나이키 신발을 판매한다는 게시물을 작성하였고, 그 게시물을 보고 위 신발을 구매하기 위해 연락한 피해자 손철기에게 "물품대금을 송금하면 물품을 퀵으로 보내주겠다."고 거짓말을 하였다.

그러나 사실은 피고인은 판매할 신발을 보유하고 있지 않았고, 대금을 받더라도 물품을 배송하여 줄 의사나 능력이 없었다. 피고인은 위와 같이 피해자를 기망하여 이에 속은 피해자로부터 같은 날 주식회사 다팔아 명의의 신한은행 계좌(계좌번호 120-450-376549)로 대금 50만 원을 입금 받은 것을 비롯하여, 그 무렵부터 2021. 9. 8.경까지 별지 범죄일람표 2 기재와 같은 방법으로 총 4명의 피해자들을 기망하여 합계 200만 원을 교부받았다.

3. 피고인들의 쌍방폭행

가. 피고인 김갑동

피고인은 2021. 12. 24. 23:00경 서울 중구 서소문로11길 34 앞 도로에서 피해자 이을남(남, 39세)이 더 이상 자신의 처 임혜린에게 연락하지 말라면서 임혜린을 데리고 집으로 들어가려고 하자 화가 나 오른손으로 피해자의 뒤통수를 1회 때리고, 왼쪽발로 피해자의 오른쪽 무릎을 1회 걷어차는 등 폭행하였다.

나. 피고인 이을남

피고인은 위 가항 기재 일시, 장소에서 피해자 김갑동(남, 49세)으로부터 위와 같이 폭행을 당하자 화가 나 피해자의 뺨을 1회 때리고, 피해자의 멱살을 잡아당겨 바닥에 넘어뜨리는 등 폭행하였다.

III. 첨부서류

1. 변호인선임신고서 2통 (첨부 생략)

별지

범 죄 일 람 표 1

순번	일시	내용
1	2021. 12. 20. 23:00경부터 23:33경까지	나에게 돌아와
		돌아오지 않으면, 너희 회사 앞에서 너랑 나 사이 소리 칠거야
		전화 왜 안 받아
		(6회 문자 이하 생략)
2	2021. 12. 21. 13:00경부터 14:30경까지	왜 전화 안 받아
		내가 부끄러워?
		회사 사람들이 날 부끄러워해??
		나 회사 근처야 어디야??
		전화 받아 자신 있어? 나 회사 들어간다
		회사 안에서 대화하면 우리 사이 다 들통날텐데
		(34회 문자 이하 생략)
3	2021. 12. 22. 01:00경부터 01:27경까지	나 한강이야
		나 죽는다
		(45회 문자 이하 생략)
4	2021. 12. 23. 09:30경부터 10:45경까지	내가 어제 많은 생각을 했어
		한 번만 만나주면 다시 연락 안할게
		(45회 문자 이하 생략)
5	2021. 12. 24. 22:00경부터 22:25경까지	전화 받아
		나 집 앞이야
		여기서 소리친다 너 사랑한다고
		동네 사람들 앞에서 소리친다
		이제 막장이야 너 회사에 전화할거야
		나만 못 죽어 같이 죽어
		나 마지막으로 전화할게 전화 받아

범 죄 일 람 표 2

순번	일자	피해자	사이트	거래품목	범행계좌	피해금액(원)
1	2021. 2. 17. 11:15	손철기	중고나라	나이키 한정판 신발	다팔아 명의의 신한은행(생략)	500,000
2	2021. 4. 20. 20:43	조인우	상동	상동	상동	500,000
3	2021. 6. 19. 21:00	정전찬	상동	상동	현금	500,000
4	2021. 9. 8. 15:03	장희연	상동	상동	다팔아 명의의 신한은행(생략)	500,000

끝.

서 울 중 앙 지 방 법 원

공 판 조 서

제 1 회

| 사 건 | 2022고합5470 특정경제범죄가중처벌등에관한법률위반(배임) 등 |

재판장 판사 공명정 기 일: 2022. 9. 27. 10:00
판   사 박동훈 장 소: 제202호 법정
판   사 이지안 공개여부: 공개
법 원 주 사 명정대 고 지 된
          다음기일: 2022. 10. 11. 14:00

피 고 인 1. 김갑동 각 출석
          2. 이을남

검   사 정의감 출석

변 호 인 법무법인 나라 담당변호사 정명변(피고인 1을 위하여) 각 출석
          법무법인 세계 담당변호사 설득희(피고인 2를 위하여)

재판장
　피고인들은 진술을 하지 아니하거나 각개의 물음에 대하여 진술을 거부할 수 있고, 이익 되는 사실을 진술할 수 있음을 고지

재판장의 인정신문
　성   명: 김갑동, 이을남
　주민등록번호, 직업, 주거, 등록기준지: 각 공소장 기재와 같음

재판장
　피고인들에 대하여
　주소가 변경될 경우에는 이를 법원에 보고할 것을 명하고, 소재가 확인되지 않을 때에는 그 진술 없이 재판할 경우가 있음을 경고

검 사
　공소장에 의하여 공소사실, 죄명, 적용법조 낭독

피고인 김갑동

　　공소사실 제1항의 사실관계는 인정합니다. 다만 공소사실 제1의 가항의 경우 법률적으로 배임죄가 성립하는지 의문스럽고, 제1의 나, 다항의 경우 아무리 별거 중이라지만 본인 소유 물건을 손괴하고 본인 집에 들어갔는데 처벌받는 다는 것이 억울하며, 제1의 라항의 경우 피해자가 메시지를 스팸 처리하여 실제로 읽지 않았으므로 피해자에게 불안감을 유발하였다고 볼 수 없습니다. 공소사실 제3의 가항은 정확히 기억나지는 않지만 그냥 인정하겠습니다.

피고인 김갑동의 변호인

　　피고인을 위하여 유리한 변론을 하다(변론기재 생략).

피고인 이을남

　　공소사실 제2항은 모두 인정합니다. 다만 공소사실 제3의 나항의 경우 피고인 김갑동으로부터 일방적으로 폭행당했을 뿐 피고인 김갑동을 폭행한 사실이 없으므로 억울합니다.

피고인 이을남의 변호인

　　피고인을 위하여 유리한 변론을 하다(변론기재 생략).

재판장

　　증거조사를 하겠다고 고지

증거관계 별지와 같음(검사)

재판장

　　각 증거조사 결과에 대하여 의견을 묻고 권리를 보호하는 데에 필요한 증거조사를 신청할 수 있음을 고지

소송관계인

　　별 의견 없다고 진술

재판장

　　변론속행

2022. 9. 27.

법 원 주 사　　　　명정대 ㊞

재판장 판사　　　　공명정 ㊞

서울중앙지방법원

공판조서

제 2 회
사　　　　건　　2022고합5470 특정경제범죄가중처벌등에관한법률위반(배임) 등
재판장 판사　공명정　　　　　　　　　　　기　　　일 : 2022. 9. 27. 10:00
판　　　　사　박동훈　　　　　　　　　　　장　　　소 : 제202호　　법정
판　　　　사　이지안　　　　　　　　　　　공개여부 : 공개
법 원 주 사　명정대　　　　　　　　　　　고 지 된
　　　　　　　　　　　　　　　　　　　　　다음기일 : 2022. 10. 11. 14:00
피 고 인　　1. 김갑동　　　　　　　　　　　　　　　　　　각 출석
　　　　　　2. 이을남
검　　　사　정의감　　　　　　　　　　　　　　　　　　　　　출석
변 호 인　　법무법인 나라 담당변호사 정명변(피고인 1을 위하여)　각 출석
　　　　　　법무법인 세계 담당변호사 설득희(피고인 2를 위하여)
증　　　인　임혜린　　　　　　　　　　　　　　　　　　　　　출석
　　　　　　김갑동　　　　　　　　　　　　　　　　　　　　　출석

재판장
　　전회 공판심리에 관한 주요사항의 요지를 공판조서에 의하여 고지
소송관계인
　　변경할 점이나 이의할 점이 없다고 진술
재판장
　　증거조사를 하겠다고 고지
　　출석한 증인 임혜린을 별지와 같이 신문
　　피고인 김갑동에 대한 변론을 분리하겠다고 고지
　　증거조사를 하겠다고 고지
　　출석한 증인 김갑동을 별지와 같이 신문
　　피고인 김갑동에 대한 변론을 병합한다고 고지
재판장
　　각 증거조사 결과에 대하여 의견을 묻고 권리를 보호하는 데에 필요한 증거조사를 신청할 수 있음을 고지
소송관계인
　　별 의견 없다고 진술
재판장

증거조사를 마치고 피고인신문을 하겠다고 고지

피고인 김갑동에게,

검 사

문 피고인은 자기 소유 대지를 피해자 정미순에게 증여한다는 증여계약서를 작성한 후 신한은행에서 4억 5천만 원을 빌리면서 해당 대지에 채권최고액 5억 6천만 원인 근저당권을 설정한 사실이 있지요.

답 네. 그렇습니다.

문 피고인은 증여계약에 따라 해당 대지의 소유권을 피해자 정미순에게 이전해 주어야 하므로, 해당 대지에 근저당권을 설정하면 안 되는 것 아닌가요.

답 위 대지는 제 소유입니다. 당시 정미순과의 혼인관계를 유지하기 위하여 증여계약서를 써준 것에 불과합니다. 이후 정미순과의 혼인관계가 원만히 유지되었다면 위 증여계약서도 찢어버렸을 겁니다.

문 지금이라도 근저당권을 말소해 줄 생각은 없나요.

답 여력이 없어서 이자만 납부하고 있고, 원금은 변제하지 못하여 근저당권도 그대로 설정되어 있습니다.

문 피고인은 2021. 11. 22. 15:00경 피해자 정미순의 주거지 현관문에 설치된 체인형 걸쇠를 손으로 잡아 당겨 부수고, 피해자 정인경이 머무르던 주거지에 침입한 사실이 있지요.

답 사실관계는 인정합니다. 그러나 정미순의 집은 제 집이기도 합니다. 체인형 걸쇠는 원래 집에 붙어 있던 것이어서 제 소유입니다. 또 제 집에 들어간 게 왜 주거침입인지 이해할 수 없습니다.

문 비록 피고인이 피해자 정미순의 남편으로서 위 주거지를 공동소유하고 있다고는 하나, 주거침입이 있을 당시에는 위 주거지에 거주하고 있지 않았고, 피해자 정인경이 거주하고 있었으므로, 해당 주거지에 들어가기 위해서는 피해자 정인경의 허락이 필요하다고 생각하지 않나요.

답 정인경은 제 처제로 잠시 위 주거지에 머문 사람입니다. 1주일 정도 살았다고 하는데, 제가 제 집에 들어가면서 정인경의 허락을 구해야 하나요.

문 피고인이 현관문을 강제로 열고 주거지에 들어가면서 피해자 정인경이 놀랐고, 이로 인해 피해자 정인경이 누리던 주거의 평온을 해친 것 아닌가요.

답 정인경이 놀랐다면 이 부분은 미안하게 생각합니다. 다만 정인경이 제 집에서 주거의 평온을 누렸다고 생각하지 않습니다.

문 현재 피해자 정미순과의 관계는 어떠한가요.

답 이혼소송을 하다가 제가 다 양보하고 2022. 9. 29. 협의이혼 의사를 확인하고, 같은 해 10. 4. 신고하였습니다.

문 피고인은 2021. 12. 20.경부터 같은 달 24.경까지 피해자 임혜린에게 150회에 걸쳐 불안감을 유발하는 문자메시지를 보낸 사실이 있지요.

답 제가 그와 같은 문자메시지를 보낸 것은 사실입니다. 그러나 임혜린이 방금 증인으로 나와 첫 문자메시지를 받자마자 제 핸드폰 번호를 스팸처리하여 더 이상 문자메시지를 읽어보지 않았다고 증언하였습니다. 문자메시지를 읽어보지도 않았는데 어떻게 불안감을 느끼겠습니까.

문 　피고인은 2021. 12. 24. 23:00경 오른손으로 피해자 이을남의 뒤통수를 1회 때리고, 왼쪽발로 오른쪽 무릎을 1회 차는 등 폭행한 사실이 있지요.

답 　잘 기억이 나지는 않지만, 임혜린의 증언을 들어보니 제가 때린 것 같습니다.

피고인 이을남에게

검 사

문 　피고인은 2021. 12. 24. 23:00경 피해자 김갑동의 뺨을 1회 때리고, 멱살을 잡아당겨 넘어뜨려 폭행한 사실이 있지요.

답 　그러한 사실이 없습니다.

문 　USB 메모리(증거목록 순번 25번)의 내용을 들어보거나 녹취서(증거목록 순번 26번)의 내용을 읽어보면, 피고인이 피해자 김갑동의 뺨을 때리는 소리와 임혜린이 왜 피해자 김갑동을 넘어뜨리느냐는 목소리가 녹음된 것으로 보이는데요.

답 　임혜린이 위 녹음파일을 들어보라고 경찰에게 말하지도 않았는데, 경찰이 멋대로 핸드폰에서 녹음파일을 복사한 것은 잘못이라고 생각합니다. 그리고 짝 소리 비슷한 게 들리지만 그게 뺨을 때리는 소리라고 어떻게 단정합니까. 또한 임혜린은 당시 고개를 돌리고 있어 제가 김갑동을 때리거나 넘어뜨리는 장면을 보지 못했다고 했습니다. 아마 임혜린이 다시 저희 쪽으로 고개를 돌렸을 때 김갑동이 바닥에 쓰러져 있으니 제가 혹시라도 넘어뜨린 것이라고 오해하여 그러한 말을 한 것으로 보입니다.

문 　피해자 김갑동은 자신의 폭행에 대하여 피고인과 합의하겠다고 하는데, 피고인은 피해자 김갑동과 합의할 생각이 있나요.

답 　김갑동이 적절한 돈을 지급하면 처벌을 원하지 않습니다.

재판장

검사에게 공소사실 제2의 가항의 경우, 자본금 납입을 가장한 범죄와 주식회사 설립을 가장한 범죄로 구분되는 것인지 석명을 구함

검사

구분되는 것이 맞고, 서로 상상적 경합 관계에 있다고 답변함

　　　변론 속행(변호인들의 요청으로)

2022. 10. 11.

법 원 주 사 　　　　명정대 ㊞

재판장 판사 　　　　공명정 ㊞

서 울 중 앙 지 방 법 원
증인신문조서 (제2회 공판조서의 일부)

사　　건　　　2022고합5470　특정경제범죄가중처벌등에관한법률위반(배임) 등
증　인　이　름　　　임혜린
　　　　　생년월일 및 주거 (각 생략)

재판장
　　위증의 벌 경고, 선서 부분, 다른 증인 퇴정 부분, 증언거부권 부분 (각 생략)

검　사
　　증인에게
문　증인은 2021. 12. 20.경부터 같은 달 24.경까지 피고인 김갑동으로부터 '증인 회사에 찾아가겠다.'등의 문자메시지 총 150개를 받은 사실이 있지요.
답　네. 그렇습니다.
문　증인은 위 문자를 받고 어떠한 생각이 들었나요.
답　김갑동은 저희 회사 대표와 친구여서 김갑동과의 사이가 밝혀지면 제가 회사를 퇴직할 수 있습니다. 김갑동이 회사에 와서 이를 밝힐까봐 불안하고 두려웠습니다.
문　증인은 2021. 12. 24. 23:00경 피고인 김갑동이 증인의 남편인 피고인 이을남의 뒤통수를 때리고, 오른쪽 무릎을 차는 것을 보았지요.
답　네. 그렇습니다.
문　그 이후 피고인 이을남이 피고인 김갑동의 뺨을 때리고, 멱살을 잡아당겨 바닥에 넘어뜨린 사실이 있지요.
답　피고인 이을남과 부부관계에 있으므로, 증언을 거부하겠습니다.
이때 검사는 사법경찰관이 작성한 증인에 대한 진술조서를 열람하게 하고,
문　위 서류는 증인이 경찰에서 조사받으면서 진술한 내용을 기재한 것인데, 증인은 그 당시 사실대로 진술한 후 읽어보고 서명, 날인한 사실이 있고, 그때 증인이 작성하거나, 사법경찰리에게 진술한 내용과 동일하게 기재되어 있나요.
답　네. 그렇습니다.

피고인 김갑동의 변호인
　　증인에게
문　증인은 2021. 12. 20. 피고인 김갑동의 핸드폰 번호를 스팸 처리하였지요.
답　네. 김갑동의 문자를 받고서 불안해서 그렇게 했습니다.
문　증인은 12. 20. 이후 피고인 김갑동이 문자를 보냈다는 사실 자체를 알지 못했겠네요.

답 당시에는 그랬습니다.

문 그럼 언제 피고인 김갑동이 150회 가량의 문자메시지를 보냈다는 것을 알게 되었나요.

답 김갑동과 2021. 12. 24. 저희 집 앞에서 대화를 하는데, 김갑동이 왜 문자에 답이 없냐고 화를 내었고, 다음 날 스팸함을 보니 40개 문자를 확인했습니다. 그래서 경찰에게 얘기했더니 포렌식을 하면 총 문자를 확인할 수 있다고 했고, 결과적으로 150개 문자가 확인되었습니다. 첫 문자를 받은 이후로 회사에서도 불안하고 많이 힘들었습니다.

피고인 이을남의 변호인

문 증인은 경찰에 본인의 핸드폰을 임의제출한 사실이 있지요.

답 네. 김갑동이 보낸 문자메시지 중 삭제된 부분이 있는 것 같았는데, 경찰이 포렌식을 하면 삭제된 부분을 모두 복원할 수 있다고 하여 포렌식을 부탁했습니다.

문 증인은 핸드폰을 임의제출하면서 위 문자메시지 외에 다른 저장된 내용을 봐도 된다고 허락한 바 있나요.

답 없습니다.

문 그런데 USB 메모리와 녹취서가 법원에 증거로 제출되어 있네요.

답 김갑동이 12. 24. 22:20경부터 저희 집 앞에서 술에 취해 제 이름을 부르고 큰 소리를 질렀습니다. 그래서 김갑동을 만나러 나가면서 핸드폰 녹음버튼을 눌렀습니다. 김갑동이 무슨 해코지를 할지 몰라서요. 근데 김갑동이 제 남편 이을남을 폭행하고 저도 경황이 없어서 녹음한 것을 깜빡했습니다. 포렌식을 의뢰한 후 얼마 뒤 폭행 당시 상황이 녹음된 파일이 있다고 경찰이 전화했습니다. 아마 경찰이 이를 저장한 후 마음대로 증거로 제출한 것 같습니다.

문 증인은 당시 경찰에게 뭐라고 얘기했나요.

답 전 경찰이 제 핸드폰을 다 뒤져볼 거라고는 생각하지 못했습니다. 스팸함만 확인할 줄 알았지요. 그래서 전화한 경찰에게 항의를 했습니다. 왜 남의 정보를 함부로 보냐고요.

문 그랬더니 담당 경찰이 뭐라고 하던가요.

답 추가 조사가 필요하니 경찰에 출석해 달라고 했습니다. 경찰이 사과를 해야 할 것 같은데 조사를 받으러 오라고 하니 더 화가 나더라고요. 그래서 핸드폰을 퀵으로 보내달라고 하고, 조사는 받지 않겠다고 말했습니다.

문 그 뒤에 경찰에서 전화를 한 바 있나요.

답 경찰은 전화 온 적 없습니다. 검찰주사보라는 분이 전화를 하셔서 녹음파일과 관련된 부분을 확인하고 싶다면서 검찰로 오라고 했는데 싫다고 하였습니다.

2022. 10. 11.

법 원 주 사 명정대 [인]

재판장 판사 공명정 [인]

서울중앙지방법원
증인신문조서 (제2회 공판조서의 일부)

사　　건　　2022고합5470-1　특정경제범죄가중처벌등에관한법률위반(배임) 등
증　　인　　이　름　　　김갑동
　　　　　　생년월일 및 주거 (각 생략)

재판장

　위증의 벌 경고, 선서 부분, 다른 증인 퇴정 부분, 증언거부권 부분 (각 생략)

검　사

　증인에게

문　증인은 2021. 12. 24. 23:00경 서울 중구 서소문로11길 34 앞 도로에서 피고인 이을남으로부터 폭행을 당한 사실이 있지요.
답　네. 그렇습니다.
문　어떻게 폭행을 당했나요.
답　이을남이 제 뺨을 1회 때리고, 제 멱살을 잡아당겨 저를 바닥에 넘어뜨렸습니다.

이때 검사는 수사기록에 편철된 사법경찰리가 작성한 증인에 대한 진술조서, 피의자신문조서를 보여주고 열람하게 한 후,

문　위 각 서류는 증인이 경찰에서 조사받으면서 진술한 내용을 기재한 것인데, 증인은 그 당시 사실대로 진술한 후 읽어보고 서명, 날인한 사실이 있고, 그때 증인이 작성하거나, 사법경찰리에게 진술한 내용과 동일하게 기재되어 있나요.
답　네. 그렇습니다.

피고인 이을남의 변호인

　증인에게

문　증인은 폭행 당시 술에 만취한 상태 아니었나요.
답　좀 취하기는 했는데, 폭행 당시 상황은 기억납니다.
문　증인은 경찰조사 당시 피고인 이을남을 때린 사실이 기억나지 않는다고 말하지 않았나요.
답　그때는 그랬는데, 지금은 기억이 납니다.

문 경찰조사 당시 증인이 피고인 이을남을 때린 것은 기억이 잘 안 났는데, 피고인 이을남이 증인을 때린 것은 잘 기억이 났다는 것인가요.
답 제가 맞은 부위는 아프니까 기억을 한 것입니다.
문 증인이 술에 취해 스스로 넘어지면서 아픔을 느낀 것을 피고인 이을남이 폭행했다고 오해하는 것 아닌가요.
답 전 뺨도 맞고, 멱살도 잡아당겨져 넘어졌습니다.
문 증인은 얼굴에서 어느 쪽 뺨을 맞았나요.
답 잘 기억이 나지 않습니다.
문 방금 아파서 맞은 것을 기억한다고 하지 않았나요. 어느 쪽이 아팠는지 기억이 나지 않나요.
답 아픈 것은 멱살이 잡혀 넘어지면서 아프게 된 겁니다. 뺨을 맞아서가 아니고요.
문 피고인 이을남이 어느 손으로 증인이 뺨을 때렸나요.
답 오른손인 것 같습니다.
문 피고인 이을남은 왼손잡이인데, 오른손으로 증인의 뺨을 때렸다는 건가요.
답 왼손잡이라도 오른손으로 때릴 수 있는 거 아닙니까.
문 피고인 이을남이 증인의 멱살을 잡았다는 건가요.
답 전 그렇게 기억합니다.
문 증인은 왼쪽 발로 피고인 이을남의 오른쪽 무릎을 걸어찼는데, 술도 취한 상태여서 스스로 균형을 잃고 넘어진 것 아닌가요.
답 제가 피고인 이을남을 폭행한 것은 다 인정합니다. 다만 어떻게 때렸는지 잘 기억이 나질 않을 뿐입니다. 그리고 분명히 피고인 이을남으로부터 폭행당했습니다.
문 증인은 술에 취해서 폭행 당시 상황이 잘 기억나지 않지요.
답 기억나는 부분도 있고 그렇지 않은 부분도 있습니다. 그러나 피고인 이을남이 제 멱살을 잡은 것은 기억합니다.

2022. 10. 11.

법 원 주 사   명정대 ㊞
재판장 판사   공명정 ㊞

서울중앙지방법원
증거서류등(검사)

사건번호	2022고합5470	담임	제4부	주심	나

사건명	가. 특정경제범죄가중처벌등에관한법률위반(배임) 나. 재물손괴 다. 주거침입 라. 정보통신망이용촉진및정보보호등에관한법률위반 마. 폭행 바. 공전자기록등불실기재 사. 불실기재공전자기록등행사 아. 상습사기

검 사	엄정희	2022년형제73375호

피고인	1. 가. 나. 다. 라. 마. 김갑동 2. 마. 바. 사. 아. 이을남

공소제기일	2022. 8. 16.
1심 선고	20 . .	항소	20 . .
2심 선고	20 . .	상고	20 . .
확 정	20 . .	보존	

제 1 책
제 1 권

구공판	서울중앙지방검찰청 증 거 기 록				
검 찰	사건번호	2022년 형제73375호	법원	사건번호	2022고합5470
	검 사	엄정희		판 사	
피 고 인	1. 가. 나. 다. 라. 마. 김갑동 2. 마. 바. 사. 아. 이을남				
죄 명	가. 특정경제범죄가중처벌등에관한법률위반(배임) 나. 재물손괴 다. 주거침입 라. 정보통신망이용촉진및정보보호등에관한법률위반 마. 폭행 바. 공전자기록등불실기재 사. 불실기재공전자기록등행사 아. 상습사기				
공소제기일	2022. 8. 16.				
구 속	불구속			석 방	
변 호 인					
증 거 물					
비 고					

진 술 조 서

성   명 : 정미순

주민등록번호, 직업, 주소, 연락처 등은 생략

위의 사람은 김갑동에 대한 배임 등 피의사건에 관하여 2021. 11. 26. 서울서초경찰서에 임의출석하여 다음과 같이 진술하다.

[피의자와의 관계, 피의사실과의 관계 등(생략)]

이때 사법경찰관은 진술인 정미순을 상대로 다음과 같이 문답하다.

문 진술인은 피의자 김갑동에 대하여 배임 등으로 금일 고소장을 제출한 사실이 있는가요.

답 네. 있습니다.

문 고소의 요지는 무엇인가요.

답 김갑동은 제 남편입니다. 5년 전에 결혼한 이후부터 항상 다른 여자와 바람을 피워 절 힘들게 했습니다. 김갑동이 올 초 임혜린과 바람을 피웠다가 들켰는데, 제가 2021. 9. 10.경 집에서 김갑동에게 이혼하자고 했습니다. 그랬더니 김갑동이 다시는 다른 여자를 쳐다보지도 않겠다면서 저에게 빌었습니다. 그리고 약속을 지키겠다는 의미로 경기 성남시 분당구 불정로 110 대지 800㎡를 저에게 증여한다고 하였습니다. 이 땅이 요새 개발 소문으로 10억 원이 충분히 나가서 저도 믿고 그 날 22:30경 집에서 증여계약서를 작성하였습니다. 제가 11. 15.경 성남 대지의 소유권을 제 명의로 이전하려고 등기사항전부증명서를 열람해 보았더니 채권최고액 5억 6,000만 원의 근저당권이 설정되어 있었습니다.

이때 사법경찰관은 진술인으로부터 '가족관계증명서', '증여계약서' 및 '등기사항전부증명서(성남 대지)'를 각 제출받아 조서 말미에 편철하다.

문 피의자가 증여계약서를 작성할 당시에는 성남 대지에 근저당권이 설정되어 있지 않았나요.

답 네. 그렇습니다. 증여계약서를 작성할 당시 집에 있는 컴퓨터로 등기사항전부증명서를 열람하였고, 당시에는 근저당권이 전혀 설정되어 있지 않았습니다.

문 피의자가 성남 대지에 근저당권을 설정할 당시 진술인에게 전혀 얘기하지 않았나요.

답 네. 그렇습니다.

문 피의자에게 근저당권을 설정한 이유를 물어보았나요.

답 등기를 열람한 날 너무 화가 나서 김갑동에게 물었습니다. 그랬더니 사업 자금이 급히 필요해 신한은행에서 4억 5천만원을 빌렸다고 했습니다. 그런데 사업이 힘들어서 급하게 돈을 빌릴 상황이었으면 저에게 자세히 상황을 얘기하면 될 일입니다. 저도 김갑동 사업이 잘 되기를 바라니까요. 그런데 김갑동에게 어떤 사업자금으로 사용했냐, 입금증을 보여달라고 해도 답을 하질 않습니다. 그냥 사업에 썼다고만 하고요. 전 임혜린에게 위 돈을 주지 않았을까 의심합니다.

문 피의자에게 근저당권설정등기를 말소해 달라고 요청하지는 않았나요.

답 김갑동의 현재 사업이 힘든 것은 사실입니다. 신한은행에 4억 5천만 원을 갚을 능력은 안 되는 것 같습니다. 김갑동은 계속 기다려 달라고만 하고 있습니다.

문 더 고소할 부분이 있나요.

답 11. 2.경 김갑동과 성남 대지에 대한 전세권 설정과 돈의 사용처 때문에 크게 다퉜습니다. 김갑동은 그 돈을 사업자금으로 썼고, 임혜린을 더 이상 만나지 않는다고 주장하면서 옷가지 몇 개만을 챙겨서 집을 나가버렸습니다. 제가 너무 화가 나서 전화로 이혼하자고 얘기했는데 자기는 절대로 이혼 안 한다고 했습니다. 그래서 그 다음 날 변호사를 찾아가서 상담도 받고 얼마 후에 이혼소송도 제기했습니다. 김갑동에게 전화해서 다시는 집에 찾아오지 말라고 얘기했고요. 그런데 김갑동이 서로 만나서 얘기를 해보자고 하길래 11. 22. 15:00경 코엑스에 있는 인터콘티넨탈 호텔에서 만나기로 했습니다. 근데 김갑동이 시간이 되어도 호텔에 나타나지를 않더라고요. 마침 제 여동생인 정인경이 고향인 대구에서 올라와 제 집에서 같이 살고 있었는데, 정인경이 전화로 김갑동이 지금 집에 와서 현관문을 열어달라고 하는데 어떻게 하느냐고 하는 겁니다. 제가 너무 어이가 없어서 문 열어주지 말라고 바로 집으로 가겠다고 정인경에게 얘기했습니다. 나중에 집에 도착하니 현관문이 열려 있더라고요. 현관문에 걸려 있던 체인형 걸쇠도 바닥에 떨어져 있고요. 정인경에게 어떻게 된 일인지 물었더니 김갑동에게 언니가 오면 다시 오라고 했는데도 김갑동이 막무가내로 체인형 걸쇠를 당겨서 부순 뒤에 집으로 들어왔다고 합니다.

문 현재 살고 있는 집의 소유자는 누구인가요.

답 저와 김갑동의 공동소유입니다. 결혼하면서 김갑동이 산 집인데, 부부는 서로 신뢰해야 하니 제가 공동소유로 하자고 얘기했고 김갑동도 수락했습니다.

이때 사법경찰관은 진술인으로부터 '등기사항전부증명서(정미순 주거지)'를 제출받아 조서 말미에 편철하다.

문 그럼 김갑동은 정인경이 들어오지 말라고 했는데도 집에 들어 왔다는 건가요.

답 그렇습니다. 김갑동이 현재 저 집에 살지도 않고, 제가 변호사에게 물어보니 재산분할을 하면 저 집의 나머지 공유지분도 충분히 제가 받을 수 있다고 하더라고요. 그럼 이제는 제 집이나 마찬가지인데, 저를 속여서 밖으로 부른 다음에 집에 무작정 쳐들어가다니 화가 납니다. 정인경도 얼마나 놀랐던지 지금도 신경안정제를 처방받아 먹고 있습니다.

문 김갑동이 집에 들어가서 무엇을 했다고 하던가요.

답 자기 노트북을 가지고 나갔다고 합니다. 김갑동 얘기로는 그 노트북 자료를 이혼소송의 증거로 사용할까봐 가지고 갔다고 주장하더라고요. 전 그 노트북 건들지도 않았습니다.

문 부서진 체인형 걸쇠는 누구의 소유이고, 가격이 어떻게 되는가요.

답 집을 구입할 때부터 설치되어 있던 것이고, 수리비가 8만 원 들었습니다.

이때 사법경찰관은 진술인으로부터 '영수증'을 제출받아 조서 말미에 편철하다.

문 더 이상 하고 싶은 말이 있는가요.

답 아니오. 없습니다.

문 이상의 진술은 사실인가요.

답 네. 사실입니다. ㊞

위의 조서를 진술자에게 열람하게 하였던바 진술한 대로 오기나 증감·변경할 것이 없다고 말하므로 간인한 후 서명 날인하게 하다.

진 술 자 정미순 ㊞

2021. 11. 26.

서울서초경찰서

사법경찰관 경위 최 경 위 ㊞

첨부 : 1. 가족관계증명서 1부(생략)

2. 증여계약서 1부(생략)

3. 등기사항전부증명서(성남 대지) 1부(생략)

4. 등기사항전부증명서(정미순 주거지) 1부(생략)

5. 영수증 1부(생략)

진 술 조 서

성   명 : 정인경

주민등록번호, 직업, 주소, 연락처 등은 생략

위의 사람은 김갑동에 대한 주거침입 피의사건에 관하여 2021. 11. 26. 서초경찰서에 임의출석하여 다음과 같이 진술한다.

[피의자와의 관계, 피의사실과의 관계 등(생략)]

문 진술인은 김갑동의 주거침입 당시 현장에 있었지요.

답 네. 있었습니다.

문 피의자가 2021. 11. 22. 15:00경 서울 마포구 마포대로 199에 있는 진술인의 주거지에 침입한 경위가 어떻게 되는가요.

답 위 주거지는 제 언니인 정미순과 남편 김갑동의 공동소유입니다. 정미순이 김갑동과 이혼 소송을 진행하면서 별거 중이다보니 혼자 집에 있으면 허전하다고 해서 제가 일주일 전부터 위 집에 머물고 있었습니다. 정미순은 11. 22. 14:00경 김갑동을 만난다고 나갔는데, 15:00경 누가 현관문을 여는 소리가 들리더라고요. 제가 언니 외출 후 바로 현관문에 체인형 걸쇠를 걸어 놨었는데, 현관문이 열리다가 걸쇠에 걸렸습니다. 놀라서 나가보니 김갑동이 서있더라고요. 김갑동이 저에게 문을 열어달라고 요청했는데, 언니에게 확인하는 게 먼저인 것 같아서 언니에게 전화했습니다. 정미순이 자기가 갈 때까지 절대로 문 열어주지 말라고 해서 김갑동에게 언니가 오면 다시 오시라고 얘기했습니다. 그랬더니 김갑동이 걸쇠를 여러 번 잡아당겨 현관문에서 떨어져 나가게 했습니다. 그리고 집 안으로 들어왔고요.

문 김갑동이 그 후 어떠한 행동을 했나요.

답 서재에 들어가서는 노트북을 가지고 나갔습니다.

문 김갑동이 당시 어떤 말이나 행동을 취한 게 있나요.

답 아니요. 처음에는 그냥 걸쇠를 빼달라고 말하고, 걸쇠가 부서져 문이 열리니까 조용히 들어와서는 노트북만 들고 그냥 나가버렸습니다. 저에게 사과도 하지 않았고요.

문 피의자에 대한 처벌을 원하나요.

답 네. 그렇습니다. 여자 혼자 있는 집에 무작정 쳐들어오다니 제가 너무 무서웠습니다.

문 이상 진술한 내용이 사실인가요.

답 네. ㉠

위의 조서를 진술자에게 열람하게 하였던바 진술한 대로 오기나 증감·변경할 것이 없다고 말하므로 간인한 후 서명 날인하게 하다.

진 술 자   정인경 ㉠

2021. 11. 26.

서울서초경찰서
사법경찰관   경위   최 경 위 ㉠

진술조서

성   명 : 손철기

주민등록번호, 직업, 주소, 연락처 등 각 생략

위의 사람은 주식회사 다팔아에 대한 사기 피의사건에 관하여 2021. 12. 1. 서울서초경찰서에 임의출석하여 다음과 같이 진술하다.

[피의자와의 관계, 피의사실과의 관계 등(생략)]

이때 사법경찰관은 진술인 손철기를 상대로 다음과 같이 문답하다.

문 진술인은 주식회사 다팔아에 대하여 사기로 금일 고소장을 제출한 사실이 있는가요.

답 네. 있습니다.

문 고소의 요지는 무엇인가요.

답 제가 2021. 2. 17. 중고나라에 나이키 한정 신발이 50만 원에 올라온 것을 보고, 게시판에 있는 판매자에게 연락을 하였습니다. 판매자가 문자로 보내는 계좌로 50만 원을 입금하면 바로 신발을 보내준다고 하여 11:15경에 주식회사 다팔아 명의의 신한은행 계좌(120-450-376549)로 50만 원을 입금하였으나 신발을 보내주지 않고 판매자하고도 연락이 되지 않아 고소하게 되었습니다.

문 물건을 확인하지도 않고 돈부터 입금했다는 건가요.

답 그 신발이 워낙 귀해서 마음이 급하기도 했고, 개인이 아닌 주식회사 명의의 계좌로 입금하는 거라서 안심했던 것 같습니다.

문 판매자와 다시 연락은 안 되나요.

답 계속 보내준다는 문자를 보내오다가 이제는 연락이 되지 않고, 전화를 하면 사용하지 않는 번호라고 나옵니다. 주식회사 다팔아의 법인등기부 등본도 확인한 후 회사 주소지에도 가봤지만 그러한 회사는 없었습니다.

이때 사법경찰관은 진술인으로부터 '주식회사 다팔아 법인등기부등본'을 제출받아 조서 말미에 편철하고, 판매자의 전화번호(생략)를 받아서 해당 전화번호로 직접 전화를 하였으나, 더 이상 사용하지 않는 번호라는 안내가 나왔다.

문 더 할 말이 있나요.

답 네. 제가 가입한 신발 커뮤니티에서 저와 비슷한 경험을 한 사람이 더 있다는 것을 알게 되었습니다. 조인우와 장희연인데, 현재 두 사람이 일 때문에 바빠서 고소장만 같이 작성을 했고, 오늘은 두 사람이 직접 작성한 진술서를 가지고 왔습니다. 그리고 저희들이 주식회사 다팔아에 돈을 입금한 입금증과 판매자와 주고받은 문자 메시지 사본도 가지고 왔습니다.

이때 사법경찰관은 진술인으로부터 '조인우의 진술서', '장희연의 진술서', '각 입금증', '각 문자메시지 사본'을 각 제출받아 조서 말미에 편철하다.

문 피의자에 대한 처벌을 원하나요.

답 네. 그렇습니다. 누군지 모르겠으나 계속 비슷한 사기를 저지르는 것 같은데 찾아서 꼭 처벌해 주세요.

위의 조서를 진술자에게 열람하게 하였던바 진술한 대로 오기나 증감·변경할 것이 없다고 말하므로 간인한 후 서명 날인하게 하다.

진 술 자   손철기 ㊞

2021. 12. 1.

서울서초경찰서
사법경찰관   경위   최 경 위 ㊞

첨부 : 1. 주식회사 다팔아 법인등기부등본 1부(생략)
　　　2. 조인우, 장희연 각 진술서 각 1부(생략)
　　　3. 조인우, 장희연 각 입금증 각 1부(생략)
　　　4. 조인우, 장희연 각 문자메시지 사본 각 1부(생략)

서울서초경찰서

2021. 12. 5.

수신 : 경찰서장
참조 : 형사과장

제목 : 수사보고(다팔아 관련 등)

○ 법인등기부에 기재된 주식회사 다팔아의 본점에는 GS 편의점이 있었고, 편의점주 김현성에게 주식회사 다팔아에 대하여 묻자 자신은 여기서 10년째 편의점을 하고 있고, 주식회사 다팔아는 전혀 모르는 회사라고 답변하였습니다.

○ 법인등기부에 기재된 대표이사의 성명은 이을남(830219-1******)이었고, 법인등기부에 기재된 이을남의 주소지는 공장으로 사용되는 곳으로서 공장운영자 정연학은 이을남을 전혀 모른다고 답변하였습니다.

○ 이을남의 주민등록등본상 마지막 주소지에는 현재 이은성이 살고 있고, 전 거주자가 이을남인지는 잘 모르겠고, 자신은 여기서 5년째 살고 있다고 답변하였습니다.

○ 이을남의 범죄경력을 조회한 본 바 이을남은 2021. 3. 20. 서울중앙지방법원에서 상습사기로 징역 10월에 집행유예 2년을 선고받은바 있고, 위 판결은 2021. 3. 28. 확정되었음을 확인하였습니다.

○ 판매자가 사용한 전화번호의 소유자를 확인한 바, 이을남(830219-1******) 명의로 개설신청서가 작성되었음을 확인하였음을 보고합니다.

첨부 : 1. 이을남 주민등록등본 1부(생략)
       2. 범죄경력 1부(생략)
       3. 판결문 1부
       4. 핸드폰 개설신청서 1부(생략)

형사과 경위 최 경 위 ㊞

서울중앙지방법원
판결

2021. 3. 28. 항소기간도과
2021. 3. 28. 확정
서울중앙지방검찰청

사　　　건　　2020고단45021 상습사기
피　고　인　　이을남 (830219-1******), 무직
　　　　　　　주거, 등록기준지, 검사, 변호인 생략
판 결 선 고　　2021. 3. 20.

주　문

위 등본임
검찰주사 강수사
㊞

피고인을 징역 10월에 처한다.
다만, 이 판결확정일로부터 2년간 위 형의 집행을 유예한다.

이　유

범죄사실

　피고인은 2017. 1. 5. 서울중앙지방법원에서 사기죄로 벌금 200만 원의 약식명령을, 2018. 3. 8. 같은 법원에서 사기죄로 벌금 500만 원의 약식명령을 각 발령받아 총 2회의 동종전력이 있는 사람이다.

　피고인은 2018. 12. 3.경 서울 서초구 서초대로 302, 지하 2층에 있는 빵빵 PC방에서, 인터넷 중고나라 카페 게시판에 한정판 나이키 신발을 판매한다는 게시물을 작성하였고, 그 게시물을 보고 위 신발을 구매하기 위해 연락한 피해자 성정무에게 물품대금을 송금하면 물품을 퀵으로 보내주겠다고 거짓말을 하였다.

　그러나 사실은 피고인은 판매할 신발을 보유하고 있지 않았고, 대금을 받더라도 물품을 배송하여 줄 의사나 능력이 없었다. 피고인은 위와 같이 피해자를 기망하여 이에 속은 피해자로부터 같은 날 자신 명의의 신한은행 계좌(계좌번호 생략)로 대금 30만 원을 입금 받을 것을 비롯하여, 그 무렵부터 2019. 10. 8.경까지 별지 범죄일람표 기재와 같이 같은 방법으로 총 10명의 피해자들을 기망하여 합계 3,000,000원을 교부받았다.

　이로써 피고인은 상습으로 피해자들을 기망하여 재물을 취득하였다.

[이하 증거의 요지, 법령의 적용, 양형의 이유, 선고형의 결정, 판사 성명 및 서명 생략]

서울서초경찰서

2021. 12. 25.

수신 : 경찰서장
참조 : 형사과장

제목 : 수사보고(폭행 상황 등)

○ 2021. 12. 24. 22:45경 서울 중구 서소문로11길 34 인근에서 남녀가 서로 큰 목소리로 다투고 있다는 112신고가 접수되었습니다.

○ 본직이 순경 박장이와 현장에 출동한바, 김갑동이 바닥에 앞으로 쓰러져 있었고, 이을남과 그의 처 임혜린은 근처에 서 있었습니다. 본직이 김갑동을 일으켜 세우고 상태를 확인해 본 바 크게 다친 곳은 없었고, 술에 많이 취했는지 눈이 벌겋고 술 냄새가 많이 났습니다.

○ 이을남은 김갑동이 갑자기 자신의 뒤통수를 1대 때려 뒤를 돌아보았더니 왼쪽발로 자신의 오른쪽 무릎을 1회 가격한 후 스스로 넘어졌다고 말했습니다.

○ 임혜린은 김갑동이 이을남의 뒤통수를 때리고, 오른쪽 무릎을 때리는 것을 보았는데, 넘어지는 장면은 보지 못했다고 말했습니다.

○ 김갑동은 술에 취해 횡설수설하여 당시 상황을 설명하지 못했습니다.

○ 경찰서로의 임의동행을 요구하였으나, 이을남, 임혜린은 시간이 많이 늦었으므로 추후 고소장을 별도로 제출하면서 조사를 받겠다고 얘기하였고, 김갑동은 계속 집으로 가겠다고만 하면서 현장을 이탈하려고 하였습니다. 마침 임혜린이 김갑동의 처 정미순의 전화번호를 알고 있어 정미순을 현장으로 불렀습니다. 정미순은 김갑동이 술에 깨야 할 것 같다면서 집으로 데리고 갈 것을 주장하였습니다.

○ 이에 각자 귀가조치 시켰음을 보고합니다.

형사과 경위 최 경 위 ㊞

진 술 조 서

성   명 : 임혜린

주민등록번호, 직업, 주소, 연락처 등은 생략

위의 사람은 김갑동에 대한 폭행 등 피의사건에 관하여 2021. 12. 28. 서울서초경찰서에 임의출석하여 다음과 같이 진술하다.

[피의자와의 관계, 피의사실과의 관계 등(생략)]

이때 사법경찰관은 진술인 임혜린을 상대로 다음과 같이 문답하다.

문 진술인은 피의자 김갑동이 피해자 이을남을 폭행하는 것을 본 사실이 있나요.

답 네. 그렇습니다.

문 목격한 부분을 자세하게 설명해 주세요.

답 남편 이을남이 취업도 못하고 툭하면 사기를 저지르다보니 많이 힘들었습니다. 제가 일하는 회사의 거래처 대표인 김갑동과 저녁을 먹으면서 하소연을 하다가 서로 좋아하는 감정이 생겨서 작년부터 교제를 했는데 이을남이 이를 알아채서 헤어지게 되었습니다. 김갑동은 포기가 안 되었는지 헤어진 이후에도 연락을 해왔고 저는 무시했었는데, 2021. 12. 24. 22:30경 서울 중구 서소문로11길 34에 있는 저의 집 앞에 찾아왔습니다. 이을남이 요새 마음을 잡고 대리운전 일을 시작했는데, 김갑동을 보면 오해할까봐 밖으로 나가 김갑동에게 제발 돌아가라고 얘기했습니다. 그런데 김갑동이 많이 취해서 30분 동안 저와 실랑이를 하였습니다. 이을남이 23:00경 집으로 귀가하다가 이 모습을 보고 김갑동에게 다가가 다시는 연락하지 말라고 얘기했습니다. 그리고 저를 데리고 집으로 들어가려고 몸을 돌렸는데, 김갑동이 오른손으로 이을남의 뒤통수를 1대 쳤습니다. 이을남이 놀라 몸을 돌리니 김갑동이 왼발로 이을남의 오른쪽 무릎을 1대 걷어찼습니다. 김갑동의 폭행에 저는 놀라서 주변에 도움을 요청하려고 몸을 돌렸다가 다시 돌아보니 김갑동이 비닥에 쓰려져 있었습니다.

문 피의자 김갑동이 갑자기 피해자 이을남을 폭행했다는 건가요.

답 네. 그렇습니다. 이을남이 김갑동에게 다시는 저희 집에 찾아오거나 저에게 연락하지 말라고 얘기했는데, 그게 굉장히 싫었던 것 같습니다.

문 피의자 김갑동은 피해자 이을남도 자신의 뺨을 때리고 멱살을 잡아당겨 넘어뜨렸다고 하는데요

답 저는 그런 장면은 보지 못했습니다. 김갑동이 당시 술에 많이 취해 있었는데 스스로 넘어져 놓고는 이을남이 잡아당긴 것으로 오해한 것이 아닌가 싶습니다.

문 혹시 더 할 이야기가 있나요.

답 네. 그렇습니다. 김갑동이 2021. 12. 20. 밤에 저에게 "나에게 돌아오지 않으면, 너희 회사 앞에서 너와 내가 어떠한 사이였는지 다 밝히겠다."는 문자를 보낸 사실이 있습니다. 그렇지 않아도 김갑동은 제가 다니는 회사의 거래처 대표이고, 저희 사장님과도 친한 사이여서 김갑동과의 관계가 밝혀지면 회사를 계속 다닐 수가 없는 상황입니다. 너무 두려워서 김갑동의 전화번호를 스팸으로 등록했습니다. 이번에 핸드폰의 스팸 문자를 살펴보니 김갑동이 위 문자 외에도 꽤 많은 문자를 보낸 것을 알 수 있었습니다. 내용도 저희 회사에 찾아오겠다는 등 저를 불안하게 하는 내용이었습니다.

문 피의자 김갑동이 보낸 문자의 숫자가 어떻게 되는가요.

답 저도 정확히 모르겠습니다. 현재 핸드폰으로 확인 가능한 문자는 40개 정도 되는 것 같은데, 기존 문자는 용량이 넘어가서 자동으로 지워진 것 같습니다. 아마 더 많은 문자를 보냈을 것으로 생각됩니다.

문 그럼 핸드폰을 포렌식해서 지워진 문자를 확인하기를 원하는가요.

답 네. 만일 가능하다고 하면 확인해 주시고, 김갑동을 처벌해 주세요.

이때 사법경찰관은 진술인으로부터 임의로 핸드폰을 제출받았다.

문 더 이상 하고 싶은 말이 있나요.

답 아니오. 없습니다.

문 이상의 진술은 사실인가요,

답 네. ㊞

위의 조서를 진술자에게 열람하게 하였던바 진술한 대로 오기나 증감·변경할 것이 없다고 말하므로 간인한 후 서명 날인하게 하다.

진 술 자 임혜린 ㊞

2021. 12. 28.

서울서초경찰서

사법경찰관 경위 임 정 만 ㊞

서울서초경찰서

2022. 3. 19.

수신 : 경찰서장
참조 : 형사과장

제목 : 수사보고(핸드폰 임의제출 등)

○ 피해자 임혜린은 피의자 김갑동이 피해자에게 지속적으로 불안감을 유발하는 문자를 보낸 증거라면서 핸드폰을 제출하였고, 삭제된 문자를 포렌식으로 복원해 줄 것을 요청하였습니다.
○ 포렌식 결과, 피의자 김갑동이 2021. 12. 20.경부터 2021. 12. 24.경까지 총 150회에 걸쳐 피해자에게 문자를 발송하였음을 확인하고 문자목록을 첨부하였습니다.
○ 포렌식 진행 과정에서 2021. 12. 24. 22:25경부터 같은 날 23:00경까지의 폭행 상황이 녹음된 녹음파일이 존재함을 확인하였습니다.
○ 해당 녹음파일을 저장한 USB 메모리 및 녹취서를 다음과 같이 첨부하였음을 보고합니다.

첨부 : 1. 문자목록 1부(범죄일람표 1과 동일, 생략)
   2. USB 메모리(생략)
   3. 녹취서 1부

형사과 경위 임 정 만 ㉑

녹취서

(앞 부분 생략)
이을남 : 다시는 우리 집에 나타나지 말고, 혜린이게도 전화하지마. 혜린아 가자
<탁 하는 소리>
이을남 : 뭐야
<퍽 하는 소리>
이을남 : 이게 날 쳤어
<짝 하는 소리>
김갑동 : 어어
<퍽 하는 소리>
이을남 : 별 것도 아닌게 어디서
임혜린 : 술 취했는데 넘어뜨리면 어떻게 해. 다치면 일 커져
이을남 : 어. 저기 경찰 오네 (이하 생략).

서울서초경찰서

2022. 3. 21.

수신 : 경찰서장
참조 : 형사과장

제목 : 수사보고(임혜린과의 통화내용)

○ 임혜린에게 포렌식 결과 나온 폭행 당시의 상황을 녹음한 파일의 존재에 대하여 묻자, 피의자 김갑동이 집 밖으로 나오라고 하기에 걱정이 되어서 핸드폰으로 녹음을 하였다고 말하였습니다. 다만 자신은 피의자 김갑동이 자신에게 문자를 보낸 것과 관련하여 핸드폰을 포렌식 해달라고 부탁한 것인데, 왜 아무런 관련도 없는 파일까지 살펴본 것이냐며 항의하였습니다.

○ 임혜린에게 추가 조사를 위해 경찰서로 출석해 줄 것을 요청하였으나, 자신은 더 이상 어떠한 조사에도 응하지 않겠다고 말하였습니다.

○ 임혜린이 핸드폰을 자신의 집으로 발송해 달라고 요청하여 퀵으로 임혜린에게 핸드폰을 돌려주었음을 보고합니다.

형사과 경위 임 정 만 ㊞

피의자신문조서

피의자 김갑동에 대한 특정경제범죄가중처벌등에관한법률위반(배임) 등 피의사건에 관하여 2022. 4. 28. 서울서초경찰서에서 사법경찰관 경위 임정만은 사법경찰리 순경 서경남을 참여하게 하고, 아래와 같이 피의자임에 틀림없음을 확인하다.

문 피의자의 성명, 주민등록번호, 직업, 주거, 등록기준지 등을 말하십시오.
답 성명은 김갑동(생략) 주민등록번호, 직업, 주거, 등록기준지, 직장주소, 연락처 (각 생략)

사법경찰관은 피의사건의 요지를 설명하고 사법경찰관의 신문에 대하여 「형사소송법」 제244조의3에 따라 진술을 거부할 수 있는 권리 및 변호인의 참여 등 조력을 받을 권리가 있음을 피의자에게 알려주고 이를 행사할 것인지 그 의사를 확인하다.

[진술거부권과 변호인 조력권 고지하고 변호인 참여 없이 진술하기로 함(생략)]

이에 사법경찰관은 피의사실에 관하여 다음과 같이 피의자를 신문하다.

[피의자의 범죄전력, 경력, 학력, 가족·재산 관계 등은 생략]

[특정경제범죄가중처벌등에관한법률위반(배임)]

문 피의자와 정미순은 어떤 사이인가요.
답 정미순은 현재 이혼 소송 중인 제 부인입니다.
문 피의자는 2021. 9. 10. 22:30경 서울 마포구 마포대로 199에 있는 집에서 정미순에게 경기 성남시 분당구 불정로 110 대지 800㎡를 증여하기로 약속하고 계약서를 작성하였음에도, 2021. 11. 9.경 신한은행 야탑지점에서 4억 5,000만 원을 대출받으면서 위 성남시 대지에 채권최고액 5억 6,000만 원의 근저당권설정계약을 체결하고, 2021. 11. 10. 수원지방법원 성남지원 분당등기소에서 위 대지에 대하여 피의자를 채무자로 하는 근저당권설정등기를 마친 사실이 있나요.
답 네. 그렇습니다.
문 피의자는 피해자 정미순과 증여계약을 체결하였으므로, 증여물에 근저당권을 설정하지 아니할 임무가 있는 것 아닌가요.
답 성남시 대지는 결혼 전에 구입한 것으로 제 소유입니다. 다만 제가 바람을 폈는데, 정미순이 이혼하자고 하니 그 상황을 모면하려고 증여계약서를 써준 것뿐입니다. 나중에 정미순과의 사이가 좋아지면 증여계약서를 없었던 일로 하려고 했습니다.
문 피의자의 의도와 무관하게 서면계약을 한 이상 지켜야 하지 않나요.

답 네. 다만 당시 사업이 힘들어서 돈이 필요했습니다. 정미순도 이해할 거로 생각했는데, 제 땅에 근저당권을 설정한 것을 이유로 고소까지 할 줄은 몰랐습니다.

문 현재 근저당권설정등기가 말소되었나요.

답 아니요. 사업도 많이 힘들고 이혼소송도 당하다보니 해결을 하지 못했습니다.

[손괴, 주거침입]

문 피의자는 2021. 11. 22. 15:00경 정미순의 주거지인 서울 마포구 마포대로 199에 찾아간 사실이 있지요.

답 네. 그렇습니다.

문 당시 위 집 안에 있던 정미순의 동생 정인경이 언니가 귀가하면 집에 다시 오라고 했음에도 불구하고, 현관문 앞에 걸어놓았던 체인형 걸쇠를 수차례 잡아당겨 현관문에서 떨어져 나가게 한 후 집 안으로 들어간 사실이 있지요.

답 네. 다만 체인형 걸쇠나 그 집 모두 제 소유입니다. 뭐가 문제인지 모르겠습니다.

문 위 집은 피의자와 정미순의 공동소유 아닌가요.

답 그건 맞습니다. 절반은 제 소유라고 볼 수 있는 겁니다.

문 정인경이 들어오지 말라고 했음에도 불구하고, 집 안으로 들어간 이유가 있나요.

답 전 그 날 정인경이 집에 있을 줄 몰랐습니다. 제가 현재 이혼소송 중이어서 별거 중인데, 업무를 위해 제 노트북이 필요했습니다. 근데 정미순이 노트북을 주지 않았습니다. 그래서 정미순에게 밖에서 만나자고 거짓약속을 한 뒤 집에 빨리 들어가서 노트북을 가지고 나오려던 것뿐입니다. 정인경은 왜 자기 집도 아닌 제 집에서 지내는 건지 황당합니다.

문 당시 정인경은 혼자 집 안에 있었는데, 갑자기 남자가 힘으로 체인형 걸쇠를 부수고 들어오면 두려움을 느꼈을 것 같은데요.

답 그럴 수도 있지만 처제가 저를 모르는 것도 아니고, 제가 처제에게 험한 말을 하거나 해코지한 바도 없어서 두려웠을 거라고 생각하지는 않습니다.

[정보통신망이용촉진및정보보호등에관한법률위반]

문 피의자는 2021. 12. 20. 23:00경 휴대전화를 이용하여 피해자 임혜린에게 "나에게 돌아오지 않으면, 너희 회사 앞에서 너와 내가 어떠한 사이였는지 밝히겠다."등의 문자를 보낸 사실이 있지요.

답 네. 별거로 인해 서울 용산구 한강대로7길 9에 있는 '레인보우' 모텔 223호실에서 거주하고 있었는데, 너무 외로워서 임혜린에게 문자를 보냈습니다.

문 피의자는 2021. 12. 20.부터 같은 달 24.까지 총 150회에 걸쳐 다음과 같은 문자를 보낸 것으로 보이는데요.

이때 사법경찰관은 진술인에게 문자목록을 보여주다.

답 네. 맞습니다. 작년부터 임혜린과 연인 관계였습니다. 그런데 임혜린의 남편인 이을남이 이를 눈치 채고 제 처인 정미순에게 이를 알렸습니다. 앞서 증여계약서 작성이 그 이유 때문에 이루어진 거고요. 근데 정미순하고는 같이 살기가 싫더라고요. 모든 걸 돈으로만 보고, 저랑 결혼한 것도 제 돈 때문인 것 같습니다. 그래서 임혜린에게 다시 우리 잘해보자는 취지에서 문자를 보냈는데, 임혜린은 답장을 하지 않았습니다. 그래서 얼마 전에 임혜린의 집으로 가 왜 답장하지 않냐고 물었더니 제 핸드폰 번호를 스팸 처리했다고 하더라고요. 제가 왜 그렇게 많은 문자를 보냈는지 모르겠습니다. 어차피 보지도 않을 거였는데요.

문 피의자는 피해자 임혜린이 다니는 회사와 어떠한 관계에 있나요.

답 제가 운영하는 회사와 거래 관계입니다. 그쪽 회사 대표와 저는 골프모임도 같이 하는 친한 사이고요.

문 그럼 피의자가 피해자 임혜린이 다니는 회사에 나타나 피해자와의 부적절한 관계를 밝힌다면, 피해자는 회사를 계속 다니기가 힘들어지지 않을까요. 적어도 구설수에는 오를 것 같은데요. 위 문자메시지로 인해 피해자가 충분히 불안감을 느끼지 않았을까요.

답 그 당시에는 그런 생각을 못했습니다. 그냥 임혜린의 마음을 돌려야겠다는 생각만 강했습니다. 다만 임혜린이 12. 20.경 보낸 문자 외에는 모두 스팸 처리하여 나머지 문자메시지를 읽지 않았기 때문에 불안감을 느꼈을 것으로 생각되지 않습니다.

[폭행]

문 피의자는 2021. 12. 24. 10:30경 서울 중구 서소문로11길 34에 있는 임혜린의 집 앞으로 찾아간 사실이 있지요.

답 네. 너무 마음이 허하여 혼자 술을 마시다가 임혜린의 집으로 가게 되었습니다.

문 피의자와 임혜린이 대화하던 중 임혜린의 남편 피해자 이을남이 나타났지요.

답 네. 임혜린과 대화한지 20~30분 뒤에 이을남이 나타나 저에게 뭐라고 말했습니다.

문 그 날 상황이 잘 기억나지 않나요.

답 사실 그 날 술에 너무 취해서 임혜린을 만난 이후부터 기억이 잘 나지 않습니다.

문 피해자 이을남이 임혜린을 데리고 집 안으로 들어가려고 몸을 돌리자 피의자가 오른손으로 피해자의 뒤통수를 1회 때리고, 피해자가 뒤를 돌아보자 왼쪽발로 피해자의 오른쪽 무릎을 1회 때린 사실이 있는가요.

답 기억이 나지 않습니다.

문 피해자 이을남과 임혜린은 그러한 사실이 있다고 하는데 어떤가요.

답 그렇다면 그게 맞겠지요. 임혜린이 거짓말을 하지는 않았을 거라고 생각합니다.
문 그럼 피의자가 피해자 이을남을 폭행한 것은 사실인가요.
답 잘 기억이 나지는 않지만 폭행한 것 같습니다.
문 피의자는 더 할 말이 있는가요.
답 저 폭행이 있었던 날 저도 이을남으로부터 폭행을 당했습니다.
문 그 날 상황이 잘 기억나지 않는다고 하지 않았나요.
답 저번 경찰 조사에서는 기억이 안 났는데, 지금 생각해 보니 이을남이 제 뺨을 때리고 멱살을 잡아당겨 넘어뜨린 것이 기억납니다. 뺨을 한 대 맞았더니 정신이 들었거든요. 또 이을남이 멱살을 잡아당겨서 제가 숨 쉬기 힘들었던 것도 기억나고, 제가 넘어져 있으니 경찰들이 나타나서 저를 일으켜 세운 것도 기억납니다.
문 그럼 이을남의 처벌을 원하는 건가요.
답 저만 폭행한 것으로 몰리는 것도 싫습니다. 이을남도 저를 폭행했으니 처벌받아야 한다고 생각합니다.
문 이제 더 할 말이 있나요.
답 제 소유 부동산을 증여할지 말지는 제 권리이고, 아직 소유권이 넘어가지도 않았으므로, 근저당권을 설정했다고 배임죄가 된다고 생각하지 않습니다. 제 집에 들어가면서 현관문에 달린 체인형 걸쇠를 부순 것도 무슨 죄가 되는지 모르겠고, 주거침입은 더 말이 안 됩니다. 또 임혜린이 제가 보낸 문자를 읽지도 않았는데 어떻게 임혜린에게 불안감을 줄 수 있는지도 의문입니다. 이을남을 폭행한 것은 제가 남자답게 인정하고 잘못을 빌겠습니다. 다만 이을남도 꼭 폭행으로 처벌했으면 합니다. ㉠

위의 조서를 진술자에게 열람하게 하였던바, 진술한대로 오기나 증감·변경할 것이 전혀 없다고 하므로 간인한 후 서명날인하게 하다.

진술자 김갑동 ㊞

2022. 4. 28.

서울서초경찰서
사법경찰관 경위 임정만 ㊞
사법경찰리 순경 서경남 ㊞

피의자신문조서

피의자 이을남에 대한 상습사기 등 피의사건에 관하여 2022. 5. 7. 서울서초경찰서 형사과 사무실에서 사법경찰관 경위 임정만은 사법경찰리 순경 서경남을 참여하게 하고, 아래와 같이 피의자임에 틀림없음을 확인하다.

문 피의자의 성명, 주민등록번호, 직업, 주거, 등록기준지 등을 말하십시오.
답 성명은 이을남(생략), 주민등록번호, 직업, 주거, 등록기준지, 직장주소, 연락처 (각 생략)

사법경찰관은 피의사건의 요지를 설명하고 사법경찰관의 신문에 대하여 「형사소송법」 제244조의3에 따라 진술을 거부할 수 있는 권리 및 변호인의 참여 등 조력을 받을 권리가 있음을 피의자에게 알려주고 이를 행사할 것인지 그 의사를 확인하다.

[진술거부권과 변호인 조력권 고지하고 변호인 참여 없이 진술하기로 함(생략)]

이에 사법경찰관은 피의사실에 관하여 다음과 같이 피의자를 신문하다.

[피의자의 범죄전력, 경력, 학력, 가족·재산 관계 등은 생략]

[상습사기]

문 피의자는 2021. 2. 17.경 인터넷 중고나라 카페 게시판에 한정판 나이키 신발을 판매한다는 게시물을 작성한 후 그 게시물을 보고 연락한 피해자 손철기에게 50만 원을 주식회사 다팔아 명의의 신한은행 계좌(번호 120-450-376549)로 송금하면 퀵으로 해당 물건을 보내주겠다고 한 사실이 있지요.
답 네. 그렇습니다.
문 피해자 손철기가 당일 11:15경 50만 원을 송금하였지요.
답 네. 그렇습니다.
문 피의자는 해당 물건을 피해자 손철기에게 발송하였나요.
답 제가 한정판 나이키 신발을 가지고 있지 않았습니다. 보내 줄 수가 없었죠.
문 그럼 왜 중고나라 카페 게시물에 그와 같은 내용을 기재한 것인가요.
답 당시 돈이 너무 없어서 예전에 했던 방법을 사용한 것입니다.
문 피의자는 2021. 4. 20. 20:43경 피해자 조인우로부터 같은 방법으로 50만 원을 입금 받고, 한정판 나이키 신발을 발송하지 않은 사실이 있지요.
답 네. 그렇습니다.
문 또한 피의자는 2021. 9. 8. 15:03경 피해자 장희연으로부터 같은 방법으로 50만 원을 입금 받고, 한정판 나이키 신발을 발송하지 않은 사실이 있지요.
답 네. 그렇습니다.
문 이 외에 다른 사기범행을 한 사실이 있나요.

답 2021. 6. 19. 21:00경쯤에 정전찬이라는 사람이 직거래를 하고 싶다고 하여 현금을 받았으나 신발을 주지 않은 사실이 있습니다.

문 직거래인데, 피해자 정전찬이 신발의 존재도 확인하지 않고 현금을 주었다는 건가요.

답 지하철 승강장에서 만나 지하철 보관함에 신발을 보관했다고 얘기하면서 정전찬으로부터 돈을 받고 지하철 보관함 키를 주었습니다. 현금거래하자는 것을 보니 정전찬도 떳떳하게 번 돈이 아닌 것 같더라고요. 지하철 보관함에 신발을 놓았다고 해도 별 의심을 안 했던 것을 보니 이런 거래에 능숙한 것 같았습니다.

문 정전찬이 바로 지하철 보관함을 열어본 후 피의자에게 항의를 하지 않았나요.

답 현금을 받자마자 승강장에 도착한 지하철에 올라 타 도망갔습니다. 전화기는 꺼버리고요. 정전찬도 별다른 연락을 하지 않았습니다.

문 정전찬의 전화번호는 어떻게 되는가요.

답 010-1***-2***입니다.

이때 사법경찰관은 위 번호로 전화를 걸었으나, 이 번호는 더 이상 사용하지 않는 번호라는 응답이 나오다.

문 정전찬은 연락이 되지 않는데요.

답 저도 모르겠습니다.

문 지급받은 현금 50만 원은 어떻게 했는가요.

답 생활비로 전부 사용했습니다.

문 다른 피해자들로부터 입금 받은 돈은 현재 남아 있나요.

답 아니요. 전부 생활비로 사용했습니다.

[공전자기록등불실기재, 불실기재공전자기록등행사]

문 기존 사건을 보면 피의자는 피의자 명의의 계좌를 사용하여 사기범행을 해왔는데, 이번에 사용한 주식회사 다팔아 명의의 계좌는 어떻게 사용하게 된 것인가요.

답 제 친구 중에 대포통장을 유통하는 김대포라는 친구가 있습니다. 그 친구와 2020. 2.경 술을 마시다가 가짜 주식회사를 만든 다음 은행에서 통장을 만들면 여러 가지로 편하고, 통장을 팔면 돈도 된다는 얘기를 들었습니다. 제가 관심 있어 하니 자기 일을 도와달라고 하더라고요. 며칠 뒤에 김대포가 회사명이 주식회사 다팔아, 대표이사가 저로 되어 있는 신청서와 관련 서류를 가지고 왔습니다. 저보고 이대로 서울중앙지방법원 등기국에 접수하면 회사가 설립되니 그 이후에 신한은행에서 주식회사 다팔아 명의로 계좌를 3개 개설한 후 통장 1개는 제가 가지고 나머지는 자기에게 달라고 했습니다. 그래서 제가 2020. 3. 20.경 서울중앙지방법원 등기국에 가서 신청서를 접수하고 신한은행에서 주식회사 다팔아 명의의 신한은행 계좌를 1개 만들었습니다.

문 이후 김대포에게 주식회사 다팔아 명의의 통장을 주었나요.

답 아니오. 처음부터 줄 생각 없었습니다. 그거 줬다가 그 통장이 보이스 피싱 등에 이용되면 완전 골치 아파집니다. 제 주변에서 많이 봤어요. 그냥 통장만 만든 후 김대포와 연락 끊을 생각이었습니다.

문 김대포의 연락처는 어떠한가요.

답 010-****-****입니다. 근데 연락 안 될 겁니다. 대포통장이 문제 되서 지명수배 되었다는 얘기를 전해 들었습니다.

문 피의자는 위 회사를 설립함에 있어 주금을 납입하였나요.

답 가짜 회사여서 주금을 납입한 사실이 없습니다.

문 그럼 자본금을 납입한 사실도 없고, 주식회사를 설립한 사실도 없다는 것인가요.

답 네. 그렇습니다.

문 그와 같이 설립된 회사의 법인등기부등본이 이것인가요.

이때 사법경찰관은 진술인에게 법인등기부등본을 보여주다.

답 네. 그렇습니다.

문 굳이 사기 범행에 주식회사 명의의 계좌를 사용할 필요가 있나요.

답 제가 중고나라에서 몇 번 사기를 저지른 적이 있어서 제 이름이 꽤나 알려져 있습니다. 그래서 제 이름 명의의 통장으로 입금하라고 하면 입금하지 않는 경우를 몇 번 경험해서 이번에는 주식회사 명의의 통장을 사용한 것입니다.

[폭행]

문 피의자는 2021. 12. 24. 23:00경 서울 중구 서소문로11길 34 피의자의 집 앞 도로에서 피해자 김갑동을 본 사실이 있지요.

답 네. 그렇습니다. 대리운전 일을 마치고 집으로 돌아가는데, 김갑동과 제 처 임혜린이 큰 소리로 얘기를 하고 있었습니다. 그래서 제가 다가가 김갑동에게 다시는 임혜린에게 연락하지 말라고 말하였고, 임혜린을 데리고 집으로 들어가려고 했는데, 김갑동이 저를 폭행했습니다.

문 피해자 김갑동은 피의자가 자신의 뺨을 1회 때리고, 멱살을 잡아당겨 바닥에 넘어뜨렸다고 주장하는데 어떤가요.

답 거짓말입니다. 김갑동이 당시 술에 많이 취해 있었습니다. 왼쪽발로 제 오른쪽 무릎을 걷어차다가 균형이 무너진 것 같더라고요. 스스로 넘어졌습니다. 임혜린도 봤을 겁니다.

문 임혜린은 주위에 도움을 요청하려고 고개를 돌렸다가 그 장면을 보지 못했다고 하는데 어떤가요.

답 임혜린이 왜 그렇게 얘기하는지 모르겠습니다. 저는 김갑동을 전혀 폭행한 사실이 없습니다.

이때 사법경찰관은 진술인에게 USB 메모리에 저장된 녹음파일을 들려주었다.

문 지금 파일은 임혜린이 당시 상황을 녹음한 내용입니다. 들어보면 뺨을 때리는 소리가 들립니다. 또한 피의자가 "별 것도 아닌 게 어디서"라고 말하고, 임혜린이 "술 취했는데 넘어뜨리면 어떡해. 다치면 일 커져."라는 목소리가 들리는데요.

답 저 소리로 어떻게 제가 폭행한 게 증명되었다고 하겠습니까. 뺨을 때리는 소리인지 아니면 주변 소음인지 구분도 되지 않고요. 그리고 형사님도 임혜린이 제가 폭행하는 장면은 보지 못했다고 방금 말하지 않았습니까. 임혜린이 보기에 김갑동이 넘어져 있으니 제가 혹시 넘어뜨렸다고 오해하고 저런 말을 한 것 같습니다. 전 김갑동을 폭행한 사실이 없습니다.

문 피의자는 더 할 말이 있는가요.

답 자본금을 납입하거나 주식회사를 설립할 생각도 없는데, 허위의 신청서를 등기소에 제출한 것은 죄송하게 생각합니다. 또한 한정판 나이키 신발 관련해서 사기 피해자들에게도 정말 미안하고, 여력이 되면 변제도 할 생각입니다. 다만 김갑동이 절 폭행한 것은 절대로 용서할 수 없고, 또한 전 김갑동을 폭행하지 않았습니다. 정말 억울합니다. ㉑

위의 조서를 진술자에게 열람하게 하였던바, 진술한대로 오기나 증감·변경할 것이 전혀 없다고 하므로 간인한 후 서명날인하게 하다.

진술자 이을남 ㉑

2022. 5. 7.

서울서초경찰서
사법경찰관 경위 임 정 만 ㉑
사법경찰리 순경 서 경 남 ㉑

서울중앙지방검찰청

수 신 : 검사 엄정희
제 목 : 수사보고(김대포 소재 등)

○ 피의자 이을남은 김대포와 공모하여 주식회사 다팔아를 설립하게 되었다고 주장하므로, 김대포에게 사실확인을 하려고 하였습니다.

○ 김대포는 정연기, 지운창 등과 함께 대포통장 양도조직을 구성한 후 조직적으로 실체가 없는 유령회사를 설립하여 그 법인 명의의 계좌를 개설한 뒤 그 계좌에 연결된 접근매체를 대포통장 양도조직 총책 일명 '윤대표'에게 전달하고, '윤대표'는 도박사이트 운영자, 보이스피싱 조직원 등에게 대포통장을 대여하여 사용료를 받는다는 피의사실로 현재 입건 중에 있고, 소재가 불명하여 기소중지 상태에 있습니다.

○ 김대포 외 나머지 조직원들(정연기, 지운창, 윤대표 등)도 소재불명 상태로 기소중지 되어 있음을 보고합니다.

2022. 6. 5.

검찰주사보 현정민 ⑪

기타 법원에 제출되어 있는 증거들

※ 편의상 다음 증거서류의 내용을 생략하였으나, 법원에 증거로 적법하게 제출되어 있음을 유의하여 검토할 것.

○ **정미순 작성 고소장** : 피고인 김갑동을 배임 등으로 고소하는 내용 기재
○ **가족관계증명서** : 피고인 김갑동과 정미순이 2017. 3. 2. 혼인신고한 사실이 기재
○ **증여계약서** : 피고인 김갑동이 2021. 9. 10. 정미순에게 '경기 성남시 분당구 불정로 110 대지 800㎡'를 증여할 것을 약속하고, 정미순은 이를 승낙한다는 내용이 기재
○ **등기사항전부증명서(성남 대지)** : 성남 대지의 소유자는 김갑동이고, 위 대지에 2021. 11. 10. 채권최고액 5억 6,000만 원, 채권자 신한은행, 채무자 피고인 김갑동으로 된 근저당권설정등기가 설정되어 있음
○ **등기사항전부증명서(정미순 주거지)** : 서울 마포구 마포대로 199 주택이 피고인 김갑동과 정미순의 공동소유임이 기재
○ **영수증 사본** : 현관문 체인형 걸쇠 수리비로 80,000원을 지급 받았다는 내용 기재
○ **손철기, 조인우, 장희연 작성 고소장** : 피고인 이을남을 사기로 고소하는 내용 기재
○ **조인우 작성 진술서** : 2021. 4. 20. 20:00경 주식회사 다팔아 명의의 신한은행 계좌(120-450-376549)에 50만 원을 입금하였으나, 판매자가 나이키 한정판 신발을 보내주지 않았다는 취지 기재
○ **장희연 작성 진술서** : 2021. 9. 8. 14:00경 주식회사 다팔아 명의의 신한은행 계좌(120-450-376549)에 50만 원을 입금하였으나, 판매자가 나이키 한정판 신발을 보내주지 않았다는 취지 기재
○ **법인등기부등본** : 주식회사 다팔아의 법인등기부등본으로서 대표이사 피고 이을남, 1주의 금액 5,000원, 발행주식 총 수 200주, 자본금 1,000,000원 등이 기재
○ **각 입금증** : 손철기 등이 주식회사 다팔아 신한은행 계좌에 각 50만 원을 입금
○ **각 문자메시지 사본** : 50만 원을 주식회사 다팔아 계좌에 입금하면 신발을 퀵으로 보내주겠다는 내용 기재
○ **핸드폰 개설신청서** : 피고인 이을남 명의의 신청서
○ **김갑동에 대한 경찰 진술조서** : 피고인 이을남으로부터 폭행당했다고 주장하나,

어떻게 폭행당했는지는 술에 취해 잘 기억이 나지 않고, 자기가 넘어져 있던 것으로 보아 이을남이 자신의 멱살을 잡아 넘어뜨린 것 같다고 진술. 또한 자신이 이을남을 폭행한 것은 잘 기억이 나지 않는다고 진술

○ **이을남에 대한 경찰 진술조서** : 피고인 김갑동으로부터 폭행당했고, 자신은 김갑동을 폭행하지 않았다고 진술

○ **문자목록** : 범죄일람표 1 기재와 동일

○ **USB 메모리** : 증 제25호 녹취서와 같은 내용의 음성파일이 저장되어 있음

○ **수사보고(임혜린과의 통화내용)** : 임혜린에게 포렌식 결과 나온 폭행 당시의 상황이 녹음된 음성파일의 존재와 이를 저장한 USB 메모리(증 제25호), 녹취서(증 제26호)에 대하여 묻자, 왜 남의 핸드폰을 마음대로 뒤져보냐고 항의하고, 해당 내용을 삭제해 줄 것을 요구함. 검찰에 출석하여 그와 관련한 내용을 진술할 것을 요청하였으나, 경찰이든 검찰이든 어떠한 수사요청에도 응하지 않겠다고 말하였다는 내용 기재

○ **김갑동에 대한 검사 작성의 피의자신문조서** : 증 제28호 김갑동에 대한 경찰 피의자신문조서와 내용 동일

○ **이을남에 대한 검사 작성의 피의자신문조서** : 증 제29호 이을남에 대한 경찰 피의자신문조서와 내용 동일

○ **각 전과조회서**
  - 피고인 김갑동 : 동종 전과 및 벌금형 이상 전과 없음
  - 피고인 이을남 :
    ① 2017. 1. 5. 서울중앙지방법원에서 사기죄로 벌금 200만 원(확정),
    ② 2018. 3. 8. 같은 법원에서 사기죄로 벌금 500만 원(확정)
    ③ 2021. 3. 20. 같은 법원에서 상습사기죄로 징역 10월, 집행유예 2년(확정)

○ **가족관계증명서** : 피고인 김갑동과 정미순이 2022. 10. 4. 협의이혼한 사실 기재

확 인 : 법학전문대학원협의회

UNION 제13판

기록형
2026 변호사시험 대비

형사법

변호사시험 기출문제집

II. 모의편

2022년 8월 제2차

법전협 주관 모의시험

2022년도 제2차 변호사시험 모의시험 - 논술형(기록형)

시험과목	형사법(기록형)

응시자 준수사항

1. 시험 시작 전 문제지의 봉인을 손상하는 경우, 봉인을 손상하지 않더라도 문제지를 들추는 행위 등으로 문제 내용을 미리 보는 경우 모두 부정행위로 간주되어 그 답안은 영점 처리 됩니다.
2. 답안은 흑색 또는 청색 필기구(사인펜이나 연필 사용 금지) 중 한 가지 필기구만을 사용하여 답안 작성 난(흰색 부분) 안에 기재하여야 합니다.
3. 답안지에 성명과 수험 번호를 기재하지 않아 인적 사항이 확인되지 않는 경우에는 영점 처리 등 불이익을 받게 됩니다. 특히 답안지를 바꾸어 다시 작성하는 경우, 성명 등의 기재를 빠뜨리지 않도록 유의하여야 합니다.
4. 답안지에는 문제 내용을 기재할 필요가 없으며, 답안 내용 이외의 사항을 기재하거나 밑줄 기타 어떠한 표시도 하여서는 안 됩니다. 답안을 정정할 경우에는 두 줄로 긋고 다시 기재하여야 하며, 수정액 등은 사용할 수 없습니다.
5. 시험 종료 시각에 임박하여 답안지를 교체 요구한 경우라도 시험시간 종료 후 즉시 새로 작성한 답안지를 회수합니다.
6. 시험 종료 후에는 답안지 작성을 일절 할 수 없으며, 이에 위반하여 시험시간이 종료되었음에도 불구하고 **시험관리관의 답안지 제출지시에 불응한 채 계속 답안을 작성하거나 답안지를 늦게 제출할 경우 그 답안은 영점 처리** 됩니다.
7. 답안은 답안지 쪽수 번호 순으로 기재하여야 하고, **배부받은 답안지는 백지 답안이라도 모두 제출**하여야 하며, **답안지를 제출하지 아니한 경우 그 시험시간 및 나머지 시험시간의 시험에 응시할 수 없습니다.**
8. 지정된 시간까지 지정된 시험실에 입실하지 아니하거나 시험관리관의 승인을 얻지 아니하고 시험시간 중에 그 시험실에서 퇴실한 경우 그 시험시간 및 나머지 시험시간의 시험에 응시할 수 없습니다.
9. 시험시간이 종료되기 전에는 어떠한 경우에도 문제지를 시험장 밖으로 가지고 갈 수 없고, 시험 종료 후 가지고 갈 수 있습니다.

법학전문대학원협의회
THE ASSOCIATION OF KOREAN LAW SCHOOLS

【문 제】

피고인 김갑동에 대해서는 법무법인 나라 담당변호사 정명변이 대표변호사에게 보고할 검토의견서를, 피고인 이을남에 대해서는 법무법인 세계 담당변호사 설득희가 법원에 제출할 변론요지서를 각 작성하되, 다음 쪽 양식 중 **본문 I, II 부분**을 작성하시오.

【작성요령】

1. 학설, 판례 등의 견해가 대립되는 경우에 한 견해를 취할 것. 다만, 대법원 판례와 다른 견해를 취하는 경우에는 자신의 입장에 따라 작성하되 대법원 판례의 취지를 적시할 것.
2. 증거능력이 없는 증거는 실제 소송에서는 증거로 채택되지 않아 증거조사가 진행되지 않지만, 이 문제에서는 시험의 편의상 증거로 채택되어 증거조사가 진행된 경우도 있음. 따라서 필요한 경우 증거능력에 대하여도 언급할 것.

【기록 형식 안내】

1. 쪽 번호는 편의상 연속되는 번호를 붙였음.
2. 조서, 기타 서류에는 필요한 서명, 날인, 무인, 간인, 정정인이 있는 것으로 볼 것.
3. 증거목록, 공판기록 또는 증거기록 중 '생략' 또는 '기재생략'이라고 표시된 부분에는 법에 따른 절차가 진행되어 그에 따라 적절한 기재가 있는 것으로 볼 것.
4. 공판기록과 증거기록에 첨부하여야 할 일부 서류 중 '생략' 표시가 있는 것, 증인선서서와 수사기관의 조서에 첨부하여야 할 '수사과정확인서'는 적법하게 존재하는 것으로 볼 것(<u>증거기록 마지막에 생략된 증거와 그 요지를 거시하였음</u>).
5. 송달이나 접수, 통지, 결재가 필요한 서류는 모두 적법한 절차를 거친 것으로 볼 것.
6. 시험의 편의상 증거기록 첫머리의 증거목록은 첨부 생략되었으며, 증거기록에 대한 분리제출은 하지 않는 것으로 하였고, 증인신문, 피고인신문의 경우 녹취파일, 녹취서 첨부 방식을 취하지 않았음.

【검토의견서, 변론요지서 양식】

검토의견서(45점)

사 건 2022고단12121 업무상배임 등
피고인 김갑동

I. 피고인 김갑동에 대하여
 1. 업무상배임의 점
 2. 공문서변조, 변조공문서행사의 점
 3. 사기의 점
 4. 정보통신망이용촉진및정보보호등에관한법률위반(명예훼손)의 점
※ 평가제외사항 - 공소사실의 요지, 정상관계(답안지에 기재하지 말 것)

2022. 8. 2.

담당변호사 정명변 ㊞

변론요지서(55점)

사 건 2022고단12121 업무상배임 등
피고인 이을남

II. 피고인 이을남에 대하여
 1. 업무상배임의 점
 2. 도로교통법위반(무면허운전)의 점
 3. 공문서부정행사의 점
 4. 도박방조의 점
※ 평가제외사항 - 공소사실의 요지, 정상관계(답안지에 기재하지 말 것)

2022. 8. 2.

피고인 이을남의 변호인 법무법인 세계 담당변호사 설득희 ㊞

서울중앙지방법원 제5단독 귀중

기록내용시작

서울중앙지방법원
형사제1심소송기록

구공판

구속만료	
최종만료	
대행 갱신 만료	
미결구금	

기일					
1회기일 7/6 10:00 7/27 14:00 8/17 11:00	사건번호	2022고단12121	담임	5단독	주심
	사건명	가. 업무상배임 나. 공문서변조 다. 변조공문서행사 라. 사기 마. 정보통신망이용촉진및정보보호등에관한법률위반(명예훼손) 바. 도로교통법위반(무면허운전) 사. 공문서부정행사 아. 도박방조			
	검사	엄정한		2022형제52345호	
	공소제기일	2022. 6. 17.			
	피고인	1. 가. 나. 다. 라. 마. 김갑동 2. 가. 바. 사. 아. 이을남			
	변호인	사선 법무법인 나라 담당변호사 정명변(피고인 김갑동) 사선 법무법인 세계 담당변호사 실득희(피고인 이을남)			

확 정	
보존종기	
종결구분	
보 존	

완결 공람	담임	과장	국장	주심판사	판사

접 수 공 람	과 장 ㉠	국 장 ㉠	원 장 ㉠

공 판 준 비 절 차

회 부 수명법관 지정	일자	수명법관 이름	재 판 장	비 고

법정외에서지정하는기일

기일의 종류	일 시	재 판 장	비 고
1회 공판기일	2022. 7. 6. 10:00	㉠	

서울중앙지방법원

목 록		
문 서 명 칭	장 수	비 고
증거목록	7	검사
증거목록	9	피고인
공소장	10	
변호인선임신고서	(생략)	피고인 김갑동
변호인선임신고서	(생략)	피고인 이을남
영수증(공소장부본 등)	(생략)	피고인 김갑동
영수증(공소장부본 등)	(생략)	피고인 이을남
의견서	(생략)	피고인 김갑동
의견서	(생략)	피고인 이을남
공판조서(제1회)	14	
증거신청서	16	피고인 김갑동
증거신청서	17	피고인 이을남
공판조서(제2회)	19	
증인신문조서	21	현금식
증거신청서	22	검사

증거목록 (증거서류 등)

2022고단12121

2022형제52345호

① 김갑동
② 이을남

신청인: 검사

순번	증거방법 작성	쪽수(수)	쪽수(증)	증거명칭	성명	참조사항 등	신청기일	증거의견 기일	증거의견 내용	증거결정 기일	증거결정 내용	증거조사기일	비고
1	사경	생략		고소장	현금식		1	1	①○ ②○				
2	〃	생략		법인등기부등본			1	1	①○ ②○				
3	〃	생략		자동차등록원부 등본			1	1	①○ ②○				
4	〃	생략		휴대전화 문자메시지 캡처 출력물			1	1	①○ ②○				
5	〃	생략		계좌내역서			1	1	①○ ②○				
6	〃	25		진술조서	현금식	기재생략	1	1	①○ ②×	기재생략			
7	〃	27		사실확인서	이정북		1	1	①○ ②×				
8	〃	28		수사보고			1	1	①○ ②○				
9	〃	생략		- USB 메모리			1	1	①○ ②×				
10	〃	28		- 녹취서			1	1	①○ ②×				
11	〃	29		수사보고 (전화진술 청취)			1	1	①○ ②×				
12	〃	생략		고소장	박수안		1	1	①○				
13	〃	생략		계좌내역서			1	1	①○				
14	〃	30		진술조서	박수안		1	1	①○				
15	〃	33		등기사항 전부증명서			1	1	①○				
16	〃	생략		카카오톡 캡처 출력물			1	1	①○				
17	〃	34		피의자신문조서	김갑동		1	1	①○ ②×				
18	〃	38		등기사항 전부증명서			1	1	①○				

※ 증거의견 표시 - 피의자신문조서: 인정 ○, 부인 ×
 (여러 개의 부호가 있는 경우, 적법성/성립/임의성/내용의 순서임)
 - 기타 증거서류: 동의 ○, 부동의 ×
 - 진술이 특히 신빙할 수 있는 상태 하에서 행하여졌다는 점 부인: "특신성 부인"(비고란 기재)
※ 증거결정 표시: 채 ○, 부 ×
※ 증거조사 내용은 제시, 낭독(내용고지, 열람)

증 거 목 록 (증거서류 등)
2022고단12121

2022형제52345호

① 김갑동
② 이을남
신청인: 검사

순번	증거방법					참조사항등	신청기일	증거의견		증거결정		증거조사기일	비고
	작성	쪽수(수)	쪽수(증)	증거명칭	성명			기일	내용	기일	내용		
19	〃	39		수사보고 (사건 경위 보고)			1	1	② ○				
20	〃	생략		- 운전면허증 사진파일			1	1	② ○				
21	〃	40		- 자동차 운전면허대장			1	1	② ○				
22	〃	41		수사보고 (화투 등 압수 경위)			1	1	② ○		기재생략		
23	〃	생략		압수조서 및 압수목록			1	1	② ○				
24	〃	42		피의자신문조서	이을남		1	1	① ○ ② ○				
25	〃	생략		각 조회회보서	김갑동 이을남		1	1	① ○ ② ○				
26	검사	45		수사보고 (전화진술 청취)			1	1	① ○				
27	〃	생략		가족관계증명서			1	1	① ○				
28	〃	46		수사보고 (약식명령 확인)			1	1	② ○				
29	〃	47		- 약식명령 등본			1	1	② ○				
30	〃	48		수사보고 (이정북 소재확인)			1	1	① ○ ② ○				
31	〃			출입국내역조회서			2	2	① ○ ② ○				
32	〃			자동차운전면허 대장 조회서			2	2	② ○				

※ 증거의견 표시 - 피의자신문조서: 인정 ○, 부인 ×
　　　　　　　　　(여러 개의 부호가 있는 경우, 적법성/성립/임의성/내용의 순서임)
　　　　　　　- 기타 증거서류: 동의 ○, 부동의 ×
　　　　　　　- 진술이 특히 신빙할 수 있는 상태 하에서 행하여졌다는 점 부인 : "특신성 부인"(비고란 기재)
※ 증거결정 표시: 채 ○, 부 ×
※ 증거조사 내용은 제시, 낭독(내용고지, 열람)

증 거 목 록 (증인 등)

① 김갑동
② 이을남
신청인: 검사

2022년 형제52345호

증거방법	쪽수(공)	입증취지 등	신청기일	증거결정 기일	증거결정 내용	증거조사기일	비고
화투 49장		기재생략	1	1	기재생략	기재생략	
현금 100만 원			1	1		기재생략	
증인 현금식			1	1		2022. 7. 27. 14:00 (실시)	
증인 이정북			1	1		2022. 7. 27. 14:00 (송달불능 미실시)	철회, 취소

증 거 목 록 (증거서류 등)

① 김갑동
② 이을남
신청인: 피고인 및 변호인

2022년 형제52345호

순번	작성	쪽수(수)	쪽수(공)	증거명칭	성명	참조사항 등	신청기일	증거의견 기일	증거의견 내용	증거결정 기일	증거결정 내용	증거조사기일	비고
1				고소취소장			2	2	○	기재생략			① 신청
2				판결문 등본			2	2	○				② 신청

서울중앙지방검찰청

2022. 6. 17.

사건번호 2022년 형제52345호
수 신 자 서울중앙지방법원   발 신 자
                              검   사   엄정한   엄정한   (인)

제   목 공소장
아래와 같이 공소를 제기합니다.

12121

I. 피고인 관련사항

1. 피 고 인 김갑동 (810505-1******), 41세
   직업   대표이사, 010-****-****
   주거   서울 서초구 양재로 12(양재동)
   등록기준지 (생략)

   죄   명 업무상배임, 공문서변조, 변조공문서행사, 사기, 정보통신망이용촉진및정보보호등에관한법률위반(명예훼손)

   적용법조 형법 제356조, 제355조 제2항, 제225조, 제229조, 제347조 제1항, 정보통신망이용촉진및정보보호등에관한법률 제70조 제1항, 형법 제30조, 제37조, 제38조

   구속여부 불구속
   변 호 인 법무법인 나라 담당변호사 정명변

2. 피 고 인 이을남 (810301-1******), 41세
   직업   무직, 010-****-****
   주거   서울 서초구 반포대로11길 23(서초동)
   등록기준지 (생략)

   죄   명 업무상배임, 도로교통법위반(무면허운전), 공문서부정행사, 도박방조

   적용법조 형법 제356조, 제355조 제2항, 도로교통법 제152조 제1호, 제43조, 형법 제230조, 제246조 제1항, 제32조 제1항, 제30조, 제37조, 제38조

   구속여부 불구속
   변 호 인 법무법인 세계 담당변호사 설득희

Ⅱ. 공소사실

1. 피고인들의 공동범행

피고인 김갑동은 서울 서초구 양재로 193에 있는 강남고속관광 주식회사의 대표이사로 위 회사 명의 지입차량에 대하여 피해자인 지입차주 현금식과의 지입계약에 따라 지입차량을 온전하게 관리하여야 하여야 할 업무상 임무가 있었다.

피고인 이을남은 2022. 1. 14.경 위 강남고속관광 주식회사 사무실에서 피고인 김갑동에게 먼저 지입차량을 담보로 제공해 주면 금원을 차용해 주겠다고 적극 요구하고 이에 피고인 김갑동은 피해자의 동의 없이 피해자가 지입한 서울56바7890 레스타 버스 차량을 담보로 제공하며 위 차량에 대하여 채무자 강남고속관광 주식회사, 채권자 이을남, 채권가액 50,000,000원으로 한 저당권을 설정하였다.

이로써 피고인들은 공모하여 업무상 임무에 위배하여 위 피해자에게 50,000,000원 상당의 재산상 손해를 가하였다.

2. 피고인 김갑동

피고인은 피고인 소유의 파주시 파주읍 51 소재 임야 1,000㎡에 대하여 아무런 담보 설정이 없는 것처럼 변조한 등기사항전부증명서를 피해자 박수안에게 보여주면서 "돈을 차용해주면 차용금을 갚지 못할 경우 위 파주 임야에 근저당을 설정해 주겠다."라고 속이고 피해자로부터 차용금을 편취하기로 마음먹었다.

가. 공문서변조, 변조공문서행사

피고인은 2021. 10. 11.경 서울 서초구 양재로 12에 있는 피고인의 주거지에서 2021. 1. 2.경 인터넷을 통해 출력한 근저당권설정등기(2021. 5. 3. 접수)가 되어 있지 않은 위 파주 임야에 관한 등기사항전부증명서의 하단 열람 일시 부분을 화이트로 지우고 복사한 후 같은 날 변조사실을 모르는 박수안에게 변조한 위 파주 임야에 관한 등기사항전부증명서 1부를 보여주면서 "사업자금으로 3,000만 원을 빌려달라, 만약 돈을 갚지 못하면 위 파주 임야에 근저당권을 설정해주겠다."라고 거짓말하여 마치 그 시점에 위 파주 임야에 아무런 담보 설정이 없는 것처럼 이를 제시하여 행사하였다.

이로써 피고인은 행사할 목적으로 공문서인 의정부지방법원 파주등기소에서 발급한 위 파주 임야에 관한 등기사항전부증명서 1부를 변조하고, 그 정을 모르는 박수안에게 이를 행사하였다.

나. 사기

피고인은 2021. 10. 11.경 위 피고인의 주거지에서 변조사실을 모르는 피해자에게 위 가.항과 같이 변조하여 보관하고 있던 위 파주 임야에 관한 등기사항전부증명서 1부를 보여주면서 "사업자금으로 3,000만 원을 빌려 달라, 만약 돈을 갚지 못하면 위 파주 임야에 근저당권을 설정해주겠다."며 마치 차용 당시 위 파주 임야에 아무런 담보 설정이 없는 것처럼 말하였다.

그러나 사실 당시 피고인 소유 다른 재산은 없었고, 위 일시 경 위 파주 임야에는 파주신용협동조합을 근저당권자로 하는 근저당권설정등기(2021. 5. 3. 접수)가 설정되어 있어 사실상 담보가치가 없는 상태였다.

피고인은 위와 같이 거짓말하여 이에 속은 피해자로부터 차용금 명목으로 같은 날 피고인 명의 농협계좌(계좌번호 123-***-****)로 3,000만 원을 송금받았다.

다. 정보통신망이용촉진및정보보호등에관한법률위반(명예훼손)

피고인은 2022. 5. 12.경 피해자 박수안이 2022. 4.말경 아내 김갑순을 폭행하고 이로 인하여 가족 주거지 등에 대한 접근금지 임시조치 결정을 받게 되자 피고인의 카카오톡 프로필 상태메시지에 '가정폭력범은 접근금지!!!'라는 내용을 설정하고 위 상태메시지가 보이도록 공개하였다.

이로써 피고인은 비방할 목적으로 정보통신망을 통하여 공공연하게 사실을 드러내어 피해자의 명예를 훼손하였다.

3. 피고인 이을남

가. 도로교통법위반(무면허운전)

피고인은 2022. 5. 17. 11:30경 서울 서초구 중앙로 157 앞 도로에서부터 서울 서초구 서초대로 219 앞 도로에 이르기까지 약 700m 구간에서 자동차 운전면허를 받지 아니하고 12부1234호 그랜저 승용차를 운전하였다.

나. 공문서부정행사

피고인은 2022. 5. 17. 11:30경 서울 서초구 서초대로 219 앞 도로에서 위 그랜저 승용차를 운전하던 중 교통법규 위반으로 적발되어 서울서초경찰서 소속 경위 강이경으로부터 운전면허증의 제시를 요구받자 피고인의 휴대전화에 저장된 최승현의 운전면허증을 촬영한 이미지파일을 마치 피고인의 운전면허증인 것처럼 제시하여 공문서를 부정하게 행사하였다.

다. 도박방조

피고인은 도박참가자에게 도박자금을 빌려주는 속칭 '꽁지' 역할을 하는 자로서, 2022. 5. 23. 14:00경부터 16:30경까지 사이에 서울 서초구 서초동 1234 1층 주택에서 속칭 '선수'인 고동경 등이 화투 49장을 사용하여 3점을 먼저 내는 사람이 이기고, 진 사람은 이긴 사람에게 3점에 3천 원을, 1점을 추가할 때마다 1천 원씩 가산하여 지급하는 방법으로 속칭 '고스톱'이라는 도박을 한다는 사실을 알면서도 이를 돕기 위하여 위 고동경 등에게 선이자 10%를 공제한 도박자금 90만 원을 각각 빌려주어 고동경 등의 도박행위를 용이하게 하여 이를 방조하였다.

III. 첨부서류

1. 변호인선임신고서 2통 (첨부 생략)

서울중앙지방법원

공 판 조 서

제 1 회
사　　건　　2022고단12121 업무상배임 등
판　　사　　김정대　　　　　　　　　　기　일 : 2022. 7. 6.　10:00
　　　　　　　　　　　　　　　　　　　장　소 :　　　　제419호 법정
　　　　　　　　　　　　　　　　　　　공개여부 :　　　　　　　공개
법원주사　　조명한　　　　　　　　　　고 지 된
　　　　　　　　　　　　　　　　　　　다음기일 : 2022. 7. 27.　14:00
피 고 인　　1. 김갑동　　　　　　　　　　　　　　　　　　　각 출석
　　　　　　2. 이을남
검　　사　　정이감　　　　　　　　　　　　　　　　　　　　　　출석
변 호 인　　법무법인 나라 담당변호사 정명변(피고인 1을 위하여)　각 출석
　　　　　　법무법인 세계 담당변호사 설득희(피고인 2를 위하여)

판　사
　　피고인들은 진술을 하지 아니하거나 각개의 물음에 대하여 진술을 거부할 수 있고, 이익 되는 사실을 진술할 수 있음을 고지
판　사의 인정신문
　　성　　　명 : 김갑동, 이을남
　　주민등록번호, 직업, 주거, 등록기준지 : 각 공소장 기재와 같음
판　사
　　피고인들에 대하여
　　주소가 변경될 경우에는 이를 법원에 보고할 것을 명하고, 소재가 확인되지 않을 때에는 그 진술 없이 재판할 경우가 있음을 경고
검　사
　　공소장에 의하여 공소사실, 죄명, 적용법조 낭독
피고인 김갑동
　　공소사실 제1항과 관련하여 공소사실 기재 버스를 담보로 제공하고 저당권을 설정한 것은 사실이나 현금식과 지입계약을 체결한 사실이 없고, 가사 지입계약을 체결하였다고 하더라도 자신은 타인의 사무를 처리하는 자에 해당하지 아니하며, 공소사실 제2의 가항과 관련하여 등기사항전부증명서 하단의 열람 일시

를 지워 행사한 것만으로 공공의 신용을 해할 위험을 초래하였다고 볼 수 없고, 나머지 공소사실은 인정한다고 진술

피고인 김갑동의 변호인

(피고인을 위하여 유리한 변론, 생략)

피고인 이을남

공소사실 제1항과 관련하여 김갑동에게 먼저 차량 담보를 적극적으로 요구한 사실이 없고, 나머지 공소사실은 인정한다고 진술

피고인 이을남의 변호인

(피고인을 위하여 유리한 변론, 생략)

판 사

변호인들에게, 공소사실 제1항과 관련하여 법인이 처리할 사무에 관하여 그 대표기관은 배임죄의 주체가 될 수 없다는 주장도 포함하는 것인지 석명을 구함

변호인들

그것까지 주장하는 것은 아니라고 답변함

판 사

증거조사를 하겠다고 고지

증거관계 별지와 같음(검사, 변호인)

판 사

각 증거조사 결과에 대하여 의견을 묻고 권리를 보호하는 데에 필요한 증거조사를 신청할 수 있음을 고지

소송관계인

별 의견 없다고 각각 진술

판 사

변론속행

2022. 7. 6.

법 원 주 사   조명한 ㊞

판　　　사   김정대 ㊞

증 거 신 청 서

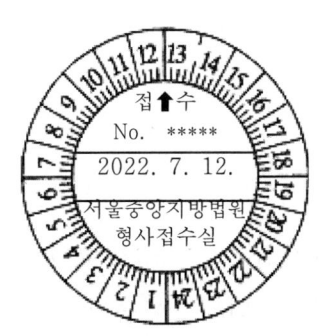

사건번호   2022고단12121호   업무상배임 등
피 고 인   김갑동

위 사건에 관하여 피고인 김갑동의 변호인은 피고인의 이익을 위하여 다음과 같은 증거서류를 증거로 신청합니다.

다 음

1. 고소취소장 1부

2022. 7. 15.

피고인 김갑동의 변호인

법무법인 나라 담당변호사 정명변 ㊞

서울중앙지방법원 제5단독 귀중

고 소 취 소 장

피고인 김갑동 (주민등록번호 생략)
고소인 박수안 (주민등록번호 생략)

　위 피고인에 대한 공문서변조, 변조공문서행사, 사기의 각 점에 대하여 고소인은 피고인에 대한 처벌을 원하지 않고 고소를 취소합니다.

2022. 7. 15.

고소인 박수안
(인감증명서 생략)

증 거 신 청 서

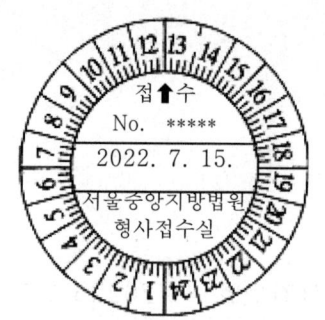

사건번호   2022고단12121호   업무상배임 등
피 고 인   이을남

위 사건에 관하여 피고인 이을남의 변호인은 피고인의 이익을 위하여 다음과 같은 증거서류를 증거로 신청합니다.

다   음

1. 판결문 등본 1부

2022. 7. 15.

피고인 이을남의 변호인
법무법인 세계 담당변호사 설득회 ㊞

서울중앙지방법원 제5단독 귀중

서 울 중 앙 지 방 법 원
판 결

사 건	2022고단1131 도로교통법위반(음주운전)
피 고 인	이을남(810301-1******), 무직
	주거 서울 서초구 반포대로11길 23
	등록기준지 (생략)
검 사	이지영(기소), 김성실(공판)
변 호 인	변호사 김형국(국선)
판 결 선 고	2022. 7. 6.

2022. 7. 14.
항소기간도과
2022. 7. 14. 확정
서울중앙지방검찰청

주 문

피고인은 무죄.

이 유

1. 공소사실의 요지

피고인은 2021. 12. 25. 21:50경 혈중알코올농도 0.08%의 술에 취한 상태로 서울 송파구 올림픽로 240 앞 도로에서 32다4321호 카렌스 자동차를 약 50m 운전하였다.

2. 관련 법리 및 판단

(...중략...) 음주운전 시점이 혈중알코올농도의 상승시점인지 하강시점인지 확정할 수 없는 상황에서는 운전을 종료한 때로부터 상당한 시간이 경과한 시점에서 측정된 혈중알코올농도가 처벌기준치를 약간 넘었다고 하더라도 실제 운전 시점의 혈중알코올농도가 처벌기준치를 초과하였다고 단정할 수 없는 바, 검사가 제출한 증거들만으로는 피고인이 위 운전 당시 혈중알코올농도 0.08%이었음을 인정하기에 부족하다.

이 사건 공소사실은 범죄의 증명이 없는 경우에 해당하므로 형사소송법 제325조 후단에 따라 피고인에게 무죄를 선고한다.

판사   박 선 호 _____

공 판 조 서

제 2 회
사　　건　2022고단12121 업무상배임 등
판　　사　김정대　　　　　　　　　　　　　　기　일 : 2022. 7. 27. 14:00
　　　　　　　　　　　　　　　　　　　　　　장　소 :　　제419호 법정
　　　　　　　　　　　　　　　　　　　　　　공개여부 :　　　　　공개
법원주사　조명한　　　　　　　　　　　　　　고 지 된
　　　　　　　　　　　　　　　　　　　　　　다음기일 : 2022. 8. 17. 11:00
피 고 인　1. 김갑동　　　　　　　　　　　　　　　　　　　　　각 출석
　　　　　2. 이을남
검　　사　정이감　　　　　　　　　　　　　　　　　　　　　　출석
변 호 인　법무법인 나라 담당변호사 정명변(피고인 1을 위하여)　각 출석
　　　　　법무법인 세계 담당변호사 설득회(피고인 2를 위하여)
증　　인　현금식　　　　　　　　　　　　　　　　　　　　　　출석
　　　　　이정북　　　　　　　　　　　　　　　　　　　　　　불출석

판　사
　　전회 공판심리에 관한 주요사항의 요지를 공판조서에 의하여 고지
소송관계인
　　변경할 점이나 이의할 점이 없다고 진술함
판　사
　　출석한 증인 현금식을 별지와 같이 신문함
증거관계 별지와 같음(검사, 변호인)
판　사
　　각 증거조사 결과에 대하여 의견을 묻고 권리를 보호하는 데에 필요한 증거조사를 신청할 수 있음을 고지
소송관계인
　　별 의견 없다고 진술
판　사
　　증거조사를 마치고 피고인신문을 하겠다고 고지
피고인 김갑동에게,
검　사
문　피고인이 2022. 1. 14.경 강남고속관광 주식회사 명의 서울56바7890 레스타 버스 차량에 이을남을 채권자로 하는 저당권을 설정한 경위는 어떠한가요.
답　당시 회사 경영이 어려워 이을남으로부터 돈을 빌려 자금을 융통하면서 이을남이 차량 담보를 요구해서 저당권을 설정해 주었던 것으로 기억합니다.
문　이을남이 먼저 차량 담보를 적극적으로 요구하였던 것인가요.
답　네, 그렇습니다.
문　피고인은 경찰 조사에서도 이을남이 먼저 적극적으로 회사 명의 차량 담보를 요구해서 어쩔 수 없이 위 버스에 저당권을 설정해 준 것이라고 진술하였지요.

답 그때 그렇게 이야기 한 것은 맞습니다. 그런데 지금 생각해 보니 이을남이 담보 없이는 돈을 융통해 주기 어렵다고 말한 것은 맞는데... 차량 담보는 누가 먼저 말을 꺼냈는지와 담보를 설정한 구체적인 경위는 잘 기억이 나지 않습니다.

문 서울56바7890 레스타 버스 차량은 현금식이 지입한 차량이 맞는가요.

답 지입한 것이 아니라 현금식이 차량 대금 상당액을 출자하고 회사의 공동운영자로 참여하면서 위 버스를 관리 감독하기로 하는 출자계약을 체결한 것입니다. 그리고 가사 제가 현금식과 지입계약을 체결하였다고 하더라도 제 입장에서는 지입계약이 해지되는 시점에 담보가 설정되지 않은 버스를 현금식에게 돌려주기만 하면 아무 문제가 없다고 생각합니다.

피고인 김갑동의 변호인

(반대신문, 기재는 생략)

피고인 이을남에게,

검 사

문 서울56바7890 레스타 버스 차량에 저당권을 설정한 경위는 어떠한가요.

답 김갑동이 회사차량 담보를 설정해 줄 테니 자금을 융통해 달라고 부탁해서 5,000만 원을 빌려주면서 담보를 설정한 것입니다.

문 피고인이 먼저 김갑동에게 회사 명의 차량에 적극적으로 저당권 설정을 요구한 것은 아닌가요.

답 아닙니다. 김갑동이 먼저 회사 차량에 담보를 충분히 설정해 줄테니 돈을 빌려달라고 한 것이고 제가 먼저 이를 요구한 사실은 없습니다.

피고인 이을남의 변호인

(반대신문, 기재는 생략)

판 사

피고인신문을 마쳤음을 고지

판 사

검사에게, 피고인 이을남의 변호인이 제출한 판결문에 대해 의견을 구함

검 사

운전면허 취소처분의 원인이 된 범죄사실에 대하여 무죄가 선고된 것은 사실이나, 운전면허 취소처분은 적법한 취소 없이 현재에도 유효하게 유지되고 있다고 설명함

판 사

변론 속행(변론 준비를 위한 변호인들의 요청으로)

2022. 7. 27.

법 원 주 사 조명한 ㊞

판 사 김정대 ㊞

서울중앙지방법원
증인신문조서(제2회 공판조서의 일부)

사 건   2022고단12121 업무상배임 등
증 인   이 름   현금식
         생년월일 및 주거(각 생략)

판 사
    위증의 벌 경고, 선서 부분(각 생략)
검 사
    증인에게 고소장, 사법경찰관 작성의 증인에 대한 진술조서를 열람하게 한 후,
문 증인은 고소장을 직접 작성하고, 경찰에서 사실대로 진술하고, 그 조서를 읽어보고 서명, 날인한 사실이 있고, 조서에 진술한 내용과 동일하게 기재되어 있는가요.
답 네, 그렇습니다.
문 증인은 피고인 김갑동 운영의 강남고속관광 주식회사에 서울56바7890 레스타 버스 차량을 지입한 사실이 있는가요.
답 네, 그렇습니다.
문 증인이 지입한 위 차량에 임의로 저당권이 설정된 사실이 있는가요.
답 네, 2022. 1. 14.경 김갑동이 위 차량에 이을남을 채권자로 하여 채권가액 5,000만 원의 저당권을 저의 동의 없이 임의로 설정하였습니다.
문 증인은 위 차량에 저당권이 설정된 사실을 어떻게 알게 되었는가요.
답 최근 과태료 등의 미납으로 차량에 압류된 것은 없는지 자동차등록원부를 보다가 제가 알지 못하는 사이에 저당권이 설정되었다는 것을 알게 되었습니다.
문 저당권이 설정된 경위에 대하여 구체적으로 알고 있는가요.
답 김갑동이 이을남으로부터 돈을 빌리면서 위 차량을 담보로 제공한 것으로 알고 있고, 같은 지입차주인 이정북이 저에게 "이을남이 먼저 김갑동에게 차량 담보를 적극적으로 요구하는 것을 보았다. 그리고 나중에 이을남이 '내가 먼저 차량 담보를 요구한 게 맞다'고 말했다"라고 말해주어 이을남이 적극적으로 차량 담보를 요구한 사실도 알게 되었습니다.
문 증인은 이정북과의 대화를 휴대전화에 녹음하고 그 녹음 내용을 그대로 USB에 담아 수사기관에 제출한 것이 맞는가요.
답 네, 그렇습니다.

2022. 7. 27.

법원주사   조명한 ㊞
판 사   김정대 ㊞

증 거 신 청 서

사건번호   2022고단12121호   업무상배임 등
피 고 인   김갑동, 이을남

위 사건에 관하여 검사는 다음과 같은 증거서류를 증거로 신청합니다.

다 음

1. 출입국내역조회서 1부
1. 자동차운전면허대장 조회서 1부

2022. 7. 27.

검사 정이감 ㊞

서울중앙지방법원 제5단독 귀중

출입국내역조회서

○ 조회대상자 : 이정북(주민등록번호 생략)
○ 조회일자 : 2022. 7. 27.
○ 조회기간 : 2021. 1. 1. ~ 2022. 7. 27.
○ 출입국내역 : 2022. 5. 12. 인천공항을 통해 미국 출국, 이후 출입국기록 없음

자동차운전면허대장 조회서

○ 성명 : 이을남(주민등록번호 생략)
○ 조회일자 : 2022. 7. 27.
○ 취득내역 : 1종 보통(2003. 4. 10. 취득)
○ 변동내역 : 2022. 1. 27. 운전면허 취소처분 후 변동내역 없음

					제 1 책
					제 1 권

서울중앙지방법원
증거서류등(검사)

사건번호	2022고단12121	담임	제5단독	주심	

사건명	가. 업무상배임 나. 공문서변조 다. 변조공문서행사 라. 사기 마. 정보통신망이용촉진및정보보호등에관한법률위반 　　(명예훼손) 바. 도로교통법위반(무면허운전) 사. 공문서부정행사 아. 도박방조

검 사	엄정한	2022년 형제52345호

피고인	1. 가. 나. 다. 라. 마.　　김갑동 2. 가. 바. 사. 아.　　이을남

공소제기일	2022. 6. 17.		
1심 선고	22. . .	항소	22. . .
2심 선고	22. . .	상고	22. . .
확 정	22. . .	보존	

구공판	서울중앙지방검찰청 증거기록					제 1 책 제 1 권
검 찰	사건번호	2022년 형제52345호	법원	사건번호	2022고단12121	
	검 사	엄정한		판 사		
피 고 인	1. 가. 나. 다. 라. 마. 김갑동 2. 가. 바. 사. 아. 이을남					
죄 명	가. 업무상배임 나. 공문서변조 다. 변조공문서행사 라. 사기 마. 정보통신망이용촉진및정보보호등에관한법률위반 (명예훼손) 바. 도로교통법위반(무면허운전) 사. 공문서부정행사 아. 도박방조					
공소제기일	2022. 6. 17.					
구 속				석 방		
변 호 인						
증 거 물						
비 고						

진술조서

성   명: 현금식

주민등록번호, 직업, 주소, 연락처 등은 각각 (생략)

위의 사람은 김갑동 등에 대한 업무상배임 피의사건에 관하여 2022. 5. 2. 서울서초경찰서에 임의출석하여 다음과 같이 진술하다.

[피의자의 관계, 피의사실과의 관계 등(생략)]

이때 사법경찰관은 진술인 현금식을 상대로 다음과 같이 문답하다.

문   진술인은 김갑동, 이을남을 업무상배임으로 고소한 사실이 있는가요.
답   네, 있습니다.
문   고소의 요지는 무엇인가요.
답   김갑동은 강남고속관광 주식회사의 대표이사로, 제가 위 강남고속관광 주식회사에 지입한 서울56바7890 레스타 버스 차량에 대하여 2022. 1. 14.경 저의 동의 없이 이을남에게 채권가액 5,000만 원의 저당권을 설정해 주었습니다.
문   진술인은 위 차량에 대하여 김갑동과 지입계약을 체결한 것인가요.
답   네, 2021. 6.말경 제가 매수대금(신차대금, 보험료, 취·등록세)을 전액 부담하여 서울56바7890 레스타 버스를 매수하고 위 차량의 소유권등록 및 유지 관련 사무의 대행을 김갑동에게 위임하는 내용의 지입계약을 구두 약정하였습니다. 저는 매달 지입료를 지급하고, 김갑동은 제 지입차량을 잘 관리해 주기로 하였는데 김갑동이 임의로 저당권을 설정해서 저에게 손해를 입힌 것입니다.
문   위 계약에 따라 위 차량의 소유권등록이 이루어졌는가요.
답   네, 2021. 7. 1.경 강남고속관광 주식회사 명의로 위 차량이 등록되었고 제가 그 달부터 지입료 명목으로 매달 1일 20만 원을 김갑동 명의 농협계좌로 지급하였습니다.
문   과태료, 보험료, 세금 등의 문제는 어떻게 하였는가요.
답   과태료, 보험료 등이 부과되면 김갑동이 저에게 통보하고 제가 그 금액을 김갑동 명의 농협계좌로 입금하면 김갑동이 이를 대신 납부하였습니다.
문   이를 확인할 수 있는 자료가 있는가요.
답   네, 고소장에 차량 매수대금 1억 원 지급 내역 및 지입료, 과태료 등을 송금한 내역을 확인할 수 있는 계좌내역서, 그리고 김갑동이 저에게 보낸 과태료 송금 요청 문자메시지 내역을 첨부하였습니다. 그 계좌내역서를 보면 제가 김갑동에게 매달 1일 20만 원씩 송금한 비고란에 '지입료'라고 기재되어 있는 것을 확인할 수 있습니다.
문   버스 운행 등의 관리는 어떻게 이루어졌는가요.
답   제가 독자적으로 버스를 운행, 관리하였고, 김갑동으로부터 차량의 배차나 운행 지시를 받지 않았습니다.
문   진술인 외에도 강남고속관광 주식회사에 버스를 지입한 사람이 있는가요.
답   네, 이정북도 강남고속관광 주식회사에 버스를 지입하고 운행하고 있습니다.
문   위 차량에 저당권이 설정된 사실은 어떻게 알게 되었는가요.

답   최근 과태료 등의 미납으로 차량에 압류된 것은 없는지 자동차등록원부를 확인하는 과정에서 제가 알지 못하는 사이에 저당권이 설정된 것을 확인하고 김갑동에게 이를 물으니 김갑동이 회사에 돈이 필요해 이을남으로부터 자금을 융통하면서 차량 담보를 설정해 준 것이라고 하였습니다.
문   김갑동과 함께 이을남도 고소한 경위는 어떠한가요.
답   본건 차량 담보가 설정된 것은 이을남이 먼저 김갑동에게 적극적으로 요구해서 이루어진 것으로 알고 있기 때문에 이을남도 함께 고소를 한 것입니다.
문   이을남이 차량 담보를 적극적으로 요구한 사실은 어떻게 알게 되었는가요.
답   이정북이 이을남과 안면이 있는데, 2022. 1. 14.경 이정북이 회사 사무실에 들렀다가 이을남이 먼저 김갑동에게 차량 담보를 적극적으로 요구하는 모습을 보았다고 하였고, 나중에 이을남에게 그 내용을 확인도 하였다고 알려주었습니다.
문   이정북이 구체적으로 어떤 이야기를 하던가요.
답   이정북이 저에게 "이을남이 먼저 김갑동에게 차량 담보를 적극적으로 요구하는 것을 보았다. 그리고 나중에 이을남이 '내가 먼저 차량 담보를 요구한 게 맞다'는 말도 하였다."라고 말해 주었고, 이 내용에 관하여는 이정북으로부터 자필로 '사실확인서'를 받아 둔 것이 있으니 그 확인서를 제출하도록 하겠습니다. 그리고 이정북으로부터 사실확인서를 받던 날 이정북과의 대화를 몰래 휴대전화로 녹음하여 두었는데 그 자료도 곧 제출하도록 하겠습니다.
이때 사법경찰관은 진술인으로부터 '사실확인서'를 제출받아 조서 말미에 편철하다.
문   피의자들에 대한 처벌을 원하나요.
답   네, 법대로 처벌해 주세요.
문   더 할 말이 있나요.
답   아니오, 없습니다.
문   이상의 진술은 사실인가요.
답   예. 사실입니다. ㉠

위의 조서를 진술자에게 열람하게 하였던바, 진술한 대로 오기나 증감·변경할 것이 전혀 없다고 말하므로 간인한 후 서명날인하게 하다.

진술자   현 금 식 ㉠

2022. 5. 2.

서울서초경찰서
사법경찰관   경위   최 경 위 ㉠

사 실 확 인 서

저는 2022. 1. 14.경 오전에 강남고속관광 주식회사 사무실에 잠깐 들렀다가 김갑동과 이을남이 대화하는 모습을 우연히 목격하게 되었습니다.

당시 이을남이 먼저 김갑동에게 '운전자들로부터 받아 둔 회사 명의 차량을 담보로 제공하라'고 요구하였고, 김갑동은 처음에는 이를 완강히 거절하다가 이을남이 계속 '회사 명의 차량 담보 없이는 돈을 빌려주지 못한다'고 강하게 말하자 결국 김갑동이 '알았다'고 하였습니다.

이후에 이을남을 다른 자리에서 만날 기회가 있어서 차량 담보건에 대해서 넌지시 물으니 이을남이 '내가 먼저 차량 담보를 요구한 게 맞다'고 이야기하였습니다.

2022. 4. 30.

이 정 북 ㊞

서 울 서 초 경 찰 서

2022. 5. 3.

수신 : 경찰서장
참조 : 형사과장

제목 : 수사보고(USB 메모리 등 첨부)

○ 2022. 4. 30.경 현금식이 이정북으로부터 사실확인서를 받으면서 이정북과 대화한 내용을 휴대전화로 몰래 녹음한 파일이라고 진술하며 USB 메모리와 위 음성파일을 녹취하여 작성한 녹취서를 제출하기에 다음과 같이 첨부하였음을 보고합니다.

첨부 : 1. USB 메모리(생략)
       2. 녹취서 1부

형사과 경위 최경위 ㉞

녹 취 서

(앞 부분 생략)

현금식 : 그러니까 이을남이 먼저 김갑동한테 운전자들한테 받아 둔 회사 명의 차량 담보를 요구했다는 거지?
이정북 : 그렇다니까. 김갑동이 회사 명의 차량 담보는 어렵다고 하니까 이을남이 "뭐가 문제냐 차량 담보를 확실히 해줘야 내가 돈을 융통해 줄 수 있다"라고 하면서 계속 담보 이야기를 하더라고.
현금식 : 김갑동은 뭐라고 그랬어?
이정북 : 처음에는 안 된다고 하다가 이을남이 차량 담보 없으면 돈 못 빌려준다니까 결국은 알았다고 하더라고.
현금식 : 나중에 이을남한테 다시 확인해 봤어?
이정북 : 응. 나중에 만날 기회가 있어서 이을남한테 살짝 물어보니까 "내가 먼저 김갑동에게 차량 담보 요구한 게 맞다"라고 그랬어.

(이하 생략)

서 울 서 초 경 찰 서

2022. 5. 3.

수신 : 경찰서장
참조 : 형사과장

제목 : 수사보고(전화진술 청취)

○ 피의자들의 업무상배임 관련 참고인 이정북(010-***-****)에게 다음과 같은 내용을 확인하였기에 이를 보고합니다.
- 이정북은 현금식과 같이 강남고속관광 주식회사의 대표이사인 김갑동과 지입계약을 체결하고 지입버스를 운행하고 있음.
- 차량 매수대금은 이정북이 전액 부담하였고, 매달 지입료 20만 원을 김갑동에게 지급하고 있으며, 과태료, 세금 등도 김갑동을 통해 납부하고 있음.
- 차량은 김갑동의 관여 없이 이정북이 독자적으로 운행, 관리하고 있음.
- 2022. 1. 14. 오전 강남고속관광 주식회사 사무실에서 커피를 마시며 쉬고 있던 중, 이을남과 김갑동이 이야기하는 것을 우연히 듣게 되었는데 이을남이 김갑동에게 '운전자들에게 받아 둔 회사 명의 차량을 담보로 제공하라'고 계속 요구하였고, 김갑동은 '안 된다'고 버티다가 이을남이 '그럼 돈은 못 해 준다'며 일어서서 나가려고 하자 결국 김갑동이 '알았다'고 하였음.
- 나중에 이을남을 만날 기회가 있어 차량 담보건에 대해서 물으니 이을남은 '내가 먼저 차량 담보를 요구한 게 맞다'고 하였음.
- 위 내용에 대하여 현금식에게 사실확인서를 작성해 준 사실은 있으나, 더 이상 이 일에 관여하는 것이 부담스럽고 곧 미국으로 출국을 할 예정으로 향후 연락을 받는 것도 어려움.

형사과 경위 최 경 위 ㊞

진술조서

성   명: 박수안
주민등록번호, 직업, 주소, 연락처 등은 각각 (생략)
위의 사람은 피의자 김갑동에 대한 공문서변조 등 피의사건에 관하여 2022. 5. 13. 서울서초경찰서에 임의출석하여 다음과 같이 진술하다.

[피의자의 관계, 피의사실과의 관계 등(생략)]

이때 사법경찰관은 진술인 박수안을 상대로 다음과 같이 문답하다.

문   진술인은 피의자 김갑동에 대하여 공문서변조 등으로 금일 고소장을 제출한 사실이 있는가요.

답   네, 있습니다.

문   고소의 요지는 무엇인가요.

답   김갑동은 저의 아내인 김갑순의 친오빠인데, 평소 왕래 없이 지내다가 김갑동이 오랜만에 자기 집에 와서 이야기 좀 하자며 연락을 하였길래 2021. 10. 11.경 김갑동의 집에 가게 되었습니다. 이런 저런 이야기를 나누던 중 제가 최근 부동산 처분으로 여윳돈이 좀 있다는 것을 알았는지 김갑동이 저에게 "사업자금으로 3,000만 원을 1달만 빌려 달라. 만약 돈을 갚지 못하면 내 소유 파주 임야에 근저당권을 설정해 주겠다."라고 하였습니다. 그러면서 파주 임야 시가가 1억 원 정도이고 아무런 담보도 설정되어 있지 않다며 파주 임야의 등기사항전부증명서를 보여주길래 저는 이를 믿고 이자도 받지 않고 그 날 3,000만 원을 김갑동 명의 농협계좌로 송금해 주었습니다. 그런데 김갑동은 1달이 지나도 3,000만 원을 갚지 않았고 나중에 알고 보니 저에게 돈을 빌릴 당시 이미 파주 임야에 채권최고액 1억 원의 근저당권이 설정되어 있었기 때문에 사실상 아무런 담보가치가 없는 임야였습니다. 당시 제가 확인했던 파주 임야의 등기사항전부증명서를 제출하도록 하겠습니다.

이때 사법경찰관은 진술인으로부터 '등기사항전부증명서'를 제출받아 조서 말미에 편철하다.

문   피의자가 돈을 빌릴 당시 진술인에게 이 등기사항전부증명서를 보여준 것인가요.

답   네, 그렇습니다. 김갑동이 저를 만나는 그날 오전에 컴퓨터로 열람해서 출력해 놓은 것이라며 등기사항전부증명서를 보여주었고, 그 때 확인할 때는 파주 임야는 아무런 담보 설정 없이 깨끗한 상태였습니다. 그런데 알고 보니 파주 임야에는 2021. 5. 3.자로 파주신용협동조합의 근저당권이 설정되어 있었고, 김갑동은 파주신용협동조합의 근저당권이 설정되기 전에 출력해 놓은 등기사항전부증명서 하단에 기재된 열람 일시를 지우고 이를 복사해서 저에게 보여준 것입니다.

문 진술인은 당시 위 등기사항전부증명서가 그 하단의 열람 일시가 지워진 상태로 복사되었다는 것을 알지 못하였는가요.

답 네, 김갑동이 저를 만난 당일에 열람해서 출력해 놓은 등기사항전부증명서라고 말하기에 이를 믿었고, 담보 설정이 되어 있는지 살펴보았지만 열람 일시 부분이 지워졌다는 것은 생각도 하지 못하였습니다.

문 진술인은 등기부사항증명서가 잘못되었다는 것을 어떻게 알게 되었는가요.

답 약속한 1달이 지난 후 김갑동에게 돈을 갚으라고 수차례 요구하였지만 갚지 않았고 2021. 11. 19.경 파주 임야에 근저당권의 설정을 요구하자 김갑동이 이미 파주 임야에 다른 근저당권이 설정되어 있어서 아무 가치가 없다고 이야기하길래 그때서야 속았다는 것을 알게 되었습니다.

문 피의자는 왜 빌려간 돈을 갚지 못한다고 하던가요.

답 파주 임야 외에는 다른 재산이 전혀 없고 오히려 다른 채무도 상당히 있는데 그것도 갚지 못하는 상황이라고 하였습니다.

문 피의자를 바로 고소하지 않은 이유가 있는가요.

답 아내를 생각해서 김갑동이 조금이라도 돈을 돌려주면 문제 삼지 않으려고 하였는데 현재까지 돈을 전혀 받지 못해 이제야 고소하게 되었습니다.

문 피의자에 대한 처벌을 원하나요.

답 네, 그렇습니다.

문 더 할 말이 있나요.

답 네, 2022. 4.말경 김갑동으로부터 사기를 당해 감정이 좋지 않은 상태에서 김갑동을 두둔하는 아내와 말다툼을 하다가 아이들 앞에서 아내를 폭행하게 되었고, 아내가 112신고를 하여 경찰까지 출동을 하였습니다. 결국 법원에서 저에게 가족들이 있는 집에 가까이 가지 말라며 접근금지 임시조치 결정이 내려졌는데 김갑동이 이를 알고 며칠 전 저에게 전화를 해서 "가정폭력범"이라며 언성을 높였습니다. 그리고 어제 김갑동의 카카오톡 계정 프로필 상태메시지에 '가정폭력범은 접근금지!!!'라고 적어 놓았는데 김갑동이 저를 '가정폭력범'으로 칭하고 접근금지 결정을 받은 사실도 기재하여 다른 사람들도 볼 수 있게 해서 저의 명예를 훼손하였기에 이 부분에 대한 처벌도 원합니다. 김갑동의 카카오톡 계정 프로필 상태메시지를 캡처한 출력물을 제출하도록 하겠습니다.

이때 진술인이 카카오톡 캡처 출력물(첨부 생략)을 제출하므로 이를 조서 말미에 편철하다.

문 피의자가 카카오톡 프로필 상태메시지에 적어놓은 '가정폭력범'이 진술인을 지칭하는 것인가요.

답 네, 다른 내용 없이 '가정폭력범'이라고 기재하였지만 김갑동이 저에게 전화를 걸어 "가정폭력범"이라고 한 후 얼마 지나지 않아 카카오톡 프로필 상태메시지가 위와 같이 변경되었기 때문에 저를 지칭하는 표현이 틀림없습니다. 그리고 제가 접근금지 결정을 받은 것도 어떻게 알고 '접근금지'라고 적어 놓은 거 같은데 이 부분은 아마 제 아내가 김갑동에게 알려 준 것으로 생각됩니다.

문 위 상태메시지로 인하여 다른 사람들이 진술인이 가정폭력을 행사해서 접근금지 결정이 내려졌다는 사실을 알게 되었는가요.

답 그건 아닙니다. 위 상태메시지는 몇 시간 되지 않아 바로 삭제되었고 다른 가족들이나 주변사람들이 저에게 그 내용을 물어보거나 확인한 사람은 없었습니다.

문 더 이상 하고 싶은 말이 있는가요.

답 아니오, 없습니다.

문 이상의 진술은 사실인가요.

답 예. 사실입니다. ㊞

위의 조서를 진술자에게 열람하게 하였던바, 진술한 대로 오기나 증감·변경할 것이 전혀 없다고 말하므로 간인한 후 서명날인하게 하다.

진술자   박 수 안 ㊞

2022. 5. 13.

서울서초경찰서

사법경찰관   경위   최 경 위 ㊞

등기사항전부증명서 (말소사항 포함)
- 토지 -

[토지] 경기도 파주시 파주읍 51　　　　　　　　고유번호 1234-****-******

【 표　제　부 】		（ 토지의 표시 ）			
표시번호	접수	소재지번	지목	면적	등기원인 및 기타 사항
1	1993년 1월 9일	경기도 파주시 파주읍 51	임야	1,000㎡	임야등기법 제177조의6 제1항의 규정에 의하여 1999년 03월 11일 전산이기

【 갑　　구 】		（ 소유권에 관한 사항 ）		
순위번호	등기목적	접수	등기원인	권리자 및 기타 사항
1	소유권이전	2015년 1월 10일 제112222호	2015년 1월 8일 매매	소유자 김갑동 810505-1****** (주소 생략)

【 을　　구 】		（소유권 이외의 권리에 관한 사항）		
순위번호	등기목적	접　수	등기원인	권리자 및 기타사항
~~1~~	~~근저당권설정~~	~~2016년 7월 1일 제223333호~~	~~2016년 7월 1일 설정계약~~	~~채권최고액 금 50,000,000원 채무자 김갑동 (주민등록번호와 주소 생략) 근저당권자 파주농협 (소재지 생략)~~
2	1번근저당권설정 등기말소		2017년 12월 1일 해지	

--- 이하 여백 ---

　　　　　　　　　　　　　　　　관할등기소 : 의정부지방법원 파주등기소

※ 실선으로 그어진 부분은 말소사항을 표시함.
※ 본 등기사항증명서는 열람용이므로 출력하신 등기사항증명서는 법적인 효력이 없습니다.

1/1

피의자신문조서

피의자 김갑동에 대한 업무상배임 등 피의사건에 관하여 2022. 5. 16. 서울서초경찰서 형사과 사무실에서 사법경찰관 경위 최경위는 사법경찰리 순경 하순경을 참여하게 하고, 아래와 같이 피의자임에 틀림없음을 확인하다.

문   피의자의 성명, 주민등록번호, 직업, 주거, 등록기준지 등을 말하십시오.

답   성명은 김갑동(생략) 주민등록번호, 직업, 주거, 등록기준지, 직장주소, 연락처(각 생략)

사법경찰관은 피의사건의 요지를 설명하고 사법경찰관의 신문에 대하여 「형사소송법」 제244조의3에 따라 진술을 거부할 수 있는 권리 및 변호인의 참여 등 조력을 받을 권리가 있음을 피의자에게 알려주고 이를 행사할 것인지 그 의사를 확인하다.

[진술거부권과 변호인 조력권 고지하고 변호인 참여 없이 진술하기로 함(생략)]

이에 사법경찰관은 피의사실에 관하여 다음과 같이 피의자를 신문하다.
[피의자의 범죄전력, 경력, 학력, 가족·재산 관계 등은 생략]
[업무상배임 부분]

문   피의자는 고소인 현금식을 알고 있는가요.

답   네, 고소인 현금식은 제가 운영하는 강남고속관광 주식회사의 서울56바7890 버스를 운전하는 사람입니다.

문   피의자는 강남고속관광 주식회사의 대표이사가 맞는가요.

답   네, 2017. 1.경부터 대표이사를 맡고 있습니다.

문   피의자는 현금식이 강남고속관광 주식회사 명의로 지입한 서울56바7890 버스에 임의로 저당권을 설정한 사실이 있는가요.

답   제가 2022. 1. 14.경 지인 이을남으로부터 5,000만 원을 빌리면서 회사 명의로 등록된 서울56바7890 버스에 저당권을 설정한 사실은 있으나 위 버스는 지입차량이 아닙니다.

문   현금식의 진술에 의하면, 현금식의 자금으로 매수한 위 서울56바7890 버스에 대하여 피의자와 지입계약을 체결하고 회사에 지입한 것이라고 하는데 어떤가요.

답   현금식이 차량 대금 상당액을 출자하고 회사의 공동운영자로 참여하면서 위 버스를 관리 감독하기로 한 사실은 있지만 지입계약을 체결한 사실은 없습니다.

문   현금식과 출자계약서 혹은 지입계약서를 작성하였는가요.

답   아니오, 서로 구두로 약정을 하여 관련 서류는 작성하지 않았습니다.

문   현금식은 지입료 명목으로 피의자에게 매달 20만 원을 납부하고 과태료, 보험료, 세금 등은 현금식이 피의자에게 이체해주면 피의자가 대신 납부하였다며 계좌내역서를 제시하였는데 어떤가요.

이때 사법경찰관은 현금식이 제출한 계좌내역서 등을 제시하고,

답 보여주신 계좌내역 상 거래내역 자체는 사실이나, 현금식으로부터 매달 송금된 돈은 지입료 명목으로 받은 것은 아닙니다.

문 그럼 무슨 명목으로 받은 것인가요.

답 출자계약을 하면서 정산되지 않은 부분이 있었고, 현금식이 매달 나누어서 정산금을 지급하겠다고 하길래 그렇게 하라고 한 것입니다.

문 현금식이 제출한 계좌내역서를 보면 피의자에게 매달 1일 20만 원씩 송금되는 내역 비고란에 '지입료'라고 기재되어 있는데 어떤가요.

답 그건 잘 모르겠습니다.

문 피의자는 버스의 배차나 운행 등에 대하여 현금식에게 지시를 하였는가요.

답 아니오, 현금식이 알아서 관리하였습니다.

문 현금식 외에도 현금식과 같은 방식으로 회사 버스를 운행하는 사람이 있는가요.

답 이정북도 같은 방식으로 회사와 계약을 하고 버스를 운행하고 있습니다.

문 서울56바7890 버스 차량에 저당권을 설정하게 된 경위는 어떠한가요.

답 회사 사정이 어려워 자금을 융통하고자 이을남에게 돈을 빌려달라고 하니 이을남이 회사 명의 위 버스 차량 담보를 적극적으로 요구하여 어쩔 수 없이 저당권을 설정해 주고 돈을 빌린 것입니다.

문 피의자는 위 차량 담보를 설정해 줄 의사가 없었는데 이을남이 요구해서 차량 담보를 설정해 주었다는 것인가요.

답 네, 그렇습니다.

문 이을남이 언제, 어디서 차량 담보를 요구한 것인가요.

답 2022. 1. 14.경 강남고속관광 주식회사 사무실에서 이을남이 담보 없이는 돈을 빌려주지 못한다며 회사 명의 차량 담보를 강하게 요구하였습니다. 처음에는 차량에 담보를 설정할 생각까지는 없었는데 자금 융통이 절실한 상황에서 이을남이 강하게 요구하여 이를 거절할 수가 없었습니다.

문 이을남으로부터 빌린 돈은 어디에 사용하였는가요.

답 회사 운용 자금으로 사용하였습니다.

[공문서변조 등 부분]

문 피의자는 고소인 박수안을 알고 있는가요.

답 네, 박수안은 저의 여동생 김갑순의 남편입니다.

문 피의자는 박수안으로부터 3,000만 원을 빌린 사실이 있는가요.

답 네, 저의 여동생 부부는 따로 살고 있고 평소 거의 왕래를 안 하고 있는데 최근에 박수안이 부동산 처분으로 여윳돈이 있다는 사실을 알게 되었고 제가 오랜만에 집에 와서 이야기를 나누자며 연락을 해서 2021. 10. 11.경 여동생 부부가 저의 집에 오게 되었습니다. 그 자리에서 제가 박수안에게 "3,000만 원을 1달만 빌려 달라, 만약 돈을 못 갚으면 제 파주 임야에 담보를 설정해 주겠다"라고 하면서 파주 임야 등기사항전부증명서를 보여주고 그 날 3,000만 원을 제 농협계좌로 송금받았습니다.

이때 사법경찰관은 박수안으로부터 제출받은 등기사항전부증명서를 제시하고,

문 당시 피의자가 박수안에게 보여준 등기사항전부증명서가 맞는가요.
답 네, 맞습니다.
문 위 등기사항전부증명서 상에는 근저당권 설정 사실이 확인되지 않는데 돈을 빌릴 당시 파주 임야에는 근저당권이 설정되어 있지 않았던 것이 맞는가요.
답 사실 2021. 5. 3.자로 파주신용협동조합을 채권자로 하여 채권최고액 1억 원의 근저당권이 설정되어 있었는데, 아무래도 그 등기사항전부증명서를 보여주면 박수안이 돈을 빌려줄 것 같지 않아서 위 근저당권이 설정되기 전에 출력해 놓았던 등기사항전부증명서의 열람 일시를 지우고 그걸 복사해서 박수안에게 보여 준 것입니다. 제가 여동생 부부가 방문한 2021. 10. 11.경 열람, 출력했던 파주 임야 등기사항전부증명서를 제출하도록 하겠습니다.

이때 사법경찰관은 피의자로부터 등기사항전부증명서를 제출받아 조서 말미에 편철하다.

문 파주 임야에 근저당권이 설정되어 있다는 것을 알면 박수안이 돈을 빌려주지 않을 것 같아 거짓말을 하였다는 것인가요.
답 네, 파주 임야 시가가 약 1억 원 밖에 되지 않았기 때문에 이미 설정되어 있는 파주신용협동조합의 채권최고액을 고려하면 임야의 담보가치가 없어 이를 보여준다고 해도 돈을 빌릴 수 없을 것 같았습니다. 그런데 생각해 보니 파주신용협동조합의 근저당권이 설정되기 전인 2021. 1. 2.경 인터넷에서 열람하여 출력해 두었던 파주 임야 등기사항전부증명서가 집에 있길래 그걸 이용해서 돈을 빌리면 되겠다고 생각하였습니다.
문 이전에 출력해 두었던 등기사항전부증명서는 언제, 어디서 고친 것인가요.
답 여동생 부부가 방문하는 날 오전에 저의 집에서 2021. 1. 2.경 출력해 둔 등기사항전부증명서 하단에 있는 열람 일시 표시 부분(열람 일시 : 2021년1월2일 09시20분10초)을 화이트로 지우고 복사한 후 2021. 10. 11.경 열람, 출력한 등기사항전부증명서인 것처럼 박수안에게 보여주면서 3,000만 원을 빌린 것입니다.
문 박수안은 위와 같은 사실을 언제 알게 되었는가요.
답 제가 1달이 지나도 약속한 돈을 갚지 못하자 박수안으로부터 계속 독촉 연락이 왔고, 2021. 11. 19.경 파주 임야에 근저당권을 설정해 달라며 또 연락이 왔길래 그때 사실대로 이야기를 해 주었습니다.
문 피의자는 박수안으로부터 빌린 위 3,000만 원을 갚았는가요.
답 아니오, 박수안에게 돈을 빌리면서 1달만 쓰고 돌려주겠다고 하였지만 이미 다른 채무도 갚지 못하여 계속 빚만 늘어가는 상황이었고, 파주 임야 외에 다른 재산도 없어서 현재까지도 갚지 못하고 있습니다.

[정통망법위반(명예훼손) 부분]

문　피의자는 카카오톡 계정 프로필 상태메시지를 '가정폭력범은 접근금지!!!'라고 공개적으로 설정해 놓은 사실이 있는가요.

답　네, 2022. 5. 12.경 위와 같이 설정해 놓았다가 몇 시간도 되지 않아 그 날 바로 지워버렸습니다.

문　위와 같은 메시지를 설정해 놓은 이유는 무엇인가요.

답　제가 돈을 갚지 못하는 문제로 2022. 4.말경 박수안이 제 여동생 김갑순을 폭행한 사실을 알게 되었고 며칠 전 박수안과 대화를 해 보려고 전화를 걸었다가 감정이 더 상하여 제 카카오톡 계정 프로필 상태메시지를 '가정폭력범은 접근금지!!!'라고 설정한 것입니다.

문　박수안이 가정폭력으로 인해 접근금지 임시조치 결정을 받은 사실을 알고 위와 같이 기재한 것인가요.

답　박수안이 가정폭력으로 인해 접근금지 임시조치 결정을 받았다는 사실은 김갑순에게 듣지 못하였고, 김갑순이 박수안이 찾아 와 또 행패를 부릴까 걱정하길래 박수안에게 경고하기 위해 위와 같이 메시지를 기재한 것입니다. 그런데 막상 써놓고 보니 마음이 편치 않아 몇 시간도 안 되어 바로 삭제를 해 버렸습니다.

문　주변에 다른 사람들도 위 메시지를 확인하였는가요.

답　제가 '가정폭력범'이라고만 적어 놓았고 다른 내용은 적지 않았기 때문에 다른 사람들은 '가정폭력범'이 누구를 지칭하는지 알지 못하였을 것으로 보이고, 가족들이나 주변 지인들이 그 내용에 대해서 물어본 사실도 없습니다.

문　피의자는 더 할 말이 있는가요.

답　저당권을 설정한 버스는 지입차량이 아니고, 설사 지입차량이라고 하더라도 나중에 제가 저당권 문제를 해결해서 돌려주면 될 문제라고 생각합니다. 그리고 파주 임야 등기사항전부증명서는 열람 일시 부분만 지워서 사용한 것인데 무슨 문제가 되는지 모르겠습니다.㊞

위의 조서를 진술자에게 열람하게 하였던바, 진술한 대로 오기나 증감·변경할 것이 전혀 없다고 하므로 간인한 후 서명날인하게 하다.

진술자　김 갑 동 ㊞

2022. 5. 16.

서울서초경찰서

사법경찰관　경위　최 경 위　㊞
사법경찰리　순경　하 순 경　㊞

등기사항전부증명서 (말소사항 포함)
- 토지 -

[토지] 경기도 파주시 파주읍 51   고유번호 1234-****-******

【 표 제 부 】	(토지의 표시)				
표시번호	접수	소재지번	지목	면적	등기원인 및 기타 사항
1	1993년 1월 9일	경기도 파주시 파주읍 51	임야	1,000㎡	임야등기법 제177조의6 제1항의 규정에 의하여 1999년 03월 11일 전산이기

【 갑 구 】	(소유권에 관한 사항)			
순위번호	등기목적	접수	등기원인	권리자 및 기타 사항
1	소유권이전	2015년 1월 10일 제112222호	2015년 1월 8일 매매	소유자 김갑동 810505-1****** (주소 생략)

【 을 구 】	(소유권 이외의 권리에 관한 사항)			
순위번호	등기목적	접 수	등 기 원 인	권리자 및 기타사항
~~1~~	~~근저당권설정~~	~~2016년 7월 1일 제223333호~~	~~2016년 7월 1일 설정계약~~	~~채권최고액 금 50,000,000원 채무자 김갑동 (주민등록번호와 주소 생략) 근저당권자 파주농협 (소재지 생략)~~
2	1번근저당권설정 등기말소		2017년 12월 1일 해지	
3	근저당권설정	2021년5월3일 제1234호	2021년5월3일 설정계약	채권최고액 금 100,000,000원 채무자 김갑동 (주민등록번호와 주소 생략) 근저당권자 파주신용협동조합 (소재지 생략)

--- 이하 여백 ---

관할등기소 : 의정부지방법원 파주등기소

※ 실선으로 그어진 부분은 말소사항을 표시함.
※ 본 등기사항증명서는 열람용이므로 출력하신 등기사항증명서는 법적인 효력이 없습니다.

열람 일시 : 2021년10월11일 09시10분30초

서 울 서 초 경 찰 서

2022. 5. 18.

수신 : 경찰서장
참조 : 교통과장
제목 : 수사보고(사건 경위 보고)

○ 본직이 2022. 5. 17. 11:30경 서울 서초구 서초대로 219 앞 도로에서 교통법규 위반 단속 업무 수행 중 해당 장소에서 신호 위반하는 12부1234 그랜저 승용차를 발견하고 차량을 세운 후 운전자에게 운전면허증의 제시를 요구하자 운전자는 운전면허증 촬영 사진을 가지고 있다며 자신의 휴대전화에 저장된 운전면허증(최승현, 800213-1******) 사진을 제시하였는바, 운전자가 제시한 운전면허증의 사진과 실제 운전자의 얼굴이 상이한 것으로 보여 운전자에게 이를 다시 확인하자 운전자는 자신의 이름은 이을남(810301-1******)이고, 운전면허가 취소된 상태에서 운전한 것이 두려워 다른 사람의 운전면허증 사진을 제시하였다고 진술하므로, 조회 결과 이을남은 2021. 12. 25. 음주운전으로 단속되어 2022. 1. 27. 운전면허가 취소된 사실을 확인하였기에 이를 보고합니다.

　　첨부 : 1. 운전면허증 사진파일 1부(생략)
　　　　　2. 자동차운전면허대장 1부

교통과 교통조사계 경위　강 이 경　㊞

자 동 차 운 전 면 허 대 장

사진 생략

면허번호: 서울99-033456-11

① 성 명	이을남	② 주민등록번호	810301-1******
		③ 자료구분	취소
④ 주 소	(생략)		
⑤ 국 적	대한민국	⑥ 적검(갱신)기간	생략

⑦ 1 종	⑧ 교부일자	⑨ 교부지역	⑩ 교부번호	⑪ 2 종	⑫ 교부일자	⑬ 교부지역	⑭ 교부번호
대 형				보 통			
보 통	2003. 04. 10.	서울	12345	소 형			
				원 자			
특 수							
면허조건							

⑮ 변 동 내 역 기 록 사 항

번호	연월일	내 용	비 고
1	2022. 1. 27.	취소 : 위반코드(생략), 공문번호(00-0000)	서울지방경찰청

교통법규위반·교통사고야기이력

발생일자	구 분	단속지 경찰서	위반법조	피해금액	인 적 피 해 사 항			
					사망	중상	경상	부상
			위반사항 없음					

운전면허 행정처분 사항

구 분	처분일자	처분관서	처분기간	처분일수	비 고
취소	2022. 1. 27.	서울지방경찰청			

서 울 서 초 경 찰 서

2022. 5. 23.

수신 : 경찰서장

참조 : 형사과장

제목 : 수사보고(화투 등 압수 경위)

○ 2022. 5. 23. 16:10경 서울 서초구 서초동 1234 1층 주택에서 남자 3~4명이 모여 고스톱을 하고 있다는 신고를 받고 출동하여 같은 날 16:30경 현장에 임하였더니, 고스톱을 하고 있던 고동경 등 다른 사람들은 이미 달아났고 미처 현장을 이탈하지 못한 피의자 이을남은 자신은 도박을 하지 않았고 현장에서 돈만 빌려준 것이라고 진술하였고, 현장에 있던 화투 49장, 현금 100만 원을 이을남으로부터 임의제출 받아 압수하였습니다.

형사과 경위 최 경 위 ㉑

피의자신문조서

피의자 이을남에 대한 업무상배임 등 피의사건에 관하여 2022. 5. 26. 서울서초경찰서 형사과 사무실에서 사법경찰관 경위 최경위는 사법경찰리 순경 하순경을 참여하게 하고, 아래와 같이 피의자임에 틀림없음을 확인하다.

문 피의자의 성명, 주민등록번호, 직업, 주거, 등록기준지 등을 말하십시오.
답 성명은 이을남(생략), 주민등록번호, 직업, 주거, 등록기준지, 연락처(각 생략)

사법경찰관은 피의사건의 요지를 설명하고 사법경찰관의 신문에 대하여 「형사소송법」 제244조의3에 따라 진술을 거부할 수 있는 권리 및 변호인의 참여 등 조력을 받을 권리가 있음을 피의자에게 알려주고 이를 행사할 것인지 그 의사를 확인하다.
[진술거부권과 변호인 조력권 고지하고 변호인 참여 없이 진술하기로 함(생략)]

이에 사법경찰관은 피의사실에 관하여 다음과 같이 피의자를 신문하다.
[피의자의 범죄전력, 경력, 학력, 가족·재산 관계 등은 생략]
[업무상배임 부분]

문 피의자는 김갑동 운영의 강남고속관광 주식회사 명의 서울56바7890 버스 차량에 대하여 저당권을 설정한 사실이 있는가요.
답 네, 그렇습니다.
문 위 차량에 저당권을 설정하게 된 경위는 어떠한가요.
답 2022. 1. 14.경 지인 김갑동이 자금 융통을 부탁하면서 운전자들에게 받아 둔 회사 명의 차량에 담보를 설정해 주겠다고 하길래 5,000만 원을 빌려주면서 위 차량에 저당권을 설정한 것입니다.
문 피의자가 먼저 적극적으로 차량담보를 요구한 사실이 있는가요.
답 아니오, 저는 김갑동이 회사 명의 차량으로 담보는 충분히 제공할 테니 돈을 빌려달라고 하여 이를 믿고 돈을 빌려준 것일 뿐 제가 먼저 차량 담보를 요구한 사실은 없습니다.
문 김갑동은 2022. 1. 14.경 강남고속관광 주식회사 사무실에서 피의자가 먼저 차량 담보를 적극적으로 요구하였다고 하는데 어떤가요.
답 당시 회사 사무실에서 김갑동을 만나 돈을 빌려주는 것에 대하여 이야기를 나눈 사실은 있지만 제가 먼저 차량 담보를 요구한 사실은 없습니다. 김갑동이 자신의 책임을 줄이기 위해서 제 평계를 대는 것으로 보입니다.
문 위 차량은 현금식이 강남고속관광 주식회사에 지입한 차량인데 피의자는 이를 알고 있었는가요.
답 운전자들에게 받아 둔 차량인 것은 알고 있었는데 김갑동이 회사 명의 차량을 담보로 제공하는데 아무런 문제가 없다고 말하길래 그런 줄 알았습니다.

문   피의자는 이정북을 알고 있는가요.
답   네, 이정북은 김갑동 운영의 회사 버스를 운행하는 사람으로 안면이 있는 사이입니다.
문   이정북에 의하면 강남고속관광 주식회사 사무실에서 피의자가 먼저 김갑동에게 적극적으로 차량 담보를 요구하는 것을 보았다고 하는데 어떤가요.
답   앞서 말씀 드린 바와 같이 회사 사무실에서 김갑동을 만나 이야기를 나눈 사실은 있지만 제가 차량 담보를 먼저 요구한 사실은 없습니다. 이정북이 김갑동과 함께 일을 하니까 김갑동에게 유리하게 진술을 해주는 것 같습니다.
문   나중에 이정북을 만나 위 차량 담보건에 대해서 다시 이야기를 나눈 사실이 있는가요.
답   아니오, 그런 사실 없습니다.

[도교법위반(무면허운전), 공문서부정행사 부분]
문   피의자는 운전면허가 취소된 상태에서 차량을 운전한 사실이 있는가요.
답   네, 그렇습니다.
문   그 경위는 어떠한가요.
답   2021. 12. 25. 21:50경 음주운전을 하다가 단속되어 면허가 취소된 상태인데, 급하게 운전을 해야 될 일이 생겨 2022. 5. 17. 11:30경 서울 서초구 중앙로 157 앞 도로에서부터 12부1234호 그랜저 차량을 운전하다가 서울 서초구 서초대로 219 앞 도로에서 신호위반으로 경찰관에게 단속 되었습니다.
문   단속된 후 경찰관으로부터 운전면허증 제시를 요구받았는가요.
답   네, 경찰관이 운전면허증을 보여달라고 하길래 휴대전화로 촬영해 놓은 다른 사람의 운전면허증 사진을 보여주었는데 제가 보여준 운전면허증 사진의 얼굴이 실제 제 얼굴과 달라 다른 사람의 운전면허증을 사용한 사실이 발각되었습니다.
문   피의자가 경찰관에게 제시한 운전면허증은 누구의 것인가요.
답   며칠 전 후배 최승현과 술을 마시다가 최승현이 운전면허를 갱신했다며 면허증을 보여 주길래 혹시 필요한 곳이 있을까 싶어 제 휴대전화로 촬영해 놓은 최승현의 운전면허증입니다.
문   경찰관에게 다른 사람의 운전면허증 사진을 보여 준 이유는 무엇인가요.
답   무면허운전 사실이 발각될까봐 두려워서 최승현의 운전면허증 사진을 마치 저의 운전면허증인 것처럼 경찰관에게 보여준 것입니다.
문   피의자는 음주운전으로 현재 재판을 받고 있는 중인가요.
답   네, 그렇습니다. 2021. 12. 25. 음주운전 단속건으로 현재 재판을 받고 있습니다.

[도박방조 부분]
문   피의자는 도박하는 장소에서 도박자금을 빌려준 사실이 있는가요.
답   네, 2022. 5. 23. 14:00부터 16:30경까지 서울 서초구 서초동 1234 1층 주택에서 고동경 등이 고스톱이라는 도박을 하는 일이 있어 고동경 등 도박하는 사람들 3명에게 선이자 10%를 제외하고 도박자금 각각 90만 원씩 빌려주었습니다.

문 고동경 등은 어떠한 방식으로 고스톱이라는 도박을 하였는가요.
답 화투 49장을 사용하여 3점을 먼저 내는 사람이 이기고, 진 사람은 이긴 사람에게 3점에 3천 원을, 1점을 추가할 때마다 1천 원씩 가산하여 지급하는 방식으로 고스톱을 하였습니다.
문 당시 현장에 출동한 경찰에게 현장에 있던 화투, 현금을 임의제출한 사실이 있는가요.
답 네, 그렇습니다.
문 피의자는 고동경 외에 도박에 참가한 다른 사람들의 이름은 아는가요.
답 아니오, 알지 못합니다.
문 피의자도 고동경 등과 함께 도박을 한 것은 아닌가요.
답 아닙니다. 평소 친분이 있는 고동경의 연락을 받고 가서 도박자금만 빌려 준 것이고 제가 도박을 한 것은 아닙니다.
문 현재 고동경의 소재가 확인되지 않는데 피의자는 고동경의 소재를 알고 있는가요.
답 아니오, 현장에서 도망친 이후로 저와도 전혀 연락이 되지 않습니다.
문 피의자는 이전에도 도박 등으로 처벌을 받은 전력이 수회 있는 보이는데 어떤가요.
답 네, 최근까지도 계속 처벌받고 절대 도박판은 쳐다도 안 본다고 다짐하였는데 결국 이렇게 되었습니다.
문 피의자는 더 할 말이 있는가요.
답 죄송합니다. 다만 김갑동의 회사 명의 차량에 저당권을 설정한 것은 돈을 빌려주면 김갑동이 담보를 설정해 준다고 하길래 받은 것이고 제가 먼저 요구한 것이 아닙니다. ㉮

위의 조서를 진술자에게 열람하게 하였던바, 진술한 대로 오기나 증감·변경할 것이 전혀 없다고 하므로 간인한 후 서명날인하게 하다.

진술자   이 을 남   ㊞

2022. 5. 26.

서울서초경찰서

사법경찰관   경위   최 경 위   ㊞
사법경찰리   순경   하 순 경   ㊞

서울중앙지방검찰청

주임검사
(인)

수 신 : 검사 엄정한
제 목 : 수사보고(전화진술 청취)

　○ 피의자 김갑동의 정보통신망이용촉진및정보보호등에관한법률위반(명예훼손) 관련하여 김갑순에게 사실관계를 확인한 바, 아래와 같은 내용을 확인하고 가족관계증명서를 첨부하였음을 보고합니다.

- 김갑순과 박수안은 2008. 4. 1. 혼인신고를 한 부부이고, 2022. 4.말경 친오빠인 김갑동과 남편 박수안의 금전 문제로 부부싸움을 하다가 남편인 박수안으로부터 폭행을 당한 후 김갑동에게 하소연을 한 사실은 있음.

- 이후 박수안에게 접근금지 임시조치 결정이 내려진 사실까지는 김갑동에게 이야기하지 않았고, 나중에서야 김갑동이 카카오톡 계정 프로필 상태메시지를 '가정폭력범은 접근금지!!!'로 설정하였다가 바로 삭제하였다는 사실을 알게 되었음.

- 다른 가족들이나 주변인들은 박수안의 가정폭력이나 접근금지 임시조치 결정에 대하여 전혀 알지 못함.

첨부 : 가족관계증명서 1부(생략)

2022. 6. 3.

검찰주사보　　이 수 형　㊞

서울중앙지방검찰청

주임검사
(인)

수 신 : 검사 엄정한
제 목 : 수사보고(약식명령 확인)

○ 피의자 이을남이 2022. 5. 25. 서울중앙지방법원에서 상습도박죄로 벌금 500만 원의 약식명령을 발령받고, 위 약식명령이 2022. 6. 9. 확정되었음을 보고합니다.

첨부 : 약식명령 등본 1부

2022. 6. 10.

검찰주사보   이 수 형 ㉑

서울중앙지방법원
약식명령

> 2022. 6. 9. 확정
> 서울중앙지방검찰청
> 검찰주사 이확정 ㊞

사　　건　　2022고약454　　상습도박
피 고 인　　이을남 (810301-1******), 무직
　　　　　　주거　서울 서초구 반포대로11길 23
　　　　　　등록기준지　생략

주 형 과　　피고인을 벌금 500만 원에 처한다.
부수처분　　피고인이 위 벌금을 납입하지 않는 경우 금 100,000(십만)원을 1
　　　　　　일로 환산한 기간 위 피고인을 노역장에 유치한다.

범죄사실

피고인은 상습으로 2022. 3. 10. 13:00경부터 같은 날 17:00경까지 서울 서초구 반포대로11길 23에 있는 피고인의 집에서 성명불상자 3명과 함께 화투 49장을 사용하여 3점을 먼저 내는 사람이 이기고, 진 사람은 이긴 사람에게 3점에 3천 원을, 1점을 추가할 때마다 1천 원씩 가산하여 지급하는 방법으로 50여 회에 걸쳐 속칭 '고스톱'이라는 도박을 하였다.

적용법령 (생략)

검사 또는 피고인은 이 명령등본을 송달받은 날로부터 7일 이내에 정식재판을 청구할 수 있습니다.

2022. 5. 25.

판　사　　김 공 감

서울중앙지방검찰청

주임검사
(인)

수　신 : 검사 엄정한
제　목 : 수사보고(이정북 소재확인)

　○ 피의자들의 업무상배임 관련하여 참고인 이정북의 휴대전화(010-***-****)의 전원이 계속 꺼져있어 이정북의 주거지에 임하여 소재 확인한 바, 다음과 같은 내용을 확인하였기에 이를 보고합니다.

- 현재 이정북의 주거지에는 동생 이기북만 기거하고 있고, 이기북의 진술에 의하면 이정북은 이혼한 상태로 미국에서 공부하고 있는 아이를 보기 위해 2022. 5. 12. 미국 시애틀로 출국하였고, 약 2달 정도 있다가 귀국하겠다고 하였으나 자신도 현재 연락이 잘 되지 않는 상태임.

　　　　　　　　　　2022. 6. 10.

　　　　　　　　　　　　　　　검찰주사보　　이 수 형　㊞

기타 법원에 제출되어 있는 증거들

※ 편의상 다음 증거서류의 내용을 생략하였으나, 법원에 증거로 적법하게 제출되어 있음을 유의하여 검토할 것.

○ 현금식 작성의 고소장
  - 현금식에 대한 진술조서 기재와 동일함
○ 법인등기부등본
  - 강남고속관광 주식회사의 대표이사는 김갑동이라는 내용
○ 자동차등록원부 등본(서울56바7890 레스타 버스)
  - 자동차등록원부(갑) : 2021. 7. 1. 강남고속관광 주식회사 명의로 소유권등록
  - 자동차등록원부(을) : 2022. 1. 14. 채무자 강남고속관광 주식회사, 채권자 이을남, 채권가액 50,000,000원 저당권 설정
○ 휴대전화 문자메시지 캡처 출력물
  - 김갑동이 현금식에게 보낸 '과태료 10만 원 송금 요망' 메시지 캡처
○ 계좌내역서
  - 현금식 명의 신한은행 계좌에서 김갑동 명의 농협계좌로 2021. 7. 1.부터 매달 1일 20만 원 송금(비고란 '지입료'기재) 및 과태료, 보험료 등 송금
  - 현금식 명의 신한은행 계좌에서 2021. 6. 20. 버스 매수대금(신차대금, 보험료, 취·등록세)으로 1억 원 출금
○ 박수안 작성의 고소장
  - 박수안에 대한 진술조서 기재와 동일함
○ 계좌내역서
  - 2021. 10. 11.경 박수안이 김갑동 농협계좌로 3,000만 원 송금
○ 카카오톡 캡처 출력물
  - 김갑동 카카오톡 프로필 상태메시지 '가정폭력범은 접근금지!!!' 캡처
○ 운전면허증 사진파일
  - 이을남의 휴대전화로 촬영한 최승현 명의 운전면허증 사진

○ 2022. 5. 23.자 압수조서 및 압수목록
- 사법경찰관이 이을남이 임의제출하는 화투, 현금 100만 원을 압수한다는 취지

○ 가족관계증명서
- 김갑동과 김갑순의 부는 김일섭, 모는 한미녀
- 김갑순과 박수안은 2008. 4. 1. 혼인 신고

○ 각 조회회보서
- 김갑동 : 2013. 3. 27. 서울남부지방법원에서 폭행죄로 벌금 100만 원의 약식명령을 발령받아 같은 해 5. 17. 확정되었음
- 이을남 : 2015. 3. 10. 서울남부지방법원에서 도박죄로 벌금 100만 원의 약식명령을 발령받아 같은 해 4. 30. 확정되었음
  2017. 4. 14. 서울중앙지방법원에서 도박죄로 벌금 150만 원의 약식명령을 발령받아 같은 해 5. 10. 확정되었음
  2018. 6. 12. 서울중앙지방법원에서 도박방조죄로 벌금 100만 원의 약식명령을 발령받아 같은 해 7. 11. 확정되었음
  2019. 11. 19. 서울중앙지방법원에서 도박방조죄로 벌금 300만 원의 약식명령을 발령받아 같은 해 12. 24. 확정되었음
  2021. 2. 17. 서울중앙지방법원에서 상습도박죄로 벌금 300만 원의 약식명령을 발령받아 같은 해 3. 31. 확정되었음

확 인 : 법학전문대학원협의회

UNION 제13판

기록형
2026 변호사시험 대비

형사법

변호사시험 기출문제집

II. 모의편

2022년 6월 제1차

법전협 주관 모의시험

2022년도 제1차 변호사시험 모의시험 - 논술형(기록형)

시험과목	형사법(기록형)

응시자 준수사항

1. 시험 시작 전 문제지의 봉인을 손상하는 경우, 봉인을 손상하지 않더라도 문제지를 들추는 행위 등으로 문제 내용을 미리 보는 경우 모두 부정행위로 간주되어 그 답안은 영점 처리 됩니다.
2. 답안은 흑색 또는 청색 필기구(사인펜이나 연필 사용 금지) 중 한 가지 필기구만을 사용하여 답안 작성 난(흰색 부분) 안에 기재하여야 합니다.
3. 답안지에 성명과 수험 번호를 기재하지 않아 인적 사항이 확인되지 않는 경우에는 영점 처리 등 불이익을 받게 됩니다. 특히 답안지를 바꾸어 다시 작성하는 경우, 성명 등의 기재를 빠뜨리지 않도록 유의하여야 합니다.
4. 답안지에는 문제 내용을 기재할 필요가 없으며, 답안 내용 이외의 사항을 기재하거나 밑줄 기타 어떠한 표시도 하여서는 안 됩니다. 답안을 정정할 경우에는 두 줄로 긋고 다시 기재하여야 하며, 수정액 등은 사용할 수 없습니다.
5. 시험 종료 시각에 임박하여 답안지를 교체 요구한 경우라도 시험시간 종료 후 즉시 새로 작성한 답안지를 회수합니다.
6. 시험 종료 후에는 답안지 작성을 일절 할 수 없으며, 이에 위반하여 시험시간이 종료되었음에도 불구하고 **시험관리관의 답안지 제출지시에 불응한 채 계속 답안을 작성하거나 답안지를 늦게 제출할 경우 그 답안은 영점 처리** 됩니다.
7. 답안은 답안지 쪽수 번호 순으로 기재하여야 하고, **배부받은 답안지는 백지답안이라도 모두 제출**하여야 하며, **답안지를 제출하지 아니한 경우 그 시험시간 및 나머지 시험시간의 시험에 응시할 수 없습니다.**
8. 지정된 시간까지 지정된 시험실에 입실하지 아니하거나 시험관리관의 승인을 얻지 아니하고 시험시간 중에 그 시험실에서 퇴실한 경우 그 시험시간 및 나머지 시험시간의 시험에 응시할 수 없습니다.
9. 시험시간이 종료되기 전에는 어떠한 경우에도 문제지를 시험장 밖으로 가지고 갈 수 없고, 시험 종료 후 가지고 갈 수 있습니다.

법학전문대학원협의회
THE ASSOCIATION OF KOREAN LAW SCHOOLS

【문 제】

피고인 김갑동에 대해서는 법무법인 일산 담당변호사 정명변이 법원에 제출할 변론요지서를, 피고인 이을남에 대해서는 법무법인 고양 담당변호사 설득희가 객관적인 입장에서 대표변호사에게 보고할 검토의견서를 각 작성하되, 다음 쪽 양식 중 **본문 Ⅰ, Ⅱ 부분**을 작성하시오.

【작성요령】

1. 학설, 판례 등의 견해가 대립되는 경우에 한 견해를 취할 것. 다만, 대법원 판례와 다른 견해를 취하는 경우에는 자신의 입장에 따라 작성하되 대법원 판례의 취지를 적시할 것.
2. 증거능력이 없는 증거는 실제 소송에서는 증거로 채택되지 않아 증거조사가 진행되지 않지만, 이 문제에서는 시험의 편의상 증거로 채택되어 증거조사가 진행된 경우도 있음. 따라서 필요한 경우 증거능력에 대하여도 언급할 것.

【기록 형식 안내】

1. 쪽 번호는 편의상 연속되는 번호를 붙였음.
2. 조서, 기타 서류에는 필요한 서명, 날인, 무인, 간인, 정정인이 있는 것으로 볼 것.
3. 증거목록, 공판기록 또는 증거기록 중 '생략' 또는 '기재생략'이라고 표시된 부분에는 법에 따른 절차가 진행되어 그에 따라 적절한 기재가 있는 것으로 볼 것.
4. 공판기록과 증거기록에 첨부하여야 할 일부 서류 중 '생략' 표시가 있는 것, 증인선서서와 수사기관의 조서에 첨부하여야 할 '수사과정확인서'는 적법하게 존재하는 것으로 볼 것(**증거기록 마지막에 생략된 증거와 그 요지를 거시하였음**).
5. 송달이나 접수, 통지, 결재가 필요한 서류는 모두 적법한 절차를 거친 것으로 볼 것.
6. 시험의 편의상 증거기록 첫머리의 증거목록과 압수물총목록은 첨부 생략되었으며, 증거기록에 대한 분리제출은 하지 않는 것으로 하였고, 증인신문, 피고인신문의 경우 녹취파일, 녹취서 첨부 방식을 취하지 않았음.

※ [참고조문]은 시험에 필요한 범위에서 요약 기재하였음.

【변론요지서 양식】

변론요지서(60점)

사 건　2022고합5470 특정경제범죄가중처벌등에관한법률위반(횡령) 등
피고인　김갑동

Ⅰ. 피고인 김갑동에 대하여
 1. 특정경제범죄가중처벌등에관한법률위반(횡령)의 점
 2. 강제집행면탈의 점
 3. 컴퓨터등사용사기, 절도의 점
 4. 식품위생법위반의 점
 ※ 유죄가 인정되는 공소사실에 대하여는 간략히 정상변론을 할 것
 ※ 평가제외사항 - 공소사실의 요지(답안지에 기재하지 말 것)

2022. 6. 21.

피고인 김갑동의 변호인 법무법인 일산 담당변호사 정명변 ㊞

【검토의견서 양식】

검토의견서(40점)

사 건　2022고합5470 특정경제범죄가중처벌등에관한법률위반(횡령) 등
피고인　이을남

Ⅱ. 피고인 이을남에 대하여
 1. 부동산실권리자명의등기에관한법률위반의 점
 2. 뇌물수수의 점
 3. 장물취득의 점
 ※ 평가제외사항 - 공소사실의 요지, 정상관계(답안지에 기재하지 말 것)

2022. 6. 21.

피고인 이을남의 변호인 법무법인 고양 담당변호사 설득희 ㊞

[참고 조문]

「식품위생법」

제97조(벌칙) 다음 각 호의 어느 하나에 해당하는 자는 3년 이하의 징역 또는 3천만 원 이하의 벌금에 처한다.

  6. 제44조 제1항에 따라 영업자가 지켜야 할 사항을 지키지 아니한 자.

제44조(영업자 등의 준수사항) ① … 식품접객업자 등 영업자와 그 종업원은 영업의 위생관리와 질서유지, 국민의 보건위생 증진을 위하여 영업의 종류에 따라 다음 각 호에 해당하는 사항을 지켜야 한다.

  8. 그 밖에 영업의 원료관리, 제조공정 및 위생관리와 질서유지, 국민의 보건위생 증진 등을 위하여 총리령으로 정하는 사항

「식품위생법 시행규칙」(총리령 제1803호)

제57조(식품접객영업자 등의 준수사항) 법 제44조 제1항에 따라 식품접객영업자 등이 지켜야 할 준수사항은 별표 17과 같다.

■ 식품위생법 시행규칙 [별표 17]

<u>**식품접객업영업자 등의 준수사항**</u>(제57조 관련)

7. 식품접객업자(위탁급식영업자는 제외한다)와 그 종업원의 준수사항

 타. 허가를 받거나 신고한 영업 외의 다른 영업시설을 설치하거나 다음에 해당하는 영업행위를 하여서는 아니 된다.

    5) 식품접객업소의 영업자 또는 종업원이 영업장을 벗어나 시간적 소요의 대가로 금품을 수수하거나, 영업자가 종업원의 이러한 행위를 조장하거나 묵인하는 행위

기록내용시작

서울중앙지방법원
구공판 형사제1심소송기록

				구속만료		미결구금	
				최종만료			
				대행 갱신 만 료			

기일 1회기일	사건번호	2022고합5470	담임	제24부	주심	나
4/29 10:00 5/27 14:00 6/24 14:00	사 건 명	가. 특정경제범죄가중처벌등에관한법률위반(횡령) 나. 컴퓨터등사용사기 다. 장물취득 라. 절도 마. 뇌물수수 바. 부동산실권리자명의등기에관한법률위반 사. 식품위생법위반 아. 강제집행면탈				
	검 사	엄정희		2021형제73375호		
	공소제기일	2022. 3. 16.				
	피 고 인	1. 가. 나. 라. 바. 사. 아.　　김갑동 2. 다. 마. 바.　　　　　　　이을남				
	변 호 인	사선　법무법인 일산 담당변호사 정명변(피고인 김갑동) 사선　법무법인 고양 담당변호사 설득희(피고인 이을남)				

확 정			담 임	과 장	국 장	주심 판사	재판장
보존종기		완결 공람					
종결구분							
보　존							

접 수 공 람	과 장	국 장	원 장
	㊞	㊞	㊞

공 판 준 비 절 차

회 부 수명법관 지정 일자	수명법관 이름	재 판 장	비 고

법 정 외 에 서 지 정 하 는 기 일

기일의 종류	일 시				재 판 장	비 고
1회 공판기일	2022.	4.	29.	10:00	㊞	

서울중앙지방법원

목 록		
문 서 명 칭	장 수	비 고
증거목록	8	검사
증거목록	10	피고인
공소장	11	
변호인선임신고서	(생략)	피고인 김갑동
영수증(공소장부본 등)	(생략)	피고인 김갑동
국민참여재판 의사 확인서(불희망)	(생략)	피고인 김갑동
국민참여재판 의사 확인서(불희망)	(생략)	피고인 이을남
의견서	(생략)	피고인 김갑동
의견서	(생략)	피고인 이을남
영수증(공소장부본 등)	(생략)	피고인 이을남
변호인선임신고서	(생략)	피고인 이을남
공판조서(제1회)	15	
공판조서(제2회)	17	
증인신문조서	20	연행남
증인신문조서	22	임동행
증인신문조서	25	나병녀
증거서류제출서	26	피고인 김갑동

증 거 목 록 (증거서류 등)

2022고합5470

① 김갑동
② 이을남

2021형제73375호

신청인: 검사

| 순번 | 증거방법 | | | | | 참조사항등 | 신청기일 | 증거의견 | | 증거결정 | | 증거조사기일 | 비고 |
	작성	쪽수(수)	쪽수(증)	증거명칭	성명			기일	내용	기일	내용		
1	사경	30		고소장	이을남	생략	1	1	① ○	기재생략			
2	〃	(생략)		점포 제공에 따른 수익금 배분약정서			1	1	① ○				
3	〃	(생략)		점포매매계약서 사본			1	1	① ○				
4	〃	(생략)		등기부등본 사본			1	1	① ○				
5	〃	31		고소장	최권자		1	1	① ○				
6	〃	(생략)		대여계약서 사본			1	1	① ○				
7	〃	(생략)		소장 사본			1	1	① ○				
8	〃	(생략)		소제기증명원 사본			1	1	① ○				
9	〃	(생략)		'CU편의점' 사업자등록증 사본			1	1	① ○				
10	〃	32		수사보고(적발보고)			1	1	① ×				
11	〃	(생략)		현장영상 캡쳐사진			1	1	① ○				
12	〃	33		진술조서	여종원		1	1	① ○				
13	〃	35		진술조서	연행남		1	1	① ×				
14	〃	37		피의자신문조서	김갑동		1	1	① ○ ② ○				
15	〃	(생략)		매출전표			1	1	① ○				

※ 증거의견 표시 - 피의자신문조서: 인정 ○, 부인 ×
　　　　　　　　　(여러 개의 부호가 있는 경우, 적법성/성립/임의성/내용의 순서임)
　　　　　　　- 기타 증거서류: 동의 ○, 부동의 ×
　　　　　　　- 진술이 특히 신빙할 수 있는 상태 하에서 행하여졌다는 점 부인 : "특신성 부인"(비고란 기재)
※ 증거결정 표시: 채 ○, 부 ×
※ 증거조사 내용은 제시, 낭독(내용고지, 열람)

증 거 목 록 (증거서류 등)

2022고합5470

① 김갑동 (서명)
② 이을남 (서명)
신청인: 검사

2021형제73375호

순번	증거방법					참조사항등	신청기일	증거의견		증거결정		증거조사기일	비고
	작성	쪽수(수)	쪽수(증)	증거명칭	성명			기일	내용	기일	내용		
16	사경	40		진술조서	최권자	생략	1	1	① ○	기재생략			
17	〃	41		피의자신문조서	이을남		1	1	① ○ ② ○				
18	〃	(생략)		각 전과조회서			1	1	① ○ ② ○				
19	검사	43		고소장	김갑석		1	1	① ○				
20	〃	(생략)		가족관계증명서 사본			1	1	① ○				
21	〃	(생략)		신한은행 예금계좌 (053-22-01614) 이체내역서 사본			1	1	① ○				
22	〃	44		고발장	공여순		1	1	① ○				
23	〃	45		판결 사본 (2019고단5500)			1	1	① ○				
24	〃	(생략)		진술조서	김갑석		1	1	② ○				
25	〃	46		진술조서	공여순		1	1	② ○				
26	〃	47		피의자신문조서	김갑동		1	1	① ○				
27	〃	49		피의자신문조서	이을남		1	1	② ○				
28	〃	51		진술조서	나병녀		1	1	② ×				

※ 증거의견 표시 - 피의자신문조서: 인정 ○, 부인 ×
  (여러 개의 부호가 있는 경우, 적법성/성립/임의성/내용의 순서임)
 - 기타 증거서류: 동의 ○, 부동의 ×
 - 진술이 특히 신빙할 수 있는 상태 하에서 행하여졌다는 점 부인 : "특신성 부인"(비고란 기재)
※ 증거결정 표시: 채 ○, 부 ×
※ 증거조사 내용은 제시, 낭독(내용고지, 열람)

-9-

증 거 목 록 (증인 등)

2021형제73375호

① 김갑동
② 이을남
신청인: 검사

증거방법	쪽수(공)	입증취지 등	신청기일	증거결정 기일	증거결정 내용	증거조사기일	비고
증인 여종원		기재생략	1	1	기재생략	2022. 5. 27. 14:00 (철회·취소)	
증인 연행남	20		1	1		2022. 5. 27. 14:00 (실시)	
증인 임동행	22		1	1		2022. 5. 27. 14:00 (실시)	
증인 나영녀	25		1	1		2022. 5. 27. 14:00 (실시)	

※ 증거결정 표시 : 채 ○, 부 ×

[이하 증거목록 미기재 부분은 생략]

증 거 목 록 (증거서류)
2022고합5470

2021형제73375호

① 김갑동
② 이을남
신청인: 피고인과 변호인

증 거 목 록 (증거서류 등)
2022고합5470

2021형제73375호

① 김갑동
② 이을남
신청인: 검사

순번	증거방법 작성	쪽수(수)	쪽수(증)	증거명칭	성명	참조사항 등	신청기일	증거의견 기일	증거의견 내용	증거결정 기일	증거결정 내용	증거조사기일	비고
1		27	(생략)	합의서	김갑동		2	2	○		기재생략		①신청

[이하 증거목록 미기재 부분은 생략]

※ 증거의견 표시 - 피의자신문조서: 인정 ○, 부인 ×
　　　　　　　　　(여러 개의 부호가 있는 경우, 적법성/성립/임의성/내용의 순서임)
　　　　　　　- 기타 증거서류: 동의 ○, 부동의 ×
　　　　　　　- 진술이 특히 신빙할 수 있는 상태 하에서 행하여졌다는 점 부인 : "특신성 부인"(비고란 기재)
※ 증거결정 표시: 채 ○, 부 ×
※ 증거조사 내용은 제시, 낭독(내용고지, 열람)

서울중앙지방검찰청

2022. 3. 16.

사건번호   2021년 형제73375호
수 신 자   서울중앙지방법원   발 신 자
                                           검   사   엄정희   엄정희   (인)

제 목   공소장

아래와 같이 공소를 제기합니다.

I. 피고인 관련사항

1. 피 고 인   김갑동 (721208-1122334), 49세

                   직업   유흥주점업

                   주거   서울 서초구 양재로 53 (양재동)

                   등록기준지 (생략)

       죄   명   특정경제범죄가중처벌등에관한법률위반(횡령), 컴퓨터등사용사기, 절도, 부동산실권리자명의등기에관한법률위반, 식품위생법위반, 강제집행면탈

       적용법조   특정경제범죄가중처벌등에관한법률 제3조 제1항 제2호, 형법 제355조 제1항, 제347조의2, 제329조, 부동산실권리자명의등기에관한법률 제7조 제2항, 제3조 제1항, 식품위생법 제97조 제6호, 제44조 제1항 제8호, 형법 제327조, 제37조, 제38조

       구속여부   불구속

2. 피 고 인   이을남 (700523-1234987), 51세

                   직업   무직

                   주거   서울 관악구 봉천로 576 (봉천동)

                   등록기준지 (생략)

       죄   명   장물취득, 뇌물수수, 부동산실권리자명의등기에관한법률위반

       적용법조   형법 제362조 제1항, 형법 제129조 제1항, 부동산실권리자명의등기에관한법률 제7조 제1항 제1호, 제3조 제1항, 형법 제37조, 제38조, 제134조

       구속여부   불구속

II. 공소사실

1. 피고인들의 부동산실권리자명의등기에관한법률위반

누구든지 부동산에 관한 물권을 명의신탁 약정에 따라 명의수탁자의 명의로 등기하여서는 아니 된다.

피고인 이을남은 2012. 12.경 평소 알고 지내던 피고인 김갑동으로부터 서울 강남구 논현로 61 엘리시아빌딩 지하 1층에서 운영하고 있는 '샴푸 유흥주점' 인근에 '샴푸II 유흥주점'을 추가로 개업하고 싶다는 이야기를 듣고, 피고인 김갑동에게 점포를 제공할 테니 그곳에서 '샴푸II 유흥주점'을 추가 개업하여 운영하면서 매월 수익금 중 500만 원을 달라고 제안하였다.

피고인들은 2013. 3. 14.경 피고인 이을남이 점포를 매수하되, 그 명의는 '샴푸II 유흥주점'을 직접 운영할 피고인 김갑동 앞으로 해두기로 하는 중간생략등기형 명의신탁 약정을 체결하였고, 그에 따라 피고인 이을남은 2013. 4. 18.경 최매도로부터 서울 강남구 논현로 50 제우스빌딩 지하 1층을 10억 원에 매수한 후, 같은 날 서울중앙지방법원에서 위 점포에 관하여 피고인 김갑동 명의의 소유권이전등기를 마쳤다.

이로써 피고인들은 부동산에 관한 물권을 명의신탁 약정에 따라 명의수탁자의 명의로 등기하였다.

2. 피고인 김갑동

가. 특정경제범죄가중처벌등에관한법률위반(횡령)

피고인 김갑동은 제1항 기재와 같이 2013. 3. 14.경 피고인 이을남과 체결한 명의신탁 약정에 따라 2013. 4. 18.경 서울 강남구 논현로 50 제우스빌딩 지하 1층 점포에 관한 소유권이전등기를 마친 수탁자로서, 피고인 이을남을 위하여 위 점포를 보관·사용하여 왔다.

그러던 중 피고인 김갑동은 코로나19 감염증의 확산 등으로 '샴푸II 유흥주점'의 영업이 부진하여 경제적 어려움을 겪게 되자, 2021. 6. 14.경 서울 서초구 서초중앙로 19 법무사합동법인 마두에서 임의로 신한은행에 시가 13억 원 상당의 위 점포에 관하여 '채무자 피고인 김갑동, 채권최고액 7억 원'의 근저당권을 설정하여 주었다.

이로써 피고인 김갑동은 피고인 이을남 소유의 재물을 횡령하였다.

나. 강제집행면탈

피고인 김갑동은 2019. 12. 1. 피해자 최권자로부터 3,000만 원을 변제기는 2020. 11. 30.로, 이자는 월 2%로 각 정하여 빌렸으나, 위 변제기를 지나도록 원리금을 전혀 변제하지 못하였고, 2021. 3. 29. 피해자 최권자로부터 서울중앙지방법원에 피고인 김갑동을 피고로 하는 대여금 등 청구소송을 제기당하여 강제집행을 당할 구체적인 위험이 있는 상태에 있게 되었다.

이에 피고인 김갑동은 강제집행을 면탈할 목적으로, 서울 서초구 양재로 111 밀레니엄빌딩 1층에서 운영하던 'CU편의점'의 사업자 명의가 자신의 처인 박갑순으로 등록되어 있던 것을 2021. 7. 13. 서초세무서에 폐업 신고한 후, 2021. 7. 27. 자신의 숙모인 정갑선 명의로 새로이 사업자등록 신고를 하여 위 편의점과 관련한 재산의 소유관계를 불명하게 함으로써 재산을 은닉하였다.

다. 컴퓨터등사용사기 및 절도

피고인 김갑동은 2021. 8. 28. 15:00경 친형인 피해자 김갑석이 서울 중구 청구로 33 메가빌딩에서 운영하는 '진선기획' 사무실을 방문하여 피해자 김갑석에게 경제적 어려움을 토로하던 중 감시가 소홀한 틈을 타,

1) 권한 없이 그곳에 있는 컴퓨터로 김갑석의 아이디와 패스워드를 입력하여 신한은행 인터넷뱅킹에 접속한 다음 '김갑석'의 신한은행 예금계좌(053-22-01614)에서 피고인 김갑동의 신한은행 예금계좌(053-19-25543)로 50,000,000원을 이체하는 내용의 정보를 입력하여 정보처리함으로써 50,000,000원 상당의 재산상 이익을 취득하고,

2) 계속하여 피해자 김갑석이 사용하던 책상 서랍에서 현금 1,000만 원이 들어있는 봉투를 들고 나와 이를 절취하였다.

라. 식품위생법위반

피고인 김갑동은 제1항 기재 '샴푸 유흥주점'의 업주로서, 식품접객업소의 영업자는 식품접객업소의 종업원이 영업장을 벗어나 시간적 소요의 대가로 금품을 수수하는 행위를 조장하거나 묵인하여서는 아니 되는 식품접객영업자 등의 준수사항을 준수하여야 한다.

그럼에도 불구하고 피고인 김갑동은 '샴푸 유흥주점'의 종업원인 여종원이 2021. 10. 22. 21:00경 위 영업장을 벗어나 손님인 연행남으로부터 시간적 소요의 대가로 200,000원을 받는 행위(이른바 '티켓 영업')를 묵인하였다.

이로써 피고인 김갑동은 식품접객영업자의 준수사항을 위반하였다.

3. 피고인 이을남

  가. 뇌물수수

  피고인 이을남은 2009. 7. 1.부터 2020. 12. 31.까지 서울특별시 강남구청 환경위생과 과장으로 근무하면서 강남구 내 유흥주점 허가와 관련된 업무를 담당하였다.

  피고인 이을남은 2019. 8. 23. 19:00경 서울 강남구 논현로 10에 있는 '아사히' 일식집에서 공여순으로부터 서울 강남구 테헤란로 88 레이크빌딩 지하 1층에서 개업 준비 중인 유흥주점의 영업허가를 받을 수 있도록 편의를 봐달라는 청탁을 받으면서 그 사례금 명목으로 500만 원을 받았다.

  이로써 피고인은 그 직무에 관하여 뇌물을 수수하였다.

  나. 장물취득

  피고인 이을남은 2021. 9. 11. 20:00경 서울 서초구 신반포로 194에 있는 고속버스터미널 1층 '나이스' 현금지급기 앞에서 피고인 김갑동으로부터 그가 제2의 다 1)항과 같이 취득한 5,000만 원 및 제2의 다 2)항과 같이 취득한 후 자신의 하나은행 예금계좌(114-12-122311)에 입금하여 둔 1,000만 원 합계 6,000만 원이 장물이라는 사실을 알면서도 제1항 기재 '샴푸II 유흥주점'의 수익금 명목으로 교부받았다.

III. 첨부서류 (각 첨부 생략)

서 울 중 앙 지 방 법 원

공 판 조 서

제 1 회

사 건	2022고합5470 특정경제범죄가중처벌등에관한법률위반(횡령) 등

재판장 판사	공명정	기 일	: 2022. 4. 29. 10:00
판사	박정대	장 소	: 제602호 법정
판사	최형평	공개여부	: 공개
법 원 주 사	조명한	고 지 된	
		다음기일	: 2022. 5. 27. 14:00

피 고 인	1. 김갑동	각 출석
	2. 이을남	
검 사	오정성	출석
변 호 인	법무법인 일산 담당변호사 정명변(피고인 1을 위하여)	각 출석
	법무법인 고양 담당변호사 설득희(피고인 2를 위하여)	

재판장

    피고인들은 진술을 하지 아니하거나 각개의 물음에 대하여 진술을 거부할 수 있고, 이익 되는 사실을 진술할 수 있음을 고지

재판장의 인정신문

    성 명 : 김갑동, 이을남

    주민등록번호, 직업, 주거, 등록기준지 : 각 공소장 기재와 같음

재판장

    피고인들에 대하여

    주소가 변경될 경우에는 이를 법원에 보고할 것을 명하고, 소재가 확인되지 않을 때에는 그 진술 없이 재판할 경우가 있음을 경고

검 사

    공소장에 의하여 공소사실, 죄명, 적용법조 낭독

피고인 김갑동

공소사실 2의 나항에 대하여는 사업자등록명의를 변경한 사실은 인정하나 강제집행을 면탈하려는 의도는 없었고, 2의 라항에 대해서는 종업원들의 티켓영업을 묵인한 사실이 없으며, 나머지 공소사실에 대해서는 인정한다고 진술

피고인 김갑동의 변호인

피고인 김갑동을 위하여 유리한 변론(변론기재는 생략)

피고인 이을남

공소사실 3의 나항에 대해서는 피고인 김갑동으로부터 6,000만원을 받을 당시 장물이라는 사실을 알지 못하였고, 나머지 공소사실에 대해서는 인정한다고 진술

피고인 이을남의 변호인 변호사 설득희

피고인 이을남을 위하여 유리한 변론(변론기재는 생략)

재판장

증거조사를 하겠다고 고지

증거관계 별지와 같음(검사, 변호인)

재판장

각 증거조사 결과에 대하여 의견을 묻고 권리를 보호하는 데에 필요한 증거조사를 신청할 수 있음을 고지

소송관계인

별 의견 없다고 진술

재판장

변론속행

2022. 4. 29.

법원 주사 조명한 ㊞

재판장 판사 공명정 ㊞

서울중앙지방법원
공 판 조 서

제 2 회

사 건	2022고합5470 특정경제범죄가중처벌등에관한법률위반(횡령) 등	
재판장 판사	공명정	기 일 : 2022. 5. 27. 14:00
판사	박정대	장 소 : 제602호 법정
판사	최형평	공개여부 : 공개
법원주사	조명한	고 지 된
		다음기일 : 2022. 6. 24. 14:00
피 고 인	1. 김갑동	각 출석
	2. 이을남	
검 사	오정성	출석
변 호 인	법무법인 일산 담당변호사 정명변(피고인 1을 위하여)	각 출석
	법무법인 고양 담당변호사 설득희(피고인 2를 위하여)	
증 인	여종원	불출석
	연행남	출석
	임동행	출석
	나병녀	출석

재판장
    전회 공판심리에 관한 주요사항의 요지를 공판조서에 의하여 고지
소송관계인
    변경할 점이나 이의할 점이 없다고 진술
검사
    증인 여종원에 대한 소환장이 이사불명으로 송달불능되어 소재를 확인할 수 없으므로 증인신청을 철회한다고 진술
재판장
    증거조사를 하겠다고 고지
    출석한 증인 연행남, 임동행, 나병녀를 별지와 같이 신문
증거관계 별지와 같음(검사, 피고인)

재판장

    각 증거조사 결과에 대하여 의견을 묻고 권리를 보호하는 데에 필요한 증거조사를 신청할 수 있음을 고지

소송관계인

    별 의견 없다고 진술

재판장

    증거조사를 마치고 피고인신문을 하겠다고 고지

피고인 김갑동에게,

검 사

문 피고인은 2021. 10. 22. 21:00경 피고인이 운영하던 '샴푸 유흥주점'에서 종업원 여종원이 손님과 티켓 영업을 하러 나가는 것을 묵인한 사실이 있지요.

답 당시 여종원이 잠깐 나갔다 온다고 해서 그러라고 했을 뿐 티켓 영업을 묵인한 건 아니었습니다.

문 당시 여종원과 손님인 연행남이 유흥주점에 나와 곧바로 여관으로 들어갔는데도요.

답 글쎄 왜 그랬는지는 모르겠지만, 저는 손님한테서 돈을 받고 티켓 영업을 하라고 내보낸 것이 아닙니다.

문 피고인은 2021. 8. 28. 친형인 김갑석이 운영하는 '진선기획' 사무실에서 친형의 신한은행 계좌에서 임의로 5,000만 원을 피고인의 신한은행 계좌로 이체하였고, 또한 위 사무실 책상 서랍에서 김갑석이 보관하고 있던 1,000만 원이 든 봉투를 몰래 가지고 나와 피고인의 하나은행 계좌에 입금해두었지요.

답 예. 그렇습니다.

문 피고인은 피고인 이을남이 '샴푸II 유흥주점' 수익금의 지급을 요구하자, 2021. 9. 11. 20:00경 고속버스터미널 1층 '나이스' 현금지급기 앞에서 위 5,000만 원과 1,000만 원 합계 6,000만 원을 인출하여 피고인 이을남에게 교부하였지요.

답 예. 그렇습니다.

문 피고인 이을남이 위 6,000만 원의 출처에 대하여 묻지 않던가요.

답 이을남이 돈의 출처를 물어서 친형으로부터 빌린 돈이라고 말했습니다.

문 위 6,000만 원을 교부하는 자리에 피고인들 이외에 다른 사람도 함께 있었나요.

답 제가 데리고 있는 '샴푸II 유흥주점' 종업원인 나병녀가 함께 있었습니다.

문 당시 피고인과 함께 있던 증인 나병녀의 증언에 의하면, 피고인 이을남이 피고인의 말을 믿지 않으면서 돈의 출처를 캐묻자 사실 친형 사무실에서 몰래 빼낸 돈인데 나중에 친형에게 이야기해서 허락받으면 문제없다는 취지로 말하였다는데 아닌가요.

답 문제가 생겨도 나중에 친형으로부터 허락받으면 되니 걱정하지 말라는 취지의 말을 한 것은 사실이나, 친형 돈을 몰래 빼내왔다는 말은 한 적이 없습니다.

재판장

문 피고인과 이을남이 위 6,000만 원을 주고받을 당시 피고인과 함께 있던 나병녀가 피고인과 이을남 사이의 대화내용을 들을 수 있는 거리에 있었나요.

답 나병녀가 바로 제 뒤에 있어서 들으려고 하면 들었을 수도 있지만, 실제로 들었는지는 모르겠습니다.

피고인 이을남에게

검 사

문 피고인은 2021. 9. 11. 20:00경 고속버스터미널 1층 '나이스' 현금지급기 앞에서 피고인 김갑동으로부터 그가 인출한 6,000만 원을 교부받았지요.

답 예. 그렇습니다. 제가 김갑동이 새로 오픈하는 '샴푸II 유흥주점'에 투자하였는데, 그동안 수익금을 받지 못하다가 그날 밀린 수익금 중 일부를 지급받았습니다.

문 당시 피고인 김갑동은 경제적으로 어려운 상황이었는데, 갑자기 6,000만 원이라는 거액을 한꺼번에 교부하는 것이 이상하지 않았나요.

답 그래서 제가 돈의 출처를 물었고, 김갑동은 친형으로부터 빌린 돈이라고 말하였습니다.

문 피고인의 계속된 추궁에 피고인 김갑동이 친형 사무실에서 몰래 빼낸 돈이라고 실토하였고, 이에 장물을 받을 수는 없다고 항의하자 피고인 김갑동이 나중에 친형에게 이야기해서 허락받으면 문제없다는 취지로 말하지 않았나요.

답 제가 돈의 출처를 캐묻기는 했지만, 김갑동이 그런 취지의 말을 한 적은 없습니다. 김갑동은 친형으로부터 빌린 돈이라고만 말하였습니다.

재판장

    변론 속행(변호인들의 요청으로)

2022. 5. 27.

법원 주사   조명한 ㊞

재판장 판사   공명정 ㊞

서 울 중 앙 지 방 법 원
증인신문조서(제2회 공판조서의 일부)

사 건　　2022고합5470　특정경제범죄가중처벌등에관한법률위반(횡령) 등
증 인　　이　름　　연행남
　　　　　생년월일 및 주거 (각 생략)

재판장
　　위증의 벌 경고, 선서 부분, 다른 증인 퇴정 부분 (각 생략)

검 사
　　증인에게

문　증인은 2021. 10. 22. 21:00경 성매매를 하려고 여종원을 데리고 나간 적이 있지요.
답　여종원과 서로 마음이 맞아서 소주 한잔 더 하려고 나간 것이지, 성매매하러 나간 것은 아닙니다.
문　증인은 여종원과 술집으로 간 것이 아니라 바로 여관으로 들어갔는데요.
답　당시에 제가 술에 너무 취한 상태였고, 여종원도 피곤하다고 해서 잠시 쉬다가 나오려고 들어갔습니다.
문　증인은 단속 당시 처음에는 경찰관들에게 서로 애인이라고 이야기하다가, 결국 성매매를 하러 나간 것을 시인한 사실이 있지요.
답　그때는 겁도 나고 또 놀라서 횡서수설해서 기억이 없습니다. 죄송합니다.
문　당시 증인은 술값으로 얼마를 계산했나요.
답　양주 2병 40만 원과 아가씨 팁 5만 원 합계 45만 원을 신용카드로 계산했습니다.
문　경찰에서 증인이 제시한 카드전표와 피고인 김갑동이 제출한 매출전표에는 금액란에 '181,819원', 부가가치세란에 '18,181원', 봉사료란에 '250,000원', 합계란에 '450,000원'이 기재되어 있는데, 그럼 양주를 1병만 주문한 게 아닌가요.
답　아닙니다. 양주 1병을 다 마신 후, 나중에 양주 1병이 더 들어왔습니다.
문　경찰 조사에서는 양주 1병을 마셨다고 진술하지 않았나요.
답　그때는 술에 취해 있었고 경황도 없어서 잘못 말했습니다. 술을 깨고 잘 생각해보니 나중에 1병 더 주문해서 총 2병을 주문한 것이 맞습니다.
문　그렇다면 봉사료 '250,000원'은 무슨 의미인가요.
답　저는 분명히 양주 2병을 주문했었습니다. 25만 원 중 20만 원은 추가로 주문한 양주 1병 값이고, 나머지 5만 원은 아가씨 팁 아닐까요. 아무튼 총액이 맞아서 서명을 했고, 구체적인 항목이 제대로 되었는지에 대하여는 저도 잘 모르겠습니다.
문　봉사료 '250,000원'에 성매매 비용이 포함된 것 아닌가요.

답 아닙니다. 술값이 잘못 계산된 것 같습니다. 저는 여종원과 성매매하지 않았습니다.

이때 검사는 수사기록에 편철된 사법경찰리가 작성한 증인에 대한 진술조서를 보여주고 열람하게 한 후,

문 위 서류는 증인이 경찰에서 조사받으면서 진술한 내용을 기재한 것인데, 증인은 그 당시 진술한 후 읽어보고 서명, 날인한 사실이 있고, 그때 증인이 작성하거나, 사법경찰리에게 진술한 내용과 동일하게 기재되어 있나요.

답 예. 그렇습니다.

피고인 김갑동의 변호인

증인에게

문 증인은 이전에도 '샴푸 유흥주점'에서 종업원과 성매매를 하러 나간 적이 있나요.

답 없습니다.

문 그럼 증인과 여종원은 왜 술집으로 안 가고 여관으로 갔나요.

답 제가 너무 취해서 좀 쉬어야 했고, 여종원도 피곤하다고 해서 100m쯤 떨어진 여관으로 들어간 것입니다.

문 위 유흥주점 인근에는 여관이 많은데, 왜 100m나 떨어진 여관으로 들어갔나요.

답 어디서 술을 마실지 이야기를 하며 걷다보니 그렇게 되었습니다.

문 당시 증인과 여종원이 밖으로 나갈 때 여종원이 피고인에게 이야기하고 나갔나요.

답 그때 피고인이 카운터에 있었는데, 이야기하는 것을 직접 보지는 못했지만, 아마 이야기하고 나왔겠죠.

문 당시 경찰관들이 여관방에 들어오면서 노크를 하였나요.

답 문을 두드렸고, 제가 문을 열어주어 들어왔습니다.

문 당시 현장에서 피임도구 등 성매매의 흔적은 발견되지 않았죠.

답 예. 그렇습니다. 애당초 성매매하러 간 것이 아니었습니다.

문 경찰서로 연행한다고 하였나요.

답 옷을 다 입은 다음에 경찰서로 가자고 하였습니다.

문 경찰서로 가자고 하면서 강압적인 분위기는 없었나요.

답 그런 것은 아니었습니다만, 경찰관 중 한 명이 거부하면 체포되어 강제로 끌려가야한다고 했던 것 같습니다. 경찰들이 같이 가자고 하는데 너무 무서워서 따라가지 않을 수가 없었습니다.

문 처음에 여관에서 여종원과 분리된 채로 조사받을 때 증인은 어떻게 진술하였나요.

답 당시 술에 많이 취했었기 때문에 기억이 잘 안 납니다.

2022. 5. 27.

법원 주사   조명한 ㊞

재판장 판사   공명정 ㊞

서울중앙지방법원
증인신문조서 (제2회 공판조서의 일부)

사　건　　2022고합5470　특정경제범죄가중처벌등에관한법률위반(횡령) 등
증　인　　이　름　　　임동행
　　　　　생년월일 및 주거 (각 생략)

재판장

　위증의 벌 경고, 선서 부분, 다른 증인 퇴정 부분 (각 생략)

검　사

　증인에게

문　증인의 직업은 무엇인가요.
답　저는 강남경찰서 형사과 생활안전계에서 풍속업소 단속업무를 하고 있습니다.
문　증인은 2021. 10. 22. '샴푸 유흥주점' 앞에서 생활안전계장 경위 박미행 등과 잠복근무를 하다가 위 유흥주점에서 나오는 연행남과 여종원을 미행하여 부근의 '오산장 여관'에서 성매매 혐의로 단속을 한 사실이 있나요.
답　예, 있습니다.
문　당시 구체적인 경위를 설명해 보세요.
답　당시 위 유흥주점에서 성매매 영업을 한다는 첩보를 입수하고, 2021. 10. 22. 20:00경부터 위 유흥주점 앞에서 잠복근무를 하고 있는데, 21:00경 위 유흥주점에서 손님과 종업원 아가씨가 함께 나오는 것을 발견하고, 두 명을 미행하여 위 유흥주점 부근에 있는 '오산장 여관'에 들어가는 것을 확인했습니다. 저와 함께 미행하던 생활안전계장 경위 박미행, 순경 단속훈과 경찰서에서 대기하던 순경 나여경을 불러 경찰관 4명이 위 여관에 들어가 그곳 카운터에서 연행남과 여종원이 307호실에 투숙한 것을 확인한 후 21:45경 307호실의 문을 두드렸더니 팬티만 입은 남자가 문을 열어주어 들어갔더니, 방에 불이 꺼져 있는 상태에서 텔레비전이 켜있고, 여종원은 속옷만 입은 채로 침대에 이불을 덮고 누워 있었습니다.
문　그 다음에 어떻게 단속을 하였나요.
답　처음에는 연행남과 여종원을 성매매 혐의로 체포하려고 하였으나, 성관계를 한 증거가 없어서 체포하지 못했습니다. 그래서 두 사람에게 신고를 받고 왔으니 협조를 해달라고 한 후 옷을 입게 하고, 둘을 분리해서 조사를 하였습니다. 저랑 나여경은 여종원과 방에 남아 있었고, 박미행과 단속훈이 연행남을 데리고 밖으로 나갔습니다.
문　분리한 후에는 어떻게 조사를 하였나요.

답　진술거부권을 고지한 후 성매매 신고를 받고 왔다고 한 후 성매매를 한 것이 맞느냐고 했더니, 여종원이 자기들은 서로 사귀는 애인이라고 말했습니다. 그래서 제가 유흥주점부터 미행을 했다고 이야기했더니, 성관계를 한 것은 아니지만 업주의 승낙하에 티켓영업을 하게 된 것이라고 말했습니다.

문　그럼 연행남은 어떻게 되었나요.

답　나중에 박미행으로부터 전해들은 바에 의하면, 연행남도 처음에는 둘이 애인이라고 우기다가, 유흥주점에서 나오는 것을 보았다고 하니까 그제야 업주의 승낙하에 티켓영업의 댓가를 주고 성관계를 하려 한 것이라고 말했다고 하였습니다.

문　그런 다음에는 어떻게 하였나요.

답　저는 나여경과 함께 진술조서를 작성하기 위해 21:56쯤 연행남과 여종원을 경찰서로 데리고 갔고, 박미행과 단속훈은 위 유흥주점으로 확인하러 갔습니다.

이때 검사는 수사기록에 편철된 증인 작성의 수사보고(적발보고)를 보여주고 열람하게 한 후,

문　위 서류는 증인이 사건 당시 있었던 일을 보고 들은 그대로 기재하여 작성하고 날인한 것이지요.

답　예. 그렇습니다.

피고인 김갑동의 변호인

증인에게

문　증인이 소속된 경찰서는 어떻게 성매매 첩보를 입수하였나요.

답　경찰청 홈페이지에 신고를 하는 사이트가 있는데, 그곳에서 입수하였습니다.

문　신고나 첩보만 접수되어도 모두 미행을 하나요.

답　업소로 바로 갈 수도 있지만, 업소에 가서 물어보면 모두 안 했다고 부인하기 때문에 미행하는 경우가 많습니다. 물론 첩보 중에는 술값에 불만을 품은 사람이나 경쟁업소에서 음해를 하기 위해 허위신고하는 경우도 적지 않습니다.

문　증인은 여관방에 어떻게 들어갔나요.

답　당시 여관 주인에게 협조를 구하고 두사람이 들어간 방을 확인한 후 307호 방문을 두드렸더니 팬티만 입은 연행남이 문을 열어주어 들어갔습니다. 연행남이 불을 켜자 단속 나온 사실을 고지한 후 옷을 입도록 1~2분 정도 뒤에 다시 들어갔습니다.

문　그리고 연행남을 방에서 바로 데리고 나왔나요.

답　박미행이 신분증을 보여주면서 '성매매 신고를 받고 왔는데, 협조를 구한다'고 한 후 박미행과 단속훈이 연행남을 데리고 나갔습니다.

문　당시 여관에서 여자 경찰관이 화장실까지 여종원을 따라간 사실이 있었나요.

답　예. 여종원이 경찰서로 동행하기 전에 화장실에 다녀온다고 했는데, 혹시 업주에게 전화로 단속사실을 알릴까 봐 제가 함께 출동했던 나여경에게 따라가 보라고 했습니다.

재판장

증인에게

문 여관에서 연행남과 여종원으로부터 진술을 들은 후 바로 경찰서로 동행하였나요.

답 예. 나여경과 제가 바로 둘을 순찰차에 태워 경찰서로 데리고 갔습니다.

문 당시 연행남과 여종원을 현행범으로 체포하지 않은 이유는 무엇인가요.

답 아직 성관계를 하지 않은 것으로 판단되어서 체포하지 않았습니다.

문 경찰서에 도착하여 연행남과 여종원에 대한 진술조서를 작성한 시간은 몇 시쯤이었나요.

답 제가 증인으로 출석하기 전에 관련 서류를 확인해 봤더니, 22:05경부터 23:50경까지 각각 작성했었습니다.

피고인 김갑동의 변호인

증인에게

문 당시 경찰관 중 한 명이 연행남과 여종원에게 임의동행을 요구하면서 동행하지 않으면 체포할 수 있다는 취지로 이야기했다는데 어떤가요.

답 임의동행을 한 것은 맞는데, 저는 당시 체포요건도 갖춰졌다고 생각을 해서 동행을 거부하면 강제로 연행할 수도 있다는 말을 한 것 같습니다.

2022. 5. 27.

법원 주사 조명한 [인]

재판장 판사 공명정 [인]

서울중앙지방법원
증인신문조서(제2회 공판조서의 일부)

사 건	2022고합5470 특정경제범죄가중처벌등에관한법률위반(횡령) 등	
증 인	이 름 나병녀	
	생년월일 및 주거 (각 생략)	

재판장

위증의 벌 경고, 선서, 다른 증인 퇴정 부분 (각 생략)

검 사

증인에게 수사기록 중 검사가 작성한 증인에 대한 진술조서를 보여주고 열람하게 한 후,

문 검찰에서 사실대로 진술하고 진술조서를 읽어보고 서명, 무인한 사실이 있으며, 그 진술조서는 그때 검사에게 진술한 내용과 동일하게 기재되어 있는가요.

답 예, 그렇습니다.

문 증인은 피고인 김갑동이 운영하는 '삼푸II 유흥주점'의 종업원이죠.

답 예. 그렇습니다. 근무한지 거의 2년이 다돼갑니다.

문 진술인은 피고인 김갑동이 2021. 9. 11. 20:00경 고속버스터미널 1층 '나이스' 현금지급기 앞에서 피고인 이을남에게 6,000만 원을 교부할 당시 현장에 있었지요.

답 예. 김갑동 바로 뒤에 서 있었습니다.

문 피고인 이을남은 위 6,000만 원을 교부받으면서 그 돈의 출처를 물어보았나요.

답 예. 이을남이 김갑동에게 돈의 출처를 물었고, 김갑동이 친형으로부터 빌린 돈이라고 말했으나, 이을남의 계속된 추궁에 김갑동이 친형 사무실에서 몰래 빼낸 돈이라고 실토하였습니다. 이을남은 장물을 받을 수는 없다며 10~20분 동안 큰 소리로 항의하다가, 김갑동이 나중에 친형에게 이야기해서 허락받으면 문제없다는 취지로 말하자, 이을남은 나중에 문제생기지 않도록 하라고 말하며 자리를 떴습니다.

피고인 이을남의 변호인

문 증인은 피고인 김갑동이 6,000만 원이 친형 사무실에서 몰래 빼낸 돈이라고 말하는 것을 분명히 들었나요.

답 예. 김갑동 바로 뒤에 서 있었고, 둘이 꽤 큰소리로 다투어서 대화내용을 다 들을 수 있었습니다.

2022. 5. 27.

법원 주사   조명한 ㊞
재판장 판사 공명정 ㊞

증거서류제출서

사건번호 2022고합5470 특정경제범죄가중처벌등에관한법률위반(횡령) 등
피 고 인 김갑동

위 사건에 관하여 피고인의 변호인은 피고인의 이익을 위하여 다음과 같은 증거서류를 제출합니다.

> 법정 접수
> 2022. 5. 27.

다 음

1. 합의서 1장

2022. 5. 27.

변호사 정명변 ㊞

서울중앙지방법원 제24형사부 귀중

합 의 서

피고인 : 김갑동(721208-1122334)
　　　　서울 서초구 양재로 53 (양재동)
고소인 : 김갑석(680219-1******)

고소인은 2021. 11. 22. 피고인에 대하여 컴퓨터등사용사기 및 절도로 고소한 바 있으나, 친동생인 피고인으로부터 피해액을 모두 변제받고 원만히 합의하였으므로 피고인에 대한 고소를 취소합니다. 부디 판사님께서 피고인을 선처하여 주시기 바랍니다.

2022. 5. 24.

고소인　김갑석 (680219-1******)　[인감]

서울 동대문구 장충로 100

(인감증명서 첨부 **생략**)

서울중앙지방법원

증거서류등(검사)

사건번호	2022고합5470	담임	제24부	주심	나

사건명	가. 특정경제범죄가중처벌등에관한법률위반(횡령) 나. 컴퓨터등사용사기 다. 장물취득 라. 절도 마. 뇌물수수 바. 부동산실권리자명의등기에관한법률위반 사. 식품위생법위반 아. 강제집행면탈죄

검 사	엄정희	2021형제73375호

피고인	1. 가. 나. 라. 바. 사. 아. 김갑동 2. 다. 마. 바. 이을남

공소제기일	2022. 3. 16.		
1심 선고	20 . . .	항소	20 . . .
2심 선고	20 . . .	상고	20 . . .
확 정	20 . . .	보존	

제 1 책
제 1 권

					제 1 책	
					제 1 권	

구공판	서울중앙지방검찰청 증 거 기 록				
검 찰	사건번호	2021년 형제73375호	법원	사건번호	2022고합5470
	검 사	엄정희		판 사	
피 고 인	1. 가. 나. 라. 바. 사. 아. 　김갑동 2. 다. 마. 바.　　　　　이을남				
죄 명	가. 특정경제범죄가중처벌등에관한법률위반(횡령) 나. 컴퓨터등사용사기 다. 장물취득 라. 절도 마. 뇌물수수 바. 부동산실권리자명의등기에관한법률위반 사. 식품위생법위반 아. 강제집행면탈죄				
공소제기일	2022. 3. 16.				
구 속	불구속			석 방	
변 호 인					
증 거 물					
비 고					

고 소 장

고 소 인 : 이을남 (700523-1234987)
피고소인 : 김갑동 (721208-1122334)

접수일자	2021. 8. 23.
접수번호	(생략)
사건번호	(생략)
압수번호	

고 소 요 지

1. 고소인은 2009년부터 서울특별시 강남구청에서 근무하다가 2020. 12. 31. 환경위생과 과장으로 퇴직한 사람으로 현재 특별한 직업은 없습니다. 피고소인은 업무로 알게 된 사람으로 5년 이상 친분을 유지해왔습니다.

2. 피고소인은 서울 강남구 논현로 61 엘리시아빌딩 지하 1층에서 '삼푸 유흥주점'을 운영하던 중 인근에 새로운 유흥주점('삼푸II 유흥주점')을 개업하고 싶어 했고, 이에 고소인이 피고소인에게 서울 강남구 논현로 50 제우스빌딩 지하 1층에 있는 시가 10억 원 상당의 점포를 제공하고 매월 '삼푸II 유흥주점'의 수익금 중 500만 원을 받기로 하였습니다. 그런데 피고소인은 신한은행으로부터 대출을 받으면서 고소인과 아무런 상의도 없이 임의로 신한은행에 위 점포에 관하여 채권최고액 7억 원의 근저당권을 설정하여 주었습니다.

3. 이처럼 고소인 소유의 위 점포에 관하여 임의로 근저당권을 설정한 피고소인의 행위는 명백한 사기 내지 횡령이고, 위 점포의 시가가 현재 15억 원에 달하여 피해액도 매우 큽니다. 또한, 코로나19 감염증의 확산으로 '삼푸II 유흥주점'의 영업 상황이 개선되기도 어려워 피고소인이 신한은행에 대출금을 변제하고 자진하여 위 근저당권을 말소하기를 기대하기도 어렵습니다. 부디 철저히 조사하여 피고소인을 엄벌에 처해 주십시오.

첨 부 서 류

1. 점포 제공에 따른 수익금 배분약정서 사본 1장 (첨부 생략)
2. 점포매매계약서 사본 1장 (첨부 생략)
3. 등기사항전부증명서 사본 1장 (첨부 생략)

2021. 8. 23.

고소인 이을남 ㊞

서울서초경찰서장 귀중

고 소 장

고 소 인 : 최권자 (691107-2345678)

피고소인 : 김갑동 (721208-1122334)

접수일자	2021. 9. 6.
접수번호	(생략)
사건번호	(생략)
압수번호	

고 소 요 지

1. 고소인은 피고소인의 옆집에 사는 사람으로 간간히 금전거래를 할 정도로 피고소인과 친하게 지내왔습니다.

2. 고소인은 2019. 12. 1. 피고소인에게 3,000만 원을 변제기는 2020. 11. 30.로, 이자는 월 2%로 각 정하여 대여하였으나, 피고소인이 위 변제기를 지나도록 원리금을 변제하지 않았고, 이에 2021. 3. 29. 서울중앙지방법원에 피고소인을 피고로 하는 대여금 등 청구소송을 제기하였습니다. 위 대여금 등 청구소송은 현재 소송 계속 중에 있습니다.

3. 고소인은 피고소인에 대한 승소 판결을 받으면 강제집행할 피고소인의 재산을 확인하여 보다가, 고소인이 운영하는 서울 서초구 양재로 111 밀레니엄빌딩 1층 소재 'CU편의점'의 사업자 명의가 고소인의 처인 박갑순에서 정갑선으로 변경된 것을 발견하였습니다. 이와 같은 피고소인의 행위는 강제집행을 피하기 위해 위 편의점과 관련된 재산의 소유관계를 불명하게 하여 재산을 은닉하는 행위이므로, 피고소인을 엄히 처벌하여 주시기 바랍니다.

첨 부 서 류

1. 대여계약서 사본 1장 (첨부 생략)
2. 소장 사본 1장 (첨부 생략)
3. 소제기증명원 사본 1장 (첨부 생략)
4. 'CU편의점' 사업자등록증 사본 1장 (첨부 생략)

2021. 9. 6.

고소인 최권자 ㉑

서울서초경찰서장 귀중

서 울 강 남 경 찰 서

2021. 10. 22.

수신 : 경찰서장
참조 : 형사과장
제목 : 수사보고(적발보고)

◉ 적발경위

서울 강남구 논현로 61 소재 '삼푸 유흥주점'에서 성매매가 이루어지고 있다는 첩보를 입수하여 2021. 10. 22. 20:00경부터 위 유흥주점 앞에서 잠복근무 중, 21:00경 위 유흥주점에서 함께 나오는 30대 남자(연행남)와 여자(여종원)을 미행하여 위 유흥주점에서 100m정도 떨어진 '오산장 여관'으로 들어가는 것을 확인한 후, 생활안전계장 경위 박미행, 순경 단속훈, 순경 나여경과 함께 여관 카운터에서 업주의 도움으로 두 사람이 307호실에 투숙한 것을 확인하고 21:45경 307호실의 문을 두드리자 연행남이 문을 열어 주어 입실한바, 방에 불이 꺼진 상태에서 텔레비전이 켜져 있었고, 여종원은 속옷만 입은 채 침대에 한쪽에 이불을 덮고 누워 있었음

◉ 동행경위

최초 적발 시에는 두 사람이 성매매를 한 것으로 보아 현행범으로 체포하려고 하였으나, 방 내부 및 화장실 등에서 두 사람이 성관계를 하였다는 사실을 증명할 화장지나, 피임기구 등은 발견되지 않아 현행범으로 체포하지 못했음. 그 후 두 사람에게 착의하도록 한 후 두 사람을 분리하여 여종원에게 진술거부권을 고지한 후 성매매를 하러 나온 것인지 물어보자, 여종원은 서로 애인 사이라고 주장하다가, 유흥주점부터 미행한 사실을 고지하자 성관계를 한 것은 아니지만 업주의 묵인하에 티켓영업을 하게 된 것이라고 진술을 하였음. 본직은 두 사람이 성매매를 하려고 한 것이 범죄가 되거나 혹은 위 유흥주점의 영업자를 처벌하기 위하여 두 사람에 대한 조사가 필요하다고 보아 경찰서 동행을 요청한바 두 사람 모두 이에 응하여 순찰차에 태워서 경찰서로 동행하였음

◉ 현장영상 캡쳐사진

연행남이 방문을 열어주어 본직이 방에 들어갔을 때 두 사람이 '오산장 여관' 307호실에 속옷만 입은 채 함께 있던 장면을 촬영한 사진을 첨부함

◉ 첨부서류

1. 현장영상 캡쳐사진 1장 (첨부 생략)

생활안전계 근무
경사 임동행 ㊞

진술조서

성   명: 여종원
주민등록번호: 89****-2****** 여, 30세
직업, 주소, 연락처 등 (각 생략)

위의 사람은 피의자 김갑동에 대한 식품위생법위반 피의사건에 관하여 2021. 10. 22. 서울강남경찰서 수사과 사무실에 임의동행하여 다음과 같이 진술하다.

피의자와의 관계

저는 피의자 김갑동이 운영하는 주점에서 종업원으로 근무하고 있습니다.

이때 진술의 취지를 더욱 명백히 하기 위하여 다음과 같이 임의로 문답하다.

문 진술인은 피의자가 운영하는 '샴푸 유흥주점'에서 어떤 일을 하는가요.
답 손님들과 술도 마시고 이야기도 해주면서 접대하는 일을 하고 있습니다.
문 진술인은 오늘 밤에 '샴푸 유흥주점'에 온 손님과 성매매 등을 위해 영업장 밖으로 나가는 영업행위인 소위 '2차'를 나간 사실이 있나요.
답 '2차'를 나간 것이 아니라 함께 소주 한잔 더 하러 나간 것입니다. 오늘 19:30 조금 넘어서 사장님이 손님이 왔다고 2번 방으로 가라고 했습니다. 그래서 2번 방에 들어갔더니 전에 본 적이 있는 연행남이 손님으로 와있어서 반가워서 술도 즐겁게 마시고, 이야기도 재미있게 했습니다. 21:00쯤 되니까 연행남이 함께 나갈 수 있느냐고 했고, 저도 연행남이 마음에 들어서 함께 나가게 된 것입니다.
문 진술인이 연행남과 밖으로 나간 시간이 대충 21:00쯤이고 그때는 손님들이 많이 올 때일 텐데, 업주가 나가게 허락을 했나요.
답 손님이 많이 올 때는 허락하지 않는데, 코로나19 감염증의 확산 때문인지 오늘 밤은 손님도 없고 해서 소주 한잔 더 하고 들어온다고 하고 나갔습니다.
문 '2차'를 나가면서 진술인이나 업주가 '2차' 비용을 받았나요.
답 아닙니다. '2차' 비용은 따로 받지 않았어요.
문 '샴푸 유흥주점'에서 양주 1병에 얼마인가요.
답 20만 원입니다. 안주는 따로 안 받고 술값에 포함되어 있어요.
문 연행남이 오늘 마신 술값이 얼마인가요.
답 양주 2병에 40만 원, 아가씨 팁이 5만 원이니까 45만 원을 계산했겠죠.
문 손님이 없어도 증인 마음대로 영업장 밖으로 나갈 수 있는 것은 아니지요.
답 예. 그렇습니다. 사장님께 이야기해서 허락을 받아야 합니다.
문 진술인은 손님과 나간다고 업주에게 이야기를 하고 갔나요.
답 사장님께 손님과 따로 소주 한잔 하고 오겠다고 말씀드려서 알고 있었을 것입니다.
문 일반적으로 종업원과 '2차'를 나가려면 업소 측에 일정한 비용을 지불해야 하는데, 진술인은 연행남으로부터 대가도 받지 않고 '2차'를 나갔다는 말인가요.

답   연행남과 소주 한잔 더 하려고 따라 나간 것이지 '2차'를 나간 것이 아닙니다.
문   진술인은 연행남과 왜 술집이 아니라 바로 여관으로 들어갔나요.
답   밖에 나가 생각해보니 이미 술을 너무 많이 마신 것 같고, 또 연행남이 마음에 들고, 몸도 피곤해서 잠시 쉬다 나오려고 한 것입니다.
문   잠시 쉬다 나오려고 들린 여관에서 왜 옷을 벗고 있었나요.
답   술을 많이 마셔서 조금 덥기도 했고… 어쩌다 보니 옷을 벗게 되었습니다. 그 구체적인 경위는 잘 기억나지 않습니다.
문   업주가 진술인에게 '2차'를 나가라고 한 사실이 없다는 말인가요.
답   예. 사장님과는 관계없어요.
문   진술인은 경찰서로 동행하는 과정에서 잠시 화장실에 간다고 하고서 화장실에 들어간 후 업주에게 전화를 해서 단속사실을 알려주려고 한 사실이 있나요.
답   사장님께 오늘 가게로 못 들어갈 것 같다고 알려줘야 할 것 같아서 전화를 하려고 한 것이지, 사장님이 '2차'를 내보내서 전화를 한 것은 아니에요. 그마저도 여자 경찰관이 따라와서 전화를 하지 못했습니다.
문   진술인은 처음 여관방에서 조사를 받으면서 경찰관들에게 연행남과 서로 애인 사이라고 이야기했나요.
답   예. 그렇습니다. 당황해서 상황을 모면하고자 그렇게 이야기했습니다.
문   여관에서 경찰관들에게 '2차'를 나간 사실을 인정한 사실이 있지요.
답   당황해서 그랬던 것 같기도 한데 잘 기억나지 않습니다.
문   증인은 경찰서로 가기 전에 화장실에 간 사실이 있지요.
답   예. 있습니다.
문   더 할 말이 있나요.
답   없습니다.
문   이상 진술한 내용이 사실인가요.
답   예. ㉑

위의 조서를 진술자에게 열람하게 하였던바 진술한 대로 오기나 증감·변경할 것이 없다고 말하므로 간인한 후 서명 날인하게 하다.

진 술 자   여종원 ㉑

2021. 10. 22.

서울강남경찰서

사법경찰리   경사   임동행 ㉑

진술조서

성   명: 연행남
주민등록번호: 84****-1****** 남, 36세
직업, 주소, 연락처 등 (각 생략)

위의 사람은 피의자 김갑동에 대한 식품위생법위반 피의사건에 관하여 2021. 10. 22. 서울강남경찰서 수사과 사무실에 임의동행하여 다음과 같이 진술하다.

피의자와의 관계
    저는 피의자 김갑동과 아무런 관계가 없습니다.

이때 진술의 취지를 더욱 명백히 하기 위하여 다음과 같이 임의로 문답하다.

문 진술인은 유흥주점에서 술을 마신 후 종업원(여종원)과 성매매를 하러 밖으로 나가는 소위 '2차'를 나간 사실이 있나요.

답 예. 있습니다.

문 구체적으로 진술해 보세요.

답 오늘 퇴근 후 동료들과 저녁식사를 하는 자리에서 상사한테 작년 실적이 안 좋다고 싫은 소리를 들어 기분이 울적했습니다. 그래서 저녁식사 후 집에 가다가 한잔 할 생각으로 전에 가본 적이 있는 '삼포 유흥주점'에 19:30쯤 들어갔습니다. 제가 있던 방에 들어온 아가씨(여종원)가 인물도 괜찮고, 말도 잘 통해서 기분 좋게 술을 마셨습니다. 그러다가 21:00쯤 됐는데 술도 꽤 취하고, 파트너도 마음에 들어서 제가 여종원에게 '2차'를 갈 수 있느냐고 물어보니까 갈 수 있다고 해서 같이 밖으로 나와서 부근에 있는 여관에 간 것입니다.

문 계속 진술하세요.

답 여종원이 사장을 불러서 방에서 계산을 하고, 그 사이에 여종원은 옷을 갈아입으러 나갔습니다. 나중에 입구에서 여종원을 만나서 함께 부근에 있는 '오산장 여관'으로 갔습니다. 여관에 들어와서는 엘리베이터를 타고 307호에 들어간 후 제가 먼저 샤워를 하고 침대에서 텔레비전을 보면서 누워 있었고, 여종원이 샤워를 하고 나온 후 제 옆에 조금 떨어져서 침대에 누웠습니다. 그리고 같이 담배를 한 대 피우고 있는데, 갑자기 경찰관들이 들이닥친 것입니다.

문 진술인은 '삼포 유흥주점'의 업주가 누군지 아는가요.

답 얼굴은 몇 번 봐서 아는데, 이름은 모릅니다.

문 진술인과 여종원이 '2차'를 나가는 것을 업주도 봤는가요.

답 계산을 하고 밖에 나가보니, 사장이 카운터에 있었고, 제가 여종원과 함께 나올 때도 저나 여종원에게 특별한 말이 없었으니까 알고 있었겠죠.

문 진술인은 여종원과 술을 몇 병이나 마셨나요.
답 원저 양주 1병을 주문한 것 같습니다.
문 술값으로 얼마를 계산했나요.
답 나올 때 그곳 사장이 총 금액이 45만 원이라고 하기에 제가 갖고 있던 신용카드로 계산을 했습니다.

이때 진술인은 사법경찰리에게 소지하고 있던 카드전표를 임의로 제시하므로, 사법경찰리는 그 내용을 확인한 후 진술인에게 반환하다.

문 이 카드전표가 진술인이 오늘 술값을 지불하고 받은 것이 맞나요.
답 예. 그렇습니다.
문 이 카드전표를 보면 금액란에 '181,819원', 부가가치세란에 '18,181원', 봉사료란에 '250,000원', 합계란에 '450,000원'이 기재되어 있는데, 그럼 양주값으로 20만 원을 지불하고, '2차' 비용으로 25만 원을 지불한 것인가요.
답 글쎄요, 양주값은 20만 원이 맞는데, 25만 원이 전부 '2차' 비용인지는 모르겠습니다. 25만 원에는 술집에서 옆에 앉아 이야기 상대해주는 비용 등이 포함된 금액인 것 같습니다.
문 더 할 말이 있나요.
답 부끄러우니 가족들에게는 알리지 말아 주세요.
문 이상 진술한 내용이 사실인가요.
답 예. ㉢

위의 조서를 진술자에게 열람하게 하였던바 진술한 대로 오기나 증감·변경할 것이 없다고 말하므로 간인한 후 서명 날인하게 하다.

진 술 자   연행남 ㊞

2021. 10. 22.

서울강남경찰서
사법경찰리   경사   임동행 ㊞

진술조서

성 명: 최권자
주민등록번호: 69****-2****** 여, 50세
직업, 주소, 연락처 등 (각 생략)

위의 사람은 피의자 김갑동에 대한 특정경제범죄가중처벌등에관한법률위반(횡령) 등 피의사건에 관하여 2021. 11. 12. 서울서초경찰서 수사과 사무실에 임의출석하여 다음과 같이 진술하다.

피의자와의 관계

저는 피의자의 옆집에 사는 사람으로 금전거래를 할 정도로 친하게 지내왔습니다.

이때 진술의 취지를 더욱 명백히 하기 위하여 다음과 같이 임의로 문답하다.

문 진술인은 피의자를 상대로 대여금 등 청구소송을 제기하였지요.
답 예. 그렇습니다. 그 구체적인 내용과 경위는 고소장에 기재한 바와 같습니다.
문 피해사실이 무엇인가요.
답 피의자는 서울 서초구 양재로 111 밀레니엄빌딩 1층에서 'CU편의점'을 운영하는데, 그 사업자 명의를 피의자의 처인 박갑순에서 정갑선으로 변경하였습니다.
문 사업자 명의 변경사실은 어떻게 알게 되었나요.
답 피의자의 처인 박갑순이 'CU편의점'의 사업자 명의가 자기 앞으로 되어 있다고 자랑해서 그렇게 알고 있었는데, 어느 날 보니 'CU편의점' 영수증에 사업자로 정갑선이 기재되어 있었습니다.
문 달리 할 말이 있는가요.
답 경제적 상황이 안 좋아 제때 못 갚는 것은 그렇다고 하더라도 강제집행을 피하기 위해 자신의 재산을 숨긴 것은 정말 괘씸합니다. 엄히 처벌해주세요.
문 이상의 진술은 사실인가요.
답 예, 사실입니다.

위의 조서를 진술자에게 열람하게 하였던바, 진술한 대로 오기나 증감·변경할 것이 전혀 없다고 말하므로 간인한 후 서명무인하게 하다.

진술자 최권자 (무인)

2021. 11. 12.

서울서초경찰서

사법경찰리 경사 오규철 ㊞

피의자신문조서

피의자 김갑동에 대한 특정경제범죄가중처벌등에관한법률위반(횡령) 등 피의사건에 관하여 2021. 11. 8. 서울서초경찰서 형사과 사무실에서 사법경찰관 경위 김서경은 사법경찰리 순경 서경남을 참여하게 하고, 아래와 같이 피의자임에 틀림없음을 확인하다.

문   피의자의 성명, 주민등록번호, 직업, 주거, 등록기준지 등을 말하십시오.
답   성명은 김갑동(金甲童)
        주민등록번호, 직업, 주거, 등록기준지, 직장주소, 연락처 (각 생략)

사법경찰관은 피의사건의 요지를 설명하고 사법경찰관의 신문에 대하여 「형사소송법」 제244조의3에 따라 진술을 거부할 수 있는 권리 및 변호인의 참여 등 조력을 받을 권리가 있음을 피의자에게 알려주고 이를 행사할 것인지 그 의사를 확인하다.

[진술거부권과 변호인 조력권 고지하고 변호인 참여 없이 진술하기로 함(생략)]
이에 사법경찰관은 피의사실에 관하여 다음과 같이 피의자를 신문하다.
[피의자의 범죄전력, 경력, 학력, 가족·재산 관계 등은 생략]

문   피의자와 이을남은 어떤 사이인가요.
답   이을남은 2009. 7. 1.부터 2020. 12. 31.까지 서울특별시 강남구청 환경위생과 과장으로 근무하면서 강남구 내 유흥주점 허가와 관련된 업무를 담당하던 사람이었는데, 제가 서울 강남구 논현로 61 엘리시아빌딩 지하 1층에서 '샴푸 유흥주점'을 운영하면서 업무상 알게 되었습니다.

문   피의자는 2012. 12.경 이을남에게 '샴푸 유흥주점' 인근에 '샴푸II 유흥주점'을 추가로 개업하고 싶다고 한 적이 있나요.
답   예. 그렇습니다. 이을남이 저에게 자신이 점포를 제공할 테니 그곳에서 '샴푸II 유흥주점'을 운영하면서 매월 수익금 중 500만 원을 달라고 제안하였고, 제가 이에 동의하여 2013. 3. 14. 이을남과 사이에 점포 제공에 따른 수익금 배분약정서를 작성하였습니다.

문   이을남은 자신이 소유하고 있는 점포를 제공하였나요.
답   아닙니다. 제가 이을남에게 '샴푸II 유흥주점'을 개업할 점포로 서울 강남구 논현로 50 제우스빌딩 지하 1층이 좋겠다고 말하자, 이을남이 2013. 4. 18. 최매도로부터 이를 10억 원에 매수하였습니다.

문   위 점포에 관한 소유권이전등기는 누구 앞으로 마쳤나요.
답   위 수익금 배분약정서 작성 당시 이을남이 공무원 신분이어서 자기 앞으로 소유권이전등기를 해두기 곤란하다고 하면서 제 앞으로 해두자고 하였고, 저도 유흥주점 허가에 유리할 것 같아 동의하였습니다. 그에 따라 매매 당일에 저와 피의자가 함께 위 점포에 관하여 제 명의의 소유권이전등기를 마쳤습니다.

문 피의자는 위 점포에 관한 소유권이전등기가 피의자 앞으로 마쳐진 것을 기화로 신한은행에 위 점포에 관하여 채무자는 피의자, 채권최고액은 7억 원인 근저당권을 설정하여 주었지요.

답 예. 코로나19 감염증의 확산으로 '샴푸II 유흥주점'의 영업이 부진하여 경제적인 어려움을 겪게 되었습니다. 잠깐만 쓸 생각으로 2021. 6. 14. 신한은행으로부터 5억 원을 대출받으면서, 같은 날 서울 서초구 서초중앙로 19 법무사합동법인 마두에서 신한은행에 위 점포에 관한 근저당권을 설정하여 주었습니다.

문 피의자는 2019. 12. 1. 최권자로부터 3,000만 원을 변제기는 2020. 11. 30.로, 이자는 월 2%로 각 정하여 대여받았으나, 위 변제기를 지나도록 원리금을 변제하지 않았고, 이에 2021. 3. 29. 최권자로부터 대여금 등 청구소송을 당하였지요.

답 예. 그렇습니다.

문 피의자는 최권자로부터 대여금 등 청구소송을 당하자 강제집행을 면탈할 목적으로, 서울 서초구 양재로 111 밀레니엄빌딩 1층에서 운영하던 'CU편의점'의 사업자 명의를 처인 박갑순에서 정갑선으로 변경하였지요.

답 제가 'CU편의점'의 사업자 명의가 처인 박갑순으로 등록되어 있던 것을 2021. 7. 13. 서초세무서에 폐업 신고한 후, 2021. 7. 27. 정갑선 명의로 새로이 사업자등록 신고한 것은 맞지만 이는 강제집행을 면탈하기 위한 것이 아닙니다. 정갑선은 저의 숙모로 당시 편의점 개업 준비 중이었는데, 제가 운영하는 'CU편의점'을 몇 달간 대신 운영해보고 싶다고 해서 그렇게 하시라고 허락하면서 'CU편의점'의 사업자 명의를 정갑선으로 변경한 것입니다.

문 편의점 개업을 준비하기 위해서라면 'CU편의점'에서 아르바이트를 하는 정도로도 충분하지 않나요.

답 정갑선은 편의점 사장의 입장에서 물품 구입, 재고 관리, 세금 처리 등을 직접 경험해 보고 싶어 하였고, 이를 위하여 'CU편의점'의 사업자 명의를 정갑선으로 변경한 것입니다. 절대로 강제집행을 면탈하기 위한 것이 아닙니다.

문 피의자는 2021. 10.경 '샴푸 유흥주점'을 운영하면서 식품접객업자의 영업자 준수사항을 위반하여 종업원에게 손님과 함께 성매매 등을 위해 영업장 밖으로 나가는 영업행위인 이른바 '티켓 영업'을 하도록 한 사실이 있나요.

답 그런 사실이 없습니다.

문 종업원들의 급여는 어떻게 정해지나요.

답 종업원들은 고정급이 따로 있는 것은 아니고, 자기가 각 방에서 손님을 접대한 시간만큼 받습니다. 보통 300~400만 원 정도는 벌어갑니다.

문 종업원들이 손님을 접대하면 시간당 얼마를 받는가요.

답 주점마다 다른데, 저희 집은 당시 시간당 5만 원을 받았습니다.

문 그럼 종업원들이 한 달에 평균 300~400만 원 정도를 벌기 위해서는 단순히 테이블 술 접대뿐만 아니라 이른바 '티켓 영업'을 해야 하는 것 아닌가요.

답 아닙니다. 저희 업소는 종업원들에게 '티켓 영업'을 하도록 한 사실이 없습니다.

문 피의자는 2021. 10. 22. 21:00경 종업원 여종원에게 손님과 함께 성매매 등을 위해 영업장 밖으로 나가는 영업행위인 이른바 '2차'를 나가게 한 사실이 있나요.

답 그런 사실 없습니다.

문 당일 여종원과 연행남은 21:00경 피의자의 주점을 나와서 '오산장 여관'에서 성매매를 하려다가 적발된 사실이 있는데, 피의자는 여종원에게 '2차'를 나가도록 한 사실이 없다는 말인가요.

답 당일 여종원이 연행남과 술을 마시다가 연행남이 돌아가는데 여종원이 저에게 연행남과 소주 한잔 한 후 바래다준다고 하고 나간 것입니다. 나가서 둘이 마음이 맞아 여관에 갔는지 모르겠지만, 당시 제가 여종원에게 '2차'를 나가라고 한 것은 아닙니다.

문 피의자의 주점에서 양주 1병에 얼마를 받았나요.

답 안주값은 따로 안 받고 양주는 병당 20만 원을 받았습니다.

이때 피의자는 사법경찰리에게 소지하고 있던 매출전표를 임의로 제출하므로, 사법경찰리는 그 내용을 확인한 후 피의자의 동의를 받아 조서말미에 첨부하다.

문 위 매출전표의 금액란에 '181,819원', 부가가치세란에 '18,181원', 봉사료란에 '250,000원', 합계란에 '450,000원'이 기재되어 있는데, 봉사료 25만 원에는 봉사료 5만 원 이외에 성매매 비용 20만 원이 포함된 것 아닌가요.

답 제 생각에는 양주를 2병 주문해서 40만 원이고, 봉사료는 5만 원 해서 합계 45만 원을 계산하면서 카드단말기를 잘못 누른 것 같습니다. 제가 눈이 안 좋아 잘못 누르는 경우가 꽤 있습니다. 그리고 봉사료로 입력하면 부가가치세를 누락할 수 있어 술값을 봉사료로 입력하기도 하는데 이번은 실수로 잘못 누른 것입니다.

문 피의자는 더 할 말이 있는가요.

답 없습니다. [인]

위의 조서를 진술자에게 열람하게 하였던바, 진술한 대로 오기나 증감·변경할 것이 전혀 없다고 하므로 간인한 후 서명날인하게 하다.

진술자 김 갑 동 [인]

2021. 11. 8.

서울서초경찰서

사법경찰관 경위 김 서 경 [인]

사법경찰리 순경 서 경 남 [인]

피의자신문조서

피의자 김갑동, 이을남에 대한 특정경제범죄가중처벌등에관한법률위반(횡령) 등 피의사건에 관하여 2021. 11. 15. 서울서초경찰서 형사과 사무실에서 사법경찰관 경위 김서경은 사법경찰리 순경 서경남을 참여하게 하고, 아래와 같이 피의자임에 틀림없음을 확인하다.

문 피의자의 성명, 주민등록번호, 직업, 주거, 등록기준지 등을 말하십시오.
답 성명은 이을남(李乙南)
   주민등록번호, 직업, 주거, 등록기준지, 직장주소, 연락처 (각 생략)

사법경찰관은 피의사건의 요지를 설명하고 사법경찰관의 신문에 대하여 「형사소송법」 제244조의3에 따라 진술을 거부할 수 있는 권리 및 변호인의 참여 등 조력을 받을 권리가 있음을 피의자에게 알려주고 이를 행사할 것인지 그 의사를 확인하다.

[진술거부권과 변호인 조력권 고지하고 변호인 참여 없이 진술하기로 함(생략)]

이에 사법경찰관은 피의사실에 관하여 다음과 같이 피의자를 신문하다.
[피의자의 범죄전력, 경력, 학력, 가족·재산 관계 등은 생략]

문 피의자는 피의자 김갑동과 어떤 사이인가요.
답 김갑동은 서울 강남구 논현로 61 엘리시아빌딩 지하 1층에서 '샴푸 유흥주점'을 운영하는 사람입니다. 저는 2009. 7. 1.부터 2020. 12. 31.까지 서울특별시 강남구청 환경위생과 과장으로 근무하면서 강남구 내 유흥주점 허가와 관련된 업무를 담당하였는데, 그때 업무상 알게 되었습니다.
문 피의자는 2012. 12.경 피의자 김갑동으로부터 '샴푸 유흥주점' 인근에 '샴푸II 유흥주점'을 추가로 개업하고 싶다는 말을 듣고, 피의자 김갑동에게 자신이 점포를 제공할 테니 그곳에서 '샴푸II 유흥주점'을 운영하면서 매월 수익금 중 500만 원을 달라고 제안하였지요.
답 예. 그렇습니다. 김갑동도 제 제안에 동의하였고, 그에 따라 저와 김갑동은 2013. 3. 14. 점포 제공에 따른 수익금 배분약정서를 작성하였습니다.
문 피의자는 피의자 소유의 점포를 제공하였나요.
답 아닙니다. 김갑동이 '샴푸II 유흥주점'을 개업할 점포를 물색하여 알려주었고, 제가 그 점포를 최매도로부터 10억 원에 매수하여 김갑동에게 제공하였습니다.
문 그 매매일자는 2013. 4. 18.이고, 점포 주소는 서울 강남구 논현로 50 제우스빌딩 지하 1층이 맞나요.
답 예. 맞습니다.
문 위 점포에 관한 소유권이전등기는 누구 앞으로 마쳤나요.
답 저와 김갑동이 2013. 3. 14. 점포 제공에 따른 수익금 배분약정서를 작성할 당시 제가 공무원 신분이어서 제 앞으로 소유권이전등기를 해두기 곤란하여 김갑동 앞으로 해두자고 하였고, 김갑동도 좋다고 하였습니다. 그래서 매매 당일에 저와 김갑동이 함께 서울중앙지방법원에 가서 위 점포에 관하여 매도인 최매도로부터 김갑동 명의로 소유권이전등기를 마쳤습니다.

문 위 점포의 소유자가 피의자인가요, 아니면 피의자 김갑동인가요.

답 제가 위 점포를 매수하였고, 매매대금도 제가 부담하였으므로 제가 위 점포의 소유자입니다. 위 점포에 관한 소유권이전등기가 김갑동 앞으로 마쳐지기는 했지만 명의만 그렇고 실제 소유자는 저입니다. 이는 김갑동도 동의하는 사항입니다.

문 피의자와 피의자 김갑동 사이에 명의신탁 약정을 한 것인가요.

답 정확한 법률 용어는 모르겠지만, 명의신탁이라고 볼 수 있을 것 같습니다.

문 부동산에 관한 물권을 명의신탁 약정에 따라 명의수탁자의 명의로 등기해서는 안 되는 것 모르나요.

답 죄송합니다. 제 신분을 숨기기 위한 것이었는데, 김갑동이 저 몰래 신한은행에 위 점포에 관한 근저당권을 설정할지 몰랐습니다.

문 피의자 김갑동이 2021. 6. 14. 신한은행으로부터 5억 원을 대출받으면서, 같은 날 서울 서초구 서초중앙로 19 법무사합동법인 마두에서 신한은행에 위 점포에 관한 근저당권을 설정하여 준 것이 맞나요.

답 네, 그렇습니다.

문 이상의 진술내용에 대하여 이의나 의견이 있는가요.

답 제 소유의 점포에 관하여 김갑동 명의의 소유권이전등기를 마친 것은 잘못이지만, 자신에게 소유권이전등기가 마쳐진 것을 이용하여 임의로 신한은행에 제 점포에 관한 근저당권을 설정하여 준 김갑동의 행위는 더 큰 범죄입니다. 김갑동을 엄벌에 처해주시기 바랍니다.

위의 조서를 진술자에게 열람하게 하였던바, 진술한 대로 오기나 증감·변경할 것이 전혀 없다고 하므로 간인한 후 서명날인하게 하다.

진술자   이을남 ㊞

2021. 11. 15.

서울서초경찰서

사법경찰관   경위   김서경 ㊞

사법경찰리   순경   서경남 ㊞

고 소 장

고 소 인 : 김갑석 (680219-1******)
서울 성북구 성북동 39-1 성북맨션 203호
피고소인 : 김갑동 (721208-1122334)

접수일자	2021. 11. 22.
접수번호	(생략)
사건번호	(생략)
압수번호	

고 소 요 지

1. 고소인은 피고소인의 친형으로 함께 거주하고 있지는 않습니다.

2. 피고소인은 2021. 8. 28. 15:00경 제가 운영하는 개인사업체인 '진선기획' 사무실에 찾아와 요즘 '샴푸II 유흥주점' 영업이 잘 안 돼 경제적으로 어렵다는 등의 이야기를 하였고, 1~2시간 있다가 사무실을 나갔습니다.

3. 고소인은 2021. 8. 28. 오전에 사무실 임대료 지급을 위하여 1,000만 원을 인출하여 봉투에 담아 제 책상 서랍에 넣어두었는데, 피고소인이 다녀가고 몇 일 후 위 봉투가 없어진 것을 발견하였고, 혹시나 하여 제 아이디와 패스워드를 입력하여 신한은행 인터넷뱅킹에 접속한 다음 신한은행 예금계좌(053-22-01614)를 확인하여 보니 2021. 8. 28. 16:15 피고소인의 신한은행 예금계좌(053-19-25543)로 50,000,000원이 이체되어 있었습니다.

4. 피고소인이 2021. 8. 28. 사무실을 방문한 후 더 이상 방문한 사람이 없으므로 피고소인이 6,000만 원을 훔쳐간 것이 분명합니다. 비록 제가 피고소인과 형제관계이기는 하나, 피고소인이 더 나쁜 길로 빠지는 것을 막기 위해서라도 피고소인을 엄히 처벌하여 주시기 바랍니다.

첨 부 서 류

1. 가족관계증명서 사본 1장 (첨부 생략)
2. 신한은행 예금계좌(053-22-01614) 이체내역서 사본 1장 (첨부 생략)

2021. 11. 22.

고소인 김갑석 ㊞

서울중앙지방검찰청 귀중

고 발 장

고 발 인 : 공여순 (741030-2223333)
피고발인 : 이을남 (700523-1234987)

접수일자	2021. 12. 6.
접수번호	(생략)
사건번호	(생략)
압수번호	

고 발 요 지

1. 피고발인은 서울특별시 강남구청 환경위생과 과장으로 근무하던 중 2019. 8. 23. 19:00경 서울 강남구 논현로 10에 있는 '아사히' 일식집에서 고발인으로부터 뇌물 500만 원을 받았습니다.
2. 이에 고발하오니 철저하게 수사하시어 엄벌해 주시기 바랍니다.

첨 부 서 류

1. 판결(2019고단5500) 사본 1장

2021. 12. 6.

고발인   공여순 ㊞

서울중앙지방검찰청 귀중

서울중앙지방법원
판 결

> 2021. 1. 28. 항소기간경과
> 2021. 1. 28. 확 정
> 서울중앙지방검찰청

사　　　건　　2019고단5500 사기
피 고 인　　이을남 (700523-1234987), 무직(전 공무원)
　　　　　　주거　서울 관악구 봉천로 576 (봉천동)
　　　　　　등록기준지　춘천시 공지로 500 (효자동)
검　　　사　　오기훈(기소), 한정훈(공판)
변 호 인　　변호사 최고변(국선)
판 결 선 고　　2021. 1. 20.

주 문

피고인을 벌금 5,000,000원에 처한다.
(나머지 주문 **기재 생략**)

이 유

범죄사실

피고인은 2019. 8. 23. 19:00경 서울 강남구 논현로 10에 있는 '아사히' 일식집에서 공여순으로부터 서울 강남구 테헤란로 88 레이크빌딩 지하 1층에서 개업 준비 중인 유흥주점의 영업허가를 받을 수 있도록 편의를 봐달라는 청탁을 받으면서 이를 들어줄 의사나 능력이 없었음에도 마치 그 청탁받은 대로 직무를 처리할 것처럼 거짓말하여 이에 속은 피해자로부터 즉석에서 사례금 명목으로 500만 원을 교부받았다. 이로써 피고인은 피해자를 기망하여 재물을 편취하였다.

증거의 요지 (생략)
법령의 적용 (생략)

　　　　　판사　　최정의 ＿＿＿＿＿＿＿＿

> 위 사본임
> 공여순 ㊞

진술조서

성   명: 공여순
주민등록번호: 74*****-2******, 45세
직업, 주소, 연락처 등 (각 생략)

위의 사람은 피의자 김갑동, 이을남에 대한 특정경제범죄가중처벌등에관한법률위반(횡령) 등 피의사건에 관하여 2021. 12. 13. 서울중앙지방검찰청 513호 검사실에 임의 출석하여 다음과 같이 진술하다.

피의자들과의 관계
　　피의자 이을남은 사업관계로 알게 되었던 구청공무원이었고, 피의자 김갑동은 모르는 사람입니다.

이때 검사는 진술인 공여순을 상대로 다음과 같이 문답하다.

문　고발취지는 무엇인가요.
답　제가 고발장에 첨부한 판결사본을 보시면 곧바로 확인하실 수 있습니다. 당시에 제가 사기죄로 고소를 했었는데, 이을남이 공직에 있었으니 뇌물수수죄도 되는 것 같습니다.
문　당시 사례금 명목으로 500만 원을 현금으로 전달하였다는 것인가요.
답　예. 그렇습니다. 식사 중에 5만 원짜리 100장이 든 쇼핑백 1개를 전달했습니다.
문　피의자 이을남의 처벌을 원하는가요.
답　예. 엄벌에 처해 주시기 바랍니다.
문　지금까지의 진술은 모두 사실인가요.
답　예, 사실입니다.

위의 조서를 진술자에게 열람하게 하였던바, 진술한 대로 오기나 증감·변경할 것이 전혀 없다고 말하므로 간인한 후 서명무인하게 하다.

　　　　　　　　　　　　　　진술자　공여순 (무인)

2021. 12. 13.

서울중앙지방검찰청
검　　　사　엄정희 ⑨
검찰주사보　송주영 ⑨

피의자신문조서

성 명 : 김갑동
주민등록번호 : (생략)

피의자 김갑동, 이을남에 대한 특정경제범죄가중처벌등에관한법률위반(횡령) 등 피의사건에 관하여 2021. 12. 20. 서울중앙지방검찰청 513호 검사실에서 검사 엄정희는 검찰주사보 송주영을 참여하게 하고, 아래와 같이 피의자임에 틀림없음을 확인하다.

주민등록번호, 직업, 주거, 등록기준지, 직장 주소, 연락처 (각 생략)

검사는 피의사건의 요지를 설명하고 검사의 신문에 대하여 「형사소송법」 제244조의3에 따라 진술을 거부할 수 있는 권리 및 변호인의 참여 등 조력을 받을 권리가 있음을 피의자에게 알려주고 이를 행사할 것인지 그 의사를 확인하다.

[진술거부권과 변호인 조력권 고지하고 변호인 참여 없이 진술하기로 함(생략)]

이때 검사는 피의자 김갑동을 상대로 신문하다.

문   피의자 김갑동의 학력, 경력, 가족관계, 재산정도, 건강상태 등은 경찰에서 사실대로 진술하였나요.

이 때 검사는 사법경찰관 작성의 피의자신문조서 중 해당부분을 읽어준바,

답   예. 그렇습니다.

[부동산실권리자명의등기에관한법률위반의 점]
(경찰 진술내용과 동일함, 신문사항 생략)

[특정경제범죄가중처벌등에관한법률위반(횡령)의 점]
(경찰 진술내용과 동일함, 신문사항 생략)

[강제집행면탈의 점]
(경찰 진술내용과 동일함, 신문사항 생략)

[컴퓨터등사용사기, 절도의 점]

문   피의자는 2021. 8. 28. 15:00경 김갑석이 서울 중구 청구로 33 메가빌딩에서 운영하는 '진선기획' 사무실을 방문한 적이 있나요.

답   예. 김갑석은 제 친형으로 저와 따로 살고 있는데 답답한 일이 있을 때마다 가끔씩 찾아가곤 합니다. 그날도 사무실을 방문하여 김갑석에게 경제적 어려움을 토로하였던 것으로 기억합니다.

문   그날 김갑석이 자리를 비운 사이 그곳에 있는 컴퓨터를 이용하여 김갑석의 아이디와 패스워드를 입력하여 신한은행 인터넷뱅킹에 접속한 다음 김갑석의 신한은행 예금계좌(053-22-01614)에서 피의자 김갑동의 신한은행 예금계좌(053-19-25543)로 50,000,000원을 이체하였나요.

답   (고개를 숙이며) 예. 그렇습니다.

문   김갑석의 신한은행 인터넷뱅킹 아이디와 패스워드는 어떻게 알게 되었나요.
답   예전에 김갑석이 신한은행 인터넷뱅킹에 접속할 때 어깨 너머로 우연히 아이디와 패스워드를 보게 되었고 그 후 이를 기억하고 있었습니다.
문   그날 김갑석이 사용하던 책상 서랍에서 현금 1,000만 원이 들어 있는 봉투를 들고 나왔지요.
답   예. 죄송합니다. 아무리 경제적으로 힘들어도 친형 돈에 손대는 것은 아닌데 돈이 너무 급해서 우발적으로 그랬습니다. 너무 후회됩니다. 정말 반성하고 있고 최대한 빨리 피해액을 변제하도록 하겠습니다.
문   위 5,000만 원과 1,000만 원을 어떻게 하였나요.
답   이을남이 계속 '샴푸II 유흥주점' 수익금을 요구하여 2021. 9. 11. 20:00경 서울 서초구 신반포로 194에 있는 고속버스터미널 1층 '나이스' 현금지급기에서 위와 같이 취득한 5,000만 원과 위와 같이 취득한 후 제 하나은행 예금계좌(114-12-122311)에 입금하여 둔 1,000만 원을 함께 인출한 후, 그 자리에서 이을남에게 모두 교부하였습니다.
문   위 6,000만 원을 교부하면서 친형으로부터 편취 내지 절취한 돈이라고 말하였나요.
답   이을남이 돈의 출처를 물어 친형으로부터 빌린 돈이라고 말했습니다.
문   위 6,000만 원을 교부할 당시 피의자와 피의자 이을남 이외에 다른 사람도 함께 있었나요.
답   제가 데리고 있는 '샴푸II 유흥주점' 종업원인 나병녀가 함께 있었습니다.

[식품위생법위반의 점]
(경찰 진술내용과 동일함, 신문사항 생략)
문   이상의 진술에 대하여 이의나 의견이 있는가요.
답   없습니다.

위의 조서를 진술자에게 열람하게 하였던바, 진술한 대로 오기나 증감·변경할 것이 전혀 없다고 하므로 간인한 후 서명날인하게 하다.

진술자   김갑동 ㊞

2021. 12. 20.
서울중앙지방검찰청
검   사   김정희 ㊞
검찰주사보   송주영 ㊞

피의자신문조서

성   명 : 이을남

주민등록번호 : (생략)

피의자 김갑동, 이을남에 대한 특정경제범죄가중처벌등에관한법률위반(횡령) 등 피의사건에 관하여 2021. 12. 27. 서울중앙지방검찰청 513호 검사실에서 검사 엄정희는 검찰주사보 송주영을 참여하게 하고, 아래와 같이 피의자임에 틀림없음을 확인하다.

주민등록번호, 직업, 주거, 등록기준지, 직장 주소, 연락처 (각 생략)

검사는 피의사건의 요지를 설명하고 검사의 신문에 대하여「형사소송법」제244조의3에 따라 진술을 거부할 수 있는 권리 및 변호인의 참여 등 조력을 받을 권리가 있음을 피의자에게 알려주고 이를 행사할 것인지 그 의사를 확인하다.

[진술거부권과 변호인 조력권 고지하고 변호인 참여 없이 진술하기로 함(생략)]

이때 검사는 피의자 이을남을 상대로 신문하다.

문 피의자 이을남의 학력, 경력, 가족관계, 재산정도, 건강상태 등은 경찰에서 사실대로 진술하였나요.

이 때 검사는 사법경찰관 작성의 피의자신문조서 중 해당부분을 읽어준바,

답 예. 그렇습니다.

[부동산실권리자명의등기에관한법률위반의 점]

(경찰 진술내용과 동일함, 신문사항 생략)

[특정경제범죄가중처벌등에관한법률위반(횡령)의 점]

(경찰 진술내용과 동일함, 신문사항 생략)

[뇌물의 점]

문 피의자는 2009. 7. 1.부터 2020. 12. 31.까지 서울특별시 강남구청 환경위생과 과장으로 근무하였던 공무원이었나요.

답 예. 그렇습니다.

문 그때 피의자의 직무는 강남구청 관내 유흥주점 허가 관련 업무였나요.

답 예. 그렇습니다.

문 피의자는 2019. 8. 23. 19:00경 서울 강남구 논현로 10에 있는 '아사히' 일식집에서 공여순으로부터 서울 강남구 테헤란로 88 레이크빌딩 지하 1층에서 개업 준비 중인 유흥주점의 영업허가를 받을 수 있도록 편의를 봐달라는 청탁을 받으면서 그 사례금 명목으로 500만 원을 받은 사실이 있나요.

답 기억이 잘 나지 않습니다.

이때 검사는 피의자에게 검사가 작성한 공여순에 대한 진술조서를 보여주고,

문 공여순은 당시 피의자가 위 일식집에서 청탁을 받으면서 5만 원짜리 100장이 든 쇼핑백 1개를 수령하였다고 하는데, 아닌가요.
답 (고개를 숙이고 한숨을 쉬며) 예... 그게 사실이 맞습니다.

[장물취득의 점]

문 피의자는 2021. 9. 11. 20:00경 고속버스터미널 1층 '나이스' 현금지급기 앞에서 피의자 김갑동으로부터 6,000만 원을 교부받았지요.
답 예. 그렇습니다. 제가 김갑동이 새로 개업하는 '샴푸II 유흥주점'에 점포를 투자하였는데, 그동안 수익금을 받지 못하다가 그날 밀린 수익금 중 일부를 지급받았습니다.

문 당시 피의자 김갑동은 경제적으로 어려운 상황이었는데, 갑자기 6,000만 원이라는 거액을 한꺼번에 교부하는 것이 이상하지 않았나요.
답 제가 위 6,000만 원의 출처를 묻자, 김갑동은 친형으로부터 빌린 돈이라고 말하였습니다.

문 피의자 김갑동이 친형으로부터 편취 내지 절취한 돈이라고 말하지 않았나요.
답 제가 여러 번 위 6,000만 원의 출처를 캐물었지만, 그런 말은 하지 않았고, 친형으로부터 빌린 돈이라고만 말하였습니다.

문 이상의 진술내용에 대하여 이의나 의견이 있는가요.
답 검사님, 부디 현명한 판단을 해주시길 부탁드립니다.

위의 조서를 진술자에게 열람하게 하였던바, 진술한 대로 오기나 증감·변경할 것이 전혀 없다고 말하므로 간인한 후 서명 날인하게 하다.

진술자 이을남 ㉞

2021. 12. 27.
서울중앙지방검찰청
검   사 김정희 ㉞
검찰주사보 송주영 ㉞

진술조서

성   명: 나병녀
주민등록번호: 86****-2****** , 35세
직업, 주소, 연락처 등 (각 생략)

위 사람은 피의자 김갑동, 이을남에 대한 명예훼손 등 피의사건에 관하여 2022. 1. 10. 서울중앙지방검찰청 513호 검사실에 임의 출석하여 다음과 같이 진술하다.

피의자들과의 관계

　　피의자 김갑동은 제가 근무하는 '삼푸II 유흥주점'의 사장이고, 피의자 이을남은 피의자 김갑동과 함께 한번 본 사이입니다.

이때 검사는 진술인 나병녀를 상대로 다음과 같이 문답하다.

문   진술인은 피의자 김갑동이 2021. 9. 11. 20:00경 고속버스터미널 1층 '나이스' 현금지급기에서 6,000만 원을 인출하여 피의자 이을남에게 교부할 당시 현장에 있었지요.

답   예. 김갑동 바로 뒤에 서 있었습니다.

문   피의자 이을남은 위 6,000만 원을 교부받으면서 그 출처를 물었나요.

답   예. 이을남이 김갑동에게 위 6,000만 원의 출처를 물었고, 김갑동이 친형으로부터 빌린 돈이라고 말했으나, 이을남이 이를 믿지 않은 채 계속 추궁하자 친형 사무실에서 몰래 빼낸 돈이라고 실토하였습니다. 이을남은 장물을 받을 수는 없다며 10~20분 동안 큰 소리로 항의하다가, 김갑동이 나중에 친형에게 이야기해서 허락받으면 문제없다는 취지로 말하였고, 이에 이을남은 나중에 문제생기지 않도록 하라고 말하며 자리를 떴습니다.

문   지금까지의 진술은 모두 사실인가요.

답   예, 사실입니다.

위의 조서를 진술자에게 열람하게 하였던바, 진술한 대로 오기나 증감·변경할 것이 전혀 없다고 말하므로 간인한 후 서명무인하게 하다.

진술자   나병녀 (무인)

2022. 1. 10.
서울중앙지방검찰청
검   사   김정희 ㉠
검찰주사보   송주영 ㉠

기타 법원에 제출되어 있는 증거들

※ 편의상 다음 증거서류의 내용을 생략하였으나, 법원에 증거로 적법하게 제출되어 있음을 유의하여 검토할 것.

○ 점포 제공에 따른 수익금 배분약정서(증거목록 2번)
  - 피고인 김갑동이 피고인 이을남으로부터 '샴푸II 유흥주점'을 개업할 점포를 제공받는 대가로 위 유흥주점의 매월 수익금 중 500만 원을 지급하기로 하는 내용의 약정서

○ 점포매매계약서 사본(증거목록 3번)
  - 서울 강남구 논현로 50 제우스빌딩 지하 1층에 관한 매매계약서(매매대금 10억) 사본

○ 등기사항전부증명서 사본(증거목록 4번)
  - 서울 강남구 논현로 50 제우스빌딩 지하 1층에 관한 등기사항전부증명서 사본

○ 대여계약서 사본(증거목록 6번)
  - 최권자가 2019. 12. 1. 피고인 김갑동에게 3,000만 원을 변제기는 2020. 11. 30.로, 이자는 월 2%로 각 정하여 대여하는 내용의 계약서 사본

○ 소장 사본(증거목록 7번)
  - 최권자가 2021. 3. 29. 서울중앙지방법원에 피고인 김갑동을 피고로 하여 제기한 대여금 등 청구소송의 소장 사본

○ 소제기증명원 사본(증거목록 8번)
  - 최권자가 2021. 3. 29. 서울중앙지방법원에 피고인 김갑동을 피고로 하여 대여금 등 청구소송을 제기하였다는 내용의 소제기증명원 사본

○ 'CU편의점' 사업자등록증 사본(증거목록 9번)
  - 정갑선이 'CU편의점'의 사업자로 기재되어 있는 'CU편의점' 사업자등록증 사본

○ 현장영상 캡쳐사진(증거기록 11번)
  - 여종원과 연행남이 속옷만 입은 채 함께 있던 장면을 촬영한 사진

○ 매출전표(증거목록 15번)
  - 금액란에 '181,819원', 부가가치세란에 '18,181원', 봉사료란에 '250,000원', 합계란에 '450,000원'이 기재되어 있는 매출전표

○ 각 전과조회서(증거목록 18번)
  - 피고인 김갑동 : 동종 전과 및 벌금형 이상 전과 없음
  - 피고인 이을남 : 2021. 1. 20. 서울중앙지방법원에서 사기죄로 벌금 500만 원

○ 가족관계증명서 사본(증거목록 20번)
  - 김갑석이 피고인 김갑동의 친형으로 기재되어 있는 가족관계증명서 사본

○ 신한은행 예금계좌(053-22-01614) 이체내역서 사본(증거목록 21번)
  - 2021. 8. 28. 16:15 '김갑석'의 신한은행 예금계좌(053-22-01614)에서 피고인 김갑동의 신한은행 예금계좌(053-19-25543)로 5,000만 원이 이체되었다는 내용의 이체내역서 사본

○ 진술조서(증거목록 24번)
  - 김갑석의 고소장(증거목록 19번)과 동일한 내용임

확 인 : 법학전문대학원협의회

MEMO

MEMO

MEMO

MEMO

MEMO

MEMO

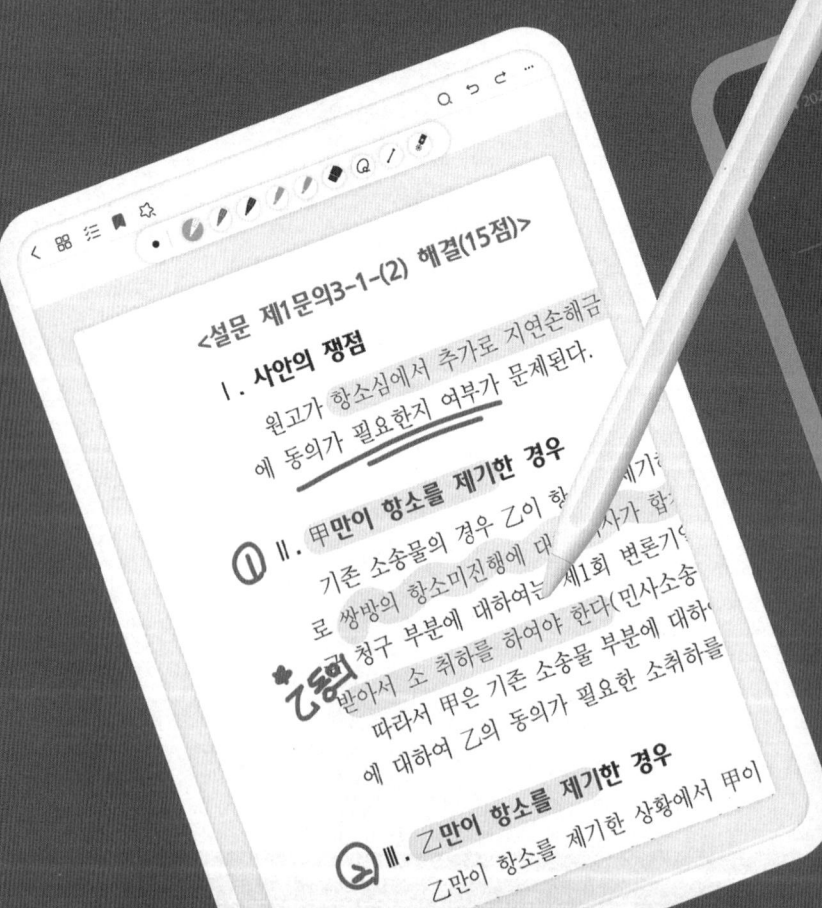

2026 변호사시험 대비

형사법

변호사시험 기출문제집

II. 모의편

UNION 제13판
기록형

해설편

2026 변호사시험 대비

형사법

변호사시험 기출문제집

II. 모의편

인해

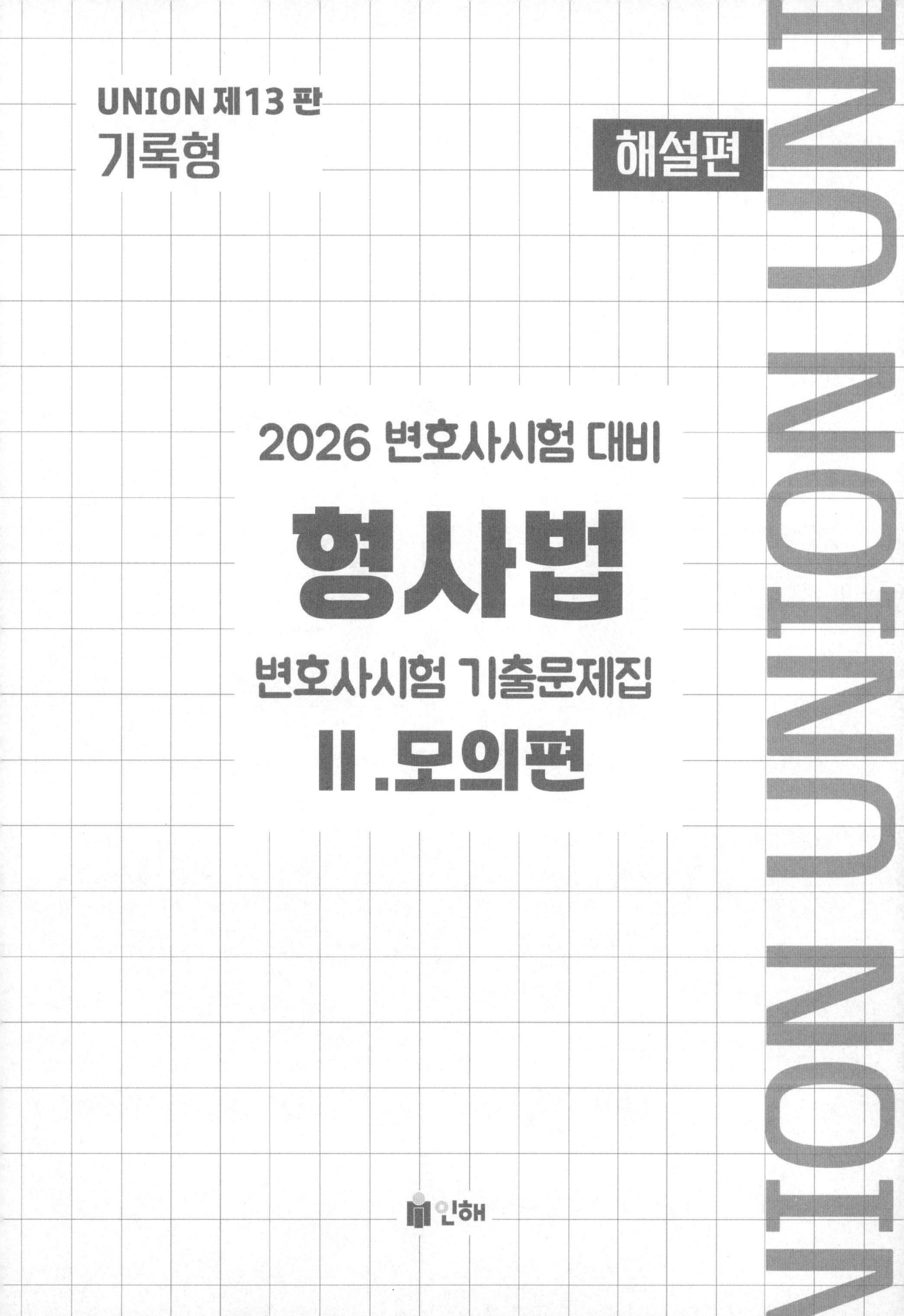

UNION 제13판

기록형
2026 변호사시험 대비

형사법

변호사시험 기출문제집
II. 모의편

CONTENTS

2024년도 제3차 법전협 주관 모의시험 ·· 005

2024년도 제2차 법전협 주관 모의시험 ·· 021

2024년도 제1차 법전협 주관 모의시험 ·· 037

2023년도 제3차 법전협 주관 모의시험 ·· 053

2023년도 제2차 법전협 주관 모의시험 ·· 069

2023년도 제1차 법전협 주관 모의시험 ·· 085

2022년도 제3차 법전협 주관 모의시험 ·· 101

2022년도 제2차 법전협 주관 모의시험 ·· 119

2022년도 제1차 법전협 주관 모의시험 ·· 135

UNION 제13판

기록형
2026 변호사시험 대비

형사법

변호사시험 기출문제집

II. 모의편

2024년 10월 제3차

법전협 주관 모의시험

6 | UNION 변호사시험 형사법 기록형 기출문제집 Ⅱ. 모의편 • 제13판

MGI Point 2024년 제3차 변호사시험 모의시험 형사법 기록형 메모장

공소제기일 2024.4.19.	부동의 증거 (p.6,7 증거목록) d2 : d1 사피(312③-증거X)[1], d2 검피(312①-증거X)[2], 정영이 고소장 및 사경 진조(312④-증거O)[3], 수사보고(최목격 진술 청취)(증거X)[4],					
	공소사실(p.9) (d1 : 김갑동, d2 : 이을남)	인부 (p.13)	공판단계	수사단계	비고	쟁점 및 결론
d1	1. 폭처법위반(공동재물손괴) 2023.9.20.	△ (성립부인)				-d2 가담사실 증명되지 아니함 ⇨ **무죄(325 전단)** -재산범죄에 있어 공동소유와 공동점유를 타인의 소유 또는 타인의 점유로 취급(判) ⇨ **축소사실인 재물손괴 부분은 유죄**
	2. 폭처법위반(공동주거침입) 2023.9.20.	△ (성립부인)				공동거주자가 공동생활의 장소에 출입하기 위하여 출입문의 잠금장치를 손괴한 경우 주거침입죄의 성립 여부(判) ⇨ **무죄 (325 전단)**
	3. 사기 및 여전법위반 2023.9.21.	O			약식명령 확정	-약식명령의 기판력은 포괄일죄에 미치고 그 기준시는 발령일(判) -사기부분: 확정된 약식명령 범행과 실체적경합 관계(判), 따라서 약식명령의 기판력 미치지X ⇨ **유죄** -여전법위반 중 순번 1 내지 3 카드 사용행위 ⇨ **면소(326 1호)** -여전법위반 중 순번 4 내지 6 카드 사용행위 ⇨ **유죄**
	4. 명예훼손 2023.9.20.	× (공연성 없음)				-개별적으로 한 사람에 대하여 사실을 유포하였다 하더라도 그로부터 불특정 또는 다수인에게 전파될 가능성이 있다면 공연성의 요건을 충족(判) -'법이 정한 한도 내에서 최대한 선처해 달라'고 진술하였으나, 이는 처벌불원의 의사로 보기는 어려움(判) ⇨ **유죄**

---

1) 제312조 제3항 - 부동의 등 ⇨ 전문법칙 예외 검토(당해 피고인이 내용부인취지로 부동의) - 증거 X
2) 제312조 제1항 - 부동의 등 ⇨ 전문법칙 예외 검토(당해 피고인이 내용부인취지로 부동의) - 증거 X
3) 제313조 제1항, 제312조 제4항 - 부동의 등 ⇨ 전문법칙 예외 검토(원진술자 법정 진정성립 O) - 증거 O
4) 제313조 제1항 - 부동의 등 ⇨ 전문법칙 예외 검토(원진술자 서명 또는 날인X) - 증거 X

d2	1. 폭처법위반 (공동재물손괴) 2022.2.24.	×	-정순이 법정진술-증거X(반대신문권 박탈) -정영이 법정진술 중 정순이로부터 들은 부분-증거X(316②)(진술불능X-필요성X) -d1 법정진술 - 신빙성X(진술 일관성X, 정영이의 집 앞에 설치된 CCTV 녹화영상에 등 객관적 증거가 오히려 피고인 변명에 부합 등) -기타 부족증거	-d1 사피-증거X(312③) -d1 검피-증거X(312①) -정영이 진술조서 중 정순이로부터 들은 부분-증거X(312④, 316②)(진술불능X-필요성X) -최목격 진술 청취 수사보고-증거X(313①)		-증거능력 및 증명력의 검토 ⇨ 무죄(325 후단)
	2-1. 도교법위반 (음주운전) 2022.2.24.	×		피고인의 혈중알코올 농도에 대한 국립과학수사연구소의 감정의뢰회보, 주취운전자적발보고서-증거X(위법수집증거이거나 그 파생증거)		-동의 없는 혈액채취의 적법성 인정 요건(判) ⇨ 무죄(325 후단)
	2-2. 도교법위반 (무면허운전) 2024.1.24.	O				-운전면허 취소처분의 원인이 된 교통사고 또는 법규 위반에 대하여 범죄사실의 증명이 없는 때에 해당한다는 이유로 무죄판결이 확정된 경우에는 그 취소처분이 취소되지 않았더라도 무면허운전죄로 처벌할 수 없음(判) ⇨ 무죄(325 전단)
	3. 교특법위반(치상) 2024.2.6.	O				-교통사고처리특례법 제4조 제1항 본문 적용 여부 ⇨ 공소기각(327 2호)

형사법 기록형

Contents

검토의견서(50점)

Ⅰ. 피고인 김갑동에 대하여
1. 폭처법위반(공동재물손괴등)의 점
   가. 쟁점
   나. 공동재물손괴의 점
   다. 재물손괴의 점
2. 폭처법위반(공동주거침입)의 점
   가. 쟁점
   나. 법리
   다. 이 사건의 경우
   라. 소결
3. 사기 및 여신전문금융업법위반의 점
   가. 사기의 점
   나. 여신전문금융업법위반의 점
4. 명예훼손의 점
   가. 쟁점
   나. 공연성의 인정 여부
   다. 허위의 인식 여부
   라. 공소기각의 가능성 여부
   마. 소결

변론요지서(50점)

Ⅱ. 피고인 이을남에 대하여
1. 폭처법위반(공동재물손괴등)의 점
   가. 쟁점
   나. 증거능력 없는 증거
   1) 피고인 김갑동에 대한 경찰 피의자신문조서
   2) 피고인 김갑동에 대한 검찰 피의자신문조서
   3) 정순이에 대한 경찰 진술조서
   4) 정순이의 법정 진술
   5) 정영이에 대한 경찰 진술조서, 정영이의 법정 진술 중 정순이로부터 들었다는 부분
   6) 수사보고(최목격 진술 청취)
   다. 신빙성 없는 증거
   라. 부족증거
   마. 소결
2. 도로교통법위반(음주운전) 및 도로교통법위반(무면허운전)의 점
   가. 도로교통법위반(음주운전)의 점
   1) 쟁점
   2) 증거능력 없는 증거
   3) 소결
   나. 도로교통법위반(무면허운전)의 점
   1) 쟁점
   2) 법리
   3) 이 사건의 경우
   4) 소결
3. 교통사고처리특례법위반의 점
   가. 쟁점
   나. 법리
   다. 이 사건의 경우
   라. 소결

검토의견서(50점)

I. 피고인 김갑동에 대하여

1. 폭력행위등처벌에관한법률위반(공동재물손괴등)의 점

가. 쟁점

피고인은 이 부분 공소사실을 자백하고 있으나, 이을남이 재물손괴 가담 사실을 부인하고 있는바, 공동재물손괴의 성립여부와 관련하여 이을남이 피고인의 범행에 가담한 사실이 있는지 문제되고, 축소사실인 재물손괴의 성립여부가 문제됩니다.

나. 공동재물손괴의 점

후술하는 바와 같이 이을남이 피고인의 재물손괴에 가담하였다는 점이 합리적 의심 없이 증명되지 아니하므로 폭처법위반(공동재물손괴등)의 점에 대하여는 형사소송법 제325조 후단의 무죄 판결이 선고될 것으로 예상됩니다.

다. 재물손괴의 점

축소사실인 재물손괴 범행은 피고인의 방어권 행사에 실질적 불이익이 없어 공소장 변경 없이 법원이 직권으로 판단할 수 있습니다.

한편, 형법은 재산범죄에 있어 공동소유와 공동점유를 타인의 소유 또는 타인의 점유로 취급하는바,[1] 걸쇠는 공동소유이므로 재물손괴죄의 객체인 타인의 재물에 해당합니다.

재물손괴의 점에 대하여는 피고인이 자백하고 있고, 망가진 걸쇠 사진이 보강증거로 존재하므로 유죄 판결이 선고될 것으로 예상됩니다.

2. 폭력행위등처벌에관한법률위반(공동주거침입)의 점

가. 쟁점

이 부분 공소사실에 대하여 피고인은 자신이 공동거주자임을 주장하고 있는바, 공동거주자가 공동생활의 장소에 출입하기 위하여 출입문의 잠금장치를 손괴한 경우 주거침입죄의 성립 여부 등이 문제됩니다.

---

[1] 대판 2021.09.09. 2020도12630 전원합의체

나. 법리

　주거침입죄가 사실상 주거의 평온을 보호법익으로 하는 이상, 공동주거에서 생활하는 공동거주자 개개인은 각자 사실상 주거의 평온을 누릴 수 있습니다. 그런데 공동거주자 각자는 특별한 사정이 없는 한 공동주거관계의 취지 및 특성에 맞추어 공동주거 중 공동생활의 장소로 설정한 부분에 출입하여 공동의 공간을 이용할 수 있는 것과 같은 이유로, 다른 공동거주자가 이에 출입하여 이용하는 것을 용인할 수인의무도 있습니다. 공동거주자 상호간에는 특별한 사정이 없는 한 다른 공동거주자가 공동생활의 장소에 자유로이 출입하고 이를 이용하는 것을 금지할 수 없습니다.

　공동거주자 중 한 사람이 법률적인 근거 기타 정당한 이유 없이 다른 공동거주자가 공동생활의 장소에 출입하는 것을 금지한 경우, 다른 공동거주자가 이에 대항하여 공동생활의 장소에 들어갔더라도 이는 사전 양해된 공동주거의 취지 및 특성에 맞추어 공동생활의 장소를 이용하기 위한 방편에 불과할 뿐, 그의 출입을 금지한 공동거주자의 사실상 주거의 평온이라는 법익을 침해하는 행위라고는 볼 수 없으므로 주거침입죄는 성립하지 않습니다.

　설령 그 공동거주자가 공동생활의 장소에 출입하기 위하여 출입문의 잠금장치를 손괴하는 등 다소간의 물리력을 행사하여 그 출입을 금지한 공동거주자의 사실상 평온상태를 해쳤더라도 마찬가지입니다.2) 다만 다른 사람과 공동으로 주거에 거주하거나 건조물을 관리하던 사람이 공동생활관계에서 이탈하거나 주거 등에 대한 사실상의 지배·관리를 상실한 경우 등 특별한 사정이 있는 경우에 주거침입죄가 성립할 수 있을 뿐입니다.3)

다. 이 사건의 경우

　이 사건 당시 피고인이 자신의 처 정영이와 부부관계를 청산하고 피고인이 공동주거에서 나가서 살기로 하는 명시적인 합의가 있었다고 보기 어렵고, 피고인이 공동주거에서 나갔다거나 정영이가 피고인의 출입을 금지시켰다는 사정이 있다 하더라도 피고인의 공동거주자 지위가 상실되었다고 볼 수는 없습니다. 피고인이 위 주거지에 들어가는 과정에서 출입문에 설치된 체인형 걸쇠를 손괴하는 등의 방법을 사용하여 그 출입을 금지한 공동거주자인 정영이의 사실상 평온상태를 해쳤더라도 하더라도 주거침입죄가 성립하지 않습니다.

---

2) 대판 2021.09.09. 2020도6085 전원합의체{피고인 갑은 처(妻) 을과의 불화로 인해 을과 공동생활을 영위하던 아파트에서 짐 일부를 챙겨 나왔는데, 그 후 자신의 부모인 피고인 병, 정과 함께 아파트에 찾아가 출입문을 열 것을 요구하였으나 을은 외출한 상태로 을의 동생인 무가 출입문에 설치된 체인형 걸쇠를 걸어 문을 열어 주지 않자 공동하여 걸쇠를 손괴한 후 아파트에 침입하였다고 하여 폭력행위 등 처벌에 관한 법률 위반(공동주거침입)으로 기소된 사안에서, 아파트에 대한 공동거주자의 지위를 계속 유지하고 있던 피고인 갑에게 주거침입죄가 성립한다고 볼 수 없고, 피고인 병, 정에 대하여도 같은 법 위반(공동주거침입)죄가 성립하지 않는다고 한 사례}

3) 대편 2023.06.29. 2023도3351

라. 소결

그러므로 이 부분 공소사실은 죄가 되지 아니하므로, 형사소송법 제325조 전단에 따라 무죄 판결이 선고될 것으로 예상됩니다.[4]

3. 사기 및 여신전문금융업법위반의 점

가. 사기의 점

피고인이 자백하고 있고, 매출 영수증 등 보강증거가 존재하므로 공소사실이 인정됩니다. 각 사기죄는 피해자를 달리하는 수개의 범죄로서 실체적 경합관계에 있습니다.[5]

한편, 이 사건에서 피고인은 2023. 12. 1. 의정부지방법원 고양지원에서 사기죄 등으로 벌금 70만 원의 약식명령을 발령받아 위 명령이 같은 달 19. 확정되었는데, 이 사건 각 사기죄와 확정된 약식명령 상의 사기 및 여신전문금융업법위반죄는 피해자를 달리하는 수개의 범죄로서 실체적 경합관계에 있으므로, 위 확정된 약식명령의 기판력이 미치지 아니합니다.

그러므로 이 부분 공소사실에 대하여는 유죄 판결이 선고될 것으로 예상됩니다.

나. 여신전문금융업법위반의 점

피고인이 자백하고 있고, 매출 영수증 등에 비추어 공소사실은 인정되나 약식명령의 기판력이 미치는지 여부 및 그 범위가 문제됩니다.

단일하고 계속된 범의 하에 동종의 범행을 동일, 유사한 방법으로 일정 기간 반복하여 행하고 그 피해법익도 동일한 경우에는 각 범행을 통틀어 포괄일죄가 성립합니다. 신용카드 부정사용으로 인한 여전법위반죄는 신용카드에 의한 거래의 안전 및 이에 대한 공중의 신뢰라는 사회적 법익을 보호하기 위한 범죄이므로 범의의 단일성이 인정되는 경우에는 동일한 도난된 신용카드를 사용하는 범행은 포괄하여 하나의 여전법위반죄를 구성합니다.[6] 즉, 본건 공소사실과 확정된 약식명령의 범죄사실은 범의의 단일성이 인정되어 포괄일죄 관계에 있습니다. 포괄일죄 관계인 범행의 일부에 대하여 약식명령이 확정된 경우에는 약식명령 발령시를 기준으로, 그 이전에 이루어진 범행에 대하여는 확정판결의 기판력이 미칩니다.[7]

---

[4] 주거침입의 점이 합리적 의심 없이 증명되지 아니하였다는 답안도 있을 수 있으나, 죄가 되지 아니한다고 보는 것이 보다 타당함.
[5] 수인의 피해자에 대하여 각별로 기망행위를 하여 각각 재물을 편취한 경우에는 범의가 단일하고 범행방법이 동일하더라도 각 피해자의 피해법익은 독립한 것이므로 이를 포괄 1죄로 파악할 수 없고 피해자별로 독립한 사기죄가 성립된다(대판 1993.06.22. 93도743).
[6] 피고인은 절취한 카드로 가맹점들로부터 물품을 구입하겠다는 단일한 범의를 가지고 그 범의가 계속된 가운데 동종의 범행인 신용카드 부정사용행위를 동일한 방법으로 반복하여 행하였고, 또 위 신용카드의 각 부정사용의 피해법익도 모두 위 신용카드를 사용한 거래의 안전 및 이에 대한 공중의 신뢰인 것으로 동일하므로, 피고인이 동일한 신용카드를 위와 같이 부정사용한 행위는 포괄하여 일죄에 해당한다(대판 1996.07.12. 96도1181)
[7] 대판 2023.06.29. 2020도3705

따라서 약식명령의 발령일 이전에 행한 별지 범죄일람표 순번 1 내지 3 기재 각 신용카드 사용행위와 관련된 여전법위반죄에는 확정된 약식명령의 기판력이 미치고, 순번 4 내지 6 기재 각 신용카드 사용행위와 관련된 여전법위반죄에는 위 약식명령의 기판력이 미치지 아니합니다.

그러므로 이 부분 공소사실 중 별지 범죄일람표 순번 1 내지 3 기재 각 신용카드 사용행위에 대하여는 형사소송법 제326조 제1호에 의하여 면소 판결이 선고될 것으로 예상되고, 나머지 별지 범죄일람표 순번 4 내지 6 기재 각 신용카드 사용행위에 대하여는 유죄 판결이 선고될 것으로 예상됩니다.

4. 명예훼손의 점

가. 쟁점

이 부분 공소사실에 대하여 피고인은 그 행위 자체에 대하여는 다투지 않고 있으나, 이을남과 정영이의 동생 정순이가 자신이 하는 말을 들었다 하더라도 퍼져나갈 리가 없다고 하여 공연성을 부인하는바, 공연성이 인정되는지 문제되고, 허위사실임을 인식하였는지 문제되고, 피해자 정영이의 처벌불원의사에 따라 공소기각이 되어야 하는지 문제됩니다.

나. 공연성의 인정 여부

명예훼손죄의 구성요건인 공연성은 불특정 또는 다수인이 인식할 수 있는 상태를 뜻하므로 비록 개별적으로 한 사람에 대하여 사실을 유포하였다 하더라도 그로부터 불특정 또는 다수인에게 전파될 가능성이 있다면 공연성의 요건을 충족합니다.[8] 공연성의 존부는 발언자와 상대방 또는 피해자 사이의 관계나 지위, 대화를 하게 된 경위와 상황, 사실 적시의 내용, 적시의 방법과 장소 등 행위 당시의 객관적 제반 사정에 관하여 심리한 다음, 그로부터 상대방이 불특정 또는 다수인에게 전파할 가능성이 있는지 여부를 검토하여 종합적으로 판단하여야 합니다.[9]

이을남이 피해자 정영이와 대학 동기라는 이유만으로 전파될 가능성이 없다고 볼 수 없는 점, 정영이의 발언에 비추어 실제로 다른 대학동창에게 전파된 것으로 보이는 점 등에 비추어 볼 때 공연성이 인정됩니다.

---

8) 대판 1985.12.10. 84도2380
9) 대판 2008.02.14. 2007도8155

다. 허위의 인식 여부

진단서, 입퇴원확인서에 의하면 피해자가 난소 낭종 제거수술로 산부인과에 입원한 사실이 확인되므로 피고인의 발언은 허위사실입니다.

허위사실 적시에 의한 명예훼손죄는 미필적 고의에 의하여도 성립합니다.[10]

이 사건의 경우 피고인은 정영이가 자궁에 혹이 있어 산부인과 진료를 받으러 다니는 사실을 알고 있었음에도 별거 전 자신을 대하는 태도가 냉랭한 것을 보고 다른 남자가 생긴 것이 아닌가 지레 짐작한 것에 불과하므로 허위사실에 대한 미필적 고의가 인정됩니다.

라. 공소기각의 가능성 여부

명예훼손죄는 반의사불벌죄에 해당하는바, 반의사불벌죄에서 피해자가 처벌을 희망하지 아니하는 의사표시를 하였다거나 처벌을 희망하는 의사표시의 철회를 하였다고 인정하기 위해서는 피해자의 진실한 의사가 명백하고 믿을 수 있는 방법으로 표현되어야 합니다.[11]

정영이가 피고인에 대하여 '법이 정한 한도 내에서 최대한 선처해 달라'고 진술하였으나, 이는 처벌불원의 의사로 보기는 어렵습니다.

마. 소결

이 부분 공소사실에 대하여는 유죄 판결이 선고될 것으로 예상됩니다.

---

[10] 대판 2014.03.13. 2013도12430
[11] 대판 2001.06.15. 2001도1809, 대판 2012.09.13. 2012도3166 판결, 대판 2017.09.07. 2017도8989 등

변론요지서(50점)

II. 피고인 이을남에 대하여

1. 폭력행위등처벌에관한법률위반(공동재물손괴등)의 점

가. 쟁점

피고인은 김갑동이 피해자 정영이의 집에 짐을 가지러 간다기에 함께 간 것일 뿐 피해자의 집 현관문을 발로 차거나 문고리를 잡고 흔들어 걸쇠를 망가뜨린 사실이 없다며 범행 부인하고 있는바, 증거의 검토가 문제됩니다.

나. 증거능력 없는 증거

1) 피고인 김갑동에 대한 경찰 피의자신문조서

공범인 공동피고인 김갑동에 대한 경찰 작성 피의자신문조서는 형사소송법 제312조 제3항 우선적용설에 따라 공범인 공동피고인이 내용을 인정하더라도 당해 피고인이 내용 부인하면 증거능력을 가지지 못하는바, 피고인 이을남이 내용부인 취지로 부동의 하였으므로 증거능력이 없습니다.[12]

2) 피고인 김갑동에 대한 검찰 피의자신문조서

형사소송법 제312조 제1항에서 정한 '검사가 작성한 피의자신문조서'란 당해 피고인에 대한 피의자신문조서만이 아니라 당해 피고인과 공범관계에 있는 다른 피고인이나 피의자에 대하여 검사가 작성한 피의자신문조서도 포함되는바,[13] 김갑동에 대한 검찰 작성 피의자신문조서는 당해 피고인 이을남이 내용부인 취지로 부동의 하였으므로 증거능력이 없습니다.

3) 정순이에 대한 경찰 진술조서

정순이에 대한 경찰 진술조서는 형사소송법 제312조 제4항의 요건을 갖추어야 합니다. 그런데 정순이는 제2회 공판기일에 출석하여 검사의 주신문에만 답변하고 변호인의 반대신문에는 일절 답변하지 아니하였으며 이후에는 불출석하여 피고인으로서는 정순이 진술 내용의 모순이나 불합리를 탄핵하는 것이 사실상 곤란하였으므로 실질적 반대신문권이 보장되지 아니한 하자가 있어 형사소송법 제312조 제4항의 요건을 갖추지 못하여 증거능력이 없습니다.

---

[12] 당해 피고인과 공범관계가 있는 다른 피의자에 대한 검사 이외의 수사기관 작성의 피의자신문조서는 그 피의자의 법정진술에 의하여 그 성립의 진정이 인정되더라도 당해 피고인이 공판기일에서 그 조서의 내용을 부인하면 증거능력이 부정된다(대판 2004.07.15. 2003도7185 전합).
[13] 대판 2023.06.01. 2023도3741

4) 정순이의 법정 진술

정순이의 법정 진술의 경우 정순이는 반대신문에 대하여는 답변을 하지 아니하고, 이후 불출석하여 실질적 반대신문권의 기회가 부여되지 아니한 채 이루어진 것이므로 위법한 증거로서 증거능력을 인정하기 어렵습니다.14)

5) 정영이의 고소장, 정영이에 대한 경찰 진술조서, 정영이의 법정 진술 중 정순이로부터 들었다는 부분

정순이의 진술 내용을 기재한 정영이의 고소장은 형사소송법 제313조 제1항, 316조 제2항을, 정영이에 대한 경찰 진술조서 중 정순이로부터 들은 내용을 기재한 부분은 형사소송법 제312조 제4항, 제316조 제2항을, 정영이의 법정 진술 중 정순이가 말해주었다는 부분은 형사소송법 제316조 제2항의 요건을 각각 갖추어야 하는데, 이 사건에서 원진술자인 정순이가 법정에 출석하였으므로 형사소송법 제316조 제2항의 필요성 요건을 갖추지 못해 증거능력이 없습니다.

6) 수사보고(최목격 진술 청취)

형사소송법 제313조 제1항에 정한 '피고인 아닌 자의 진술을 기재한 서류'에 해당하나, 진술자인 최목격의 서명 또는 날인이 없으므로 증거능력이 없고, 이는 최목격이 법정에서 성립의 진정을 인정하는 진술을 하였다 하더라도 마찬가지입니다.

다. 신빙성 없는 증거

김갑동의 법정 진술은 증거능력이 있으나, ① 김갑동은 경찰 피의자신문 당시에는 '이을남은 나와 정영이가 크게 다툴 것을 걱정하여 정영이의 집까지 따라간 것이라 문 앞에서 별다른 행동을 하지는 않았다'고 진술하였고, 검찰 피의자 신문 당시에는 '당시 너무 흥분해서 이을남이 어떤 행동을 했는지는 잘 기억이 나지 않는다'고 진술하였다가, 이 법정에 이르러서는 '내가 문고리를 두 손으로 잡아당길 때 이을남은 소리를 지르며 현관문을 발로 찼고, 내가 힘이 들어 문고리를 놓으니 문고리를 잡고 문을 열라고 소리를 질렀다'고 진술하였는바, 김갑동의 진술은 일관성이 없을 뿐 아니라 사람의 기억은 시간이 지날수록 희미해지는 것이 일반적이라 할 것인데 시간이 지날수록 선명해지고 있다는 점에서 믿기 어려운 점, ② 피고인은 사건 직후부터 이 법정에 이르기까지, '나는 김갑동과 정영이의 오랜 친구로서 김갑동과 저녁을 먹다가 김갑동이 짐을 좀 가지러 정영이의 집에 간다기에 혹시나 정영이와 만나 다툼이 생길까 걱정되어 동행한 것이고 김갑동이 정영이의 집 현관문을 발로 차고 손잡이를 세게 잡아 당겨 걸쇠를 잡아 당기길래 이를 말

---
14) 대판 2022.03.17. 2016도17054

렸다'고 진술하여 일관되게 이 부분 공소사실을 부인하고 있는 점, ③ 오히려 정영이의 집 앞에 설치된 CCTV 녹화영상에 의하면, 피고인이 김갑동의 팔을 잡거나 허리를 안아 뒤로 잡아 당기는 장면이 녹화되어 있는바, 이는 흥분하여 현관문을 발로 차거나 문고리를 잡아당기는 김갑동을 말렸다는 피고인의 주장에 부합하는 점 등에 비추어 신빙성이 없습니다.

라. 부족증거

최목격의 법정진술 및 정영이의 법정진술 중 정순이로부터 전해들은 부분을 제외한 부분은 증거능력이 있으나, ① 최목격은 피고인이 정영이의 집 현관문을 발로 차거나 문고리를 잡아당겨 현관문 걸쇠를 손괴하는 장면을 직접 본 것이 아니라, 자신의 집 안에서 각 현관문을 발로 차는 소리, 누군가 문을 열라고 소리치는 소리, 현관문 고리를 잡아당기는 소리만을 듣고 추측하여 진술하였는바, 최목격의 법정 진술만으로는 이 부분 공소사실을 인정하기 부족하고, ② 정영이 역시 피고인이 자신의 집 현관문을 직접 발로 차거나 문고리를 잡아당겨 현관문 걸쇠를 손괴하는 장면을 직접 본 것이 아니라, 귀가 후 정순이로부터 들은 내용과 현재의 상황, 자신의 감정 등을 종합하여 진술한 것일 뿐이고, 피고인이 김갑동에게 가담하였는지 여부는 알지 못하므로, 정영이의 법정 진술만으로는 이 부분 공소사실을 인정하기 부족합니다.

마. 소결

따라서 이 부분 공소사실은 합리적 의심 없이 증명되지 아니하므로 형사소송법 제325조 후단에 따라 무죄 판결을 선고하여 주시기 바랍니다.

2. 도로교통법위반(음주운전) 및 도로교통법위반(무면허운전)의 점

가. 도로교통법위반(음주운전)의 점

1) 쟁점

피고인은 음주운전과 관련하여 채혈을 한 것도 몰랐다고 하여 혈액 채취에 동의가 없었다는 취지로 주장하는바, 증거의 검토가 문제됩니다.

2) 증거능력 없는 증거

수사기관이 법원으로부터 영장 또는 감정처분허가장을 발부받지 아니한 채 피의자의 동의 없이 피의자의 신체로부터 혈액을 채취하고 더구나 사후적으로도 지체 없이 이에 대한 영장을 발부받지 아니하고서 위와 같이 강제 채혈한 피의자의 혈액 중 알코올농도에 관한 감정이 이루어졌다면, 이러한 감정결과보고서 등은 형사소송법상 영장주의 원칙을 위반하여 수집하거나 그에 기초한 2차 증거로서 그 절차 위반행위가 적법절차의 실질적인 내용을 침해하는 정도에 해당한다고 할 것이므로, 피고인이나 변호인의 증거동의 여부를 불문하고 증거능력이 없습니다. 음주운전 중 교통사고를 당하여 의식불명 상태에 빠져 병원에 후송된 피의자에 대해 수사기관이 수사의 목적으로 의료진에게 요청하여 혈액을 채취하였다거나 피의자의 가족으로부터 피의자의 혈액을 채취하는 것에 대한 동의를 받았다는 사정이 있다고 하더라도, 위와 같이 기본적 인권 보장을 위해 마련된 적법한 절차에 따르지 아니한 위 각 증거의 증거능력을 배제하는 것이 오히려 헌법과 형사소송법이 적법절차의 원칙과 실체적 진실 규명의 조화를 통하여 형사 사법 정의를 실현하려고 한 취지에 반하는 결과를 초래하는 것으로 평가되는 예외적인 경우에 해당한다고 볼 수는 없습니다.15)

따라서 피고인의 혈중알코올농도에 대한 국립과학수사연구소의 감정의뢰회보와 이에 기초한 주취운전자적발보고서는 위법수집증거이거나 그 파생증거로서 증거능력이 없고, 채혈이 피고인의 처의 동의를 얻어서 이루어졌다는 사정만으로는 이를 달리 볼 수 없습니다.

3) 소결

이 부분 공소사실은 피고인의 일부 진술과 수사보고 주취운전자(정황보고)만으로는 공소사실을 인정하기에 부족하고, 달리 공소사실을 인정할 만한 증거가 없는바 합리적 의심 없이 증명되지 아니하므로 형사소송법 제325조 후단에 따라 무죄 판결을 선고해 주시기 바랍니다.

나. 도로교통법위반(무면허운전)의 점

1) 쟁점

피고인은 이 부분 공소사실을 인정하고 있으나, 죄가 성립하는지 여부가 문제됩니다.

2) 법리

자동차 운전면허 취소처분을 받은 사람이 자동차를 운전하였으나 운전면허 취소처분의 원인이 된 교통사고 또는 법규 위반에 대하여 범죄사실의 증명이 없는 때에 해당한다는 이유로 무죄판결이 확정된 경우에는 그 취소처분이 취소되지 않았더라도 도로교통법에 규정된 무면허운전의 죄로 처벌할 수는 없습니다.16)

---

15) 대판 2011.05.13. 2009도10871{피고인이 음주운전 중에 교통사고를 당하여 의식불명 상태에서 병원 응급실로 호송되었는데, 출동한 경찰관이 영장 없이 간호사로 하여금 채혈을 하도록 한 사안에서, 위 혈액을 이용한 혈중알코올농도에 관한 감정서 등의 증거능력을 부정하고 증거부족을 이유로 피고인에 대한 구 도로교통법 위반(음주운전)의 주위적 공소사실을 무죄로 인정한 원심판단을 수긍한 사례}
16) 대판 2021.09.16. 2019도11826

3) 이 사건의 경우

피고인은 면허취소의 원인이 된 도로교통법위반(음주운전)죄에 대하여 무죄판결을 받아 확정되었으므로, 면허취소처분이 취소되지 않았다 하더라도 도로교통법에 규정된 무면허운전의 죄로 처벌할 수 없습니다.

4) 소결

이 부분 공소사실은 죄가 되지 않는 때에 해당하므로 형사소송법 제325조 전단 무죄판결을 선고해 주시기 바랍니다.

3. 교통사고처리특례법위반의 점

가. 쟁점

이 부분 공소사실은 피고인이 인정하고 있으나, 교통사고처리특례법 제4조 제1항 본문 규정에 위반된 기소인지 여부가 문제됩니다.

나. 법리

교통사고처리특례법 제4조 제1항 본문은 교통사고를 일으킨 차가 보험 등에 가입된 경우에는 제3조제2항 본문에 규정된 죄를 범한 차의 운전자에 대하여 공소를 제기할 수 없다고 규정하고 있고, 다만 동조 단서 제1호에서 제3조 제2항 단서에 해당하는 경우를 예외로 규정하고 있습니다.

다. 이 사건의 경우

검사는 피고인이 자동차운전면허를 받지 아니하고 술에 취한 상태에서 운전하다 교통사고를 발생시켰음을 전제로 교통사고처리특례법 제3조 제2항 단서 제7호, 제8호를 적용하여 기소하였으나, 앞서 본 바와 같이 피고인의 음주운전 사실을 인정할 만한 증거가 없고, 무면허운전으로 볼 수도 없으므로, 위 피고인에게는 교통사고처리특례법 제3조 제2항 단서가 아닌 본문이 적용되어야 합니다. 피고인이 운행하던 차량은 자동차종합보험에 가입되어 있었으므로, 이 사건은 교통사고처리특례법 제4조 제1항 본문에 따라 공소를 제기할 수 없음에도 불구하고 이에 위반하여 공소를 제기한 경우에 해당합니다.

라. 소결

그러므로 이 부분 공소사실은 공소제기 절차가 법률의 규정에 위반하여 무효인 때에 해당하므로, 형사소송법 제327조 제2호에 따라 공소기각의 판결을 선고해 주시기 바랍니다.

MEMO

UNION 제13판

기록형
2026 변호사시험 대비

형사법

변호사시험 기출문제집

II. 모의편

2024년 8월 제2차

법전협 주관 모의시험

MGI Point 2024년 제2차 변호사시험 모의시험 형사법 기록형 메모장

공소제기일 2024.5.16.	부동의 증거 (p.7,8 증거목록) d2 : d1 사경 피신(312③-증거X)[1], d2 사경 피신(312③-증거X)[2], 박건물 고소장 및 사경 진조(312④-증거X)[3], 최임차 고소장 및 사경 진조(312④ - 증거O)[4], 수사보고(박건물 진술 청취보고)(증거X)[5], 박건물 보이스펜(녹음파일) 및 녹취록(증거X)[6]				
공소사실(p.9) (d1 : 김갑동, d2 : 이을남)	인부 (p.13)	공판단계	수사단계	비고	쟁점 및 결론
d1	1.업무상배임 및 사기 2022.2.24.	△ (성립 부인)				- 업무상배임죄에 있어서 업무 및 타인의 사무를 처리하는 자, 재산상손해를 가한 때의 의미(判) ⇨ **업무상배임죄 부분은 유죄** - 상당한 대가가 지급되었다거나 피해자의 전체 재산상에 손해가 없다면 사기죄가 성립하지 않는 것인지 여부(判) ⇨ **사기죄 부분도 유죄, 죄수 관계 : 실체적경합**
	2.신용훼손 2023.9.5.~2024.1.10.	O			약식 명령 확정	- 신용훼손죄에 있어서 신용의 의미(判) ⇨ **무죄(325 전단)** - 기본적 사실관계 동일한 업무방해죄 약식명령의 기판력이 미치는 범위 (判) - 2024. 1. 10.자 업무방해죄 부분 ⇨ **유죄**
	3.특가법위반 (운전자폭행등) 2024.1.15.	O				- 이 사건 오토바이가 특가법위반죄의 자동차에 해당하는지 여부(判) ⇨ **무죄(325 전단)** - 축소사실인 폭행죄의 경우 공소제기 전 처벌불원의사 ⇨ **공소기각(327 2호)**

---

1) 제312조 제3항 – 부동의 등 ⇨ 전문법칙 예외 검토(당해 피고인이 내용부인취지로 부동의) - 증거 X
2) 제312조 제3항 – 부동의 등 ⇨ 전문법칙 예외 검토(피고인이 내용부인) - 증거 X
3) 제313조 제1항, 제312조 제4항 – 부동의 등 ⇨ 전문법칙 예외 검토(원진술자 법정 진정성립 X), 증언거부는 314조 예외요건에 해당X - 증거 X
4) 제313조 제1항, 제312조 제4항 – 부동의 등 ⇨ 전문법칙 예외 검토(원진술자 법정 진정성립 O) - 증거 O
5) 제313조 제1항 – 부동의 등 ⇨ 전문법칙 예외 검토(원진술자 서명 또는 날인X) - 증거 X
6) 제313조 제1항 – 부동의 등 ⇨ 전문법칙 예외 검토(원진술자 법정 진정성립 X), 증언거부는 314조 예외요건에 해당X - 증거 X

d2	1. 업무상배임 2022.2.24.	×	- 최경위 법정진술 중 1) d2 진술을 내용으로 하는 부분- 증거X((316①)(특신상태X / 2) 최임차로부터 전해들은 이을남 진술 부분-증거X(재전문진술) / 3) d1 진술을 내용으로 하는 부분- 증거X((316②)(진술불능X - 필요성X) - d1 법정진술 - 신빙성X(진술 일관성X, 객관적 증거가 오히려 피고인 변명에 부합, 경험칙에 반함)	- d1 사피, d2 사피, 박건물 고소장 및 진술조서, 박건물 진술청취 수사보고, 보이스펜 및 녹취록 - 증거X	-증거능력 및 증명력의 검토 ⇨ 무죄(325 후단)
	2. 사기 2022.2.24.	O			- 친족상도례 적용, 공소제기 후에 합의함 ⇨ 공소기각(327 5호)
	3. 허위공문서작성 및 허위진단서작성 2024.1.24.	O			- 공무원이 아닌 자가 공무원을 기망하여 허위 내용 증명서 작성하게 한 경우 허위공문서작성죄 성립여부(判) - 신분범인 허위진단서작성죄의 간접정범 성립여부, 공무원인 의사가 공무소 명의로 허위진단서 작성한 경우 허위진단서작성죄 성립여부(判) ⇨ 무죄(325 전단)
	4. 절도 2024.2.6.	O			- 종전 점유자의 점유가 상속에 의해 상속인에게 이전된다는 민법 제193조가 절도죄의 요건으로서의 타인의 점유와 관련해 적용되는지(判) ⇨ 무죄(325 후단)

형사법 기록형

Contents

검토의견서(40점)
Ⅰ. 피고인 김갑동에 대하여
1. 업무상배임 및 사기의 점
   가. 쟁점
   나. 업무상 배임죄의 성립여부
   다. 사기죄의 성립여부
   라. 죄수관계
   마. 소결
2. 신용훼손의 점
   가. 쟁점
   나. 신용훼손죄의 성립여부
   다. 약식명령의 기판력이 미치는 범위
   라. 소결
3. 특가법위반(운전자폭행등)의 점
   가. 쟁점
   나. 특가법위반(운전자폭행등) 성부
   다. 축소사실인 폭행죄의 공소기각여부
   라. 소결

변론요지서(60점)
Ⅱ. 피고인 이을남에 대하여
1. 업무상배임의 점
   가. 쟁점
   나. 증거능력 없는 증거
   다. 신빙성 없는 증거
   라. 부족증거
   마. 소결
2. 사기의 점
   가. 쟁점
   나. 친족상도례 규정의 적용과 상대적 친고죄
   다. 사안의 적용
3. 허위공문서작성 및 허위진단서작성의 점
   가. 쟁점
   나. 허위공문서작성죄의 성립여부
   다. 허위진단서작성죄의 성립여부
   라. 소결
4. 절도의 점
   가. 쟁점
   나. 법리
   다. 이 사건의 경우
   라. 소결

검토의견서(40점)

I. 피고인 김갑동에 대하여

1. 업무상배임 및 사기의 점

가. 쟁점

피고인 김갑동은 전세계약은 1회만 체결한 것이라고 주장하여 업무상배임죄에 있어 업무의 의미가 문제되고, 전세계약은 박건물에 대하여 효력이 없어 박건물에게 손해가 없다고 주장하고 있어 배임죄의 주체로서 '타인의 사무를 처리하는 자'의 의미 및 배임에 있어 재산상 손해의 발생 여부가 문제됩니다. 한편, 피고인 김갑동은 전세금을 반환할 의사였고 충분한 자력이 있어 전세금을 반환했다고 주장하고 있어 상당한 대가가 지급되었다거나 피해자의 전체 재산상에 손해가 없는 경우 사기죄의 성립여부가 문제됩니다.

나. 업무상 배임죄의 성립여부

1) 법리

형법 제356조 소정의 "업무"는 직업 혹은 직무라는 말과 같아 법령, 계약에 의한 것뿐만 아니라, 관례를 쫓거나 사실상이거나를 묻지 않고 같은 행위를 반복할 지위에 따른 사무를 말합니다.[1] 그리고 배임죄의 주체로서 '타인의 사무를 처리하는 자'란 타인과의 대내관계에 있어서 신의성실의 원칙에 비추어 그 사무를 처리할 신임관계가 존재한다고 인정되는 자를 의미하고, 반드시 제3자에 대한 대외관계에서 그 사무에 관한 대리권이 존재할 것을 요하지 않습니다.[2] 한편, 배임죄에 있어 재산상의 손해를 가한 때라 함은 현실적인 손해를 가한 경우 뿐만 아니라 재산상 실해 발생의 위험을 초래한 경우도 포함되고, 재산상 손해의 유무에 대한 판단은 본인의 전 재산 상태와의 관계에서 법률적 판단에 의하지 아니하고 경제적 관점에서 파악하여야 하며, 따라서 법률적 판단에 의하여 당해 배임행위가 무효라 하더라도 경제적 관점에서 파악하여 배임 행위로 인하여 본인에게 현실적인 손해를 가하였거나 재산상 실해 발생의 위험을 초래한 경우에는 재산상의 손해를 가한 때에 해당합니다.[3]

---

[1] 대판 1982.01.12. 80도1970, 대판 1988.11.22. 88도1523
[2] 대판 2000.03.14. 99도457
[3] 대판 2010.11.11. 2010도10690

2) 이 사건의 경우

피고인 김갑동은 공인중개사로서 박건물이 2020. 3.경 작성한 위임장에 따라 박건물 소유의 다세대주택에 관한 임대차계약 체결, 월차임 수령 등 건물관리 권한을 위임받아 박건물의 업무를 처리하는 지위에 있었고, 이 위임계약에 따른 임대차계약을 체결할 때는 월세계약만 체결하도록 약정하였으므로 피고인 김갑동이 최임차로부터 전세금 5,000만 원을 받고 전세계약을 체결한 것은 전세임대차계약이 아닌 월세임대차계약을 체결하여야 할 업무상 임무에 위배한 경우에 해당합니다.

또한 피고인 김갑동이 박건물을 대리하여 최임차와 체결한 전세계약이 정당한 대리권이 결여되어 무효일 수 있으나, 배임죄에 있어 재산상 손해의 유무에 대한 판단은 경제적 관점에서 파악하여야 하므로 피고인 김갑동의 배임행위로 인하여 박건물에게 실해 발생의 위험을 초래한 이상, 위 전세계약의 유효 여부와 무관하게 배임죄에 있어 재산상 손해를 가한 때에 해당하는바, 업무상 배임죄가 성립합니다.

다. 사기죄의 성립여부

1) 법리

금원 편취를 내용으로 하는 사기죄에서는 기망으로 인한 금원 교부가 있으면 그 자체로써 피해자의 재산침해가 되어 바로 사기죄가 성립하고, 상당한 대가가 지급되었다거나 피해자의 전체 재산상에 손해가 없다 하여도 사기죄의 성립에는 그 영향이 없습니다.[4]

2) 이 사건의 경우

피해자 최임차는 전세금을 지급한 이후 2년간 정상적으로 거주하였고, 임대차계약 종료 후 위 전세금도 모두 반환받았으므로 결국 피해자 최임차의 전체 재산상 손해가 없었다고 주장하나, 피고인 김갑동이 전세계약 체결권한이 있는 것처럼 피해자를 기망하여 전세계약을 체결하고 전세금을 수령한 그 자체로써 피해자의 재산침해가 되어 바로 사기죄가 성립합니다.

라. 죄수관계

본인에 대한 업무상 배임행위가 본인 이외의 제3자에 대한 사기죄를 구성한다 하더라도 그로 인하여 본인에게 손해가 생긴 때에는 사기죄와 함께 업무상배임죄가 성립합니다.[5] 그리고 위 각 죄는 서로 구성요건 및 그 행위의 태양과 보호법익을 달리하고 있어 실체적 경합범의 관계에 있습니다.[6]

---

[4] 대판 2007.01.25. 2006도7470, 대판 2007.10.11. 2007도6012, 대판 2010.11.11. 2010도10690
[5] 대판 1987.04.28. 83도1568 등

마. 소결

그러므로 이 부분 범죄사실에 대하여는 유죄판결이 예상됩니다.

2. 신용훼손의 점

가. 쟁점

신용훼손죄의 성립여부가 문제되고, 업무방해죄로 인한 약식명령의 기판력이 미치는 범위가 문제됩니다.

나. 신용훼손죄의 성립여부

1) 법리

신용훼손죄에서의 '신용'은 경제적 신용, 즉 사람의 지불능력 또는 지불의사에 대한 사회적 신뢰를 말하는 것입니다.[7]

2) 이 사건의 경우

허위의 사실을 유포하여 손님들로 하여금 배달기사가 불친절하고 배달을 지연시킨 사업체가 피해자 운영의 퀵서비스 업체인 것처럼 인식하게 한 피고인 김갑동의 행위가 피해자의 경제적 신용, 즉 지불능력이나 지불의사에 대한 사회적 신뢰를 저해하는 행위에 해당한다고 보기는 어려워 신용훼손죄는 성립하지 않습니다.

따라서 본건 공소사실은 죄가 되지 아니하는 경우에 해당하여 형사소송법 제325조 전단의 무죄판결이 예상됩니다.

다만, 이 부분 공소사실은 형법 제314조에서 정한 업무방해죄의 구성요건을 충족하는데, 양 죄는 공소사실의 동일성이 인정되는데, 피고인 김갑동은 업무방해죄로 약식명령을 받은 사실이 있어 그 기판력이 문제됩니다.

다. 약식명령의 기판력이 미치는 범위

포괄일죄 관계인 범행의 일부에 대하여 약식명령이 확정된 경우에는 약식명령 발령시를 기준으로, 그 이전에 이루어진 범행에 대하여는 확정판결의 기판력이 미칩니다.[8] 단일하고 계속된 범의 하에 동종의 범행을 동일하거나 유사한 방법으로 일정 기간 반복하여 행하고 그 피해법익도 동일한 경우에는 각 범행을 통틀어 포괄일죄에 해당합니다.[9]

---

6) 대판 2010.11.11. 2010도10690 등
7) 대판 2006.05.25. 2004도1313, 대판 2011.05.13. 2009도5549
8) 대판 2023.06.29. 2020도3705
9) 대판 2007.03.29. 2007도595, 대판 2009.08.20. 2009도4684 등

피고인 김갑동은 2024. 1. 8. 서울중앙지방법원에서 업무방해죄로 벌금 200만원의 약식명령을 발령받아 2024. 1. 30. 확정되었는바, 이 사건 공소사실 중 범죄일람표 순번 1~7번 부분은 확정된 약식명령의 범죄사실과 범행일시, 장소, 피해자 등 사실관계가 동일하므로 위 약식명령의 기판력이 위 순번 1~7번 공소사실에 미치고, 범죄일람표 순번 8~9번 부분은 확정된 약식명령의 범죄사실과 단일한 범의 하에 동종의 범행을 유사한 방법으로 동일한 피해자에게 일정 기간 반복한 것으로서 포괄일죄의 관계에 있으므로, 위 약식명령의 기판력이 2024. 1. 8. 이전의 위 순번 8~9번 공소사실에도 미칩니다.

따라서, 공소사실 중 2024. 1. 10.자 범행(범죄일람표 순번 10번)을 제외한 범죄일람표 순번 1~9번 범행에 대하여는 면소사유가 있으나, 위 약식명령 발령일 이후에 범한 2024. 1. 10.자 공소사실에는 확정된 약식명령의 기판력이 미치지 않고, 업무방해죄로 공소장변경이 되는 경우 유죄판결이 예상됩니다.

라. 소결

범죄일람표 순번 1~9번 범행에 대하여는 확정판결이 있는 때에 해당하여 형식판단이 우선, 형사소송법 제326조 제1호 따라 면소 판결이 예상되고, 2024. 1. 10.자 범행(범죄일람표 순번 10번)은 형사소송법 제325조 전단의 무죄판결이 예상되고, 공소장변경 신청이 있는 경우 업무방해죄로 유죄판결이 선고될 것으로 예상됩니다.

3. 특가법위반(운전자폭행등)의 점

가. 쟁점

특가법위반(운전자폭행등)의 점과 관련해서 피해자가 운전한 오토바이가 특가법 상 자동차의 범위에 포함되는지 문제되고, 축소사실인 폭행죄와 관련, 공소기각여부가 문제됩니다.

나. 특가법위반(운전자폭행등) 성부

1) 법리

자동차관리법 제2조 제1호, 제3조 제1항은 '자동차'의 범위에 모든 이륜자동차가 포함되는 것으로 규정하고, 도로교통법 제2조 제18호 (가)목 단서, 제19호는 자동차관리법 제3조에 정한 이륜자동차 중 원동기장치자전거는 '자동차'의 범위에서 제외한다고 규정하고 있습니다.

특가법 제5조의 10은 운행 중인 자동차의 운전자를 상대로 폭력 등을 행사하여 운전자나 승객 또는 보행자 등의 안전을 위협하는 행위를 엄중하게 처벌함으로써 교통질서를 확립하고 시민의 안전을 도모하기 위한 것이므로, 그 문언 형식, 입법 취지 및 보호법익,

특가법 상 다른 자동차 등 관련 범죄의 가중처벌 규정과의 체계적 해석 등을 종합하면, 특가법 제5조의10의 '자동차'는 도로교통법상의 자동차를 의미하고 도로교통법상 원동기장치자전거는 '자동차'에 포함되지 않습니다.[10]

2) 이 사건의 경우

피해자 정직한이 타고 있던 오토바이는 배기량 100cc로서 도로교통법상 원동기장치자전거에 해당하여 특정범죄가중처벌등에관한법률 제5조의 10에 규정하는 자동차의 범위에서 제외되므로, 피고인 김갑동이 피해자 정직한을 폭행한 것을 두고 특가법위반(운전자폭행등)으로 처벌할 수는 없습니다.

다. 축소사실인 폭행죄의 공소기각여부

공소사실에 포함된 축소사실인 형법상 폭행죄는 성립하는 것으로 보이나, 폭행죄는 반의사불벌죄인바, 반의사불벌죄에 있어서는 처벌을 희망하지 아니하는 의사를 명시적으로 표시한 이후에는 다시 처벌을 희망하는 의사를 표시할 수 없는 것입니다(형사소송법 제232조 제3항, 제2항).[11] 그런데 피해자 정직한은 이 사건 공소제기 전인 2024. 4. 2. 수사기관에 처벌불원의사를 명백히 밝혔으므로, 이후 2024. 4. 16. 강력한 처벌을 희망하는 탄원서를 제출하였다고 하더라도 처벌불원의사의 철회는 효력이 없습니다.

라. 소결

그렇다면 이 사건 공소사실 중 특가법위반(운전자폭행등)의 점은 범죄가 되지 아니하여 형사소송법 제325조 전단의 무죄 판결이 예상되고, 축소사실인 폭행의 점에 대하여는 공소제기절차가 법률의 규정에 위반하여 무효이므로 형사소송법 제327조 제2호의 공소기각 판결이 예상됩니다.

---

[10] 대판 2022.04.28. 2022도1013
[11] 대판 1994.02.25. 93도3221

변론요지서(60점)

II. 피고인 이을남에 대하여

1. 업무상배임의 점

가. 쟁점

피고인 이을남은 김갑동이 전세계약 체결할 수 있는 것으로 알고 있었고, 김갑동으로부터 전세금 중 1,000만원을 송금받은 것은 이전에 김갑동에게 빌려주었던 돈을 변제받은 것에 불과한바, 자신이 김갑동의 업무상배임 및 사기 범행에 가담한 사실이 없다며 공소사실을 부인하고 있어 증거의 검토가 문제됩니다.

나. 증거능력 없는 증거

1) 피고인 김갑동에 대한 경찰 피의자신문조서

공범인 공동피고인 김갑동에 대한 경찰 작성 피의자신문조서는 형사소송법 제312조 제3항 우선적용설에 따라 공범인 공동피고인이 내용을 인정하더라도 당해 피고인이 내용부인하면 증거능력을 가지지 못하는바, 피고인 이을남이 내용부인 취지로 부동의 하였으므로 증거능력이 없습니다.[12]

2) 피고인 이을남에 대한 경찰 피의자신문조서

피고인 이을남에 대한 경찰 제2회 피의자신문조서는 피고인이 내용부인하므로 형사소송법 제312조 제3항에 의하여 증거능력이 없습니다.

3) 박건물 작성 고소장, 박건물에 대한 경찰 진술조서

박건물 작성 고소장은 형사소송법 제313조 제1항에 따라, 박건물에 대한 경찰진술조서는 형사소송법 제312조 제4항에 따라 각 진정성립이 인정되어야 하나, 박건물은 제2회 공판기일에 증인으로 출석하여 피고인들에 대한 증언을 거부함으로써 진정성립이 인정되지 않았으므로, 형사소송법 제314조의 요건을 충족하여야 증거능력이 인정됩니다. 그런데 법정에 출석한 증인이 증언을 거부한 경우, 형사소송법 제148조, 제149조 등에서 정한 바에 따라 정당하게 증언거부권을 행사한 경우뿐만 아니라, 정당하게 증언거부권을 행사한 것이 아니더라도, 피고인이 증인의 증언거부 상황을 초래하였다는 등의 특별한

---

[12] 당해 피고인과 공범관계가 있는 다른 피의자에 대한 검사 이외의 수사기관 작성의 피의자신문조서는 그 피의자의 법정진술에 의하여 그 성립의 진정이 인정되더라도 당해 피고인이 공판기일에서 그 조서의 내용을 부인하면 증거능력이 부정된다(대판 2004.07.15. 2003도7185 전합).

사정이 없는 한 형사소송법 제314조의 '그 밖에 이에 준하는 사유로 인하여 진술할 수 없는 때'에 해당하지 않습니다.13) 그러므로 위 증거는 모두 증거능력이 없습니다.

4) 고소인 박건물 진술 청취 수사보고

고소인 박건물 진술 청취 수사보고서는 박건물과의 전화통화 내용을 기재한 서류로서 형사소송법 제313조 제1항 본문에 정한 '피고인 아닌 자의 진술을 기재한 서류'인 전문증거에 해당하나, 그 진술자 박건물의 서명 또는 날인이 없을 뿐만 아니라 공판준비기일이나 공판기일에서 박건물의 진술에 의해 성립의 진정함이 증명되지도 않았으므로 피고인 이을남이 증거로 함에 동의하지 않은 이상 증거능력이 없습니다.14)

5) 보이스펜(녹음 파일) 및 녹취록

보이스펜의 녹음파일은 대화당사자인 박건물이 이을남의 진술을 녹음한 것으로서 통신비밀보호법위반은 아니지만, 형사소송법 제313조 제1항에 따라 녹음자인 박건물의 진술에 의하여 성립의 진정이 인정되어야 하나 박건물이 진정성립을 인정한바 없고 박건물의 증언거부는 형사소송법 제314조에도 해당하지 않으므로 증거능력이 없습니다.

6) 최경위의 증언 중 피고인 이을남의 진술을 내용으로 하는 부분

이는 형소법 제316조 제1항의 요건을 갖추어 피고인 이을남의 당시 자백진술이 특히 신빙할 수 있는 상태(특신상태)에서 이루어졌음이 증명되어야 증거로 할 수 있는데, 당시 피고인 이을남은 2024. 2. 26. 14:00경부터 피고인 측의 요구에도 불구하고 적절한 휴식시간도 주어지지 않은 상태에서 밤샘 조사를 받았고 그 과정에서 진술이 이루어진 점, 피고인 이을남이 조사 초기에 피의사실을 부인하였다는 내용은 피의자신문조서에 기재되어 있지 않는 등 장시간의 조사에 비하여 조서에 기재된 분량이 지나치게 적은 점, 경찰의 추궁에 따른 피고인 이을남의 단순한 자백진술 이외에 범행에 대한 구체적인 진술은 없는 점, 경찰이 1회 조사에서 부인하였던 피의자인 피고인 이을남을 다시 소환하여 부인하는 부분에 대해서만 번복진술을 받은 것인 점 등에 비추어 피고인 이을남의 위 진술부분은 특신상태에서의 진술임이 증명되지 아니하므로, 피고인 이을남이 증거로 함에 부동의하는 이상 증거능력이 없습니다.

7) 최경위의 증언 중 최임차가 이을남으로부터 자백진술을 들었다는 부분

위 진술은 피고인 이을남의 자백을 내용으로 하는 재전문진술로서 피고인 이을남이 증거로 함에 부동의하는 이상 증거능력이 없습니다.

---

13) 대판 2019.11.21. 2018도13945
14) 대판 1999.02.26. 98도2742, 대판 2007.09.20. 2007도4105, 대판 2010.10.14. 2010도5610,2010전도31

8) 최경위의 증언 중 김갑동으로부터 들은 내용을 진술한 부분

이는 피고인이 아닌 자의 진술을 내용으로 하는 피고인 아닌 타인의 진술을 내용으로 하는 전문진술로서 형사소송법 제316조 제2항의 요건을 충족해야 하는데 원진술자인 이을남이 법정에 출석하여 필요성이 인정되지 않으므로 증거능력이 없습니다.15)

다. 신빙성 없는 증거

'이을남도 자신의 범행에 가담하였다'는 취지의 공동피고인 김갑동의 법정진술은 증거능력이 있으나, ① 김갑동은 경찰에서는 피고인 이을남이 전세계약 체결 전에 나중에 돌려주기만 하면 문제 없으니 걱정할 것 없다는 취지의 말을 하였다고 진술하였으나, 법정에서는 위와 같은 말을 한 것이 계약체결 이전인지 계약일로부터 한참 후인지 기억이 나지 않는다고 진술을 변경하였고, 경찰에서는 피고인 이을남이 계약 체결 직후 김갑동에게 수고비를 달라는 말을 하였다고 진술하였으나 법정에서는 수고비를 달라는 말을 별도로 한 바는 없고 1,000만 원을 요구하여 돈을 주면서 수고비로 생각한 것이라고 진술하고, 다시 1,000만원을 달라고 요구한 것이냐는 반대신문에 빌려간 돈을 갚으라고 말했는지 1,000만 원을 달라고 요구하였는지 기억이 나지 않는다고 진술을 변경하여 그 진술에 일관성이 없는 점, ② 반면 피고인 이을남은 자신이 김갑동으로부터 받은 돈 1,000만 원은 종전에 빌려준 돈을 변제받은 것이라고 주장하는데 피고인 이을남이 2021. 2. 25. 김갑동에게 1,000만 원을 송금한 자료가 있어 이에 부합하는 반면, 이을남에게 그 전에 돈이 빌려준 적이 있기 때문에 변제받은 것이라는 김갑동의 진술에는 객관적인 증거가 없는 점, ③ 이을남은 당시 10억 원 상당의 부동산을 소유하는 등 변제자력이 충분하여 위 임대보증금을 자신의 책임으로 반환할 의사가 있었다고 보이는데 김갑동의 입장에서 일시적으로 돈을 융통하면서 수고비로 1,000만 원이나 지급한다는 것은 경험칙에 반하는 점, ④ 피고인 이을남은 피해자 최임차와는 사촌 사이로 평소 수시로 돕고 지내는 절친한 사이여서 김갑동에게 전세계약 체결 권한이 없는 것을 알면서도 이를 숨기고 계약을 체결하게 한다는 것은 극히 이례적인 점, ⑤ 이을남은 당시 통장에 만원이 넘는 1,200 잔고가 있어 돈을 급하게 마련하기 위해 김갑동과 공모하여 재산범죄를 저지를 만한 사정이 있다고 보이지도 아니하는 점 등에 비추어 볼 때, 신빙성이 없습니다.

---

15) 형사소송법 제316조 제2항은 피고인 아닌 자가 공판준비 또는 공판기일에서 한 진술이 피고인 아닌 타인의 진술을 그 내용으로 하는 것인 때에는 원진술자가 사망, 질병 기타 사유로 인하여 진술할 수 없고 그 진술이 특히 신빙할 수 있는 상태 하에서 행하여진 때에 한하여 이를 증거로 할 수 있다고 규정하고 있는데, 여기서 말하는 '피고인 아닌 자'에는 공동피고인이나 공범자도 포함된다(대판 2000.12.27. 99도5679, 대판 2018.05.15. 2017도19499).

라. 부족증거

최임차는 법정에서 '나중에 알고 보니 피고인 이을남은 김갑동이 전세계약을 체결할 수 있다고 믿었던 것 같다'고 진술하는바, 최임차의 경찰에서의 일부 진술은 추측에 불과하고, 김갑동의 나머지 일부 법정진술 및 계좌거래내역만으로는 피고인 이을남에 대한 공소사실을 인정하기에 부족하고 달리 이를 인정할 증거가 없습니다.

마. 소결

따라서 이 부분 공소사실은 합리적 의심 없이 증명되지 아니하므로 형사소송법 제325조 후단에 따라 무죄 판결을 선고하여 주시기 바랍니다.

2. 사기의 점

가. 쟁점

이 부분 공소사실에 대하여도 피고인 이을남은 부인하고 있습니다. 다만, 사기죄의 피해자 최임차가 피고인 이을남과 합의하여 고소를 취하하였으므로, 그에 따른 검토가 문제됩니다.

나. 친족상도례 규정의 적용과 상대적 친고죄

피고인 이을남과 사기죄의 피해자 최임차는 동거하지 않는 사촌지간이므로, 이 사건 사기죄는 형법 제354조에 따라 준용되는 형법 제328조 제2항에 따라 친족상도례 규정이 적용되어 피해자의 고소가 있어야 공소를 제기할 수 있는 상대죄 친고죄에 해당합니다.

다. 사안의 적용

이 사건 공소제기 후인 2024. 6. 19. 피해자 최임차가 고소를 취하하였는바, 이 사건 공소는 고소가 있어야 죄를 논할 사건에 대하여 고소의 취소가 있은 때에 해당하므로 형사소송법 제327조 제5호에 따라 공소기각 판결을 선고하여 주시기 바랍니다.

3. 허위공문서작성 및 허위진단서작성의 점

가. 쟁점

피고인 이을남은 이 부분 공소사실 범행 자체는 인정하고 있으나, 허위공문서작성 및 허위진단서작성죄의 각 성립여부가 문제됩니다.

나. 허위공문서작성죄의 성립여부

공무원 아닌 자가 허위 공문서 작성의 간접정범인 때에는 형법 제228조의 경우 이외에는 이를 처벌하지 아니합니다.16) 즉, 허위공문서 작성죄의 주체는 작성권한이 있는 공무원인바 공무원 아닌 자가 공무원을 기망하여 허위내용의 증명서를 작성케 하였다고 하더라도 허위공문서작성죄는 성립하지 않습니다.17)

피고인 이을남은 공무원이 아니므로 공무원인 의사 조명의를 기망하여 허위 공문서를 작성하게 하였다고 하더라도 허위공문서작성죄는 성립하지 않습니다.

다. 허위진단서작성죄의 성립여부

형법 제34조 제1항에서 정한 간접정범은 단독정범의 일종이므로 특별한 처벌규정이 없는 한 신분이 없는 자가 신분이 있는 자를 이용하여 신분범의 간접정범이 될 수 없는 바, 허위진단서작성죄의 주체는 "의사, 한의사, 치과의사, 조산사"에 한정되므로 간접정범에 의하여 범하여질 수 없습니다. 한편, 형법 제233조 소정의 허위진단서작성죄의 대상은 공무원이 아닌 의사가 사문서로서 진단서를 작성한 경우에 한정되고, 공무원인 의사가 공무소의 명의로 허위진단서를 작성한 경우에는 허위공문서작성죄만이 성립하고 허위진단서작성죄는 별도로 성립하지 않습니다.18)

그런데 이 부분 공소사실은 공무원이 아닌 피고인 이을남이 허위인 정을 모르는 공무원인 의사 조명의에게 허위의 사실을 이야기하여 그로 하여금 허위의 공문서인 진단서를 작성하게 하였다는 것인바, 이러한 피고인 이을남의 행위를 신분범인 허위진단서작성의 간접정범으로 처벌할 수 없습니다.

라. 소결

따라서 이 부분 공소사실은 범죄가 되지 아니하므로 형사소송법 제325조 전단에 따라 무죄 판결을 선고하여 주시기 바랍니다.

4. 절도의 점

가. 쟁점

피고인 이을남은 장여성 소유였던 이 사건 피해품을 임의로 가져간 사실을 인정하고 있으나, 장여성의 상속인 장부친에 대한 절도죄가 성립하는지 문제됩니다.

---

16) 대판 1970.07.28. 70도1044
17) 대판 1976.08.24. 76도151
18) 대판 2004.04.09. 2003도7762

나. 법리

종전 점유자의 점유가 그의 사망으로 인한 상속에 의하여 당연히 그 상속인에게 이전된다는 민법 제193조는 절도죄의 요건으로서의 '타인의 점유'와 관련하여서는 적용의 여지가 없고, 재물을 점유하는 소유자로부터 이를 상속받아 그 소유권을 취득하였다고 하더라도 상속인이 그 재물에 관하여 위에서 본 의미에서의 사실상의 지배를 가지게 되어야만 이를 점유하는 것으로서 그때부터 비로소 상속인에 대한 절도죄가 성립할 수 있습니다.[19]

다. 이 사건의 경우

장부친은 사망한 장여성의 유일한 상속인이지만, 장부친은 평소 장여성과 따로 거주하고 있었고, 이 사건 범행일시인 2024. 2. 6. 이전에 장여성이 거주하였던 서울 서초구 서초중앙로 105 청춘빌라 302호의 점유를 이전받은 적이 없고 2024. 2. 7.경에야 위 거주지에 들어가 점유를 취득한 사실이 인정되므로 상속인 장부친이 이 사건 범행일시에 이 사건 피해품을 점유하고 있었다는 사실을 인정할 증거가 부족합니다.

라. 소결

따라서 이 부분 공소사실은 범죄의 증명이 없는 경우에 해당하므로 형사소송법 제325조 후단에 따라 무죄 판결을 선고하여 주시기 바랍니다.

---

[19] 대판 2012.04.26. 2010도6334 : 피고인이 내연관계에 있는 甲과 아파트에서 동거하다가, 甲의 사망으로 상속인인 乙 및 丙 소유에 속하게 된 부동산 등기권리증 등이 들어 있는 가방을 위 아파트에서 가지고 가 절취하였다는 내용으로 기소된 사안에서, 피고인이 가방을 들고 나온 시점에 乙 등이 아파트에 있던 가방을 사실상 지배하여 점유하였다고 볼 수 없어 피고인의 행위가 절도죄를 구성한다고 할 수 없는데도, 이와 달리 보아 절도죄를 인정한 원심판결에 법리오해 등의 위법이 있다고 한 사례

UNION 제13판

기록형
2026 변호사시험 대비

형사법

변호사시험 기출문제집

II. 모의편

2024년 6월 제1차

법전협 주관 모의시험

MGI Point — 2024년 제1차 변호사시험 모의시험 형사법 기록형 메모장

공소제기일 2024.5.17.	부동의 증거 (p.7,8 증거목록) d1 : d2 사경 피신(312③-증거X)[1], d2 검찰 피신(312①-증거X)[2], 이후자 진조(312④-증거O)[3] 수사보고(나소문 전화진술청취)(증거X)[4]					
	공소사실(p.11) (d1 : 김갑동, d2 : 이을남)	인부 (p.15)	공판단계	수사단계	비고	쟁점 및 결론
d1	1. 준특수강도 2024.5.8.	X (망본사실 없다)	-나소문 법정진술 중 d2 "'김갑동은 망을 봤는데'라고 말했다" 부분 - 증거X((316②)(d2가 법정에 출석하여 필요성X) -d2 법정진술 : 자신이 실제 목격한 것이 아니라 추측에 불과 - 신빙성X	-d2 사피, 검피, 수사보고 - 증거X		-준특수강도죄의 성립요건(判) 및 합동절도 충족 관련 증거 검토 ⇨ **무죄(325 후단)** -축소사실인 야간주거침입절도죄의 공동정범 성립여부(判) -준강도죄의 공동정범 성립여부(判) -친족상도례의 적용 ⇨ **축소사실인 야간주거침입절도는 공소기각(327 2호)**
	2. 특가법위반(도주치상), 도교법위반(사고후미조치) 2024.5.9.	X				-피고인이 도교법 상 조치를 취하여야 할 필요가 있었다는 점이 증명되는지 여부 ⇨ **무죄(325 후단)**
	3. 공무집행방해 2024.5.9.	△ (성립부인)				-현행범인체포의 적법여부(判) -큰소리로 욕설을 하며 바닥에 드러누운 정도로 공무집행방해 성립여부(判) ⇨ **무죄(325 전단)**
d2	1. 준특수강도 2024.5.8.	O				-준특수강도죄의 성립여부 ⇨ **무죄(325 후단)** -축소사실인 준강도죄의 성립여부 ⇨ **유죄**
	2. 사문서위조 2024.2.9.	O				-허무인 명의의 문서 위조도 사문서위조죄 성립여부(判) ⇨ **유죄**
	3. 위조사문서행사 2024.2.9.	O				-사문서 자체가 아니라 그 문서를 촬영한 사진파일을 메신저로 전송한 경우에도 위조사문서행사죄 성립여부(判) ⇨ **유죄**
	4. 사기 2024.2.9. 2024.5.8.	X			약식명령 확정	1) 2024.2.9.범행 -사기죄 성립여부(기망행위, 편취 여부) -약식명령의 기판력의 시적범위(判) - 기판력 미치지X ⇨ **유죄** 2) 2024.5.8. 22:00 범행(유흥주점 카드결제) -사기죄 성립여부 ⇨ **유죄** 3) 2024.5.8. 23:30 범행(현금자동지급기 인출) -사기죄 해당X, 절도죄만 해당(判) ⇨ **무죄(325 전단)**, 공소장 변경 시 절도죄 유죄
	5. 여전법위반 2024.2.9. 2024.5.8.	O				1) 유흥주점에서 카드결제한 부분은 직불카드 용법에 따른 사용 해당 ⇨ **유죄** 2) 현금자동지급기 인출 부분은 직불카드 용법에 따른 사용 해당X ⇨ **무죄(325 전단)**

---

1) 제312조 제3항 - 부동의 등 ⇨ 전문법칙 예외 검토(당해 피고인이 내용부인취지로 부동의) - 증거 X
2) 제312조 제1항 - 부동의 등 ⇨ 전문법칙 예외 검토(당해 피고인이 내용부인취지로 부동의) - 증거 X
3) 제312조 제4항 - 부동의 등 ⇨ 전문법칙 예외 검토(원진술자 법정 진정성립 O) - 증거 O
4) 제311조, 312조, 315조의 적용대상X, 313조에도 해당X(원진술자 서명 또는 날인X) - 증거 X

형사법 기록형

Contents

- **검토의견서(60점)**
  - I. 피고인 김갑동에 대하여
    1. 준특수강도의 점
       - 가. 쟁점
       - 나. 합동절도의 구성요건 충족여부
         1) 증거능력 없는 증거
            - 가) 이을남에 대한 경찰 작성 피의자신문조서
            - 나) 이을남에 대한 검찰 작성 피의자신문조서
            - 다) 수사보고(나소문 전화진술 청취)
            - 라) 나소문의 법정진술 중 이을남으로부터 들은 내용을 진술한 부분
         2) 나머지 증거에 의하여 피고인이 망을 보았다고 볼 수 있는지 여부
       - 다. 야간주거침입절도의 공동정범 성립여부
       - 라. 준강도의 공동정범 성립여부
       - 마. 소추조건 구비 여부
       - 바. 소결
    2. 특가법위반(도주치상), 도교법위반(사고후미조치)의 점
       - 가. 쟁점
       - 나. 특가법위반(도주치상), 도교법위반(사고후미조치)의 성립여부
         1) 법리
         2) 이 사건의 경우
       - 다. 축소사실인 교특법위반(치상)죄의 성립여부
       - 라. 소결
    3. 공무집행방해의 점
       - 가. 쟁점
       - 나. 현행범인 체포의 적법성
       - 다. 공무집행방해의 성립 여부
       - 라. 소결

- **검토의견서(40점)**
  - II. 피고인 이을남에 대하여
    1. 준특수강도의 점
       - 가. 쟁점
       - 나. 준특수강도의 점
       - 다. 축소사실인 준강도죄의 성립여부
    2. 사문서위조의 점
       - 가. 쟁점
       - 나. 사문서위조죄의 성립요건
       - 다. 이 사건의 경우
    3. 위조사문서행사의 점
       - 가. 쟁점
       - 나. 법리
       - 다. 이 사건의 경우
    4. 사기의 점
       - 가. 2024. 2. 9.자 사기의 점
         1) 쟁점
         2) 사기죄 성립여부
         3) 약식명령의 기판력이 미치는지 여부
         4) 소결
       - 나. 2024. 5. 8.자 사기의 점
         1) 피해자 이순철에 대한 사기죄 성립 여부
         2) 피해자 주식회사 신한은행에 대한 사기죄 성립 여부
         3) 소결
    5. 여신전문금융업법위반의 점
       - 가. 쟁점
       - 나. 유흥주점에서 카드결제한 부분
       - 다. 현금자동지급기에서 예금인출한 부분
       - 라. 소결

검토의견서(60점)

I. 피고인 김갑동에 대하여

1. 준특수강도의 점

가. 쟁점

준특수강도(합동절도의 준강도)가 성립하기 위해서는 특수절도의 구성요건을 충족하여야 하는바, 주관적 요건으로서의 공모와 객관적 요건으로서의 실행행위의 분담이 있어야 하고, 실행행위는 시간적으로나 장소적으로 협동관계에 있음을 요합니다.[1] 피고인은 범행당일 현장에서 망을 보지 않았다고 부인하고 있는바, ① 합동절도의 구성요건을 충족하는지 여부와 관련 피고인이 망을 보았다는 점에 대한 증거의 검토가 문제되고, ② 축소사실인 야간주거침입절도의 공동정범이 성립하는지 문제되고, ③ 준강도의 공동정범이 성립하는지 문제되며, ④ 피고인과 피해자가 친족관계이므로 소추요건과 관련하여 친족상도례의 적용이 문제됩니다.

나. 합동절도의 구성요건 충족여부

1) 증거능력 없는 증거

가) 이을남에 대한 경찰 작성 피의자 신문조서

공범인 공동피고인 이을남에 대한 경찰 작성 피의자신문조서는 형사소송법 제312조 제3항 우선적용설에 따라 공범인 공동피고인이 내용을 인정하더라도 당해 피고인이 내용 부인하면 증거능력을 가지지 못하는바, 피고인 김갑동이 내용부인 취지로 부동의 하였으므로 증거능력이 없습니다.[2]

나) 이을남에 대한 검찰 작성 피의자신문조서

형사소송법 제312조 제1항에서 정한 '검사가 작성한 피의자신문조서'란 당해 피고인에 대한 피의자신문조서만이 아니라 당해 피고인과 공범관계에 있는 다른 피고인이나 피의자에 대하여 검사가 작성한 피의자신문조서도 포함되는바,[3] 이을남에 대한 검찰 작성

---

[1] 2인 이상이 합동하여 타인의 재물을 절취한 경우의 이른바 합동범으로서의 특수절도가 성립되기 위하여서는 주관적 요건으로서의 공모와 객관적 요건으로서의 실행행위의 분담이 있어야 하고 그 실행행위에 있어서는 시간적으로나 장소적으로 협동관계가 있음을 요한다(대판 1989.03.14. 88도837 등)
[2] 당해 피고인과 공범관계가 있는 다른 피의자에 대한 검사 이외의 수사기관 작성의 피의자신문조서는 그 피의자의 법정진술에 의하여 그 성립의 진정이 인정되더라도 당해 피고인이 공판기일에서 그 조서의 내용을 부인하면 증거능력이 부정된다(대판 2004.07.15. 2003도7185 전합).
[3] 대판 2023.06.01. 2023도3741

피의자신문조서는 당해 피고인 김갑동이 내용부인 취지로 부동의 하였으므로 증거능력이 없습니다.

다) 수사보고(나소문 전화진술 청취)

수사보고(나소문 전화진술 청취)는 피고인이 증거 부동의하였는데, 이는 나소문과의 통화내용을 기재한 서류로서 형사소송법 제311조, 312조, 315조의 적용대상이 아니며, 형소법 제313조 제1항에서 정한 피고인 아닌 자의 진술을 기재한 서류인 전문증거에 해당하나, 원진술자인 나소문의 서명 또는 날인이 없으므로 증거능력이 없습니다.[4]

라) 나소문의 법정진술 중 이을남으로부터 들은 내용을 진술한 부분

나소문의 법정진술 중 이을남이 "김갑동은 망을 봤는데"라고 말했다는 부분은 전문진술로서 피고인 아닌 타인의 진술을 내용으로 하는 전문진술로서 형사소송법 제316조 제2항의 요건을 충족해야 하는데 원진술자인 이을남이 법정에 출석하여 필요성이 인정되지 않으므로 증거능력이 없습니다.[5]

2) 나머지 증거에 의하여 피고인이 망을 보았다고 볼 수 있는지 여부

다. 야간주거침입절도의 공동정범 성립여부

라. 준강도의 공동정범 성립여부

절도의 공범 이을남이 체포면탈 목적으로 피해자를 폭행하여 준강도가 성립하는 경우 공범인 피고인이 이를 예견할 수 있었으면 준강도죄의 공동정범이 될 여지가 있으나,[6] 공모 당시에 피고인들은 피해자가 부재중인 것으로 알고 있었고 달리 피고인이 이을남의 준강도 범행을 예견할 수 있었다고 볼만한 증거도 없으므로 준강도죄의 공동정범은 성립하지 않습니다.

마. 소추조건 구비 여부

피고인의 범행 당시 피해자 황철수는 피고인의 누나 김갑순의 배우자로서 피고인과 동거하지 않는 2촌의 친족관계에 있는데, 야간주거침입절도죄는 형법 제344조, 제328조 제2항에 따라 피해자의 고소가 있어야 공소를 제기할 수 있는 범죄인바, 범행 당시에 친족관계에 있는 이상 후에 친족관계가 없어진 때에도 친족상도례는 적용됩니다.[7] 따라서

---

[4] 대판 1999.02.26. 98도2742
[5] 형사소송법 제316조 제2항은 피고인 아닌 자가 공판준비 또는 공판기일에서 한 진술이 피고인 아닌 타인의 진술을 그 내용으로 하는 것인 때에는 원진술자가 사망, 질병 기타 사유로 인하여 진술할 수 없고 그 진술이 특히 신빙할 수 있는 상태 하에서 행하여진 때에 한하여 이를 증거로 할 수 있다고 규정하고 있는데, 여기서 말하는 '피고인 아닌 자'에는 공동피고인이나 공범자도 포함된다(대판 2000.12.27. 99도5679, 대판 2018.05.15. 2017도19499).
[6] 대판 1984.10.10. 84도1887 등

범행 후에 피해자와 김갑순이 이혼하였다고 하더라도 피해자의 고소가 있어야 공소를 제기할 수 있는바, 피해자는 경찰조사 당시 이을남에 대한 처벌의사를 피력하였을 뿐 피고인을 고소한 사실이 없으므로 피고인에 대한 소추조건이 구비되지 않았습니다.

바. 소결

준특수강도는 피고인이 시간적, 장소적으로 협동관계에 있었다는 사실 및 이을남의 폭행행위를 예견하였음을 인정할 증거가 없으므로 합리적 의심 없이 증명되지 아니하므로 형사소송법 제325조 후단의 무죄 판결이 예상되고, 축소사실인 야간주거침입절도죄에 대하여는 피고인의 방어권 행사에 실질적인 불이익이 없어 공소장변경 없이 유죄판결을 선고할 수 있으나 소추조건이 구비되지 않아 형소법 제327조 제2호에 따라 공소기각 판결이 선고될 것으로 예상됩니다.

2. 특가법위반(도주치상), 도교법위반(사고후미조치)의 점

가. 쟁점

피고인은 도주한 사실이 없다고 하고 있어 죄의 성립을 부인하는바 특가법위반(도주치상) 및 도교법위반(사고후미조치)죄의 성립여부가 문제되고, 축소사실인 교특법위반(치상)죄의 성립여부가 문제됩니다.

나. 특가법위반(도주치상), 도교법위반(사고후미조치)의 성립여부

1) 법리

특가법 제5조의3 제1항 소정의 '피해자를 구호하는 등 도로교통법 제50조 제1항의 규정에 의한 조치를 취하지 아니하고 도주한 때'라 함은 사고 운전자가 사고로 인하여 피해자가 사상을 당한 사실을 인식하였음에도 불구하고 피해자를 구호하는 등 도로교통법 제50조 제1항에 규정된 의무를 이행하기 이전에 사고현장을 이탈하여 사고를 낸 자가 누구인지 확정될 수 없는 상태를 초래하는 경우를 말하는 것이나, 사고의 경위와 내용, 피해자의 상해의 부위와 정도, 사고 운전자의 과실 정도, 사고 운전자와 피해자의 나이와 성별, 사고 후의 정황 등을 종합적으로 고려하여 사고 운전자가 실제로 피해자를 구호하는 등 도로교통법 제50조 제1항에 의한 조치를 취할 필요가 있었다고 인정되지 아니하는 경우에는 사고 운전자가 피해자를 구호하는 등 도로교통법 제50조 제1항에 규정된 의무를 이행하기 이전에 사고현장을 이탈하였더라도 특가법 제5조의3 제1항 위반죄로는 처벌할 수 없습니다.[8]

---

7) 형법 제344조, 제328조 제1항 소정의 친족간의 범행에 관한 규정이 적용되기 위한 친족관계는 원칙적으로 범행 당시에 존재하여야 하는 것이다(대판 1997.01.24. 96도1731).
8) 대판 2002.06.28. 2002도2001, 대판 2005.04.15. 2005도1483

2) 이 사건의 경우

피고인은 피해자가 차만 수리해 달라고 했고 다친 곳이 없다고 하여 현장을 떠난 것이라며 범행을 부인하고 있는바, 피해자는 경찰에서는 피고인이 사고 후 구호조치를 취하지 않고 도주하였다고 진술한 바 있으나, ① 사고 직후 피고인이 차에서 내려 피해자에게 다가가 피해자의 상태를 확인하였고, 피해자는 다친 곳은 없으니 차만 수리해 달라고 한 사실이 있는 점, ② 피고인은 수리비를 청구하면 지급하겠다고 하면서 명함을 교부한 점, ③ 도로에 비산물도 발생하지 않았고, 피고인이 현장을 떠날 때 피해자가 이를 제지한 사실도 없는 점 등에 비추어보면 피고인이 피해자를 구호하거나 교통상의 위험과 장해를 방지·제거하여 안전하고 원활한 교통을 확보하기 위한 조치를 취하여야 할 필요가 있었다는 점이 합리적 의심 없이 증명되었다고 보기 어렵고 달리 피고인의 도주 범의를 인정할 증거가 없습니다.

그러므로 이 부분 공소사실은 형사소송법 제325조 후단의 무죄가 선고될 것으로 예상됩니다.

다. 축소사실인 교특법위반(치상)죄의 성립여부

피고인이 운전 중 후방주시 태만 등 업무상 과실로 피해자에게 상해를 입게 한 사실은 인정되나, 고속도로 또는 자동차전용도로가 아닌 일반도로에서 후진하다가 뒤따르던 차량과 충격한 경우에는 중앙선을 침범한 경우에 포함되지 않습니다.[9]

따라서 교특법 제3조 제2항 단서 제2호에 해당하지 않아 피고인의 차량이 자동차종합보험에 가입되어 있는 이상 공소를 제기할 수 없습니다.

라. 소결

특가법위반(도주치상), 도교법위반(사고후미조치)에 대하여는 합리적 의심 없이 증명되지 아니하므로 형사소송법 제325조 후단에 따라 무죄 판결이 예상되고, 축소사실인 교특법위반(치상)에 대하여는 형사소송법 제327조 제2호에 따라 공소기각 판결이 선고될 것으로 예상됩니다.

---

[9] 자동차 운전자인 피고인이 고속도로 또는 자동차전용도로가 아닌 일반도로를 후진하여 역주행한 과실로 피해자에게 상해를 입게 하였다고 하여 구 교통사고처리 특례법 위반으로 기소된 사안에서, 일반도로에서 후진하다가 교통사고를 낸 것은 같은 법 제3조 제2항 단서 제2호에서 정한 사유에 해당하지 않는다고 보아, 피해자가 공소제기 전에 처벌을 희망하는 의사를 철회하였다는 이유로 공소를 기각한 원심의 판단 및 조치가 정당하다고 한 사례(대판 2012.03.15. 2010도3436)

3. 공무집행방해의 점

가. 쟁점

이 부분 공소사실과 관련하여 피고인은 인정하고 있으나, 피고인은 현행범인으로 체포된 것은 억울하다고 하고 있어 현행범인 체포의 적법성이 문제되고, 피고인의 행위에 대하여 공무집행방해죄가 성립한다고 볼 수 있는지 문제됩니다.

나. 현행범인 체포의 적법성

범죄를 실행 중이거나 실행 직후의 현행범인은 누구든지 영장 없이 체포할 수 있습니다(형사소송법 제212조). 현행범인으로 체포하기 위하여는 행위의 가벌성, 범죄의 현행성·시간적 접착성, 범인·범죄의 명백성 외에 체포의 필요성, 즉 도망 또는 증거인멸의 염려가 있어야 하는데[10] 범행 장소에서 2km 떨어진 곳에서 추격이 이루어지지도 않은 본건은 현행범인으로 보기는 어렵습니다.

그러나 순찰 중이던 경찰관이 교통사고를 낸 차량이 도주하였다는 연락을 받고 주변을 수색하다가 파손상태로 보아 사고차량으로 인정되는 차량에서 하차하는 피고인을 발견하여 체포한 것은 장물이나 범죄에 사용되었다고 인정함에 충분한 흉기 기타 물건을 소지한 준현행범인(형사소송법 제211조 제2항 제2호)에 해당하여 영장 없이 체포 가능합니다.[11]

한편, 특가법위반(도주치상), 도교법위반(사고후미조치)가 종국적으로 인정되지 않으나 체포의 요건을 갖추었는지는 체포 당시 상황을 기초로 판단하여야 하고, 이에 관한 수사주체의 판단에는 상당한 재량 여지가 있습니다.[12] 따라서 체포 당시의 상황에서 보아 그 요건에 관한 수사주체의 판단이 경험칙에 비추어 현저히 합리성이 없다고 인정되지 않는 한 수사주체의 현행범인 체포를 위법하다고 단정할 것은 아닙니다.[13] 그런데 뺑소니 신고를 받고 출동한 상황에서 수회 인적 사항을 제시할 것을 요구하였음에도 현장을 이탈하려는 피고인을 체포한 경찰관의 판단이 경험칙에 비추어 현저히 합리성을 잃었다고 보기 어려우므로, 준현행범인 체포는 적법합니다.

다. 공무집행방해의 성립 여부

공무집행방해죄에 있어서 협박이라 함은 상대방에게 공포심을 일으킬 목적으로 해악을 고지하는 행위를 의미하는 것으로서 고지하는 해악의 내용이 그 경위, 행위 당시의 주위

---

10) 대판 1999.01.26. 98도3029 등
11) 순찰 중이던 경찰관이 교통사고를 낸 차량이 도주하였다는 무전연락을 받고 주변을 수색하다가 범퍼 등의 파손상태로 보아 사고차량으로 인정되는 차량에서 내리는 사람을 발견한 경우, 형사소송법 제211조 제2항 제2호 소정의 '장물이나 범죄에 사용되었다고 인정함에 충분한 흉기 기타의 물건을 소지하고 있는 때'에 해당하므로 준현행범으로서 영장 없이 체포할 수 있다고 한 사례(대판 2000.07.04. 99도4341)
12) 대판 2013.08.23. 2011도4763, 대판 2011.05.26. 2011도3682
13) 대판 2012.11.29. 2012도8184, 대판 2016.02.18. 2015도13726

상황, 행위자의 성향, 행위자와 상대방과의 친숙함의 정도, 지위 등의 상호관계 등 행위 당시의 여러 사정을 종합하여 객관적으로 상대방으로 하여금 공포심을 느끼게 하는 것이어야 하고, 그 협박이 경미하여 상대방이 전혀 개의치 않을 정도인 경우에는 협박에 해당하지 않습니다.[14]

피고인의 행위는 공소사실 자체로도 큰소리로 욕설을 하면서 바닥에 드러누운 정도에 불과하여 공무집행방해죄에 있어서 협박에 해당하지 않습니다.

라. 소결

그러므로 이 부분 공소사실은 공소사실 자체로 죄가 되지 아니하므로 형사소송법 제325조 전단의 무죄가 선고될 것으로 예상됩니다.

---

14) 대판 2006.01.13. 2005도4799

검토의견서(40점)

II. 피고인 이을남에 대하여

1. 준특수강도의 점

가. 쟁점

피고인 이을남은 이 부분 공소사실을 인정하고 있으나, 준특수강도죄가 성립하는지 여부 및 축소사실인 준강도죄의 성립여부가 문제됩니다.

나. 준특수강도의 점

앞서 살펴본 바와 같이 공범인 김갑동이 망을 보는 방법으로 실행행위를 분담하였거나 피고인 이을남의 준강도 행위를 예견할 수 있었다는 점은 인정되지 아니하므로 준특수강도 부분은 형사소송법 제325조 후단의 무죄가 선고되어야 합니다.

다. 축소사실인 준강도죄의 성립여부

다만 피고인은 김갑동과 공모하여 야간에 피해자의 주거에 침입하여 지갑을 절취하여 나오다가, 피해자에게 발각되자 체포를 면탈할 목적으로 피해자를 폭행하였으므로, 준강도죄가 성립하는바, 피고인의 자백에 대하여 피해자의 경찰에서의 진술 등 보강증거가 존재하고, 축소사실인 준강도죄에 대하여는 공소장변경 없이 유죄 판결이 선고될 것으로 예상됩니다.

2. 사문서위조의 점

가. 쟁점

피고인은 이 부분 공소사실을 인정하고 있으나, 사문서위조죄가 성립하는지 여부가 문제됩니다.

나. 사문서위조죄의 성립요건

허무인 명의의 문서 위조도 일반인으로 하여금 당해 명의인의 권한 내에서 작성된 문서라고 믿게 할 수 있는 정도의 형식과 외관을 갖추고 있으면 문서위조죄가 성립합니다.[15]

---

15) 대판 2005.03.25. 2003도4943

다. 이 사건의 경우

명의자 김전일은 허무인이나 이 사건 임대차계약서가 일반인으로 하여금 당해 명의인의 권한 내에서 작성된 문서라고 믿게 할 수 있는 정도의 형식과 외관을 갖추고 있습니다. 그러므로 이 부분 공소사실에 대하여는 유죄 판결이 선고될 것으로 예상됩니다.

3. 위조사문서행사의 점

가. 쟁점

이 부분 공소사실은 피고인이 인정하고 있으나 위조된 사문서 자체가 아니라 그 문서를 촬영한 사진파일을 메신저로 전송한 경우에도 위조사문서행사죄가 성립하는지 문제됩니다.

나. 법리

위조된 문서 자체를 직접 상대방에게 제시하거나 이를 기계적인 방법으로 복사하여 그 복사본을 제시하는 경우는 물론, 이를 모사전송의 방법으로 제시하거나 컴퓨터에 연결된 스캐너(scanner)로 읽어 들여 이미지화한 다음 이를 전송하여 컴퓨터 화면상에서 보게 하는 경우도 행사에 해당하여 위조사문서행사죄가 성립합니다.[16]

다. 이 사건의 경우

피고인이 위조된 임대차계약서 자체를 직접 피해자에게 제시하지는 않았으나 휴대전화 카메라로 읽어 들여 이미지화한 다음 카카오톡 메신저로 전송하여 보게 하는 경우도 행사에 해당하므로, 위조사문서행사죄가 성립하는바, 이 부분 공소사실에 대하여는 유죄 판결이 선고될 것으로 예상됩니다.

4. 사기의 점

가. 2024. 2. 9.자 사기의 점

1) 쟁점

이 부분 범죄사실과 관련 피고인이 변제할 의사와 능력이 있었다고 주장하므로 사기죄가 성립하는지 여부 및 약식명령의 기판력이 미치는지 여부가 문제됩니다.

---

[16] 대판 2008.10.23. 2008도5200

2) 사기죄 성립여부

거래의 상대방이 일정한 사정에 관한 고지를 받았더라면 거래를 하지 않았을 것이라는 관계가 인정되는 경우에는, 그 거래로 재물을 받는 자에게는 신의성실의 원칙상 사전에 상대방에게 그와 같은 사정을 고지할 의무가 있고, 이를 고지하지 않는 것은 상대방을 기망한 것이 되어 사기죄를 구성합니다.17) 사안의 경우 피고인에게 임대차보증금 반환청구권이 존재하지 않음에도 임대차보증금을 받아 곧 변제하겠다고 기망하여 돈을 빌렸고 피해자로서는 위와 같은 사정을 알았다면 돈을 빌려주지 않았으리라는 점이 충분히 인정되므로 기망행위가 인정됩니다.

한편, 사기죄의 주관적 구성요건인 편취의 고의는 피고인이 자백하지 않는 한 범행 전후 피고인의 재력, 환경, 범행의 내용, 거래의 이행과정, 피해자와의 관계 등과 같은 객관적인 사정을 종합하여 판단하여야 하는바,18) 기망행위 및 착오에 따른 처분행위, 인과관계가 인정되고, 차용 당시 수입 및 재산 없이 도박빚이 많았다는 피고인의 진술, 다수의 피해자들로부터 3,500만 원을 편취하여 처벌받은 약식명령등본, 신용등급 10등급으로 확인된 신용정보조회서 등에 비추어 편취의 고의가 충분히 인정됩니다.

3) 약식명령의 기판력이 미치는지 여부

포괄일죄 관계인 범행의 일부에 대하여 약식명령이 확정된 경우에는 약식명령 발령시를 기준으로, 그 이전에 이루어진 범행에 대하여는 확정판결의 기판력이 미칩니다.19)

이 사건 범죄사실은 약식명령이 발령된 범죄사실인 상습사기와 범죄일시가 근접하여 있고, 범행수법이 동일하여 포괄일죄 관계인 범행의 일부로 볼 수 있으나, 이 사건 약식명령이 발령된 것은 2024. 2. 5.이고 이 사건 범죄일시는 2024. 2. 9.로 약식명령 발령 이후의 범행이므로 약식명령의 기판력이 미치지 않습니다.

4) 소결

피고인의 기망행위, 피해자의 착오 및 이에 따른 처분행위 및 피고인의 편취범의가 인정되고, 약식명령의 기판력에도 저촉되지 않는바, 이 부분 사기죄에 대하여는 유죄 판결이 선고될 것으로 예상됩니다.

---

17) 대판 2004.04.09. 2003도7828
18) 대판 1996.03.26. 95도3034
19) 대판 2023.06.29. 2020도3705

나. 2024. 5. 8.자 사기의 점

1) 피해자 이순철에 대한 사기죄 성립 여부

강취한 체크카드를 마치 자신의 카드인 것처럼 피해자를 기망하여 피해자로부터 술과 안주를 제공받았고 피해자로서는 위와 같은 사정을 알았다면 술과 안주를 제공하지 않았으리라는 점이 충분히 인정되므로 기망행위가 인정됩니다.

2) 피해자 주식회사 신한은행에 대한 사기죄 성립 여부

우선, 현금자동지급기는 사람이 아니므로 사람에 대한 기망을 구성요건으로 하는 사기죄는 성립하지 않습니다.

현금자동지급기에 강취한 체크카드를 삽입한 후 우연히 알아낸 비밀번호를 입력하여 현금을 인출한 경우 현금자동지급기 관리자의 의사에 반하여 재물을 취득한 피해자 주식회사 신한은행에 대한 절도죄에 해당하나, 피고인의 방어권행사에 실질적 불이익을 초래할 염려가 있으므로 공소장 변경 없이 절도죄로 유죄판결을 선고할 수는 없습니다. 단, 기본적 사실관계가 동일하므로 공소장 변경을 신청하는 경우 허가될 것입니다.

3) 소결

그러므로 피해자 이순철에 대한 사기는 피고인의 기망행위, 피해자의 착오 및 이에 따른 처분행위, 피고인의 편취의 고의가 인정되어 유죄 판결이 예상되고, 피해자 주식회사 신한은행에 대한 사기부분은 죄가 되지 않아 형사소송법 제325조 전단의 무죄 판결이 선고되어야 하나, 기본적 사실관계가 동일한 절도죄로 공소장 변경될 경우 유죄 판결이 선고될 것으로 예상됩니다.

5. 여신전문금융업법위반의 점

가. 쟁점

여신전문금융업법 제70조 제1항 제4호에서는 '강취·횡령하거나, 사람을 기망하거나 공갈하여 취득한 신용카드나 직불카드를 판매하거나 사용한 자'를 처벌하도록 규정하고 있는데, 여기에서 '사용'은 강취·횡령, 기망 또는 공갈로 취득한 신용카드나 직불카드를 진정한 카드로서 본래의 용법에 따라 사용하는 경우를 말하는바,[20] 유흥주점에서 카드결제한 부분 및 현금자동지급기에서 예금인출한 부분이 여전법위반죄에 해당하는지 문제됩니다.

---

20) 대판 2022.12.16. 2022도10629

나. 유흥주점에서 카드결제한 부분

주류대금을 결제한 것은 체크카드(직불카드) 본래의 용법에 따른 사용으로 직불카드 부정사용에 해당합니다.

다. 현금자동지급기에서 예금인출한 부분

현금자동지급기에서 예금을 인출하는 행위는 직불카드를 본래의 용법에 따라 사용하는 것이 아니라 직불카드에 겸용된 현금카드의 기능을 사용하는 것에 불과하여 직불카드 부정사용에 해당하지 않습니다.21)

라. 소결

주류대금을 결제한 행위에 대한 여전법위반죄는 유죄 판결이 선고될 것으로 예상되나, 예금을 인출한 행위에 대한 여전법위반죄는 죄가 되지 아니하므로 형소법 제325조 전단 무죄 판결이 선고될 것으로 예상됩니다.

---

21) 여신전문금융업법 제70조 제1항 소정의 부정사용이라 함은 위조·변조 또는 도난·분실된 신용카드나 직불카드를 진정한 카드로서 신용카드나 직불카드의 본래의 용법에 따라 사용하는 경우를 말하는 것이므로, 절취한 직불카드를 온라인 현금자동지급기에 넣고 비밀번호 등을 입력하여 피해자의 예금을 인출한 행위는 여신전문금융업법 제70조 제1항 소정의 부정사용의 개념에 포함될 수 없다(대판 2003.11.14. 2003도3977).

MEMO

UNION 제13판

기록형
2026 변호사시험 대비

형사법

변호사시험 기출문제집

II. 모의편

2023년 10월 제3차

법전협 주관 모의시험

MGI Point 2023년 제3차 변호사시험 모의시험 형사법 기록형 메모장

공소제기일 2023.5.16.	부동의 증거 (p.8,9 증거목록) d1 : 김정원 고소장, 김정원 진술조서(312④-증거O)[1] 하누리 피신(312③-증거X)[2], 검찰 적발보고서, 성분분석결과회보, 압수조서 및 압수목록(308조의2-증거X), 이요한 진술조서(312④-증거X)[3], 박지선 진술조서(재전문진술-증거X), 박동훈 진술조서(312④-증거O)[4] d2 : 검찰 적발보고서, 성분분석결과회보, 압수조서 및 압수목록(308조의2-증거X), 이요한 진술조서(312④-증거X), 박지선 진술조서(재전문진술-증거X), 박동훈 진술조서(312④-증거O)			-압수된 에스프레소 머신, 필로폰-위수증(308조의2)-증거X	

	공소사실(p.10) (d1: 김갑동, d2 : 이을남)	인부 (p.14,15)	공판단계	수사단계	비고	쟁점 및 결론
d1	1. 특경법위반 (횡령), 횡령 2020.12.17.	O			사기 판결	-횡령죄로 보호할 만한 위탁관계가 있는지(判) -사기죄 확정판결의 기판력이 미치는지(判) -피해자 김강일에 대한 부분 ⇨ 무죄(325 전단) -피해자 박민재에 대한 부분 ⇨ 면소(326 1호)
	2. 배임방조 2021.1.5.~2021.2.15.	O				-재산범죄로서 친족상도례(형법 제361조, 328조), 동거하지 않는 5촌 피해자로서 상대적 친고죄에 해당, 고소기간은 도과 X, 조건부 고소취소는 고소취소 해당 X - 공소기각 X -배임죄의 거래상대방에게 외견상 방조행위로 평가될 행위가 있었다고 하여 배임방조죄가 성립하는지(判) ⇨ 무죄(325 전단)
	3. 식품위생법위반 2022.10.15.	X		-하누리에 대한 경찰 피신조서 -312조 제3항이 적용되고, 314조 적용X -증거X -미신고영업확인서, 수사보고(주무관 최정은), 약식명령 - 부족증거 또는 신빙성X		-증거능력 및 증명력 검토(判) ⇨ 무죄(325 후단)

---

[1] 제312조 제4항 - 부동의 등 ⇨ 전문법칙 예외 검토(원진술자 법정 진정성립 O) - 증거 O
[2] 제312조 제3항 - 부동의 등 ⇨ 전문법칙 예외 검토(양벌규정에 따라 처벌되는 영업주와 사업주 관계는 공범관계와 마찬가지로 312조 3항, 피고인이 내용부인취지로 부동의) - 증거 X
[3] 제312조 제4항 - 부동의 등 ⇨ 전문법칙 예외 검토(원진술자 법정 진정성립 X, 증언거부) - 증거 X (314조에도 해당 X)
[4] 제312조 제4항 - 부동의 등 ⇨ 전문법칙 예외 검토(원진술자 법정 진정성립 O) - 증거 O

MGI Point 2023년 제3차 변호사시험 모의시험 형사법 기록형 메모장

d2	1. 마약류관리법(향정) 2022.12.31.	X	-박지선 법정진술-박동훈이 이을남으로부터 필로폰을 수입하려고 한다는 이야기를 들었다면서 저한테 말해주었다는 부분-재전문진술-증거X -박동훈 법정진술 중 d1, d2으로부터 들은 진술 부분 -일관성X -신빙성X -박동훈 나머지 진술부분 -추측성진술에 불과-부족증거	-이요한 검찰 진술조서 -312④-증거X -압수된 에스프레소 머신, 필로폰-위수증(308조의2)-증거X -검찰 적발보고서, 성분분석결과회보, 압수조서 및 압수목록-독수독과-증거X -박지선에 대한 검찰진술조서-재전문조서-증거X -검찰 수사보고(마약류수입 첩보보고)-부족증거	-증거능력 및 증명력 검토(判) ⇨ 무죄(325 후단)
	2. 야간건조물침입절도 2022.4.21.	O			-일반인의 출입이 허용된 영업점에 통상적인 출입방법으로 들어간 경우 주거침입에서의 주거 평온 상태 해치는지 여부(判) -축소사실인 절도죄의 인정 여부 및 정상관계 ⇨ 무죄(325 후단) 단, 축소사실인 절도죄는 유죄
	3. 부수법위반,위조유가증권행사 2022.10.30.	O			-수표의 배서를 위조 변조한 경우 부수법 성립 여부(判) ⇨ **부수법위반의 점은 무죄(325 전단)**, 단, 유가증권위조죄 및 위조유가증권행사는 유죄

형사법 기록형

Contents

검토의견서(40점)
I. 피고인 김갑동에 대하여
 1. 특경법위반(횡령) 및 횡령의 점
  가. 쟁점
  나. 횡령죄로 보호할 만한 위탁관계 존재 여부
   1) 법리
   2) 이 사건의 경우
  다. 확정판결의 기판력에 저촉되는지 여부
   1) 법리
   2) 이 사건의 경우
  라. 소결
 2. 배임방조의 점
  가. 쟁점
  나. 공소기각 여부
  다. 배임방조죄의 성립 여부
  라. 소결
 3. 식품위생법위반의 점
  가. 쟁점
  나. 증거능력 없는 증거
  다. 부족증거
  라. 소결

변론요지서(60점)
II. 피고인 이을남에 대하여
 1. 마약류관리에관한법률위반(향정)의 점
  가. 공소사실의 인부 및 쟁점
  나. 증거능력 없는 증거
   1) 이요한에 대한 검찰 진술조서
   2) 압수된 에스프레소 머신(증 제1호), 필로폰 0.98g(증 제2호)
   3) 검찰 적발보고서, 성분분석결과 회보, 검찰 압수조서 및 압수목록
   4) 박지선의 법정진술 및 박지선에 대한 검찰 진술조서
  다. 신빙성 없는 증거 또는 부족 증거
  라. 소결
 2. 야간주거침입절도의 점
  가. 공소사실의 인부 및 쟁점
  나. 법리
  다. 이 사건의 경우
  라. 소결
  마. 축소사실의 인정 여부 및 정상관계
 3. 부정수표단속법위반, 위조유가증권행사의 점
  가. 쟁점
  나. 법리
  다. 이 사건의 경우 및 소결
  라. 축소사실의 인부 및 정상 관계

검토의견서(40점)

I. 피고인 김갑동에 대하여

1. 특경법위반(횡령) 및 횡령의 점

가. 쟁점

피고인은 이 부분 공소사실을 인정하고 있으나, 횡령죄로 보호할 만한 위탁관계가 있는지 문제되고, 확정판결의 기판력이 미치는지 문제됩니다.

나. 횡령죄로 보호할 만한 위탁관계 존재 여부

1) 법리

형법 제355조 제1항이 정한 횡령죄에서 보관이란 위탁관계에 의하여 재물을 점유하는 것을 뜻하므로 횡령죄가 성립하기 위하여는 재물의 보관자와 재물의 소유자(또는 기타의 본권자) 사이에 법률상 또는 사실상의 위탁관계가 존재하여야 하는데, 횡령죄의 본질이 신임관계에 기초하여 위탁된 타인의 물건을 위법하게 영득하는 데 있음에 비추어 볼 때 위탁관계는 횡령죄로 보호할 만한 가치 있는 신임에 의한 것으로 한정함이 타당합니다.[1] 재물의 위탁행위가 범죄의 실행행위나 준비행위 등과 같이 범죄 실현의 수단으로서 이루어진 경우 그 행위 자체가 처벌 대상인지와 상관없이 그러한 행위를 통해 형성된 위탁관계는 횡령죄로 보호할 만한 가치 있는 신임에 의한 것이 아니라고 봄이 타당합니다.[2]

2) 이 사건의 경우

피고인과 피해자들 사이의 투자약정은 변호사가 아닌 피고인, 피해자들이 법무법인 설립에 필요한 돈을 투자하고 변호사명의를 빌려 법무법인을 운영하기로 하는 내용의 약정인바, 이는 변호사가 아닌 자가 변호사를 고용하여 법무법인을 개설·운영하는 것으로서 변호사법 제109조 제2호, 제34조 제4항에 따라 처벌되는 범죄행위를 목적으로 한 약정에 해당합니다.

그러므로 피해자들이 위와 같은 투자약정에 따라 피고인에게 지급한 8억 원은 범죄 실현을 위해 교부된 것으로, 피고인과 피해자들 사이에 횡령죄로 보호할 만한 가치 있는 신임에 의한 위탁관계가 인정되지 않고, 따라서 횡령죄가 성립하지 않습니다.

---

[1] 대판 2021.02.18. 2016도18761(전합)
[2] 대판 2002.06.30. 2017도21286

다. 확정판결의 기판력에 저촉되는지 여부

1) 법리

확정판결이 있는 사건과 동일사건에 대하여 공소의 제기가 있는 경우에는 판결로써 면소의 선고를 하여야 하는 것인바, 이 때 공소사실이나 범죄사실의 동일성 여부는 사실의 동일성이 갖는 법률적 기능을 염두에 두고 피고인의 행위와 그 사회적인 사실관계를 기본으로 하되 그 규범적 요소도 고려하여 판단하여야 합니다.3) 형사소송법 제326조 제1호에 정한 면소사유인 '확정판결이 있는 때'에는 공소가 제기된 공소사실을 확정판결이 있는 종전 사건의 공소사실과 비교해서 그 사실의 기초가 되는 자연적·사회적 사실관계가 기본적인 점에서 동일한 경우도 포함됩니다.4)

2) 이 사건의 경우

수사보고(피해자 박민재 진술 청취 등), 피고인에 대한 판결등본(2021고단7751)의 각 기재에 의하면 피고인은 2022. 1. 20. 서울중앙지방법원에서 사기죄에 대하여 무죄판결을 선고 받고 확정된 사실, 확정된 판결의 공소사실 요지는 '피고인은 피해자 박민재로부터 돈을 빌리더라도 이를 변제할 의사나 능력이 없음에도, 변호사 명의를 차용하여 법무법인을 설립운영하기 위해 피해자 박민재에게 아파트를 담보로 제공하는 조건으로 3억 원을 빌려주면 1년 내에 모두 갚겠다고 거짓말하여 이에 속은 피해자로부터 3억 원을 송금 받아 편취하였다'는 사실이 인정됩니다.

피해자 박민재에 대한 횡령의 점 공소사실은 위 사기의 점 공소사실과 범행일시 및 피해자, 목적물이 동일하여 서로 양립할 수 없는 관계에 있고, 단지 피고인이 한 영득행위에 대한 법적 평가만을 달리할 뿐이므로5) 위 사기의 점 공소사실과 이 사건 횡령의 점 공소사실은 그 기본적 사실관계가 동일하다고 봄이 타당합니다.6) 따라서 확정판결의 기판력이 피해자 박민재에 대한 횡령의 점 공소사실에 미칩니다.

라. 소결

피해자 김강일에 대한 공소사실의 경우 범죄가 되지 아니하므로 형사소송법 제325조 전단의 무죄 판결이 선고될 것으로 예상됩니다.

---

3) 대판 1994.03.22. 93도2080(전합), 대판 2006.03.23. 2005도9678
4) 대판 2008.11.13. 2006도4885
5) 사기죄의 공소사실은 이미 확정판결로 배척된 횡령죄의 공소사실과 범행일시가 근접해 있고, 피해자도 동일하며, 범행의 목적물도 동일하여 서로 양립할 수 없는 관계에 있고, 단지 피고인이 한 영득행위에 대한 법적인 평가만이 다를 뿐이므로, 위 두 개의 공소사실은 그 기본적 사실관계가 동일하다고 본 사례(대판 1998.07.28. 98도1226 등)
6) 사기죄 확정판결의 공소사실과 이 사건 공소사실 중 피해자에 대한 횡령의 점의 공소사실은 그 범행일시 및 피해자, 목적물이 동일하여 서로 양립할 수 없는 관계에 있고, 단지 피고인이 한 영득행위에 대한 법적 평가만을 달리할 뿐이므로 위 두 개의 공소사실은 그 기본적 사실관계가 동일하다고 봄이 타당하다고 본 사례(부산지법 2017.12.01., 2017노2604, 부산지법 2023.07.21. 2022노1799 등)

피해자 박민재에 대한 공소사실의 경우 사기 무죄 확정판결의 효력은 피해자 박민재에 대한 횡령의 점 공소사실에도 미치고, 형사재판우선의 원칙에 따라 이 부분 공소사실 중 피해자 박민재에 대한 부분은 확정판결이 있는 때에 해당하여 형사소송법 제326조 제1호에 따라 면소판결이 선고될 것으로 예상됩니다.

2. 배임방조의 점

가. 쟁점

피고인은 이 부분 공소사실에 대하여 인정하고 있으나, 피고인과 김정원은 동거하지 않는 5촌 사이에 있어 친족상도례의 적용에 따라 공소기각이 되어야 하는지 문제되고, 피고인의 혐의에 대하여 배임죄가 성립하는지 여부가 문제됩니다.

나. 공소기각 여부

피고인과 피해자 김정원은 동거하지 않는 5촌 사이에 있는바, 배임방조죄는 재산범죄로서 피해자의 고소가 있어야 공소를 제기할 수 있는 상대적 친고죄에 해당합니다(형법 제361조, 제328조 제2항).

피해자 김정원은 2022. 2. 2. 이중매매 사실을 알았는데 본건 고소는 2022. 6. 17. 제기되었으므로 고소기간이 도과되지 않았고, 이 사건 공판기록에 편철된 김정원 작성 탄원서에 의하면 김정원은 '피해를 변제하면 고소를 취소한다' 등으로 조건부 고소취소의 의사를 한 것에 불과하고 고소가 취소된 경우에 해당하지 않으므로[7] 공소기각 판결 대상으로 볼 수는 없습니다.

다. 배임방조죄의 성립 여부

거래상대방의 대향적 행위의 존재를 필요로 하는 유형의 배임죄에 있어서 거래상대방으로서는 기본적으로 배임행위의 실행행위자와는 별개의 이해관계를 가지고 반대편에서 독자적으로 거래에 임한다는 점을 감안할 때, 거래상대방이 배임행위를 교사하거나 그 배임행위의 전 과정에 관여하는 등으로 배임행위에 적극가담함으로써 그 실행행위자와의 계약이 반사회적 법률행위에 해당하여 무효로 되는 경우 배임죄의 교사범 또는 공동정범이 될 수 있음은 별론으로 하고, 관여의 정도가 거기에까지 이르지 아니하여 법질서 전체적인 관점에서 살펴볼 때 사회적 상당성을 갖춘 경우에 있어서는 비록 정범의 행위가 배임행위에 해당한다는 점을 알고 거래에 임하였다는 사정이 있어 외견상 방조행위로 평가될 수 있는 행위가 있었다 할지라도 범죄를 구성할 정도의 위법성은 없다고 봄이 상당합니다.[8]

---

[7] 친고죄에서 처벌을 구하는 의사표시의 철회는 수사기관이나 법원에 대한 공법상의 의사표시로서 내심의 조건부 의사표시는 허용되지 않는 것(대판 2007.04.13. 2007도425)

이 사건 공소사실과 같이 피고인이 박승재의 이중매도 사실을 알면서 이를 매수하여 외견상 방조행위로 평가될 수 있는 행위가 있었더라도 피고인에게 배임방조죄를 구성할 정도의 위법성은 없다고 봄이 상당합니다.

라. 소결

그러므로 이 부분 공소사실은 범죄가 되지 아니하므로 형사소송법 제325조 전단의 무죄 판결이 선고될 것으로 예상됩니다.[9]

3. 식품위생법위반의 점

가. 쟁점

이 부분 공소사실은 피고인이 영업실장 하누리가 손님들을 상대로 단란주점영업을 하였는지 알지 못한다고 하여 범행의 고의를 부인하는 취지로 주장하고 있으므로 증거의 검토가 문제됩니다.

나. 증거능력 없는 증거

이 사건 공소사실을 뒷받침하는 증거는 하누리에 대한 경찰 피의자 신문조서가 사실상 유일하므로 그 증거능력이 문제됩니다.

양벌규정에 따라 처벌되는 행위자와 사업주의 관계는, 행위자가 저지른 법규위반행위가 사업주의 법규위반행위와 내용상 불가분적 관련성을 가지며, 형법 총칙의 공범관계등과 마찬가지로 인권보장적인 요청에 따라 형사소송법 제312조 제3항이 이들 사이에서도 적용된다고 보는 것이 타당합니다. 따라서 행위자에 대하여 사경이 작성한 피의자신문조서가 형사소송법 제312조 제4항의 요건을 갖춘 경우라도 사업주인 피고인이 그 내용을 부인하면 이를 유죄의 증거로 사용할 수 없고, 그 당연한 결과로 위 피의자신문조서에 대하여 사망 등 사유로 법정에서 진술할 수 없는 때에 예외적으로 증거능력을 인정하는 규정인 형사소송법 제314조도 적용되지 아니합니다.[10]

---

[8] 대판 2005.10.28. 2005도4915

[9] 박승재가 먼저 더 좋은 가격에 살 사람을 알아봐 달라고 하였고, 피고인은 이미 매매가 있었던 사정을 알면서 거래한 것에 불과하며, 달리 피고인이 박승재의 배임행위를 교사하거나 배임행위의 전 과정에 관여하는 등으로 배임행위에 적극 가담한 사정도 없는바, 범죄의 증명이 부족한 경우에도 해당하여 형사소송법 325조 후단 무죄 판결 선고 대상이라고 볼 수도 있으나, 공소사실 자체로 범죄를 구성할 정도의 위법성이 없다고 보는 경우 범죄가 되지 아니함이 분명하므로 형사소송법 제325조 전단의 무죄 판결을 선고함이 보다 적합함

[10] 해당 피고인과 공범관계가 있는 다른 피의자에 대하여 검사 이외의 수사기관이 작성한 피의자신문조서는 그 피의자의 법정진술에 의하여 성립의 진정이 인정되는 등 형사소송법 제312조 제4항의 요건을 갖춘 경우라도 해당 피고인이 공판기일에서 그 조서의 내용을 부인한 이상 이를 유죄 인정의 증거로 사용할 수 없고, 그 당연한 결과로 위 피의자신문조서에 대하여는 사망 등 사유로 인하여 법정에서 진술할 수 없는 때에 예외적으로 증거능력을 인정하는 규정인 형사소송법 제314조가 적용되지 아니한다. 또한 양벌규정에 따라 처벌되는 행위자와 행위자가 아닌 법인 또는 개인 간의 관계는, 행위자가 저지른 법규위반행위가 사업주의 법규위반행위와 사실관계가 동일하거나 적어도 중요 부분을 공유한다는 점에서 내용상 불가분적 관련성을 지닌

피고인이 운영하는 '천송' 식당의 영업실장으로 일하던 하누리가 2022. 10. 15. 22:00 경 무허가 단란주점영업을 영위한 것에 대하여 피고인은 양벌규정인 식품위생법 제100조를 적용법조로 기소되었는바, 피고인과 하누리의 관계는 이른바 행위자와 사업주의 관계에 있습니다.

피고인은 경찰 작성 하누리에 대한 피의자신문조서를 내용부인 취지로 증거 부동의하였는 바, 검사 이외의 수사기관이 양벌규정의 행위자인 하누리에 대하여 작성한 피의자신문조서는 형사소송법 제312조 제3항이 적용되어 증거능력이 없고, 행위자인 하누리가 사망하였다고 하여 형사소송법 제314조에 따라 위 피의자신문조서의 증거능력을 인정할 수는 없습니다.

다. 부족증거

미신고영업확인서, 수사보고(서초구청 주무관 최정은 통화내용)의 경우, 익명의 신고를 받고 피고인 운영 '천송' 식당에 방문조사를 하였으나 노래방 기기 등 단란주점영업을 위한 장비를 발견하지 못하였다는 것으로서 이 부분 공소사실을 뒷받침하는 증거로 보기 어렵습니다.

한편, 하누리에 대한 2023. 1. 30.자 약식명령문은 피고인이었던 하누리의 사망 이후에 발령된 것이어서 무효라고 봄이 타당하고, 더욱이 변론 기회 없이 하누리가 사망한 상태에서 약식명령 청구 내용 그대로 벌금형 선고가 이루어진 것이어서 이를 그대로 믿기도 어렵습니다.

라. 소결

그러므로 이 부분 공소사실은 합리적 의심 없이 증명되지 아니하므로 형사소송법 제325조 후단에 따라 무죄 판결이 선고될 것으로 예상됩니다.

다고 보아야 하고, 따라서 형법 총칙의 공범관계 등과 마찬가지로 인권보장적인 요청에 따라 형사소송법 제312조 제3항이 이들 사이에서도 적용된다고 보는 것이 타당하다(대판 2020.06.11. 2016도9367).

변론요지서(60점)

II. 피고인 이을남에 대하여

1. 마약류관리에관한법률위반(향정)의 점

가. 공소사실의 인부 및 쟁점

이 부분 공소사실 관련, 피고인은 김갑동, 제이슨과 공모하여 필로폰을 수입한 사실이 없다고 하며 공소사실을 부인하고 있어 증거의 검토가 문제됩니다.

나. 증거능력 없는 증거

1) 이요한에 대한 검찰 진술조서

법정에 출석한 증인이 증언을 거부한 경우, 형사소송법 제148조, 제149조 등에서 정한 바에 따라 정당하게 증언거부권을 행사한 경우뿐만 아니라, 정당하게 증언거부권을 행사한 것이 아니더라도, 피고인이 증인의 증언거부 상황을 초래하였다는 등의 특별한 사정이 없는 한 형사소송법 제314조의 '그밖에 이에 준하는 사유로 인하여 진술할 수 없는 때'에 해당하지 않습니다.[11]

피고인이 증거로 함에 동의하지 않았으므로, 형사소송법 제312조 제4항에 따라 원진술자인 이요한의 진정성립이 인정되어야 하나, 이요한은 증인으로 출석하여 증언을 거부하여 검찰 진술조서의 진정성립이 인정되지 않았고 달리 영상녹화물 등에 의해 진정성립이 인정된 사정도 없습니다. 한편, 이요한은 피고인 이을남과 형제로서 형사소송법 제148조에 따라 정당하게 증언거부권을 행사한 바, 형사소송법 제314조의 '그 밖에 이에 준하는 사유로 인하여 진술할 수 없는 때'에 해당한다고 볼 수도 없는바, 이요한에 대한 검찰 진술조서는 증거능력이 없습니다.

2) 압수된 에스프레소 머신(증 제1호), 필로폰 0.98g(증 제2호)

마약류 불법거래방지에 관한 특례법 제4조 제1항에 따른 조치의 일환으로 특정한 수출입물품을 개봉하여 검사하고 그 내용물의 점유를 취득한 행위는 위에서 본 수출입물품에 대한 적정한 통관 등을 목적으로 조사를 하는 경우와는 달리, 범죄수사인 압수 또는 수색에 해당하여 사전 또는 사후에 영장을 받아야 합니다.[12]

한편, 수사기관이 헌법과 형사소송법이 정한 절차에 따르지 아니하고 수집한 증거는 물론, 이를 기초로 하여 획득한 2차적 증거 역시 기본적 인권 보장을 위해 마련된 적법

---

[11] 대판 2019.11.21. 2018도13945
[12] 대판 2017.07.18. 2014도8719

한 절차에 따르지 않은 것으로서 원칙적으로 유죄 인정의 증거로 삼을 수 없습니다.13)

기록에 의하면, ① 검사는 피고인들이 수리남에서 미국을 경유하는 국제특송화물로 필로폰을 수입한다는 정보를 입수하고 공항세관의 협조를 받아 위 국제특송화물을 감시 하에 국내로 반입하여 배당하고, 피고인 이을남이 수령하면 범인으로 검거하려고 한 사실, ② 인천공항세관 마약조사과 특별사법경찰관 방지원은 2023. 1. 2. 18:20경 인천공항에 도달한 마약 은닉 혐의가 있는 국제특송화물을 통상적인 통관절차를 거치지 않은 채 검찰로부터 사전에 통보받은 운송장번호를 이용하여 특정한 후 바로 마약조사과 사무실로 가져갔고, 국제특송화물을 개봉하여 에스프레소 머신 및 은닉된 흰색 가루(필로폰)을 압수한 사실, ③ 검사는 같은 날 19:00경 위 특송화물 속에 든 물건이 필로폰으로 밝혀지자 특별사법경찰관 방지원으로부터 필로폰이 든 특송화물을 임의제출 받는 형식으로 영장 없이 압수한 다음, 통제배달을 실시한 사실이 인정됩니다.

이는 수출입 물품에 대한 적정한 통관 등을 목적으로 한 행정조사의 일환으로 행해진 것이라고 볼 수 없고, 수사기관이 처음부터 범죄사실에 대한 증거 수집을 목적으로 한 압수·수색으로 보아야 하고, 방지원의 행위 역시 특별사법경찰관의 지위에서 범죄의 수사 목적으로 압수·수색을 한 것이라고 봄이 상당함에도, 사전 또는 사후에 영장을 받지 않았으므로 영장주의를 위반한 것입니다.

따라서 위법한 압수·수색으로 취득한 증거에 해당하는 압수물 에스프레소 머신(증 제1호), 필로폰 0.98g(증 제2호)은 영장주의를 위반하여 위법하게 수집된 증거로서 형사소송법 제308조의2에 따라 증거능력이 없습니다.

3) 검찰 적발보고서, 성분분석결과회보, 검찰 압수조서 및 압수목록

압수물의 압수절차가 위법한 이상, 이를 기초로 하여 획득한 2차적 증거인 검찰 적발보고서, 성분분석결과회보, 압수조서 및 압수목록 역시 인과관계의 희석 및 단절을 인정할 수 없어 유죄의 증거로 삼을 수 없습니다.

4) 박지선의 법정진술 및 박지선에 대한 검찰 진술조서

박지선의 법정진술 및 검찰 진술조서 중 박동훈이 이을남으로부터 필로폰을 수입하려고 한다는 이야기를 들었다고 말해주었다는 부분은 재전문진술이거나 재전문진술이 기재된 조서로서, 피고인이 증거로 함에 동의하지 않았으므로 형사소송법 제310조의2에 의해 증거로 할 수 없습니다.14)

---

13) 대판 2009.05.14. 2008도10914
14) 형사소송법은 전문진술에 대하여 제316조에서 실질상 단순한 전문의 형태를 취하는 경우에 한하여 예외적으로 그 증거능력을 인정하는 규정을 두고 있을 뿐, 재전문진술이나 재전문진술을 기재한 조서에 대하여는 달리 그 증거능력을 인정하는 규정을 두고 있지 아니하고 있으므로, 피고인이 증거로 하는 데 동의하지 아니하는 한 형사소송법 제310조의2의 규정에 의하여 이를 증거로 할 수 없다(대판 2004.03.11. 2003도171, 대판 2012.05.14. 2010도5948).

다. 신빙성 없는 증거 또는 부족 증거

박동훈의 법정 및 검찰에서의 각 일부 진술의 경우, 박동훈은 ① 검찰 조사 당시에는 '이을남이 마약조직원인 제이슨으로부터 뭐 받을 것이 있다고 했다. 마약밀수를 한다고 생각했다', '이을남이 아이스 대금이 부족하다고 했던 것 같다. 제이슨에게 보낼 필로폰 대금이 부족했던 게 아닌가 싶다'고 하였다가, 법정에 이르러서는 '미국인 제이슨으로부터 커피머신이 배달 올 것이라고는 들은 것 같다', '이을남이 아이스 대금이라고 한 적은 없는 것 같고, 그냥 미국에 송금할 돈이 부하다고 했다', '이을남이 미국에서 필로폰 수입을 하려다 적발되어 조사를 받는다는 이야기를 듣고 나자, 그때 그 100만원이 필로폰 대금이었나 혼자 생각했던 것이었다'라고 하였고, ② 김갑동과 관련하여서도 검찰 조사 당시에는 '김갑동이 작년 12월에 저랑 전화하다가 건수가 하나 있는데, 잘 성사되면 한 짝대기 준다고 했다'고 하였으나 법정에서는 '김갑동이 구체적으로 뭐라고 얘기했었는지 잘 모르겠다. 베트남에서 필로폰을 수입할 예정이라고 말했던 것 같기도 하고'라고 진술하였고, 재차 변호인의 질문에 '베트남, 필로폰이라는 말을 한 적도 없는 것 같다.', '구체적으로 피고인 김갑동이 무엇이라고 했는지 잘 기억이 나지 않는다'라고 진술을 번복하는 등 전반적으로 진술에 일관성이 결여되어 있는바, 박동훈의 진술에는 신빙성이 전혀 없습니다.

또한 박동훈의 나머지 진술 내용도 피고인의 필로폰 수입 사실을 직접 경험 내지 목격한 것이 아니라 추측성 발언을 한 것에 불과하고, '피고인들이 수리남에서 미국을 경유하여 미국인 제이슨으로부터 필로폰 약 1g을 수입하였다'는 공소사실을 구체적으로 뒷받침할 만한 진술 내용도 전혀 없는바, 박동훈의 검찰 진술만으로는 이 부분 공소사실을 인정하기에 부족합니다.

한편, 검찰 수사보고(마약류수입첩보보고 등)는 단순히 익명의 제보자로부터 필로폰이 은닉되었다는 제보가 있었고 실제로 필로폰이 은닉되어 있을 경우 통제배달을 실시하겠다는 내용에 불과하여 위 수사보고이 내용만으로 피고인 이을남에 대한 공소사실을 인정할 수는 없습니다.

라. 소결

그러므로 이 부분 공소사실은 합리적 의심 없이 증명되지 아니하므로 형사소송법 제325조 후단의 무죄 판결을 선고하여 주시기 바랍니다.

2. 야간주거침입절도의 점

가. 공소사실의 인부 및 쟁점

이 부분 공소사실 관련, 피고인은 인정하고 있으나, 공소사실에 기재된 행위만으로 사실상의 평온상태가 침해되었다고 볼 수 있는지 문제됩니다.

나. 법리

일반인의 출입이 허용된 영업점에 영업주의 승낙을 받아 통상적인 출입방법으로 들어갔다면 특별한 사정이 없는 한 주거침입죄에서 정하는 침입행위에 해당하지 않으며 설령 행위자가 범죄 등을 목적으로 영업점에 출입하였거나 영업주가 행위자의 실제 출입 목적을 알았더라면 출입을 승낙하지 않았을 것이라고 하더라도 그러한 사정만으로는 사실상의 평온상태를 해치는 것도 아니어서 침입행위에 해당한다고 볼 수 없습니다.15) 건조물침입을 구성요건으로 하는 야간건조물침입절도죄에서 건조물침입에 해당하는지를 판단할 때에도 위와 같은 법리가 적용됩니다.16)

다. 이 사건의 경우

피고인은 야간에 일반인의 출입이 허용된 편의점에 관리자인 편의점 종업원이 있는 가운데 통상적인 출입방법으로 편의점에 들어갔는바, 설령 피고인의 도벽이 발현되어 담배를 훔칠 목적으로 편의점에 들어갔다 하더라도 그러한 사정만으로 편의점 관리자의 사실상 평온상태가 침해되었다고 보기는 어렵고, 달리 이를 인정할 증거가 없습니다.

라. 소결

그러므로 이 부분 공소사실은 합리적 의심 없이 증명되지 아니하므로 형사소송법 제325조 후단의 무죄 판결을 선고하여 주시기 바랍니다.

마. 축소사실의 인정 여부 및 정상관계

야간건조물침입절도의 공소사실에는 기본적 사실관계가 동일한 범위에 있는 절도의 공소사실이 포함되어 있으므로, 공소장 변경 없이 축소사실인 절도죄를 유죄로 인정할 수 있을 것입니다.17) 다만 피고인이 자백하고 반성하고 있으며, 피해를 변제한 점을 유리한 정상으로 참작하여 최대한 관대한 판결을 선고하여 주시기 바랍니다.

3. 부정수표단속법위반, 위조유가증권행사의 점

가. 쟁점

이 부분 공소사실에 대하여 피고인 이을남은 사실관계는 인정하고 있으나 수표의 배서를 위조한 것에 대해 부정수표단속법위반죄가 성립하는지 문제됩니다.

---

15) 대판 2022.03.24. 2017도18272(전합)
16) 대판 2022.07.28. 2022도5959
17) 피고인의 방어권행사에 실질적인 불이익을 초래할 염려가 없는 경우에는 공소사실과 기본적 사실이 동일한 범위 내에서 법원이 공소장변경절차를 거치지 않고 다르게 인정하였다 할지라도 불고불리의 원칙에 위반되지 않는다(대판 1994.12.27. 94도2527, 대판 2000.07.28. 98도4558 등).

나. 법리

 형법 제214조에서 발행에 관한 형법 제214조에서 발행에 관한 위조·변조는 대상을 '유가증권'으로, 배서 등에 관한 위조·변조는 대상을 '유가증권의 권리의무에 관한 기재'로 구분하여 표현하고 있는데, 구 부정수표 단속법 제5조는 위조·변조 대상을 '수표'라고만 표현하고 있습니다.

 부정수표 단속법 제5조는 유가증권에 관한 형법 제214조 제1항 위반행위를 가중처벌하려는 규정이므로, 그 처벌범위가 지나치게 넓어지지 않도록 제한적으로 해석할 필요가 있는바, 부정수표 단속법 제5조에서 처벌하는 행위는 수표의 발행에 관한 위조·변조를 말하고, 수표의 배서를 위조·변조한 경우에는 수표의 권리의무에 관한 기재를 위조·변조한 것으로서, 형법 제214조 제2항에 해당하는지 여부는 별론으로 하고, 부정수표 단속법 제5조에는 해당하지 않습니다.18)

다. 이 사건의 경우 및 소결

 그러므로 이 사건 부정수표단속법위반죄의 공소사실과 같이 당좌수표의 배서인란을 위조한 것은 부정수표단속법 제5조에서 말하는 '수표를 위조한 자'에는 해당하지 않는다 할 것인바, 부정수표단속법위반죄의 공소사실은 범죄가 되지 아니하므로 형사소송법 제325조 전단의 무죄 판결을 선고하여 주시기 바랍니다.

라. 축소사실의 인부 및 정상 관계

 한편, 공소사실 범위 내에 있는 유가증권위조죄 및 위조유가증권행사죄(형법 제217조, 제214조 제2항)를 공소장 변경 없이 유죄로 판단하시더라도, 피고인이 자백하고 반성하고 있으며, 실제로 피해가 발생하지는 아니한 점 등 유리한 정상을 참작하시어 최대한 관대한 판결을 선고해 주시기 바랍니다.

---

18) 대판 2019.11.28. 2019도12022

MEMO

UNION 제13판

기록형
2026 변호사시험 대비

형사법

변호사시험 기출문제집

II. 모의편

2023년 8월 제2차

법전협 주관 모의시험

MGI Point — 2023년 제2차 변호사시험 모의시험 형사법 기록형 메모장

공소제기일 2023.5.22.	부동의 증거 (p.8,9 증거목록)
	d1 : d1 사경 피신(312③-증거X)[1], d2 사경 피신(312③-증거X)[2], 이을남 진조(312④-증거O)[3] 수사보고 (박병녀 통화관련)(증거X)[4]
	d2 : 김대표 진술조서(312④-증거O)[5]

공소사실(p.11) (d1 : 김갑동, d2 : 이을남)		인부 (p.16,17)	공판단계	수사단계	비고	쟁점 및 결론
d1	1. 배임수재 2022.3.27.	X	- 박병녀 법정진술 중 d2 진술부분 - 증거X((316②)(d2가 법정에 출석하여 필요성X) -d2 법정진술 : 일관성 있음, 박병녀 진술 및 계좌거래내역 등과 부합 - 신빙성O	- d1 사피, d2 사피, 수사보고 - 증거X - 녹음파일 - 통비법 위반 수집 증거 - 증거X(통비법 4조)		-청탁의 존부와 관련, 증거능력 및 증명력 검토(判) -유료기사 게재 부탁이 배임수재죄의 부정한 청탁인지 여부(判) -피고인이 직접 지급받지 않았어도 직접 받은 것과 동일하게 평가할 수 있는지 여부(判) ⇨ **유죄**
	2. 정통망법위반(명예훼손) 2022.4.15.	△ (성립 부인)				-공공의 이익을 위한 것인 경우 비방할 목적이 부인되는지 여부(判) -피고에게 비방할 목적이 있다는 사실이 증명되는지 ⇨ **무죄(325 후단)**
	3. 공문서부정행사 2022.4.20.	△ (성립 부인)				-본래의 용도에 따른 사용이 아닌 경우 공문서부정행사죄 성립여부(判) ⇨ **무죄(325 전단)**

---

1) 제312조 제3항 - 부동의 등 ⇨ 전문법칙 예외 검토(피고인이 내용부인) - 증거 X
2) 제312조 제3항 - 부동의 등 ⇨ 전문법칙 예외 검토(당해 피고인이 내용부인취지로 부동의) - 증거 X
3) 제312조 제4항 - 부동의 등 ⇨ 전문법칙 예외 검토(원진술자 법정 진정성립 O) - 증거 O
4) 제311조, 312조, 315조의 적용대상X, 313조에도 해당X(원진술자 서명 또는 날인X) - 증거 X
5) 제312조 제4항 - 부동의 등 ⇨ 전문법칙 예외 검토(원진술자 법정 진정성립 O) - 증거 O

MGI Point 2023년 제2차 변호사시험 모의시험 형사법 기록형 메모장

d2	1.업무상횡령 2022.3.27.	△ (성립 부인)				-비자금 사용에 있어서 횡령죄가 성립하기 위한 요건(判) -대표이사의 지시에 따랐을 뿐인 피고인의 불법영득의사가 증명되는지 여부 ⇨ **무죄(325 후단)**
	2.통비법위반 2022.3.30.	△ (성립 부인)				-통비법상 공개되지 않은 타인 간의 대화 해당여부(判) -대화당사자 일방의 동의만 있는 경우 통비법 위반여부(判) ⇨ **유죄**
	3.재물손괴 2021.5.경	O				-재물손괴죄의 경우 피해자의 고소취소의 효력 -타인의 토지 위에 권한 없이 건물 신축한 행위가 재물손괴죄에 해당하는지 여부(判) ⇨ **무죄(325 전단)**
	4.횡령 2022.12.24.	O				-횡령죄는 재산범죄로서 친족상도례(형법 제361조, 328조) -동거하지 않는 형제가 피해자인 경우 상대적 친고죄에 해당 -공소제기 후 고소 취소된 경우 ⇨ **공소기각(327 5호)**
	2.식품위생법위반 2021.10.14.~ 2021.12.20	O			약식 명령 확정	-약식명령이 확정된 죄와 사이의 관계 : 포괄일죄 -약식명령의 기판력의 시적범위(判) ⇨ **2021. 11. 20.까지의 범행 : 면소(326 1호)** **2021. 11. 21.부터의 범행 : 유죄**

형사법 기록형

Contents

검토의견서(50점)
I. 피고인 김갑동에 대하여

1. 배임수재의 점
   가. 쟁점
   나. 청탁의 존부
      1) 증거능력 없는 증거
         가) 피고인 김갑동에 대한 경찰 피의자신문조서 및 이을남에 대한 경찰 피의자신문조서(대질) 중 김갑동 진술부분
         나) 이을남에 대한 경찰 피의자신문조서(대질)
         다) 수사보고(박병녀 통화 관련)
         라) 이을남이 피고인 김갑동과 박병녀 사이의 대화를 녹음한 녹음파일
         마) 증인 박병녀의 법정진술 중 이을남 진술부분
      2) 나머지 증거에 의하여 청탁을 받은 사실이 인정되는지
   나. 유료 기사 게재 부탁이 배임수재죄의 부정한 청탁인지 여부
      1) 법리
      2) 이 사건의 경우
   다. 청탁을 받은 자에게 재물이 직접 지급되지 않았으나 직접 받은 것과 동일하게 평가할 수 있는 경우인지 여부
      1) 법리
      2) 이 사건의 경우
   라. 소결
2. 정보통신망법위반(명예훼손)의 점
   가. 쟁점
   나. 법리
   다. 이 사건의 경우
   라. 소결
3. 공문서부정행사의 점
   가. 쟁점
   나. 법리
   다. 이 사건의 경우
   라. 소결

검토의견서(50점)
II. 피고인 이을남에 대하여

1. 업무상횡령의 점
   가. 쟁점
   나. 법리
   다. 이 사건의 경우
   라. 소결
2. 통신비밀보호법위반의 점
   가. 쟁점
   나. 통신비밀보호법 상 공개되지 않은 타인 간의 대화에 해당하는지 여부
   다. 대화참여자 일방의 동의가 있었더라도 통신비밀보호법 위반인지 여부
   라. 소결
3. 재물손괴의 점
   가. 쟁점
   나. 피해자의 고소취소의 효력
   다. 건물 신축 행위에 대해 재물손괴죄 성립 여부
   라. 소결
4. 횡령의 점
   가. 쟁점
   나. 법리
   다. 이 사건의 경우
   라. 소결
5. 식품위생법위반의 점
   가. 쟁점
   나. 법리
   다. 이 사건의 경우
   라. 소결

검토의견서(50점)

I. 피고인 김갑동에 대하여

1. 배임수재의 점

가. 쟁점

피고인 김갑동은 피고인 이을남으로부터 주식회사 슬림에 관하여 홍보성 또는 우호적인 기사를 작성해달라는 청탁을 받은 사실이 없다고 주장하면서 공소사실을 부인하고 있는바, 청탁의 존부에 대한 증거의 검토가 문제되고, 유료로 기사를 게재하여달라고 부탁한 것이 배임수재죄의 부정한 청탁인지 여부가 문제되고, 청탁을 받은 자에게 재물이 직접 지급되지 않았더라도 직접 받은 것과 동일하게 평가할 수 있는지 여부가 문제됩니다.

나. 청탁의 존부

1) 증거능력 없는 증거

가) 피고인 김갑동에 대한 경찰 피의자신문조서 및 이을남에 대한 경찰 피의자신문조서(대질) 중 김갑동 진술부분

피고인 김갑동에 대한 경찰 작성 피의자신문조서 및 이을남에 대한 경찰 피의자신문조서(대질) 중 김갑동 진술부분은 피고인 김갑동이 내용을 부인하므로 형사소송법 제312조 제3항에 따라 증거능력이 없습니다.

나) 이을남에 대한 경찰 피의자신문조서(대질)

형사소송법 제312조 제3항은 피고인과 대향범 관계에 있는 자들 사이에서도 적용되는바,[1] 당해 피고인 김갑동이 내용부인 취지로 부동의 하였으므로 이 역시 형사소송법 제312조 제3항에 따라 증거능력이 없습니다.

다) 수사보고(박병녀 통화 관련)

수사보고(박병녀 통화 관련)는 박병녀와의 통화내용을 기재한 서류로서 전문증거인데, 피고인 김갑동이 증거로 하는 데 부동의하였고, 형사소송법 제311조, 312조, 315조의 적용대상도 아니며, 원진술자 박병녀의 서명 또는 날인이 없으므로 제313조의 요건도 충족되지 않아 증거능력이 없습니다.[2]

---

[1] 대판 2020.06.11. 2016도9367
[2] 수사기관이 작성한 수사보고서는 전문증거로서 형사소송법 제310조의2에 의하여 제311조 내지 제316조에 규정된 것 이외에는 이를 증거로 삼을 수 없는 것인데, 위 수사보고서는 제311조, 제312조, 제315조, 제316조의 적용대상이 되지 아니함이 분명하므로, 결국 제313조의 진술을 기재한 서류에 해당하여야만 증거능력이 인정될 수 있는바, 형사소송법 제313조가 적용되기 위

라) 이을남이 피고인 김갑동과 박병녀 사이의 대화를 녹음한 녹음파일

해당 녹음파일은 피고인 이을남이 통신비밀보호법을 위반하여 수집한 증거로서, 통신비밀보호법 제4조에 따라 증거능력이 없습니다.

마) 증인 박병녀의 법정진술 중 이을남 진술부분

증인 박병녀의 법정진술 중 이을남이 피고인 김갑동에게 홍보 기사를 써달라며 부탁하고 그 대가로 돈을 지급했다고 하는 말을 들었다는 부분은 피고인 아닌 타인의 진술을 내용으로 하는 전문진술로서 형사소송법 제316조 제2항의 요건을 충족해야 하는데 원진술자인 이을남이 법정에 출석하여 필요성이 인정되지 않으므로 증거능력이 없습니다.[3]

2) 나머지 증거에 의하여 청탁을 받은 사실이 인정되는지

이을남의 법정진술은 증거능력이 있는데, 이을남의 법정진술에 의하면 자신의 배임수재가 인정되는 사실관계임에도 일관되게 청탁의 존재 및 그 내용을 진술하고 있고, 증인 박병녀의 법정진술 중 증거능력이 있는 부분도 이를 뒷받침하고 있습니다. 그리고 계좌거래내역에 의하면 금원 송금의 시기, 이유에 관한 이을남의 진술이 피고인 김갑동의 진술보다 신빙성이 있습니다. 그러므로 이을남과 박병녀의 법정진술, 계좌거래내역 등을 종합하면, 피고인 김갑동이 홍보성 기사를 작성해달라는 청탁을 받은 사실을 인정하기에 충분하다고 할 것입니다.

나. 유료 기사 게재 부탁이 배임수재죄의 부정한 청탁인지 여부

1) 법리

배임수재죄에서 '부정한 청탁'은 반드시 업무상 배임의 내용이 되는 정도에 이를 필요는 없고, 사회상규 또는 신의성실의 원칙에 반하는 것을 말하고, 이를 판단함에 있어서는 청탁의 내용 및 이와 관련되어 교부받거나 공여한 재물의 액수·형식, 보호법익인 사무처리자의 청렴성 등을 종합적으로 고찰하여야 하며, 그 청탁이 반드시 명시적으로 이루어져야 하는 것은 아니고, 묵시적으로 이루어지더라도 무방합니다.[4] 신문사 등이 광고주로부터 홍보사료 등을 전달받아 실질은 광고이지만 기사의 형식을 빌린 이른바 '기사형 광고'를 게재하는 경우에는, 독자가 광고임을 전제로 정보의 가치를 합리적으로 판단할 수 있도록 그것이 광고임을 표시하여야 하고, 언론 보도로 오인할 수 있는 형태로 게재하여

해서는 그 서류에 진술자의 서명 또는 날인이 있어야 한다(대판 1992.02.26. 98도2742, 대판 2023.01.12. 2022도14645).
[3] 형사소송법 제316조 제2항은 피고인 아닌 자가 공판준비 또는 공판기일에서 한 진술이 피고인 아닌 타인의 진술을 그 내용으로 하는 것인 때에는 원진술자가 사망, 질병 기타 사유로 인하여 진술할 수 없고 그 진술이 특히 신빙할 수 있는 상태 하에서 행하여진 때에 한하여 이를 증거로 할 수 있다고 규정하고 있는데, 여기서 말하는 '피고인 아닌 자'에는 공동피고인이나 공범자도 포함된다(대판 2000.12.27. 99도5679, 대판 2018.05.15. 2017도19499).
[4] 대판 2010.09.09. 2009도10681, 대판 2011.02.24. 2010도11784, 대판 2014.05.16. 2012도11258

서는 안 됩니다. 그러므로 보도의 대상이 되는 자가 언론사 소속 기자에게 소위 '유료 기사' 게재를 청탁하는 행위는 사실상 '광고'를 '언론 보도'인 것처럼 가장하여 달라는 것으로서 언론 보도의 공정성 및 객관성에 대한 공공의 신뢰를 저버리는 것이므로, 배임수재죄의 부정한 청탁에 해당한다. 설령 '유료 기사'의 내용이 객관적 사실과 부합하더라도, 언론 보도를 금전적 거래의 대상으로 삼은 이상 그 자체로 부정한 청탁에 해당합니다.[5]

2) 이 사건의 경우

① 피고인 김갑동은 인터넷신문 유한회사 주간신문의 편집국장으로서 편집권을 가지고 있고, 유한회사는 별개의 법인격을 가진 존재로서 피고인 김갑동은 타인의 사무를 처리하는 자에 해당하므로[6] 그 지위와 언론의 공정성, 객관성에 비추어 일반적인 사무처리자에 비하여 청렴성이 높게 요구된다고 할 것인 점, ② 피고인 김갑동은 300만원을 주간신문 명의의 계좌로 입금받았는바 지급받은 금액은 고액인 점, ③ 위 돈은 홍보 기사로서의 대가성이 뚜렷한 점 등을 고려할 때, 주식회사 슬림의 제품을 홍보하거나 이에 우호적인 취지의 기사를 작성해달라는 이을남의 청탁은 사회상규와 신의성실의 원칙에 반하는 이른바 유료 기사 청탁 행위로서, 사실상 '광고'를 '언론 보도'인 것처럼 가장하여 달라는 부정한 청탁에 해당합니다.

다. 청탁을 받은 자에게 재물이 직접 지급되지 않았으나 직접 받은 것과 동일하게 평가할 수 있는 경우인지 여부

1) 법리

형법 제357조의 보호법익 및 체계적 위치, 개정 경위, 법문의 문언 등을 종합하여 볼 때, 개정 형법이 적용되는 경우에도 '제3자'에는 다른 특별한 사정이 없는 한 사무처리를 위임한 타인은 포함되지 않는다고 봄이 타당합니다. 그러나 배임수재죄의 행위주체가 재물 또는 재산상 이익을 취득하였는지는 증거에 의하여 인정된 사실에 대한 규범적 평가의 문제이다. 부정한 청탁에 따른 재물이나 재산상 이익이 외형상 사무처리를 위임한 타인에게 지급된 것으로 보이더라도 사회통념상 그 타인이 재물 또는 재산상 이익을 받은 것을 부정한 청탁을 받은 사람이 직접 받은 것과 동일하게 평가할 수 있는 경우에는 배임수재죄가 성립될 수 있습니다.[7]

---

5) 대판 2021.09.30. 2019도17102
6) 대판 2011.03.10. 2008도6335
7) 대판 2021.09.30. 2019도17102

2) 이 사건의 경우

① 유한회사 주간신문은 설립 당시 이사로 피고인 김갑동의 동생 김정녀와 형 김무술이 법인등기부에 기재되고 사원명부에도 같은 사람이 등재된 점, ② 피고인 김갑동은 수사기관과 법정에서 "사원명부에 사원으로 기재된 사람들은 실제 신문에 지분을 가지고 있지 않고 모두 저에게 경영을 위임한 상태이다. 신문의 월운영비는 급여, 임대료, 시설 이용료 등을 합해 대략 500만 원 정도가 필요하고, 광고가 주수입원이나 최근에는 수입이 줄어 계속하여 마이너스 상태이고 그 마이너스 부분은 피고인이 충당하였다"는 취지로 진술한 점, ③ 김정녀는 경찰에서 "법인의 형태상 형식적으로 명의만 이사로 등재되어 있을 뿐, 신문사로부터 받는 것은 아무것도 없었다"고 진술한 점, ④ 실제로 신문의 사원으로 등재된 사람들이 운영비를 부담하거나 사원의 권리를 행사하였음을 인정할 만한 자료가 없는 점 등을 종합해 보면, 유한회사 주간신문이 재물 또는 재산상 이득을 취득할 경우 피고인 김갑동이 직접적으로 그로 인한 이익을 얻는 관계에 있었던 것으로 평가할 수 있습니다.

라. 소결

그러므로 이 부분 공소사실에 대하여는 유죄 판결 선고가 예상됩니다.

2. 정보통신망법위반(명예훼손)의 점

가. 쟁점

이 부분 공소사실 관련, 피고인 김갑동은 사실관계는 인정하나, 채팅방에 글을 올린 행위는 공공의 이익을 위한 것이고 비방할 목적이 없었다고 주장하고 있는바, 비방할 목적이 인정되는지 문제됩니다.

나. 법리

정통망법 제70조 제1항 규정에 따른 범죄가 성립하려면 피고인이 공공연하게 드러낸 사실이 다른 사람의 사회적 평가를 떨어트릴 만한 것임을 인식해야 할 뿐만 아니라 사람을 비방할 목적이 있어야 합니다. 드러낸 사실이 공공의 이익에 관한 것인 경우에는 특별한 사정이 없는 한 비방할 목적은 부정됩니다. 공공의 이익에 관한 것에는 널리 국가·사회 그 밖에 일반 다수인의 이익에 관한 것뿐만 아니라 특정한 사회집단이나 그 구성원 전체의 관심과 이익에 관한 것도 포함합니다. 행위자의 주요한 동기와 목적이 공공의 이익을 위한 것이라면 부수적으로 다른 사익적 목적이나 동기가 포함되어 있더라도 비방할 목적이 있다고 보기는 어렵습니다.[8]

다. 이 사건의 경우

피고인 김갑동 작성 게시글은 참여한 고등학교 동창들로 구성된 사회집단의 이익에 관한 사항으로 볼 수 있습니다. 피고인 김갑동이 게시글을 올린 동기나 목적에는 피해자가 판매하는 유해 제품을 고등학교 동창 2명이 이미 구매한 사실에 기초하여 피해자와 교류 중인 다른 동창생들에게 주의를 당부하려는 목적이 포함되어 있고, 실제로 피고인 김갑동은 위 게시글의 말미에 그런 목적을 표시하였습니다. 따라서 피고인 김갑동의 주요한 동기와 목적은 공공의 이익을 위한 것으로 볼 수 있고, 피고인 김갑동에게 비방할 목적이 있다는 사실이 합리적 의심의 여지가 없을 정도로 충분히 증명되었다고 볼 수 없습니다.

라. 소결

그러므로 이 부분 공소사실은 합리적 의심 없이 증명되지 않으므로 형사소송법 제325조 후단의 무죄 판결이 선고될 것으로 예상됩니다.

3. 공문서부정행사의 점

가. 쟁점

이 부분 공소사실 관련, 피고인 김갑동은 사실관계는 인정하나, 공문서부정행사죄의 성립요건 충족여부가 문제됩니다.

나. 법리

사용권한자와 용도가 특정되어 있는 공문서를 사용권한 없는 자가 사용한 경우에도 그 공문서 본래의 용도에 따른 사용이 아닌 경우에는 공문서부정행사죄가 성립되지 아니합니다. 장애인복지법과 장애인등편의법의 규정과 관련 법리에 따르면, 장애인사용자동차표지는 장애인이 이용하는 자동차에 대한 조세감면 등 필요한 지원의 편의를 위하여 장애인이 사용하는 자동차를 대상으로 발급되는 것이고, 장애인전용주차구역 주차표지가 있는 장애인사용자동차표지는 보행상 장애가 있는 사람이 이용하는 자동차에 대한 지원의 편의를 위하여 발급되는 것이다. 따라서 장애인사용자동차표지를 사용할 권한이 없는 사람이 장애인전용주차구역에 주차하는 등 장애인사용자동차에 대한 지원을 받을 것으로 합리적으로 기대되는 상황이 아니라면 단순히 이를 자동차에 비치하였더라도 장애인사용자동차표지를 본래의 용도에 따라 사용했다고 볼 수 없어 공문서부정행사죄가 성립하지 않습니다.[9]

---

8) 대판 2022.07.28. 2022도4171
9) 대판 2022. 9. 29. 선고 2021도14514

다. 이 사건의 경우

피고인 김갑동은 실효된 장애인사용자동차표지를 승용차에 비치하였으나, 아파트 주차장 중 장애인전용주차구역이 아닌 장소에 승용차를 주차하였습니다. 이는 피고인 김갑동이 장애인사용자동차에 대한 지원을 받을 것으로 합리적으로 기대되는 상황에서 장애인사용자동차표지를 승용차에 비치한 경우에 해당한다고 볼 수 없습니다.

라. 소결

그러므로 이 부분 공소사실은 범죄가 성립하지 아니하는 경우에 해당하므로 형사소송법 제325조 전단의 무죄 판결 선고가 예상됩니다.

검토의견서(50점)

II. 피고인 이을남에 대하여

1. 업무상횡령의 점

가. 쟁점

이 부분 공소사실 관련, 피고인 이을남은 사실관계는 인정하나 주식회사 슬림의 비자금 일부를 홍보성 기사 게재 청탁을 하면서 지급하였고, 이는 모두 회사의 영업을 위하여 한 행위로서 불법영득의사가 없었다고 주장하고 있어, 불법영득의사의 존재가 인정되는지 문제됩니다.

나. 법리

횡령이 인정되기 위하여는 타인의 재물을 보관하는 자가 권한 없이 그 재물을 자기의 소유인 것 같이 처분하는 의사가 인정되어야 하고, 이는 회사의 비자금을 보관하는 자가 비자금을 사용하는 경우라고 하여 달라지는 것이 아닙니다. 한편 비자금 사용에 관하여는 그 비자금을 사용하게 된 시기, 경위, 결과 등을 종합적으로 고려하여 해당 비자금 사용의 주된 목적이 피고인의 개인적인 용도에 사용하기 위한 것이라고 볼 수 있는지 여부 내지 불법영득의사의 존재를 인정할 수 있는지 여부를 판단하여야 합니다.[10]

다. 이 사건의 경우

피고인 이을남이 자신이 보관하고 있던 회사 비자금 중 300만원을 김갑동에게 지급한 것은 회사의 홍보를 위해 홍보성 기사를 작성해달라고 요청하는 과정에서 지급된 것입니다. 피고인 이을남은 주식회사 슬림의 이사로서 영업을 담당하면서 대표이사의 명백한 지시 하에 위 금원을 전달한 것이고, 개인적 용도로 사용되었다고 볼만한 사정은 없습니다. 비록 위 돈을 지급한 것이 배임증재에 해당하여 위법하다 하더라도 피고인 이을남이 이를 개인적 용도로 임의소비하여 횡령하였다는 점이 인정되지 않는 이상, 피고인 이을남의 불법영득의사가 증명되었다고 보기는 어렵습니다.

라. 소결

그러므로 이 부분 공소사실은 합리적 의심 없이 증명되지 아니하므로 형사소송법 제325조 후단의 무죄 판결 선고가 예상됩니다.

---

10) 대판 2010.04.15. 2009도6634

2. 통신비밀보호법위반의 점

가. 쟁점

이 부분 공소사실 관련, 피고인 이을남은 사실관계는 인정하나, 피고인 이을남과 같은 공간 내에 있었던 김갑동과 박병녀가 나눈 대화는 통비법이 보호하는 공개되지 않은 타인 간의 대화에 해당하지 아니한다고 주장하고 있고, 피고인 이을남이 대화 참여자인 박병녀로부터 대화녹음에 관한 동의를 받았다고 주장하고 있어 이에 대한 검토가 문제됩니다.

나. 통신비밀보호법 상 공개되지 않은 타인 간의 대화에 해당하는지 여부

통신비밀보호법 제3조 제1항이 공개되지 않은 타인 간의 대화를 녹음 또는 청취하지 못하도록 한 것은, 대화에 원래부터 참여하지 않는 제3자가 대화를 하는 타인 간의 발언을 녹음하거나 청취해서는 안 된다는 취지입니다. 따라서 대화에 원래부터 참여하지 않는 제3자가 일반 공중이 알 수 있도록 공개되지 않은 타인 간의 발언을 녹음하거나 전자장치 또는 기계적 수단을 이용하여 청취하는 것은 특별한 사정이 없는 한 제3조 제1항에 위반됩니다. '공개되지 않았다.'는 것은 반드시 비밀과 동일한 의미는 아니고, 구체적으로 공개된 것인지는 발언자의 의사와 기대, 대화의 내용과 목적, 상대방의 수, 장소의 성격과 규모, 출입의 통제 정도, 청중의 자격 제한 등 객관적인 상황을 종합적으로 고려하여 판단해야 합니다.11)

김갑동과 박병녀의 대화는 박병녀가 주식회사 슬림의 제품에 대한 홍보를 부탁하는 내용이나, 대화의 내용, 성질, 대화 당사자들의 의도에 비추어 그 대화가 일반 공중이 알도록 되어 있지 않은 이상 그 비공개성을 부정할 수 없습니다. 그런데 피고인 이을남은 피고인 김갑동과 박병녀의 대화에 참여하지 않은 상태였는바, 비록 위 대화가 이루어지는 주간신문의 사무실 내에서 대화 장소와 거리가 있는 입구 소파에 앉아 대화를 끝나기를 기다리고 있었다고 하더라도 위 대화는 공개되지 않은 타인 간의 대화에 해당합니다.

다. 대화참여자 일방의 동의가 있었더라도 통신비밀보호법 위반인지 여부

대화 당사자가 아닌 제3자는 설령 대화 당사자 일방의 동의를 받고 그 대화내용을 녹음하였더라도 그 상대방의 동의가 없었던 이상, 사생활 및 통신의 불가침을 국민의 기본권의 하나로 선언하고 있는 헌법 규정과 통신비밀의 보호와 통신의 자유신장을 목적으로 제정된 통신비밀보호법의 취지에 비추어 통신비밀보호법 제3조 제1항 위반이 된다고 해석함이 타당합니다.12)

---

11) 대판 2022.08.31. 2020도1007
12) 대판 2002.10.08. 2002도123

피고인 이을남이 대화당사자 일방인 박병녀의 동의를 받았더라도 대화상대방인 김갑동의 동의가 없었던 이상, 공개되지 아니한 둘 사이의 대화를 녹음한 것은 통신비밀보호법 제3조 제1항을 위반한 것입니다.

라. 소결

그러므로 이 부분 공소사실에 대하여 피고인이 자백하고 있고 김갑동, 박병녀의 법정 진술 등 보강증거가 존재하므로 유죄 판결 선고가 예상됩니다.

3. 재물손괴의 점

가. 쟁점

이 부분 공소사실에 대하여 피고인 이을남은 사실관계는 인정하고 있으나 피해자 이을녀가 고소취소를 하여 그 효력이 문제되고, 타인의 토지 위에 권한 없이 건물을 신축한 행위에 대해 재물손괴죄가 성립하는지 문제됩니다.

나. 피해자의 고소취소의 효력

재물손괴죄는 친고죄가 아니며, 친족상도례가 적용되는 범죄가 아니므로 피해자 이을녀의 고소취소는 죄의 성립에 영향이 없습니다.

다. 건물 신축 행위에 대해 재물손괴죄 성립 여부

재물손괴죄는 다른 사람의 재물을 손괴 또는 은닉하거나 그 밖의 방법으로 그 효용을 해한 경우에 성립하는 범죄로, 행위자에게 다른 사람의 재물을 자기 소유물처럼 그 경제적 용법에 따라 이용·처분할 의사(불법영득의사)가 없다는 점에서 절도, 강도, 사기, 공갈, 횡령 등 영득죄와 구별됩니다. 다른 사람의 소유물을 본래의 용법에 따라 무단으로 사용·수익하는 행위는 소유자를 배제한 채 물건의 이용가치를 영득하는 것이고, 그 때문에 소유자가 물건의 효용을 누리지 못하게 되었더라도 효용 자체가 침해된 것이 아니므로 재물손괴죄에 해당하지 않습니다.[13]

피고인 이을남의 행위는 이미 대지화된 토지에 건물을 신축하여 부지로서 사용·수익함으로써 그 소유자로 하여금 효용을 누리지 못하게 한 것일 뿐 토지의 효용을 해하지 않았으므로, 재물손괴죄가 성립하지 않습니다.

---

[13] 대판 2022.11.30. 2022도1410 - 피고인이 타인 소유 토지에 권원 없이 건물을 신축함으로써 그 토지의 효용을 해하였다는 공소사실에 대하여, 피고인의 행위는 이미 토지에 건물을 새로 지어 부지로서 사용수익함으로써 그 소유자로 하여금 효용을 누리지 못하게 한 것일 뿐 토지의 효용을 해하지 않았으므로 재물손괴죄가 성립하지 않는다는 결론은 정당하다고 본 사례

라. 소결

그러므로 이 부분 공소사실은 죄가 되지 아니하므로 형사소송법 제325조 전단의 무죄 판결 선고가 예상됩니다.

4. 횡령의 점

가. 쟁점

이 부분 공소사실에 대하여는 피고인 이을남이 인정하고 있으나 피해자의 고소 취소가 있어 문제됩니다.

나. 법리

횡령죄는 형법 제361조에 따라 준용되는 제328조에 따라 친족상도례가 적용되는바, 동거하지 아니하는 친족의 경우 고소가 있어야 처벌할 수 있는 상대적 친고죄가 됩니다(형법 제328조 제2항).

다. 이 사건의 경우

피해자 이을녀는 피고인 이을남의 동거하지 않는 형제이므로 횡령죄는 상대적 친고죄가 되는바, 피해자 이을녀가 합의서를 제출하여 고소를 취소하였습니다.

라. 소결

그러므로 친고죄에서 공소제기 후 고소가 취소된 경우이므로 형사소송법 제327조 제5호에 따라 공소기각 판결 선고가 예상됩니다.

5. 식품위생법위반의 점

가. 쟁점

이 부분 공소사실에 대하여는 피고인 이을남이 인정하고 있으나, 포괄일죄인 영업범의 범죄사실과 동일성이 인정되는 범죄사실에 관하여 확정된 약식명령이 있는 경우인바, 위 약식명령의 기판력이 미쳐 면소의 대상이 되는 공소사실의 시적범위가 문제됩니다.

나. 법리

실체법상 포괄일죄의 관계에 있는 일련의 범행 중간에 동종의 죄에 관한 확정판결이 있는 경우에는 확정판결로 전후 범죄사실이 나뉘어져 원래 하나의 범죄로 포괄될 수 있었던 일련의 범행은 확정판결의 전후로 분리되어 사실심판결 선고시 이후의 범죄는 확정판결의 기판력이 미치지 않으므로 설령 확정판결 전의 범죄와 포괄일죄의 관계에 있다 하더라도 별개의 독립적인 범죄가 됩니다.14) 포괄일죄의 관계에 있는 범행일부에 관하여 약식명령이 확정된 경우, 약식명령의 발령시를 기준으로 하여 그 전의 범행에 대하여는 면소의 판결을 하여야 하고, 그 이후의 범행에 대하여서만 일개의 범죄로 처벌하여야 합니다.15)

다. 이 사건의 경우

이 부분 공소사실은 피고인이 인체의 건강을 해칠 우려가 있어 판매금지된 다이어트 식품을 2021. 10. 24.부터 2021. 12. 20.까지 판매하였다는 점인데, 이미 피고인 이을남은 2021. 8. 26.부터 2021. 9. 26.까지 위 제품을 판매하였다는 사실로 공소제기되어 서울중앙지방법원 2021고약35791호 사건에서 2021. 11. 20. 식품위생법위반죄로 벌금 400만원의 약식명령을 발령받아 그 약식명령이 2021. 12. 27. 확정되었습니다. 단일한 범의로 같은 장소에서 동일한 제품을 판매한 위 범죄는 포괄일죄인데, 그 범행 중 일부에 관하여 이미 약식명령이 확정되었으므로 발령시인 2021. 11. 20.16)이전의 범행에는 위 약식명령의 기판력이 미치게 되므로 면소의 대상이 되고 그 이후의 범행에 대해서는 별개의 독립적인 범죄가 됩니다.

라. 소결

그러므로 이 부분 공소사실 중 2021. 10. 14.부터 약식명령 발령일인 2021. 11. 20.까지의 범행에 대하여는 형사소송법 제326조 제1호의 면소 판결 선고가 예상되고, 2021. 11. 21.부터 2021. 12. 20.까지의 범행에 대하여는 계좌이체내역, 판매내역 등에 비추어 유죄 판결 선고가 예상됩니다.

---

14) 대판 2017.05.17. 2017도3373
15) 대판 1994.08.09. 94도1318
16) 포괄일죄 관계인 범행의 일부에 대하여 판결이 확정된 경우에는 사실심 판결선고시를 기준으로, 약식명령이 확정된 경우에는 약식명령 발령시를 기준으로, 그 이전에 이루어진 범행에 대하여는 확정판결의 기판력이 미친다.

UNION 제13판

기록형
2026 변호사시험 대비

형사법

변호사시험 기출문제집

II. 모의편

2023년 6월 제1차

법전협 주관 모의시험

MGI Point — 2023년 제1차 변호사시험 모의시험 형사법 기록형 메모장

공소제기일 2023.3.16.	부동의 증거 (p.8,9 증거목록) d1 : 나신뢰 고소장(312④-증거O)[1], 박병녀 사경진술조서(312④-증거X)[2], d1 사경 피신(312③-증거X)[3], d2 사경 피신(312③-증거X)[4]					
공소사실(p.11) (d1 : 김갑동, d2 : 이을남)	인부 (p.16, 17)	공판단계	수사단계	비고	쟁점 및 결론	
d1	1. 아청법위반 (위계등간음) 2021.8.2.	X	-나신뢰 법정진술 중 박병녀 진술부분 - 증거X((316②)(정신과 치료 등으로 증언에 어려움을 겪는다는 사실만으로는 진술불능요건X) -이을남 법정진술 신빙성- 일관성 있음, 휴대폰 통화내역, 문자메시지 등과 부합	-d1 사피, d2 사피, 박병녀 사경진술조서 -증거X -나신뢰 고소장 중 박병녀 진술부분 - 증거X(316②, 312④) -증거X(진술불능요건X) -영상물에 수록된 피해자 진술 - 아청법 제26조 제6항 적용 여부(위헌)-증거X		-증거능력 및 증명력 검토 ⇨ 유죄
	2. 권리행사방해 교사 2022.5.25.	O				-권리행사방해 교사범 성립 요건(判) ⇨ 무죄(325 전단) -권리행사방해죄의 간접정범은 성립하므로 공소장 변경시 ⇨ 유죄
	3. 직무유기, 허위공문서작성 및 허위작성공문서행사 2021.7.16. 2021.10.17.	△ (성립 부인)				-허위공문서 작성이 농지일시전용허가를 신청하자 이를 허가하여 주기 위하여 한 것이라면 직접적으로 농지불법전용 사실을 은폐하기 위하여 한 것은 별도로 직무유기죄 성립하고 실체적경합관계임(判) ⇨ 유죄
	4. 교특법위반 (치상) 2022.10.21.	O				-신호기가 설치된 횡단보도에서 녹색등화의 점멸신호에 위반하여 횡단보도를 통행하고 있었던 경우 횡단보도를 통행 중인 보행자로 보아야 하는지 여부(判) ⇨ 무죄(325 전단)

---

1) 제312조 제4항 - 부동의 등 ⇨ 전문법칙 예외 검토(원진술자 법정 진정성립 O) - 증거 O
2) 제312조 제4항 - 부동의 등 ⇨ 전문법칙 예외 검토(원진술자 법정 진정성립 X), 314조에도 해당X - 증거 X
3) 제312조 제3항 - 부동의 등 ⇨ 전문법칙 예외 검토(피고인이 내용부인) - 증거 X
4) 제312조 제3항 - 부동의 등 ⇨ 전문법칙 예외 검토(당해 피고인이 내용부인취지로 부동의) - 증거 X

2023년 제1차 변호사시험 모의시험 형사법 기록형 메모장

d2	1.아청법위반(위계 등간음) 2021.8.2.	△ (성립 부인)				-위계에 의한 간음 성립요건 - 행위자가 간음의 목적으로 피해자에게 오인, 착각, 부지를 일으키고 피해자의 그러한 심적 상태를 이용하여 간음의 목적을 달성하였다면 위계와 간음행위 사이의 인과관계를 인정할 수 있음(判) ⇨ **유죄**
	2. 강제추행 2020.12.21.	△ (성립 부인)			휴대전화(A1, 증제1호)-압수영장에 따라 압수할 물건은 이을수가 소유 및 소지·보관·관리·사용하는 물건에 한정-증거X(위수증), 압수조서 및 압수목록, 수사보고(피의자 이을남 휴대전화 관련), 휴대전화(A1) 분석결과 회신 CD-증거X(독수독과)	-피해자를 도구로 삼아 피해자의 신체를 이용하여 추행행위를 한 경우에도 강제추행죄의 간접정범에 해당할 수 있는지(判) ⇨ **유죄**
	3.전자금융거래법 위반 2022.9.22.	O			약식 명령 확정	-판결이 확정된 전자금융거래법위반죄와 사이의 관계 : 상상적경합(判) -상상적관계에 있는 범죄에 확정판결 기판력이 미치는지(判) ⇨ **면소(326 1호)**

형사법 기록형

Contents

- **검토의견서**
  - I. 피고인 김갑동에 대하여
  - 1. 아청법위반(위계등간음)의 점
    - 가. 쟁점
    - 나. 증거능력 없는 증거
      1) 피고인 김갑동에 대한 경찰 피의자신문조서
      2) 이을남에 대한 경찰 피의자신문조서
      3) 피해자 박병녀에 대한 경찰 작성 진술조서
      4) 증인 나신뢰의 법정진술 및 나신뢰 고소장 중 박병녀로부터 들은 내용을 진술한 부분
      5) 영상물에 수록된 피해자 진술
    - 다. 나머지 증거에 의하여 피고인의 혐의가 인정되는지
    - 라. 소결
  - 2. 권리행사방해교사의 점
    - 가. 쟁점
    - 나. 권리행사방해 교사범 성립 요건
    - 다. 이 사건의 경우
    - 라. 소결
    - 마. 권리행사방해죄의 간접정범 성립 검토
  - 3. 직무유기, 허위공문서작성, 허위작성공문서행사의 점
    - 가. 쟁점
    - 나. 직무유기의 점
    - 다. 허위공문서작성 및 동 행사의 점
    - 라. 직무유기죄와 허위공문서작성 및 허위작성공문서행사죄와의 관계
    - 마. 소결
  - 4. 교통사고처리특례법위반(치상)의 점
    - 가. 쟁점
    - 나. 법리
    - 다. 이 사건의 경우
    - 라. 소결

- **검토의견서**
  - II. 피고인 이을남에 대하여
  - 1. 아청법위반(위계등간음)의 점
    - 가. 쟁점
    - 나. 법리
    - 다. 이 사건의 경우
    - 라. 소결
  - 2. 강제추행의 점
    - 가. 피고인의 주장
    - 나. 증거능력 없는 증거
    - 다. 나머지 증거를 근거로 피고인의 강제추행죄 성립 여부
    - 라. 소결
  - 3. 전자금융거래법위반의 점
    - 가. 쟁점
    - 나. 법리
    - 다. 이 사건의 경우
    - 라. 소결

검토의견서(60점)

I. 피고인 김갑동에 대하여

1. 아청법위반(위계등간음)의 점

가. 쟁점

피고인 김갑동은 피해자가 미성년자인 사실을 몰랐고, 이을남으로부터 자신에게 호감을 가지고 있는 여자가 자신과 성관계를 가지고 싶어 한다는 말을 듣고 만나 성관계를 하게 된 것이라며 공소사실을 부인하고 있는바, 증거의 검토가 문제됩니다.

나. 증거능력 없는 증거

1) 피고인 김갑동에 대한 경찰 피의자신문조서

피고인 김갑동에 대한 경찰 작성 피의자신문조서는 피고인 김갑동이 내용을 부인하므로 형사소송법 제312조 제3항에 따라 증거능력이 없습니다.

2) 이을남에 대한 경찰 피의자신문조서

공범인 공동피고인 이을남에 대한 경찰 작성 피의자신문조서는 형사소송법 제312조 제3항 우선적용설에 따라 공범인 공동피고인이 내용을 인정하더라도 당해 피고인이 내용 부인하면 증거능력을 가지지 못하는바, 피고인 김갑동이 내용부인 취지로 부동의 하였으므로 증거능력이 없습니다.[1]

3) 피해자 박병녀에 대한 경찰 작성 진술조서

피해자 박병녀에 대한 경찰 작성 진술조서는 피고인 김갑동이 부동의하는 이상 형사소송법 제312조 제4항의 요건을 갖추어야 하는데, 박병녀가 법정에 출석하지 않아 진정성립 요건을 갖추지 못하였고, 박병녀가 정신과 치료 등으로 증언에 어려움을 겪는다는 사실만으로는 형사소송법 제314조의 사망·질병·외국거주·소재불명, 그 밖에 이에 준하는 사유로 인하여 진술할 수 없는 때에 해당하지 않아 증거능력이 없습니다.

4) 증인 나신뢰의 법정진술 및 나신뢰 고소장 중 박병녀로부터 들은 내용을 진술한 부분

해당 부분은 전문진술로서 형사소송법 제316조 제2항의 요건을 갖추어야 합니다. 그런데 앞서 살펴본바와 같이 박병녀의 경우 사망·질병 기타 사유로 인하여 진술할 수 없

---

[1] 당해 피고인과 공범관계가 있는 다른 피의자에 대한 검사 이외의 수사기관 작성의 피의자신문조서는 그 피의자의 법정진술에 의하여 그 성립의 진정이 인정되더라도 당해 피고인이 공판기일에서 그 조서의 내용을 부인하면 증거능력이 부정된다(대판 2004.07.15. 2003도7185 전합).

는 경우에 해당하지 않아 형사소송법 제316조 제2항의 원진술자의 진술불능 요건을 갖추지 못하여 증거능력이 없습니다.

5) 영상물에 수록된 피해자 진술

영상물에 수록된 피해자 진술이 아청법 제26조 제6항에 따라 신뢰관계자인 나신뢰의 진술로 진정성립이 인정되어 증거능력이 인정되는지 문제됩니다. 그러나 헌법재판소는 구 성폭력처벌법 제30조 제6항 중 '제1항에 따라 촬영한 영상물에 수록된 피해자의 진술은 공판준비기일 또는 공판기일에 조사 과정에 동석하였던 신뢰관계에 있는 사람 또는 진술조력인의 진술에 의하여 그 성립의 진정함이 인정된 경우에 증거로 할 수 있다'는 부분 가운데 '19세 미만 성폭력범죄 피해자에 관한 부분'에 대하여 피고인의 반대신문권을 실질적으로 배제하여 과잉금지원칙을 위반한다는 등 이유로 위헌결정을 하였는바[2] 이 사건 공소사실은 아청법 제26조 제1항의 아동·청소년대상 성범죄에 해당하나, 동법 제26조 제6항은 위 위헌결정 대상 법률 조항에 대한 위헌 결정 이유와 마찬가지로 과잉금지원칙에 위반될 수 있습니다.[3] 따라서 영상물에 수록된 피해자의 진술은 증거능력이 없습니다.

다. 나머지 증거에 의하여 피고인의 혐의가 인정되는지

공범인 공동피고인 이을남의 법정진술은 증거능력이 있는데,[4] 이을남의 진술이 피고인 김갑동의 주장과 달리 피고인의 혐의를 인정할 수 있는 증거이기에 그 신빙성이 문제됩니다.

피고인 김갑동은 경찰 조사에서는 나이가 어리다는 것을 의심하였고 이을남이 평소 나이 어린 친구들과 어울리는 것을 알고 있었다고 진술하였다가 법정에서는 미성년자라고 생각하지 않았다고 진술하는 등 진술에 일관성이 없는 반면, 이을남은 피고인 김갑동이 피해자가 중학생인 것을 알고 있었고 처음부터 피해자를 속여 성관계를 할 것을 제안한 것이 피고인 김갑동이라고 일관되게 진술하고 있습니다.

한편, 피고인 김갑동은 이을남에게 전화한 사실이 없다고 하였으나 이을남은 피고인 김갑동이 범행당일 저녁에 전화를 걸어왔다고 하였는바, 피고인의 휴대전화 통화내역에 의하면 피고인이 범행당일 19:00경 전화한 사실이 확인되므로 이에 배치되는 피고인 김갑동의 진술에는 신빙성이 없고, 이을남의 진술에 신빙성이 있습니다.

또한 이을남이 임의로 제출한 휴대전화에서 확인된 문자메시지에 의하면 피고인 김갑

---

[2] 헌재 2021.12.13. 2018헌바524
[3] 대판 2022.04.14. 2021도14530
[4] 공동피고인의 자백은 이에 대한 피고인의 반대신문권이 보장되어 있어 증인으로 신문한 경우와 다를 바 없으므로 독립한 증거능력이 있고, 이는 피고인들간에 이해관계가 상반된다고 하여도 마찬가지라 할 것이다(대판 1985.06.25. 85도691, 대판 1992.07.28. 92도917, 대판 2006.05.11. 2006도1944)

동이 범행전인 2021. 7. 29. 이을남에게 "헤어지지 않으려면 선배와 성관계를 해야 한다고 해라", "어린 애라 그 정도면 속을 거야", "너는 직접 얼굴 보지도 않을 것이니 아무 문제되지 않을 것이다"라는 문자메시지를 보낸 점, 수사가 진행 중이던 2023. 2. 5. 이을남에게 "나는 모르는 일로 해라, 네가 다 짊어지고 가라"고 하는 문자메시지를 보낸 사실이 확인되는바 피고인 김갑동이 기망방법을 제안하고 피해자가 미성년자인 점을 알았다는 이을남의 진술에 부합하고 있습니다.

그러므로 피고인 김갑동의 주장은 신빙성이 없고 피고인 김갑동과 함께 이 사건 범행을 저질렀다는 이을남의 진술에 신빙성이 있는바, 이을남의 진술 및 박병녀 제출 채팅내용 캡처 사진, 이을남 제출 휴대전화 메시지, 증인 나신뢰의 일부 진술만으로 이 사건 범죄사실을 유죄로 인정하기에 충분하다고 할 것입니다.

라. 소결

그러므로 이 부분 공소사실에 대하여는 유죄 판결 선고가 예상됩니다.

2. 권리행사방해교사의 점

가. 쟁점

피고인 김갑동은 이 부분 행위는 인정하고 있으나, 법리적으로 권리행사방해의 교사범이 성립하기 위한 요건의 충족이 문제됩니다.

나. 권리행사방해 교사범 성립 요건

교사범이 성립하기 위해서는 교사자의 교사행위와 정범의 실행행위가 있어야 하는 것이므로, 정범의 성립은 교사범의 구성요건의 일부를 형성하고 교사범이 성립함에는 정범의 범죄행위가 인정되는 것이 그 전제요건이 됩니다.[5]

형법 제323조의 권리행사방해죄는 타인의 점유 또는 권리의 목적이 된 자기의 물건을 취거, 은닉 또는 손괴하여 타인의 권리행사를 방해함으로써 성립하므로 취거, 은닉 또는 손괴한 물건이 자기의 물건이 아니라면 권리행사방해죄가 성립할 수 없고, 물건의 소유자가 아닌 사람은 형법 제33조 본문에 따라 소유자의 권리행사방해 범행에 가담한 경우에 한하여 그의 공범이 될 수 있을 뿐입니다.[6]

---

[5] 대판 2000.02.25. 99도1252
[6] 대판 2017.05.30. 2017도4578, 대판 2022.09.05. 2022도5827

다. 이 사건의 경우

부동산 등기부등본 등에 의하면 이 사건 주택과 도어락은 피고인 소유이고 이을남 소유의 물건이 아니므로 이을남이 자기의 물건이 아닌 이 사건 도어락의 비밀번호를 변경하였다 하더라도 권리행사방해죄는 성립할 수 없고, 정범인 이을남의 권리행사방해죄가 인정되지 않는 이상 교사자인 피고인 김갑동에 대하여 권리행사방해죄도 성립할 수 없습니다.

라. 소결

이 부분 공소사실은 범죄가 되지 아니하므로 형사소송법 제325조 전단의 무죄 판결이 선고될 것으로 예상됩니다.

마. 권리행사방해죄의 간접정범 성립 검토

단, 피고인 김갑동은 처벌되지 않는 이을남을 교사하여 권리행사방해의 결과를 발생하게 하였으므로 형법 제34조 제1항에 따라 권리행사방해죄의 간접정범이 성립할 수 있으나, 피고인의 방어권 보장을 위해 검사의 공소장변경허가신청이 필요하고 사실관계가 동일한 이상 검사의 공소장변경허가신청은 허가될 것[7])으로 예상되는바, 이 경우 권리행사방해죄로 유죄 판결이 선고될 것으로 예상됩니다.

3. 직무유기, 허위공문서작성, 허위작성공문서행사의 점

가. 쟁점

이 부분 공소사실과 관련하여 피고인 김갑동은 사실관계는 인정하나, 부작위범인 직무유기까지 기소하는 것은 법리적으로 문제가 있다고 주장하고 있고 작성권한자는 용인시장이고 자신은 작성권한자가 아니라고 하고 있어 그 성립을 부인하는바 각 죄의 성립여부 및 죄수관계가 문제됩니다.

나. 직무유기의 점

직무유기죄는 구체적으로 그 직무를 수행하여야 할 작위의무가 있는데도 불구하고 이러한 직무를 버린다는 인식하에 그 작위의무를 수행하지 아니함으로써 성립하는 것이고, 그 직무를 유기한 때라 함은 공무원이 법령, 내규 등에 의한 추상적인 충근의무를 태만히 하는 일체의 경우를 이르는 것이 아니고, 직장의 무단이탈, 직무의 의식적인 포기 등

---

7) 형사소송법 제298조 제1항의 규정의 취지는 검사의 공소장 변경신청이 공소사실의 동일성을 해하지 아니하는 한 법원은 이를 허가하여야 한다는 뜻으로 해석하여야 할 것이고, 공소사실의 동일성은 그 사실의 기초가 되는 사회적 사실관계가 기본적인 점에서 동일하면 그대로 유지되는 것임(대판 1999.05.14. 98도1438).

과 같이 그것이 국가의 기능을 저해하며 국민에게 피해를 야기시킬 가능성이 있는 경우를 말합니다.8)

피고인은 용인시의 농지사무를 담당하고 있었던바, 그 관내에서 발생한 농지불법전용 사실을 알게 되었으면 군수에게 그 사실을 보고하여 군수로 하여금 원상회복을 명하거나 나아가 고발을 하는 등 적절한 조치를 취할 수 있도록 하여야 할 직무상 의무가 있는 것이므로 농지불법전용 사실을 외면하고 아무런 조치를 취하지 아니한 것은 자신의 직무를 저버린 행위로서 농지의 보전·관리에 관한 국가의 기능을 저해하며 국민에게 피해를 야기시킬 가능성이 있어 직무유기죄가 성립합니다.9)

다. 허위공문서작성 및 동 행사의 점

작성권한 있는 공무원의 직무를 보좌하여 공문서를 기안 또는 초안하는 직권이 있는 자가 그 직위를 이용하여 행사할 목적으로 직무상 기안하는 문서에 허위의 내용을 기재하고 허위인 정을 모르는 상사로 하여금 그 초안내용이 진실한 것으로 오신케 하여 서명날인케 함으로써 허위내용의 공문서를 작성토록 하였다면 소위 허위공문서작성죄의 간접정범의 죄책을 면할 수 없습니다.10)

사안의 경우 피고인은 비록 농지전용심사의견서의 작성권한자는 아니지만, 기안할 권한이 있는 자로서 그 정을 모르는 작성권한자인 용인시장을 오신케 하여 서명날인케 하고, 용인시장으로 하여금 이를 경기도지사에게 송부하게 하였으므로 허위공문서작성죄 및 동행사죄의 간접정범이 성립합니다.

라. 직무유기죄와 허위공문서작성 및 허위작성공문서행사죄와의 관계

공무원이 어떠한 위법사실을 발견하고도 직무상 의무에 따른 적절한 조치를 취하지 아니하고 위법사실을 적극적으로 은폐할 목적으로 허위공문서를 작성·행사한 경우에는 직무위배의 위법상태는 허위공문서작성 당시부터 그 속에 포함되는 것으로 작위범인 허위공문서작성, 동행사죄만이 성립하고 부작위범인 직무유기죄는 따로 성립하지 아니하나, 위 허위공문서 작성이 농지일시전용허가를 신청하자 이를 허가하여 주기 위하여 한 것이라면 직접적으로 농지불법전용 사실을 은폐하기 위하여 한 것은 아니므로 위 허위공문서작성, 동행사죄와 직무유기죄는 실체적 경합범의 관계에 있습니다.11)

이 사건의 경우에도 피고인이 허위공문서작성을 한 것은 농지불법전용 사실을 은폐할 목적이 아니라 새로운 농지전용을 허가해 주기 위하여 한 것으로서 별도로 직무유기죄가 성립하므로 실체적 경합관계에 있습니다.

---

8) 대판 1983.03.22. 82도3065, 대판 1997.04.22. 95도748 등
9) 대판 1993.12.24. 92도3334
10) 대판 1990.02.27. 89도1816
11) 대판 1993.12.24. 92도3334

마. 소결

그러므로 이 부분 공소사실에 대하여 피고인이 자백하고 있고 천만석 고발장 및 천만석에 대한 경찰 작성 진술조서, 농지전용심사의견서 등 보강증거가 존재하므로 유죄 판결이 선고될 것으로 예상됩니다.

4. 교통사고처리특례법위반(치상)의 점

가. 쟁점

피고인은 이 부분 공소사실 인정하나 피해자와 합의하였는바, 횡단보도에서의 보행자 보호의무를 위반한 것인지가 문제됩니다.

나. 법리

피해자가 보행신호등의 녹색등화가 점멸되고 있는 상태에서 횡단보도를 횡단하기 시작하여 횡단을 완료하기 전에 보행신호등이 적색등화로 변경된 후 차량신호등의 녹색등화에 따라서 직진하던 피고인 운전차량에 충격된 경우에, 피해자는 신호기가 설치된 횡단보도에서 녹색등화의 점멸신호에 위반하여 횡단보도를 통행하고 있었던 것이어서 횡단보도를 통행중인 보행자라고 보기는 어렵습니다.[12]

다. 이 사건의 경우

피해자는 보험신호등의 녹색등화가 점멸되고 있는 상태에서 횡단보도를 횡단하기 시작하였고, 피고인의 차량에 충격될 당시 횡단보도 신호기는 적색등화로 변경된 이후였으므로 피해자를 횡단보도를 통행 중인 보행자라고 볼 수 없습니다. 따라서 피고인이 교특법 제3조 제2항 단서 제6호의 횡단보도에서의 보행자 보호의무를 위반한 것으로 볼 수 없습니다.

라. 소결

결국 이 사건 교통사고는 교특법 제3조 제2항 본문에 의한 반의사불벌죄에 해당하는바, 이 사건 공소제기 이후인 2023. 5. 26. 피해자가 피고인과 합의하여 피고인의 처벌을 희망하는 의사표시를 철회하였으므로 이 부분 공소사실에 대하여는 형사소송법 제327조 제6호에 의해 공소기각 판결 선고가 예상됩니다.

---

[12] 대판 2001.10.09. 2001도2939

검토의견서(40점)

II. 피고인 이을남에 대하여

1. 아청법위반(위계등간음)의 점

가. 쟁점

피고인 이을남은 성관계 사실 자체는 인정하나 피해자도 성관계를 하는 것으로 알고 있었기 때문에 성관계와 관련하여 피해자를 속인 사실이 없어 위계에 의한 간음죄로 처벌되는 것은 부당하다고 주장하고 있는바, 이 사건 간음행위가 위계에 의한 것이었는지 여부가 문제됩니다.

나. 법리

위계에 의한 간음죄에서 '위계'란 행위자의 행위목적을 달성하기 위하여 피해자에게 오인, 착각, 부지를 일으키게 하여 이를 이용하는 것을 말합니다. 행위자가 간음의 목적으로 피해자에게 오인, 착각, 부지를 일으키고 피해자의 그러한 심적 상태를 이용하여 간음의 목적을 달성하였다면 위계와 간음행위 사이의 인과관계를 인정할 수 있고, 위계에 의한 간음죄가 성립합니다. 왜곡된 성적 결정에 기초하여 성행위를 하였다면 왜곡이 발생한 지점이 성행위 그 자체인지 성행위에 이르게 된 동기인지는 성적 자기결정권에 대한 침해가 발생한 것은 마찬가지라는 점에서 핵심적인 부분이라고 하기 어렵습니다. 피해자가 오인, 착각, 부지에 빠지게 되는 대상은 간음행위 자체일 수도 있고, 간음행위에 이르게 된 동기이거나 간음행위와 결부된 금전적·비금전적 대가와 같은 요소일 수도 있습니다. 다만 행위자의 위계적 언동의 내용 중에 피해자가 성행위를 결심하게 된 중요한 동기를 이룰 만한 사정이 포함되어 있어 피해자의 자발적인 성적 자기결정권의 행사가 없었다고 평가할 수 있어야 위계에 의한 간음죄가 성립하고, 이와 같은 인과관계를 판단할 때에는 피해자의 연령 및 행위자와의 관계, 범행에 이르게 된 경위, 범행 당시와 전후의 상황 등 여러 사정을 종합적으로 고려하여야 합니다. 한편 간음행위와 인과관계가 있는 위계에 해당하는지 여부를 판단할 때에는 구체적인 범행 상황에 놓인 피해자의 입장과 관점이 충분히 고려되어야 하고, 일반적·평균적 판단능력을 갖춘 성인 또는 충분한 보호와 교육을 받은 또래의 시각에서 인과관계를 쉽사리 부정하여서는 안 됩니다.[13]

---

[13] 대판 2020.08.27. 2015도9436 전원합의체

다. 이 사건의 경우

14세에 불과한 청소년인 피해자는 30대인 피고인이 허구로 설정한 상황 속에서 자극적인 내용의 부탁을 받게 되었고, 피고인에게 속아 자신이 피고인의 선배와 성관계를 하는 것만이 피고인을 구하고 피고인과 연인관계를 지속할 수 있는 방법이라고 오인하여 피고인의 선배로 가장한 김갑동과 성관계를 하게 된 것으로, 피해자가 위와 같은 오인에 빠지지 않았다면 성관계에 응하지 않았을 것으로 보입니다. 그리고 이 때 피해자가 오인한 상황은 피해자가 김갑동과의 성행위를 결심하게 된 중요한 동기가 된 것으로 보이는 바, 피해자의 자발적이고 진지한 성적 자기결정권의 행사가 있었던 것으로 보기 어렵습니다. 따라서 피고인 이을남은 간음의 목적으로 피해자에게 오인, 착각, 부지를 일으키고 피해자의 이러한 심적 상태를 이용하여 피해자를 간음한 것이므로 이러한 간음행위는 위계에 의한 것으로 봄이 상당합니다.

라. 소결

그러므로 피고인이 이 부분 사실관계 자체는 인정하고 있고 피해자 박병녀의 진술조서, 박병녀 제출 채팅내용 캡처 사진, 이을남 제출의 휴대전화 메시지 등을 종합하면 유죄 판결이 선고될 것으로 예상됩니다.

2. 강제추행의 점

가. 피고인의 주장

피고인은 피해자의 신체에 접촉한 사실이 없으므로 강제추행죄는 성립되지 않는다고 주장하고 있는바, 피고인의 유죄를 입증할 증거의 검토가 문제되고, 나머지 증거를 근거로 피해자를 도구로 이용한 강제추행의 간접정범이 성립하는지 문제됩니다.

나. 증거능력 없는 증거

영장 발부의 사유로 된 범죄 혐의사실과 무관한 별개의 증거를 압수하였을 경우 이는 원칙적으로 유죄 인정의 증거로 사용할 수 없으나 압수·수색의 목적이 된 범죄나 이와 관련된 범죄의 경우에는 그 압수·수색의 결과를 유죄의 증거로 사용할 수 있습니다. 압수·수색영장의 범죄 혐의사실과 관계있는 범죄라는 것은 압수·수색영장에 기재한 혐의사실과 객관적 관련성이 있고 압수·수색영장 대상자와 피의자 사이에 인적 관련성이 있는 범죄를 의미합니다.[14] 피의자와 사이의 인적 관련성은 압수·수색영장에 기재된 대상자의 범죄를 의미하는 것이나, 그의 공동정범이나 교사범 등 공범이나 간접정범은 물론 필요

---
14) 대판 2020.02.13. 2019도14341, 2019전도130

적 공범 등에 대한 피고사건에 대해서도 인정될 수 있습니다.15) 헌법과 형사소송법이 구현하고자 하는 적법절차와 영장주의의 정신에 비추어 볼 때, 법관이 압수·수색영장을 발부하면서 '압수할 물건'을 특정하기 위하여 기재한 문언은 엄격하게 해석하여야 하고, 함부로 피압수자 등에게 불리한 내용으로 확장 또는 유추 해석하여서는 안 됩니다.16)

경찰은 피의자로 피고인 이을남의 동생 이을수를 특정하여 이을수가 소유 및 소지하는 물건을 압수하기 위해 영장을 신청하였고, 판사는 이을수가 소유 및 소지하는 물건의 압수를 허가하는 취지의 영장을 발부하였으므로, 영장 문언상 압수·수색의 상대방은 이을수이고, 압수할 물건은 이을수가 소유 및 소지·보관·관리·사용하는 물건에 한정되는바, 비록 경찰이 압수·수색 현장에서 진범이 피고인 이을남이라는 이야기를 들었다고 하더라도 영장에 기재한 문언에 반하여 피고인 이을남 소유의 물건을 압수할 수는 없습니다.17)

따라서 압수한 휴대전화(A1, 증제1호)는 위법수집증거로서 형사소송법 제308조의2에 따라 증거능력이 없고, 압수조서 및 압수목록, 수사보고(피의자 이을남 휴대전화 관련), 휴대전화(A1) 분석결과 회신 CD는 모두 위법수집증거의 2차적 증거로서 독수독과의 원리에 따라 증거능력이 없습니다.

다. 나머지 증거를 근거로 피고인의 강제추행죄 성립 여부

이 부분 공소사실에 대하여 고소장, 최정녀 진술조서, 동영상 파일 등 증거능력이 있는 증거가 있는바, 피해자를 도구로 이용한 강제추행의 간접정범 성립여부가 문제됩니다.

강제추행죄는 사람의 성적 자유 내지 성적 자기결정의 자유를 보호하기 위한 죄로서 정범 자신이 직접 범죄를 실행하여야 성립하는 자수범이라고 볼 수 없으므로, 처벌되지 아니하는 타인을 도구로 삼아 피해자를 강제로 추행하는 간접정범의 형태로도 범할 수 있습니다. 여기서 강제추행에 관한 간접정범의 의사를 실현하는 도구로서의 타인에는 피해자도 포함될 수 있으므로, 피해자를 도구로 삼아 피해자의 신체를 이용하여 추행행위를 한 경우에도 강제추행죄의 간접정범에 해당할 수 있습니다.18)

피고인이 과거 유흥업소에서 일한 사실을 주위에 알리겠다고 피해자를 협박하여 겁을 먹은 피해자로 하여금 어쩔 수 없이 성기에 이물질을 삽입하는 등의 행위를 하게 하였다면 이러한 행위는 피해자를 도구로 삼아 피해자의 신체를 이용하여 그 성적 자유를 침해한 행위로서, 그 행위의 내용과 경위에 비추어 일반적이고도 평균적인 사람으로 하여금 성적 수치심이나 혐오감을 일으키게 하고 선량한 성적 도덕관념에 반하는 행위로써, 강제추행죄가 성립한다고 봄이 상당합니다.

---

15) 대판 2017.12.05. 2017도13458, 대판 2021.07.29. 2020도14654
16) 대판 2009.03.12. 2008도763
17) 대판 2021.07.29. 2020도14654
18) 대판 2018.02.08. 2016도17733

라. 소결

그러므로 이 부분 공소사실에 대하여는 유죄 판결 선고가 예상됩니다.

3. 전자금융거래법위반의 점

가. 쟁점

이 부분 공소사실은 피고인이 인정하고 있으나 피고인 이을남은 전자금융거래법위반으로 약식명령이 확정된바 있어 기판력이 미치는지 문제됩니다.

나. 법리

전자금융거래법 상 접근매체 양도죄는 각각의 접근매체마다 1개의 죄가 성립하는 것이고, 다만 위와 같이 수개의 접근매체를 한꺼번에 양도한 행위는 하나의 행위로 수개의 전자금융거래법 위반죄를 범한 경우에 해당하여 각 죄는 상상적 경합관계에 있습니다.[19]

그리고 상상적 경합 관계의 경우에는 그중 1죄에 대한 확정판결의 기판력은 다른 죄에 대하여도 미칩니다.[20]

다. 이 사건의 경우

피고인은 2022. 11. 30. 서울중앙지방법원에서 전자금융거래법위반으로 벌금 100만원의 약식명령을 받아 2022. 12. 25. 확정되었는바, 위 약식명령으로 확정된 전자금융거래법위반의 범죄사실과 이 사건 공소사실은 피고인이 동일한 일시, 장소에서 양도한 수개의 전자매체에 관한 것으로서 상상적 경합관계에 있습니다. 따라서 확정된 약식명령의 기판력은 상상적 경합관계에 있는 이 사건 공소사실에 미칩니다.

라. 소결

그러므로 이 부분 공소사실은 확정판결이 있는 때에 해당하므로 형사소송법 제326조 제1호에 따라 면소 판결이 선고될 것으로 예상됩니다.

---

[19] 대판 2010.03.25. 2009도1530
[20] 대판 2007.02.23. 2005도10233

MEMO

UNION 제13판

기록형
2026 변호사시험 대비

형사법

변호사시험 기출문제집

II. 모의편

2022년 10월 제3차

법전협 주관 모의시험

MGI Point 2022년 제3차 변호사시험 모의시험 형사법 기록형 메모장

공소제기일 2022.8.16.	부동의 증거 (p.7 ~ 9 증거목록) d2 : d1 사경 진조(312④-증거O)[1], d1 사경 피신(312④-증거O)[2], d1 검찰 피신(312④-증거O)[3], 사경 수사보고서(핸드폰 임의제출 등), USB메모리, 녹취서, 사경 수사보고(임혜린과의 통화내용), 검찰 수사보고서(임혜린과의 통화내용) - 증거X(위수증 및 독수독과 원리에 따라)				
	공소사실(p.11) (d1 : 김갑동, d2 : 이을남)	인부 (p.14)	공판단계	수사단계	비고	쟁점 및 결론
d1	1. 업무상배임 2021.11.9.	X (성립부인)				- 피고인이 타인의 사무 처리하는 지위인지 여부(判) - 배임죄의 이득액(判) : 축소사실인 배임죄 성립 - 친족상도례의 적용여부(범행 당시 배우자) ⇨ **형면제(322)**
	2. 재물손괴 2021.11.22.	X (성립부인)				- 재물손괴죄에 있어서 공동소유는 타인소유로 취급(判) ⇨ **유죄**
	3. 주거침입 2021.11.22.	X (성립부인)				- 공동거주자가 공동생활의 장소에 출입하기 위해 다소간의 물리력을 행사한 사정만으로 주거침입죄의 성립여부(判) ⇨ **무죄** (325 후단)
	4. 정통망법위반 2021.12.20.	X (성립부인)				- 정통망법 상 공포나 불안감 유발 문언을 도달하게 한다는 것의 의미 및 피해자가 시렛로 문자를 확인하였을 것을 요건으로 하는지 여부(判) ⇨ **유죄**
	5. 폭행 2021.12.24.	O				- 자백의 보강증거 존재여부 검토(증거능력 없는 증거 제외) - 피해자의 처벌불원 의사표시가 있는지 ⇨ **유죄**

---

[1] 제312조 제4항 - 부동의 등 ⇨ 전문법칙 예외 검토(원진술자 법정 진정성립 O) - 증거 O
[2] 공범 아닌 공동피고인이므로 제312조 제4항 - 부동의 등 ⇨ 전문법칙 예외 검토(원진술자 법정 진정성립 O) - 증거 O
[3] 공범 아닌 공동피고인이므로 제312조 제4항 - 부동의 등 ⇨ 전문법칙 예외 검토(원진술자 법정 진정성립 O) - 증거 O

d2	1. 공전자기록불실기재 및 불실기재공전자기록행사 2020.3.20.	O			- '불실의 사실'에 해당하는지 여부 - 주금납입 가장 부분 –불실의 사실 해당(判) ⇨ **유죄** - 주식회사 설립 가장 부분 –불실의 사실 해당X(判) ⇨ **무죄(325 전단)**
	2. 상습사기 -2020.3.20. -2021.4.20. -2021.6.19. -2021.9.8.	O		확정 판결	- 포괄일죄에 해당하는 범죄와 확정판결의 기판력(判) - 2021. 2. 17.자 사기 : 판결선고전 범행 ⇨ **면소(326 1호)** - 2021. 4. 20.자 사기 : 보강증거 존재 ⇨ **유죄** - 2021. 6. 19.자 사기 : 보강증거 없음 ⇨ **무죄(325 후단)** - 2021. 9. 8.자 사기 : 보강증거 존재 ⇨ **유죄**
	3. 공문서부정행사 2022.5.17.	X	- 임혜린 증언 중 각 USB메모리, 녹취서의 존재를 언급한 부분 - 증거 X (위수증인 녹음파일에서 파생된 2차적 증거) - 나머지 부분 : 피해자d1이 넘어져 있었다는 진술 - 부족증거	- USB메모리에 저장된 녹음파일 – 임의제출 및 포렌식 동의 대상 범죄와 관련 없는 쌍방폭행 관련 녹음파일 – 증거X(위수증) - USB메모리, 녹취서, 사경 수사보고(임혜린과의 통화내용), 사경 수사보고(핸드폰 임의제출 등) 및 검찰 수사보고(임혜린과의 통화내용) 중 각 USB메모리, 녹취서의 존재 언급부분 – 증거X(녹음파일에서 파생된 2차적 증거) - d1 사경 진조, 사경 피신, 검찰 피신: 당시 상황에 대해 정확히 기억X, 수사보고(폭행 상황 등) : d1은 술에 취해 경찰에게도 당시 상황을 잘 설명하지 못함 – 신빙성X - 임혜린 경찰 진조, 수사보고(폭행 상황 등) –부족증거	- 증거능력 및 증명력 검토 ⇨ **무죄(325 후단)**

형사법 기록형

Contents

- **검토의견서**
  I. 피고인 김갑동에 대하여(55점)
  1. 특경법위반(배임)의 점
     가. 쟁점
     나. 배임죄의 성립 여부
      1) 법리
      2) 피고인 김갑동이 배임죄의 타인의 사무를 처리하는 자였는지 여부 등
     다. 배임죄의 이득액 및 공소장변경 요부
     라. 친족상도례의 적용여부
     마. 소결
  2. 재물손괴의 점
     가. 쟁점
     나. 법리
     다. 이 사건의 경우
     라. 친족상도례의 적용여부
     마. 소결
  3. 주거침입의 점
     가. 쟁점
     나. 법리
     다. 이 사건의 경우
     라. 소결
  4. 정보통신이용촉진및정보보호등에관한법률위반의 점
     가. 쟁점
     나. 법리
     다. 이 사건의 경우
     라. 소결
  5. 폭행의 점
     가. 쟁점
     나. 증거능력 없는 증거
     다. 나머지 증거에 의하여 피고인의 혐의가 인정되는지
     라. 피해자의 처벌불원 의사표시가 있는지
     마. 소결

- **검토의견서**
  II. 피고인 이을남에 대하여(45점)
  1. 공전자기록등불실기재, 불실기재공전자기록등행사의 점
     가. 쟁점
     나. 법리
     다. 주금 납입을 가장한 부분 관련 '불실의 사실'에 해당하는지 여부
     라. 주식회사 설립을 가장한 부분 관련 '불실의 사실'에 해당하는지 여부
     마. 소결
  2. 상습사기의 점
     가. 쟁점
     나. 2021. 2. 17.자 사기의 점
     다. 2021. 4. 20.자 사기의 점
     라. 2021. 6. 19.자 사기의 점
     마. 2021. 9. 8.자 사기의 점
  3. 폭행의 점
     가. 쟁점
     나. 증거능력 없는 증거
      1) USB 메모리에 저장된 녹음파일
      2) 녹음파일에서 파생된 2차적 증거들
     다. 증명력 없는 증거
     라. 부족증거
     마. 소결

검토의견서

I. 피고인 김갑동에 대하여(55점)

1. 특경법위반(배임)의 점

가. 쟁점

피고인 김갑동은 사실관계는 인정하면서도 배임죄가 성립하는지 의문이라고 주장하는바 이와 관련 피고인 김갑동이 타인의 사무를 처리하는 자의 지위에 있어 배임죄가 성립하는지 여부가 문제되고, 배임죄의 이득액이 문제되며, 피고인 김갑동이 범행 당시 피해자 정미순과 배우자였으므로 친족상도례가 문제됩니다.

나. 배임죄의 성립 여부

1) 법리

형법 제355조 제2항 배임죄는 타인의 사무를 처리하는 자가 그 임무에 위배하는 행위로써 재산상의 이익을 취득하거나 제3자로 하여금 이를 취득하게 하여 사무의 주체인 타인에게 손해를 가할 때 성립하는 것이므로 그 범죄의 주체는 타인의 사무를 처리하는 지위에 있어야 합니다. 이 때 타인의 사무라 함은 신임관계에 기초를 둔 타인의 재산의 보호 내지 관리의무가 있을 것을 그 본질적 내용으로 하는 것으로, 타인의 재산관리에 관한 사무를 대행하는 경우, 예컨대 등기협력의무와 같이 상대방의 재산보전에 협력할 의무가 있는 경우 따위를 말합니다.[1]

부동산 매매계약에서 중도금이 지급되는 등 계약이 본격적으로 이행되는 단계에 이른 때에는 계약이 취소되거나 해제되지 않는 한 매도인은 매수인에게 부동산의 소유권을 이전할 의무에서 벗어날 수 없는바, 이러한 단계에 이른 때에 매도인은 매수인에게 매수인의 재산보전에 협력하여 재산적 이익을 보호·관리할 신임관계에 있게 되고, 그때부터 배임죄에서 말하는 '타인의 사무를 처리하는 자'에 해당합니다. 그리고 이러한 법리는 서면에 의한 부동산 증여계약에도 마찬가지로 적용되는바, 서면으로 부동산 증여의 의사를 표시한 증여자는 계약이 취소되거나 해제되지 않는 한 수증자에게 목적부동산의 소유권을 이전할 의무에서 벗어날 수 없습니다. 즉, 증여자는 '타인의 사무를 처리하는 자'에 해당하고, 그가 수증자에게 증여계약에 따라 부동산의 소유권을 이전하지 않고 부동산을 제3자에게 처분하여 등기를 하는 행위는 수증자와의 신임관계를 저버리는 행위로서 배임죄가 성립합니다.[2]

---
1) 대판 2005.03.25. 2004도6890
2) 대판 2018.12.13. 2016도19308

2) 피고인 김갑동이 배임죄의 타인의 사무를 처리하는 자였는지 여부 등

피고인 김갑동은 2021. 9. 10. 피해자 정미순에게 성남시 분당구 소재 대지를 증여한다는 의사를 표시하고, 그와 같은 내용의 증여계약서를 작성하였는바, 이에 따라 피해자 정미순의 사무를 처리하는 자로서 위 대지의 소유권을 피해자 정미순에게 이전해야 할 의무가 발생하였습니다. 그럼에도 피고인 김갑동은 위 증여계약에 반하여 2021. 11. 9. 위 대지를 담보로 금 4억 5천만원을 대출받으면서 근저당권설정계약을 체결하고, 2021. 11. 10. 위 대지에 대하여 채권자 신한은행, 채무자 피고인 김갑동, 채권최고액 5억 6,000만원으로 하는 근저당권설정등기를 마쳤는바, 이는 피해자 정미순과의 신임관계를 저버리는 행위로써 배임죄가 성립합니다.

다. 배임죄의 이득액 및 공소장변경 요부

부동산의 매도인이 매수인 앞으로 소유권이전등기 등을 경료하기 이전에 제3자로부터 금원을 차용하고 그 담보로 근저당권설정등기를 해준 경우에는 특별한 사정이 없는 한 매도인은 매수인에게 그 근저당권에 의하여 담보되는 피담보채무 상당액의 손해를 가한 것으로 봅니다.3)

이러한 법리에 따르면 본건 범행의 경우에 피고인 김갑동의 이득액은 피고인 김갑동이 성남시 분당구 소재 대지에 설정한 근저당권에 의해 담보되는 피담보채무액인 4억 5,000만원이므로 특경법위반(배임)죄가 성립하지 않고 형법상 배임죄가 성립하게 되고, 이는 피고인의 방어권 행사에 실질적인 불이익이 없으므로 피고인에 대하여 공소장 변경은 필요 없습니다.

라. 친족상도례의 적용여부4)5)

피고인 김갑동과 피해자 정미순은 범행 당시 혼인 관계였는바, 피고인의 배임 사실에 대하여는 형법 제365조 제1항, 제328조 제1항에 따라 형을 면제해야 하고, 피고인 김갑동과 피해자 정미순이 공소제기 이후에 이혼함에 따라 혼인관계가 해소되었더라도 친족상도례가 적용되는 신분관계는 범죄행위 시에 존재하면 되고, 그 후에 소멸하였다고 하여 그 적용이 배제되지 않으므로, 친족상도례에 따른 형면제라는 결론에는 영향이 없습니다.

---

3) 대판 1989.10.24. 89도641, 대판 1998.02.10. 97도2919, 대판 2009.05.28. 2009도2086
4) 범행 후 피고인과 피해자 사이의 이혼판결의 확정 또는 이혼조정 성립으로 재판상 이혼이 성립되어 혼인관계가 해소되더라도 친족상도례가 적용되는 신분관계는 범죄행위 시에 존재하면 되고, 그 후에 소멸하였다고 하여 그 적용이 배제되지 않는다(헌재 2013.12.26. 2012헌마504).
5) 다만, 형법 제328조 제1항의 필요적 형면제인 친족상도례에 대해서 2024. 6. 27. 헌법재판소는 개선입법 시한을 2025. 12. 31.로 한 적용중지 헌법불합치 결정을 내린 바(2020헌마468), 의미 없는 쟁점이 되었다.

마. 소결

그러므로 이 점 공소사실에 대하여 형사소송법 제322조에 따라 형면제 판결이 선고될 것으로 예상됩니다.

2. 재물손괴의 점

가. 쟁점

피고인은 사실관계는 인정하면서도 본인 소유 물건을 손괴한 것이라고 주장하고 있어 재물의 타인성이 문제되고, 친족상도례의 적용이 문제됩니다.

나. 법리

형법상 재산범죄에 있어서 타인소유 재물이란 자기 이외의 자의 소유에 속하는 재물을 말하며, 타인의 재물을 손괴한다는 것은 타인과 공동으로 소유하는 재물을 손괴하는 경우도 포함합니다.6)

다. 이 사건의 경우

피고인 김갑동은 사건당일 피해자 정미순과 자신이 공동으로 소유하는 집 현관문에 달려있는 체인형 걸쇠를 손으로 잡아당겨 떨어져 나가게 함으로써 손괴하였는바, 위 체인형 걸쇠는 피해자 정미순과 공동으로 소유하는 재물로 볼 수 있으므로 피고인 김갑동의 행위는 재물손괴죄에 해당합니다.

라. 친족상도례의 적용여부

재물손괴죄에 대하여는 친족상도례의 적용이 없습니다.

마. 소결

그러므로 피고인이 범행 사실 자체는 자백하고 있고, 피해자 정미순의 진술, 영수증 등이 보강증거로 존재하므로 유죄 판결이 예상됩니다.

---

6) 타인의 재물을 손괴한다는 것은 타인과 공동으로 소유하는 재물을 손괴하는 경우도 포함하며, 이 사건 반찬과 찌개 등을 피고인이 단독으로 소유하고 있었다고 할 수 없음이 분명한다는 점을 고려하면, 원심의 판단은 정당하다(대판 2021.10.14. 2021도6934, 서울서부지방법원 2021.05.24. 2020노1530).

3. 주거침입의 점

가. 쟁점

피고인은 사실관계는 인정하고 있으나 본인 집에 들어간 것이라고 주장하고 있어 공동거주자가 공동생활의 장소에 출입하기 위해 다소간의 물리력을 행사한 경우 주거침입죄의 성립여부가 문제됩니다.

나. 법리

주거침입죄의 객체는 행위자 이외의 사람, 즉 '타인'이 거주하는 주거 등이라고 할 것이므로 행위자 자신이 단독으로 또는 다른 사람과 공동으로 거주하거나 관리 또는 점유하는 주거 등에 임의로 출입하더라도 주거침입죄를 구성하지 않고, 다만 다른 사람과 공동으로 주거에 거주하거나 건조물을 관리하던 사람이 공동생활관계에서 이탈하거나 주거 등에 대한 사실상의 지배·관리를 상실한 경우 등 특별한 사정이 있는 경우에 주거침입죄가 성립할 수 있을 뿐입니다. 공동거주자 중 한 사람이 법률적인 근거 기타 정당한 이유 없이 다른 공동거주자가 공동생활의 장소에 출입하는 것을 금지한 경우, 다른 공동거주자가 이에 대항하여 공동생활의 장소에 들어갔더라도 이는 사전 양해된 공동주거의 취지 및 특성에 맞추어 공동생활의 장소를 이용하기 위한 방편에 불과할 뿐, 그의 출입을 금지한 공동거주자의 사실상 주거의 평온이라는 법익을 침해하는 행위라고는 볼 수 없으므로 주거침입죄는 성립하지 않습니다. 설령 그 공동거주자가 공동생활의 장소에 출입하기 위하여 출입문의 잠금장치를 손괴하는 등 다소간의 물리력을 행사하여 그 출입을 금지한 공동거주자의 사실상 평온상태를 해쳤더라도 그러한 행위 자체를 처벌하는 별도의 규정에 따라 처벌될 수 있음은 별론으로 하고, 주거침입죄가 성립하지 아니함은 마찬가지입니다.[7]

다. 이 사건의 경우

이 사건 당시 피고인 김갑동은 그의 처 정미순과 부부관계를 청산하고 피고인 김갑동이 공동주거에서 나가서 살기로 하는 특별한 합의가 있었다고 보기는 어렵고, 피고인 김갑동이 공동주거에서 일부 짐을 챙겨 나갔다거나 정미순이 일방적으로 피고인 김갑동의 출입을 금지시켰다는 사정만으로 피고인 김갑동의 공동거주자 지위가 상실되었다고 볼 수 없습니다. 그러므로 비록 피고인 김갑동이 위 주거지에 들어가는 과정에서 출입문에 설치된 체인형 걸쇠를 손괴하는 등 다소간의 물리력을 행사하여 그 출입을 금지한 공동거주자의 사실상 평온상태를 해쳤더라도 주거침입죄는 성립하지 않습니다.

---

[7] 대판 2021.09.09. 2020도6085

라. 소결

따라서 이 점 공소사실은 합리적인 의심 없이 증명되지 아니하므로 형사소송법 제325조 후단[8])에 따라 무죄 판결이 선고될 것으로 예상됩니다.

4. 정보통신이용촉진및정보보호등에관한법률위반의 점

가. 쟁점

피고인은 이 부분 사실관계는 인정하나, 피해자가 메시지를 스팸 처리하여 실제 읽지 않았으므로 피해자에게 불안감을 유발하였다고 볼 수 없다고 주장하여 문자메시지 상의 문자의 도달 여부가 문제됩니다.

나. 법리

정보통신망 이용촉진 및 정보보호 등에 관한 법률 제74조 제1항 제3호, 제44조의7 제1항 제3호는 정보통신망을 통하여 공포심이나 불안감을 유발하는 부호·문언·음향·화상 또는 영상을 반복적으로 상대방에게 도달하게 하는 행위를 처벌하고 있는바, '공포심이나 불안감을 유발하는 문언을 반복적으로 상대방에게 도달하게 하는 행위'에 해당하는지는 피고인이 상대방에게 보낸 문언의 내용, 표현방법과 그 의미, 피고인과 상대방의 관계, 문언을 보낸 경위와 횟수, 그 전후의 사정, 상대방이 처한 상황 등을 종합적으로 고려해서 판단하여야 합니다. 이 때 '도달하게 한다'는 것은 '상대방이 공포심이나 불안감을 유발하는 문언 등을 직접 접하는 경우뿐만 아니라 상대방이 객관적으로 이를 인식할 수 있는 상태에 두는 것'을 의미합니다. 따라서 피고인이 상대방의 휴대전화로 공포심이나 불안감을 유발하는 문자메시지를 전송함으로써 상대방이 별다른 제한 없이 문자메시지를 바로 접할 수 있는 상태에 이르렀다면, 그러한 행위는 공포심이나 불안감을 유발하는 문언을 상대방에게 도달하게 한다는 구성요건을 충족한다고 보아야 하고, 상대방이 실제로 문자메시지를 확인하였는지 여부와는 상관없습니다.[9])

다. 이 사건의 경우

피고인 김갑동은 2021. 12. 20.경부터 같은 달 24.경까지 피해자 임혜린에게 총 150회에 걸쳐 피해자의 회사에 찾아가서 불륜사실을 밝히겠다는 취지의 문자메시지를 보냈는바, 해당 내용은 피고인 김갑동 운영의 회사와 피해자 임혜린이 근무하는 회사의 관계, 피고인 김갑동이 짧은 기간 보낸 문자메시지의 수가 적지 않은 점 등을 고려할 때 피해자 임혜린에게 회사에서

---

[8]) 이와 관련, 형사소송법 제325조 '전단' 무죄가 아닌가 의문이 있을 수 있으나 위 대법원 판결의 원심 판결(서울동부지방법원 2020. 4. 24. 선고 2019노1473)에서는 '범죄의 증명이 없는 때에 해당한다고 보아, 형사소송법 제325조 후단에 의하여 무죄를 선고'하였는바, 피고인의 공동거주자 지위가 상실되었다고 볼 증거가 부족하다고 본 것으로 보임.

[9]) 대판 2018.11.15. 2018도14610

해고당할 수 있다는 공포심이나 불안감을 유발하는 문언에 해당합니다. 그리고 해당 문자메시지가 피해자 임혜린의 핸드폰에 전송되어 피해자 임혜린이 해당 문자메시지를 접할 수 있는 상태에 이른 이상, 피해자 임혜린이 최초 문자메시지를 받은 이후 피고인 김갑동의 핸드폰 번호를 스팸처리하여 해당 문자메시지의 내용을 실제로 확인하지는 않았더라도 공포심이나 불안감을 유발하는 문언을 상대방에게 도달하게 한다는 구성요건을 충족합니다.

라. 소결

따라서 이 부분 공소사실에 대하여 피고인이 범행 사실을 자백하고 있고 피해자 임혜린의 진술 및 문자목록 등이 보강증거로 존재하므로 유죄 판결이 선고될 것으로 예상됩니다.

5. 폭행의 점

가. 쟁점

피고인은 이 점 공소사실이 정확히 기억이 나지 않는다고 하면서 자백한바, 자백의 보강증거가 있는지와 관련, 증거 검토가 문제되고, 피해자의 처벌불원의 의사표시가 있는지 문제됩니다.

나. 증거능력 없는 증거

수사보고(핸드폰 임의제출 등) 중 USB 저장장치, 녹취서 부분과 그에 첨부된 USB 메모리, 녹취서, 수사보고(임혜린과의 통화내용), 증인 임혜린의 증언 중 각 USB 메모리, 녹취서의 존재를 언급한 부분은 압수 대상이 되는 전자정보의 범위를 넘어서는 전자정보에 대해 영장 없이 취득한 증거이거나 그 2차적 증거이므로 위법수집증거에 해당하고 피고인 김갑동이 해당 증거에 동의하였다 하더라도 그 위법성이 치유되지 않습니다.[10]

다. 나머지 증거에 의하여 피고인의 혐의가 인정되는지

이을남은 피고인 김갑동이 이을남을 폭행했다고 일관되게 진술하고 있어 신빙성이 있고, 위와 같이 증거능력 없는 부분을 제외한 임혜린의 경찰에서의 진술조서, 법정에서의 증언에 의하더라도, 임혜린은 피고인 김갑동이 이을남을 폭행하는 현장을 목격하였다고 일관되게 진술하고 있는 점 등에 비추어 신빙성이 있습니다. 따라서 위 보강증거들만으로 이 사건 범죄사실을 유죄로 인정하기에 충분하다고 할 것입니다.

---

[10] 형사소송법 제217조는 '사법경찰관은 소유자, 소지자 또는 보관자가 임의로 제출한 물건을 영장없이 압수할 수 있다'고 규정하고 있는바, 위 규정에 위반하여 소유자, 소지자 또는 보관자가 아닌 자로부터 제출받은 물건을 영장없이 압수한 경우 그 압수물 및 압수물을 찍은 사진은 이를 유죄 인정의 증거로 사용할 수 없는 것이고, 헌법과 형사소송법이 선언한 영장주의의 중요성에 비추어 볼 때 피고인이나 변호인이 이를 증거로 함에 동의하였다고 하더라도 달리 볼 것은 아니다(대판 2010.01.28. 2009도10092).

라. 피해자의 처벌불원 의사표시가 있는지

반의사불벌죄에 있어서 피해자가 처벌을 희망하지 아니하는 의사표시를 하였다거나 처벌을 희망하는 의사표시의 철회를 하였다고 인정하기 위해서는 피해자의 진실한 의사가 명백하고 믿을 수 있는 방법으로 표현되어야 합니다.[11] 이을남이 김갑동이 적절한 돈을 지급하면 처벌을 원하지 않는다는 진술을 한 것만으로는 반의사불벌죄에 있어서의 처벌불원 의사표시로 볼 수 없습니다.

마. 소결

그러므로 이 부분 공소사실에 대하여는 유죄 판결 선고가 예상됩니다.

---

[11] 대판 2004.06.25. 2003도4934, 대판 2001.06.15. 2001도1809 등

검토의견서

II. 피고인 이을남에 대하여

1. 공전자기록등불실기재, 불실기재공전자기록등행사의 점

가. 쟁점

피고인 이을남은 이 점 공소사실을 인정하고 있으나, 피고인 이을남이 주금 납입을 가장한 부분 및 주식회사 설립을 가장한 부분이 각 공전자기록등불실기재 및 동 행사죄에서의 불실의 사실에 해당하는지 여부가 문제됩니다.

나. 법리

형법 제228조 제1항에서 정한 공정증서원본 불실기재죄나 공전자기록 등 불실기재죄는 특별한 신빙성이 인정되는 공문서에 대한 공공의 신용을 보장하는 것을 보호법익으로 하는 범죄로서, 공무원에게 진실에 반하는 허위신고를 하여 공정증서원본 또는 이와 동일한 전자기록 등 특수매체기록에 그 증명하는 사항에 관해 실체관계에 부합하지 않는 불실의 사실을 기재하거나 기록하게 한 때 성립하는데,[12] 불실의 사실이란 권리의무관계에 중요한 의미를 갖는 사항이 진실에 반하는 것을 말합니다.[13]

다. 주금 납입을 가장한 부분 관련 '불실의 사실'에 해당하는지 여부

피고인 이을남이 실질적으로 자본금을 납입한 사실이 없음에도 허위신고를 하여 자본금이 납입된 것처럼 공전자기록에 불실의 사실을 기록한 것은 자본금 납입과 관련된 사실을 허위로 기재한 것으로서 공정증서원본 등 불실기재죄에서 말하는 불실의 사실에 해당합니다.[14]

라. 주식회사 설립을 가장한 부분 관련 '불실의 사실'에 해당하는지 여부

주식회사의 발기인 등이 상법 등 법령에 정한 회사설립의 요건과 절차에 따라 회사설립등기를 함으로써 회사가 성립하였다고 볼 수 있는 경우 회사설립등기와 그 기재 내용은 특별한 사정이 없는 한 공정증서원본 불실기재죄나 공전자기록 등 불실기재죄에서 말하는 불실의 사실에 해당하지 않습니다. 그리고 발기인 등이 회사를 설립할 당시 회사를 실제로 운영할 의사 없이 회사를 이용한 범죄 의도나 목적이 있었다거나, 회사로서의 인

---

[12] 대판 2004.01.27. 2001도5414, 대판 2017.02.15. 2014도2415 등
[13] 대판 2013.01.24. 2012도12363, 대판 2020.02.27. 2019도9293 등
[14] 대판 2004.06.17. 2003도7645, 대판 2020.02.27. 2019도9293

적·물적 조직 등 영업의 실질을 갖추지 않았다는 이유만으로는 불실의 사실을 법인등기부에 기록하게 한 것으로 볼 수 없습니다.15)

마. 소결

그러므로 이 점 공소사실 중 주금 납입을 가장한 부분에 대하여는 피고인 이을남이 자백하고 있고 법인등기부등본 등이 보강증거로 존재하므로 유죄 판결이 선고될 것으로 예상되고, 주식회사 설립을 가장한 부분에 대하여는 범죄가 되지 아니하므로 형사소송법 제325조 전단의 무죄 판결이 선고될 것으로 예상됩니다.

2. 상습사기의 점

가. 쟁점

피고인 이을남은 이 점 공소사실을 인정하고 있으나, 서울중앙지방법원에서 상습사기죄로 처벌받은 전력이 있어 기판력이 미치는지 문제되고, 피고인의 자백을 보강하는 증거가 존재하는지 문제됩니다.

나. 2021. 2. 17.자 사기의 점

단일하고 계속된 범의하에 동종의 범행을 동일하거나 유사한 방법으로 일정 기간 반복하여 행하고 그 피해법익도 동일한 경우에는 각 범행을 통틀어 포괄일죄로 봅니다. 포괄일죄의 일부 범죄에 대하여 처벌받은 확정판결이 있는 경우 그 기판력은 확정판결 선고 전의 포괄일죄 범행에도 미칩니다.16)

피고인은 2021. 3. 20. 서울중앙지방법원에서 상습사기죄로 징역 10월에 집행유예 2년이 선고되어 위 판결이 2021. 3. 28. 확정되었고, 위 사건 범죄사실과 본건 공소사실은 범행 시기와 범행 수법 등에 비추어 동일한 사기 습벽의 발현으로 볼 수 있어 포괄일죄 관계에 있으므로, 위 판결의 기판력은 위 확정판결 선고 전의 본건 공소사실에 미칩니다.

그러므로 이 점 공소사실은 확정판결이 있는 때에 해당하므로 형사소송법 제326조 제1호의 면소 판결 선고가 예상됩니다.

---

15) 대판 2020.02.27. 2019도9293
16) 상습범으로서 포괄적 일죄의 관계에 있는 여러 개의 범죄사실 중 일부에 대하여 유죄판결이 확정된 경우에, 그 확정판결의 사실심판결 선고 전에 저질러진 나머지 범죄에 대하여 새로이 공소가 제기되었다면 그 새로운 공소는 확정판결이 있었던 사건과 동일한 사건에 대하여 다시 제기된 데 해당하므로 이에 대하여는 판결로써 면소의 선고를 하여야 하는 것이다(대판 2004.09.16. 2001도3206).

다. 2021. 4. 20.자 사기의 점

이 점 공소사실은 위 서울중앙지방법원 판결 선고 후의 범행이고, 피고인의 자백에 대하여 피해자 조인우의 진술 등이 보강증거로 존재하므로 유죄 판결이 선고될 것으로 예상됩니다.

라. 2021. 6. 19.자 사기의 점

이 점 공소사실은 위 서울중앙지방법원 판결 선고 후의 범행이고, 피고인은 이 점 공소사실을 자백하고 있으나, 피해자 정전찬에게 연락이 되지 않고 피해자 정전찬과 관련한 후속 수사가 전혀 이루어지지 않아 관련 증거가 전혀 존재하지 않습니다. 따라서 피고인의 자백이 유일한 증거입니다. 피고인의 자백이 피고인에게 불리한 유일한 증거일 때에는 이를 유죄의 증거로 하지 못합니다(형사소송법 제310조).

그러므로 이 점 공소사실은 합리적 의심 없이 증명되지 아니하므로 형사소송법 제325조 후단의 무죄 판결이 선고될 것으로 예상됩니다.

마. 2021. 9. 8.자 사기의 점

이 점 공소사실은 위 서울중앙지방법원 판결 선고 후의 범행이고, 피고인의 자백에 대하여 피해자 장희연의 진술 등이 보강증거로 존재하므로 유죄 판결이 선고될 것으로 예상됩니다.

3. 폭행의 점

가. 쟁점

피고인 이을남은 피해자로부터 일방적으로 맞았을 뿐이고 피해자가 술에 취해 스스로 넘어진 것이라고 주장하고 있어 증거의 검토가 문제됩니다.

나. 증거능력 없는 증거

1) USB 메모리에 저장된 녹음파일

임의제출된 정보저장매체에서 압수의 대상이 되는 전자정보의 범위를 넘어서는 전자정보에 대해 수사기관이 영장 없이 압수·수색하여 취득한 증거는 위법수집증거에 해당합니다. 만약 전자정보에 대한 압수·수색이 종료되기 전에 범죄혐의사실과 관련된 전자정보를 적법하게 탐색하는 과정에서 별도의 범죄혐의와 관련된 전자정보를 우연히 발견한 경우라면, 수사기관은 더 이상의 추가 탐색을 중단하고 법원으로부터 별도의 범죄혐의에 대한 압수·수색영장을 발부받은 경우에 한하여 그러한 정보에 대하여도 적법하게 압수·

수색을 할 수 있습니다.17) 또한, 피압수자에게 참여의 기회를 부여하지 않은 상태에서 임의로 탐색한 전자정보로서, 피압수자에게 전자정보 목록을 교부한 사실이 없다면 증거능력이 없습니다.18)

임혜린은 2021. 12. 28. 수사기관에 자신의 핸드폰을 임의로 제출하면서 포렌식에 동의하였으나, 이는 피고인 김갑동의 정보통신망이용촉진 및 정보보호 등에 관한 법률위반과 관련한 수사에 협조하기 위한 것이었습니다. 그럼에도 수사기관은 위 범죄와 관련이 없는 별도의 범죄혐의인 폭행 상황이 녹음된 녹음파일을 확인하였는바, 위 녹음파일은 압수의 대상이 되는 전자정보의 범위를 넘어서는 전자정보이므로, 수사기관은 위 핸드폰에서 위 녹음파일을 확인한 순간 포렌식을 중지하고 이를 임혜린에게 고지하고 포렌식에 대해 동의를 구하고 참여권을 보장하거나 혹은 법원으로부터 별도의 범죄혐의에 대한 새로운 압수·수색영장을 발부받아 압수·수색을 재개하였어야 하고, 피압수자인 임혜린에게 전자정보 목록을 교부하였어야 합니다. 그럼에도 불구하고 수사기관은 이러한 절차 없이 해당 녹음 파일을 저장한 USB메모리 및 녹취서를 증거로 제출하였는바, 위 녹음파일은 위법 수집증거에 해당합니다.

2) 녹음파일에서 파생된 2차적 증거들

위법수집증거에 따라 수집한 다른 증거도 인과관계가 희석 또는 단절되었다는 사정이 인정되지 않는 이상 위법수집증거로서 증거능력이 없습니다.19)

수사보고(핸드폰 임의제출 등) 중 USB메모리, 녹취서 부분과 그에 첨부된 USB메모리, 녹취서, 사경작성 수사보고(임혜린과의 통화내용), 검사작성 수사보고(임혜린과의 통화내용), 증인 임혜린의 증언 중 각 USB 메모리, 녹취서의 존재를 언급한 부분은 모두 위법수집증거인 위 녹음 파일에서 파생된 2차적 증거이고, 달리 인과관계가 희석 또는 단절되었다고 볼만한 사정이 없으므로 그 증거능력이 인정되지 아니합니다.

한편, 각 수사보고(임혜린과의 통화내용) 중 임혜린의 진술을 들었다는 내용이 기재된 부분은 형사소송법 제313조 제1항의 피고인 아닌 자의 진술을 기재한 서류인 전문증거인바, 원진술자 임혜린의 서명 또는 기명날인이 없다는 점에서도 증거능력이 없습니다.

다. 증명력 없는 증거

피고인 이을남에게 폭행당했다고 하는 김갑동의 경찰 작성 진술조서, 경찰 작성 피의자신문조서, 검찰 작성 피의자신문조서, 법정 진술의 경우, ① 김갑동은 법정에서 피고인 이을남으로부터 폭행당하였다고 주장하면서도 당시 상황에 대하여 정확하게 기억하지 못

---

17) 대판 2021.11.18. 2016도348(전합)
18) 대판 2021.11.25. 2016도82
19) 절차에 따르지 아니한 증거 수집과 2차적 증거 수집 사이 인과관계의 희석 또는 단절 여부를 중심으로 2차적 증거 수집과 관련된 모든 사정을 전체적·종합적으로 고려하여 예외적인 경우에는 유죄 인정의 증거로 사용할 수 있다(대판 2007.11.15. 2007도3061(전합)).

하고 폭행을 당한 부위에 대하여도 진술하지 못한 점, ② 수사보고(폭행 상황 등)에 의하면 피해자 김갑동은 폭행 당시 술에 취하여 경찰에게 당시 상황을 잘 설명하지도 못한 점, ③ 김갑동은 자신의 책임을 감경 받기 위해 허위로 진술하였을 가능성이 있는 점 등에 비추어 볼 때 신빙성이 없습니다.

라. 부족증거

임혜린의 경찰에서의 진술조서, 법정에서의 증언에 의하면 임혜린은 피해자 김갑동이 피고인 이을남을 때리는 부분은 보았으나 주변에 도움을 요청하려고 얼굴을 돌리고 다시 피고인 김갑동을 보았을 때 피해자 김갑동이 바닥에 넘어져 있었다고 진술하였고, 수사보고(폭행 상황 등)도 피해자 김갑동이 이미 넘어진 상황에서 경찰이 도착하였다는 내용으로, 공소사실을 인정하기에 부족하고, 달리 피고인 이을남의 폭행 범죄를 증명할 증거가 없습니다.

마. 소결

그러므로 이 점 공소사실은 합리적인 의심 없이 증명되지 아니하므로 형사소송법 제325조 후단의 무죄 판결이 선고될 것으로 예상됩니다.

MEMO

UNION 제13판

기록형
2026 변호사시험 대비

형사법

변호사시험 기출문제집

II. 모의편

2022년 8월 제2차

법전협 주관 모의시험

MGI Point 2022년 제2차 변호사시험 모의시험 형사법 기록형 메모장

공소제기일 2022.6.17.	부동의 증거 (p.8,9 증거목록) d2 : 현금식 사경 진술조서(312④-증거O)[1], 이정북 사실확인서(313①-증거X)[2], USB메모리 및 녹취서[3], 수사보고[4], d2 사경피신(312③-증거X)[5]				
공소사실(p.11) (d1 : 김갑동, d2 : 이을남)	인부 (p.14)	공판단계	수사단계	비고	쟁점 및 결론
d1 1. 업무상배임 2022.1.14.	X (성립부인)				- 지입회사 운영자가 지입차주와의 관계에서 타인의 사무 처리하는 지위인지 여부(判) ⇨ 유죄 (단, d1가 무죄이므로 단독범)
d1 2. 공문서변조 및 동행사 2021.10.11.	X (성립부인)				- 공문서위조죄 성립요건(判) - 이 사건의 경우 등기사항전부증명서 열람일시 삭제 및 복사 행위가 공공적 신용을 해할 위험을 발생시킨 행위인지 여부(判) ⇨ 유죄
d1 3. 사기 2021.10.11.	O				- 친족상도례와 공소제기 후의 고소취소 ⇨ 공소기각(327 5호)
d1 4. 정통망법위반 (명예훼손) 2022.5.12.	O				- 명예훼손에 있어서 당사자 특정의 정도(判) ⇨ 무죄(325 후단)

---

1) 제312조 제4항 - 부동의 등 ⇨ 전문법칙 예외 검토(원진술자 법정 진정성립 O) - 증거 O, 단 주된 내용은 이정북의 진술부분인 점 주의
2) 제313조 제1항 - 부동의 등 ⇨ 전문법칙 예외 검토(원진술자 법정 진정성립 X) - 증거 X, 제314조의 요건도 갖추지 못함(미국 일시 출국만으로는 외국거주 X)
3) 제313조 제1항 - 부동의 등 ⇨ 전문법칙 예외 검토(원진술자 법정 진정성립 X) - 증거 X, 제314조의 요건도 갖추지 못함(미국 일시 출국만으로는 외국거주 X)
4) 제313조 제1항 - 부동의 등 ⇨ 전문법칙 예외 검토(원진술자 법정 진정성립 X) - 증거 X, 제314조에 의한 증거능력 유무를 따질 필요도 X(判)
5) 제312조 제3항 - 부동의 등 ⇨ 전문법칙 예외 검토(당해 피고인이 내용부인취지로 부동의) - 증거 X

d2	1. 업무상 배임 2022.1.14.	X	- 현금식의 법정진술 중 이정북으로부터 d2가 먼저 d1에게 차량 담보를 요구하는 것을 보았다는 부분 - 증거 X (316②)(미국 일시 출국한 사실만으로는 외국거주 등 진술불능 요건 X) - 현금석의 법정진술 중 이을남 진술 부분(재전문진술) - 증거 X - d1 진술: 진술에 일관성 없음, 자신의 책임을 감경 받기 위해 허위 진술 가능성 있음 - 신빙성 X - 현금식의 나머지진술: 추측성진술 - 부족증거	- d1 사경파신(312③) - 증거 X - 현금식의 사경진조 중 이정북으로부터 d2가 먼저 d1에게 차량 담보를 요구하는 것을 보았다는 부분 - 증거 X (312④, 316②)(미국 일시 출국한 사실만으로는 외국거주 등 진술불능 요건 X) - 현금식 사경진조 중 이을남 진술부분(재전문조서) - 증거X - USB메모리 녹음파일 및 녹취서 중 이정북 진술부분(313①) - 증거X - 수사보고서(313①) - 증거 X		- 피고인이 가담한 사실이 있는지 여부에 대한 증거능력 및 증명력 검토 ⇨ **무죄(325 후단)**
	2. 도로교통법위반 (무면허) 2022.5.17.	O				- 운전면허취소처분의 원인이 된 교통사고 또는 법규위반에 대하여 무죄판결이 선고된 경우 무면허운전으로 처벌할 수 있는지 여부(判) ⇨ **무죄(325 전단)**
	3. 공문서 부정행사 2022.5.17.	O				- 운전면허증 자체가 아닌 이를 촬영한 이미지 파일을 휴대전화 화면등을 통해 보여준 행위 공문서위조죄 성립 여부(判) ⇨ **무죄(325 전단)**
	4. 도박방조 2022.5.23.	O			약식 명령	- 확정된 약식명령의 기판력의 시적 범위(判) - 포괄일죄에 해당하는 범죄와 확정판결의 기판력(判) - 판결이 확정된 상습도박죄와의 관계 : 포괄일죄 ⇨ **면소(326 1호)**

형사법 기록형

Contents

- **검토의견서**
  - I. 피고인 김갑동에 대하여(45점)
    1. 업무상배임의 점
       - 가. 쟁점
       - 나. 법리
       - 다. 이 사건의 경우
       - 라. 소결 및 공소장변경 요부
    2. 공문서변조 및 변조공문서행사의 점
       - 가. 쟁점
       - 나. 법리
       - 다. 이 사건의 경우
       - 라. 소결
    3. 사기의 점
       - 가. 쟁점
       - 나. 법리
       - 다. 이 사건의 경우
       - 라. 소결
    4. 정보통신이용촉진및정보보호등에관한법률위반(명예훼손)의 점
       - 가. 쟁점
       - 나. 법리
       - 다. 이 사건의 경우
       - 라. 소결

- **변론요지서**
  - II. 피고인 이을남에 대하여(55점)
    1. 업무상배임의 점
       - 가. 피고인의 주장 및 쟁점
       - 나. 증거능력 없는 증거
         1) 김갑동에 대한 경찰 피의자신문조서
         2) 현금식의 법정진술 중
         3) 현금식에 대한 경찰 진술조서 중
         4) 이정북 작성의 사실확인서
         5) USB 메모리에 저장된 녹음파일 및 녹취록 중 이정북 진술 부분
         6) 이정북에 대한 수사보고서(전화진술 청취)
       - 다. 증명력 없는 증거
       - 라. 부족증거
       - 마. 소결
    2. 도로교통법위반(무면허운전)의 점
       - 가. 피고인의 주장 및 쟁점
       - 나. 법리
       - 다. 이 사건의 경우
       - 라. 소결
    3. 공문서부정행사의 점
       - 가. 피고인의 주장 및 쟁점
       - 나. 법리
       - 다. 이 사건의 경우
       - 라. 소결
    4. 도박방조의 점
       - 가. 피고인의 주장 및 쟁점
       - 나. 법리
       - 다. 이 사건의 경우
       - 라. 소결

검토의견서

Ⅰ. 피고인 김갑동에 대하여(45점)

1. 업무상배임의 점

가. 쟁점

피고인은 공소사실 기재 버스를 담보로 제공하고 저당권을 설정한 사실은 인정하면서도 현금식과 지입계약을 체결한 사실은 없고 가사 지입계약을 체결하였다고 하더라도 자신은 타인의 사무를 처리하는 자에 해당하지 않는다고 주장하고 있는바, 피고인이 타인의 사무를 처리하는 자의 지위에 있는지 문제됩니다.

나. 법리

형법 제355조 제2항의 배임죄는 타인의 사무를 처리하는 자가 그 임무에 위배하는 행위로써 재산상의 이익을 취득하거나 제3자로 하여금 이를 취득하게 하여 사무의 주체인 타인에게 손해를 가할 때 성립하는 것이므로 그 범죄의 주체는 타인의 사무를 처리하는 지위에 있어야 합니다. 여기에서 '타인의 사무를 처리하는 자'라고 하려면, 타인의 재산관리에 관한 사무의 전부 또는 일부를 타인을 위하여 대행하는 경우와 같이 당사자 관계의 전형적·본질적 내용이 통상의 계약에서의 이익대립관계를 넘어서 그들 사이의 신임관계에 기초하여 타인의 재산을 보호 또는 관리하는 데에 있어야 합니다.[1]

지입차주가 자신이 실질적으로 소유하거나 처분권한을 가지는 자동차에 관하여 지입회사와 지입계약을 체결함으로써 지입회사에게 그 자동차의 소유권등록 명의를 신탁하고 운송사업용 자동차로서 등록 및 그 유지 관련 사무의 대행을 위임한 경우에는, 특별한 사정이 없는 한 지입회사 측이 지입차주의 실질적 재산인 지입차량에 관한 재산상 사무를 일정한 권한을 가지고 맡아 처리하는 것으로서 당사자 관계의 전형적·본질적 내용이 통상의 계약에서의 이익대립관계를 넘어서 그들 사이의 신임관계에 기초하여 타인의 재산을 보호 또는 관리하는 데에 있으므로, 지입회사 운영자는 지입차주와의 관계에서 '타인의 사무를 처리하는 자'의 지위에 있습니다.[2]

다. 이 사건의 경우

피해자의 진술, 참고인 이정북의 진술, 입출금 거래내역서, 문자메시지 등을 종합해 볼 때, 피해자와 피고인 사이에 지입계약서가 작성되지는 않았다 하더라도, ① 피해자가 매

---

[1] 대판 2020.02.20. 2019도9756(전합), 대판 2020.08.27. 2019도14770(전합)
[2] 대판 2021.06.24. 2018도14365

수대금 전액을 부담하여 매수한 버스를 피고인이 운영하는 회사로 지입하고 피고인에게 지입료를 지급하기로 구두로 약정한 점, ② 위 버스를 피고인 운영 회사 명의로 등록한 후 피해자는 피고인에게 지입료 명목으로 매달 1일 20만원씩을 지급한 점, ③ 과태료, 보험료, 세금 등이 부과되면 피고인이 피해자에게 통보하여 피해자로부터 이를 지급받아 납부한 점, ④ 피해자가 피고인의 지시 없이 독자적으로 버스를 운행 및 관리하여 운수사업을 영위한 사정 등을 종합해 보면, 피해자는 자신이 실질적으로 소유한 버스에 관하여 피고인의 지입회사에 소유권등록 명의를 신탁하고 운송사업용 자동차로서 등록 및 유지 관련 사무의 대행을 위임하는 지입계약을 체결한 사실이 인정됩니다.

나아가 피고인은 지입회사 운영자로서, 지입차주인 피해자와의 관계에서 '타인의 사무를 처리하는 자'의 지위에 있고, 지입차주의 실질적 재산인 지입차량을 임의로 처분하지 아니할 의무를 부담한다고 할 것이므로, 피고인이 피해자의 동의 없이 버스에 관하여 임의로 저당권을 설정함으로써 피해자에게 재산상 손해를 가한 것은 배임죄를 구성합니다.

라. 소결 및 공소장변경 요부

그러므로 피고인의 이 부분 범죄사실에 관하여 유죄 판결이 예상됩니다.

다만, 후술하는 바와 같이 피고인 이을남이 공동정범으로 가담한 사실은 합리적 의심 없이 증명되지 아니하므로 피고인 김갑동은 단독범이고, 이는 피고인의 방어권 행사에 실질적인 불이익이 없으므로 피고인에 대하여 공소장 변경 없이 업무상배임죄의 단독범으로 유죄 판결이 예상됩니다.

2. 공문서변조 및 변조공문서행사의 점

가. 쟁점

피고인은 등기사항전부증명서 하단의 열람 일시를 지워 행사한 것만으로 공공의 신용을 해할 위험을 초래하였다고 볼 수 없다고 주장하고 있는바, 피고인의 행위에 대하여 공문서변조 및 동행사죄가 성립하는지 문제됩니다.

나. 법리

공문서변조죄는 권한 없는 자가 공무소 또는 공무원이 이미 작성한 문서내용에 대하여 동일성을 해하지 않을 정도로 변경을 가하여 새로운 증명력을 작출케 함으로써 공공적 신용을 해할 위험성이 있을 때 성립합니다.3) 이때 일반인으로 하여금 공무원 또는 공무소의 권한 내에서 작성된 문서라고 믿을 수 있는 형식과 외관을 구비한 문서를 작성하면 공문서변조죄가 성립하는 것이고, 일반인으로 하여금 공무원 또는 공무소의 권한 내에서

---

3) 대판 2003.12.26. 2002도7339

작성된 문서라고 믿게 할 수 있는지 여부는 그 문서의 형식과 외관은 물론 그 문서의 작성경위, 종류, 내용 및 일반거래에 있어서 그 문서가 가지는 기능 등 여러 가지 사정을 종합적으로 고려하여 판단하여야 합니다.[4]

다. 이 사건의 경우

① 등기사항전부증명서의 열람일시는 등기부상 권리관계의 기준 일시를 나타내는 역할을 하는 것으로서 권리관계나 사실관계의 증명에서 중요한 부분에 해당하고, 열람일시의 기재가 있어 그 일시를 기준으로 한 부동산의 권리관계를 증명하는 등기사항전부증명서와 열람일시의 기재가 없어 부동산의 권리관계를 증명하는 기준 시점이 표시되지 않은 등기사항전부증명서 사이에는 증명하는 사실이나 증명력에 분명한 차이가 있는 점, ② 법률가나 관련 분야의 전문가가 아닌 평균인 수준의 사리분별력을 갖는 일반인의 관점에서 보면, 이 사건 변경 후 등기사항전부증명서가 조금만 주의를 기울여 살펴보기만 해도 그 열람일시가 삭제된 것임을 쉽게 알아볼 수 있을 정도로 공문서로서의 형식과 외관을 갖추지 못했다고 보기도 어려운 점 등을 종합해 보면, 피고인이 등기사항전부증명서의 열람일시를 삭제하여 복사한 행위는 변경 전 등기사항전부증명서가 나타내는 관리·사실관계와 다른 새로운 증명력을 가진 문서를 만든 것에 해당하고 그로 인하여 공공적 신용을 해할 위험성도 발생하였다고 봄이 타당합니다.

라. 소결

고소장, 박수안의 진술조서, 변조된 등기사항전부증명서를 종합해 보았을 때, 이 부분 공소사실에 관하여는 유죄 판결이 예상됩니다.

3. 사기의 점

가. 쟁점

사기죄는 친족상도례가 적용되므로 피해자와의 관계, 피해자의 고소기간 준수여부 및 고소취소가 문제됩니다.

나. 법리

사기죄의 경우 형법 제354조에 의하여 제328조의 친족상도례 규정이 준용되는바, 피해자와 비동거 친족관계인 경우에는 상대적 친고죄에 해당합니다.

---

[4] 대판 2021.02.25. 2018도19043 - 피고인이 등기사항전부증명서의 열람 일시를 삭제하여 복사한 행위는 등기사항전부증명서가 나타내는 권리·사실관계와 다른 새로운 증명력을 가진 문서를 만든 것에 해당하고 그로 인하여 공공적 신용을 해할 위험성도 발생하였다고 본 사례

다. 이 사건의 경우

피해자는 피고인의 동생 김갑순의 배우자로서 인척관계에 해당하는바, 상대적 친고죄에 해당합니다.

친고죄의 고소는 형사소송법 제230조 제1항에 따라 범인을 알게 된 날로부터 6개월 안에 하여야 하고, 피해자는 2021. 11. 19.경 피고인의 사기 범행을 알게 된 날로부터 6개월이 경과하기 전인 2022. 5. 13. 고소장을 제출하였으므로 고소기간을 준수하였습니다. 다만, 피해자는 이 사건 공소제기 후인 2022. 5. 15. 피고인에 대한 고소취소장을 제출하여 피고인에 대한 고소를 취소하였습니다.

라. 소결

따라서 이 부분 공소사실은 친고죄에서 고소가 취소되었을 때에 해당하므로, 형사소송법 제327조 제5호 소정의 공소기각 판결이 예상됩니다.

4. 정보통신이용촉진및정보보호등에관한법률위반(명예훼손)의 점

가. 쟁점

피고인은 이 부분 공소사실을 인정하나, 정보통신망법(명예훼손)이 성립할 정도로 명예훼손의 대상이 특정되었다고 볼 증거가 있는지 문제됩니다.

나. 법리

정보통신망 이용촉진 및 정보보호 등에 관한 법률 제70조 제1항은 "사람을 비방할 목적으로 정보통신망을 통하여 공공연하게 사실을 드러내어 다른 사람의 명예를 훼손한 자는 3년 이하의 징역 또는 3천만 원 이하의 벌금에 처한다."라고 정하고 있는바, 이 규정에 따른 범죄가 성립하기 위해서는 피해자가 특정된 사실을 드러내어 명예를 훼손하여야 합니다. 여기에서 사실을 드러낸다는 것은 이로써 특정인의 사회적 가치나 평가가 침해될 가능성이 있을 정도로 구체성을 띠는 사실을 드러낸다는 것을 뜻하는데, 그러한 요건이 충족되기 위해서 반드시 구체적인 사실이 직접적으로 명시되어 있어야 하는 것은 아니지만, 적어도 특정 표현에서 그러한 사실이 곧바로 유추될 수 있을 정도는 되어야 합니다. 그리고 피해자가 특정되었다고 하기 위해서는 표현의 내용을 주위사정과 종합하여 볼 때, 그 표현이 누구를 지목하는가를 알아차릴 수 있을 정도가 되어야 합니다. 한편 특정 표현이 사실인지 아니면 의견인지를 구별할 때에는 언어의 통상적 의미와 용법, 증명가능성, 문제 된 말이 사용된 문맥, 그 표현이 행해진 사회적 상황 등 전체적 정황을 고려하여 판단하여야 합니다.[5]

다. 이 사건의 경우

피고인의 카카오톡 계정 프로필 상태메시지에는 그 표현의 기초가 되는 사실관계가 드러나 있지 않고, 피고인은 '가정폭력범' 자체를 표현의 대상으로 삼았을 뿐 특정인을 '가정폭력범'으로 지칭하지 않았으며, 피고인에게 접근금지 임시조치 결정이 내려졌다는 사실이 다른 사람들에게 알려졌음을 인정할 증거도 없는바, 제시된 증거만으로는 명예훼손의 점을 입증하기에 부족합니다.

라. 소결

따라서 이 부분 공소사실은 합리적 의심 없이 증명되지 아니하므로 형사소송법 제325조 후단의 무죄 판결이 선고될 것으로 예상됩니다.

---

5) 대판 2020.05.28. 2019도12750 - 피고인이 자신의 카카오톡 계정 프로필 상태메시지에 "학교폭력범은 접촉금지!!!"라는 글과 주먹 모양의 그림말 세 개를 게시함으로써 을의 명예를 훼손하였다고 하여 정보통신망 이용촉진 및 정보보호 등에 관한 법률 위반(명예훼손)으로 기소된 사안에서, 피고인이 을의 사회적 가치나 평가를 저하시키기에 충분한 구체적인 사실을 드러냈다고 볼 수 없다고 한 사례.

변론요지서

Ⅱ. 피고인 이을남에 대하여(55점)

1. 업무상배임의 점

가. 피고인의 주장 및 쟁점

피고인은 김갑동에게 먼저 차량 담보를 요구하는 등 적극가담한 사실이 없다고 주장하며 범행을 부인하고 있어 증거의 검토가 문제됩니다.

나. 증거능력 없는 증거

1) 김갑동에 대한 경찰 피의자신문조서

공범인 공동피고인 김갑동에 대한 경찰 작성 피의자신문조서는 형사소송법 제312조 제3항 우선적용설에 따라 공범인 공동피고인이 내용을 인정하더라도 당해 피고인이 내용 부인하면 증거능력을 가지지 못하는바, 피고인 이을남은 내용부인 취지로 부동의 하였으므로 증거능력이 없습니다.6)

2) 현금식의 법정진술 중

현금식이 이정북으로부터 "이을남이 먼저 김갑동에게 차량 담보를 적극적으로 요구하는 것을 보았다"는 말을 들었다는 부분은 전문진술로서 형사소송법 제316조 제2항의 요건을 충족해야 하는데, 원진술자인 이정북이 미국에 일시 출국하여 귀국하지 않은 상태라고 하더라도 공판정에 출석시켜 진술하게 할 모든 수단을 강구하는 등 가능하고 상당한 수단을 다하였다는 자료가 없는 이상, 형사소송법 제316조 제2항의 필요성 요건을 갖추지 못하여 증거능력이 없습니다.7)

현금식이 이정북으로부터 "이을남이 '내가 먼저 차량 담보를 요구한 게 맞다'고 말하는 것을 들었다"는 진술부분은 재전문진술로서 피고인이 증거로 하는데 동의하지 않은 이상

---

6) 당해 피고인과 공범관계가 있는 다른 피의자에 대한 검사 이외의 수사기관 작성의 피의자신문조서는 그 피의자의 법정진술에 의하여 그 성립의 진정이 인정되더라도 당해 피고인이 공판기일에서 그 조서의 내용을 부인하면 증거능력이 부정된다(대판 2004.07.15. 2003도7185(전합)).

7) 형사소송법 제314조에 따라 같은 법 제312조의 조서나 같은 법 제313조의 진술서, 서류 등을 증거로 하기 위하여는 '진술을 요할 자가 사망·질병·외국거주 기타 사유로 인하여 공판정에 출석하여 진술을 할 수 없는 경우'이어야 하고, '그 진술 또는 서류의 작성이 특히 신빙할 수 있는 상태하에서 행하여진 것'이라야 한다는 두 가지 요건이 갖추어져야 할 것인바, 첫째 요건과 관련하여 '외국거주'라 함은 진술을 요할 자가 외국에 있다는 것만으로는 부족하고, 수사 과정에서 수사기관이 그 진술을 청취하면서 그 진술자의 외국거주 여부와 장래 출국 가능성을 확인하고 만일 그 진술자의 거주지가 외국이거나 그가 가까운 장래에 출국하여 장기간 외국에 체류하는 등의 사정으로 향후 공판정에 출석하여 진술을 할 수 없는 경우가 발생할 개연성이 있다면 그 진술자의 외국 연락처를, 일시 귀국할 예정이 있다면 그 귀국 시기와 귀국시 체류 장소와 연락 방법 등을 사전에 미리 확인하고 그 진술자에게 공판정 진술을 하기 전에는 출국을 미루거나, 출국한 후라도 공판 진행 상황에 따라 일시 귀국하여 공판정에 출석하여 진술하게끔 하는 방안을 확보하여 그 진술자로 하여금 공판정에 출석하여 진술할 기회를 충분히 제공하며, 그 밖에 그를 공판정에 출석시켜 진술하게 할 모든 수단을 강구하는 등 가능하고 상당한 수단을 다하더라도 그 진술을 요할 자를 법정에 출석하게 할 수 없는 사정이 있어야 예외적으로 그 요건이 충족된다(대판 2008.02.28. 2007도10004).

형사소송법 제310조의2의 규정에 의하여 이를 증거로 할 수 없습니다.[8]

3) 현금식에 대한 경찰 진술조서 중

현금식이 이정북으로부터 "이을남이 먼저 김갑동에게 차량 담보를 적극적으로 요구하는 것을 보았다"는 말을 들었다는 부분은 전문진술을 기재한 조서로서 형사소송법 제312조 제4항 및 제316조 제2항의 요건을 모두 갖추어야 합니다.[9] 그런데 앞서 살펴본바와 같이 형사소송법 제316조 제2항의 필요성 요건을 갖추지 못하였으므로 증거능력이 없습니다.

현금식이 이정북으로부터 "이을남이 '내가 먼저 차량 담보를 요구한 게 맞다'고 말하는 것을 들었다"는 진술부분은 재전문진술로서 피고인이 증거로 하는데 동의하지 않은 이상 형사소송법 제310조의2의 규정에 의하여 이를 증거로 할 수 없습니다.

4) 이정북 작성의 사실확인서

이정북 작성의 사실확인서는 피고인 아닌 자가 작성한 진술조서로서 형사소송법 제313조 제1항의 요건을 충족해야 하는데, 원진술자 이정북에 의하여 그 성립의 진정이 증명된 바 없고, 나아가 이정북이 미국에 일시 출국하여 귀국하지 않은 상태이나 공판정에 출석시켜 진술하게 할 모든 수단을 강구하는 등 가능하고 상당한 노력을 다하였다는 자료도 없어 형사소송법 제314조의 요건을 갖추지도 못하였으므로 증거능력이 없습니다.

5) USB 메모리에 저장된 녹음파일 및 녹취록 중 이정북 진술 부분

현금식이 이정북과의 대화 내용을 녹음한 녹음파일 및 녹취록은 당사자간 대화를 녹음한 것으로서 통신비밀보호법위반에 해당하지는 않으나, 피고인 아닌 자의 진술을 기재한 서류에 준하는 것으로서 형사소송법 제313조 제1항의 요건을 충족해야 하는데, 앞서 살펴본바와 같이 원진술자 이정북이 출석하지 않아 성립의 진정이 인정되지 않고, 형사소송법 제314조의 요건을 갖추지 못하였으므로 증거능력이 없습니다.

6) 이정북에 대한 수사보고서(전화진술 청취)

이정북에 대한 수사보고서는 형사소송법 제313조 제1항의 피고인 아닌 자의 진술을 기재한 서류인 전문증거에 해당하나, 원진술자 이정북의 서명 또는 날인이 없을 뿐 아니

---

[8] 형사소송법은 전문진술에 대하여 제316조에서 실질상 단순한 전문의 형태를 취하는 경우에 한하여 예외적으로 그 증거능력을 인정하는 규정을 두고 있을 뿐, 재전문진술이나 재전문진술을 기재한 조서에 대하여는 달리 그 증거능력을 인정하는 규정을 두고 있지 아니하고 있으므로, 피고인이 증거로 하는 데 동의하지 아니하는 한 형사소송법 제310조의2의 규정에 의하여 이를 증거로 할 수 없다(대판 2004.03.11. 2003도171, 대판 2012.05.14. 2010도5948).

[9] 전문진술이나 전문진술을 기재한 조서는 형사소송법 제310조의2에 따라 원칙적으로 증거능력이 없다. 다만 전문진술은 형사소송법 제316조 제2항에 따라 원진술자가 사망, 질병, 외국거주, 소재불명, 그 밖에 이에 준하는 사유로 진술할 수 없고, 그 진술이 특히 신빙할 수 있는 상태 하에서 행하여졌음이 증명된 때에 한하여 예외적으로 증거능력이 있다. 그리고 전문진술이 기재된 조서는 형사소송법 제312조 또는 제314조에 따라 증거능력이 인정될 수 있는 경우에 해당하여야 함은 물론 형사소송법 제316조 제2항에 따른 요건을 갖추어야 예외적으로 증거능력이 있다(대판 2012.04.13. 2011도14680, 대판 2017.07.18. 2015도12981, 2015전도218).

라 공판준비기일이나 공판기일에 원진술자의 진술에 의하여 성립의 진정함이 증명되지도 않았으므로 증거능력이 없고,10) 형사소송법 제314조에 의한 증거능력 유무를 따질 필요도 없습니다.11)

다. 증명력 없는 증거

이을남이 차량 담보를 적극적으로 요구하여 저당권을 설정해 주었다는 김갑동의 법정진술의 경우, ① 김갑동은 경찰 조사 당시에는 이을남이 먼저 적극적으로 차량 담보를 요구하였다고 진술하였으나, 법정에서는 차량 담보는 누가 먼저 말을 꺼냈는지, 담보를 설정한 구체적 경위는 잘 기억이 나지 않는다고 말하여 그 진술에 일관성이 없는 점, ② 김갑동은 수사 단계에서 자신의 책임을 감경 받기 위해 허위로 진술한 가능성이 있는 점 등에 비추어 볼 때 신빙성이 없습니다.

라. 부족증거

이을남이 먼저 적극적으로 차량 담보를 요구한 것으로 알고 있다는 현금식의 진술은 추측성 진술에 불과하여 공소사실을 인정하기에 부족하고, 달리 피고인의 범죄를 증명할 증거가 없습니다.

마. 소결

그러므로 이 부분 공소사실은 합리적인 의심 없이 증명되지 아니하므로 형사소송법 제325조 후단의 무죄 판결을 선고하여 주시기 바랍니다.

2. 도로교통법위반(무면허운전)의 점

가. 피고인의 주장 및 쟁점

피고인은 이 점 공소사실을 인정하고 있으나, 도로교통법위반(음주운전)혐의에 대하여 서울중앙지방법원에서 무죄 판결이 확정되었는바, 무면허운전죄가 성립하는지 문제됩니다.

---

10) 대판 2010.10.14. 2010도5610 - 검사가 참고인인 피해자 공소외 1, 2와의 전화통화 내용을 기재한 수사보고서에 대하여 형사소송법 제313조 제1항 본문에 정한 '피고인 아닌 자의 진술을 기재한 서류'인 전문증거에 해당하나, 그 진술자의 서명 또는 날인이 없을 뿐만 아니라 공판준비기일이나 공판기일에서 진술자의 진술에 의해 성립의 진정함이 증명되지도 않았으므로 증거능력이 없다고 본 사례.
11) 외국에 거주하는 참고인과의 전화 대화내용을 문답형식으로 기재한 검찰주사보 작성의 수사보고서는 전문증거로서 형사소송법 제310조의2에 의하여 제311조 내지 제316조에 규정된 것 이외에는 이를 증거로 삼을 수 없는 것인데, 위 수사보고서는 제311조, 제312조, 제315조, 제316조의 적용대상이 되지 아니함이 분명하므로, 결국 제313조의 진술을 기재한 서류에 해당하여야만 제314조의 적용 여부가 문제될 것인바, 제313조가 적용되기 위하여는 그 진술을 기재한 서류에 그 진술자의 서명 또는 날인이 있어야 한다.

나. 법리

행정청의 자동차 운전면허 취소처분이 직권으로 또는 행정쟁송절차에 의하여 취소되면, 운전면허 취소처분은 그 처분 시에 소급하여 효력을 잃고 운전면허 취소처분에 복종할 의무가 원래부터 없었음이 확정되므로, 운전면허 취소처분을 받은 사람이 운전면허 취소처분이 취소되기 전에 자동차를 운전한 행위는 도로교통법에 규정된 무면허운전의 죄에 해당하지 아니하는바,[12] 자동차 운전면허 취소처분을 받은 사람이 자동차를 운전하였으나 운전면허 취소처분의 원인이 된 교통사고 또는 법규 위반에 대하여 범죄사실의 증명이 없는 때에 해당한다는 이유로 무죄판결이 확정된 경우에는 그 취소처분이 취소되지 않았더라도 도로교통법에 규정된 무면허운전의 죄로 처벌할 수는 없다고 보아야 합니다.[13]

다. 이 사건의 경우

피고인은 2022. 7. 14. 자동차운전면허 취소처분의 근거가 된 도로교통법위반(음주운전)죄에 대하여 서울중앙지방법원에서 무죄판결을 선고받고 그 판결이 확정되었는바, 피고인에 대한 위 처분이 취소되지 않았더라도 피고인을 무면허운전으로 처벌할 수 없다 할 것입니다.

라. 소결

그러므로 이 부분 공소사실은 범죄가 되지 아니하므로 형사소송법 제325조 전단의 무죄 판결을 선고하여 주시기 바랍니다.

3. 공문서부정행사의 점

가. 피고인의 주장 및 쟁점

피고인은 이 점 공소사실을 인정하고 있으나, 피고인은 운전면허증 자체가 아닌 이미지 파일을 휴대전화 화면으로 보여주었으므로 공문서부정행사죄가 성립하는지 문제됩니다.

나. 법리

공문서부정행사죄는 사용권한자와 용도가 특정되어 작성된 공문서 또는 공도화를 사용권한 없는 자가 사용권한이 있는 것처럼 가장하여 부정한 목적으로 행사하거나 또는 권한 있는 자라도 정당한 용법에 반하여 부정하게 행사하는 경우에 성립하는바, 공문서부정행사죄는 공문서에 대한 공공의 신용 등을 보호하기 위한 데 입법 취지가 있는 것으로, 공문서에 대한 공공의 신용 등을 해할 위험이 있으면 범죄가 성립하지만, 그러한 위험조차 없는 경우에는 범죄가 성립하지 아니합니다.

---

[12] 대판 1999.02.05. 98도4239, 대판 2008.01.31. 2007도9220
[13] 대판 2021.09.16. 2019도11826

도로교통법 제92조 제2항에서 제시의 객체로 규정한 운전면허증은 적법한 운전면허의 존재를 추단 내지 증명할 수 있는 운전면허증 그 자체를 가리키는 것이지, 그 이미지파일 형태는 여기에 해당하지 않습니다. 자동차 등의 운전자가 경찰공무원에게 다른 사람의 운전면허증 자체가 아니라 이를 촬영한 이미지파일을 휴대전화 화면 등을 통하여 보여주는 행위는 운전면허증의 특정된 용법에 따른 행사라고 볼 수 없는 것이어서 그로 인하여 경찰공무원이 그릇된 신용을 형성할 위험이 있다고 할 수 없으므로, 이러한 행위는 결국 공문서부정행사죄를 구성하지 아니합니다.14)

다. 이 사건의 경우

피고인은 경찰공무원에게 다른 사람의 운전면허증 자체가 아닌 이를 촬영한 이미지파일을 휴대전화 화면 등을 통해 보여주었는바, 이러한 행위는 운전면허증의 특정된 용법에 따른 행사라고 볼 수 없는 것이어서 그로 인하여 경찰공무원이 그릇된 신용을 형성할 위험이 있다고 할 수 없으므로, 이러한 행위는 결국 공문서부정행사죄를 구성하지 아니합니다.

라. 소결

따라서 이 부분 공소사실은 범죄가 되지 아니하므로 형사소송법 제325조 전단의 무죄를 선고하여 주시기 바랍니다.

4. 도박방조의 점

가. 피고인의 주장 및 쟁점

피고인은 이 점 공소사실을 인정하고 있으나, 상습도박죄로 약식명령이 확정된바 있어 그 기판력이 미치는지 문제됩니다.

나. 법리

단일하고 계속된 범의하에 동종의 범행을 동일하거나 유사한 방법으로 일정 기간 반복하여 행하고 그 피해법익도 동일한 경우에는 각 범행을 통틀어 포괄일죄로 봅니다. 포괄일죄의 일부 범죄에 대하여 처벌받은 확정판결이 있는 경우 그 기판력은 확정판결 선고 전의 포괄일죄 범행에도 미칩니다.15) 한편, 약식명령의 기판력은 그 발령일을 기준으로 하여야 합니다.16)

---

14) 대판 2019.02.12. 2018도2560
15) 상습범으로서 포괄적 일죄의 관계에 있는 여러 개의 범죄사실 중 일부에 대하여 유죄판결이 확정된 경우에, 그 확정판결의 사실심판결 선고 전에 저질러진 나머지 범죄에 대하여 새로이 공소가 제기되었다면 그 새로운 공소는 확정판결이 있었던 사건과 동일한 사건에 대하여 다시 제기된 데 해당하므로 이에 대하여는 판결로써 면소의 선고를 하여야 하는 것이다(대판 2004.09.16. 2001도3206).
16) 대판 1984.07.24. 84도1129

다. 이 사건의 경우

피고인은 2022. 5. 25. 서울중앙지방법원에서 상습도박죄로 벌금 500만원의 약식명령이 발령되어 2022. 6. 9. 확정된바 있습니다. 그리고 이 부분 공소사실은 위 약식명령의 범죄사실과 범행 일시가 근접하고 도박 유형도 동일하여 동일한 도박 습벽의 발현으로 볼 수 있어 포괄일죄에 해당하므로 그 기판력은 약식명령이 발령된 2022. 5. 25. 전에 범한 이 부분 공소사실에도 미칩니다.

라. 소결

그러므로 이 부분 공소사실은 확정판결이 있는 때에 해당하므로 형사소송법 제326조 제1호의 면소 판결을 선고하여 주시기 바랍니다.

UNION 제13판

기록형
2026 변호사시험 대비

형사법

변호사시험 기출문제집

II. 모의편

2022년 6월 제1차

법전협 주관 모의시험

MGI Point 2022년 제1차 변호사시험 모의시험 형사법 기록형 메모장

공소제기일 2022.3.16.	부동의 증거 (p.8,9 증거목록) d1 : 수사보고(적발보고), 연행남 사경 진술조서(312④-증거O)[1] d2 : 나병녀 검찰 진술조서(312④-증거O)[2]				
공소사실(p.11) (d1 : 김갑동, d2 : 이을남)	인부 (p.15,16)	공판단계	수사단계	비고	쟁점 및 결론
d1	1. 특경법(횡령) 2021.6.14.	O				- 명의수탁자로서 자기 명의로 된 부동산에 근저당권을 설정한 행위에 대하여 횡령이 성립하는지(判) ⇨ **무죄(325 전단)**
	2. 강제집행면탈 2021.7.27.	X(면탈의 도 부인)				- 채무자가 제3자 명의로 되어 있던 사업자등록을 또다른 제3자 명의로 변경한 것만으로 강제집행면탈 의도가 있다고 볼 수 있는지(判) ⇨ **무죄(325 후단)**
	3. 컴퓨터등사용사기, 절도 2021.8.28.	O				[컴퓨터등사용사기] - 자백의 보강증거가 존재하는지 - 컴퓨터등사용사기죄의 피해자(判) ⇨ **유죄** [절도] - 절도죄와 친족상도례 ⇨ **공소기각(327 5호)**
	4. 식품위생법위반 2021.10.22.	X	- 임동행의 법정진술 중 여종원으로부터 업주d1의 승낙하에 티켓영업을 하게 된 것이란 진술을 들었다는 부분 증거 X(316②)(소재미확인만으로는 진술불능요건 X) - 임동행의 법정진술 중 박미행 진술부분 - 증거X(재전문진술) - 나머지 진술부분: 성매매 흔적이 전혀 발견되지 않은 점, 적발 전력 없는 점 등 - 신빙성X	- 여종원, 연행남 진술조서 : 임의동행에 있어 동행의 적법여부 및 진술거부권 고지여부 - 증거 X (위수증) - 임동행의 수사보고 중 여종원의 진술부분 - 증거 X (316②, 312④) - 증거 X (소재미확인 만으로는 진술불능요건X - 매출전표 : 세금절약을 위해 술값을 봉사료로 허위 입력하는 경우도 있는 점, 연행남의 법정 진술과 피고인의 경찰진술에 의하면 실수로 잘못 입력했을 가능성도 있는 점 - 신빙성 X		- 피고인이 종업원의 티켓영업을 묵인한 사실이 있는지 여부에 대한 증거능력 및 증명력 검토 ⇨ **무죄(325 후단)**

---

1) 제312조 제4항 - 부동의 등 ⇨ 전문법칙 예외 검토(원진술자 법정 진정성립 O) - 증거 O
2) 제312조 제4항 - 부동의 등 ⇨ 전문법칙 예외 검토(원진술자 법정 진정성립 O) - 증거 O

MGI Point 2022년 제1차 변호사시험 모의시험 형사법 기록형 메모장

	공소사실(p.11) (d1 : 김갑동, d2 : 이을남)	인부 (p.15,16)	공판단계	수사단계	비고	쟁점 및 결론
d2	1. 부동산실명법위반 2013.4.18.	O				= 부동산실명법위반죄의 공소시효 기산점 : 명의수탁자명의로 등기된 때부터 진행 ⇨ **면소(326 3호)**
	2. 뇌물수수 2019.8.23.	O			사기 판결 확정	- 판결이 확정된 사기죄와 뇌물죄의 관계 : 상상적경합(判) - 상상적 관계에 있는 범죄에 확정판결 기판력이 미치는지(判) ⇨ **면소(326 1호)**
	3. 장물취득 2021.9.11. 가. 5,000만원부분 나. 1,000만원부분	△ (장물인지 몰랐다)	- 나병녀: 피고인은 김갑동이 6,000만원이 친형 사무실에서 몰래 빼낸 돈이라고 말하는 것을 들었다. - 간접사실 또는 정황사실로서 전문법칙 적용 X	- 나병녀 검찰 진술조서: 피고인은 김갑동이 6,000만원이 친형 사무실에서 몰래 빼낸 돈이라고 말하는 것을 들었다. - 간접사실 또는 정황사실로서 전문법칙 적용 X		[5,000만원 부분의 경우] - 컴퓨터등사용사기죄로 취득한 예금채권이 장물인지 여부(判) ⇨ **무죄(325 전단)** [1,000만원 부분의 경우] - 장물을 예금으로 보관하였다가 출금한 경우 장물성 유지 여부(判) - 장물죄에 있어서 장물의 인식정도와 인정기준(判) ⇨ **유죄**

형사법 기록형

Contents

- **변론요지서**
  - I. 피고인 김갑동에 대하여(60점)
    1. 특정경제범죄가중처벌등에관한법률위반(횡령)의 점
       - 가. 피고인의 주장 및 쟁점
       - 나. 법리
       - 다. 이 사건의 경우
       - 라. 소결
    2. 강제집행면탈의 점
       - 가. 피고인의 주장 및 쟁점
       - 나. 법리
       - 다. 이 사건의 경우
       - 라. 소결
    3. 컴퓨터등사용사기, 절도의 점
       - 가. 컴퓨터등사용사기
       - 나. 절도
         1) 쟁점
         2) 절도죄와 친족상도례
         3) 이 사건의 경우
    4. 식품위생법위반의 점
       - 가. 피고인의 주장 및 쟁점
       - 나. 증거능력 없는 증거
         1) 여종원, 연행남의 진술조서
         2) 임동행의 법정진술 및 수사보고 중 여종원의 진술 부분
         3) 임동행의 법정진술 중 박미행의 진술
       - 다. 신빙성 없는 증거
       - 라. 부족증거
       - 마. 소결

- **검토의견서**
  - II. 피고인 이을남에 대하여(40점)
    1. 부동산실권리자명의등기에관한법률위반의 점
       - 가. 쟁점
       - 나. 공소시효 기간 및 기산점
       - 다. 이 사건 범행의 경우
    2. 뇌물수수의 점
       - 가. 쟁점
       - 나. 관련법리
       - 다. 이 사건 범행의 경우
    3. 장물취득의 점
       - 가. 쟁점
       - 나. 5,000만원 부분의 경우 장물 여부
         1) 법리
         2) 이 사건의 경우
       - 다. 1,000만원 부분의 경우 장물 여부
         1) 법리
         2) 이 사건의 경우
       - 라. 피고인이 장물임을 알고 있었는지 여부
       - 마. 소결

변론요지서

I. 피고인 김갑동에 대하여(60점)

1. 특정경제범죄가중처벌등에관한법률위반(횡령)의 점

가. 피고인의 주장 및 쟁점

피고인 김갑동은 이 점 공소사실을 인정하고 있으나, 피고인이 명의수탁자로서 자기 명의로 된 부동산에 근저당권을 설정한 행위에 대하여 횡령이 성립하는지가 문제됩니다.

나. 법리

형법 제355조 제1항이 정한 횡령죄의 주체는 타인의 재물을 보관하는 자라야 하고, 타인의 재물인지 아닌지는 민법, 상법, 기타의 실체법에 따라 결정하여야 합니다. 횡령죄에서 보관이란 위탁관계에 의하여 재물을 점유하는 것을 뜻하므로 횡령죄가 성립하기 위하여는 재물의 보관자와 재물의 소유자 사이에 법률상 또는 사실상의 위탁신임관계가 존재하여야 합니다.

그러므로 명의신탁자가 매수한 부동산에 관하여 부동산실명법을 위반하여 명의수탁자와 맺은 명의신탁약정에 따라 매도인에게서 바로 명의수탁자 명의로 소유권이전등기를 마친 이른바 중간생략등기형 명의신탁을 한 경우, 명의신탁자는 신탁부동산의 소유권을 가지지 아니하고, 명의신탁자와 명의수탁자 사이에 위탁신임관계를 인정할 수도 없습니다. 따라서 명의수탁자가 명의신탁자의 재물을 보관하는 자라고 할 수 없으므로, 명의수탁자가 신탁받은 부동산을 임의로 처분하여도 명의신탁자에 대한 관계에서 횡령죄가 성립하지 아니합니다.[1]

다. 이 사건의 경우

피고인은 이을남이 최매도로부터 매수한 부동산에 관하여 최매도로부터 바로 명의수탁자인 피고인의 명의로 소유권이전등기를 마친 이른바 중간생략등기에 의한 명의수탁자에 해당하는바, 횡령죄의 주체인 '타인의 재물을 보관하는 자'에 해당하지 아니하므로 신탁받은 부동산에 관하여 근저당권을 설정하였더라도 명의신탁자에 대한 관계에서 횡령죄가 성립하지 아니합니다.

---

[1] 대판 2016.05.19. 2014도6992(전합)

라. 소결

그러므로 이 부분 공소사실은 죄가 되지 아니하므로 형사소송법 제325조 전단의 무죄판결을 선고하여 주시기 바랍니다.

2. 강제집행면탈의 점

가. 피고인의 주장 및 쟁점

피고인은 이 점 공소사실에 대하여 사업자등록명의를 변경한 사실은 인정하나 강제집행을 면탈하려는 의도는 없었다고 주장하고 있는바, 채무자가 제3자 명의로 되어 있던 사업자등록을 또 다른 제3자 명의로 변경하였다는 사정만으로 강제집행면탈의 의도가 있다고 볼 증거가 있는지 문제됩니다.

나. 법리

형법 제327조에 규정된 강제집행면탈죄에 있어서의 재산의 '은닉'이라 함은 강제집행을 실시하는 자에 대하여 재산의 발견을 불능 또는 곤란케 하는 것을 말하는 것으로서, 재산의 소재를 불명케 하는 경우는 물론 그 소유관계를 불명하게 하는 경우도 포함하나,[2] 채무자가 제3자 명의로 되어 있던 사업자등록을 또 다른 제3자 명의로 변경하였다는 사정만으로는 그 변경이 채권자의 입장에서 볼 때 사업장 내 유체동산에 관한 소유관계를 종전보다 더 불명하게 하여 채권자에게 손해를 입게 할 위험성을 야기한다고 단정할 수 없습니다.[3]

다. 이 사건의 경우

피고인이 'CU편의점'의 사업자 명의가 자신의 처인 박갑순으로 등록되어 있던 것은 폐업 신고한 후 자신의 숙모인 정갑선 명의로 새로이 사업자등록 신고를 하였다 하더라도, 이러한 사업자등록 명의를 변경한 것으로 인하여 위 편의점에 있던 유체동산의 소유관계가 더 불분명하게 되었다고 인정할 증거가 없다 할 것이고, 달리 이를 인정할 증거가 없습니다.

---

[2] 대판 2003.10.09. 2003도3387
[3] 대판 2014.06.12. 2012도2732 (피고인이 피해자의 강제집행을 면탈할 목적으로 '○○○편의점'에 관한 사업자등록이 피고인의 숙모인 공소외 1 명의로 되어 있던 것을 폐업신고를 한 후 피고인의 처 공소외 2 명의로 새로 사업자등록을 하여 '○○○편의점'과 관련한 재산의 소유관계를 불명하게 함으로써 재산을 은닉하였다는 공소사실에 대하여, 피고인이 위와 같이 사업자등록 명의를 변경한 것으로 인하여 위 편의점에 있던 유체동산의 소유관계가 더 불분명하게 되었다고 인정할 증거가 없어 위와 같은 사업자등록 명의의 변경이 피해자로 하여금 피고인의 재산을 발견하기 어렵게 하였다고 할 수 없다는 이유로, 이 부분 공소사실을 유죄로 판단한 제1심판결을 파기하고 무죄를 선고한 사례)

라. 소결

그러므로 이 부분 공소사실에 대하여는 합리적의심이 없는 정도로 증명되지 아니하므로 형사소송법 제325조 후단에 따라 무죄판결을 선고하여 주시기 바랍니다.

3. 컴퓨터등사용사기, 절도의 점

가. 컴퓨터등사용사기

피고인은 이 부분 공소사실을 자백하고 있는바, 보강증거가 존재하는지 문제되고, 컴퓨터등사용사기죄의 피해자가 누구인지 문제됩니다.

우선, 피고인의 자백 외에도, 피해자 김갑석의 진술이 보강증거로 존재합니다. 한편, 피고인은 김갑석과 형제지간이기는 하나, 친척 소유 예금통장을 절취한 자가 그 친척 거래 금융기관에 설치된 현금자동지급기에 예금통장을 넣고 조작하는 방법으로 친척 명의 계좌의 예금 잔고를 자신이 거래하는 다른 금융기관에 개설된 자기 계좌로 이체한 경우, 그 범행으로 인한 피해자는 이체된 예금 상당액의 채무를 이중으로 지급해야 할 위험에 처하게 되는 그 친척 거래 금융기관이라 할 것[4]이므로 친족상도례를 적용할 수는 없습니다. 따라서 피고인에 대하여 유죄판결이 선고될 것으로 보입니다.

다만, 피고인이 동종 전과 및 벌금형을 초과하는 전과가 없는 점, 본건 범행이 계획적인 범행은 아닌 점, 피해가 변제된 점, 피고인이 반성하고 있는 점 등 제반 정상을 참작하여 선처하여 주시기 바랍니다.

나. 절도

1) 쟁점

피고인은 이 점 공소사실을 인정하고 있으나, 절도죄는 재산범죄이므로 친족상도례의 적용이 문제됩니다.

2) 절도죄와 친족상도례

절도죄는 형법 제344조에 따라 준용되는 형법 제328조에 따라 친족상도례가 적용되는바, 비동거친족의 경우 고소가 있어야 공소를 제기할 수 있는 이른바 상대적 친고죄에 해당합니다(형법 제328조 제2항).

3) 이 사건의 경우

피해자 김갑석은 피고인의 형제이나 동거하지 아니하므로 상대적 친고죄에 해당합니다. 그런데 공소제기 이후인 2022. 5. 27. 피해자 김갑석이 합의서를 제출하여 고소를 취하하였습니다.

---
[4] 대판 2007.03.15. 2006도2704

따라서 고소가 있어야 공소를 제기할 수 있는 사건에서 고소가 취소되었을 때에 해당하므로, 이 부분 공소사실에 대하여 형사소송법 제327조 제5호에 따라 공소기각 판결을 선고하여 주시기 바랍니다.

4. 식품위생법위반의 점

가. 피고인의 주장 및 쟁점

피고인은 이 점 공소사실에 대하여 종업원들의 티켓영업을 묵인한 사실이 없었다고 주장하면서 부인하고 있으므로 증거의 검토가 문제됩니다.

나. 증거능력 없는 증거

1) 여종원, 연행남의 진술조서

수사관이 수사과정에서 동의를 받는 형식으로 피의자를 수사관서 등에 동행하는 것은, 수사관이 동행에 앞서 피의자에게 동행을 거부할 수 있음을 알려 주었거나 동행한 피의자가 언제든지 자유로이 동행과정에서 이탈 또는 동행장소에서 퇴거할 수 있었음이 인정되는 등 오로지 피의자의 자발적인 의사에 의하여 수사관서 등에 동행이 이루어졌다는 것이 객관적인 사정에 의하여 명백하게 입증된 경우에 한하여, 동행의 적법성이 인정됩니다.5)

한편, 적법한 절차에 따르지 아니하고 수집한 이른바 위법수집증거는 증거로 할 수 없는데, 수사기관이 피고인이 아닌 자를 상대로 위법하게 수집한 증거는 원칙적으로 피고인에 대한 유죄 인정의 증거로 삼을 수 없습니다.6)

그런데 이 사건의 경우, 경찰은 연행남에 대하여 경찰서에 동행을 거부하면 강제로 연행할 수 있다고 말하고, 화장실에 가는 여종원을 따라가기도 하였고 이어서 경찰서로 데려가 진술조서를 작성한 점 등에 비추어 연행남, 여종원이 동행과정에서 이탈하거나 경찰서에서 퇴거가 가능하였다고 볼 수 없습니다.

따라서 동행의 적법성이 인정되지 아니하는바, 이는 강제연행 및 불법체포에 해당하고, 이러한 불법체포에 의한 유치 중에 작성된 여종원, 연행남의 진술조서는 적법한 절차에 따르지 아니하고 수집한 이른바 위법수집증거에 해당합니다. 한편, 해당 증거들은 진술조서의 형식을 취하였다 하더라도 그 내용은 피의자의 진술을 기재한 피의자신문조서와 실질적으로 같은바7) 여종원과 연행남의 진술을 들음에 있어 미리 진술거부권이 있음을 고

---

5) 대판 2011.06.30. 2009도6717
6) 대판 2009.08.20. 2008도8213
7) 피의자의 진술을 녹취 내지 기재한 서류 또는 문서가 수사기관에서의 조사 과정에서 작성된 것이라면, 그것이 '진술조서, 진술서, 자술서'라는 형식을 취하였다고 하더라도 피의자신문조서와 달리 볼 수 없다. 형사소송법이 보장하는 피의자의 진술거부권은 헌법이 보장하는 형사상 자기에게 불리한 진술을 강요당하지 않는 자기부죄거부의 권리에 터 잡은 것이므로, 수사기관이 피

지하지도 아니하였다는 점에서도 위법수집증거에 해당합니다.[8] 따라서 피고인이 동의하더라도 유죄의 증거로 삼을 수 없습니다.

2) 임동행의 법정진술 및 수사보고 중 여종원의 진술 부분

임동행의 법정진술 중 여종원으로부터 업주의 승낙하에 티켓영업을 하게 된 것이라는 말을 들었다는 부분은 전문진술로서 형사소송법 제316조 제2항의 요건을 충족하여야 합니다. 그런데 원진술자인 여종원의 소재 미확인으로 증인신청을 철회한 것만으로는 사망, 질병, 외국거주, 소재불명 그 밖에 이에 준하는 사유로 진술할 수 없다는 점이 증명되지 않아 증거능력이 없습니다.

또한 위 임동행의 진술이 기재된 수사보고 중 여종원의 진술 부분은 전문진술을 기재한 조서로서 형사소송법 제312조 제4항 및 제316조 제2항의 요건을 모두 갖추어야 합니다.[9] 그런데 앞서 살펴본 바와 같이 원진술자 여종원의 진술불능의 점이 증명되지 않아 제316조 제2항 소정의 필요성 요건을 갖추지 못하여 증거능력이 없습니다.

3) 임동행의 법정진술 중 박미행의 진술

임동행의 법정진술 중 박미행으로부터 연행남이 업주의 승낙하에 티켓영업의 대가를 진술한 것을 들었다는 부분은 재전문진술로서 피고인이 부동의하는 이상 증거능력이 없습니다.[10]

다. 신빙성 없는 증거

① 매출전표 상의 25만원은 세금 절약을 위해 술값을 '봉사료'로 허위 입력하는 경우도 종종 있는 점에 비추어 성매매비용이 아닌 추가 양주 1병(20만원) 및 팁(5만원)에 해당하는 금액으로 보이는 점, ② 연행남의 법정진술에 의하면 실수로 매출전표에 잘못 입력하였을 가능성도 있는 점 등에 비추어, 매출전표의 경우 신빙성이 있는 증거로 보기 어렵습니다.

의자를 신문함에 있어서 피의자에게 미리 진술거부권을 고지하지 않은 때에는 그 피의자의 진술은 위법하게 수집된 증거로서 진술의 임의성이 인정되는 경우라도 증거능력이 부인되어야 한다(대판 2009.08.20. 2008도8213).

[8] 수사기관이 피의자를 신문함에 있어서 피의자에게 미리 진술거부권을 고지하지 않은 때에는 그 피의자의 진술은 위법하게 수집된 증거로서 진술의 임의성이 인정되는 경우라도 증거능력이 부인되어야 한다(대판 2009.08.20. 2008도8213).

[9] 전문진술이나 전문진술을 기재한 조서는 형사소송법 제310조의2에 따라 원칙적으로 증거능력이 없다. 다만 전문진술은 형사소송법 제316조 제2항에 따라 원진술자가 사망, 질병, 외국거주, 소재불명, 그 밖에 이에 준하는 사유로 진술할 수 없고, 그 진술이 특히 신빙할 수 있는 상태 하에서 행하여졌음이 증명된 때에 한하여 예외적으로 증거능력이 있다. 그리고 전문진술이 기재된 조서는 형사소송법 제312조 또는 제314조에 따라 증거능력이 인정될 수 있는 경우에 해당하여야 함은 물론 형사소송법 제316조 제2항에 따른 요건을 갖추어야 예외적으로 증거능력이 있다(대판 2012.04.13. 2011도14680, 대판 2017.07.18. 2015도12981, 2015전도218).

[10] 판례는 형사소송법 제316조에서 실질상 단순한 전문의 형태를 취하는 경우에 한하여 예외적으로 그 증거능력을 인정하는 규정을 두고 있으나, 재전문진술이나 재전문진술을 기재한 조서에 대하여는 달리 그 증거능력을 인정하는 규정을 두고 있지 아니하고 있으므로, 피고인이 증거로 하는 데 동의하지 아니하는 한 형사소송법 제310조의2의 규정에 의하여 이를 증거로 할 수 없다고 본다(대판 2003.12.26. 2003도5255, 2004.03. 11. 2003도171 등 참조).

한편, ① 피고인이 성매매를 하러 나간 것이었다면 인근의 많은 여관을 두고 굳이 100미터나 떨어진 곳으로 갈 별다른 이유가 없는 점, ② 성관계를 하였다는 사실을 증명할 화장지나 피임기구 등 성매매의 흔적이 전혀 없는 점, ③ 여관방에 입실한 후 40분 가까이 지났음에도 탈의 외에는 구체적인 성매매 시도가 전혀 없었던 점, ④ 이전에 샴푸 유흥주점이 이른바 '티켓 영업'으로 적발된 전력이 전혀 없었던 점, ⑤ 술값에 불만을 품은 허위신고나 경쟁업소의 음해성 신고가 적지 않은 점, ⑥ 임동행은 경찰에서 풍속업소 단속업무를 하다가 단속한 당사자이나, 성매매 영업을 한다는 것은 첩보라고 진술하였고, 그 목격 내용만으로는 피고인이 종업원의 성매매를 묵인한 사실이 불명확한 점 등을 종합해 보면, 임동행의 나머지 법정진술과 수사보고 상의 기재 사실은 신빙성이 없습니다.

라. 부족증거

한편, 현장영상 캡쳐사진(증거목록 순번 11번)[11])만으로는 피고인이 종업원의 금품 수수 행위를 조장하거나 묵인하였다는 점이 입증되는 것으로 볼 수 없는바, 나머지 증거만으로는 이 부분 공소사실을 인정하기에 부족하고 달리 이를 인정할 증거가 없습니다.

마. 소결

그러므로 이 부분 공소사실에 대하여는 합리적의심이 없는 정도로 증명되지 아니하므로 형사소송법 제325조 후단에 따라 무죄판결을 선고하여 주시기 바랍니다.

---

[11]) 수사기관이 영장을 발부받거나 당사자의 승낙을 받지 아니하고 헌법 제10조 및 제17조에 의해 보장받는 초상권 및 사생활의 비밀과 자유를 침해하여 촬영한 사진인바, 위법수집증거에 해당하므로 피고인이 동의하더라도 유죄의 증거로 삼을 수 없다는 의견이 있을 수 있으나, 누구든지 자기의 얼굴 기타 모습을 함부로 촬영당하지 않을 자유를 가지나 이러한 자유도 국가권력의 행사로부터 무제한으로 보호되는 것은 아니고 국가의 안전보장·질서유지·공공복리를 위하여 필요한 경우에는 상당한 제한이 따르는 것이고, 수사기관이 범죄를 수사함에 있어 현재 범행이 행하여지고 있거나 행하여진 직후이고, 증거보전의 필요성 및 긴급성이 있으며, 일반적으로 허용되는 상당한 방법에 의하여 촬영을 한 경우라면 위 촬영이 영장 없이 이루어졌다 하여 이를 위법하다고 단정할 수 없다(대판 1999.09.03. 99도2317)고 할 것이다.

검토의견서

II. 피고인 이을남에 대하여(40점)

1. 부동산실권리자명의등기에관한법률위반의 점

가. 쟁점

피고인은 위 범행을 인정하고 있으나 공소시효의 도과 여부가 문제됩니다.

나. 공소시효 기간 및 기산점

이 점 범죄는 5년 이하의 징역 또는 2억 원 이하의 벌금에 처하는 범죄이므로, 형사소송법 제249조 제1항 제4호에 따라 그 공소시효는 7년입니다

공소시효는 범행 종료일부터 진행하는바, 명의신탁약정에 따라 명의수탁자 명의로 등기된 때에 범행이 종료되었다고 할 것이므로, 그 등기명의인에게 등기된 때로부터 공소시효가 진행됩니다.

다. 이 사건 범행의 경우

이 사건 공소제기일은 2022. 3. 16.로, 범죄종료일인 명의수탁자의 명의로 등기한 때인 2013. 4. 18.로부터 7년이 경과하였음이 역수상 명백합니다. 따라서 이 부분 공소사실은 공소시효가 완성되었으므로 형사소송법 제326조 제3호에 따라 면소 판결이 선고될 것으로 예상됩니다.

2. 뇌물수수의 점

가. 쟁점

피고인은 이 점 범행을 인정하고 있으나, 피고인은 동일한 행위로 사기죄의 유죄 판결이 확정된 사실이 있어 문제됩니다.

나. 관련법리

뇌물을 수수함에 있어서 공여자를 기망한 점이 있다 하여도 뇌물수수죄, 뇌물공여죄의 성립에는 영향이 없고,[12] 이 경우 뇌물을 수수한 공무원에 대하여는 한 개의 행위가 뇌물죄와 사기죄의 각 구성요건에 해당하므로 형법 제40조에 의하여 상상적 경합으로 처단하여야 합니다[13]

---

12) 대판 1985.02.08. 84도2625

상상적 경합 관계의 경우에는 그 중 1죄에 대한 확정판결의 기판력은 다른 죄에 대하여도 미칩니다.14)

다. 이 사건 범행의 경우

피고인이 공여순을 기망하여 재산상 이득을 취득함과 동시에 뇌물을 수수하였는바, 이는 사회관념상 하나의 행위가 수개의 죄에 해당하는 경우로서 상상적 경합의 관계에 있습니다.

따라서 사기죄에 대한 확정판결의 기판력은 상상적 경합관계에 있는 이 사건 뇌물수수죄에 미치게 됩니다.

그러므로 이 부분 공소사실은 확정판결이 있는 때에 해당하여 형사소송법 제326조 제1호에 따라 면소 판결이 선고될 것으로 예상됩니다.

3. 장물취득의 점

가. 쟁점

5,000만원 부분은 김갑동이 컴퓨터사용사기로 취득한 것으로서 장물인지 여부가 문제되고, 1,000만원 부분은 절도로 취득한 것을 예금으로 보관하였다가 인출한 것으로서 장물성이 인정되는지 문제되고, 피고인은 장물이란 사실을 알지 못하였다고 하므로 피고인이 장물임을 알고 있었는지 문제됩니다.

나. 5,000만원 부분의 경우 장물 여부

1) 법리

형법 제41장의 장물에 관한 죄에 있어서의 '장물'이라 함은 재산범죄로 인하여 취득한 물건 그 자체를 말합니다. 그런데 컴퓨터등사용사기죄의 범행으로 예금채권을 취득한 다음 자기의 현금카드를 사용하여 현금자동지급기에서 현금을 인출한 경우, 현금카드 사용권한 있는 자의 정당한 사용에 의한 것으로서 현금자동지급기 관리자의 의사에 반하거나 기망행위 및 그에 따른 처분행위도 없었으므로, 별도로 절도죄나 사기죄의 구성요건에 해당하지 않는다 할 것이고, 그 결과 그 인출된 현금은 재산범죄에 의하여 취득한 재물이 아니므로 장물이 될 수 없습니다.15)

---

13) 대판 1977.06.07. 77도1069, 대판 2015.10.29. 2015도12838
14) 대판 2007.02.23. 2005도10233
15) 대판 2004.04.16. 2004도353

2) 이 사건의 경우

김갑동이 컴퓨터등사용사기로 예금채권을 취득한 후 이를 현금으로 인출하였더라도 별도의 재산죄를 구성하지 아니하므로, 인출된 현금은 장물이 아닙니다.

다. 1,000만원 부분의 경우 장물 여부

1) 법리

장물인 현금 또는 수표를 금융기관에 예금의 형태로 보관하였다가 이를 반환받기 위하여 동일한 액수의 현금 또는 수표를 인출한 경우에 예금계약의 성질상 그 인출된 현금 또는 수표는 당초의 현금 또는 수표와 물리적인 동일성은 상실되었지만 액수에 의하여 표시되는 금전적 가치에는 아무런 변동이 없으므로, 장물로서의 성질은 그대로 유지됩니다.[16]

2) 이 사건의 경우

피고인이 절취한 돈을 예금의 형태로 보관하였다가 인출한 것이므로 여전히 장물성이 인정됩니다.

라. 피고인이 장물임을 알고 있었는지 여부

한편, 피고인은 장물임을 몰랐다고 주장하는바, 장물죄에 있어서 장물의 인식정도와 그 인정기준이 문제됩니다.

장물취득죄에 있어서 장물의 인식은 확정적 인식임을 요하지 않으며 장물일지도 모른다는 의심을 가지는 정도의 미필적 인식으로서도 충분하고, 장물인 정을 알고 있었느냐의 여부는 장물 소지자의 신분, 재물의 성질, 거래의 대가 기타 상황을 참작하여 이를 인정할 수밖에 없습니다.[17] 피고인이 범죄구성요건의 주관적 요소인 고의를 부인하는 경우, 범의 자체를 객관적으로 증명할 수는 없으므로 사물의 성질상 범의와 관련이 있는 간접사실 또는 정황사실을 증명하는 방법으로 이를 증명할 수밖에 없습니다.[18]

그런데 증인 나병녀의 법정진술, 검사 작성 나병녀의 진술조서에 의하면 피고인은 김갑동이 6,000만원이 친형 사무실에서 몰래 빼낸 돈이라고 말하는 것을 들었으므로,[19] 피고인으로서는 김갑동으로부터 지급받는 돈이 장물인 정을 알고 있었다고 봄이 상당합니다.

---

[16] 대판 1999.09.17. 98도2269, 대판 2000.03.10. 98도2579, 대판 2004.04.16. 2004도353
[17] 대판 1995.01.20. 94도1968
[18] 대판 2017.01.12. 2016도15470
[19] 위 진술은 간접증거 내지 정황증거인바, 어떤 진술 내용의 진실성이 범죄사실에 대한 직접증거로 사용될 때는 전문증거가 되지만, 그와 같은 진술을 하였다는 것 자체 또는 진술의 진실성과 관계없는 간접사실에 대한 정황증거로 사용될 때는 반드시 전문증거가 되는 것이 아니다(대판 2019.08.29. 2018도13792(전합), 대판 2021.02.25. 2020도17109).

마. 소결

따라서 이 부분 공소사실 중 5000만원 부분은 죄가 되지 아니하므로 형사소송법 제325조 전단에 따라 무죄 판결이 선고되어야 하고, 1,000만원 부분은 유죄 판결이 선고될 것으로 예상됩니다.

MEMO

MEMO

MEMO

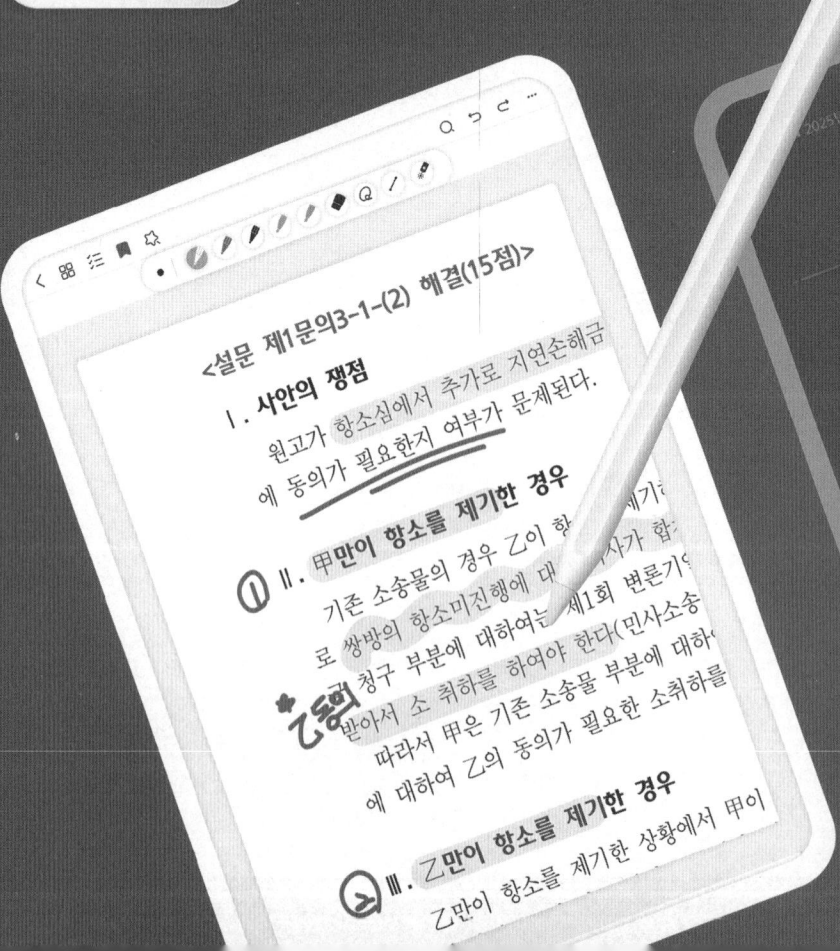